Peter Köck
Handbuch der Schulpädagogik für Studium – Praxis – Prüfung

Peter Köck

Handbuch der Schulpädagogik

für Studium – Praxis – Prüfung

Ⓐ Auer Verlag GmbH

Gedruckt auf umweltbewusst gefertigtem, chlorfrei gebleichtem und alterungs-
beständigem Papier.

1. Auflage. 2000
Nach der Neuregelung der deutschen Rechtschreibung
© by Auer Verlag GmbH, Donauwörth. 2000
Alle Rechte vorbehalten
Umschlag: Josef Kinzelmann, Asbach-Bäumenheim
Gesamtherstellung: Ludwig Auer GmbH, Donauwörth
ISBN 3-403-0**3480**-1

Inhaltsübersicht

2 Leben in der Schule – Schulleben 80

6   Medien als Lehr- und Lernhilfen, als Unterrichtsgegenstand und Erziehungsaufgabe

Vorwort

Das vorliegende Handbuch der Schulpädagogik ist als theoretisch fundierte Praxis-anleitung für Lehrer, Lehramtsstudenten und Referendare angelegt und damit den Anforderungen an eine praktische Schulpädagogik verpflichtet:

- Es vermittelt zwischen der theoretisch ausgerichteten akademischen Ausbildung und der Alltagspraxis.

- Es übersetzt wissenschaftliche Forschungsergebnisse in praxisrelevante Handlungskonzepte.

- Es beschreibt Wege der unterrichtspraktischen Verwirklichung neuerer schulpädagogischer Entwicklungen wie z. B. sinnvoller Lernzielorientierung, offenen Unterrichts, handlungsorientierten Unterrichts, systemisch-konstruktivistischen Lernens aus der Perspektive des Schülers usw.

- Es bietet dem Lehrer eine zuverlässige pädagogische, didaktische und methodische Ausrüstung für die Vorbereitung, Durchführung, Analyse und Beurteilung des Unterrichts und für die Gestaltung des Schullebens.

- Es versorgt den Lehramtsstudenten und Referendar umfassend mit grundlegendem Prüfungswissen.

- Es versucht durch realitätsbezogene Situationsanalysen und Handlungsempfehlungen dem sog. Praxisschock beim Übergang von der Universität in die Seminarschule zu begegnen.

- Es regt durch reichhaltige Literaturangaben zum vertiefenden Studium von Einzelproblemen im Seminar der beiden Ausbildungsphasen an.

Die Nutzeffekte wissenschaftlicher Forschung und Theoriebildung für den Schulalltag bilden die Schwerpunkte dieses Handbuchs – im Sinne der Verbindung zwischen Theorie und Praxis.

Peter Köck

Hinweis: Wenn im Folgenden von „dem Lehrer" und „dem Schüler" gesprochen wird, sind damit Gattungsbegriffe gemeint. Der weibliche Teil der Leserschaft soll also keinesfalls missachtet werden. Darüber hinaus behindert die ständige, letztlich formalistische Verwendung der männlichen und weiblichen Form den Lesefluss.

1 Standortbestimmung der Schule oder: Was soll und kann Schule tatsächlich leisten?

(Vgl. z.B. Apel 1997; Benner 3/1991 und 1995; Fend 1980; Giesecke 3/1998; Hamann 2/1993; Hensel 1995; v. Hentig 1996 (2×); Herlitz u.a. 1986; Köck 2/1992; König/Zedler 1998; Korinek 2000; Meyer 1997; Oblinger 1981; Oelkers 1995; Struck 1996 und 1997; Wiater 2/1997; Winkel 1997)

1.1 Schulpädagogik als zuständige Wissenschaft

> Die Schulpädagogik ist die Berufswissenschaft des Lehrers. Sie dient ihm als Wegweiser im schulischen Arbeitsfeld und hat dabei die folgenden Hauptaufgaben zu erfüllen:
> – Sie untersucht die Schule als Subsystem der Gesellschaft in ihrem Stellenwert und in ihren Abhängigkeiten vom Gesamtsystem und von anderen Subsystemen.
> – Sie erforscht im Sinne ständiger Situationsanalyse die aktuelle Schulwirklichkeit hinsichtlich der Einflussfaktoren, die sie maßgeblich bestimmen.
> – Sie entwickelt Theorien und Handlungsstrategien für die Bewältigung der aktuellen Schulwirklichkeit und Maßstäbe zur Überprüfung der Wirksamkeit ihrer Theorien und Handlungsempfehlungen.
> – Sie legt Handlungsentwürfe zur Weiterentwicklung der Schulwirklichkeit und als Antwort auf erkennbare Defizite und Zukunftsaufgaben der Schule vor.

Die eher *theoriegeleitete universitäre Schulpädagogik* widmet sich in Arbeitsteilung, aber untrennbarer Wechselwirkung mit der Praktischen Schulpädagogik vor allem der Grundlagenforschung (z.B. Legitimation, Zweck, Erscheinungsformen, alternative Modellvorstellungen von Schule) und der Theoriebildung über Schule und Unterricht (z.B. Theorie der Schule, der Schularten und Schulformen, Theorie der schulischen Sozialisation und Theorie der Lehrer-Schüler-Rolle ...), und zwar in enger Kooperation mit ihren humanwissenschaftlichen Nachbardisziplinen (z.B. Psychologie, Soziologie, Theologie, Philosophie, Rechtswissenschaft, Medizin etc.)

> Die *Praktische Schulpädagogik* versteht sich demgegenüber als „Schaltstelle" oder „Brücke" zwischen der forschungs- und theorieorientierten akademischen Schulpädagogik und der Erziehungspraxis. Als angewandte Erziehungswissenschaft vermittelt sie theoretisch fundierte Praxisanleitung für den Schulalltag. Als offenes Aussagensystem ist sie ständiger erfahrungsbezogener Überprüfung ausgesetzt.

Der Lehrer darf sich von ihr wissenschaftlich abgesicherte und durch die Alltagserfahrung hinlänglich bestätigte Handlungsempfehlungen für die schulische Praxis erwarten. Die wissenschaftliche Rückendeckung und das ständige Wechselspiel zwischen Theorie und Praxis unterscheiden die Praktische Schulpädagogik ebenso von überwiegend erfahrungsbezogenen Entwürfen einer Pädagogie oder Erziehungslehre wie von unterrichtspraktischen Handreichungen mit rezeptologischer Tendenz. Ihre Aufgabe besteht vielmehr darin, zwischen den Ergebnissen wissenschaftlich betriebener Tatsachenforschung und den Anforderungen der schulischen Erziehungswirklichkeit sowie der alltäglichen erzieherischen Erfahrung zu *vermitteln.*

In dieser Funktion versucht sie auch dem sog. *Praxisschock* entgegenzuwirken, dem viele Lehrer beim Übergang vom theorieorientierten Studium in die Seminarschulpraxis ausgesetzt sind. Den beiden Ausbildungsabschnitten liegt nicht nur ein unterschiedlich gewichtetes Theorie-Praxis-Verhältnis zugrunde, sondern auch eine unterschiedliche Sozialisation der Ausbilder, mangelhafte Abstimmung und Verschränkung der Ausbildungspläne, eine enorme Erhöhung des Anpassungsdrucks in der zweiten Ausbildungsphase, ein oftmals unrealistisches Berufsbild der angehenden Lehrer u. v. a. m. Der Praktischen Schulpädagogik muss in der beschriebenen Situation daran liegen, den Überschneidungsbereich zwischen universitärer 1. Phase als wissenschaftlicher Grundausbildung und der 2. Phase der Seminarschule als erfahrungsbezogener Praxisanleitung möglichst groß ausfallen zu lassen. Das Aufgabenfeld ist für beide Ausbildungsbereiche eine aufeinander abgestimmte theoretisch fundierte Praxisanleitung. Die Universität kann sich also nicht vom Aufweis der Brauchbarkeit ihrer Theorien verabschieden, der Seminarschulbetrieb seinerseits bliebe stagnierend in möglicherweise überholten Vermittlungspraktiken stecken, wenn er nicht innovative Anregungen der schulpädagogischen Theoriebildung erprobend aufgreift.

1.2 Verständnis und Aufgabenfelder der Schule

Die Leistungsanforderungen an die Schule reichen von der konsequenten Beschränkung auf Lehren und Lernen (z. B. Giesecke 3/1998) über die mehrheitlich vertretene, gleich gewichtende Betonung von Lernen und Erziehen bis zu ihrer Zweckbestimmung als sozialpädagogische Institution (z. B. Struck 1996).

1.2.1 Was also ist die Schule und wozu ist sie da?

> Als offizielle Bildungseinrichtung ist die Schule der Ort institutionell geregelter und kontrollierter Wechselwirkungsverhältnisse von Lehrenden und Lernenden mit dem Zweck der Bildung und Ausbildung der Schüler durch Unterricht und Erziehung.

Schule ist durch folgende Kennzeichen näherhin bestimmt:

1. Sie ist eine Institution im Sinne eines *Verwaltungsapparates.*
2. Sie ist in hohem Maße durch *Zielgerichtetheit* ausgewiesen, und zwar in Richtung Allgemeinbildung (vor allem als Traditionsvermittlung) und spezifisch beruflicher Ausbildung.
3. Sie verfolgt ihre Ziele mit *Planmäßigkeit,* vor allem durch Verpflichtung auf Lehrpläne für aufeinander folgende Jahrgangsstufen und für verschiedene Schulformen.
4. Schulisches Lehren und Lernen sind durch die *methodische Organisation des Lernvorgangs* gekennzeichnet, z. B. durch die systematische Einplanung von Lernzielen, Vermittlungs- und Arbeitstechniken, Medien und Lernerfolgskontrollen.
5. Schule ist als *„pädagogisches Feld"* (Winnefeld und Mollenhauer) konflikttträchtiger Schnittpunkt der Reproduktionserwartungen der Gesellschaft und der je spezifi-

schen Lebenswelten der in ihr Zusammenwirkenden, welch Letztere über Rollenhandeln eine gemeinsame kommunikative Basis aushandeln (vgl. zum Handel um Identität 1.4.3.1).

6. Schule ist – schon aufgrund des eindeutig gegebenen Verfassungsauftrags – *Ort der Erziehung,* verstanden als Hilfestellung beim Aufbau wertorientierter Handlungsfähigkeit und sicheren moralischen Urteilsvermögens.

Über diese allgemeinen Bestimmungsmerkmale von Schule ist sich die Fachwelt – und wohl auch die öffentliche Meinung – weitgehend einig. Die Meinungsverschiedenheiten beginnen mit der jeweiligen Akzentsetzung, also z. B. welche Organisationsstruktur der Schule als einem pädagogischen Feld angemessen sei, welche Ziele sie vorrangig zu erfüllen habe, welches Ausmaß an Freiheitsentscheidung vor Ort der einzelnen Schule zugestanden werden könne, welche Methoden für die Erreichung der gesetzten Ziele geeignet zu sein scheinen usw.

1.2.2 Aufgaben der Schule heute: kritische Beschreibung der schulischen Erziehungswirklichkeit

1. Die Schule dient der Sozialisation ihrer Schüler

Jedes Gesellschaftssystem sieht einen legitimen Anspruch darin, insbesondere über die heranwachsende Generation das kulturelle Erbe und bewährte Verhaltensnormen zu sichern. Damit will es einerseits seinen Fortbestand garantieren (Reproduktionsanspruch), andererseits die Kinder und Jugendlichen funktionstüchtig in die Gesellschaft eingliedern.

Aus dem beschriebenen Anspruch leitet jedes Gesellschaftssystem das *Bildungsmonopol* ab. Eigens beauftragte staatliche Instanzen bestimmen über die Zielsetzungen, Inhalte und Methoden schulisch institutionalisierten Lernens

– durch Curricula bzw. Lehrpläne,
– durch die Ausbildung des Fachpersonals
– und durch die gesetzlich geregelte Schulaufsicht.

Immer wieder beunruhigend in die Praxis hineinwirkende Fragen sind in diesem Zusammenhang z. B.:

– Wer bestimmt und formuliert die zu lernenden Verhaltenserwartungen?
– Woher kommt dafür die Legitimation?
– Wofür sollen die Schüler letztendlich befähigt werden?
– Wer entscheidet über das damit zusammenhängende Berechtigungssystem usw.

2. Die Schule leistet Hilfestellung zur Personalisation der Schüler

Diese Aufgabe scheint im öffentlichen Schulwesen eher Programm denn Wirklichkeit zu sein. Zumindest übertrifft der Aufwand zur Erreichung der gesellschaftlichen Funktionstüchtigkeit der Schüler bei weitem die Anstrengungen, die Schüler in ihrer unverwechselbaren Einmaligkeit zu fördern. Das Letztere wird eher dem Zufall überlassen und geschieht somit nebenher. Dabei wird übersehen, dass Personalisation nicht nur der höchstmöglichen Selbstentfaltung der Schüler dient, sondern sich gleichzeitig als Motor in der Dynamik gesellschaftlicher Entwicklung erweist. Um diesem Anspruch genügen zu können, zielt Personalisation u. a. ab auf die Entfaltung einer Neugierhaltung des jungen Menschen, auf Freude am Erfahren von Welt und am Lernen, auf kritisches Offensein gegenüber allem Begegnendem und auf die Bereitschaft zu konstruktiven Veränderungen.

3. Die Schule vermittelt Qualifikationen

Qualifikation durch die Schule dient einerseits der angemessenen Bewältigung der vorgefundenen Wirklichkeit (z. B. der Erhaltung der Arbeitsproduktivität), andererseits der Selbstbehauptung und Selbstentfaltung des Einzelnen (z. B. zum Erhalt oder zur Weiterentwicklung des sozialen Status) in dieser Wirklichkeit.

Dabei scheinen sich die Schwerpunkte der schulischen Qualifikation immer mehr von der Allgemeinbildung zum Nutzwissen und zur Ausbildung spezifischer Fähigkeiten und Fertigkeiten zu verlagern. Um mit der wachsenden Informationsflut und mit der nur noch von Spezialisten bedienbaren Umwelt umgehen zu können, sind in der schulischen Ausbildung heute vor allem Techniken des Lernens und der Informationsbeschaffung sowie Instruktion über systematische Lehrgänge gefragt. Zu qualifizieren ist also eine selbstverständliche Aufgabe der Schule. Das heute gegenüber früheren Zeiten verschärfte Problem besteht darin, eine der tatsächlichen Wirklichkeit angemessene Antwort darauf zu finden, worin und wofür zu qualifizieren ist.

4. Die Schule vollzieht Auslese

Die Auslesefunktion ergibt sich im heutigen Schulwesen als mehr oder minder unerwünschtes Nebenprodukt. Schelsky nannte in diesem Sinne die Schule eine „bürokratische Zuteilungsapparatur von Lebenschancen". Wenn man allerdings den Zusammenhang zwischen sozialer Herkunft und Bildungsbeteiligung unter dem sehr kontrovers diskutierten Stichwort Chancengleichheit betrachtet, nimmt sich der Einfluss der Schule auf die Verteilung von Lebenschancen viel bescheidener aus. Untersuchungen stellten nämlich immer wieder einen bedeutsam hohen Zusammenhang zwischen der sozialen Herkunft der Schüler und ihrer Stellung in der Schule fest; d. h. dass die Schule zum geringeren Teil Chancenungleichheit produziert, zum größeren Teil lediglich festschreibt, was außerschulisch verursacht ist. Chancengleichheit in der Bedeutung gleicher Startchancen in der Schule wird im vorschulischen familiären Bereich mit seiner lernhemmenden oder -fördernden Umwelt aufgebaut oder verfehlt.

Maßgeblich für die Auslesefunktion der Schule sind einerseits *Bedürfnisse der Gesellschaft,* die für bestimmte Teilaufgaben eine hoch qualifizierte Elite fordert, andererseits *schulinterne Gegebenheiten,* wie z. B. ungleiche Startbedingungen der Schüler, zu wenig Möglichkeiten der Schule zu ausgleichender individueller Förderung benachteiligter Schüler, immer noch allzu einseitig an verbalen Leistungen der Schüler ausgerichtete Beurteilungskriterien.

Die eigentliche Aufgabe, die sich der Schule mit der Tatsache der Auslese stellt, kann nicht schlicht hingenommener Vollzug sein, sondern die sorgfältig geplante Verwirklichung einer *am einzelnen Schüler orientierten Auslese.* Dies bedeutet für die schulische Praxis in erster Linie eine – durchaus leistungsorientierte – Organisation der Lernbedingungen, die für den einzelnen Schüler eine optimale Entfaltung seiner Anlagen ermöglicht statt behindert.

5. Neben den vorgefundenen eher pädagogischen Aufgaben erfüllt die Schule auch *Aufgaben, die ihr als Verwaltungs- und Wirtschaftsinstanz* abverlangt werden. Als *Verwaltungseinrichtung* findet die Schule einen rechtlichen Rahmen vor, der ihr die Erfüllung ihrer Auf-

gaben garantiert, oft aber auch durch Einengung des Entscheidungsspielraums Konflikte zwischen pädagogischen und juristischen Anforderungen schafft.

Als *wirtschaftliche Einrichtung,* die Gebäude, Geld- und Sachmittel verwaltet, unterliegt die Schule ökonomischen Kriterien, die umso schwerer einzuhalten sind, je mehr materielle Gesichtspunkte mit pädagogischen Anforderungen in Einklang gebracht werden müssen. Zweifellos kann das Kosten-Nutzen-Verhältnis auf den Schulbereich nicht in derselben Weise angewendet werden wie in einem Industriebetrieb. Kritische Ansätze zielen in der heutigen Diskussion darauf, die Schule als Verwaltungsinstitution von *der einseitigen Ausübung* von Kontrollaufgaben in Richtung einer Planungs- und Beratungsinstanz zu verändern.

Ein weiterer wichtiger Gesichtspunkt ergibt sich mit den *Auswirkungen der Schule als Institution auf die in ihr lebenden und wirkenden Individuen.* Schulgesetze, -ordnungen und -erlasse beabsichtigen die reibungslose und nach bestimmten Regeln auch kontrollierbare Interaktion und Zielerfüllung der Institution Schule.

Die in diesem Zusammenhang für den Praktiker bedeutsamste Frage ist die, *welchen Erlebnis- und Handlungsspielraum die Institution Schule Lehrern und Schülern lässt* und welchen Einfluss sie über die institutionell bedingten Rahmenbedingungen auf dieselben ausübt.

Den nachhaltigsten Einfluss auf die Lehrer-Schüler-Interaktion übt zweifellos das *leistungsorientierte Berechtigungssystem* aus, das bis ins kleinste Detail geregelt ist. Aber auch die formalbürokratisch verwaltete Schule, die vor allem durch hierarchisch geregelte Amtsautorität erlebbar wird, versetzt die betroffenen Lehrer und Schüler in einen Dauerkonflikt, der sich aus dem Widerspruch von verordneter Anpassung und pädagogischem Freiraum ergibt.

1.2.3 Die Schule als konfliktträchtiger Schnittpunkt zwischen den Interessen der Gesellschaft und des einzelnen Schülers

1. Schon immer haben die Pädagogik und mit ihr der sie vertretende Lehrer ihre vordringliche Aufgabe darin gesehen, sozusagen als Puffer den Schüler vor der totalen Vereinnahmung durch gesellschaftliche Ansprüche zu bewahren. Die Geschichte der Schule zeigt uns in beklemmender Weise, dass ihnen dabei sehr unterschiedlicher Erfolg beschieden war. Sogar die einschlägigen Wissenschaften unterliegen eben „erkenntnisleitenden Interessen" (Habermas), die es ihnen schwer machen, ihrer Filterfunktion zwischen dem gesellschaftlichen Anspruch und den Rechten und Bedürfnissen der Schüler gerecht zu werden.

Abgesehen von pädagogischen Außenseitern wie z. B. J. H. Pestalozzi, W. v. Humboldt, G. Kerschensteiner, die als Sofort- oder Zeitzünder den Schulalltag zu verändern vermochten, fällt die ausgleichende Filterfunktion der einschlägigen Wissenschaften letztlich den Lehrern selbst zu. Dies bedeutet aber kritische Distanz gegenüber *allen* Einflussbereichen und ebenso kritische Auseinandersetzung mit den auf Ausgleich bedachten Wissenschaften im pädagogischen Bereich.

Vergegenwärtigen wir uns das beschriebene Operationsfeld des Lehrers durch eine *Übersicht*:

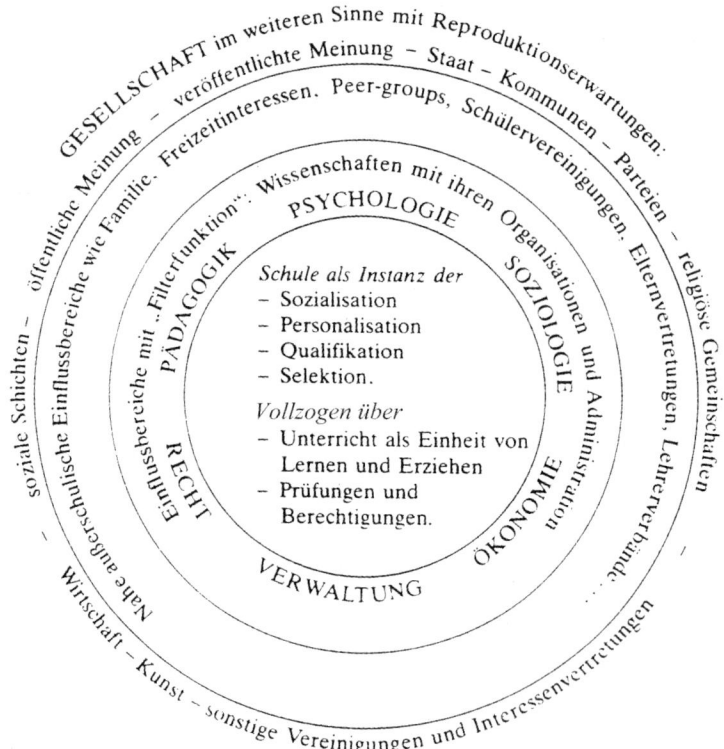

In dem Widerstreit von Anpassungsdruck, erwarteter gesellschaftlicher Weiterentwicklung und der individuellen Förderung des einzelnen Schülers darf sich der Lehrer nicht im Sinne eines Unterrichtstechnikers mit der schlichten Erfüllung seiner Alltagsgeschäfte zufrieden geben. Er muss sich vielmehr ständig z. B. folgende Fragen stellen, deren Bearbeitung weit über die tägliche Unterrichtsroutine hinausreicht:

– Welche gesellschaftlichen Einflüsse wirken maßgeblich auf die Schule ein?
– Welche tatsächlichen Auswirkungen haben diese gesellschaftlichen Einflüsse auf den Schulbetrieb?
– Auf welche Art und Weise wird der jeweilige Einfluss bzw. die an die Schule gestellte Erwartung geltend gemacht?
– Wie sind Inhalt und Methode der gesellschaftlichen Einflüsse und Erwartungen vor dem Hintergrund des heutigen Schulverständnisses zu würdigen? Welche kritischen Einwände lassen sich gegebenenfalls vorbringen?
– Welcher Handlungsspielraum bleibt eigentlich dem Praktiker gegenüber den gesellschaftlichen Einflüssen?

2. Die angedeutete Problematik erfährt der Lehrer durch Erwartungskataloge oder auch Klagen gesellschaftlicher Gruppen und der unmittelbar am Erziehungsprozess Beteiligten. Von ihm wird letztlich Antwort und Abhilfe vor Ort erwartet. Vor welcher enormen Aufgabe damit der Lehrer steht – allzuoft mit wenig brauchbaren Hilfestellungen ausgerüstet – verdeutlicht die nachfolgende Problemliste:

a) Die Schule insgesamt scheint zumindest teilweise *an der außerschulischen Lebenswirklichkeit vorbeizuqualifizieren:*
   - Die *veränderte Kindheit* fordert in jeder Generation die sofortige einfühlsame Reaktion der Schulpraxis, wenn diese nicht kontraproduktiv an den aktuellen pädagogischen Problemen vorbeiagieren soll.
   - Die *Arbeitswelt* bescheinigt der Schule hartnäckig unzureichende oder wirklichkeitsfremde Ausbildung der Schüler in grundlegenden geistigen und manuellen Arbeitstechniken.
   - Die *Hochschulen* beklagen seit langem die mangelnde Hochschulreife der Absolventen der höheren Schulen.
   - Der *Lebensbereich der Politik* droht wegen der politisch unkritischen, ja uninteressierten Haltung des größeren Teils der nachwachsenden Generation zwangsläufig zum Monopol von Funktionären zu entarten.
   - Schüler und Jugendliche selbst stimmen weitgehend darin überein, dass eine große *Kluft zwischen dem schulischen und dem außerschulischen Leben* bestehe, in deren Gefolge sich Motivationsverlust, Zwang zum Lernen, „Null-Bock-Gefühl" einstellen.

b) Ein Dauerbrenner ist der *Vorwurf an die Schule, in einer Art Reproduktionskreislauf der Erziehungswirklichkeit auch mit ihren Vermittlungsmethoden zu erstarren.*
   Angesichts der vor allem lehrgangsmäßig organisierten Vermittlung und dem fast ausschließlichen Nachvollzug von Erfahrungen anstelle unmittelbarer Wirklichkeitsbegegnung durch Handeln und Erleben wird schulischem Lernen gelegentlich ein doppelter Boden von Ritualen und heimlichem Lehrplan bescheinigt. Es fragt sich, in welchem Ausmaß die Schule in Konkurrenz vor allem mit den Massenmedien und den Subkulturen überhaupt noch die tatsächlich vorgegebene Lebenswirklichkeit trifft. Sollte sie am Ende eine verordnete Erziehungswirklichkeit neben der eigentlichen Erziehungswirklichkeit sein? Welche methodischen Möglichkeiten gesteht das System Schule dem Lehrer überhaupt zu, zwischen dem Leben innerhalb und außerhalb der Schule zu vermitteln?

c) Das in erster Linie auf Funktionstüchtigkeit des künftigen Bürgers ausgerichtete schulische Leben scheint *einer emotionalen Verarmung von Schülern und Lehrern Vorschub zu leisten.* Die Anonymität der Betonarchitektur, der Trend von überschaubaren Schuleinheiten zu Schulzentren und die vielfach beklagte Verrechtlichung des schulischen Lebens haben hierzu zweifellos beträchtlich beigetragen. Jugendprotest und Verhaltensstörungen bei Schülern in vorher nicht gekanntem quantitativem und qualitativem Ausmaß sind vorläufige Antworten.

d) Der allgemein beklagte *Werteverlust* schlägt sich im schulischen Bereich als *erzieherische Konzept- und Orientierungslosigkeit* nieder. Die in diesem Dilemma als verbindliche Grundlage beschworenen Bildungsziele der Länderverfassungen erweisen sich in ihrer abstrakten Formulierung für die Bewältigung der alltäglichen erzieherischen Probleme in der Schule als wenig hilfreich.

e) Das Berufsbild des Lehrers ist im Zuge der Diskussion um die Professionalisierung des Lehrerberufes in einer Veränderung begriffen, deren bisherige Ergebnisse sich durchaus nicht alle als vorteilhaft erweisen. So scheint z. B. die Job-Auffassung vom Lehrerberuf eher für Resignation und gestörte Kommunikation anfällig zu sein. Befragte Schüler bedauern die weit verbreitete Vorbildverweigerung der Lehrer.

f) Massive Eingriffe durch Technik, Medien und Computer in die Schule und in die außerschulischen Lebensbereiche der Schüler verstärken die Tendenz zur vermittelten Wirklichkeit, der die Pädagogik bislang recht hilflos gegenübersteht.

Angesichts der gegenwärtigen und noch zu erwartenden Entwicklung im Bereich der Massenkommunikationsmittel aufgrund der Mikroelektronik und der Verkabelung wird mit einem erzieherischen Einfluss zu rechnen sein, dessen Auswirkungen auf andere Erziehungsinstanzen noch gar nicht abzuschätzen sind.

1.3 Schule als Ort der Bildung, der Erziehung und des Lernens

Bei aller notwendigen Orientierung im Gesamtsystem der Gesellschaft richtet sich das vordringliche Interesse des Lehrers auf die Vorgänge und Wechselwirkungen von Bildung, Erziehung und Lernen, die vor allem schulische Erziehungswirklichkeit ausmachen und damit auch das Berufsfeld des Lehrers maßgeblich bestimmen.

Die Wechselwirkungen in der Übersicht:

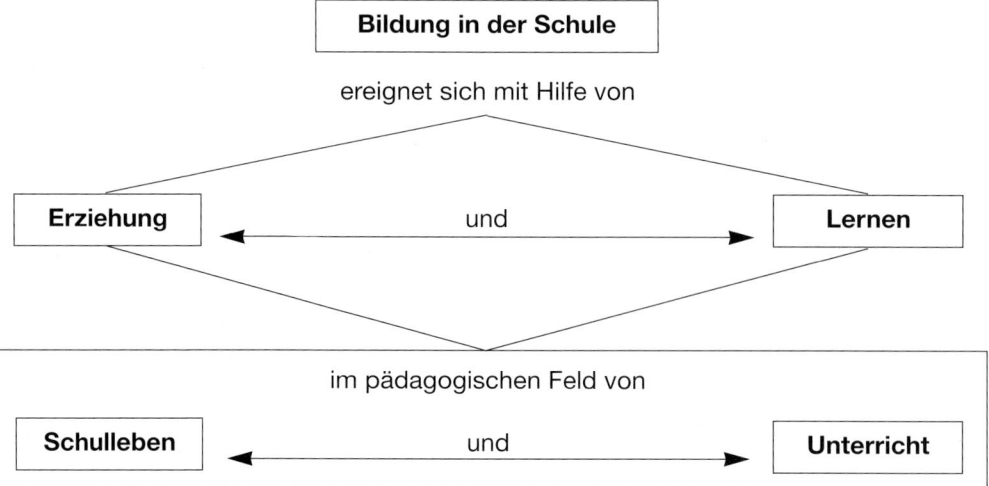

1.3.1 Bildung

Bildung bedeutet in der Umgangssprache den Prozess des Gebildetwerdens und das Endergebnis dieses Prozesses sozusagen als festen Besitz und als Kennzeichen des Gebildeten. In der pädagogischen Diskussion erscheint Bildung vor allem

– als subjektive Seite der Kultur im Sinne von Aneignung und Weiterentwicklung von Kulturgütern im weitesten Sinne (kulturanthropologischer Ansatz),
– als Befähigung zum erfolgreichen Umgang mit der Welt (curriculum- oder lernzieltheoretischer Ansatz)
– und als Arbeit an Verhaltensweisen, die das Leben und Überleben als Individuum und als soziales Wesen in einer Gesellschaft sichern (soziologischer Ansatz).

Seiner Herkunft nach geht Bildung auf das althochdeutsche bilidi für Bild zurück, seit dem 9. Jahrhundert nachweisbar. Der Begriff Bildung selbst findet sich im Deutschen erst seit Mitte des 18. Jahrhunderts, ursprünglich in Anlehnung an das lateinische imago und in Fortentwicklung des ahd. bilidi in der Bedeutung von Bild, Abbild, Bildnis, aber auch Erscheinung, Vorstellung, Form.

Ein weiterer Bedeutungszuwachs ergab sich mit der Ausweitung des Begriffs auf Gestaltung, Pflege und Erziehung der Seele, des Geistes.

Aber erst mit dem Neuhumanismus – näherhin zwischen 1770 und 1830 – erreichte die Deutung des Bildungsbegriffs ihren eigentlichen Höhepunkt, wenngleich in gegensätzlicher Auslegung durch W. v. Humboldt (1767–1835) mit seiner Betonung der Individualbildung und durch G. W. F. Hegel (1770–1831), der die Bildung in den Dienst des Überindividuellen und Allgemeinen stellte.

Seit Mitte des 19. Jahrhunderts verfiel das neuhumanistische Verständnis von Bildung wieder zusehends im Gefolge einer restaurativen Bildungspolitik, der zunehmenden Spaltung der Bildung in gymnasiale höhere Allgemeinbildung und volkstümliche Bildung durch die Volksschulen, durch die verschult organisierte Unterscheidung von Bildung und Ausbildung und schließlich durch die ideologische Inbesitznahme durch den Nationalsozialismus. Die empirische Erziehungswissenschaft eliminierte den Bildungsbegriff völlig aus der pädagogischen Diskussion bis in die 70er Jahre des 20. Jahrhunderts, nicht nur in Abkehr von seiner ideologischen Vorbelastung, sondern auch in Frontstellung gegenüber der bis zur Mitte des 20. Jahrhunderts tonangebenden geisteswissenschaftlichen Pädagogik.

Eine Renaissance dieses zentralen pädagogischen Grundbegriffs ist in den letzten 30 Jahren beobachtbar, z. B. bei W. Klafki, H. v. Hentig, L. Kerstiens, E. Weber u. a.

Ungeachtet der extremen Positionen individualistischer und kollektivistischer Bildungstheorien lässt sich als vorläufiger Diskussionsstand der Begriffsbestimmung von Bildung festhalten:

1. Als ein auf Gemeinschaft hin angelegtes „Mängelwesen" ist der Mensch *bildungsbedürftig*, durch seine Lernfähigkeiten aber auch *bildungsfähig*. Jeder Mensch hat ein Recht auf Bildung.

2. Bei aller nötigen Eigenleistung bedarf der Mensch bei seiner Bildung der *„Handreichung" (Pestalozzi)*.

3. Bildung ist ein *lebenslanger nicht nur schulisch organisierter Vorgang,* in dem lediglich Fremdbestimmung und Handreichung zugunsten der Selbstbestimmung abgebaut, wohl nie aber völlig abgelöst werden können.

4. Formal ereignet sich im Bildungsprozess die *Begegnung des Menschen mit der Wirklichkeit.* Die in und außerhalb der Schule begegnenden Bildungsinhalte vergrößern nicht nur den Verfügungsbestand bzw. das nach und nach erworbene Bildungsmaterial des Menschen (= *materiale Bildung*), sondern sie fördern gleichzeitig auch seine Fähigkeiten, indem er anwendend mit diesen Bildungsinhalten umgeht (= *formale Bildung*). Angesichts unbegrenzt vieler Bildungsinhalte ist es nötig, für schulisch organisierte Bildungsprozesse solche Bildungsinhalte auszuwählen, deren *Gehalt* in besonderer Weise geeignet ist, Wirklichkeit in ihrem wesentlichen Kern dem Schüler zu erschließen und ebenso den Schüler auf diese Wirklichkeit neugierig zu machen (= *kategoriale Bildung* durch den Vorgang der doppelseitigen Erschließung nach W. Klafki, der als Zweck der Bildung vor allem die Förderung der Selbstbestimmungs-, Mitbestimmungs- und Solidaritätsfähigkeit des Menschen betont).

5. Bildung als lebenslanger Vorgang meint die *ordnende Orientierung* des Menschen gegenüber der ständig steigenden Flut von Eindrücken, Informationen, neuen wissenschaftlichen Erkenntnissen, gegenüber veröffentlichter und öffentlicher Meinung sowie gegenüber den folgenschweren Zugriffen der Technologie. Eine solche allzeit wache und aufmerksame Orientierung „im Ganzen des Seins" (Max Müller) ist die Voraussetzung für die Erarbeitung eines Gerüsts von wesentlichen Anhaltspunkten für die eigene Lebensgestaltung.

6. Diese eigene Lebensgestaltung müsste aber als Ergebnis eines verkürzten Bildungsverständnisses aufgefasst werden, wenn sie etwa – wie z. B. in der neuhumanistischen Bildung – als Verwirklichung einer einseitig individualistischen Lebensform verstanden würde. Bildung zielt also ab auf den ganzen Menschen mit allen seinen ihm möglichen Lebensäußerungen und -erfahrungen. Und sie stellt ihn in Wechselbeziehung mit allen anderen Lebensbereichen von Welt und Umwelt, die ihn gestalten, die aber auch er seinerseits verantwortlich zu gestalten aufgerufen ist.

7. Keine eindeutige Antwort scheint mir auf die Frage nach einem allgemein verbindlichen oder/und überzeitlich gültigen *Bildungskanon* möglich zu sein. Selbst die Einschränkung eines solchen Bildungskanons auf eine ständig wechselnde Auswahlsammlung gerade aktuellen Wissens müsste scheitern, wenn wir uns vergegenwärtigen, dass sich die heute verfügbare Informationsmenge nach Meinung von Fachleuten alle fünf Jahre verdoppelt. Die Formulierung eines verbindlichen Bildungskanons geht aber erst vollends im Meinungsstreit unter, wenn emotionale, soziale, künstlerisch-kreative, sittliche Dimensionen berücksichtigt werden sollen, oder wenn etwa gar Herzensbildung eingebracht werden soll. So bleibt uns in einer pluralistischen Gesellschaft als grob ordnender, allgemein verbindlicher Rahmen nur der Rückbezug auf die Bildungsziele des Grundgesetzes und der Länderverfassungen (vgl. hierzu auch 3.2).

Interpretationsbedürftige Kurzbeschreibung als Zusammenfassung:

> Bildung bezeichnet die allseitige Persönlichkeitsentwicklung des Menschen im Bewusstsein seiner Verantwortlichkeit gegenüber sich selbst, der Mitwelt und der Umwelt. Oder: Es kommt nicht nur darauf an, dass einer viel weiß, sondern auch darauf, wie einer mit seinem Wissen für sich, seine Mitwelt und seine Umwelt möglichst effektiv und förderlich umgeht.

1.3.2 Erziehung

Ein die Zeiten überdauernder allgemein gültiger Erziehungsbegriff lässt sich aus der Geschichte der Pädagogik nicht ableiten; seine Bestimmung ist vielmehr von der jeweiligen Gesellschaft immer wieder neu zu leisten. Etymologisch stellt Erziehung/erziehen eine Weiterentwicklung von ahd. irziohan dar, seit dem 8. Jahrhundert nachweisbar. In der Bedeutung von aufziehen, großziehen, emporführen wurde Erziehung/erziehen vom lateinischen educare beeinflusst. Als konsensfähige Merkmale der Erziehung gelten heute:

1. Seit Pestalozzi wird Erziehung als *„Hilfe zur Selbsthilfe"* verstanden, als *„Handreichung"* für den Menschen bei seiner Selbstfindung und -verwirklichung und seiner Welt- und Wertorientierung, die ihm niemand abnehmen kann. Der kommunikative Sonderfall des pädagogischen Verhältnisses bedingt eine Wechselbeziehung zwischen Hilfestellung und *Annahme dieser Hilfestellung* durch den jungen Menschen. Letzten Endes steht die Erziehung unter der Anforderung, sich selbst als vorübergehende, entwicklungsbedingt notwendige Hilfestellung mit der zunehmenden Fähigkeit des jungen Menschen zur Freiheitserfahrung und zur verantwortlichen Verfügung über sich und die Welt aufzuheben.

2. Die Erziehungsverantwortung besteht hierbei vor allem in *Orientierungshilfe, Vorbild und Diskursbereitschaft* mit der grundsätzlichen Tendenz, zur positiven Weiterentwicklung des jungen Menschen beizutragen.

3. Nach herkömmlicher Auffassung bezeichnet die *funktionale Erziehung* die von selbst gegebenen Einwirkungen eines Kulturkreises, einer Gesellschaft mit ihrem spezifischen Lebensstil, ihren Normen und Erwartungen auf die Person. Im Unterschied dazu umfasst die *intentionale Erziehung* alle absichtlichen Maßnahmen der erzieherischen Beeinflussung einer Person, nach Herbart z. B. mit dem Zweck „der Anbindung des Willens an den Verstand".

4. Erziehung lässt sich als ein *dialogisches Geschehen* auffassen, als eine wechselseitige soziale Einflussnahme, wobei das Korrektiv z. B. für die erzieherischen Aktivitäten des Lehrers in den Rechten, Bedürfnissen und Interessen des Lernenden zu sehen ist. Nach F. X. Eggersdorfer z. B. ist „der Mensch auf Partnerschaft angelegt ... Es ist also ein personaler Bezug, der die geistigen Werte und Güter der Wahrheit, des Rechttuns und der Liebe vermittelt, nicht die abstrakten Wertordnungen selbst" (1962, Seite 217/218).

5. Im Gefolge des Symbolischen Interaktionismus und der Kritischen Theorie der Frankfurter Schule rückte Klaus Mollenhauer (1976[3]) und mit ihm die Richtung der Kommunikativen Erziehungswissenschaft den Aspekt der Kommunikation in der Beschreibung von Erziehung in den Vordergrund. Nach Mollenhauer ist Erziehung durch folgende drei Merkmale bestimmt:

   ● *Erziehung ist kommunikatives Handeln* aller, die im jeweiligen pädagogischen Feld – ausgerüstet mit je eigenen Handlungsabsichten und bestimmten Vorverständnissen der Situation – aufeinandertreffen. Diesem kommunikativen Handeln ist immer eine „lernbezogene Zielorientierung" (S. 134) zu eigen. Im Idealfall besteht das Ziel darin, den im pädagogischen Feld Befindlichen die Chance einzuräumen, volle Teilhabe an der Alltagskommunikation auszuüben, ihr kommunikatives Verhaltensrepertoire in der praktischen Erprobung zu erweitern und die Fähigkeit zum Diskurs (= herrschaftsfreie kritische Reflexion über die vorgefundene Wirklichkeit) zu erwerben.

   ● *Erziehung ist Interaktion* bzw. „Organisierung oder Umorganisierung des Interaktionsfeldes" (S. 101). Letztes Ziel ist auch hier wieder, das pädagogische Feld so anzulegen, dass die Beteiligten (z. B. Lehrer und Schüler) ihre wechselseitige Abhängigkeit in der Interaktion und ihre „Reaktionsspielräume" erkennen und reflektieren können und gegebenenfalls verändern lernen.

   ● *Erziehung ist Reproduktion,* insofern die herrschenden gesellschaftlichen und ökonomischen Verhältnisse wesentlich die Beziehungen der Einzelnen zueinander bestimmen und über diesen Vorgang ihren Fortbestand sichern.
   „Erziehung kann (deshalb) nicht mehr sein als organisierte Aufklärung: darin liegt ihre Macht wie ihre Ohnmacht" (S. 81).

   Die Kommunikative Erziehungswissenschaft geht also über die bloße Vorgangsbeschreibung der Erziehung hinaus. Sie benennt als ihre Ziele bestimmte kommunikative Befähigungen, die wiederum die Voraussetzung bilden für das erklärte oberste Erziehungsziel dieser Richtung: die Emanzipation.

6. Die heutzutage dominierenden formalen Erziehungsdefinitionen haben den Vorteil eines großen Interpretationsspielraums. Sie bergen aber auch den Nachteil ständiger Verunsicherung der praktischen Erziehungsarbeit durch ideologische Richtungskämpfe und – damit verbunden – durch oftmals total sich widersprechende Zielvorstellungen in sich. Da einerseits die jeweiligen Erziehungsziele erheblich die Art der erzieherischen Begegnung bestimmen, andererseits Erziehung in einem sozusagen inhalts- und ziellosen Rahmen überhaupt nicht möglich ist, wird der Praktiker dazu genötigt, *Erziehung als Prozess bewusst mit eindeutig definierten Erziehungszielen in Wechselwirkung zu bringen.* Andernfalls führen seine Erziehungsbemühungen möglicherweise zu einem Ziel, das er eigentlich nie erreichen wollte (vgl. hierzu 3.2).

7. Aber selbst wenn der Erzieher sich Klarheit über seine eigenen Erziehungsziele verschafft hat, befindet er sich damit immer noch in *Konkurrenz zu den außerschulischen Erziehungseinflüssen der Familie, der Peergroup* (= Gruppe der etwa Gleichaltrigen) *und der Medien.* Gegenüber dem künstlichen Erziehungsfeld Schule sind diese außerschulischen Erziehungsfelder allemal im Vorteil, da sie den Kindern und Jugendlichen ein Lernen in natürlichen Lebenssituationen intensiver und länger andauernd anbieten.

Die Schule versucht seit alters her die schlechtere Ausgangslage im Konkurrenzkampf der Erziehungseinflüsse durch den Einsatz spezieller Machtmittel auszugleichen, indem sie die Vermittlung wünschenswerter Befähigungen und damit den Erwerb von Berechtigungen verheißt. Ein solches Vorgehen steigert zwar die Chancen des schulischen Erziehungseinflusses, aber um den Preis eines kommunikativen Verhältnisses, das in Abhängigkeit gründet und damit auch ständig der Gefahr ausgesetzt ist, dass die mit Erziehung beabsichtigte Hilfestellung zum Zwang entartet.

Die Konsequenz für den Schulpraktiker besteht darin, seine Erziehungsvorstellungen offen zu halten für die Erziehungsziele der außerschulischen Erziehungsfelder, und sei es gelegentlich darum, sich in kritischer Auseinandersetzung mit denselben begründet abzugrenzen.

8. Regelmäßig wiederkehrend beherrscht die pädagogische Diskussion die Wiederbelebung eines Erziehungsverständnisses, das seit J. J. Rousseau mit unterschiedlichen Begründungen die pädagogische Praxis verunsicherte: Erziehung als naturgemäßes Wachsenlassen, welches allein die Bedürfnisse des Kindes berücksichtigt.

Die sog. negative Erziehung und die Antipädagogik argumentieren m. E. an den Tatsachen der erzieherischen Gesamtwirklichkeit vorbei.

Die Erziehungswirklichkeit war allezeit verbesserungsbedürftig und wird es auch bleiben. Diese Tatsache entbindet allerdings den Erzieher nicht von seiner Aufgabe, für die Bewältigung ebendieser tatsächlich vorgefundenen Wirklichkeit auszurüsten. Eine Erziehung oder auch „Nichterziehung" gegen die gegebene Gesellschaft produziert zwangsläufig Märtyrer.

Interpretationsbedürftige Kurzbeschreibung der Erziehung als Zusammenfassung:

Erziehung bezeichnet die beabsichtigte personale Hilfestellung bei der allseitigen Persönlichkeitsentwicklung des Menschen.

Oder: „Ein Kind ist kein Gefäß, das gefüllt, sondern ein Feuer, das entzündet werden will."

(Francois Rabelais 1494–1553)

---

9. Als entschieden können m. E. die Meinungsverschiedenheiten um das *Verhältnis von Erziehung und Unterricht* gelten. Der Schüler betritt täglich die Schule nicht nur in Lernabsichten, sondern als ganzer Mensch mit dem Bedürfnis nach Selbstdarstellung, nach sozialem Kontakt, mit seinen Gefühlen wahr- und angenommen zu werden und Antworten auf existenzielle Fragen zu erhalten. J. Fr. Herbart (1776–1841) war es, der diesen Sachverhalt als *erziehenden Unterricht* beschrieb: „Und ich gestehe gleich hier, keinen Begriff zu haben von Erziehung ohne Unterricht, sowie ich rückwärts keinen Unterricht anerkenne, der nicht erzieht." Neben der Vermittlung von Wissen und Fertigkeiten hat der Unterricht auch der sittlichen Bildung zu dienen, in heutigem Sprachgebrauch der Wertorientierung und dem Aufbau eines gefestigten moralischen Urteilsvermögens.

Erziehung und Unterricht stehen ferner in einer unaufhebbaren Wechselwirkung,

– da Lerninhalte nicht um ihrer selbst willen gelehrt werden, sondern zum Zweck des Erwerbs von Befähigungen zum Handeln,
– da die Eigenart der Vermittlung – sei es über die Person des Lehrers oder über den Computer – immer auch erzieherische Wirkungen hat,
– da der Lehrer – bewusst oder unbewusst – mit einem bestimmten Menschen- und Weltbild und einem daraus abgeleiteten Erziehungskonzept seinen Schülern begegnet,
– da Unterricht als „kommunikatives Handeln mit lernbezogener Zielorientierung" (Mollenhauer) in einer Sozialsituation stattfindet.

Der Tatsache des erziehenden Unterrichts tragen sogar die Länderverfassungen Rechnung; in Artikel 131 der Bayerischen Verfassung ist z. B. formuliert: „Die Schulen sollen nicht nur Wissen und Können vermitteln, sondern auch Herz und Charakter bilden."

(Vgl. z. B. Hacker/Rosenbusch 1990; Hellekamps 1991; Ramseger 1991; Literaturangaben unter 2.)

1.3.3 Lernen

1.3.3.1 Anmerkungen zum Vorgang des Lernens

Die Lernpsychologie definiert Lernen als relativ überdauernde Veränderung von Einstellungen und Verhaltensweisen aufgrund von Erfahrungen. Ziel allen Lernens ist es, den Spielraum situationsangemessenen Handelns ständig zu vergrößern. Dabei kommt es mehr auf Erweiterung der Lern- und Handlungsfähigkeit an als auf Wissensanhäufung auf Vorrat.

Diese Begriffsbestimmung ist *rein formal* und damit für den Pädagogen nicht ausreichend: Die Lernpsychologie beschreibt und erklärt Lernvorgänge als gegebene Tatsache, noch dazu oftmals unter Zuhilfenahme von Laborexperimenten, die nur bedingt auf menschliches Alltagslernen übertragbar sind. Sie vermeidet auch eine Bewertung des Lernens. So findet in diesem Verständnis Lernen auch statt z. B. beim Erwerb aggressiven Verhaltens über die Beobachtung erfolgreicher Modelle oder bei der Aneignung informationstechnischer Kenntnisse mit dem Zweck, andere zu übervorteilen oder zu beherrschen.
Die *Schulpädagogik* ist über die Tatsachenbeschreibung der Lernpsychologie hinaus vor dem Hintergrund der unter 1.3.1 skizzierten Aufgabe der Bildung an der Verbesserung des Lernens mit dem Zweck förderlicher Lebens- und Weltgestaltung interessiert. *Unter pädagogischem Aspekt ist sinnhaftes, bildendes Lernen angestrebt,* das über Erfahren, Erkennen, Denken, Reflektieren, Argumentieren und Urteilen zu Identität und Persönlichkeit sowie zu förderlicher Wirklichkeitsbewältigung verhilft.
Etymologisch ist lernen auf das ahd. lirnen zurückzuführen, seit dem 9. Jahrhundert nachweisbar. In Entsprechung zu lehren bedeutet es „etwas verfolgen", etwas durch Anweisung, Beispiel oder Erfahrung Gelehrtes sich aneignen. Lernen ist bedeutungsgleich mit dem lateinischen discere = kennen lernen, lernen, erfahren, verstehen, wissen.

Gesichtspunkte konsensfähiger Interpretation:

1. *Veränderung* ereignet sich u. a. durch Neuerwerb und Vergessen, durch angemessene oder unangemessene Anpassung, fortschreitend oder durch sog. Aha-Erlebnisse.

2. *Erfahrung* als Grundlage des Lernens verweist auf die Notwendigkeit aktiver Auseinandersetzung mit der Wirklichkeit. Nachhaltiges Lernen erfolgt nur, wenn der Mensch eine Situation vorfindet, die ihn neugierig macht und zu eigener Konstruktion der Wirklichkeit veranlasst (vgl. hierzu das systemisch-konstruktivistische Strukturmodell der Didaktik unter 4.4.6!).

Der Vorgang der Erfahrung hebt den Lernbegriff deutlich ab

– von Reifungsvorgängen und
– von Veränderungen des Verhaltens aufgrund von physischen, medikamentösen und hormonellen Einflüssen
– sowie von Veränderungen des Verhaltens durch kurzfristige Stimmungs- und Motivationsschwankungen.

3. Das skizzierte Verständnis von Lernen zielt auf das *Gesamtverhalten des Menschen,* das in einen *lebenslangen Lernprozess* eingebunden ist. Als auf Veränderung ausgerichtete Verarbeitung von Informationen, Erlebnissen, Situationen im weitesten Sinne bezieht sich Lernen also nicht nur auf die Verbesserung der kognitiven Strukturen eines Individuums, sondern auch auf die Einübung in Werte und Normen und in Spielregeln des Verhaltens, auf den Umgang mit Emotionen, Affekten, Motiven und körperlichen Bedürfnissen sowie auf den Erwerb von Handlungsschemata für die kritische Überprüfung der Handlungsergebnisse.

C. Rogers (1979 und 1997) unterscheidet ein Lernen, das „vom Hals an aufwärts" vor sich geht und deshalb auch nur von eingeschränkter Bedeutung sein kann, und ein *„signifikantes Lernen", das den ganzen Menschen fordert und auch in seinen Effekten auf den ganzen Menschen zielt.*

Ein solches Lernen

● setzt persönliches Engagement voraus, das aus der Einsicht in die Bedeutsamkeit des Lernvorgangs resultiert,
● ist selbst eingeleitet (Erzwungenes Lernen zeitigt keine oder minimale Effekte.),
● erfasst den ganzen Menschen (insofern es Einfluss auf das Verhalten nimmt und nicht nur Wissenszuwachs bedeutet),
● wird vom Lernenden selbst bewertet (in seiner tatsächlichen Bedeutung für ihn selbst),
● hat Sinn (als erlebte Brauchbarkeit),
● kann sich wirkungsvoll nur in angstfreier, nichtbedrohlicher Situation entfalten.

4. In eindrucksvoller Weise hat F. Vester in seinem Buch „Denken, Lernen, Vergessen" (Erstausgabe 1975) die *vielschichtige Verknüpfung körperlicher und seelischer Vorgänge beim Lernprozess* zusammengefasst, die für jedermann in Form von Stresssituationen beim Lernen unmittelbar erfahrbar sind. So treten in Lernsituationen z. B. Schweißausbruch, beschleunigter Puls, „Lampenfieber", Denkblockaden auf, die als hinreichende Belege für den psychosomatischen Zusammenhang von Lernaktivitäten gelten.

Die *Lernchance* ist nach F. Vester abhängig von folgenden Voraussetzungen:

● Welche und wie viele *Eingangskanäle* (…) = Grundmuster des Lernverhaltens (…) werden bei der Informationsvermittlung benutzt? Je mehr Eingangskanäle (≙ multimediales Lernen) benutzt werden, umso größer ist die Chance, dass die Information ankommt.
● Die Qualität des Lernens hängt entscheidend davon ab, ob und wie viele *Assoziationen* mit Bekanntem geknüpft werden können.

- Vollzug und Wirkung von Lernprozessen stehen und fallen mit der *Motivation zum Lernen.* Erst die – wie immer auch ausgelöste – Aufmerksamkeit an Informationen eröffnet überhaupt die Möglichkeit, dass Informationen über das Ultrakurzzeitgedächtnis und das Kurzzeitgedächtnis in das Langzeitgedächtnis vordringen, d. h. also für längere Zeit gespeichert werden.

- Lernprozesse werden erheblich von ihren *Begleitumständen* beeinflusst. Dabei ist die Lernatmosphäre zusätzlich durch u. U. große individuelle Unterschiede in den Lerngewohnheiten, in Vorlieben und Abneigungen geprägt. Hier wirken sich also z. B. Hunger, Müdigkeit, Körperhaltung, Schularchitektur und Gestaltung des eigentlichen Lernraumes, Begleitgeräusche von Musik bis Lärm, augenblickliches Verhältnis zwischen Lehrer und Schülern, Art der Aufgabenstellung u. v. a. m. auf den Lernprozess aus. Grundsätzlich beeinflussen die Begleitumstände eines Lernprozesses den Lernenden umso günstiger, je vertrauter sie ihm sind. Dies sollte vor allem in Prüfungssituationen bedacht werden, da andernfalls allein schon durch äußere Umstände Denkblockaden ausgelöst werden können.

- *Das eigentliche Lernmotiv schlechthin ist Neugier,* die auf Unbekanntes gerichtet wird. Allerdings wird dieses Lernmotiv nicht selten in seiner Entfaltung behindert, wenn die Begegnung mit dem Unbekannten unter Stress erzeugenden Umständen eingeleitet wird. Hier wirkt sich der ungeduldige oder autokratisch auftretende Lehrer ebenso als „Motivationskiller" aus wie eine unangemessene, durch Fachsprache in die Unverständlichkeit verzerrte Art der Informationsdarbietung.

5. *Lernen und Leistung gehören untrennbar zusammen.* Beide sind Grundmerkmale menschlicher Daseinsverwirklichung. In wirklichkeitsbezogenen Lernsituationen können die Schüler ihre *Leistung in erster Linie als individuelles Erfolgserlebnis erfahren.* Außerdem werden auf diese Weise über das Kognitive hinaus die *Leistungsbereiche der Wertorientierung und Wertfindung, der körperlichen, sozialen, kreativen, organisatorischen, handwerklichen und technischen Tätigkeiten erschlossen* (vgl. zur Problematik der schulischen Leistung Kapitel 9).

6. Der *Lernvorgang* wird allgemein mit folgenden vier Schritten beschrieben:
Vorbereitung – Aneignung – Speicherung – Erinnerung, oder in der Sprache der Informationspsychologie:
– Input (= Eingabe von Informationen),
– Dekodierung (= Entschlüsselung, z. B. der sprachlichen Signale),
– Speicherung,
– Verarbeitung zu verändertem Verhalten und gegebenenfalls Output (= Ausgabe).

7. *Lernarten* werden unterschieden
– nach den inhaltlich bestimmten Fähigkeitsbereichen, auf die sich Lernen bezieht (z. B. verbales, kognitives, soziales Lernen, Wahrnehmungslernen)
– und nach Eigenart des Ablaufs (z. B. Modell-, Nachahmungs-, Beobachtungslernen, spielerisches Lernen, Versuch-Irrtum-Lernen, Lernen über Einsicht, Konditionierung, Verstärkung, Superzeichenbildung, Regellernen, Gewohnheitsbildung, handlungsorientiertes, entdeckendes, lebenslanges Lernen ...)

1.3.3.2 Übersicht über praxisrelevante Erkenntnisse der Lerntheorien

(Vgl. z. B. Bandura 1976; Bower/Hilgard 1983/1984; Bruner 1974; Köck 1992 Zeier 1988)

Die lernpsychologische Forschung ist an der Aufdeckung von Gesetzmäßigkeiten des Lernens interessiert. Für die Schulpädagogik bedeuten ihre Ergebnisse immerhin die Wendung von der gegenstandsorientierten Didaktik zur lernprozessorientierten Didaktik. In der nachfolgenden Übersicht sind die wichtigsten Handlungskonsequenzen für die pädagogische Praxis zusammengefasst.

1. Nach Ansicht der *Psychoanalyse* ist es das dualistische Ringen zwischen Lust- und Realitätsprinzip, das alles Lernen auslöst und steuert. Ein Lernprozess wird also nur eingeleitet, wenn der Schüler durch eine *problemhaltige Situation* (neuer Lerngegenstand, Konflikt, zwingendes Bedürfnis) aus seinem gefühlsmäßig ausgeglichenen Zustand in einem emotionalen und/oder kognitiven Spannungszustand versetzt wird, der allerdings verkraftbar sein muss. Als besonders wichtiges pädagogisches Ziel betont die Psychoanalyse ferner den Aufbau einer stabilen *Ichstärke*, mit welcher der Mensch ohne fremde Hilfe die jeweils nötige Verhaltensregulierung zwischen den Ansprüchen der gesellschaftlichen Normen (Überich) und den eigenen triebgesteuerten Bedürfnissen (Es) zustande bringt.

2. *Klassische Konditionierung* (I. P. Pawlow, E. R. Guthrie) als unmittelbare und oftmals wiederholte Koppelung von Reiz und Reaktion (z. B. Vokabeln lernen, Autofahren lernen) ist bei *Gewöhnungsprozessen* angebracht, also bei der Einübung in automatisierte Handlungen, deren sichere Beherrschung Kräfte freisetzt für neue Lernaufgaben. Verstärkung, sinnvolle Wiederholung und Übung und die Anknüpfung an bereits gewohnte Reiz-Reaktions-Muster begünstigen die Lerneffekte.

3. Das von E. L Thorndike (1874–1949) favorisierte *Versuch-Irrtum-Lernen* ist vor allem in der Orientierungsphase des Lernprozesses einzusetzen, da es zu einem raschen Durchspielen der bereits beherrschten Lernstrategien anhält und zur schnellen Aufklärung über die eigentlichen Schwierigkeiten der vorliegenden Lernaufgabe beiträgt. Als ausschließliches Lernverhalten ist es zu zeitaufwändig und damit unökonomisch.
Die Lernmotivation wird nur aufrechterhalten – auch bei Wiederholung und Übung –, wenn die Lernaufgaben hinreichend *Erfolgserlebnisse* vermitteln und die Lernsituationen die Handlungsbereitschaft des Schülers berücksichtigen; erzwungenes Lernen bringt nichts oder unlohnend wenig.

4. *Operante Konditionierung* nach B. F. Skinner (1904–1990) liegt vor, wenn eine beliebige Reiz-Reaktions-Verbindung durch positive Verstärkung verfestigt wird. Skinner wurde mit seiner Ansicht zum bedeutendsten Theoretiker des *programmierten Lernens.* Von entscheidender Bedeutung für den Verlauf und das Ergebnis eines Lernvorgangs ist die *sofortige Rückmeldung von Erfolg oder Misserfolg,* wobei positive Verstärkungen (Erfolgserlebnisse, Belohnungen) den negativen (Misserfolge, Bestrafungen) vorzuziehen sind. Gehäufte Misserfolge sind durch angemessene Aufgabenstellung zu vermeiden, andernfalls wird mutwillig der Zusammenbruch der Lernmotivation herausgefordert.

5. Die Vertreter der *kognitiven Lerntheorien* (z. B. J. S. Bruner, D. P. Ausubel, J. Piaget, H. Aebli) setzen auf Lernen als Gestaltung der Wirklichkeit über Erfahrung, Einsicht und Erkenntnisgewinnung. Lernen ist demnach durch folgende Merkmale gekennzeichnet:
– Lernen ist ein konstruktiver Akt. Entscheidend sind nicht die Informationen und ihre Aufnahme durch Anschauung und Anpassung, sondern die Operationen an ihnen.
– Das Lernen wird durch kognitive Strukturen wie z. B. Lernvergangenheit, Lernstile bestimmt.
– Kognitives Lernen hat Systemcharakter, d. h. es funktioniert aufgrund eines vielschichtigen Beziehungsverhältnisses seiner einzelnen Faktoren zueinander, nicht also als einfache Reiz-Reaktion-Verknüpfung.
– Kognitives Lernen ist nicht allein eine Sache des Intellekts, sondern der Gesamtpersönlichkeit, die wesentlich mitbestimmt ist

- von Spontaneität und Kreativität,
- von Persönlichkeitsdimensionen wie z. B. Extra- oder Introversion
- sowie von vererbten und erworbenen Persönlichkeitsdefiziten und schließlich
- von einem vielschichtigen sozialen Bezugssystem.
– Kognitives Lernen ist wesentlich „entdeckendes Lernen" (vgl. Bruner später!).
– Kognitives Lernen kann nur als Vorgang begriffen werden, nicht als relativ statische Darbietung und Anschauung von Lerngegenständen.

Konsequenzen für die pädagogische Praxis:

– *„Anschauung ist das Fundament aller Erkenntnis" (Pestalozzi),* nicht aber im Sinne eines passiven Vorgangs, in dessen Verlauf aus Sinneswahrnehmungen Erkenntnisse erwachsen, sondern *im Sinne aktiver gestaltender Auseinandersetzung mit der Welt.*

– *Effektives Lernen erfolgt nur durch Erfahrung,* Erfahrung bedingt Handeln mit Verantwortungsübernahme (= learning by doing nach J. Dewey, 1859–1952)

– Die Lernmotivation steht und fällt mit *problemhaltigen und an der Erfahrungswelt der Schüler orientierten Lernsituationen.*

– Lernziel, Inhalt und Methode bedingen und beeinflussen sich wechselseitig.

– Da für eine erfolgreiche Lebensbewältigung in der Gemeinschaft gelernt wird, erfordern auch die Lernprozesse selbst den *Sozialverband.*

Nach Ansicht der *Gestalttheoretiker* (M. Wertheiner als Begründer, W. Köhler, K. Koffka, K. Duncker, W. Metzger) bewegt sich jede psychologische Organisiertheit auf den Zustand der „guten Gestalt" hin, der sich durch Prägnanz, d. h. durch einfache, regelmäßige, klare und stabile Strukturiertheit auszeichnet (= *Prägnanzgesetz).* Beim Problemlöseverhalten hin zur „guten Gestalt" braucht der Mensch sicher beherrschte Strategien methodisch richtigen Vorgehens.

Konsequenzen für die pädagogische Praxis:

– Gut gegliederte und geordnete sowie abwechslungsreiche Wahrnehmungsinhalte (Lerninhalte, Tafelanschriften, Lehrervorträge u. a.) werden vom Schüler leichter angenommen und verarbeitet als schlecht strukturierte oder gleichförmige.

– Der Schulung der Wahrnehmung nach den Hilfsgesetzen des Prägnanzgesetzes kommt als Voraussetzung für einsichtiges Lernen große Bedeutung zu. Diese Hilfsgesetze verweisen darauf, dass unsere Wahrnehmung nach den Grundsätzen der Ähnlichkeit, der Nähe, der Unterschiedlichkeit, der Umschlossenheit und der guten Fortsetzung funktioniert, die nicht nur beachtet, sondern auch trainiert werden müssen.

– Ein Lerngegenstand wird nicht durch die Kenntnis seiner Einzelteile erfasst, sondern durch die Aufdeckung der Beziehungen zwischen den Einzelteilen.

– Die Konsequenz für den Unterricht ist ein an Anreizen reiches Lernfeld, das zum Ordnen und zum Herstellen von Beziehungen auffordert.

– Unattraktive und mit Zwang verfolgte Lernziele, die auch nicht durch einen Bedeutungswandel mit Aussicht auf eine „gute Gestalt" als Effekt versorgt werden können, beeinträchtigen die Lernmotivation.

– Die Zielwahl wird zweifellos durch Erfolgs- und Misserfolgserlebnisse beeinflusst.

Für *J. S. Bruner* ist das einzig sinnvolle Lernen das entdeckende Lernen, was für die Praxis heißt:

- Es sind Lernsituationen zu bevorzugen, die entdeckendes Lernen nicht nur zulassen, sondern herausfordern.
- Problemlösungen sind mit allen drei kognitiven Funktionssystemen anzugehen, also handelnd, bildhaft, symbolisch, je nach Bedarf kombiniert.
- Das sorgfältige Verbalisieren des Umgangs mit Problemen ist sehr wichtig, da dadurch die Problemlösungsstrategie voll einverleibt wird und die Denkstrukturen weiterentwickelt werden.
- Emotionales und motivationales Lernen müssen mit dem kognitiven Lernen verbunden werden und dürfen nicht verkümmernd zurückgelassen werden; andernfalls sabotieren sie früher oder später das kognitive Lernen.
- Für den Transfer von Gelerntem sind Leitsätze, Gesetzmäßigkeiten, Kategorien, also grundsätzliche Strukturelemente und -beziehungen herauszuarbeiten.

6. Die *Theorien zum Modell-Lernen* (v. a. A. Bandura und R. H. Walters), auch Nachahmungs-, Imitations- und Beobachtungslernen genannt, gehen von der bewussten oder unbewussten Nachahmung eines als erfolgreich erlebten Modells in einer vergleichbaren Situation aus. So wird z. B. der Aufbau aggressiven Verhaltens begünstigt, wenn am Modell beobachtet wurde, dass es sich mit entsprechenden Verhaltensweisen zu seinem Vorteil behaupten konnte. Der Verhaltensaufbau über das Modell-Lernen orientiert sich sowohl an personalen Vorbildern (Eltern, Mitschülern, Lehrern) als auch an symbolischen Modellen (Lektüre, Filmen, Fernsehen). Im Rollenspiel lassen Kinder erkennen, welche Modelle sie gerade in besonderer Weise anziehen.

Konsequenzen für die pädagogische Praxis:
- Der Lehrer ist in jedem Fall (positiv oder negativ) und in allen Lebensäußerungen (emotional, sozial, intellektuell, sprachlich etc.) Modell für die Schüler; dies bedeutet die Verpflichtung zu kritischer Selbst- und Fremdkontrolle.
- Modell-Lernen ist in seiner Wirksamkeit an die Beobachtung bzw. nachfolgend an das eigene Erlebnis des Erfolges gekoppelt, z. B. sich in der Fremdsprache gewandter ausdrücken zu können, sich in einem Konflikt argumentativ besser behaupten zu können, im Sport bessere Leistungen erzielen zu können.
- Fremdverstärkung begünstigt das nachgeahmte Verhalten zusätzlich.

1.3.3.3 Ohne Motivation kein Lernen!

(Vgl. z. B. Heckhausen 1989; Keller 1995; Schiefele 1978; Spiel 1996; Weiner 1994)

Motive sind Handlungsabsichten, die erlernt sind und verantwortet werden müssen. Sie unterscheiden sich von Gewohnheiten (erlerntes Entlastungssystem), Trieben (anlagebedingt) und Bedürfnissen (teils anlagebedingt, teils erlernt).

Motivation bezeichnet
- in der *ersten Planungsstufe der Unterrichtsvorbereitung* (Motivationsphase) die Maßnahmen, die den Schüler in den psychischen Zustand der Aufmerksamkeit, des Interesses, ideal der Neugier für die präsentierte Lernaufgabe versetzen sollen;

- im *Sinne von Lernmotivation* die grundsätzliche Bereitschaft und den Handlungs-antrieb des Menschen, aufgrund einer anregenden Situation sich aufgaben- und ergebnisorientiert mit der begegnenden Wirklichkeit auseinander zu setzen;
- im *Sinne von Leistungsmotivation* das Bestreben des Menschen, seine Leistungs-fähigkeit ständig zu verbessern und im Vergleich mit der Leistungsfähigkeit anderer zu messen.

Das eigentliche Lernmotiv ist die *Neugier*. Daneben wird die hier v. a. interessierende Lern-motivation aber noch durch das soziale Anschlussmotiv, das Macht -und Geltungsmotiv, das Besitz- und Sicherheitsmotiv und das Leistungsmotiv beeinflusst. Das nachfolgende Pro-zessmodell veranschaulicht das Zusammenwirken dieser Motivgruppen und die Folgen für die Lernmotivation bei Erfolg bzw. Misserfolg in Lernsituationen:

Prozessmodell der Lernmotivation mit Erfolg

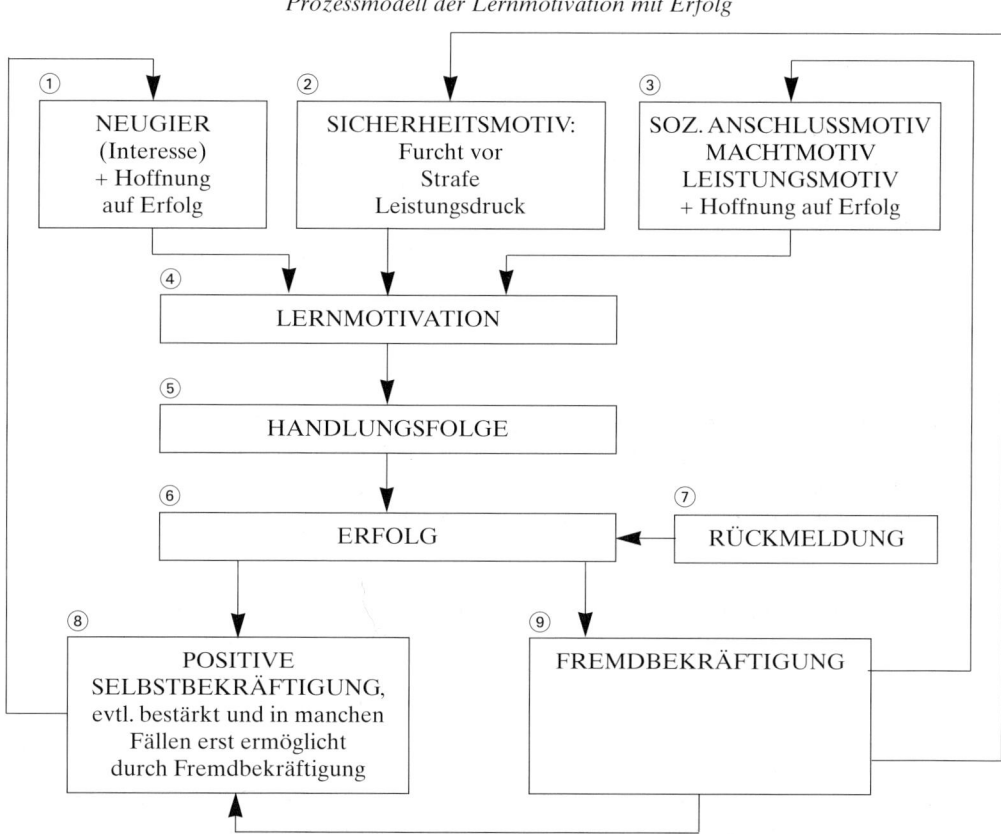

evtl. verstärkende Wirkung; bei ausreichender Selbstbekräftigung nicht nötig, gelegentlich sogar schädlich, da die Motivation an der Sache z. B. auf die verstärkende Person verlagert werden kann.

Leistungsmotivation kann auf die Dauer nur aufrecht erhalten bleiben, wenn sich ausreichend Erfolgserlebnisse einstellen!

Lerndurchgänge, die gehäuft in Misserfolg ⑥ und in der weiteren Folge in negative Selbst- und Fremdbekräftigung ⑧ und ⑨ einmünden, führen dazu, dass ① und ③ zunehmend als Lernmotive ausfallen und das Sicherheitsmotiv ② die Oberhand gewinnt, d. h. die Orientierung an der Sache und an der Aufgabe in den Hintergrund tritt.

Für die gezielte Arbeit an der Lern- und Leistungsmotivation ergeben sich die folgenden *Handlungskonsequenzen:*

1. Als grundsätzliche Einstellung und Haltung gegenüber Lernen und Leistung ist eine *intrinsische Motivation,* d. h. eine von der Sache ausgehende und auf sie bezogene Motivation aufzubauen:

① Frühe Bekräftigung der kindlichen Aktivitäten beim Streben nach Selbstständigkeit und Unabhängigkeit fördert die Leistungsmotivation.
② Die Eigeninitiative muss gestärkt werden, ehe Beschränkungen auferlegt werden.
③ Hohe Leistungsansprüche der Eltern und Erzieher und hohe Leistungserwartungen begünstigen die Ausbildung von Gütemaßstäben. Extrem hohe Leistungsansprüche scheinen sie eher zu hemmen. Die Problemstellungen sind also an der oberen Grenze des Anspruchsniveaus anzusetzen unter Berücksichtigung der objektiven und subjektiven Erreichbarkeit des Zieles.
④ Bei mangelnden Leistungsforderungen, Mangel an affektiver Zuwendung und Belohnung fehlen Anreize für das Erlernen des Leistungsstrebens.
⑤ Umfassende, zukunftsbezogene Motivationen (Arbeitstechniken; Verhaltensweisen für Schule und Beruf; soziale Kontakte ...) tragen als langfristig erworbene Verhaltensweisen über vereinzelte Misserfolge hinweg.

2. *Emotionale und soziale Bedingungen der Lern- und Leistungsbereitschaft berücksichtigen!*

① Affektive Zuwendung und Anteilnahme fördern das Lernen.
② Angstfreie Atmosphäre: Negative Verstärkung bzw. Sanktionen bei Misserfolg und fehlende Anerkennung bei Erfolg verhindern die positive Zuwendung zu leistungsbezogenen Tätigkeiten und bewirken Vermeidungsreaktionen.
③ Soziale Einflüsse auf das Lern- und Leistungsverhalten:
   – Die *bloße Gegenwart anderer,* und hier wiederum insbesondere deren mögliche Beurteilung unserer Handlungen, kann sich je nach Leistungsmöglichkeit positiv oder negativ auswirken. So nimmt die Vorbereitungsintensität mancher Lehrer erheblich zu, wenn die dienstliche Beurteilung durch den Schulrat oder Direktor fällig ist. Hinreichend bekannt ist auch die u. U. leistungshemmende mündliche Einzelprüfung eines Schülers vor der Klasse oder grundsätzlich die Position des Außenseiters ...
   – Unterschiedlichen Einfluss auf Lernen und Leistung übt auch das *Handeln mit anderen* aus, je nachdem in welchem Ausmaß es gelingt, dabei Konkurrenz zu vermeiden und Kooperation zu verwirklichen.
   – Das *„Lernen am Modell"* (Bandura 1976) birgt Chancen für die Lern- und Leistungsmotivation, wenn die Schüler sich mit dem Modell und seinen Handlungen identifizieren bzw. wenigstens die Handlungsfolgen des Modells (Anerkennung, Beliebtheit, Prestige ...) für erstrebenswert halten.
④ Berücksichtigung des soziokulturellen Hintergrundes, d. h. z. B. der Anregungsbedingungen für Lernen und Leistung im Elternhaus, lern- und leistungsfördernder Arbeitsplatz, mögliche Sprachbarrieren, Erwartungshaltung der Eltern ...

3. *Hinweise für die tägliche Unterrichtsgestaltung*

① *Konkrete, genau definierbare Leistung fordern!*
Operationalisierte Lernziele helfen dabei.
Die Leistungsforderung durch Übungsaufgaben und Lernzieltests verdeutlichen und erlebbar machen!

② Bei der geforderten Leistung müssen *Erfolg und Misserfolg* möglich sein.
Der Erfolg muss *Anstrengung* abverlangen, aber auch durch Anstrengung erreichbar sein.
Dabei haben *Aufgaben mittleren Schwierigkeitsgrades* den größten Anregungsgehalt.
Nach dem Prinzip der Angemessenheit sollen Forderungen in der Nähe der oberen Leistungsgrenze liegen.

③ Der *Maßstab für die Bewertung von Leistungen* (= Gütemaßstab) muss bekannt und für Lehrer und Schüler verbindlich sein.
Der Erfolg muss also erlebt und gemessen werden können.
Übungen, Hausaufgaben, Gruppenarbeiten und erst recht benotete Arbeiten müssen besprochen werden. Dabei sollten wenigstens die Lösungen bekannt gegeben werden, noch besser die möglichen Lösungswege, dass eine selbsttätige nachvollziehende Kontrolle durch die Schüler möglich ist.

④ *Die Leistungsmotivation lebt vom Erfolg.*
Anhaltende Misserfolge verringern die Motivation und das Interesse und schaffen somit die Voraussetzung für weitere verminderte Leistungen und Misserfolge.
Maßnahmen der inneren Differenzierung und Individualisierung, u. U. sogar kurzfristig bei den Lernzielanforderungen, können nützlich sein.

⑤ Der Lehrer muss seinen Schülern Hilfestellung geben, eine *realistische Selbsteinschätzung* aufzubauen. Eine Veränderung des Leistungsverhaltens des Schülers ist unmöglich ohne Veränderung seiner Selbsteinschätzung!

⑥ *Stress und Angst wirken sich leistungsmindernd aus.*
Die Konsequenz heißt, überlegt Angst und Stress erzeugende Verfahren und Prüfungssituationen zu vermeiden (vgl. hierzu 9.4!).
Andererseits ist der Lehrer aber auch der erzieherischen Forderung verpflichtet, seine Schüler in die Bewältigung der gegebenen Wirklichkeit einzuüben, welche Leistungen eben auch mit Druckmitteln abfordert. Die Schüler müssen also auch zu Misserfolgen stehen lernen, d. h. Selbstverantwortung für ihre Leistung übernehmen lernen.
Nachhilfeunterricht muss aus diesem Grunde bewusst motivationsfördernd gestaltet werden, wenn er letztlich nicht für Schüler zum Alibi geraten soll, sich um die Eigenverantwortung für ihre Leistungen zu drücken.

⑦ Es ist wichtig, die Rückmeldung über das erzielte Ergebnis völlig von Lob und Tadel zu trennen.

⑧ Bei Schülern, die extrinsisch motiviert sind, die also vorwiegend wegen der Fremdbekräftigung arbeiten, und bei solchen Schülern, die ihrer Selbstbekräftigung einen unrealistischen Gütemaßstab zugrunde legen, können *Lob und Tadel* dann zur Verbesserung der Motivation beitragen, wenn der Lehrer
  – den Gütemaßstab jeweils auf die individuelle Bezugsnorm, d. h. auf den erreichten Leistungsstand des betreffenden Schülers, stützt
  – und Tadel an ungenügende Anstrengung und Lob an verwirklichte Fähigkeiten knüpft, also nicht an das Ergebnis selbst.
Grundsätzlich sollte die Anerkennung für eine Leistung angemessen sein, d. h. dass Lobhudelei und leistungsmindernde Bemerkungen (Ironie, Sarkasmus, Liebesentzug ...) gleicherweise zu vermeiden sind.

⑨ Hinsichtlich der Aufgabenschwierigkeit ist deutlich zwischen *Übungen* einerseits und *Lernzieltests und Prüfungen* andererseits zu unterscheiden:

Für Übungen gilt das Prinzip der Angemessenheit, also die obere Leistungsgrenze. Tests aber müssen sich an den definierten und erarbeiteten Lernzielen orientieren. Nachweislich unterschätzen Lehrer die Schwierigkeit von Prüfungsaufgaben und sie unterschätzen allgemein die Schwierigkeiten ihres Faches für Nichtfachleute und Anfänger.

⑩ *Sorgfältige Gestaltung der Ausgangssituation des Lernens:*

V.a. Probleme anbieten, die produktives Vorgehen oder Kreativität fordern, also für den Schüler reizvoll sind:

– Originale Begegnung
– Operationalisierung abstrakter Zusammenhänge
– Konfrontation mit einer Vielfalt von Gegenständen und Ereignissen
– Möglichkeit der Nachahmung vieler Handlungs- und Sprachvorbilder
– Wenn möglich von spontanen Interessen der Schüler ausgehen und sie ausspielen bzw. auslernen lassen, also nicht durch gewaltsamen Beschäftigungswechsel vom augenblicklichen Interesse wegziehen. Damit ist freilich eine schwierige Planungsaufgabe für den Lehrer angesichts des 45-Minuten-Takts schulischen Lernens formuliert.
– Kontrast und Gegensätzliches, Ähnliches
– Überraschungsmoment nutzen
– Menschen in Entscheidungssituationen darstellen
– Das „Primärmotiv des Machens" (Schiefele) einplanen
– Keine unüberwindbaren Schwierigkeiten aufbauen, d.h. den Lerngegenstand durchschaubar anbieten; andernfalls besteht die Gefahr, dass die Schüler aus dem Lernfeld fliehen.

⑪ Bei *gezielter Arbeit an der Lern- und Leistungsmotivation* kann es nützlich sein,

– die geforderte Leistung an die verschiedenen Motivgruppen anzubinden (vgl. Prozessmodell der Lernmotivation!);
– auf Übertragungseffekte von Seiten erfolgsträchtiger Fächer zu setzen;
– den individuellen Anreizwert der erwarteten Handlungsfolgen genau zu ermitteln und evtl. in besonderen Fällen auch in einem Verhaltensvertrag festzuschreiben;
– Hinweise für die Verbesserung des Arbeitsverhaltens zu geben (vgl. 7.3);
– Lernalgorithmen zu erarbeiten und bei vereinbarter Selbstkontrolle des Schülers einzuüben.

⑫ Bei *offensichtlicher intellektueller Überforderung* ist in Kooperation mit dem Beratungslehrer und u.U. auch im Interesse des Schülers ein Schulartwechsel zu empfehlen.

1.4 Die Schule als Ort sozialen Lernens

(Vgl. z.B. Biermann/Wittenbruch 1986; Bohnsack/Leber 1996; Diem-Wille/Wimmer 1988; Flammer 1996; Fritz 1993; Herdegen 1998; Hurrelmann 1991 und 1998; Petillon 1980 und 1993; Schäfer 1994; vgl. auch Literaturangaben unter 5.4.3 Methoden zur Arbeit an der Kommunikation)

In Konkurrenz mit Familie, Peergroup, Jugendgruppen, Vereinen und Massenmedien fällt der schulische Einfluss auf das soziale Lernen eher bescheiden aus. Die Schule bietet aber nach den vorschulischen Einrichtungen die einzige institutionalisierte Gelegenheit, gezielt am Erwerb von Sozialkompetenz und an Verstößen gegen allgemein erwartetes und/oder vereinbartes Sozialverhalten zu arbeiten. Dabei ist wegen der nachhaltigeren Effekte grundsätzlich präventiven pädagogischen Maßnahmen der Vorzug zu geben vor korrigierenden oder gar therapeutischen Maßnahmen.

Soziales Lernen bezeichnet alle Vorgänge, welche die Fähigkeit zum Umgang mit anderen Menschen (= Sozialkompetenz) aufbauen und verbessern helfen. Es ereignet sich sowohl unbewusst und eher nebenbei im alltäglichen Umgang miteinander vor allem als Modell-Lernen (z. B. im Spiel, beim Lernen, in Konflikten, bei Freizeitaktivitäten; vgl. 1.3.3.2/6.) als auch bewusst in geplanten Übungsfeldern (z. B. Konflikt und Konfliktlösung als Unterrichtsinhalt, Metakommunikation aus aktuellem Anlass, Erarbeitung von Regeln und Ritualen des Zusammenlebens, Einübung in politische Handlungsfähigkeit).

1.4.1 Möglichkeiten und Grenzen sozialen Lernens in der Schulklasse oder: Gruppendynamik der Schulklasse

(Vgl. z. B. Antons 1998; Battegay 1973–1979; Freudenreich 1994; König 1997; Ribar 1995)

Die Gruppendynamik befasst sich mit dem auf Wechselwirkung beruhenden Kräftespiel in Gruppen.

Für realistische Verhaltenserwartungen und für die Ableitung Erfolg versprechender pädagogischer Strategien zugunsten des sozialen Lernens ist die Kenntnis dieses Kräftespiels notwendige Voraussetzung, näherhin z. B. welche Sozialstruktur eine Schulklasse kennzeichnet, welche Gesetzmäßigkeiten der Gruppenbildung zu berücksichtigen sind, mit welchen emotionalen Grundkräften in Gruppen zu rechnen ist u. a. m.

1.4.1.1 Die Schulklasse – eine Gruppe?

Die Möglichkeiten und Grenzen der sozialen Entwicklung einer Schulklasse und die damit verbundene erzieherische Einflussnahme lassen sich im Überblick aus einer Gegenüberstellung von Schulklasse und Gruppe gewinnen:

Schulklasse	*Gruppe im strengen Sinnen*
– Soziales Zwangsgebilde aufgrund gesetzlich geregelter Einteilungskriterien wie Alter, Schulsprengel ...	– Freiwilliger Zusammenschluss auf der Basis gemeinsamer Neigungen, Einstellungen, Ziel- und Wertvorstellungen
– Durch Verwaltungsakt festgesetzter Spielraum der Anzahl der Schüler in einer Klasse	– Überschaubare Zahl von Mitgliedern, die alle miteinander jederzeit in Wechselbeziehung stehen können
– Verordnete (formelle) und aus der Klasse heraus entwickelte (informelle) Organisation gehen ineinander über.	– Die Gruppe ist ein „hochorganisiertes soziales Gebilde" (Battegay 1967), bei welchem die Organisationsformen von Bedarf und Zweck bestimmt werden.
– Selbstregulierung, -verantwortung und -kontrolle in der Klasse stehen in Abhängigkeit von Fremdsteuerung und Fremdkontrolle.	– Die Gruppe setzt in allen Belangen auf Selbstregulierung, Selbstverantwortung und Selbstkontrolle.

- Die durch Leistungsvergleich und „Punkte-sammeln beim Lehrer" bedingte Konkurrenz-situation lässt bestenfalls gelegentlich solida-risches Verhalten gegenüber Bedrohungen entstehen, die alle betreffen (können).

- Der Lehrer als Leiter der Klasse (als Lern-gruppe) ist gesetzt, klassenintern hat er keine Position.
- Die Ziele sind durch Lehrplan bzw. Curricu-lum vorgeschrieben, traditionsorientiert und überwiegend kognitiv; sie begünstigen eher Konkurrenz und Rivalität als Gemeinsamkeit.

- In der Interaktion herrscht nach wie vor Do-minanz des Lehrers im Frontalunterricht vor, echte Kooperation ist selten, die Schülerinter-aktion ist eher durch ein Nebeneinander u. ge-legentlich auch ein Gegeneinander gekenn-zeichnet.
- Es gibt eigentlich nur zwei Rollen, die Lehrer-rolle und die Schülerrolle.

- Bezüglich der Normen existieren ein formel-ler Bereich mit Fremdkontrolle (Gesetze, Schulordnung, Hausordnung) und ein infor-meller Bereich mit Gruppenkontrolle (sog. heimlicher Lehrplan) konfliktträchtig neben-einander.
- Der Klasse sind wegen der Fixierung auf Lernziele und Lerninhalte Grenzen für Meta-kommunikation gesetzt.

- Außenbedrohung (z. B. von Seiten des Leh-rers) führt wegen der vorherrschenden indivi-duellen Interessenlage meistens zur Spaltung der Klasse.
- Die Interaktion ist durch erzieherische Maß-nahmen und gesellschaftlich geregelte Strafen gesteuert.

- In der Gruppe werden bei aller wechselseitigen Kritik Vertrauen, Geborgenheit, Verständnis und Anerkennung erwartet; mit intensivem Binnenkontakt steigen allerdings auch die An-forderungen der Gruppenmitglieder aneinan-der, gelegentlich bis zur Überforderung.
- Der jeweilige Gruppenführer ergibt sich aus dem Wechselspiel von Leistung, Anerkennung und Rollenkampf.
- Gemeinsame Ziele werden gruppenintern formuliert, für verbindlich gehalten und auch gemeinsam angestrebt. Sie dienen vor allem der Bewältigung gemeinsamer Probleme im emotionalen und sozialen Bereich.
- Die Interaktion wird von der Aufgabe be-stimmt, ist arbeitsteilig in verschiedene Rollen ausdifferenziert. Die Gruppenmitglieder sind in einem Füreinander gefühls- und verstan-desmäßig verbunden.

- Vielfalt von Rollen, v. a. nach den Gesichts-punkten Beliebtheit, Prestige, Macht, Leis-tung für die Gruppe, dynamischer Verände-rung unterworfen.
- Die verhaltensregulierenden Normen sind zweckorientiert vereinbart und werden von allen Gruppenmitgliedern getragen. Ihre Ein-haltung wird wechselseitig kontrolliert, ihre kritische Weiterentwicklung ist gemeinsame Aufgabe.
- Die Gruppe arbeitet ständig an der Kommu-nikation ihrer Mitglieder und praktiziert Me-takommunikation (= kritische Reflexion über die Alltagskommunikation) zu diesem Zweck.
- Bedrohung durch Fremdgruppen bzw. Ableh-nung durch das Umfeld steigert die Kontakt-dichte der Gruppe.

- Die Interaktion ist durch ein gruppeninternes Strafsystem geregelt.

Je notwendiger für die Schüler aufgrund der formellen Umstände die *Entwicklung und das Ausleben eines sog. heimlichen Lehrplans* (= die tatsächlichen Probleme ihrer schulischen und außerschulischen Wirklichkeit) wird, umso häufiger werden sich damit auch Störungen von Kommunikation und Disziplin einstellen bzw. Taktiken von den Schülern entwickelt, die Anforderungen der formellen Organisation zu unterlaufen. So werden z. B. dem Lehrer durch Kopfnicken, geschäftiges Hantieren mit Arbeitsmaterial und durch den sog. klugen Blick Mitarbeit und der „große Durchblick" vorgespielt, um dem Drankommen und evtl. Blamage zu entgehen. Nebenbei steigt die Achtung der Mitschüler mit jedem gelungenen Schachzug dieser Art.

Die Verbindung von formeller und informeller Organisation der Schulklasse und die Ent-wicklung der Schulklasse zur Gruppe können nur gelingen, wenn Lehrer und Schüler ihr Beisammensein neben den kognitiven Leistungsanforderungen bewusst und planend als *Übungsfeld für soziales Lernen* begreifen.

1.4.1.2 Basiswissen über die Gruppendynamik in Schulklassen (Gruppen)

1. Umgang mit emotionalen Kräften in der Schulklasse (Gruppe)

> Emotionen sind Verhaltensantriebe, Gefühle, Affekte, die durch Lust oder Unlust, Anteilnahme oder Ablehnung, Annäherung oder Vermeidung, Liebe oder Hass usw. erfahrbar sind.

Emotionale Kräfte wirken immer, wenn Menschen sich versammeln, und zwar unabhängig von der besonderen Organisationsform (Schulklasse, Trainingsgruppe, Verein, Publikum usw.).

a) Vergegenwärtigen wir uns das Wirken von Emotionen im täglichen Unterrichtsbetrieb zunächst mit Hilfe eines *Erklärungsmodells*:

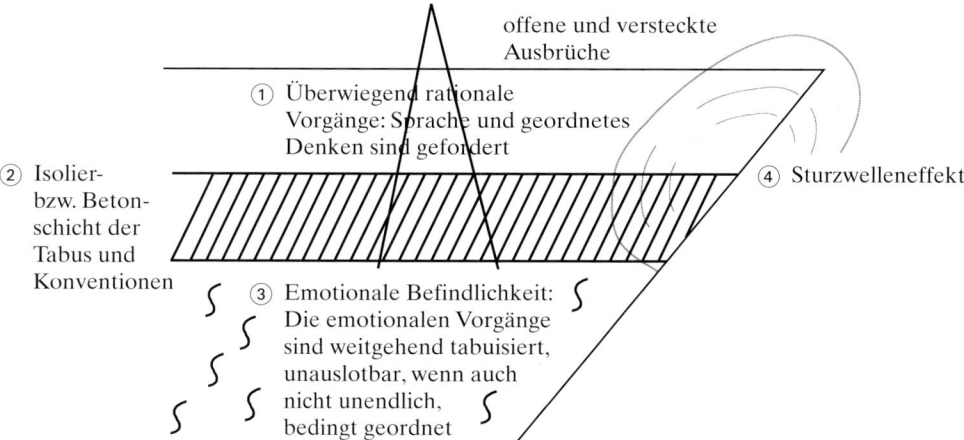

Erläuterungen:

Beispiele:

– Der Lehrer glaubt einen hervorragenden Motivationsanlass gegeben zu haben, auf den die Schüler normalerweise auch „anspringen", die Klasse aber ist passiv, unkonzentriert und unruhig.
– Der Lehrer muss zu ungewohnt vielen disziplinierenden Ermahnungen greifen, die Mitarbeit der Klasse ist schleppend, Antworten fallen meist falsch oder abwegig aus.
– Der Unterricht geht in Schwätzen und allgemeinem Lärm unter.

① Allen Beispielen liegt das gleiche Muster der Verhaltensentwicklung zugrunde: Die Schule legt ihren Schwerpunkt auf die rationalen Vorgänge, unter dem Zwang von Lehrplan und Prüfungen sogar mit großer Hartnäckigkeit.
② Die „Isolierschicht" soll Impulse aus dem Bereich der Emotionen abfangen; dies gelingt auch im Regelfall, nur verbunden mit dem unerwünschten Nebeneffekt, dass aus der emotionsbremsenden Isolierschicht im Laufe der Zeit eine Betonschicht wird, je seltener emotionale Befindlichkeiten zugelassen werden.
③ Die emotionale Befindlichkeit wird im schulischen Alltag wenig beachtet und eingeübt. Man nimmt oftmals Zuflucht zu der unzulässigen Gleichsetzung von rational = ist sachlich, emotional = unsachlich.

④ Über Gebühr oft oder lange gebremste Emotionen schaffen sich Auswege. Entweder kommt es zur offenen Konfrontation, oder Intrigen, üble Nachrede, Mobbing u. a. m. vergiften die zwischenmenschlichen Beziehungen.

Im Unterricht kommt es oft zu einem *Sturzwelleneffekt:* Unbeachtete Emotionen, deren Bearbeitung mit den geforderten kognitiven Abläufen nicht mehr Schritt halten kann, „laufen auf", d. h. sie verdichten sich derart, dass sie die kognitiven Vorgänge zudecken, z. B. mit Leerlaufhandlungen, Albernheit, Schwätzen.

Pädagogische Konsequenzen:

Zielvorstellung ist die Integration der beiden Vorgangsebenen, soweit an die emotionalen Vorgänge überhaupt heranzukommen ist.

Möglichkeiten:

- Grundsätzlich bietet sich die Einübung in die rationale Durchstrukturierung der emotionalen Vorgänge an, d. h. vor allem *eigene* Wahrnehmung und Reflexion der *eigenen* emotionalen Befindlichkeit anstelle der lange genug praktizierten Fremdreflexion darüber, welche emotionalen Befindlichkeiten ich habe und haben darf.
- Unverzichtbar, zumindest auf lange Sicht ökonomisch, ist die Aufarbeitung emotionaler Befindlichkeiten, welche die ziel- und inhaltsorientierte Arbeit in der Klasse, im Kollegium usw. offensichtlich sabotieren.
- Unter dem Postulat gegenseitiger Rücksichtnahme ist eine „Durchwärmung" der rationalen Vorgänge durch Emotionen angeraten. Emotionen zuzulassen bedeutet, sie möglichst unverfälscht wahrnehmen, ausdrücken und angemessen steuern zu lernen.

b) Im Einzelnen ist in Gruppen je nach Situation vor allem mit folgenden *emotionalen Kräften* zu rechnen:

- Da steuern *Bedürfnisse* unterschiedlicher Art das Verhalten, die mit der augenblicklichen Lernaufgabe konkurrieren. Ein Schüler will z. B. unbedingt einen Bericht über ein außerschulisches Ereignis (Freund, Disco, Fußballspiel …) an den Banknachbarn loswerden; ein anderer wird wegen Bewegungsmangels zu motorischen Leerlaufhandlungen (Schattenboxen, Stuhlschaukeln …) veranlasst.
- *Ängste und Befürchtungen* belasten das Zusammenleben von Menschen umso stärker, je unberechenbarer sich ein Kommunikationspartner gibt. So leiden z. B. Schüler an der Angst, sich zu blamieren oder sie sprechen von Angst, wenn ein Lehrer (mit Prüfungsmacht) sie bezüglich seiner Erwartungen bei der nächsten Schulaufgabe im Unklaren lässt.
- Alle Gruppenmitglieder bringen in die Kommunikation *Hoffnungen und Erwartungen* ein, z. B. Anerkennung zu erfahren, Lerngewinne zu erzielen, ein fruchtbares persönliches Verhältnis wenigstens zu einigen Gruppenmitgliedern entwickeln zu können, gerecht beurteilt zu werden, Freude miteinander erleben zu dürfen usw.
- Wo Menschen interagieren, werden *Macht und Einfluss, Gehorsam und Abhängigkeit* in äußerst differenzierter Weise verteilt und in vielfältigen Formen ausgelebt wie z. B. durch Imponiergehabe (Wortwahl, Ton, Gebärden- und Mienenspiel) oder Demutsgebärden oder Mobbing.
- *Konventionen* (= sozial selbstverständliche Vereinbarungen über allgemein übliche Verhaltensweisen in einer Gruppe oder in einer bestimmten Gesellschaft) und *Tabus* (= Tatsachen, Geschehnisse, Verhaltensweisen, über die man aus religiösen oder moralischen

Gründen nicht spricht) erfüllen eine positive verhaltenssteuernde Aufgabe, insofern sie dem Umgang von Menschen miteinander einen sicheren Rahmen verleihen.

Dieser Funktion werden sie aber nur gerecht, wenn sie abgestimmt, immer wieder kritisch hinterfragt und gegebenenfalls auch neu ausgehandelt werden.

- Permanenter Stress führt früher oder später zu einem seelischen, geistigen und körperlichen Zusammenbruch, wobei die Betroffenen Toleranzunterschiede gegenüber dem Stress erkennen lassen.

Pädagogische Hilfestellung wäre also angebracht, den einzelnen Gruppenmitgliedern bei der Feststellung ihrer Toleranzgrenzen beizustehen, die spezifischen Stressoren des Schulalltags aufzudecken und zum erfolgreichen Umgang mit ihnen anzuleiten. Unnötige Stressoren sollten abgebaut werden.

- Ein gewichtiger Störfaktor der Kommunikation in Gruppen sind Gefühle der *Unsicherheit,* die auf mangelhaften Informationsfluss zwischen den Gruppenmitgliedern zurückzuführen sind.

In einer Gruppe müssen sich zwangsläufig Misstrauen, Gerüchte, Vorurteile mit der Konsequenz der Aufspaltung in Cliquen bzw. der Produktion von Außenseitern entwickeln, wenn nicht alle Gruppenmitglieder in gleicher Weise an allen für die Gruppe und die einzelnen Gruppenmitglieder wesentlichen Informationen teilhaben können.

- In besonders unberechenbarer Weise beeinflussen unser Zusammenleben in Gruppen die sog. *Abwehrmechanismen,* die unbewusst wirken. Sie repräsentieren Taktiken, mit denen der Mensch eigene peinliche, von der Gesellschaft nicht erlaubte Triebansprüche in Zaum hält und frustrierende zwischenmenschliche Spannungen und Konflikte zur Angstverminderung zu vermeiden versucht.

Als einflussreiche Abwehrmechanismen gelten vor allem Verdrängung, Rationalisierung, Regression, Sichzurückziehen, Isolierung, Verschiebung, Umschlagen ins Gegenteil, Sublimierung, Projektion, Introjektion, Identifikation, Ungeschehenmachen.

So ist z. B. *der Lehrer Projektionsfläche* für die gesammelten Autoritätserfahrungen der Schüler, vielleicht u. a. eine mögliche Erklärung dafür, dass die Schüler nicht voll und sofort auf den sozialintegrativen Erziehungsstil eines Lehrers – zu dessen großer Enttäuschung – einsteigen. Oder welcher Lehrer muss sich nicht mit *Regressionen* (= ein Zurückfallen in frühere, meist frühkindliche Verhaltensweisen) der Schüler herumschlagen? Zur Abwehr von allzu lang anhaltender Über- oder Unterforderung, als Antwort auf aktionsarmen Unterricht oder permanente Missachtung der aktuellen Bedürfnisse der Schüler werden solche Regressionen als Blödeln, Leerlaufhandlungen, unmotiviertes Gekicher, aber auch in Form von Vandalismen erlebt.

Wir können Abwehrmechanismen als unbewusst wirkende emotionale Kräfte erst beachten, in künftigen zwischenmenschlichen Beziehungen berücksichtigen und – sehr eingeschränkt – evtl. bearbeiten, wenn sie tätig geworden sind.

Trotzdem kann sich der Lehrer vorbeugend einigen Fragen stellen: Wir verkrafte ich meinen Auftrag, Projektionsfläche für meine Schüler zu sein und aus diesem Grund mit meinen pädagogischen Idealvorstellungen nur teilweise ans Ziel zu gelangen?

Bin ich in der Lage, Regressionen von echten Provokationen und Aggressionen zu unterscheiden, und welches angemessene Verhaltensrepertoire bewahrt mich vor Hilflosigkeit?

Welche Konsequenzen der ständigen Selbst- und Fremdüberprüfung ziehe ich aus der Tatsache, dass ich für die Schüler Identifikationsfigur bin? Wer ist andererseits für mich selbst eine solche Identifikationsfigur? usw.

2. Berücksichtigung der gesetzmäßigen Abfolge von Phasen in der Gruppenentwicklung

Jede Gruppe ist anders, ihr Entwicklungsprozess aber verläuft nach einem gesetzmäßigen Muster.

a) Die Anfangssituation der Gruppenbildung zeigt sich als *Orientierungsphase*.

Sie ist u. a. durch folgende Ereignisse und Erfahrungen bestimmt:

- Erlebnis der Anonymität, evtl. von Bedrohung
- emotionale Sperren
- abtastende bis misstrauische Distanz (Vertrauensvorbehalt)
- Angst vor Prestigeverlust, auch Angst vor dem „klugen Gesicht"
- Abwehr von Abhängigkeiten
- Konflikt zwischen Phantasie- u. Wunschvorstellungen und der Realität
- Ablösungskonflikt von bisher gewohnten zwischenmenschlichen Erfahrungen
- Informationsmangel, der extrem in sinnentleerte Rituale münden kann
- Voreingenommenheiten und Vorurteile.

b) Eine erste Ablösesituation aus der Unsicherheit der Orientierung ergibt sich mit der *Sicherheitsphase*, in der das Suchen nach Stabilität, Offenheit, Vertrauen und Sympathie im Vordergrund steht. Die Stabilität wird insbesondere durch das Erlebnis erreicht, dass die Gruppe der Befriedigung elementarer emotionaler Bedürfnisse, der Abwehr von Gefahren, der Verfolgung gemeinsamer Ziele und der Erweiterung der eigenen Leistungsfähigkeit dient. Es ist für zufriedenstellenden Informationsfluss zwischen *allen* Gruppenmitgliedern gesorgt.

c) Die erste Stabilisierungssituation führt in die *Vertrautheitsphase* hinein, in der Offenheit, Kooperation, Vertrauen wahrgenommen und praktiziert werden.

d) Eine neue Ablösung, diesmal aus der Sicherheit des Vertrautseins, ergibt sich mit der Wahrnehmung z. B. von Dominanz, Aggression, Angst, Unsicherheit in der Gruppe, wodurch eine *Unsicherheits- und Konfliktphase* signalisiert wird.
In jeder Gruppe kommt es zu einer gesteigerten Beschäftigung mit zentralen Personen, salopp gesagt mit Leuten, die aus irgendeinem Grund die Breitseite bieten, wie z. B. Klassenclowns, Lehrer, Schulleiter, also Menschen, die sich exponieren bzw. aufgrund ihrer Amtsbefugnisse exponiert sind.

e) Durch Bearbeitung der wahrgenommenen Konflikte wird eine neue Stabilisierung verfolgt, deren Ziel die *Wiederherstellung der Vertrautheitsphase* auf einer neuen Ebene ist. Für den weiteren Fortbestand der Gruppe ist der ständige Wechsel von Konflikt- und neuer Vertrautheitsphase bedeutsam. Das Fehlen von Konfliktphasen lässt blockierte Wahrnehmung intra- und interpersoneller Konflikte um einer vorgetäuschten Gruppenharmonie willen vermuten, die ebenso wie ein Verharren in Konflikten ohne Suchen nach Bearbeitungsmöglichkeiten die Auflösung der Gruppe nach sich zieht.

3. *Soziale Rollen in der Schulklasse*

a) Grundlegende Aussagen der Rollentheorie

Eine soziale Rolle ist ein definierter Satz von Verhaltenserwartungen, der als verbindlich an eine bestimmte Position in der Gruppe/Gesellschaft gebunden ist. Ein Verstoß gegen diese Verhaltenserwartungen zieht Sanktionen (= Bestrafung, Entzug von Privilegien, Ausschluss) nach sich, ihre Einhaltung Gratifikationen (= Belohnungen, Zuteilung von Privilegien und Anerkennung).

Erschwerend wirkt es sich auf angemessenes Handeln in einer sozialen Rolle aus, dass es eben nicht nur aufgrund eindeutig festgelegter Erwartungen beurteilt wird, sondern auch in Abhängigkeit vom mehr oder minder realistischen Rollenverständnis der Interagierenden und von Vorurteilen oder gar Stereotypen (z. B. der Lehrer als Pauker, als erhobener Zeigefinger, als Besserwisser).

Für die Reflexion und für die evtl. Verbesserung des Rollenhandelns mag es von Nutzen sein, einige *Bestimmungsmerkmale an die Hand zu bekommen, die eine erste Beschreibung sozialer Rollen erleichtern.*

Die Übersicht lehnt sich an Ausführungen von Linton und Parsons an, die bezüglich der sozialen Rolle drei Bestimmungsebenen unterscheiden:

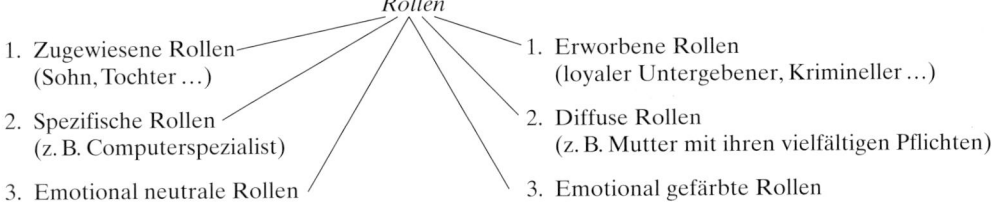

Rollen

1. Zugewiesene Rollen
   (Sohn, Tochter ...)

2. Spezifische Rollen
   (z. B. Computerspezialist)

3. Emotional neutrale Rollen

1. Erworbene Rollen
   (loyaler Untergebener, Krimineller ...)

2. Diffuse Rollen
   (z. B. Mutter mit ihren vielfältigen Pflichten)

3. Emotional gefärbte Rollen

Beispiele:
- Mutterrolle: zugewiesen, diffus, emotional gefärbt
- Lehrerrolle/Schülerrolle: erworben, spezifisch, emotional gefärbt
- Ministerialbeamter: erworben, spezifisch, emotional neutral

Jeder Mensch ist Inhaber verschiedener sozialer Positionen, an die jeweils bestimmte Verhaltenserwartungen von Seiten der Gesellschaft geknüpft sind. *Ihre Erfüllung im Rollenhandeln dient der Erhaltung der Funktionstüchtigkeit sozialer Gebilde.* Alle Rollen zusammen, in die ein Mensch hineingestellt ist, machen seinen *individuellen Rollensatz* aus (role set, als Begriff 1967 von R. Merton eingeführt).

So gehören z. B. zum Rollensatz des Schülers die Rollen als Schüler, Sohn/Tochter, Freund/Freundin, Mitglied einer Peer-group (vgl. 1.4.1.3), die bereits aufgrund ihrer verschiedenen Aufgaben schnell miteinander in Konflikt geraten können.

Aber selbst in Bezug auf ein und dieselbe soziale Rolle bleiben konfliktträchtige Entwicklungen nicht aus. So verlangt z. B. die Institution Schule von Schülern ein Ausmaß an Anpassung und Unterordnung, das insbesonders ab der Entwicklungsphase der Vorpubertät zwangsläufig zu Konflikten mit dem Freiheits- und Selbstständigkeitsstreben der Schüler führen muss. Die Konsequenz ist ein ständiger anstrengender *Balanceakt im*

„Handel um Identität" (vgl. 1.4.3.1) und der *Aufbau einer angemessenen Ambiguitätstoleranz*. Letztere erleben wir als das (vorläufige) Aushalten von Unentschiedenheit oder von Konflikten, bis z. B. durch zusätzliche Informationen eine eher begründete Entscheidung möglich ist.

b) Spezielle soziale Rollen in der Schulklasse

Ein brauchbares Hilfsmittel zur Bestimmung der Hauptpositionen in einer Gruppe ist m. E. die *soziodynamische Grundformel von R. Schindler*:

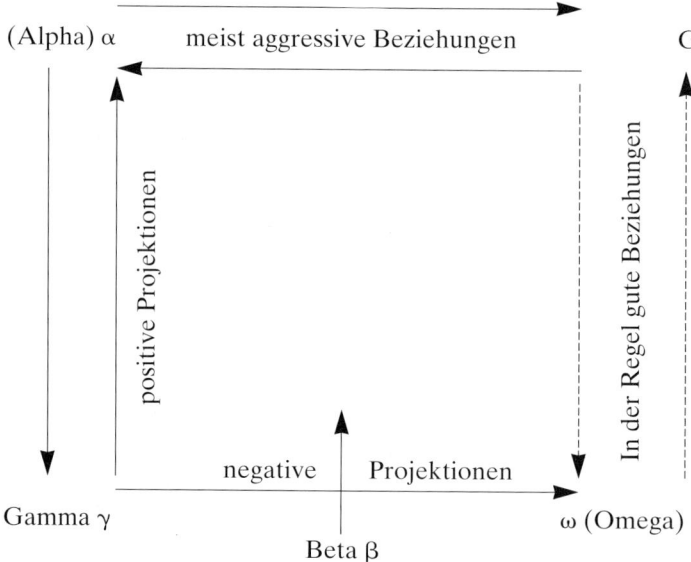

Erläuterungen:

Die soziodynamische Grundformel ist in erster Linie ein Beschreibungsmodell, kein Diagnoseinstrument. Dennoch scheint sie mir für eine Groborientierung geeignet zu sein, wenn sie nicht im Sinne unzulässiger Vereinfachung der tatsächlich viel komplexeren Rollenzusammenhänge missbraucht wird. Zur Ermittlung verlässlicher Informationen über die Dynamik einer Gruppe müssten allemal weitere Erhebungshilfen wie systematische Beobachtung, Interviews, Metakommunikation herangezogen werden.

Ferner ist zu beachten, dass die in der Formel erfassten Rollen nicht statisch, sondern dynamisch aufzufassen sind. Sie können je nach Aufgabe, Leistung, emotionale Bindung usw. den Rollenträger wechseln.

– Zu α (Alpha): Die auffälligste Position in einer Gruppe ist zweifellos die des *Gruppenführers oder Sprechers der Gruppe*. Seine *Autorität* ist der Gradmesser der Wertschätzung, die auf seltene und wertvolle Dienste zurückzuführen ist. Führerschaft und Popularität lassen sich am ehesten vereinbaren, wenn das u. U. mit Mühe zu erreichende und vom Gruppenführer vertretene Ziel angemessenen Gewinn für die Gruppe einbringt.

Die Kosten der Autorität schlagen sich in Distanz nieder, die Kosten derer, die Dienste nicht vergelten können, in Wertschätzung und Gehorsam.

Die Alphaposition kann auf verschiedene Gruppenmitglieder verteilt sein, so dass es z. B. einen Beliebtesten, einen Tüchtigsten, einen Stärksten gibt. Vor allem die beiden Hauptfunktionen des Gruppenführers, die Gruppe zu messbarer Leistung zu veranlassen und für eine möglichst positive emotionale Befindlichkeit der Gruppe Sorge zu tragen, werden oft von verschiedenen Gruppenmitgliedern wahrgenommen.

Die Qualifikation des Gruppenführers scheint vor allem von 3 Faktoren abhängig zu sein:

- von seiner Tüchtigkeit bzw. seinem Nutzen für die Gruppe (kann je nach Aufgabenfeld sehr unterschiedlich sein: Ein guter Organisator muss nicht auch ein gefragter Konfliktschlichter sein);
- von seiner Anpassungsfähigkeit an die Gruppe und ihre Regeln sowie von seiner Fähigkeit, diese weiterzuentwickeln (der Gruppenführer wird auf die Normeneinhaltung hin strenger geprüft als jedes andere Gruppenmitglied);
- von seinem gefestigten Selbstvertrauen und seiner damit verbundenen Ausstrahlung auf andere; diese behält er im Übrigen eher dadurch, dass er sich wenn immer möglich zurücknimmt statt sich als unersetzlich in den Vordergrund zu drängen.
  Der Lehrer setzt übrigens auf die falsche Position, wenn er sich die des Gruppenführers in der Klasse erobern wollte. Dazu fehlt ihm die unbedingt nötige Anteilnahme am gruppeninternen Kräftespiel. Eher kommt dem Lehrer die Rolle des Supervisors zu, der das soziale Lernen in Fluss hält und immer wieder zu kritischer Reflexion des Kräftespiels in der Gruppe anhält.
- *Die Position des Gegners (G)* besetzen in der Regel Gruppenmitglieder, die durch ihre Leistungen als mögliche Gruppenführer ausgewiesen sind oder die sich mit dem amtierenden Gruppenführer aus welchen Gründen auch immer nicht abfinden können. Wenn man einmal von destruktiver Kritiksucht absieht, kommt ihnen in dieser Position die wichtige Aufgabe zu, den Gruppenführer in der Erfüllung seiner Aufgaben kritisch zu überwachen. In eine existenzielle Bewährungsprobe tritt die Gruppe ein, wenn sich auf der Gegnerposition Cliquen versammeln, die die Gruppenführung im offenen Rollenkampf oder durch Intrigen erobern wollen.
- *Die Position γ (= Gamma)* nimmt die Mehrheit der Gruppe ein. Die hier versammelten Gruppenmitglieder können kurzfristig durchaus auch exponierte Stellungen beziehen oder überhaupt bei entsprechender Qualifikation auf eine hervorgehobene Position wechseln. Der Gruppenführer stammt in der Regel ja aus ihrer Mitte. Er kann auch aufgrund dieser seiner Herkunft auf die positiven Projektionen der Gruppenmehrheit bauen, solange er ihre Erwartungen nicht über Gebühr enttäuscht. Die Rollenfunktionen in der Gruppenmehrheit reichen von kritischer Kontrolle der herausgehobenen Stelleninhaber über die Ausführung zugeteilter Arbeit bis zur kritiklosen Bequemlichkeit des bloßen Mitläufers.
- Der *Inhaber der Position ω (= Omega)* erscheint uns als Außenseiter, Prügelknabe und Angstträger der Gruppe. Er stellt sich als ängstlicher Versager oder Querulant, aber oftmals auch als Klassenclown dar, der auf diese Weise Demütigungen und Ablehnung von Seiten der Gruppe zu überleben hofft. Auf ihn als Sündenbock laden die übrigen Gruppenmitglieder ihre negativen Projektionen ab, Unlust über nicht befriedigte Bedürfnisse, Spannungen innerhalb der Gruppe, Ohnmacht gegenüber äußerer Bedrohung usw. Es ist eine zweifellos beängstigende gruppendynamische Erkenntnis, dass die Außenseiterposition gesetzmäßig besetzt ist, – von kurzen Übergangsphasen abgesehen. Offensichtlich kommt eine Gruppe auf Dauer nicht ohne Sündenbock aus, der die unbereinigten Vorkommnisse und belastenden Gefühle der Gruppe trägt.
  Für den Lehrer freilich kann es nicht genug sein, sich mit der gesetzmäßigen Gegebenheit des Außenseiters abzufinden. Er wird sich selbst darum bemühen und die Gruppe dazu anleiten, dem Inhaber dieser Position (der auch eine Clique sein kann), kurz-

fristig oder dauernd aus seiner unangenehmen Rolle herauszuhelfen (vgl. z. B. Petillon 1978).

– Gelegenheit dazu bietet insbesonders die *Position* β *(= Beta)*, die dem jeweiligen Fachmann für aktuelle Probleme zukommt. Diese Rolle kann also von jedem Gruppenmitglied eingenommen werden. Gruppenführer und Gegner sind bei der häufigen Besetzung der Fachmann-Position sozusagen im Zugzwang, da sie ihre Tüchtigkeit wegen der Aufrechterhaltung der Anerkennung durch die anderen Gruppenmitglieder ständig unter Beweis stellen müssen. Die Beta-Position ist aber auch der Umschlagplatz im Rollenkampf der Gruppe; über sie profilieren sich in der Regel Mitglieder der Gruppenmehrheit für eine hervorgehobene Position. Als Fachmann für spezielle Aufgaben kann über die Beta-Position sogar der Außenseiter seine belastende Rolle im Gruppenverband loswerden.

– Die dargestellten Positionen beschreiben den gesetzmäßigen Stellenplan einer Gruppe. Hohe Dynamik weist eine funktionierende Gruppe bei der nach Aufgabe, Leistung und Anerkennung wechselnden Besetzung dieser Stellen mit Rollenträgern auf. Eine Gruppe, die sich über lange Zeit auf bestimmte Rollenträger fixiert, beginnt zwangsläufig zur Masse oder Menge hin zu entarten bzw. zu zerfallen.

1.4.1.3 Stellenwert der Peergroup beim sozialen Lernen

(Vgl. z. B. Baacke 1993, 1994, 1995; Petillon 1980; Schäfers 1998)

Peer-groups bezeichnen Gruppen von Kindern oder Jugendlichen etwa gleichen Alters, die eigene Formen des Zusammenlebens und der Realitätsbewältigung praktizieren. Konflikte mit den Normen und Erwartungen der übergeordneten Bezugsgesellschaft und ihrer Untergruppen bleiben bei diesem Vorgang nicht aus.

---

1. Je nach Ausmaß der Abgrenzung gegenüber dem gesellschaftlichen Umfeld und der Abweichung vom „Üblichen" entwickeln sich sog. *Subkulturen,* in denen besondere Sprach- und Umgangsformen sowie eigenwillige Anschauungen über moralisches und soziales Verhalten vorherrschen und von der Gruppe definierte soziale Ziele verfolgt werden. Unübersehbar auffällig werden Peer-groups, wenn sie sich auch noch durch äußere Merkmale (Kleidung, Haarschnitt, Zeichen der Zusammengehörigkeit) vom sozialen Umfeld absetzen.

2. Die Peer-group spielt, abgesehen von solchen extremen Ausformungen grundsätzlich – sozusagen mit entwicklungspsychologischer Gesetzmäßigkeit – für die Kinder und Jugendlichen eine große Rolle. *Bis zum 12./13. Lebensjahr herrschen Zusammenschlüsse vor, in denen Jungen und Mädchen getrennt sind.* Erst mit der Pubertät bilden sich nach und nach geschlechtergemischte Gruppen oder „Cliquen". Es ist bezeichnend, dass das Feld der gemeinsamen Unternehmungen der Peer-group im außerschulischen Bereich liegt, wo „man gemeinsam herumzieht", die Disco, Partys, Feriencamps besucht u. a. m. Die Anpassungsbereitschaft der einzelnen Mitglieder einer Peer-group aneinander und an vereinbarte Ziele und Aktivitäten scheint zwischen dem 10. und 12. Lebensjahr (also in der 5. bis 7. Jahrgangsklasse) am größten zu sein. Vorher haben die Kinder damit zu tun, überhaupt grundlegende soziale Verhaltensweisen und Einordnung zu lernen, danach wird jede Art der Anpassung durch die Pubertätskrise in Frage gestellt.

Die Pubertät verleiht der Peer-group neue Qualitäten:

– Der Reifungskonflikt fordert die Einübung in die Geschlechterrolle,
– im Generationskonflikt wird die Ablösung von den bisher lebensbestimmenden Autoritäten vollzogen,
– der Freiheitskonflikt soll in ein realistisches Freiheitserleben und -bedürfnis münden
– und der Orientierungskonflikt zielt letztlich auf den Erwerb eines einigermaßen verlässlichen Wertekatalogs ab, der ein Leben zwischen den Extrempolen totaler Aggressivität (z. B. Rocker, Terroristen, Kriminelle) und resignierten Aufgebens (z. B. Baghwanjünger, Drogensucht) möglich macht (vgl. Seiß 1976).

3. Mit unterschiedlicher altersbedingter Schwerpunktsetzung kommen der Peer-group folgende *Hauptaufgaben* zu (vgl. z. B. Fend 1981, S. 194 f.):

– *Sozialisationsaufgabe*

  ● In der Peer-group können *neue Verhaltensweisen erprobt werden,* ohne der Beobachtung, Überprüfung und evtl. Bestrafung von Seiten der Erwachsenen ausgesetzt zu sein. Der Aufbau einer gefestigten *Ich-Identität* ist nur möglich, wenn der „Handel um Identität" mit dem Zugeständnis eines Freiraums für Verhaltensexperimente stattfinden kann (vgl. 1.4.3.1).
  ● In diesem Freiraum sind auch die sog. *Mutproben* anzusiedeln, mit denen die Mitgliedschaft in einer Peer-group erworben wird, Status und Prestige untermauert werden und der „Handel um Identität" bis an seine Grenzen ausgereizt werden soll.
  ● Die Peer-group ermöglicht den *Vergleich mit anderen,* die nicht wie die Erwachsenen durch Privilegien hoffnungslos statusüberlegen sind. Dieser Vergleich bietet Hilfe bei der Entdeckung der eigenen Möglichkeiten und der eigenen Position in der jeweiligen Gruppe (Kasperl, Führer, Kraftprotz, graue Eminenz, Mitläufer).
  ● In der Gruppe der Altersgleichen werden die *wechselseitigen Verhaltenserwartungen und -wirkungen* erfahren, die im Umgang mit Erwachsenen immer unter pädagogischen Gesichtspunkten verzerrt werden.
  ● Die Peer-group ist das maßgebliche *Beobachtungsfeld* für *Verhaltensweisen, die im institutionellen Rahmen der Schule* erwartet werden. Gleichzeitig mit der Einübung in übliches Schülerverhalten wird in der Peer-group ausgehandelt, welche dieser üblichen Verhaltensweisen Anerkennung oder Ablehnung in der Gruppe nach sich ziehen (z. B. Provokateur, Spicker, Streber, Petzer).
  ● Die alltägliche Problem- und Konfliktbewältigung in der Peer-group zwingt zur *Wertorientierung,* wenn der Einzelne nicht zum Spielball von wechselnden Fremdinteressen werden will.
  ● Die Peer-group erleichtert den *Übergang vom Sozialisationsfeld der Familie in die außerfamiliären Sozialisationsbereiche* wie Schule, Beruf, Freizeitbereich und Verbände.

– *Die Peer-group hat die Aufgabe, Schutz zu bieten.*

  Als Solidargemeinschaft bietet sie dort Rückhalt, wo der Einzelne geringe Erfolgsaussichten bei Auseinandersetzungen hat, z. B.
  ● gegenüber willkürlicher Behandlung durch den Lehrer,
  ● bei Überforderung durch Leistungsansprüche,
  ● angesichts tatsächlich oder vermeintlich sinnloser Anordnungen und belastender institutioneller Rahmenbedingungen.
  ● bei Angriffen durch einzelne Mitschüler, Cliquen, Fremdgruppen.

Der Einzelne erhofft in der Peer-group Sicherheit und Verlässlichkeit. Mangelnde Unterstützung wird als Verrat empfunden und in Gruppen mit großer Gruppendichte mit zum Teil harten Strafen belegt (Entzug von Anerkennung und Privilegien bis hin zum Ausschluss).

Schutz im Sinn von Deckung und Untertauchen bietet die Peer-group gelegentlich dann, wenn direkte solidarische Aktionen gegenüber Bedrohungen gleich welcher Art keinen Erfolg zeitigen und die gemeinsame Unlust in störende oder gar zerstörende Handlungen umschlägt (z. B. demonstrative Passivität im Unterricht, gezielte Störung des Unterrichts, ständige Provokationen, Vandalismen).

- *Die Peer-group leistet Ausgleich (Kompensation) im emotionalen und sozialen Bereich.*

Sie bietet ein Erlebnisfeld für Emotionen und Beziehungen, auf die weder die Familie noch die Schule ausreichend eingeht. In dieser Funktion gewinnt die Peer-group umso mehr an Bedeutung als Anerkennung in anderen Bezugsgruppen versagt bleibt. Anlass zur Sorge ist gegeben, wenn aus diesem Grund der entwicklungsbedingte Ablösungsvorgang von den bisher dominierenden Bezugsgruppen in einen Bruch oder gar in unversöhnliche Konfrontation umkippt. Die Peer-group erhält damit einen Einfluss auf den Einzelnen, der ihn u. U. – vor allem unter ideologischem Druck – in Unfreiheit im Sinne totaler Abhängigkeit geraten lässt (z. B. Sekten, Drogenszene, Banden). Schulische Alltagserfahrung und Befragung Jugendlicher bestätigen jedenfalls den Verdacht, dass die Schüler dem System Schule mit Distanz gegenüberstehen und nur zum geringeren Teil zukunftsträchtige Befähigungen von ihr erwarten.

1.4.2 Besondere Merkmale des Lehrer-Schüler-Verhältnisses

Im internen Kräftespiel der Schulklasse hat der Lehrer keine tragende Rolle. Er ist ihr vielmehr als externer Organisator kommunikativer Situationen mit dem Zweck des Lernens verpflichtet und kann die Position des Supervisors als eines Beraters für die Alltagskommunikation und deren Reflexion einnehmen. In der denkbar unangenehmsten Lage findet er sich wieder, wenn er von der Schulklasse als Außenbedrohung empfunden wird oder wegen Unterschreitung der notwendigen sozialen Distanz (Tendenz anbiedernde Kumpanei) von der überforderten Schulklasse zurückgewiesen wird.

1.4.2.1 Wie stellen sich Schüler ihre Lehrer vor?

Der Schulalltag vermittelt mit ungebrochener Beständigkeit Erscheinungsformen von Lehrerpersönlichkeiten, die von den Schülern je nach Situation und Bedürfnislage sehr unterschiedlich gewürdigt werden:

- Trotz mancher vordergründiger Annehmlichkeiten erfährt der antiautoritär eingestellte *Freiheitslehrer* (R. Winkel), der konsequent oder vielleicht auch nur bequem auf die Selbstregulierung der Klasse setzt, klare Zielvorgaben vermeidet und sich bei Herausforderung durch die Schüler als nachgebende „Gummiwand" (Schülerzitat) erweist, geringe Wertschätzung durch die Schüler (Schüler: „Bei dem lernt man halt nichts, und wo es lang geht, erfährt man auch nicht.").
- Ähnlich schlecht kommt der *Kumpellehrer* weg, der von den Schülern wegen seiner distanzlosen Nähe abgelehnt wird.
- Der *Anspruchslehrer*, der sich in erster Linie der zu vermittelnden Sache verpflichtet fühlt, wird in der Regel von älteren Schülern (ca. ab 9. Jahrgangsstufe) durchaus in dieser seiner fachlichen Kompetenz anerkannt, jüngere Schüler vermissen die emotionale Wärme und persönliche Zuwendung.

- Erstaunlicherweise erzielt der *Ordnungslehrer* bei Schülern aller Altersstufen meist relativ gute Noten, da er für Ruhe, verlässliche Umgangsregeln und zielsicheren Unterricht sorgt, darüberhinaus als gerecht empfunden wird (Schüler: „Er ist streng, aber man lernt was bei ihm.").
- Der Idealtyp des *Antinomielehrers*, der Widersprüche gelassen auszuhalten und auszugleichen versteht, scheint Merkmale aller vorab genannten Lehrertypen in sich zu vereinen, die er allerdings treffsicher und situationsgemäß einzusetzen weiß.

In Untersuchungen des Autors stellte sich als *ausschlaggebendes Kriterium das Bemühen des Lehrers heraus, auf die Schüler einzugehen und sie ernst zu nehmen.* Erst an 2. Stelle und mit zunehmendem Alter war den Schülern die fachliche Kompetenz des Lehrers wichtig.

Im Einzelnen wurden z. B. folgende Verhaltensmerkmale bei der Lehrereinschätzung genannt:

Positive Lehrereinschätzung	Negative Lehrereinschätzung
– Ist für persönliche Probleme der Schüler ansprechbar – hat Freude am Unterricht – vermittelt spürbares Verantwortungsgefühl – engagiert sich – abwechslungsreicher Unterricht lässt auf gründliche Vorbereitung schließen – schriftliche Arbeiten der Schüler werden korrigiert und mit sinnvollen Anmerkungen versehen…	– Am Schüler uninteressierter Jobber – ausschließlich an der Sache orientiert – „verarscht" die Schüler durch mangelhafte oder fehlende Vorbereitung – „schüttelt den Unterricht routiniert aus dem Ärmel" – bevorzugt überwiegend Frontalunterricht…

Eine meist wohlwollende bis bedauernde Einschätzung durch die Schüler erfahren *Referendare*, deren „Idealismus noch spürbar ist", die – „wohl der Überprüfungen wegen – einfallsreiche Unterrichtsstunden vorbereiten", aber letztlich „dem gleichen Anpassungsdruck wie wir Schüler" ausgesetzt sind. Aufschlussreich und eine Fundgrube für Metakommunikation ist ferner die *Veränderung der Schülerurteile über Lehrer im Laufe ihrer Schulzeit*, wobei der Schnittpunkt von eher positiven Urteilen über Lehrer zu eher negativen bei etwa der 5. Jahrgangsklasse zu liegen scheint.

1.4.2.2 Die Lehrerautorität auf dem Prüfstand der Schüler

Die Position des Lehrers ist u. a. durch Führungsverantwortung bestimmt, die er durch die Organisation der Lernsituationen, durch Anleitung zu Kommunikation und Metakommunikation und als Verhaltensmodell einlöst. In welchem Ausmaß ihm dies gelingt, hängt von seiner personalen Autorität ab.

1. Formal bezeichnet *Autorität* die besondere Eigenart der Beziehung einer Person zu anderen und den damit verbundenen Status einer Person, durch welchen diese anderen gegenüber durch Führungsaufgaben, Kompetenzen, bestimmte Zuständigkeiten und auch Machtmittel hervorgehoben ist. Die *Legitimation der personalen Autorität* erwächst einerseits aus besonderen, verlässlich erbrachten Leistungen für die Bezugsgruppe, andererseits aus einem hinreichend hohen Ausmaß von übereinstimmender Anerkennung dieser Leistungen innerhalb der Bezugsgruppe, die durch den Autoritätsträger Entlastung vor allem in Entscheidungssituationen, nicht aber Gängelung erfährt. Dynamisch verstandene Autorität, die je nach Aufgabengebiet verschiedenen Gruppenmitgliedern zufallen kann, trachtet danach, sich mit dem Zuwachs an Entscheidungsfähigkeit und speziellen Kompetenzen in der Bezugsgruppe überflüssig zu machen.

Die sog. *Amtsautorität*, die von oben verliehen und nicht von unten erworben ist, stellt für den Lehrer eine beruhigende Stütze dar, bedarf aber für eine pädagogische Interaktion ohne Zwangsmittel dringend der Überformung durch die beschriebene personale Autorität.

Aus Interviews mit Schülern, Studenten und Lehramtsreferendaren ergaben sich in sonst seltener Übereinstimmung folgende besondere *Erwartungen an die Autorität des Lehrers*:

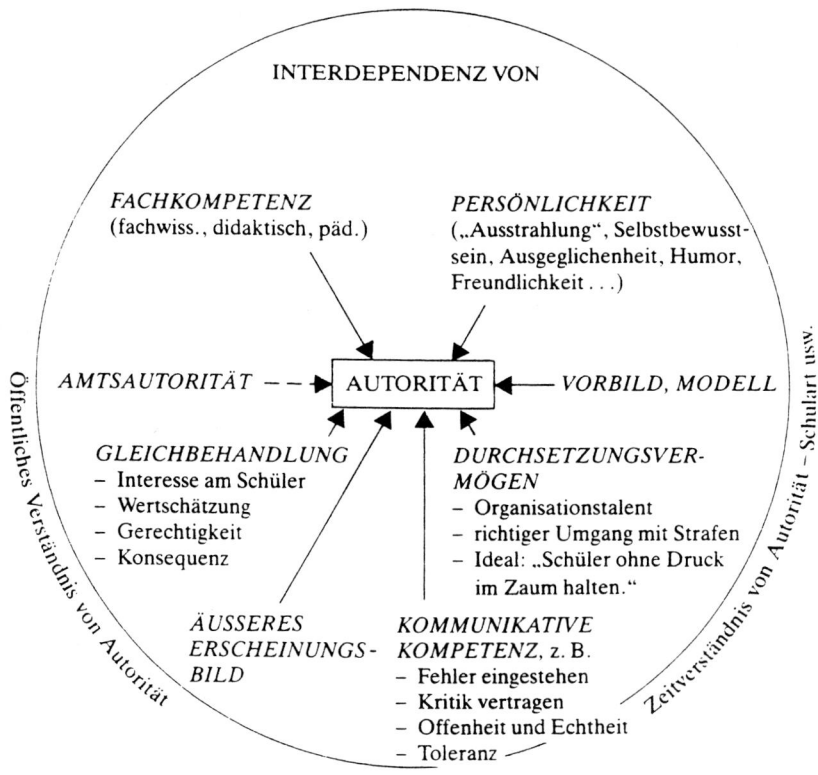

2. *Konsequenzen für Erwerb und Erhaltung personaler Autorität als Regelkatalog:*

1. *Arbeit an grundlegenden Eigenschaften:*
   Intelligenz, Gelehrsamkeit, Zuverlässigkeit, Verantwortungsbewusstsein, Aktivität, soziale Teilnahme (Stogdill). Hofstätter (1976): Tüchtigkeit, individuelle Prominenz (= Ausstrahlung), Gruppensoziabilität (= Fähigkeit, sich Gruppenbedürfnissen anzupassen sowie dem Zusammenhalt der Gruppe dienlich zu sein).

2. Die Autoritätsfunktion ist unmittelbar abhängig von der Entwicklung der Gruppe. Z. B. Mills (1974[4]) spricht vom *kybernetischen Wachstumsmodell;* d. h. eine in erworbener Autorität gründende Führerschaft entwickelt sich in einem Wechselwirkungsprozess mit dem Qualitätsfortschritt der Gruppe. Umgekehrt verliert auch eine derartige Führerschaft ihre Existenzgrundlage, wenn die Gruppe zu wenig kontrollierte Dynamik entwickelt bzw. zerfällt.

3. Das Autoritätsverhalten muss *reversibel (= umkehrbar)* sein, wenn es für die Untergebenen erträglich bleiben soll.

4. Der Autoritätsträger muss seine eigene Stellung durch *Leistungsnachweise* aufrechterhalten.
5. Er muss die *Normen seiner Gruppe einhalten*, und zwar strenger als jedes andere Gruppenmitglied.
6. Er muss *führen, nicht herrschen.*
7. Er darf *keine Anordnungen geben, die nicht befolgt werden oder nicht befolgt werden können.*
8. Bei der Erteilung seiner Anordnungen muss er *schon vorhandene Kanäle* benutzen (Achtung von Kompetenzen).
9. Er darf sich bei geselligen Anlässen seinen Untergebenen *nicht aufdrängen.*
10. Er darf ein Gruppenmitglied vor anderen Mitgliedern *nicht tadeln* und im Allgemeinen auch nicht loben.
11. Er muss die *Gesamtsituation in Betracht ziehen,* die möglichen Veränderungen und Folgen, die eine Anordnung haben kann.
12. Zur Erhaltung der Disziplin muss sich eine Autoritätsperson weniger mit der Verhängung von Strafen als mit der *Schaffung von Bedingungen befassen, unter denen die Gruppe sich selbst disziplinieren kann.*
    Sie muss die Gruppe als Gruppe und nicht als eine Summe von Individuen behandeln.
13. Der Autoritätsträger muss *zuhören können,* d. h. Möglichkeit zur Kommunikation schaffen.
14. Er vermeidet es, Abhängigkeiten von seinen entlastenden Leistungen zu schaffen und ermuntert die Gruppenmitglieder, ihre speziellen Kompetenzen zu entfalten und einzubringen.
15. Er muss *Selbsterkenntnis* besitzen, am besten sich *Kontrollinstanzen für sein Führungsverhalten* schaffen.

1.4.2.3 Wechselwirkung zwischen Erziehungsstil des Lehrers und Schülerverhalten

(Vgl. z. B. Weber 1986)

Erziehungsstile bezeichnen die dominante Form konkreten erzieherischen Verhaltens in der Interaktion mit Kindern und Jugendlichen. Die Wirkungen solcher erzieherischer Verhaltensweisen in Gestalt der Reaktionen der Betroffenen gehen als bestimmende Faktoren in die Klassifikation der Erziehungsstile mit ein.

Die Übersicht fasst die Ergebnisse der Erziehungsstilforschung zusammen:

Erziehungsstil	Lehrerverhalten	Schülerverhalten
autoritär	Legt alle Richtlinien fest. Schreibt Techniken und Tätigkeiten von Fall zu Fall vor. Starke Lenkung und Kontrolle. Stellt die Arbeitsgruppen zusammen. Verteilt Lob und Tadel nach persönlichen Gesichtspunkten sowie Neigung zu Verboten, Drohungen, Spott, Ironie. Hält sich abseits von der Gruppe.	Größere Leistungsquantität bei relativ geringer Leistungsmotivation. Geringere Arbeits- und Gruppenmoral, mehr Konflikte zwischen den Schülern, stark ausgeprägte Rivalität und Machtkämpfe, „Punktesammeln" beim Lehrer, Aggressionen. Produktion von Sündenböcken, offene sowie versteckte Opposition. Vergeltungs- und Auflehnungstendenz. Weniger Arbeitsbeharrlichkeit bei Abwesenheit des Lehrers.

Erziehungsstil	Lehrerverhalten	Schülerverhalten
		Nach Petillon: Mehr Dominanz gegenüber Mitschülern. Entwicklung negativer sozialer Verhaltensweisen; wenig demokratische Strukturen im Sozialbereich. Geringere Kohärenz (Grad der Gegenseitigkeit). Höhere Anzahl isolierter Kinder. Stärkere Konzentration der Zuneigungen auf wenige Schüler. Mehr Ablehnungen. Geringeres Verständnis für die Bedürfnisse der Mitschüler. Geringere Wertschätzung der Mitschüler. Ausgeprägtes Geltungsstreben einzelner Schüler.
demokratisch, sozial-integrativ, partner-schaftlich	Alle Richtlinien sind Angelegenheit der Gruppendiskussion und Gruppenentscheidung. Lehrer hilft beim Zustandekommen von Entscheidungen. Die einzelnen Schritte, die zum Ziel führen, ergeben sich aus der Diskussion. Lehrer schlägt alternative Mittel und Verfahren vor. Mitglieder wählen ihre Arbeitsgenossen selbst. Lehrer ist bei Erteilung von Lob „objektiv" oder „sachlich" orientiert. Lehrerverhalten ist durch Offenheit, Echtheit, Wertschätzung gekennzeichnet.	Höchste Arbeits- und Gruppenmoral, weniger Konflikte, weniger Aggression, weniger Sündenböcke. Größere Arbeitsbeharrlichkeit bei Abwesenheit des Lehrers. Geringere Produktionsmenge, aber höhere Qualität. Nach Petillon: Tendenz zu kooperativem Verhalten. Mehr integrative Verhaltensweisen gegenüber Mitschülern. Entwicklung positiver sozialer Verhaltensweisen: mehr demokratische Strukturen im Sozialbereich. Größere Kohärenz; geringere Anzahl isolierter Kinder; geringere Konzentration der Zuneigungen auf wenige Schüler; weniger Ablehnungen. Größeres Verständnis für die Bedürfnisse der Mitschüler. Höhere Wertschätzung der Mitschüler; geringeres Geltungsstreben einzelner Schüler.
laissez-faire bzw. antiautoritär	Völlige Freiheit für individuelle oder Gruppenentscheidung. Neigung zu Indifferenz und Nachgiebigkeit. Lehrer beschafft das Material, gibt nur auf Befragung Information. Nichtteilnahme am Arbeitsprozess. Seltene spontane Bemerkungen zur Tätigkeit der Mitglieder. Es wird kein Versuch zur Beurteilung oder Regelung des Ablaufs unternommen.	Geringere Arbeits- und Gruppenmoral und geringe Produktivität, Solidarität in negativer Regression. Extrem praktiziert wie z. B. in den Kinderläden der 70er Jahre sind die Folgen meist ● Anarchie, ● Lustlosigkeit, ● Orientierungslosigkeit, ● mangelhafte Gruppenstruktur, ● große Anpassungsprobleme bei der Einschulung bis hin zu Neurosen …

Beachtliche Auswirkungen der Arbeit des Lehrers an seinem Erziehungsstil wurden insbesonders festgestellt in Bezug auf

– die Lernmotivation und Schulleistung der Schüler,
– die Aufmerksamkeit, Konzentration und Mitarbeit der Schüler,
– das Sprachverhalten der Schüler,
– die Unterrichtsatmosphäre,
– das Ausmaß an Eigenverantwortung und Selbststeuerung der Schüler
– und auf die sozialen Beziehungen innerhalb der Schulklasse.

Handlungskonsequenzen für den Lehrer:

– Um der Entwicklung eines unstimmigen Verhaltensrepertoires vorzubeugen, muss der Lehrer seine persönlichen Eigenarten, seine verhaltenssteuernden pädagogischen Theoriekonzepte und seine grundsätzliche Berufsmotivation mit den Verhaltensweisen eines für die Schüler förderlichen Erziehungsstils in Einklang bringen. Analyse der eigenen Sozialisation, Metakommunikation und Feedback ermöglichen die nötige Aufklärung (vgl. näherhin 5.4.3: Ausgewählte Methoden zur Arbeit an der Kommunikation).
– Die Alltagskommunikation erfordert in der Regel eine situations- und aufgabengemäße Mischform der idealtypischen Erziehungsstile. Der Lehrer ist gleicherweise den Anforderungen von Führung und Partnerschaft ausgesetzt.

So erfordert z. B. die Einübung in fehlerfrei beherrschte fachspezifische Arbeitstechniken bei gleichzeitig geringstem Aufwand (Ökonomieprinzip) lenkendes, anordnendes und ständig kontrollierendes Verhalten des Lehrers. Demgegenüber verlangen etwa Problemlösungsaufgaben oder Konfliktbearbeitung ebenso zwingend einen eher demokratisch-partnerschaftlich orientierten Erziehungsstil des Lehrers.

1.4.2.4 Die professionellen Handlungsfelder des Lehrers

Der Lehrer ist nicht nur einer hohen – z. T. widersprüchlichen und auch unrealistischen – Erwartungshaltung der Schüler ausgesetzt, sondern insgesamt einer unbestrittenen Rollenüberlastung, die sich aus den gesammelten Ansprüchen gesellschaftlicher Gruppierungen, der Ausbildungspraxis und der Schulbürokratie ergibt. Zusätzlich erlebt er sich selbst tagtäglich durch gegensätzliche Funktionen gefordert, z. B.

– als Wissensvermittler und Erzieher,
– dem Lehrplan und der Selbstentfaltung der Schüler verpflichtet,
– zu Auslese und bestmöglicher individueller Förderung aufgerufen,
– als Identifikationsfigur und Kontrolleur,
– als Partner und Disziplinverwalter,
– als Berater und Benoter,
– als „Unterrichtsstratege" und „Sozialingenieur" usw.

Im Sinne einer eindeutigen Professionalisierung des Lehrerberufs sprach bereits der Strukturplan für das Bildungswesen aus dem Jahre 1970 dem Lehrer die folgenden Aufgaben zu: *Lehren, Erziehen, Beurteilen, Beraten, Innovieren.*
Ein anderer Zugang zur klaren Aufgabenbeschreibung des Lehrers – nicht unbedingt zum Abbau seiner Rollenüberlastung – ist den sog. Beurteilungskatalogen abzugewinnen, die zur Unterrichtsanalyse, zur dienstlichen Beurteilung des Lehrers und bei Lehrproben Verwendung finden. Sie enthalten – je nach Anlass mehr oder minder ausführlich – die in der folgenden Übersicht zusammengestellten Aufgabenbereiche, die dem Lehrer Leitlinie bei der berufsspezifischen Kompetenzaneignung sein können:

Aufgabenfelder des Lehrers

1. *Der Lehrer als Fachwissenschaftler*
   (Fachwissenschaftliche Kompetenz)
   – Ausbildung
   – Fort- und Weiterbildung
   – Studium von Fachliteratur…
   Kriterien: wissenschaftlich einwandfrei und aktuell

2. *Der Lehrer als Didaktiker und Organisator von Lernprozessen*
   (Fachdidaktische und lernpsychologische Kompetenz)
   – Aufgabe der „didaktischen Reduktion"
   – Unterrichtsvorbereitung und -durchführung:
   Planungsschritte
   ● Jahresarbeitsplan
   ● Unterrichtseinheiten
   ● Unterrichtsstunden
   Vermittlung von Wissen, Können, Werten
   Entwicklung intellektueller Fähigkeiten
   Einübung in technische Fertigkeiten (Arbeitstechniken)
   – Lernhelfer
   Kriterien v. a.: entwicklungs- und lernpsychologisch angemessen, exemplarisch, das Wesentliche
   erfassend

3. *Der Lehrer als Fachmann für Unterrichtsmethoden und Unterrichtsmedien*
   (Methodische und technische Kompetenz)
   – Umfassende Kenntnis möglicher Lehr- und Lernmethoden
   – Unterrichtsorganisation nach den Prinzipien der Differenzierung und Individualisierung
   – Situations- und fachangemessener Einsatz von Unterrichtsmedien
   Kriterien v. a.: Anleitung der Schüler zu effektiver und ökonomischer Gestaltung ihrer Lern-
   prozesse

4. *Der Lehrer als Erzieher*
   (Erzieherische und kommunikative Kompetenz)
   – „Anwalt des Kindes"
   – Vorbild/Modell
   ● positives Welt- und Menschenbild
   ● Mut zu eigenen Grenzen und Schwächen
   ● Engagement in der Öffentlichkeit (Kirche, Gemeinde, Politik, Kultur)
   – Grenzziehung durch Normen, „Regeln, Rituale, Reviere" (Hentig)
   – Anleitung zum Erwerb von Grundfähigkeiten wie Ordnung, Pünktlichkeit, Fleiß …
   – Übung sozialer Fähigkeiten sowie Einübung in Alltagskommunikation und Metakommu-
   nikation
   – Hilfestellung für den Schüler bei der Entwicklung eines tragfähigen Selbstkonzepts
   Kriterien v. a.: Hilfestellung bei der Persönlichkeitsentwicklung der Schüler

5. *Der Lehrer als Berater und Erziehungspsychologe*
   (Beratungskompetenz)
   – Beratung von Schülern und Eltern z. B. in Bezug auf
   ● Schullaufbahn
   ● Berufsorientierung
   ● Lernprobleme
   ● Verhaltensauffälligkeiten

- Befähigung zur Analyse und pädagogischen Beeinflussung alltäglicher individueller psychologischer sowie gruppendynamischer Probleme in der Klasse
- Durchführung und Auswertung einfacher psychologischer Tests (soweit nicht dem Beratungslehrer und Schulpsychologen vorbehalten)
- Bereitschaft des Lehrers selbst
  - zu Selbstüberprüfung
  - zu Arbeit am Einfühlungsvermögen
  - zu persönlichem Verständnis
  - zum Erwerb von Techniken der Gesprächsführung
  - zur Einübung in den angemessenen Gebrauch von Verstärkungstechniken (Lob, Tadel, Verhaltensverträge …)

Kriterien v. a.: kompetente Hilfe zur Selbsthilfe und lebenslange Überprüfung der Berufseinstellung und der berufsspezifischen Fähigkeiten des Lehrers

---

6. *Der Lehrer als Beurteiler und Gutachter*
(Beurteilungskompetenz)
- Notengebung
- Zeugnisse
- Beurteilungen (v. a. Zeugnisbemerkungen, Schülerbogen, Übertrittsgutachten …)

Kriterien v. a.: Maßnahmen zur Steigerung der Objektivität und ständige Arbeit an eigenen Beobachtungs- und Beurteilungsfehlern

---

7. *Der Lehrer als Unterrichts- und Schulbeamter*
(Verwaltungskompetenz)
- Schriftwesen (Klassenbuch, Listen, Statistik …)
- Verwaltung von Lehr- und Lernmitteln
- Aufsichtspflicht (i. d. Klasse, Pausenplan …)
- Organisation von Klassenfahrten, Schullandheimaufenthalten, Skilager …
- Teilnahme an Lehrerkonferenzen, Schulforum, als Berater bei der Schülerzeitung, im Elternbeirat …
- Durchführung disziplinarrechtlicher Maßnahmen gegen Schüler (Schulstrafen)

Kriterien v. a.: Zuverlässigkeit und Angemessenheit

---

8. *Der Lehrer als Vermittler zwischen Schule und Elternhaus sowie außerschulischen Institutionen*
(Vermittlungskompetenz)
- Elternversammlungen, Elternabende, Elternbriefe
- Sprechtage und Sprechstunden, Tag der offenen Tür
- Kontakt zu Erziehungsberatung, Berufsberatung, Betrieben …

Kriterien v. a.: Offenheit sowie Art und Anzahl der Kontaktmaßnahmen

---

1.4.2.5 Zusammenfassende Handlungskonsequenzen für die Arbeit am Lehrer-Schüler-Verhältnis

- Der Lehrer *akzeptiert* den Schüler wie er ist, nicht im Vergleich mit dem Idealbild, das er von ihm als pädagogische Zielvorstellung hat. Allzu häufige Kritik schreibt die auf Ungleichheit und Machtgefälle beruhende komplementäre Kommunikation fest und bindet den Schüler in Abhängigkeit. *Positive Grundeinstellung* und *Wertschätzung* gegenüber dem Schüler, auch wenn er dem Lehrer durch unerwünschte Verhaltensweisen auf die Nerven fällt, sind die tragenden Fundamente im pädagogischen Bezug. *Hohe psychische Belastbarkeit* und die *Fähigkeit zum selbstkritischen Umgang mit eigenen Schwächen* ergeben sich hier als Kriterien, die bereits bei der Berufswahl des Lehrers maßgeblich sein sollten.
- Der Schüler hat als der Lernende im pädagogischen Bezug ein Recht auf *Offenheit, Verständnis, Verlässlichkeit und aufmerksame Zuwendung des Lehrers.*
- Schüler beklagen sich häufig darüber, dass sie sich von ihren Lehrern *nicht ernst genom-*

men fühlten. Der Klage kann in dem Maß abgeholfen werden, als die Lehrer ihre Schüler in die Bestimmung der gemeinsamen Situationsdefinitionen einbeziehen, und zwar nicht nur im Sinne von folgenlosen Kommunikationsübungen.

- Im pädagogischen Bezug begegnen sich *ganze* Menschen. Dies bedeutet, dass auch *Gefühle offen zugelassen* sind. Nach eigenen Aussagen wollen die Schüler selbst den Lehrer als Menschen erleben, der im Gefühlsbereich weder Übermensch noch „Schlaffi", weder Marionettenspieler noch Spielball der Schülerunlust ist. Bemerkenswert ist auch hier wieder, dass der Lehrer einen Verhaltensvorteil hat. Während er z. B. seinen Ärger in ungebremsten Aggressionen ablassen kann (Ironie, Gebrüll, Schimpfkanonaden, Strafen usw.), wird dies dem Schüler noch lange nicht zugestanden.

- Hier stellt der pädagogische Bezug grundsätzlich das *Machtverhältnis zwischen Lehrer und Schüler* in Frage. Der zweifellos schwierige Auftrag für den Lehrer besteht darin, das institutionell verankerte Machtgefälle zu humanisieren. Fortgesetzte komplementäre Kommunikation verfestigt bei unterstellter Ungleichheit unkontrollierte Machtausübung auf der einen Seite, Anpassung und Unterwürfigkeit auf der anderen Seite. *Der Lehrer braucht im pädagogischen Bezug Autorität (vgl. 1.4.2.2), nicht Zwang.*

- Der pädagogische Bezug fordert vom Lehrer *Achtung der sozialen Distanz.* Kumpelhaftigkeit und Anbiederung verfehlen den Auftrag des pädagogischen Verhältnisses ebenso wie Rechthaberei und Machtgehabe. Der Ausdruck „*pädagogischer Takt*" beschreibt die Haltung, den Intimbereich auch des Kindes und Jugendlichen zu respektieren.

- Der pädagogische Bezug darf nicht mit bevorzugenden oder gar erotisch gefärbten Einzelbeziehungen verwechselt werden. *Er ist vielmehr eingebunden in das gruppendynamische Gesamtgeschehen der Klasse.* Die Verpflichtung für die Gesamtheit der Klasse schließt aber nicht aus, dass der Lehrer sein Engagement im pädagogischen Bezug je nach den aktuellen Gegebenheiten gewichtet; so braucht z. B. der Außenseiter oder der Gehemmte mehr Zuwendung als ein erfolgsgewohnter Schüler.

- Der Lehrer ist im pädagogischen Bezug *Modell für den Schüler,* und zwar mit seinen Stärken und Schwächen. Der Schüler hat einen Anspruch darauf, im Lehrer einem Kommunikationspartner zu begegnen, der von seinem pädagogischen Auftrag und seinem Lehrgebiet überzeugt ist. Das Modell Lehrer scheitert nicht an eingestandenen Fehlern und Schwächen, eher schon am krampfhaften Überspielen von Unzulänglichkeiten. Was in diesem Punkt für Schüler im Sinne des Modell-Lernens zählt, ist die Art, wie der Lehrer mit seinen eigenen Problemen umgeht (offen, humorvoll, gefühlsbetont, eben nicht „wie der große Zampano mit dem umfassenden Durchblick").

- Der pädagogische Bezug unterliegt aufgrund entwicklungspsychologischer Gesetzmäßigkeiten einem *Wandel von der Personorientierung zur Sachorientierung.* Es ist eine der zentralen Aufgaben des Lehrers, diesen Wandel nicht nur zuzulassen und mitzuvollziehen, sondern ausdrücklich voranzutreiben. Der Auftrag des Lehrers ist immer „Hilfe zur Selbsthilfe". Die praktische Konsequenz besteht darin, im gemeinsamen Bemühen von Lehrer und Schüler um einen Lerninhalt den Schüler zur Problemlösung anzuleiten, also Formen des schülerorientierten Unterrichts den Vorzug zu geben.

- Der pädagogische Bezug gesteht dem Schüler einen *Handlungsspielraum für Experimente und für seinen „Handel um Identität"* (vgl. 1.4.3.1) zu. Der Lehrer muss für diese Aufgabe immer wieder seine Frustrationstoleranz ausloten, um bei den experimentierenden Grenzüberschreitungen seiner Schüler nicht in Überforderung unterzugehen.
  Für die Schüler ist weniger die grenzenlose Geduld ihres Lehrers bedeutsam als die klare Information über den Verhaltensspielraum, den er verkraften kann. Gerade bei einem Plädoyer für Verhaltensspielräume muss wieder einmal an die Notwendigkeit der drei „R" von H. v. Hentig erinnert werden: Reviere, Regeln, Rituale.

1.4.3 Soziale Konflikte, Unterrichtsstörungen und Verhaltensauffälligkeiten als Signale und erzieherische Aufgabe

(Vgl. z. B. Bärsch 1991; Bastian 1995; Becker 1997; Goffman 1975; Gordon 1989 u. 1994; Grell 1994 u.1996; Hurrelmann 1995; Hurrelmann/Unverzagt 1998; Müller-Fohrbrodt 1998; Neubauer u. a. 1992; Selg u. a. 1997; Struck 1995; Walker 1995 [2×])

Störungen der Kommunikation – gleich aus welchem Grund – sind der Normalfall. Sie sind nicht nur lästig, sondern für die Weiterentwicklung der kommunikativen Kompetenz auch notwendig. In der Praxis bestehen zwischen den in der Überschrift genannten Kommunikationsstörungen vielfältige Wechselbeziehungen. So kann z. B. eine intrapersonal verursachte Verhaltensauffälligkeit einen sozialen Konflikt nach sich ziehen, der wiederum die gegebene Verhaltensauffälligkeit verstärkt oder sogar weitere Verhaltensauffälligkeiten auslöst – u. U. wird ein Teufelskreis der Entwicklung abweichenden Verhaltens in Gang gesetzt. Eine Vermeidung bzw. Unterbrechung unangemessener Verhaltenszuschreibungen muss also zuallererst auf klar abgrenzende Bestimmungen zurückgreifen und auf exakte Ursachenforschung bauen, bevor eine treffgenaue Bearbeitung der vorliegenden Kommunikationsstörung eingeleitet werden kann.

1.4.3.1 Der Handel um Identität als Erklärungsmodell für Kommunikationsstörungen

> Identität bezeichnet die völlige Übereinstimmung einer Person mit sich selbst. Die Psychologie spricht von einem dynamischen Selbstkonzept, das lebenslang in Entwicklung begriffen ist, im Wechselspiel mit dem sozialen Umfeld kontinuierlich Veränderungen und in Form von Identitätskrisen einschneidenden Gefährdungen ausgesetzt ist (z. B. Ich-Findung im 2. Lebensjahr, bewusster Aufbau des Ich-Bewusstseins in der Vorpubertät und Pubertät, aber auch Midlife-Crisis, Arbeitslosigkeit, Ehekrise ...). Die Selbstbewertung des Menschen fällt umso günstiger aus – mit vielfältigen Folgen für das Verhalten –, je geringer die Differenz zwischen Realbild und Idealbild sowie zwischen Selbst- und Fremdeinschätzung ist.

Seit Erving Goffman (1967) wird präzisierend zwischen sozialer und personaler Identität unterschieden. Die *soziale Identität* bezeichnet Verhaltenskategorien und -muster, die den Einzelnen als vergleichbares Mitglied eines bestimmten gesellschaftlichen Systems und bestimmter gesellschaftlicher Gruppierungen beschreiben. Sie umfasst einen Kanon allgemein verbindlicher und damit verlässlicher Verhaltensweisen ebenso wie Zuschreibungen von Rangplatz, Leistung, Kompetenz usw. Ausmaß und Qualität der sozialen Identität werden also von der Übereinstimmung eigener und fremder Verhaltenszuschreibungen in einer sozialen Situation bestimmt.

Demgegenüber bezeichnet die *personale Identität* unsere Einmaligkeit und Unverwechselbarkeit, die wir in die verschiedenen Interaktionen einbringen und die wir auch nicht ohne weiteres um sozialer Anpassung willen aufzugeben bereit sind. Sowohl der Erwerb der sozialen Identität als auch das Aufeinandertreffen von sozialer und personaler Identität führen zu einem ständigen *„Handel um Identität"* (McCall und Simmons 1974). Dieser Handel endet in der Regel in mehr oder minder gelungenen Kompromissen von Bildern der Interaktionspartner von sich selbst und den anderen, in Kompromissen von gegenseitigen Erwartungen und Verhaltenszuschreibungen *(= Identitätsbalance)*. Das unversöhnliche Aufeinanderprallen von sozialer und personaler Identität zieht dagegen zwangsläufig *Identitätskrisen* nach sich (s. o.).

Die in der Abbildung der Anschaulichkeit wegen getrennt dargestellten Einzelaspekte der Identität treten in der Wirklichkeit des Identitätsaufbaus untrennbar und sich wechselseitig beeinflussend auf.

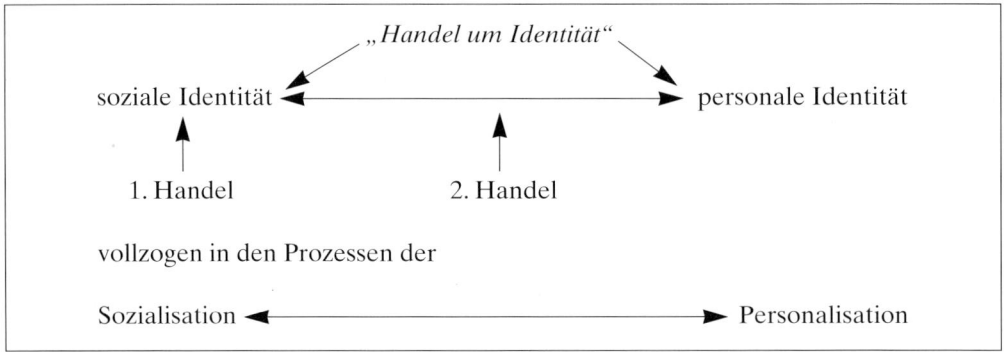

„Handel um Identität" findet im Unterricht immer statt, auch wenn er nicht immer marktschreierisch ausgetragen wird. *Gehandelt wird innerhalb des Erwerbs von sozialer Identität* um Art, Ausmaß und Qualität der erwünschten Verhaltensmuster, und zwar u. U. in jeder Situation und mit jedem Kommunikationspartner von neuem. So wird letztlich ein Verhaltensspielraum herausgehandelt z. B. für Meldeverfahren, Prüfungssituationen, Umgangston, Körperhaltung im Unterricht bis hin zur Einstellung gegenüber der Schüler- und Lehrerrolle.

Dieser Verhaltensspielraum soll die Alltagskommunikation einigermaßen verlässlich regeln. Es liegt auf der Hand, dass der „Handel um Identität" in Ablauf und Ergebnissen umso befriedigender für alle Beteiligten vonstatten geht, je transparenter die jeweils gehandelte „Ware" und die „Handelsgewohnheiten" sind. Die meisten Missverständnisse im „Handel um Identität" ergeben sich nämlich daraus, dass die Interaktionspartner, in unserem Fall vornehmlich die abhängigen Schüler, nicht genau wissen, worum es eigentlich geht. Dazu gesellt sich nicht selten noch, dass sie unangemessenen Lehrerverhaltensweisen ausgesetzt werden, um im Bild zu bleiben: dass sie im Handel schlicht übers Ohr gehauen werden.

Gehandelt wird aber auch im Abgleich von sozialer und personaler Identität, indem erfahren wird, in welchem Ausmaß und auf welche Art persönliche Eigenart mit sozialen Erwartungen in Einklang gebracht werden kann. Jeder Lehrer kennt z. B. die Handelsprobleme, die insbesonders kreative Schüler in den Unterricht einbringen. In beiden Fällen des Handels um Identität werden Sanktionen vom unwilligen Stirnrunzeln bis zum Ausschluss aus einem sozialen Verband als Steuerungsinstrument eingesetzt, die den Rahmen des jeweiligen Handels abstecken.

Der Erzieher im pädagogischen Feld ist aufgefordert, einerseits dem Kind bzw. Jugendlichen den nötigen repressionsfreien Spielraum für die Entfaltungen seiner Ich-Identität zu lassen, andererseits ihn aber auch die zulässigen Grenzen im Handel um Identität erfahren zu lassen. Diese Aufgabe verlangt vom Lehrer zweifellos große Frustrationstoleranz, Bereitschaft zur ständigen Überprüfung seines eigenen Verhaltensrepertoires und Offenheit für immer neue Ergebnisse und auch Verfahren des Handels um Identität. Weder fixierte Handelsrituale noch grenzenloser Ausverkauf bieten eine echte Chance zum Erwerb funktionstüchtiger Ich-Identität.

Als *Konflikt* wird allgemein die spannungsgeladene Auseinandersetzung zwischen sich widerstreitenden Motiven, Einstellungen, Interessen bezeichnet. Ein Konflikt kann bedingt sein
- *intrapersonal* aufgrund des gleichzeitigen Aufeinandertreffens z. B. zweier oder mehrerer subjektiv gleich bedeutsamer Motive in ein und derselben Person (Beispiel: Ein Schüler will sich einerseits der gestellten Lernaufgabe zuwenden, andererseits aber plagt ihn eine nicht beendete Auseinandersetzung mit seinem Banknachbarn);
- *interpersonal* zwischen zwei oder mehreren Personen, Gruppen, Institutionen usw. (= sozialer Konflikt) durch unterschiedliche Verhaltenserwartungen (Beispiel: Die Umgangsregeln zwischen Schülern und Lehrer sind nicht klar vereinbart);
- *strukturell* durch unzureichendes Zusammenpassen bzw. durch nicht hinreichend funktionierendes Wechselspiel der Einzelteile in einem umfassenden Gefüge (Beispiele: Die Begabung eines Schülers und das Schulartprofil passen nicht zusammen oder eine Schulklasse kommt in der Entwicklung zur Gruppe wegen unklar verteilter Positionen nicht voran).

Zum *kognitiven Konflikt* vgl. 5.4.3/1.!

1. Erschwerend für die Konfliktbearbeitung wirkt es sich aus, wenn Konflikte nicht offen, sondern verdeckt mit der Folge zusätzlicher psychischer Belastungen ausgetragen werden, wie dies meistens beim Mobbing der Fall ist. Die möglichen Verlaufsformen eines sozialen Konflikts verdeutlicht das folgende Veranschaulichungsmodell:

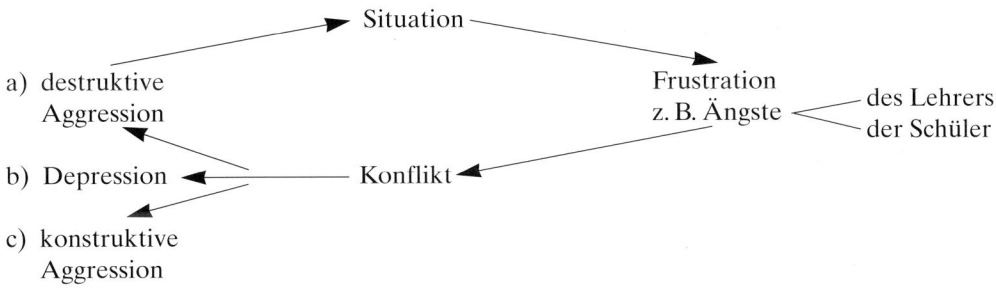

Weder die selbstzerstörerische Depression (b), hier als Sichzurückziehen und resigniertes Aufgeben noch die bösartige bzw. auf bloße Zerstörung ausgerichtete Aggression (a) tragen zu einer nachhaltigen Konfliktlösung bei. Als hilfreich (c) erweist sich allein die Aufdeckung des Konflikts als Störung auf der Beziehungsebene der Kommunikation (vgl. 5.4.1/2.) und seine gemeinsame Bearbeitung mit Hilfe der Methoden zur Arbeit an der Kommunikation (vgl. 5.4.3).

2. *Typen sozialer Konflikte und Lösungsmöglichkeiten*

a) *Ein zu knappes Gut* reicht nicht für die Befriedigung der Bedürfnisse aller an ihm Interessierten aus. Beispiel: Ein Schüler erhält eine Anerkennung (materiell oder Lob) für die gewissenhaft angefertigte Hausaufgabe; er ist aber nicht der Einzige, der diese Leistung erbracht hat.

Lösungen:

– Güterreduzierung (niemand erhält eine Anerkennung)
– Gütervermehrung (alle gleich Betroffenen erhalten eine Anerkennung)
– Anleitung zu Kooperation und Kompromiss (für die Anerkennung sind besondere Umstände vereinbart)

b) In einem *Zielkonflikt* stoßen sich widersprechende Motive, Interessen usw. aufeinander. Näherhin werden drei Varianten des Zielkonflikts täglich erlebt:

– *Zwei gleicherweise erstrebenswerte Ziele sind miteinander unvereinbar* (Annäherungs-Annäherungs-Konflikt). Beispiel: Ein Lehrer möchte seine Schüler den beobachtbaren Tatsachen entsprechend und an einem Vergleichsmaßstab orientiert möglichst angemessen beurteilen; er möchte aber auch ihre Lernmotivation günstig beeinflussen, indem er ihre individuellen Lernbemühungen mit einbezieht.
– Eine andere Art des Zielkonflikts begegnet uns mit dem *an sich erstrebenswerten Ziel, dessen Erreichung aber bedauerlicherweise auch unangenehme Folgen nach sich zieht* (Annäherungs-Vermeidungs-Konflikt). Beispiel: Für manchen nicht einseitig aufstiegsorientierten Lehrer stellt sich u. U. ein Konflikt ein, wenn er mit der möglichen Entscheidung für eine Funktionsstelle die Qualität seiner täglichen Unterrichtsführung zu beeinträchtigen glaubt bzw. schlicht die Verminderung frei verfügbarer Zeit befürchtet.
– Schließlich gibt es noch Zielkonflikte, in denen *beide Wahlmöglichkeiten nicht sonderlich erstrebenswert sind oder zu sein scheinen, eine aber auf alle Fälle abverlangt wird* (Vermeidungs-Vermeidungs-Konflikt). Beispiel: Ein Schulleiter entdeckt, dass er – aus welchem Grund auch immer – als Chef nicht geeignet ist und am Festhalten an seiner Funktion zunehmend leiden wird. Was soll er tun? Die Schulleiterstelle zurückgeben mit Imageverlust bei Vorgesetzten und Untergebenen gleichermaßen oder sie beibehalten und gesundheitliche Einbußen hinnehmen?

Lösungen speziell in sozialen Konflikten:

– Beide Parteien können ihre Varianten in einem größeren Zusammenhang verwirklichen.
– Aushandeln eines Kompromisses, dessen Einhaltung kontrolliert wird.
– Kreative Synthese: Es werden z. B. beide Vorschläge arbeitsteilig angegangen und die Ergebnisse für ein übergeordnetes gemeinsames Ziel eingebracht.
– *Keine* Konfliktlösung bringen Konfliktverdrängung (unter den Teppich kehren), Repression, Zwang, Kampf; der Konflikt wird sich als Zeitbombe erweisen.

c) Beim *Identitätskonflikt* (vgl. 1.4.3.1) kann die konstruktive Konfliktbewältigung nur in einem fortwährenden Infragestellen und Inbezugsetzen von sozialer und personaler Identität bestehen.

3. *Anregungen für die Konfliktbearbeitung*

Konflikt und Opposition signalisieren zunächst wertneutral lediglich Nichtübereinstimmung oder Widerspruch. Die offene oder heimliche Absicht der Widersprechenden und die mehr oder minder angemessenen Reaktionen der anderen Konfliktpartner entscheiden erst darüber, welche grundsätzliche Richtung der Konflikt nimmt. Widerspruch um seiner selbst willen oder in der erklärten Absicht, Unfrieden oder Intrige zu stiften, kann nur in gegenseitig sich aufschaukelnder Aggression, Unterdrückung oder Ausgrenzung einzelner Gruppenmitglieder enden.

a) Konflikte können umso leichter konstruktiv bewältigt werden, je früher sie erkannt und abgefangen werden, d. h. also, wenn die Bereitschaft zu offener Auseinandersetzung noch nicht durch emotionale Blockaden verstellt ist.

Dem Gruppenleiter (Lehrer, Schulleiter) fällt hier die Aufgabe zu, sein Gespür für die Signale zu schulen, die in der Gruppe (Schulklasse, im Kollegium) eine Konfliktentwicklung anzeigen.

Als allgemeine Symptome für Konflikte nennt K. Antons (Praxis der Gruppendynamik, Göttingen 1973, S. 218):

– Mitglieder sind ungeduldig miteinander.
– Ideen werden angegriffen, noch bevor sie ganz ausgesprochen sind.
– Mitglieder nehmen Partei und weigern sich nachzugeben.
– Mitglieder können sich nicht über Pläne und Vorschläge einigen.
– Argumente werden mit großer Heftigkeit vorgetragen.
- Mitglieder greifen sich gegenseitig auf subtile Weise persönlich an.
– Mitglieder sprechen abfällig über die Gruppe und ihre Fähigkeit.
– Mitglieder klagen sich gegenseitig an, dass sie das eigentliche Problem nicht verstehen.
– Mitglieder verdrehen die Beiträge von anderen.

b) Um eine konstruktive Konfliktbearbeitung einleiten zu können, müssen der unmittelbare *Konfliktauslöser*, die evtl. tiefer liegenden *Konfliktursachen* (s. o.) und der *Konflikttyp* (ein zu knappes Gut, Zielkonflikt oder Identitätskonflikt) für alle Beteiligten einsichtig sein. Vorwürfe, Alibisuche und Schuldzuschreibungen führen zur Verfestigung des Konflikts.

c) Da Konflikte Zeichen für kognitive, emotionale oder soziale Probleme einzelner Gruppenmitglieder bzw. der Gesamtgruppe sind, liegt es nahe, sie grundsätzlich als *Hilfsmittel für die Verbesserung der Kommunikation* und für die Weiterentwicklung der Gruppe zuzulassen.

Gemeinsam bewältigte Konflikte verstärken in der Regel den Gruppenzusammenhalt.

d) Konstruktive Konfliktbearbeitung verträgt *keinen Zeitdruck*. Alle Beteiligten müssen die Gelegenheit haben, ihre Argumente angemessen vertreten zu können, um nicht dem Gefühl Vorschub zu leisten, übervorteilt oder gar unterdrückt worden zu sein. Vorschneller Abbruch der Konfliktbearbeitung durch Abstimmung und Mehrheitsbeschluss oder Verschiebung des Konfliktauslösers auf einen „äußeren" Feind und ähnliche Abwehrmechanismen kehren den Konflikt unter den Teppich, lösen ihn aber nicht.

e) Das Ergebnis der Konfliktbearbeitung wird wesentlich von den kommunikativen Fähigkeiten der Beteiligten bestimmt. Die Einübung und lebenslange Erprobung von *Kommunikationstechniken* sind unverzichtbare Voraussetzungen für humane Konfliktlösungen (vgl. 5.4.3).

f) Routinierte Konfliktbearbeitung bedeutet zweifellos Entlastung in häufig wiederkehrenden alltäglichen Konfliktsituationen. Da sie aber insgeheim den Könnern in der Konfliktszene Macht zuspielt, steht sie immer in Gefahr, demokratische Konfliktlösung zu verfehlen. Dennoch kommen vereinbarte diesbezügliche *Spielregeln* der Konfliktbearbeitung zugute, solange sie ihrerseits immer wieder kritisch überprüft werden. *Solche Spielregeln können sich z. B. auf den Verlauf der Konfliktbearbeitung beziehen:*

– *Eingeständnis und Formulierung des Konfliktanlasses,* z. B. in Form echter Ich-Botschaften, die die Gefühlslage in der Konfliktsituation zum Ausdruck bringen sollen. Schuldzuweisungen, Drohungen und Anklagen haben hier keinen Platz.
– *Eingrenzung und möglichst genaue Beschreibung des Konfliktfalles* durch alle Beteiligten; andernfalls reden und handeln sie u. U. aneinander vorbei. Hier liegt ein mögliches Trainingsfeld für Einfühlungsvermögen vor, da nicht alle in gleicher Weise von der Konfliktsituation betroffen sein müssen.
– *Aufdecken der tatsächlichen Konfliktursachen:* Die Nichtübereinstimmung z. B. mit einem Arbeitsergebnis (= Konfliktfall) hat ihre Ursache oft in der gestörten Beziehung der Beteiligten. Häufig fallen Selbst- und Fremdeinschätzung oder Absicht und Wirkung einer Person auseinander, oder die wechselseitigen Erwartungen sind überfordernd hoch angesetzt usw.
– *Sammeln und vertreten von Ideen zur Konfliktlösung*
– *Vereinbaren und erproben eines verbindlichen Lösungsvorschlages,* mit dem alle Beteiligten leben können und dessen Durchführung sie auch gemeinsam überwachen.

g) Auch für Konflikte, die von den unmittelbar Betroffenen nicht gelöst werden können, sollte ein *Schlichtungsweg vereinbart sein,* an den sich auch alle halten.
Je nach Konfliktfall wird dabei eine andere Reihenfolge in Frage kommen. Die Schule z. B. sieht als mögliche Anlaufstellen zur Mithilfe bei der Konfliktbearbeitung vor:

– Vertrauenslehrer bzw. Verbindungslehrer
– Klassensprecher und Klassensprecherversammlung
– Lehrerkollegium
– Schulforum
– Elternbeirat
- Schulleiter

In Sinn der Hilfestellung bei der Bearbeitung besonders schwerer Konfliktfälle können solche Instanzen aus der Sicht emotional Unbeteiligter sicher wertvolle Anregungen vermitteln. Von Außenstehenden ausgehandelte oder gar verordnete Konfliktlösungen tragen aber meistens nicht weit.

h) Speziell zur *Vermeidung von Disziplinkonflikten* im Unterricht schlägt Kounin folgenden anspruchsvollen Katalog von Fähigkeiten des Lehrers vor (1976):

1. Sie demonstrieren beim Unterrichten „Allgegenwärtigkeit", d. h. Sie können unbedeutende Störungen rechtzeitig unterbinden, erwischen dabei in der Regel die richtigen Schüler und zeigen, dass Sie mitbekommen, was in der Klasse „läuft".
2. Sie können Ihre Aufmerksamkeit auf zwei gleichzeitig ablaufende Vorgänge verteilen und Regelungen treffen, ohne damit Unterbrechungen im Unterrichtsablauf zu verursachen („Überlappung").
3. Sie sorgen für einen reibungslosen Unterrichtsablauf, lassen sich nicht von Nebensächlichkeiten ablenken, verwirren die Schüler nicht durch unmotiviertes Hin- und Herspringen zwischen verschiedenen Aktivitäten usw. („Reibungslosigkeit").
4. Sie geben dem Unterricht „Schwung", so dass es vorangeht und man nicht in überflüssigen Wiederholungen, umständlichen Regelungen und unwichtigen Einzelheiten stecken bleibt.
5. Sie können alle Schüler der Klasse mobilisieren und in Spannung halten („Gruppenmobilisierung").
6. Sie zeigen den Schülern deutlich, dass Sie von ihnen verantwortliches und sorgfältiges

Arbeiten erwarten, indem Sie ihre Arbeiten kontrollieren und zu erkennen geben, dass Sie Wert auf gute Ausführung legen („Rechenschaftsprinzip).

⑦ Sie sorgen dafür, dass möglichst alle Schüler aktiv beteiligt sind und nicht wartend herumsitzen müssen („Beschäftigungsradius").

⑧ Sie versuchen, Ihre Schüler für ein neues Thema zu begeistern und ihre Arbeitsbereitschaft und ihren Lernwillen durch entsprechende Erklärungen herauszufordern.

⑨ Sie bemühen sich, bei den Schülern Überdruss zu vermeiden, indem Sie im Unterricht für Abwechslung sorgen, z. B. durch häufigeres Wechseln der Lernaktivitäten.

1.4.3.3 *Unterrichtsstörungen*

(Vgl. z. B. Benikowski 1995; Biller 1981; Domke 1973; Göldner 1992; Havers 1981; Vierlinger 1990; Winkel 1980)

Auch Unterrichtsstörungen gehören als Normalfall zum Unterrichtsalltag. Ihr Fehlen müsste den Verdacht auf Überanpassung und Resignation der Schüler auslösen.

> Unterrichtsstörungen sind Ereignisse, Situationen, Verhaltensweisen, welche die Kommunikation in schulischen Lehr- und Lernprozessen beeinträchtigen.

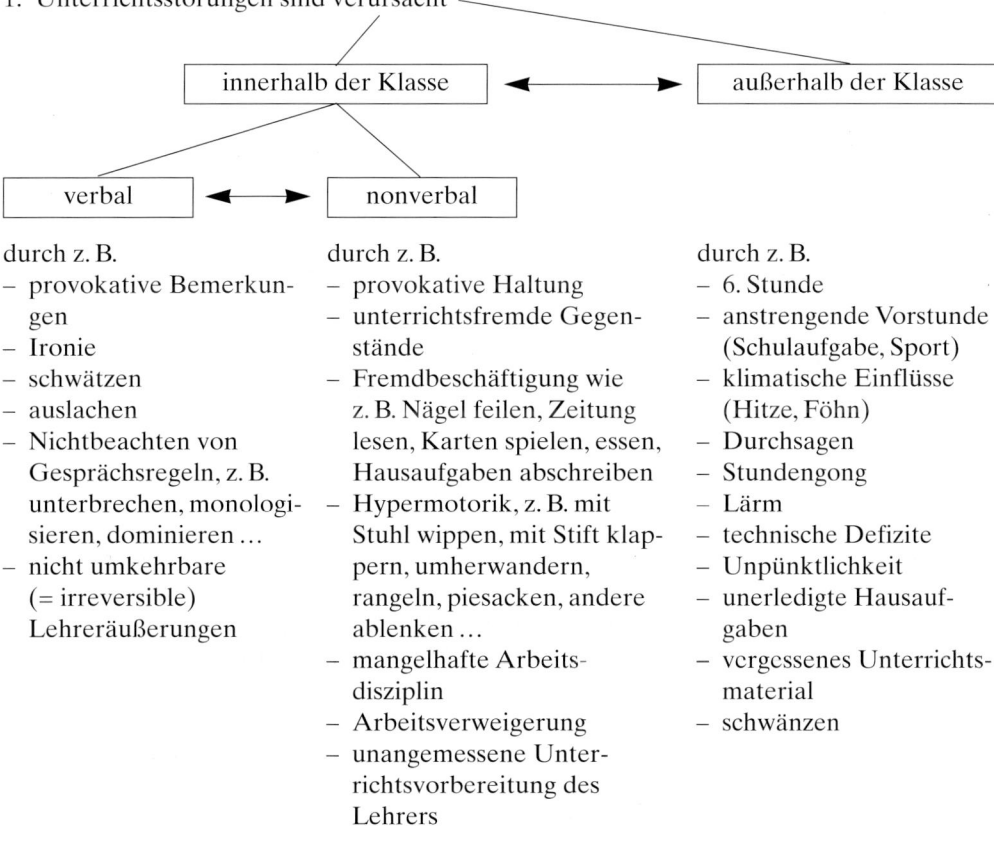

1. Unterrichtsstörungen sind verursacht

innerhalb der Klasse ⟷ **außerhalb der Klasse**

verbal ⟷ **nonverbal**

durch z. B.	durch z. B.	durch z. B.
– provokative Bemerkungen	– provokative Haltung	– 6. Stunde
– Ironie	– unterrichtsfremde Gegenstände	– anstrengende Vorstunde (Schulaufgabe, Sport)
– schwätzen	– Fremdbeschäftigung wie z. B. Nägel feilen, Zeitung lesen, Karten spielen, essen, Hausaufgaben abschreiben	– klimatische Einflüsse (Hitze, Föhn)
– auslachen		– Durchsagen
– Nichtbeachten von Gesprächsregeln, z. B. unterbrechen, monologisieren, dominieren …	– Hypermotorik, z. B. mit Stuhl wippen, mit Stift klappern, umherwandern, rangeln, piesacken, andere ablenken …	– Stundengong
		– Lärm
		– technische Defizite
– nicht umkehrbare (= irreversible) Lehreräußerungen	– mangelhafte Arbeitsdisziplin	– Unpünktlichkeit
	– Arbeitsverweigerung	– unerledigte Hausaufgaben
	– unangemessene Unterrichtsvorbereitung des Lehrers	– vergessenes Unterrichtsmaterial
		– schwänzen

⟷ + außergewöhnliche Ereignisse (Unfall etc.) ⟶

Unterrichtsstörungen können vom Lehrer und vom Schüler ausgelöst werden. Schon zur Vermeidung einer vorschnellen Ursachenzuschreibung ist eine exakte Ursachenanalyse nötig.

Darüberhinaus ist sie aber auch für die Ermittlung der angemessenen Erziehungsmittel bedeutsam, die zur Regulierung der Störungen eingesetzt werden sollen, und zwar vor dem Hintergrund des tragenden Disziplinverständnisses des Lehrers und der Schüler.

2. Wechselwirkung zwischen Disziplinverständnis und Erziehungsmaßnahmen bei Unterrichtsstörungen

> Disziplin bezeichnet den verinnerlichten und im Verhalten offenkundigen Ordnungsrahmen zur Bewältigung des eigenen Lebens, der Welt, des Zusammenlebens in einem sozialen System und der aktuellen Aufgaben der Gesellschaft. Dauerhaft tragfähige Disziplin ist reflektiert und bewusst bejaht und der Veränderung unter dem Prinzip der Verantwortung für sich selbst, die Gesellschaft und die Umwelt ausgesetzt.

Unterrichtsstörungen stellen über die allgemeine Beeinträchtigung der Kommunikation hinaus in den meisten Fällen einen Verstoß gegen die Disziplin dar. Dabei ist zu klären, ob eine grundsätzlich mangelnde Einsicht in den Sinn der oben beschriebenen Disziplin vorliegt, ob der je eigene Ordnungsrahmen im „Handel um Identität" (vgl. 1.4.3.1) durch die Störungen festgelegt und getestet wird oder ob bewusste Attacken aufgrund einer gestörten Beziehungsebene oder sonstiger kommunikationsfeindlicher Umstände gegeben sind. Die Angemessenheit der Erziehungsmittel wird also allemal entscheidend von einer exakten Situationsanalyse bestimmt.

> *Erziehungsmittel werden Lebenssituationen, Verhaltensweisen und Handlungen genannt, die in verhaltenssteuernder Absicht* – wenn auch nicht immer ausdrücklich pädagogisch begründet und geplant – *eingesetzt werden*, z. B.: Ermahnung, Zurechtweisung, Drohung, Gebot, Verbot, Lob und Tadel, Belohnung und Strafe, aber auch Spiel, Wetteifer, Vorbild …

Mittel stehen immer in Gefahr, missbraucht zu werden, was ohne Einschränkung auch für Erziehungsmittel gilt. So können z. B. Wertbegegnungshilfen zu ideologischer Manipulation, Aufsicht zu totaler Fremdkontrolle, Überwachung zu Bespitzelung, Belohnungen zu Bestechungen, Strafen zu Repressalien und Wetteifer zu feindseligem Kampfgetümmel entarten.

Ein Erzieher muss sich deshalb immer wieder von neuem Klarheit darüber verschaffen, aus welcher *erzieherischen Grundhaltung heraus, aus welchem Anlass und zu welchem Zweck* er bestimmte Erziehungsmittel einsetzt.

Eine Entsprechung ausgewählter pädagogischer Maßnahmen mit ihren wünschenswerten Funktionen versucht Winkel (1980[2]):

Pädagogische Maßnahme	Funktion
1. Bewusstes Ignorieren ⟶	Pathologisches Verhalten nicht verstärken
2. Zeichen geben ⟶	Bereits gelernte Verhaltensweisen reaktivieren
3. Verschieben der physischen Distanz und Kontakthalten ⟶	Beruhigen
4. Unauffällige affektive Zuwendung ⟶	Trösten
5. Entspannen der Situation durch Humor ⟶	Entkrampfen
6. Hilfestellungen zur Überwindung des Hindernisses ⟶	Darüber hinweghelfen
7. Umstrukturierung der Situation ⟶	Verfremden
8. Umgruppierung der Schüler ⟶	Entreizen
9. Intellektuelle Gegenbeweise ⟶	Aufklären
10. Bewusstmachung und Beseitigung der emotionalen Spannungen ⟶	Rationale Erhellung
11. Appelle an das Ich, Über-Ich oder Verhaltensnormen der Gruppe (Wir) ⟶	Ich-Stützung
12. Vorbeugendes Hinausschicken ⟶	Abreagieren/Schlimmeres verhüten
13. Physische Einschränkungen ⟶	Ablenkungen vermeiden
14. Beschränkungen von Aktivität, Raum und Gegenständen ⟶	Desensibilisierung
15. Erweiterter Freiraum bei gleichzeitig schärferer Grenzziehung ⟶	Verdeutlichen
16. Verbote ⟶	Markierungen aufzeigen
17. Versprechungen ⟶	Hoffnungen wecken/Ermuntern
18. Belohnungen ⟶	Dank/Freude zeigen
19. Drohungen ⟶	Warnen
20. Strafen ⟶	Resozialisieren

Allerdings verfällt gerade der selbstkritische Lehrer häufig dem enttäuschungsreichen Trugschluss, aus seiner Bereitschaft zur Überprüfung seiner erzieherischen Grundhaltung und seiner Absichten einen Mittel-Zweck-Mechanismus abzuleiten. Seine Enttäuschung ist groß, wenn seine wohl überlegte Absicht von den Schülern nicht honoriert wird, – alltägliches Ergebnis der eben auch verunsichernden Freiheit in der pädagogischen Begegnung.

Fingerspitzengefühl und mit der Zeit zunehmende Routine sind gleichermaßen nötig, auf Unterrichtsstörungen *angemessen* einzugehen.
Beispiel: Je nach Dauer, Lautstärke und damit Ausmaß der Störung wird der Lehrer auf zwei in unterrichtsfremde Unterhaltung vertiefte Schüler variabel reagieren. Nonverbale Signale haben dabei den Vorzug, da durch sie der Unterrichtsfluss nicht beeinträchtigt wird und die störenden Schüleraktionen nicht zu unangemessener Bedeutung hochstilisiert werden; also z. B. ignorieren, Blickkontakt suchen, fragender oder unwilliger Gesichtsausdruck des Lehrers, Kopfschütteln oder Stirnrunzeln, Verringerung der Distanz zum Unruheherd, Stehenbleiben unmittelbar neben oder vor den schwätzenden Schülern etc. Erst wenn solche beiläufigen nonverbalen Lehrerreaktionen auf Unterrichtsstörungen ergebnislos bleiben, sind aufrufen, Kurzermahnungen, nachfragen nach dem Störgrund, Maßnahmen

der Metakommunikation, evtl. ein Einzelgespräch nach dem Unterricht usw. gerechtfertigt (vgl. auch Methoden der Arbeit an der Kommunikation unter 5.4.3 und Sonderfall Strafe nachfolgend unter 3.).

3. Sonderfall Strafe als Erziehungsmittel

a) *Zur Problemstellung:*

Was macht ein Lehrer im öffentlichen Schulsystem, wenn er sich erzieherischen Extremsituationen konfrontiert sieht?

Zum Beispiel:

- Schüler haben in einem Anfall von Vandalismus Sachschäden an der Schuleinrichtung verursacht.
- Ein Schüler bleibt häufig dem Unterricht fern und verstößt damit gegen eine Schüler-*pflicht*.
- Ein Schüler stört hartnäckig den Unterricht, obwohl der Lehrer sein gesamtes Repertoire an erzieherischen Maßnahmen mit Ausnahme der Strafe ausgeschöpft hat.
- Der Lehrer erfährt von erpresserischen Praktiken eines Schülers gegenüber den Mitschülern.
- Ein Schüler fertigt grundsätzlich seine Hausaufgaben nicht an.
- Der Unterricht eines Referendars, der den situationsangemessenen Transfer von pädagogischen Idealvorstellungen in die Praxis nicht schafft, geht im Chaos von Disziplinlosigkeiten unter; usw.

b) *„Eine Strafe zur rechten Zeit hat noch niemand geschadet!"*

> Strafe bezeichnet ein unangenehmes Ereignis, meist das Zufügen eines seelischen und/oder körperlichen Leides bzw. den Entzug eines Privilegs oder eines Gutes, wodurch die Wahrscheinlichkeit der Ausführung einer unerwünschten Handlung in ähnlichen Situationen herabgesetzt werden soll.

Als häufig eingesetzte Mittel der Strafe nennen Schwäbisch/Siems (1977[8]) neben der körperlichen Züchtigung:

„ein schlechtes Gewissen machen,

verletzen	triumphierend provozieren
auslachen	jammern und klagen
anklagen	Vorwürfe machen
ironisieren	ausschimpfen
herabsetzen	ein leidendes Gesicht machen
drohen	sich zurückziehen".
gehässig kritisieren	

Auch über die *Wirksamkeit von Strafen* liegen Untersuchungen vor, die zum Ausdruck bringen, dass mit ihrer Hilfe unerwünschte Verhaltensweisen durchaus kurzfristig unterdrückt, aber verhältnismäßig selten auf Dauer unterbunden bzw. „gelöscht" (Extinktion) werden können. Letzteres trifft insbesonders dann zu, wenn die Strafe als Mittel der Vergeltung oder gar der Unterdrückung verwendet wird. Mit dieser Absicht bewirkt sie eher aggressives Verhalten, Abneigung, Groll, Misstrauen, Hass, Rebellionsneigung und verfehlt damit ihren eigentlichen Zweck wünschenswerter Verhaltensänderung völlig.

c) *Grundsätze einer pädagogisch vertretbaren Strafe:*

– Die Strafe muss das *allerletzte Erziehungsmittel* sein, die Notbremse, wenn alle anderen Erziehungsmaßnahmen versagt haben. Zu häufig verwendete Strafen nützen sich ab und verpuffen letztlich wirkungslos, zu strenge Strafen ziehen unerwünschte emotionale Nebenwirkungen nach sich, z. B. Aggression, Duckmäusertum, Ausweichverhalten wie Lügen, Schwindeln, Schülerschwänzen.

– Wenn eine Strafe nach erzieherischem Ermessen unvermeidbar ist, hat der Bestrafte ein Recht darauf, eine *einleuchtende Begründung für die Strafe* zu bekommen. Eine ohne *Einsicht in den Begründungszusammenhang* von Fehlverhalten und Strafe hingenommene Strafe produziert das Gefühl, erzieherischer Willkür ausgeliefert zu sein.

– Aus dem Begründungszusammenhang lässt sich meistens auch der *inhaltliche Bezug der Strafe zum Fehlverhalten* ableiten. Domke (1973) sieht hier u. a. zwei Möglichkeiten:
  - Bei materiellen Schäden bietet sich die *Wiedergutmachung* an (z. B. Bezahlen einer eingeworfenen Fensterscheibe vom eigenen Taschengeld, Beseitigung von Klo- oder Bankschmierereien).
  - „*Die logischen Folgen eines Vergehens* sollten für den Schuldigen den Charakter des negativen Nacheffekts haben und ihn im Sinne des Vermeidungslernens zu einer Änderung des Verhaltens bewegen" (z. B. Schuleschwänzen kostet Freizeit durch Nachschreiben und Nachlernen versäumter Stoffe).

– Strafen müssen *nach dem Grundsatz der Verhältnismäßigkeit der Mittel angemessen sein.* Affekt- oder Spontanreaktionen des Erziehers beim Strafen verstoßen leicht gegen diesen Grundsatz, ganz abgesehen davon, dass sie *dem Kind/Jugendlichen sein Recht verweigern, zu seinem Fehlverhalten Stellung zu nehmen.* Oft ist es dann der Erzieher, der mit dem unangenehmen Gefühl zurückbleibt, sich durch vorschnelle Bestrafung ins Unrecht gesetzt zu haben.

– Alle Schulgesetze und Schulordnungen enthalten *sog. Ordnungsmaßnahmen,* z. B. Verweis, Versetzung in die Parallelklasse, in eine andere Schule der gleichen Schulart, Ausschluss vom Unterricht, Entlassung von der Schule usw.

Die Tatsache, dass diese Ordnungsmaßnahmen z. B. im Bayerischen Gesetz über das Erziehungs- und Unterrichtswesen (1982, hier Art. 63) *Erziehungsmaßnahmen* genannt werden, lässt erkennen, dass sie nicht von der Idee der Sühne und Vergeltung getragen werden. Sie sind als *letzte Erziehungsmittel* ins pädagogische Ermessen der Lehrer gestellt. Darüber hinaus sind sie als Sicherheitsmaßnahmen für den Lehrer zu verstehen, der mit seinen vorgeordneten Erziehungsmitteln am Ende angelangt ist und sozusagen mit dem Rücken zur Wand kämpft.
Die Pädagogik ist zumindest bei der Verhängung der schweren Ordnungsmaßnahmen ohnehin an ihrer Grenze angelangt.

1.4.3.4 Erziehungsschwierigkeiten

Erziehungsschwierigkeiten steht als vorwissenschaftlicher Sammelbegriff für konfliktträchtige Verhaltensweisen bzw. Verhaltensstörungen von Kindern und Jugendlichen, die meist mehrfach verursacht sind und durch pädagogisches Alltagshandeln kaum beeinflussbar sind.

1. Es werden hauptsächlich drei *Ursachenfelder* unterschieden:

a) *Physiologische Anomalien* (= auf den Organismus bezogene Normabweichungen) wie z. B. genetische Anomalien, Störungen im Gefolge einer Gehirnentzündung, Schwachsinn, aber auch Hochbegabung ...)

b) *Neurotische Störungen* (= nicht organisch verursachte Funktionsstörungen im Erleben und Verhalten, meist durch Fehlanpassung) v. a. aufgrund einengender Überregulierung (z. B. Überforderung, Misserfolgserwartung, Verwöhnung, soziale Isolierung)

c) *Verwahrlosung* als erhebliche Verhaltensfehlentwicklung aufgrund unterbliebener Lernprozesse (z. B. lieblose Erziehung, Laissez-faire-Erziehung, Misshandlung, sexueller Missbrauch, in der Schule Vernachlässigung der Gefühls- und Empfindungswelt der Jugendlichen, einseitiger Intellektualismus ...)

Die Entwicklung von Erziehungsschwierigkeiten ist in aufschaukelnder Wechselwirkung abhängig vom Erleben sowie den Einstellungen und Erwartungen der Erziehenden.

2. *Die Symptomatik von Erziehungsschwierigkeiten* reicht von Trotz, Angstzuständen, extremer Schüchternheit, notorischer Lügenhaftigkeit, mangelnder Leistungsmotivation über Gewaltneigung, Fingernägelbeißen, Einnässen und extreme Frechheit bis zu Schulversagen, Schulschwänzen, Streunen, Bandenbildung, Stehlen, Betteln, frühzeitigem Genussmittel- und Drogenkonsum, vernachlässigtem äußerem Erscheinungsbild, zur Neigung zu kriminellen Handlungen, zu asozialem Verhalten etc.

3. Verursachung und Erscheinungsbild der Erziehungsschwierigkeiten erfordern immer eine *systematische Differentialdiagnose mit individuellem Therapieplan,* welch letzterer bei gleicher Symptomatik je nach Verursachung und verstärkenden Entstehungseinflüssen anders aussehen kann. Wenn man von den Förderschulen zur Erziehungshilfe absieht, beschränken sich die pädagogischen Möglichkeiten im Unterricht in leichteren Fällen von Erziehungsschwierigkeiten auf soziales Lernen, das vor allem auf das Einüben in Ordnungen abzielt, auf die systematische Arbeit an Selbstwertgefühl und Ichstärke über Selbsttätigkeit und auf die Wirkungen des Spiels in allen seinen Formen.

1.4.3.5 *Verhaltensauffälligkeiten und Verhaltensstörungen*

(Vgl. z. B. Bach 1986; Biermann 1992; Petermann 1994; Remschmidt 1997; Schmidtchen 1989 und 1996; Warzecha 1997; Ziethen 1992)

1. *Vorgang der Etikettierung einer Verhaltensauffälligkeit/Verhaltensstörung*

Der angemessene Umgang mit Verhaltensauffälligkeiten/Verhaltensstörungen wird dadurch erheblich beeinträchtigt, dass der alltägliche Sprachgebrauch offensichtlich keine eindeutigen Kriterien zu ihrer Feststellung und Benennung bereithält. Dies wird z. B. deutlich, wenn ein und dasselbe Verhalten eines Schülers vom einen Lehrer als auffällig bezeichnet wird, während ein anderer Lehrer es als durchaus normal empfindet.

Bezeichnung und Einstufung auffälligen Verhaltens sind also in höchstem Maße abhängig

– von den (epochal durchaus wandelbaren) Normen und Erwartungshaltungen aller im Erlebnisfeld Beteiligten,
– von ihrer mehr oder minder wissenschaftlich fundierten Beschäftigung mit dem Problemfeld, ganz zu schweigen von Ansatzpunkt und Stand der Wissenschaft selbst bezüglich unseres Problems,

– von der Frustrationstoleranz der Beteiligten und ihrer Fähigkeit, mit Konflikten umzugehen,
– von der Qualität der Wahrnehmung und Beobachtungsfähigkeit der Beurteiler,
– von Vorurteilen und der Vorliebe zu Etikettierungen,
– von augenblicklichen Gegebenheiten wie physischer und psychischer Disposition u. a. m.

Vor diesem Hintergrund voller Unsicherheiten ereignet sich die Etikettierung einer Verhaltensauffälligkeit/Verhaltensstörung in folgenden Schritten:

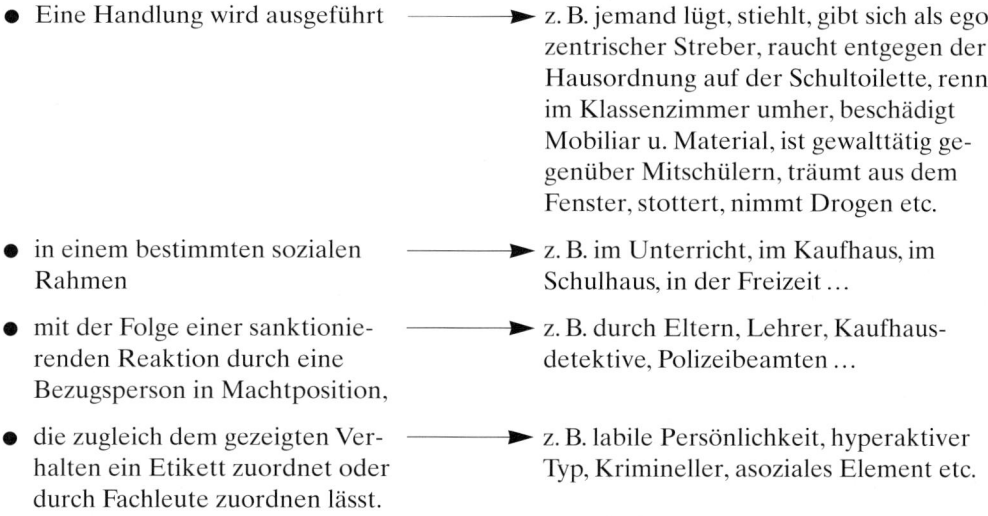

● Eine Handlung wird ausgeführt ⟶ z. B. jemand lügt, stiehlt, gibt sich als egozentrischer Streber, raucht entgegen der Hausordnung auf der Schultoilette, rennt im Klassenzimmer umher, beschädigt Mobiliar u. Material, ist gewalttätig gegenüber Mitschülern, träumt aus dem Fenster, stottert, nimmt Drogen etc.

● in einem bestimmten sozialen Rahmen ⟶ z. B. im Unterricht, im Kaufhaus, im Schulhaus, in der Freizeit …

● mit der Folge einer sanktionierenden Reaktion durch eine Bezugsperson in Machtposition, ⟶ z. B. durch Eltern, Lehrer, Kaufhausdetektive, Polizeibeamten …

● die zugleich dem gezeigten Verhalten ein Etikett zuordnet oder durch Fachleute zuordnen lässt. ⟶ z. B. labile Persönlichkeit, hyperaktiver Typ, Krimineller, asoziales Element etc.

2. *Begriffliche Präzisierung und Abgrenzung*

a) *Verhaltensauffälligkeit* (in der Fachliteratur auch Verhaltensabweichung) bezeichnet allgemein Handlungen eines Menschen, die gegen Erwartungsnormen des Umfeldes durch Intensität und/oder wiederholtes Auftreten in einem Maße verstoßen, dass die Vertreter dieser Erwartungsnormen die Handlungen mehr oder minder missbilligen und evtl. mit Gegenmaßnahmen antreten. Verhaltensauffälligkeiten sind im Allgemeinen mit pädagogischen Mitteln erreichbar.

Es fällt auf, dass in Umgangssprache und Fachliteratur der Begriff ausschließlich für negativ empfundene Abweichungen von der Norm verwendet wird und außerdem nur auf Kinder und Jugendliche bezogen, als ob es unter den Erwachsenen keine Verhaltensauffälligkeiten gäbe.
Die interaktionistische Theorie legt vor allem Wert auf die Entstehungsgeschichte auffälligen Verhaltens, indem sie dasselbe als Ergebnis eines misslungenen *Interaktionsprozesses* sieht, in dessen Verlauf die Grenze der Belastbarkeit des Erwachsenen überschritten wurde. Über den Verursacher des auffälligen Verhaltens ist damit noch gar nichts ausgesagt, da Kind bzw. Jugendlicher – in der schwächeren Position – durch ihr Verhalten in Beziehungen (zu Eltern, Lehrern, Erziehern usw.) ja meistens reagieren.
Zu denken gibt, dass sowohl Verhaltensauffälligkeiten als auch ihre fixierte Erscheinungs-

form der → Verhaltensstörungen von Soziologie und Sozialpädagogik einhellig als Produkt der Gesellschaft bezeichnet werden, die den Betroffenen in irgendeiner Weise in seinen Lebenschancen behindere. Insofern seien Verhaltensauffälligkeiten und Verhaltensstörungen in erster Linie eine Aussage über die gesamte Gesellschaft und ihren Zustand mit überzogenen Forderungen von Anpassung, Funktionstüchtigkeit, Produktorientierung, Nützlichkeit usw.

Für nicht eingepasste Individuen, insbesondere für Kinder und Jugendliche, die gegen die Bedürfnisse der Erwachsenenwelt verstoßen (Ansatz von Alice Miller) hat die Gesellschaft kennzeichnende Etiketten bereit, – zur Behandlung oder Aussonderung.

Nach *Entstehungsbereichen* werden Verhaltensauffälligkeiten eingeteilt in

- Reifungsabweichungen (z. B. Akzeleration, Retardation, mangelnde Schulfähigkeit),
- emotionale Auffälligkeiten (z. B. übertriebene Furcht, Schüchternheit, Distanzlosigkeit, Gewaltneigung),
- Beziehungsstörungen (z. B. Kontaktscheu, Erziehungsschädigungen durch harten, inkonsequenten oder verwöhnenden Erziehungsstil, Flucht in Suchtmittel oder Bandenkultur),
- Lernbehinderungen/-störungen (z. B. Motivationsstörung, Leistungsstörung, Lernhemmungen, Konzentrationsschwäche, Wahrnehmungsschwächen),
- Behinderungen (geistig, seelisch, körperlich, Mehrfachbehinderung, Behinderung im Bereich der Seh-, Hör- und Sprachorgane).

Zur Diagnose von schulisch verursachten Verhaltensauffälligkeiten schlägt Seiß (1976, Seite 45) das folgende Suchraster vor:

Konfliktfelder	Kernkonflikte	Ursachenbereich
1. Schüler → Stoff	Überforderung – Unterforderung, reduzierte Leistungsmotivation	Intelligenz- und Antriebsstruktur
2. Stoff → Schüler	Informationslücken, Strukturierungsmängel	Didaktisch methodische Fehler
3. Schüler → Lehrer	Übertragungskonflikte, Verständnisbarrieren, psychodynamische Struktur- und Beziehungskonflikte	Sprachbarrieren, Ansprechtechnik, Psychodynamik der Beziehungen, Abwehrmechanismen, Projektionen, Übertragungen und Identifikation
4. Lehrer → Stoff → Schüler	Verstehenskonflikte, Selektions- und Entscheidungskonflikte	Intelligenz, Motivation, Entscheidungsfähigkeit
5. Schüler ⇆ Schüler	Paar- und Gruppenkonflikte	Rivalität, Geschwisterproblematik, Außenseitersituation, Rollenproblematik
6. System → Schule	Unruhe, Diskontinuität, Verlust des Vertrauensprinzips durch übersteuerte Kritik, Diskussion statt Gespräch, diskrepante Erziehungsstile	Schulorganisationsstörungen, Schwierigkeiten durch ideologische Überforderungen und pädagogische Utopien, Politik an Stelle von Sachverstand

Bezüglich detaillierter häufiger Ursachen von Verhaltensauffälligkeiten und pädagogischer Maßnahmen vgl. 9.2.2 und 9.2.3 am Beispiel von Lern- und Leistungsstörungen!

---

b) Eine *Verhaltensstörung* liegt vor, wenn die auffälligen Verhaltensmuster

– immer wieder auftreten,
– meistens mehrfach bedingt sind (z. B. durch Entwicklung, Milieu, hirnorganische Schädigung),
– dem Betroffenen selbst erhebliche Interaktionsprobleme bzw. Konflikte mit seiner Umwelt einbringen
– und die Umwelt ebenso erheblich störend beeinträchtigen.

Das gesamte Erscheinungsbild kennzeichnet einen bereits krankhaften (= pathologischen) Zustand, welcher wegen der grundlegend und nachhaltig gestörten Kommunikation mit dem Umfeld der Therapie bedarf, d. h. durch pädagogische Maßnahmen nur eingeschränkt beeinflussbar ist.

Eine eindeutige Unterscheidung zwischen Verhaltensauffälligkeiten und Verhaltensstörungen ist nur unter dem Vorbehalt einer umfangreich absichernden Diagnose möglich. Um jedenfalls von einer Verhaltensstörung sprechen zu können, muss der ins Krankhafte gesteigerte und in der Regel nur durch therapeutische Maßnahmen zu behebende Befund einer Verhaltensauffälligkeit vorliegen. Als verhaltensgestört gelten demnach neben den unter 1.4.3.4 aufgeführten Erziehungsschwierigen unterschiedlicher Verursachung auch Menschen mit Geistes- und/oder Nervenkrankheiten (= psychotisch Gestörte), wie z. B. Manisch-Depressive oder Schizophrene (beide Formen sind vor der Pubertät nicht deutlich erkennbar).

Bei dem Verdacht einer Verhaltensstörung ist eine gezielte pädagogische und psychologische Diagnostik angezeigt, in die Fachleute wie z. B. der Schulpsychologe, Schuljugendberater, Erziehungsberater und Fachärzte mit einbezogen werden müssen.

Speziell für die psychotherapeutische Behandlung bietet sich eine Fülle von Verfahren an, die der Erzieher/Lehrer als erster Ansprechpartner der Betroffenen und der Eltern wenigstens zur groben Orientierung und für die Weiterleitung des Behandlungsbedürftigen an Fachleute kennen sollte. Von therapiestützenden pädagogischen Maßnahmen und dem Einsatzbereich der Förderschule abgesehen ist der Lehrer mit der Behandlung offenkundiger Verhaltensstörungen überfordert.

Übersicht über psychotherapeutische Maßnahmen bei Kindern und Jugendlichen

(vor allem bezogen auf Neurosen, Spiel-, Verhaltens- und Entwicklungsstörungen)

Behaviorale Therapierichtungen Verhaltenstherapie	Humanistische (erlebnisorientierte) Therapierichtungen Gesprächspsychotherapie	Spieltherapie, direktiv oder nicht-direktiv
zielen auf die aktionale Ebene, z. B. – Überflutungstherapie – Übersättigungstherapie – Desensibilisierung – Verhaltensmodifikation – Feedback-Methoden – Operante Konditionierung – Modell-Lernen und Imitationstherapie – Konfrontationsverfahren – Selbstbehauptungstraining ① – Negative Übung – Kognitive Verhaltenstherapie	zielen auf die kognitive Ebene, z. B. – nicht-direktive, personzentrierte, klientenzentrierte GPT – Gestalttherapie – Psychodrama – Gruppengespräche, auch mit Eltern	zielt auf imaginative, affektive Ebene, z. B. – Scenotest – Familienspiel – Psychodrama – Rollenspiel – Gemeinschaftsspiele – Puppenspiel – Kasperltheater – Therapeutische Spielgruppe

Interpersonale und systemische Therapierichtungen Familientherapie	Psychodynamische (tiefenpsychologische) Therapierichtungen Psychoanalytische Behandlungen	Ergänzende Therapieverfahren
② zielen auf symptomatische oder ③ symptomfreie Familienneurosen – Einbezug der gesamten Familie als Mitverursacher der Störung – Paartherapie – Systemische Einzeltherapie	zielen auf frühkindliche Fehlentwicklungen, z. B. – Langzeitanalyse – Psychoanal. Kurzzeittherapie ④ – Transaktionsanalyse	zielen v. a. auf affektives Abreagieren oder Entspannung, z. B. – Musik- und Bewegungstherapie ⑤ – Integrative Bewegungstherapie – Kunsttherapie – Fingermalen – Hypnose und trancetherapeutische Verfahren – Meditation – Imaginative Verfahren wie ⑥ z. B. katathymes Bilderleben/Tagtraumtechnik – Körperbezogene Psychotherapie wie z. B. Festhaltetherapie bei frühkindlichem Autismus – Entspannungsmethoden wie Autogenes Training, Yoga, suggestive Verfahren

Jugendpsychiatrische Behandlung

In Abgrenzung zu:

Arbeitstherapie	Physikalische Behandlung u. Krankengymn.	Beratung	Medizinische Therapie
synonym: – Ergotherapie – Werktherapie – Beschäftigungstherapie (Aspekte: sinnvoll und ästhetisch)			– medikamentöse Beh. – neurochirurgische Beh. – Biofeedback

1.5 Beobachten und Beraten als Aufgaben des Lehrers

(Vgl. z. B. Aurin 1984; Bachmair 1996; Beck/Scholz 1995; Brem-Gräser 1992; Ertelt/Schulz 1998; Fittkau 1993; Friedel 1993; Grewe 1990; Hane 1998; Heller 1991; Heuer 1997; Hundsalz 1995; Köck 1997; Krenz 1994; Rogers 1997; Schlippe/Schweitzer 1998)

1.5.1 Beobachtungs- und Beratungsanlässe im Schulalltag

Der Schulalltag hält in meistens überbelastender Fülle Beobachtungs- und Beratungs-anlässe für den Lehrer bereit, denen er neben seinen Lehraufgaben möglichst ohne Oberflächlichkeiten und Unterlassungen sowie in ständiger Auseinandersetzung mit Fehlerquellen der Beobachtung (vgl. 1.5.2.2.) gerecht werden soll.

1. Die Aufgabe das Lernen zu lehren, z. B. Lernplatzorganisation, Arbeitsverhalten, Lern-stil des Schülers, fordert die umsichtige Beobachtung und die sorgfältig überlegte, lang-zeitlich geplante Beratung des Lehrers heraus. Näherhin geht es dabei z. B. um Informa-tionsbeschaffung und -verarbeitung, Superzeichenlernen und Problemlösen neben bloßem Reproduzieren, ökonomische Strategien des Behaltens u. a. m.

2. Die vorgeschriebene Information von Schülern und Eltern über den Leistungsstand der Schüler erfordert zwangsläufig schriftlich fixierte Beobachtungen, die zur Erklärung der Leistungsentwicklung beitragen können und die zur Grundlage für die Beratung des Schülers bezüglich seines weiteren Leistungsverhaltens werden können.

3. Fingerspitzengefühl erfordern Beratungsanlässe, die sich aus den Erziehungspraktiken der Eltern ergeben, z. B. aus einer überfordernden oder vernachlässigenden Haltung, aus Überbehütung oder Inkonsequenz usw.

4. Für die Schullaufbahnberatung wird der Lehrer zu seiner Entlastung den Kontakt zum Beratungslehrer herstellen.

5. Verhaltensauffälligkeiten der Schüler vom Nägelbeißen über bremsenlose Geschwätzig-keit bis zu schwerwiegenden Lernstörungen bestimmen den Unterrichtsalltag eines jeden Lehrers. Strafen leisten hier in der Regel für die Bearbeitung der zugrunde liegen-

---

Erläuterungen zu einigen weniger geläufigen Nennungen:

① Negative Übung: Eingesetzt v. a. bei Sprechstörungen wie Stottern, bei Bewegungsstereotypien und Tics. Die Beseitigung wird durch oftmalige *willkürliche* Wiederholung angestrebt.
② Bei symptomatischen Familienneurosen wird der Familienkonflikt an *ein* Familienmitglied dele-giert.
③ Bei symptomfreien Familienneurosen liegt dagegen ein neurotisches Beziehungsgeflecht vor.
④ Die Transaktionsanalyse thematisiert nach Eric Berne das Zusammenspiel von Eltern-Ich, Erwachsenen-Ich und Kind-Ich und in diesem Zusammenhang die Erhellung der verschiedenen Ich-Zustände.
⑤ Die Integrative Bewegungstherapie verbindet Gestalttherapie, Psychodrama und Improvisation des therapeutischen Theaters.
⑥ Katathymes Bilderleben baut auf die Vorgabe von erlebnishaltigen Vorstellungsbildern (katathym = affekt-/wunschbedingt).

den Ursachen keinen Beitrag, sie begünstigen sogar eher die Eskalation der störenden Verhaltensweisen (vgl. auch 1.4.3.3/3.: Sonderfall Strafe).

Somit bleiben dem Lehrer also wieder einmal Gespräch, Metakommunikation und Beratung. Allerdings erreicht er zumindest bei schweren Verhaltens- und Lernstörungen die Grenze seiner Beobachtungs- und Beratungsfunktion, wenn nämlich systematische Verhaltensbeobachtung und therapeutische Maßnahmen erforderlich sind. Allein schon zu seinem Selbstschutz und zur Abwehr von Überforderung sollte der Lehrer in solchen Fällen die *Unterstützung des Schulpsychologen* suchen.

6. In dieser Auswahl der alltäglichen Beobachtungs- und Beratungsfelder des Lehrers darf die *Gruppendynamik der Klasse nicht fehlen.*

Die *Anleitung zum sozialen Lernen* gehört zweifellos zu den Erziehungsaufgaben des Lehrers, Eingriffe aber in das Kräftespiel der Klasse, also in den Rollenkampf, das Positionsgerangel, klasseninterne Machtkämpfe und Konflikte sollte der Lehrer in der Regel nur vornehmen, wenn er etwa im Rahmen der Metakommunikation um Rat gefragt wird oder wenn die Klasse mit ihren Problemen selbst überhaupt nicht zurecht kommt.

Der Selbstregulierung einer Klasse nützt es auf lange Sicht mehr, wenn der Lehrer die Möglichkeit zur Metakommunikation einräumt und dazu Techniken der Gesprächsführung, der Selbst- und Fremdwahrnehmung und der Konfliktbearbeitung vermittelt. Situationsanalysen und Feedbacks stehen dem Lehrer als zumindest Mitbetroffenen zu, und sie wirken sich möglicherweise auch im Sinne des Modellverhaltens aus. Allerdings erhalten sie meistens aufgrund der klassenexternen Autorität des Lehrers ein Gewicht, das ihnen in Wirklichkeit gar nicht zusteht.

Beratung im Bereich der Gruppendynamik einer Klasse kann also nur vorsichtige *Anleitung zur Selbstregulierung und Selbstverantwortung* sein, d. h. Vermittlung der dazu nötigen Fähigkeiten und das Angebot eines glaubhaften Modells, dem seinerseits Fehlleistungen zugestanden werden.

(Vgl. auch 5.4.3: Methoden der Arbeit an der Kommunikation)

1.5.2   Der Lehrer als Beobachter

1.5.2.1 Definition und Formen der Beobachtung

Die *Beobachtung* hebt sich von der ungebundenen und lediglich Kenntnis nehmenden Wahrnehmung durch folgende Merkmale ab:

– Sie ist aufmerksame, gerichtete Wahrnehmung.

– Sie bedient sich dabei eindeutig beschriebener Methoden.

– Sie bezieht sich auf Veränderungen an Gegenständen, auf Personen und Prozesse und auf Ereignisse, die in Abhängigkeit von ganz bestimmten, also auch beschreibbaren Situationen betrachtet werden.

– Die Beobachtungsergebnisse werden in geeigneter Weise festgehalten.

– Die Beobachtung ist immer von der Absicht geleitet, eine neue Erkenntnis zu gewinnen, meistens mit dem Zweck einer praktischen Nutzanwendung.

Folgende in der Übersicht zusammengefasste *Formen der Beobachtung* werden unterschieden:

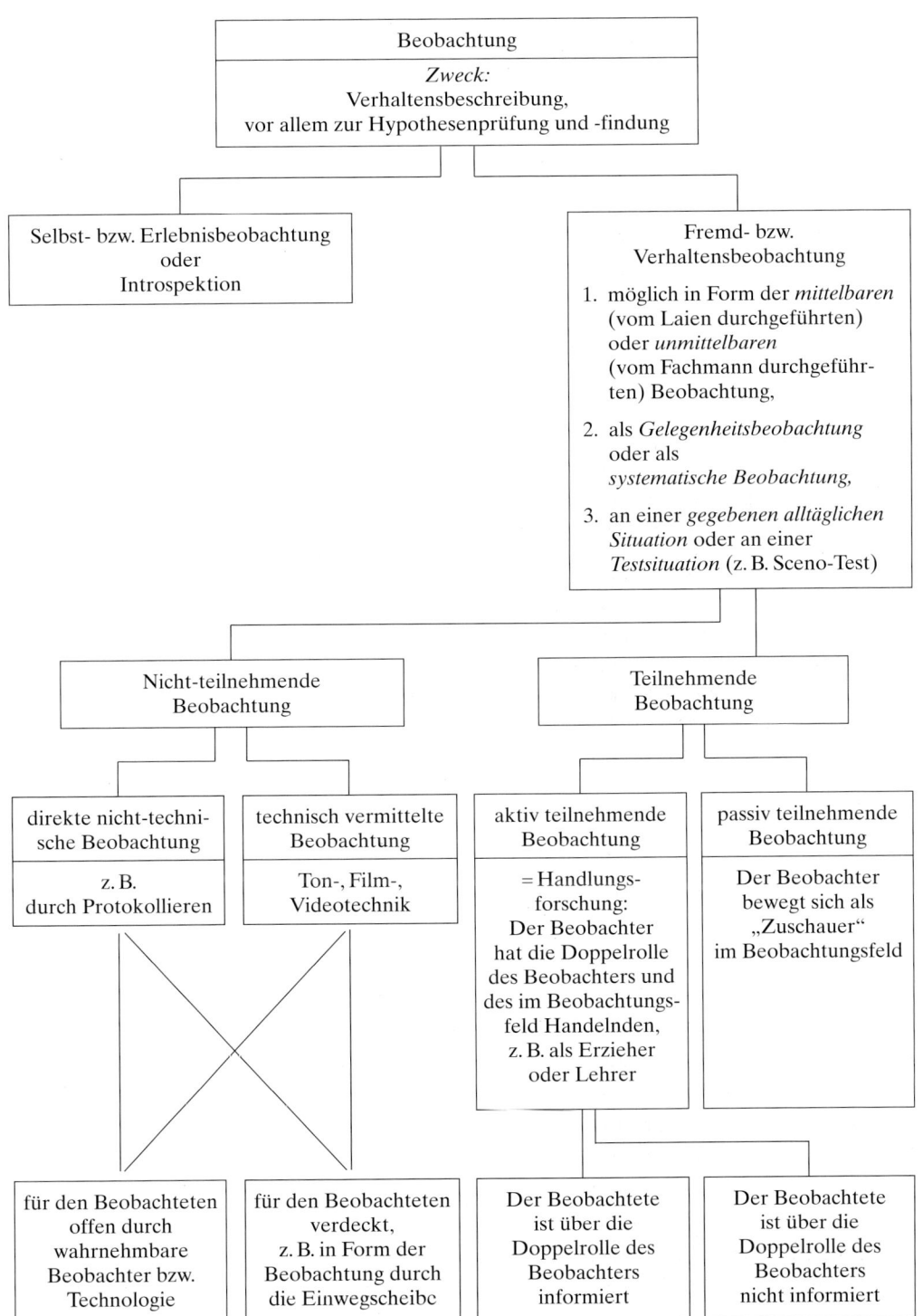

Die alltägliche Form der Beobachtung ist für den Lehrer in der Regel die aktiv teilnehmende Beobachtung.

Dies bedeutet Einschränkung und Erweiterung der Beobachtungsmöglichkeiten zugleich. Der Lehrer kann sich als gleichzeitig Unterrichtender und Beobachtender eben nicht voll und ganz auf die Beobachtung konzentrieren, er wird im Gegenteil sogar oft genug von ihr durch seine vorrangigen unterrichtlichen Aufgaben abgezogen. Die Folge sind u. U. unvollständige Beobachtungsergebnisse, die für stichhaltige Schlussfolgerungen nur bedingt geeignet sind.

Diesen Nachteil kann der Lehrer durch entsprechend häufiges Beobachten im gleichen Situationszusammenhang in etwa ausgleichen. Der Hauptvorteil teilnehmender Beobachtung aber liegt darin, dass *der Lehrer durch sein Mitleben im Beobachtungsfeld Bedingungszusammenhänge, Verhaltensentwicklungen und den zu beobachtenden Schüler in der Gesamtheit seines Verhaltens* eher wahrnehmen und würdigen kann als der auf einen bestimmten Beobachtungsaspekt innerhalb einer abgesteckten Situation und bei begrenzter Zeit angesetzte Spezialist.

Die Rollenüberlastung des Lehrers legt aber auf alle Fälle die Konsequenz nahe, auf *überschaubare Beobachtungszusammenhänge* zu achten, diese aber *möglichst genau wahrzunehmen und aufzuzeichnen.*

1.5.2.2 Notwendigkeit und Möglichkeiten der Arbeit am Beobachter- und Beraterverhalten

Viele Lehrer eignen sich aufgrund langjähriger Beobachter- und Beraterpraxis einen verhältnismäßig sicheren Blick in der Verhaltensbeobachtung an. Aber gerade die häufige Forderung von Urteilen über Personen und Situationen, die noch dazu meistens „aus dem Stand" abverlangt werden, birgt Gefahren in sich: Da werden z. B. Schlussfolgerungen aus zu wenig oder einseitig gewonnenen Fakten gezogen, Urteile auf allzu simple Ursache-Wirkungs-Zusammenhänge gegründet. Ferner neigen Lehrer dazu, ihren eigenen Anteil an der Verhaltensentwicklung ihrer Schüler zu gering einzuschätzen. Und Eltern beklagen sich häufig darüber, dass Lehrer – auf ihre Berufskompetenz pochend – sich bei der Abgabe von Beobachtungsdaten und Urteilen über Schüler in einer Selbstherrlichkeit ergehen, die eine Diskussion von vorneherein ausschließt.

1. *Mit welchen Fehlerquellen muss der Lehrer beim Beobachten, Beraten, Beurteilen rechnen?* (Vgl. hierzu ausführlich Köck [4]1997, Seite 101–110)

Fehlerquellen	Beispiele	Möglichkeiten der Verhaltensüberprüfung
1. *Einschränkende bzw. einseitige Wahrnehmung:* – Jede Wahrnehmung verläuft wegen der großen Reizmenge auswählend; – sie wird von unseren Erwartungen und Vorurteilen geleitet ...	Der Lehrer nimmt in einer Kette von unterrichtsstörenden Verhaltensweisen nur einen Schüler wahr, der auch stellvertretend bestraft wird. Der Lehrer nimmt das lächelnde Gesicht eines Schülers wahr, interpretiert es als „provokativ grinsend" und fühlt sich beleidigt,	– *Klärung des Wahrnehmungstyps:* Welche Wahrnehmungskanäle sind geübt, welche nicht? Gibt es festgefahrene, routinierte Wahrnehmungen? – *Systematische Sinnesschulung* anhand begrenzter Aufgaben und mit Kontrolle, z. B.

Fehlerquellen	Beispiele	Möglichkeiten der Verhaltensüberprüfung
	da seine unterrichtlichen Bemühungen nicht gewürdigt werden. In Wirklichkeit belustigt den Schüler ein klasseninternes Ereignis.	• bevorzugte Wahrnehmungsfelder in der Klasse. • Welche Art von Reizen wird überhaupt wahrgenommen? • Wie viele Reize werden gleichzeitig wahrgenommen? – *Ziel:* möglichst ganzheitliche Wahrnehmung
2. *Voreingenommenheit im Beobachtungsvorgang,* offenkundig in – Erklärungen, – Interpretationen, – Wertungen, – Urteilen	Die Schüler bringen keine intrinsische Motivation, weil der Unterricht an ihren aktuellen Interessen und oft an der Realität vorbeiläuft, die Folge sind Disziplinprobleme. Die Pubertätsprobleme eines Jugendlichen werden in das Freudsche Erklärungsmuster gezwungen. Von mehreren unordentlichen Hausaufgaben wird auf den schlampigen und unzuverlässigen Schüler geschlossen. „Wer lügt, der stiehlt auch!"	*Überprüfung* – *normativer Verhaltenserwartungen:* Wird von den Schülern ein Verhalten erwartet, das sie nicht bringen können? – *theoretischer erzieherischer Konzepte:* Stimmen sie überhaupt noch, bzw. sind sie für die vorliegende Situation geeignet? – *der Tendenz zur Etikettierung:* • mehrere gleichartige Vorkommnisse werden zu schnell verallgemeinert; • von einer einzelnen Verhaltensweise wird auf das Gesamtverhalten geschlossen (Halo Effekt)
3. Projektionen als – Abwehrmechanismus – als Übertragung von Erfahrungen aus früheren zwischenmenschlichen Beziehungen – der Lehrer als „Projektionsfläche"	Ein eigener Mangel wird einem anderen untergeschoben und dann dort bekämpft: z. B. ein Lehrer mit Autoritätsproblemen unterschiebt dieselben seinem Dienstvorgesetzten und mäkelt an ihm herum. Der Mathematiklehrer mit Bart (äußeres Image) wird von den Schülern mit vorsichtiger Distanz behandelt, weil schon einmal ein Mathematiklehrer mit Bart … Die Schüler reagieren Erfahrungen aller Art mit Autoritäten am Lehrer ab, der dadurch – obwohl nicht persönlich gemeint – auf Dauer oft überfordert und entmutigt wird. Manches partnerschaftlich konzipierte Erzieherverhalten ist auf diese Weise schon in stockautoritäres Gehabe umgeschlagen.	Die Bearbeitung von Abwehrmechanismen ist im Alleingang nur bedingt erfolgreich. Als geeignete Methoden haben sich erwiesen – Metakommunikation – Feedback-Techniken – Selbsterfahrungstrainings – Supervision – und der Balintgruppe.

Fehlerquellen	Beispiele	Möglichkeiten der Verhaltensüberprüfung
4. Stereotypen: = festgelegte Vorstellungen in Bezug auf soziale Objekte	„Mädchen sind geringer begabt als Jungen." „Ohne Druck und Zwang läuft letztlich in der Pädagogik nichts." „Schüler wählen grundsätzlich den Weg des geringsten Widerstandes."	Da Stereotype meist mit breiter Zustimmung in der öffentlichen Meinung rechnen können, sind sie entsprechend schwer zu bearbeiten. Erfolg versprechen am ehesten die unter 2) genannten Methoden.
5. Konfabulationen: = Ungesicherte, auf Täuschung oder lückenhafter Wahrnehmung beruhende Erinnerung, *hier vor allem ungenaue Wahrnehmungen, die auf Überlastung oder routinierte Oberflächlichkeit zurückzuführen sind.*	Einem Schüler wird zerstörerische Aggressivität „angedichtet", obwohl er als zunächst passiver Zuschauer lediglich in das Geschehen (Rauferei mit Sachschäden) hineingezogen wurde. Ein Schüler wird wegen seiner Zurückhaltung als renitent „eingestuft", während er in Wirklichkeit gehemmt ist. Die von Konfabulationen betroffenen Schüler geben meistens zu erkennen, dass sie sich ungerecht behandelt fühlen.	Überprüfung der gewonnenen Beobachtungsdaten auf ihre Zuverlässigkeit. – Fakten von Mutmaßungen eindeutig trennen. – Fakten durch Gegenkontrolle und Stellungnahme des Betroffenen absichern, nicht gesicherte Fakten fallen lassen. – Gezielte Beobachtung nur durchführen, wenn genügend Zeit und Aufmerksamkeit zur Verfügung steht. – Ergebnisse *sofort* aufzeichnen, um Erinnerungslücken zu vermeiden …
6. *Mildeeffekt:* Man will mit eindeutigen und berechtigt negativen Aussagen niemandem weh tun und weicht deshalb in nichtssagende Gemeinplätze aus.	– Vgl. die meisten Zeugnis- und Schülerbogenbemerkungen! – „Lagebericht" in Konferenzen und bei Elternabenden – Übertrittsgutachten …	– In annehmbarer Form die durch Beobachtung gewonnenen Fakten unmissverständlich zum Ausdruck bringen. – Betroffene Schüler bzw. Eltern aufgrund der mitgeteilten Fakten selbst Schlussfolgerungen ableiten lassen. – Übung im partnerzentrierten Beratungsgespräch (s. später!).
7. *Der Beobachtungsbericht als Fehlerquelle:* Er sollte möglichst – beschreibend – detailliert – nachvollziehbar abgefasst sein.	*Beispiel einer Schülerbogenbemerkung* am Ende der 2. Grundschulklasse: Ein schmaler, nervöser Schüler, unausgeglichen, hektisch, häufig mit lauter bis schriller Stimme. Dabei ist er oft selbst unglücklich über sich und versucht sich zu zügeln. Diese Unrast ist auch daheim oft spürbar. Er ist ein guter Denker, sprachlich sehr gewandt. Die Eltern arbeiten mit der Schule.	*Vermeidung* von – *Verkürzungen:* Einzelheiten werden zugunsten der Konzentration auf das vermeintlich Wesentliche unterschlagen, der Beobachter zwingt seinen Blickwinkel auf. – *Kontrastierungen:* Neigung zur Schwarzweiß-Malerei – *Geschlossenheit:* Der Bericht wird der wünschenswerten Schlüssigkeit wegen „schön gerundet", widersprüchliche Fakten werden weggelassen.

Fehlerquellen	Beispiele	Möglichkeiten der Verhaltensüberprüfung
		– mehrdeutig interpretierbare Begriffe: Für die Beobachtung zentrale Begriffe (Aggressivität, Gehemmtheit, Mitarbeit, disziplinlos ...) müssen eindeutig beschrieben und erläutert (= operationalisiert) sein.

Weitere Beobachtungsfehler ergeben sich z. B. aus Aufmerksamkeitsschwankungen bei anhaltend hoher Konzentration, aufgrund von Ermüdung des Beobachters, durch zu frühe Interpretation und Wertung, unter dem Einfluss des Erstlingseindrucks (Primacy-Effect), durch die sog. zentrale Tendenz, bei der extreme Einschätzwerte vermieden werden und aufgrund situationsunangemessener Reaktionszeiten bei der Beobachtung.

2. Neben den in der Übersicht bereits genannten *Möglichkeiten der Verhaltensüberprüfung beim Beobachten, Beraten und Beurteilen* bieten sich an:

- Überprüfung des grundlegenden Kommunikations- und Erziehungsverhaltens des Lehrers durch Selbst- und Fremdkontrolle
- Protokollierung einer Beobachtungssituation durch mehrere Beobachter und Vergleich der Ergebnisse mit Ursachenforschung bei Abweichungen
- Beobachtungsprotokolle anhand von Kategorienschemata
- Supervision, hier im Sinne von Praxisberatung
- Einsatz der Videotechnik
- Rollenspielgruppen
- Balintgruppen (Fallbesprechungsgruppen, benannt nach dem Londoner Arzt M. Balint)
- Kommunikationstrainings, vor allem bei hohen Fehlerquoten in der Selbst- und Fremdwahrnehmung

(Vgl. auch die meisten der unter 5.4.1 dargestellten Methoden der Arbeit an der Kommunikation)

1.5.3 Der Lehrer als Berater

1.5.3.1 *Beratung* ist vor dem Hintergrund eines bestimmten sozialen Umfeldes die fachlich kompetente Hilfestellung zur Selbsthilfe angesichts eines aktuellen Anlasses mit dem Ziel einer vom Ratsuchenden selbst entschiedenen und getragenen Verhaltensänderung.

Merkmale der Beratung im Einzelnen:

1. Beratung gibt Informationen und Auskunft im Sinne von *Aufklärung.*
2. Voraussetzung der Beratung ist eine *aktuelle Situation* mit oftmals weitreichender existenzieller Bedeutung, die eine entsprechend interessierte *Fragehaltung* des Ratsuchenden bedingt.
3. Beratung als Aufklärung besagt, dass der Ratsuchende seinen Fähigkeiten und Möglichkeiten entsprechend *am Vorgang der Informationsbeschaffung beteiligt wird und vor allem Entscheidungen selbst treffen muss.*

4. Der Berater hält sich mit lenkenden Maßnahmen zurück. Er versteht sich als Gesprächspartner, der mit „Fingerspitzengefühl" und *Einfühlung die Problemlage des Ratsuchenden zu verstehen versucht.* Die Gesprächshaltung ist *nicht-direktiv, partnerschaftlich.*

5. Die Beratung gerät mit dieser Idealbeschreibung dort schnell in Konflikt, wo sie etwa auf Grund des Alters des Ratsuchenden (wie in der Schule) mit Einschränkungen bezüglich der Informationsaufnahme und -verarbeitung rechnen muss. Allerdings neigen Lehrer aber auch dazu, die Entscheidungsfähigkeit junger Menschen zu unterschätzen.

6. Die Beratungstätigkeit bedarf wie die Beobachtung *ständiger Überprüfung,* insbesondere wegen folgender Gegebenheiten:
   – Gerade viel gefragte Berater wie Lehrer laufen Gefahr, routinierte Beratungsstrategien zu entwickeln, die zur *Oberflächlichkeit* auf Grund zu geringen Beobachtungsmaterials und zu *Verzerrungen und Einseitigkeiten* aufgrund von Vorurteilen führen können.
   – Der Berater bringt sich in den Beratungsvorgang nicht nur als mehr oder minder kompetenter Besitzer von Informationen ein, sondern mit seiner ganzen Person. Seine *individuellen Überzeugungen, Neigungen, aber auch Abwehrmechanismen* gegenüber bestimmten Verhaltensweisen des Ratsuchenden beeinflussen die Qualität der Beratung erheblich.
   – Der Lehrer ist Inhaber mehrerer Rollen gegenüber dem Schüler: er ist Fachmann eines Wissensgebietes, Lehrender, Erzieher, Repräsentant einer Institution, Beurteiler und Berater. *Rollenkonflikte* sind hier zwangsläufig vorprogrammiert.

7. Die Beratungsaufgabe des Lehrers ist – bei allen sicherlich nötigen Kontakten – *abzugrenzen gegenüber institutionalisierter Beratung,* wie z. B. der Erziehungsberatung, Berufsberatung, Elternberatung, Eheberatung, Bewährungshilfe, Telefonseelsorge. Engeren Kontakt wird der Lehrer mit dem Beratungslehrer (v. a. wegen der Schullaufbahnberatung) und mit dem Schulpsychologen (v. a. wegen verhaltensauffälliger Schüler) pflegen.

1.5.3.2 Das Beratungsgespräch – Probleme und Hilfen

1. Das Beratungsgespräch, das der Lehrer insbesondere in schwerwiegenden erzieherischen oder lernbezogenen Problemfällen mit den betroffenen Schülern und deren Eltern führen muss, ist *mannigfachen störenden Einflüssen* ausgesetzt, z. B.
   – Zeitmangel,
   – Ängsten auf beiden Seiten,
   – Abwehrmechanismen auf Seiten der Beratenen („Mein Kind tut das nicht!"),
   – Mangel an kommunikativen Fähigkeiten, insbesondere an Einfühlung und partnerschaftlicher Gesprächstechnik,
   – feindlicher oder misstrauischer Beziehungsebene (die bei den Eltern auf eigene Schülererlebnisse zurückreichen kann),
   – offenen und versteckten Angriffen,
   – dem Gebrauch unterschiedlicher Sprachebenen …

2. *Formen des Beratungsgesprächs im Schulalltag*
   a) Das *alltägliche Beratungsgespräch* (aktueller Anlass, sozusagen nebenbei, kurze Zeitspanne) gewinnt an Qualität, wenn der Lehrer an der Vervollkommnung insbesondere der folgenden Fähigkeiten arbeitet:
   – Die Sensibilisierung seiner Wahrnehmung entscheidet über seine Fähigkeit, *lohnende Beratungsanlässe des Unterrichtsalltags* (z. B. Lernweggestaltung, Arbeitstechniken, Sprachverhalten, Kooperationsverhalten) zu erkennen und sich *in die spezifische Problemlage des Schülers schnell einzufühlen.*

– Es bringt dem Schüler mehr, wenn ihn der Lehrer *zur Darstellung seines Problems ermutigt* anstatt ihn mit Interpretationen zu seiner Situation zuzudecken.
– Aufgrund des traditionellen Rollenverständnisses fällt den meisten Lehrern geduldiges Zuhören schwerer als ihren Schülern.
  Aktives Zuhören aber kann eingeübt werden. Es bedeutet vor allem sich zurückzuhalten, Pausen ertragen zu können, Ablenkung zu vermeiden, sich dem Gesprächspartner voll zuzuwenden und ihn zum Sprechen zu ermuntern sowie für eine ruhige Gesprächsatmosphäre zu sorgen.
– Der Lehrer muss darauf achten, dass der *Bedeutungsgehalt* seiner Beratung nicht nur von der Aussage als solcher abhängt, sondern auch von der Art der sprachlichen Äußerung, der Betonung, den nonverbalen Mitteilungen durch Mimik und Gestik und dem situativen Zusammenhang.

b) Das *ausführliche Beratungsgespräch im Sinne partnerzentrierter Gesprächsführung* bedarf intensiver Einübung anhand schriftlichen Materials und in Übungsgruppen (z. B. mit Kollegen), bevor es im Ernstfall durchgehalten werden kann. Das Beratungsgespräch schließt Verhaltensweisen aus, die den Ratsuchenden in Abhängigkeit vom Berater bringen, ebenso aber auch Smalltalk, Diskussionen, Frage-Antwort-Spiele, Aushorchen, Predigten …

– *Vorbereitung des Beratungsgesprächs*
  ● Der äußere Rahmen soll eine angenehme Atmosphäre ermöglichen.
  ● Ort und ausreichend Zeit genau vereinbaren.
  ● Beobachtungsergebnisse und sonstige nützliche Fakten bereithalten.
  ● Stichpunktartige Vorbereitung des Gesprächsrahmens, dabei mit positiven Rückmeldungen beginnen.
  ● Nicht hinter dem Schreibtisch verbarrikadieren (Behördenaversion).
– *Zum Ablauf des Beratungsgesprächs*
  ● Zeigen Sie dem Gesprächspartner durch aufmerksames, zugewandtes Zuhören, dass er ernst genommen und verstanden wird! (Aktenstudium, Blättern in Unterlagen, Unterschriftenmappe durchgehen usw. signalisieren Interesselosigkeit).
  ● Vermitteln Sie dem Gesprächspartner durch maßvolle Ich-Botschaften Verständnis und Angenommensein!
  ● Nehmen Sie Rücksicht auf den Sprachstil und die Formulierungsfähigkeit des Gesprächspartners!
  ● Ermutigen Sie den Gesprächspartner zur exakten Formulierung seines Problems! Zeigen Sie ihm Ihre Einfühlung, indem Sie seine wahrgenommenen Gefühle in Worte zu fassen versuchen!
  ● Akzeptieren Sie den Gesprächspartner in seiner Situation ohne Vorbehalte! Werten, interpretieren oder gar moralisieren lösen Abwehrmechanismen aus.
  ● Paraphrasieren Sie die Aussagen des Sprechenden! Dieses sinngemäße Wiederholen des Gehörten hilft Wahrnehmungsfehler zu beseitigen, und es hält evtl. den Berichtenden an, seine Aussagen und damit seine Selbstwahrnehmung zu präzisieren.
  ● Achten Sie auf Ihre grundsätzliche positive Wertschätzung des Gesprächspartners und auf die Echtheit jeder Verhaltensweise, die Sie in das Gespräch einbringen?
– *Beendigung des Beratungsgesprächs*
  ● Sorgen Sie für eine Zusammenfassung der wesentlichen Ergebnisse!
  ● Treffen Sie evtl. überprüfbare Vereinbarungen, schließen Sie gegebenenfalls einen Verhaltensvertrag mit dem Gesprächspartner ab!
  ● Legen Sie nötigenfalls weitere Kontakte eindeutig fest!

2 Leben in der Schule – Schulleben

(Vgl. allgemein zum Thema z. B. Apel 1997; Arbeitsgruppe Oberkircher Lehrmittel 1984 und 1992; Deutsche Shell 2000; Fend 1980; Flitner/Kudritzki [5]1995; Gudjons/Reinert 1980; Holthausener Manuskripte 1988; Kägi-Romano U. u. D. 1993; Katholische Erziehergemeinschaft (KEG) [2]1983; Korinek 2000; Kottmann/Köppe 1991; Lorenz/Ipfling 1986; Stammberger 1991; Weber 1979)

2.1 Schule und Leben – ein Widerspruch?

> *Alles Lernen ist keinen Heller wert,*
> *wenn dabei die Freude verloren geht!*
>
> Johann Heinrich Pestalozzi

2.1.1 Situationsbeschreibung der Schule oder Vorurteil?

In der Geschichte der Schule reißen die Klagen von Lehrern und Schülern nicht ab, dass wirklichkeitsfremde Lernsituationen das primäre Lernmotiv der Neugier erschlagen, und die Erfahrung der Schule als geist- und lebenstötende Lernfabrik die Freude am Lernen gründlich austreibt. Unterricht dient in der Regel der Wissensanhäufung auf Vorrat ohne unmittelbaren Handlungsbezug und damit meistens auch ohne Einsicht in den Sinn der abverlangten Lernleistung. Mögliche Lerneffekte werden durch den fünf- bis sechsmaligen Angebotswechsel im 45-Minuten-Takt erschwert. Allzu oft unüberlegt gestellte und in ihrer Einfallslosigkeit eintönige Hausaufgaben sowie durch den schulischen Unterricht provozierte Nachhilfestunden dehnen den Schulfrust auf die unterrichtsfreie Zeit aus. Und schließlich fördert die Prüfungsorientierung der schulischen Arbeit eher Ängste und Konkurrenzverhalten als die Lust am Lernen und zur Zusammenarbeit. Legen diese hartnäckig die Zeiten überdauernden Klagen nicht den Schluss nahe, dass zwischen Wirklichkeit und Schule, zwischen lebendigem Lernen und schulisch organisiertem Lernen ein Widerspruch besteht, mit dem man sich eben abfinden muss?

Die Beobachtung des heutigen Schulalltags scheint einer solch resignierenden Haltung zumindest teilweise Recht zu geben.

Unterricht erweist sich meist als hoch ritualisiertes Interaktionsmuster mit wenig Varianten und bevorzugten Revieren für Schüler und Lehrer. Vom „Üblichen" abweichende Formen der Kommunikation werden von den Schülern nicht honoriert, der diesbezüglich experimentierfreudige Lehrer wird von den Kollegen als Sonderling oder Phantast belächelt.

Dabei mangelt es gerade heutzutage keineswegs an Programmen, welche die erzieherische Dimension der Schule beschwören, die von der Freude am Lernen sprechen und sogar die Zulässigkeit von Emotionen in der Schule anerkennen. Aber auch das ist nicht neu in der Schulgeschichte: Je weniger sich die Schule als Ort der Erziehung erleben lässt und als solcher wirksam ist, desto mehr und eindringlicher wird von der Notwendigkeit der Erziehung gesprochen und desto emsiger werden plakative Kataloge von Erziehungszielen entworfen.

2.1.2 Das Konzept „Schulleben" oder: Von der Buch- und Redeschule zur Denk- und Handlungsschule

1. Ob Leben in der Schule möglich ist oder ob an den Schülern der Unterricht vollzogen wird, bestimmen nicht allein die Rahmenbedingungen des Schulsystems. Der entscheidende Anteil an der Gestaltung einer lebens- und damit lernbejahenden Schulatmosphäre liegt bei den unmittelbar Beteiligten selbst, bei den Schülern, Lehrern, Eltern.

> Der hier tragende *Begriff „Schulleben"* stammt von Friedrich Fröbel (1782–1852), der damit in Ausweitung von Pestalozzis Wohnstubenerziehung die *notwendige Verbindung von außerschulischem Leben und Unterricht* bezeichnete. Die gleiche Forderung erhob die Reformpädagogik mit ihrer Kritik an der einseitigen Buchschule.
>
> Heute beschreibt Schulleben *die Schule als Ort, an dem sich Leben im vollen Wortsinn entfalten kann, und zwar als Leben, mit dem sich der Schüler identifizieren kann,* das also seine Interessen und Bedürfnisse trifft und ernst nimmt.

Schulleben verwirklicht sich in der Schule als kind- und jugendgemäßem Lebensraum z. B. durch

– Lebensnähe zur außerschulischen Wirklichkeit, vor allem zum schulischen Umfeld,
– die „pädagogische Atmosphäre" (Bollnow) an der Schule,
– die praktizierten Formen von Interaktion und Kommunikation, von Kooperation und Solidarität (vgl. den „pädagogischen Bezug" H. Nohls),
– Institutionen und Ordnungen und deren Interpretation nach Buchstaben oder Geist,
– durch und in freizeitanalogen Situationen wie Interessen- und Neigungsgruppen, Wandern, Spiel, Sport, Fest, Feier … als Gegengewicht gegen unterrichtliche Verplanung,
– Pausen- und Raumgestaltung,
– die Schülermitverantwortung (SVM),
– die Schülerzeitung,
– Kooperation mit der außerschulischen Lebenswelt (Stichwort: Schulgemeinde; vgl. Buhren 1987, Jones 1978) u. a. m.

Schule ist lediglich ein Teil der Lebenswelt des Kindes und des Jugendlichen. Sie steht bei den Schülern umso niedriger im Kurs, je weniger sie sich in die umfassende Lebenswirklichkeit einordnet und je mehr sie die Einheit von Lernen, Arbeiten und Leben verfehlt.

2. Trotz redlichen Bemühens vieler Lehrer wird *das lebendige, neugiergeleitete und handlungorientierte Lernen* in der Regelschule von den Betroffenen als die Ausnahme beschrieben, der ein Übergewicht wenig motivierenden sog. Alltagsbetriebs gegenüberstünde. Dabei scheint die Tendenz vom Lernen aus Spaß und Neugier zum Lernen durch Zwang mit den Jahrgangsstufen zuzunehmen. Aber auch die ermutigende Reform des Grundschulunterrichts wirkt nicht aufgrund von Verordnung, sondern durch die Bereitschaft der Lehrer, spielerisches Lernen als Anleihe vom Kindergarten und von Alternativen Schulen aufzugreifen und dem anschauungs- und umfeldbezogenen Lernverhalten der Schüler sowie ihrem grundsätzlichen Drang zur eigenständigen Erkundung und Gestaltung ihrer Lebenswelt entgegenzukommen.

In welchem Ausmaß das Schulsystem und die unmittelbar Beteiligten in Wechselwirkung über die Lernqualität des Unterrichts entscheiden, demonstrieren die *Alternativen Schulen,* wie z. B. die Landerziehungsheime und die Freien Waldorfschulen, die Montessorischulen und die sog. Freien Schulen. Sie alle versuchen in ihren Lernsituationen die außerschulische Lebenswirklichkeit mit dem organisierten schulischen Lehrgang zu verbinden, in Projekten Lernen, Arbeiten und Leben als Einheit erfahren zu lassen.

3. Seit Anfang der 90er Jahre wird mit zunehmender Akzeptanz für ein humanes Zusammenleben in der Schule der Begriff *Schulkultur* propagiert – eine Alternative zum Schulleben, ein Modewort oder ein neuer Anlauf zum Schulverständnis?
Es hängt wohl von der Auffassung des Schullebens ab, ob es sich als bedeutungsgleich mit der Schulkultur erweist oder nur als Teilbereich derselben. Jedenfalls öffnet der Begriff Schulkultur endgültig den Blick für das gesamte Spektrum schulischen Lebens, das über die unterrichtsinternen Vorgänge hinaus alle am Schulbetrieb Beteiligten als Kommunikationsgemeinschaft begreift. Im Sinne eines grundsätzlich humanen Umgangs miteinander hat die tägliche Praxis sich zu rechtfertigen, inwiefern

– sie von gemeinsamen, argumentativ gewonnenen, pädagogischen Grundvorstellungen getragen ist,
– wichtige Entscheidungen kollegial getroffen werden,
– jederzeit transparenter Informationsfluss der Bildung privilegierter Cliquen gegensteuert,
– bewusste Arbeit an Atmosphäre und Gemeinsamkeit geleistet wird,
– wechselseitige Verhaltenserwartungen und Zielabsprachen eindeutig ausgetauscht werden,
– eingespielte Strategien gegen Mobbing existieren,
– klare Regeln und Rituale vereinbart sind, die bei Bedarf kritisch weiterentwickelt werden.

Kultivierten Umgang miteinander, innerhalb der Institution Schule und über ihre Grenzen hinaus, in diesem Verständnis bringt die Schulkultur eine Erweiterung des Schullebens, mehr aber nicht.

(Vgl. z. B. Holtappels 1995; Kath. Erziehergemeinschaft 1996; Seibert 1997)

2.2 Chancen für das Leben in der Schule und das Schulleben im öffentlichen Schulwesen

2.2.1 Schulleben/Schulkultur als Lebensprinzip für den Schulalltag

Alternative Schulen verdanken ihre Existenz dem wie immer gearteten Protest gegen das öffentliche Schulwesen. Unterschiedliche Ausgangspositionen, Ziele und Rahmenbedingungen lassen einen Vergleich beider Schulformen nicht sinnvoll erscheinen. Da aber alternative Schulen schon immer Pilotfunktion für das öffentliche Schulwesen ausübten, kann die Frage lohnend sein, was sie und die in dieser Hinsicht reichhaltige pädagogische Literatur für eine lebens- und lernfördernde Gestaltung von Schule und Unterricht anzubieten haben.

1. Die alles entscheidende Grundlage für Leben an der Schule ist die *Eigenart der dort ausgeübten Kommunikation.*
Eine etwa am Bürokratiemodell orientierte, hierarchisch geordnete, überwiegend durch Notendruck und andere Machtmittel bestimmte Kommunikation (komplementäre Kommunikation) kann durch noch so viele „Extras" wie Fahrten, Spiele, Arbeitsgemeinschaften

usw. nicht kompensiert werden. *Das Lehrerkollegium einer Schule muss also zuerst einen verbindlichen pädagogischen Minimalkonsens zur Bewältigung der Alltagskommunikation erarbeiten* und in gegenseitiger Hilfestellung auch verwirklichen, bevor die vom Kommunikationsstil des Lehrers abhängigen Schüler davon profitieren können.

Lernen erfordert Anstrengung und Mühe. Für den Lehrer erhebt sich also nicht die Frage, wie er dem Schüler Anstrengung ersparen kann, sondern *wie Anstrengung und Freude am Lernprozess so oft wie möglich verbunden werden können.*

2. *Der Kommunikationsstil des Lehrers* entscheidet z. B. darüber, ob den Schülern eine unverkrampfte, angstfreie Begegnung mit ihren Lehrern zugestanden wird, oder ob sie sich – am kürzeren Hebel sitzend – duckmäuserisch bis berechnend auf die unterschiedlichen Verhaltensspielräume ihrer Lehrer einstellen müssen. Eine „Durchwärmung" des bloßen Vermittlungsbetriebs Schule muss ständig neu und gegen alle Misserfolge erarbeitet werden.

Dabei helfen z. B. folgende Aktivitäten:

a) Die an der Schule geltenden pädagogischen Zielvorstellungen müssen vom ganzen Lehrerkollegium getragen und weiterentwickelt werden.

b) Der von kaum einem Lehrer abgelehnte sozialintegrative, demokratische Erziehungsstil hat nur eine echte Entwicklungs- und Überlebenschance, wenn sich die Lehrer in wechselseitiger Beratung und mit Hilfe entsprechender Rückmeldungen von Seiten der Schüler voranhelfen.

c) Schüler brauchen für den Aufbau ihres Verhaltens Handlungsspielräume, die Experimente zulassen, aber auch vereinbarte Grenzen erleben lassen. Auch hier ist der einzelne Lehrer in der Einschätzung des Notwendigen und Zulässigen oft überfordert. Das gemeinsame Handlungsfeld Schule schließt die gemeinsame Bearbeitung von Kommunikationsschwierigkeiten mit ein.

d) Da Schule offensichtlich ohne Prüfungen nicht auskommt, kann sich das Lehrerkollegium wenigstens um eine möglichst angstfreie Gestaltung von Prüfungssituationen bemühen und prüfungsfreie Zeiten vereinbaren (vgl. hierzu ausführlich 9.4).

e) Der wünschenswerte und mögliche Kompromiss zwischen erfahrungsbezogenem Lernen und Lehrgang, zwischen Erziehungs- und Leistungsorientierung, zwischen freier Lebensgestaltung und Verordnungen kann eher und öfter erreicht werden, wenn sich alle beteiligten Lehrer und Schüler durch Metakommunikation um ihn bemühen.

f) Die oft beschworene Orientierung am Schülerinteresse wird so lange eine wohlklingende Leerformel bleiben, als der Lehrer die Schüler selbst nicht nach ihren Interessen fragt und keine vertretbaren Kompromisse vor dem Hintergrund des verbindlichen Lehrplans mit den Schülern erarbeitet.

g) Die verordnete Lebenswelt Schule kann von Lehrern und Schülern nur dann als schulische Lebensgemeinschaft erfahren werden, wenn sie
  – gemeinsam (altersgerechte) Verantwortung für ihr Zusammenleben tragen,
  – vereinbarte Umgangsregeln und Rituale durch wechselseitige Rückmeldung kultivieren und weiterentwickeln,
  – mit eigenen und fremden Gefühlen aufmerksam und taktvoll umgehen lernen,
  – humane Konfliktlösungen anbahnen,
  – Einfühlung in die Situation des Kommunikationspartners, auch des Gegners praktizieren, u. a. m.

2.2.2 Verwirklichung von Schulleben und Schulkultur durch belebende Gestaltung von Schule und Unterricht

Selbst auf der Basis grundsätzlicher Anerkennung der notwendigen Eigengestaltung der Wirklichkeit durch die Schüler und bei aller Einübung der Schüler in die Mitgestaltung ihrer Lernprozesse bleibt die Hauptlast der Aufbereitung der schulischen Lernsituationen beim Lehrer. Von seiner Bereitschaft zur Methodenvielfalt, auch zum methodischen Risiko trotz lehrplanbedingter Stofffülle, hängt es ab, welche Möglichkeiten des Lernens überhaupt in den Horizont der Schüler geraten. Deshalb soll hier an Aktivitäten und Situationen erinnert werden, die schulisches Lernen abwechslungsreich und damit auch eher mit Freude und Neugier erleben lassen, ganz abgesehen von der Verwirklichung affektiver Lernziele.

2.2.2.1 Spiele im Unterricht/Lernspiele

(Vgl. z.B. Arbeitsgruppe Oberkircher Lehrmittel 1984; Bliesener/Brons-Albert 1994; Bort 1994 u. 1995; Broich 1998 (2×), 1999 (3×); Erler/Lachmann 1988; Flitner 1996; Fluegelman 1991/1992; Göser/Stökler 1998; Gudjons 1995; Hartmann u.a. 1988; Kochan 1981; Kühne 1994; Kroner/Schauer 1995; Liedtke 1996; Opaschowski 1981; Renner u.a. 1998; Scheller 1998; Scheuerl 1994; Wendlandt 1977)

Das *Lernspiel* verbindet Merkmale des freien Spiels mit bestimmten Lernabsichten. Von den drei Aktionsbereichen des Spiels Darstellen, Interagieren, Lernen wird der des Lernens besonders gewichtet. Der Zweck des Lernspiels ist Erwerb, Erweiterung und Festigung von Kenntnissen und Fähigkeiten auf spielerische Weise. Es ist insofern gegenüber zeitvertreibender Spielerei ebenso abzugrenzen wie gegenüber dem Schulspiel.

Das Lernspiel ist also meist fremdbestimmt, lernzielorientiert, handlungsorientiert, lustbetont, evtl. wettkampforientiert, klar geregelt und benotungsfrei.

---

1. Spiele im Unterricht wenden sich vor allem gegen das Konsum- und Medienkonservenverhalten der Schüler und beabsichtigen je nach dem begründeten didaktischen Ort ihres Einsatzes (Phase der Motivation, der Problemlösung, der Anwendung oder Vertiefung) z.B. folgende *Wirkungen*:

● Sie wecken und steigern die Aufmerksamkeit.
● Sie schärfen die Wahrnehmungs- und Beobachtungsfähigkeit.
● Sie erweitern das verbale und nonverbale Verhaltensrepertoire.
● Sie ermuntern die Schüler (und Lehrer) zu spontanen Gefühlsäußerungen, die im Regelfall des Unterrichts eher vermieden werden – mit oft weitreichenden verdeckten negativen Folgen.
● Sie fordern und fördern kreative Handlungsmöglichkeiten.
● Sie beleben die unterrichtlichen Phasen der Anwendung, Übung und Wiederholung.
● Sie üben in die grundlegenden Verhaltensweisen partnerorientierter Kooperation ein.
● Sie helfen u.U., Konflikte zu bearbeiten, Aggressionen abzuleiten, Hemmungen zu überwinden und fördern insofern das soziale Lernen.
● Sie können zur Einübung in einen vertretbaren Wettbewerb benutzt werden.
● Gelegentlich dienen sie der Überwindung eines „toten Punkts" oder während lang andauernder kognitiver Forderung schlicht der Erholung.

Aber: Spiele im Unterricht dürfen nicht verordnet werden, sie ergeben sich vielmehr aus dem unterrichtlichen Gesamtverlauf und müssen von den Schülern angenommen werden.

2. *Spielideen* kann der Lehrer den zahlreich auf dem Literaturmarkt vorhandenen, auch auf einzelne Unterrichtsfächer bezogenen Spielebüchern entlehnen. Mit wachsender Routine werden Lehrer und Schüler ihre eigenen Spielideen verwirklichen und bekannte Spiele abwandeln. Im Rahmen des Unterrichts ist freilich darauf zu achten, dass sich die Spiele nicht verselbstständigen. Sie dienen hier vielmehr dem übergeordneten Zweck des Lernens.

Dem Lehrer fallen dabei insbesondere folgende Aufgaben zu:
- Prüfung der Spiele unter dem Gesichtspunkt der Altersgemäßheit.
- Verbindung von Spiel und Unterrichtszweck.
- Bereitstellung des Spielmaterials.
- Erläuterung des Spielverlaufs und evtl. Beratung der Spieler.
- Eindeutige Formulierung evtl. Beobachtungsaufgaben für wechselnde Zuschauer.
- Vereinbarung von Spielregeln zur Steuerung der notwendigen Disziplin.
- Vorsichtsmaßnahmen gegenüber möglichen Unfallgefahren.
- Abfangen unerwarteter Nebeneffekte wie überschießenden Wettbewerbs, eskalierenden Aggressionsstaus, extremer psychischer Belastung einzelner Schüler.

3. *Geeignete Spieltypen für das Spiel im Unterricht* sind v. a.
- *Schreibspiele,* z. B. in der Schreibstafette von zwei Mannschaften an der Tafel Sätze bauen lassen; Wettbewerbscharakter, absolute Stille, jeder Spieler schreibt nur ein Wort.
- *Erzählspiele,* z. B. einen Kurzkrimi aus wenig Vorgaben in Alleinarbeit oder von Kleingruppen schriftlich oder mündlich zu Ende erzählen lassen.
- *Wettbewerbsspiele:* Hier ist Vorsicht geboten. Die Demütigung als „der Letzte" oder der „unsportliche Plumpsack" muss vermieden werden.
- *Dialogspiele,* v. a. im Fremdsprachenunterricht: Mit einfachen Alltagssituationen beginnen!
- *Ratespiele, Rätsel,* anspruchsvolle Formen des *Quiz*
- *Pantomime*
- *Stegreifspiele:* Sie setzen voraus, dass die Spieler einerseits die üblichen Anfangshemmungen in Spielsituationen schnell überwinden können, andererseits die Spielsituation und die Spielaussage sicher erfassen können.
- *Pro- und Contra-Spiele*
- *Rollenspiele,* in denen es darauf ankommt, sich mit einer Rolle der tatsächlichen Lebenswirklichkeit zu identifizieren.
- *Planspiele:* Sie erfordern zeitlich meistens eine Doppelstunde. Der Aufwand lohnt sich aber, da sie durch den Wechsel von Rollenspiel- und Reflexionsphasen einen komplexen Zusammenhang der Lebenswirklichkeit erfassen, z. B. Altstadtsanierung, Umweltschutz am Dorfbach oder Fluss, gemeindeeigenes Schwimmbad oder nicht usw.
- *Kennenlern- und Kreisspiele,* v. a. in neu zusammengestellten Klassen, z. B. den Banknachbarn aufgrund von Interviewinformationen vorstellen.
- *Bewegungs- und Tanzspiele,* v. a. als Ausgleich für lang andauernde Sitzhaltung.
- *Wortkettenquiz,* z. B. zusammengesetzte Hauptwörter: Türschloss – Schlosshund – Hundefutter …

2.2.2.2 Lebensraum Klassenzimmer

(Vgl. Becker 1997; Hellbrück/Fischer 1999; Kasper 1979; Mahlke 1998; Noack 1996; Prutzman 1996)

Pestalozzi legte auf die „Wohnstuben-Atmosphäre" des Klassenzimmers so großen Wert, weil er auf die lernfördernde Wirkung einer selbst gestalteten, wohnlichen Umgebung baute, in der man eben gerne lebt. Die gegenteiligen Effekte der Betonarchitektur im Schulbereich werden von Lehrern und Kindertherapeuten seit langem beklagt.

Da es allerorten aber auch heute im öffentlichen und im alternativen Schulwesen genügend Modelle einer wohnlichen Schul- und Klassenzimmergestaltung gibt (vgl. z. B. die lern-anregende Gestaltung von Klassenzimmern in Montessori-Schulen, die Initiativen der Lernwerkstatt, das Würzburger Modell!), scheint die Verarmung auf diesem Gebiet nicht allein auf Kosten der Architektur zu gehen. Befragte Schüler wünschen sich jedenfalls ein „freundlich-romantisches" Klassenzimmer statt betongrauer steriler Wände, wobei nicht nur Ausschmückung, sondern auch *eigene Gestaltung* gefragt ist.

Nach dem Würzburger Modell sollen Klassenzimmer Geborgenheit, Stabilität, Möglichkeiten zur Aktivität sowie zur Entfaltung von Individualität und Gemeinschaft vermitteln.

Im Idealfall schaffen hierfür eine günstige Ausgangslage die verwendeten Materialien (z. B. Holz), Formen (eher rund als eckig) und Farben (beruhigende Pastelltöne) bei der Gestaltung der Räume und des Inventars (vgl. hierzu Waldorf- oder Montessorischulen!), der – regulierbare – Lichteinfall und die Einteilung des Raumes in „Reviere" (z. B. Diskutierecke, Lese- und Studierecke, Ruhe- und Meditationszone, Plenum).

In *überbelegten Klassenzimmern* ist wenigstens an eine gelegentliche Umgestaltung je nach Lernsituation zu denken, an Regale für Material zur Freiarbeit und an eine freundliche lernbezogene Gestaltung der Wände.

Bei etwas Vertrauen in die Gestaltungsfähigkeit der Schüler, mit behutsamer Anleitung derselben und in Absprache mit den Lehrerkollegen lassen sich die folgenden – zum Teil uralten – Anregungen ohne größeren Aufwand verwirklichen:

- Im Geschichtsunterricht kann schrittweise ein *Geschichtsfries* entstehen (Jahreszahlen, Symbole, Zeichnungen, Fotos ...)
- Vom Biologieunterricht aus könnte die Betreuung von *Blumen*, eines *Aquariums oder Terrariums* angeregt werden.
- Ein *offenes Regal, Bilderleisten und Korkflächen an den Wänden* bieten die Möglichkeit für Ausstellungen zum aktuellen Unterricht, für die Präsentation von Gruppenarbeitsergebnissen, für klasseninterne Mitteilungen, Freizeitnachrichten, Wandzeitungen usw.
- Den Bedürfnissen von Schultyp und Fach angepasst kommen sog. *Material- und Experimentiertische* bei den Schülern gut an, wo sie in Zwischenpausen und in individuell eingesparter Lernzeit Material zum laufenden Unterricht studieren können, von den Schülern selbst mitgebrachte Kleingeräte reparieren können, Probleme der computergestützten Informationstechnik beraten können u. a. m.
- Eine *Leseecke mit Bücherregal* fördert den Aufbau einer Klassenbibliothek, in der häufig gebrauchte Nachschlagewerke eingestellt werden, aber auch Bücher der Schüler zum Tauschen und Verleihen angeboten werden – evtl. im Zusammenhang mit einer Kurzvorstellung der Bücher im Deutschunterricht.
- Ein *Dienstplan* mit Stecksystem organisiert die klasseninternen Routinedienste, aber evtl. auch einen Helferdienst für die Hausaufgaben.
- Oft praktiziert, aber fast immer bald zum Papierkorb degradiert, hängt in manchen Klassenzimmern ein sog. *Kummerkasten*. In Klassen mit gut funktionierender Metakommunikation wird er überflüssig, im Vorfeld davon und in besonderen Krisensituationen aber

muss er vom Lehrer immer wieder in Erinnerung gebracht werden, übrigens mit großer Frustrationstoleranz gegenüber gelegentlichen Missbräuchen wie anonymen Beleidigungen u. a. m.

- Es ist hinreichend bekannt, dass es gesprächs- und kooperationsfördernde und -hemmende *Sitzordnungen* gibt. Warum wird eigentlich den Schülern selbst so selten zugestanden, durch Experimentieren die Sitzordnung herauszufinden, die ihrem Miteinanderleben ebenso förderlich ist wie ihrem Miteinanderlernen?
- Bereits zur Standardausrüstung eines Klassenzimmers sollte heutigentags ein Medienschrank zählen, der die im Unterricht gebräuchlichen Medien für einen ökonomischen Einsatz, d. h. ohne zusätzlichen Transportaufwand, enthält. Ein Schülerteam sorgt für Bedienung und Wartung der Geräte.

2.2.2.3 Schulhaus und Schulhof als Gestaltungsaufgabe

(Vgl. z. B. Akademie für Lehrerfortbildung 1994; Büchel/Grüter 1992; Rauch 1981; Rittelmeyer 1991 und 1994)

Eine Möglichkeit, die äußeren Rahmenbedingungen ihrer Lebenswelt Schule mitzubestimmen, bietet sich für Lehrer und Schüler mit der Gestaltung von Schulgängen, Treppenhäusern und Schulhöfen.

Aufwandsträger und Schulleiter stehen entsprechenden Vorschlägen meist skeptisch gegenüber, da sie Strohfeueraktionen mit halbfertigen Werken oder überhaupt eine Verunstaltung des Schulhauses befürchten. Konsequent als Projekte durchgeführte Versuche zeigen aber, dass Schüler um einer jugendgemäßen Veränderung ihrer Schule willen erstaunliches Engagement entwickeln, allerdings unter der Voraussetzung, dass ihre Ideen ernst genommen werden, und sie nicht nur als Hilfsarbeiter zur Verwirklichung eines Fremdentwurfs missbraucht werden.

Folgende Aktionen sind in Schulen z. B. zu finden:

- Bemalung von Betonsäulen, Gangwänden, Treppenhäusern, Lichthöfen z. B. als fach- und klassenübergreifendes Projekt unter Leitung der Kunsterzieher
- Von den Klassen der jeweiligen Stockwerke organisierte wechselnde Ausstellungen einschließlich der Herstellung bzw. Platzierung von Wechselrahmen, Ausstellungstischen, Schaukästen
- Die an Festen orientierte Ausschmückung der Schule: Advent, Weihnachten, Fasching …
- Schulhof- und Pausengestaltung, z. B. Sitzecken, Organisation von Spielen und Bewegungsübungen (kontrollierter Bewegungsdrang), der neueste Modetanz, Informationsstand der Schülermitverantwortung, der „privat" erreichbare Lehrer, Spielplatz, Hüpfburg, Schülerkiosk mit „gesunder Brotzeit" …
- Teilbegrünung des Geländes, Lernplätze im Freien, Biotope, Teich, Liegewiese …

2.2.2.4 Die Erholungspause im Unterricht

(Vgl. z. B. Balk u. a. 1995; Dennison/Dennison 1997 (2×); Kliebisch 1997; Montessori 1998; Portmann/Schneider 1997; Wendlandt 1995; vgl. auch Literatur unter 2.2.2.1)

Sechs Stunden sitzen leistet nicht nur Haltungsschäden, Kreislauf- und Verdauungsbeschwerden Vorschub, sondern bringt – gekoppelt mit überwiegend kognitiven Forderungen – auch das Lernen zum Erliegen. Schon wegen der voraus- und rückwirkenden Gedächtnishemmungen sind Unterbrechungen relativ einförmiger Lernleistungen nötig. Sehr wirkungsvoll, aber meistens aus Hemmungen gemieden sind hier z. B.

- Lieder, und zwar nicht nur im Musikunterricht;
- Bewegungs- und Atemübungen;
- Kurzmeditation (Bild, Text, mit geschlossenen Augen);
- Konzentrationsübungen;
- evtl. auch einmal fünf Minuten Palaver u. a. m.

2.2.2.5 Schule als Ort der Begegnung

(Vgl. z. B. Hieronymus 1996)

Das Leben an der Schule wird von allen getragen, mit vielfältigen Anregungen füreinander. Deshalb sollte über die ohnehin vernachlässigten Feste und Feiern hinaus regelmäßig Gelegenheit geschaffen werden, dass sich alle Lehrer und Schüler der Schule begegnen können. An manchen Schulen wird einmal in der Woche oder im Monat im Lichthof oder in der Aula ein *Morgenkreis* praktiziert, in dem die Klassen abwechselnd von ihrer Arbeit berichten, Lieder, Sketche, Gedichte, Aufsätze vortragen, Freizeitaktivitäten vorstellen usw.
In ähnlicher Weise wirken die sog. *Schülerparlamente* an Alternativen Schulen, die allerdings auch aktuelle Kommunikationsprobleme aufgreifen und Mitbestimmungsrechte ausüben.

2.2.2.6 Ausweitung der Lehrfunktion

(Vgl. z. B. Duncker, Popp 1997; Golecki 1999; Graef/Preller 1994; Renkl 1997)

Eine ergiebige Quelle der Belebung schulischer Arbeit kann genutzt werden, wenn der Lehrer bereit ist, sein Vermittlungsmonopol gelegentlich aufzugeben; z. B.:

- Rollentausch Lehrer – Schüler; Lehren und Lernen hängen vom Bedarf, nicht vom Alter ab.
- Kompetenzen nützen: Schüler, Eltern, Spezialisten aus dem außerschulischen Bereich als Lehrer für Spezialgebiete, Einzelthemen einsetzen.
- Medien, auch Massenmedien mit ihren Vermittlungsvorteilen nutzen.
- Lehrer können sich im Teamteaching innerfachlich und fachübergreifend mit ihren besonderen Kompetenzen ergänzen, statt den – von den Schülern bald durchschauten – Alleswisser zu spielen und sich ohne Not mit ungeliebten Wissensgebieten herumzuschlagen.
- Neue Chancen überfachlicher Zusammenarbeit bei gleichzeitig hoher Aktualität eröffnet die informationstechnische Grundbildung.

2.2.3 Schulleben als Verbindung der Schule zur außerschulischen Wirklichkeit

Die Schule verfehlt ihren Bildungsauftrag, wenn sie ihre Anleitung zur Lebensbewältigung nicht in unmittelbarer Wechselwirkung mit der umfassenden Lebenswirklichkeit gibt.

2.2.3.1 Wertorientierung – Werterziehung

(Vgl. z. B. Adam/Schweitzer 1996; Burmeister/Dressler 1997; Coombs/Meux 1971; Hall 1979; Huber 1993; Köck 2000; Kohlberg 1981; Mauermann 1982; Mauermann/Weber 1981; Mc Phail u. a. 1972 und 1978; Oser/Althof [2]1994; Raths u. a. 1976; Treml 1994)

Gerade beim Aufbau eines verlässlichen Wertsystems ist die Schule in dem Spannungsfeld zwischen erprobten und in der Vergangenheit bewährten Werthaltungen und den diesbezüglichen Herausforderungen der Gegenwart und Zukunft angesiedelt. Dabei kann sie ihren Auftrag durch überhastetes Eingehen auf Modetrends ebenso verfehlen wie durch hartnäckiges Festhalten an überholten und damit wirklichkeitsfremden Einstellungen und Werthaltungen.

Im Unterschied zur philosophischen Wertediskussion bezeichnen *Werte im Praxisfeld der Schulpädagogik* grundsätzliche Einstellungen, Maßstäbe und Regeln, mit deren Hilfe Personen, Dinge, Situationen, Sachverhalte und Handlungen in ihrer Qualität eingeschätzt und bevorzugt oder abgelehnt werden. Bei aller denkbaren subjektiven Ausprägung schaffen derartige Werte eine Mindestübereinstimmung in der Beurteilung alltäglichen menschlichen Verhaltens.

Unterrichtsfächer wie z. B. Religion, Ethik, Deutsche Sprache, Geschichte, Sozialkunde, Politik haben zweifellos von ihren Inhalten her einen bevorzugten Zugang zur Werterziehung. Da aber Erziehung überhaupt nicht möglich ist ohne Bezugnahme auf Werte, verdient die Werterziehung als fächerübergreifendes und jedes einzelne Unterrichtsfach betreffendes Unterrichtsprinzip Beachtung in der Planung einer jeden Unterrichtsstunde. *Praktische Vorschläge für die Werterziehung* liegen in beeindruckender Anzahl vor (vgl. z. B. Köck 2000; Oser/Althof [2]1994; Mauermann/Weber 1981; Mauermann 1982). Mir scheint je nach Anlass, dem Alter der Schüler und der verfügbaren Zeit eine Kombination der folgenden hauptsächlichen praxiserprobten Konzepte der Werterziehung angemessen zu sein:

1. Die Vermittlung eines *allgemeinverbindlichen Kataloges von Werten* und wünschenswerten Verhaltensweisen sieht z. B. der *normative Ansatz* des Character Education Curriculum (1974) vor. Einen vergleichbaren Weg beschreitet z. B. das Institut für Schulpädagogik und Bildungsplanung (München), wenn es die obersten Bildungsziele des Artikels 131 der Bayerischen Verfassung für den Unterricht zu operationalisieren versucht.
Dieses Konzept setzt also auf die Tradition des Bewährten, das es in Wissen und Handlungskompetenzen umzusetzen gilt. Gefragt sind kultursichernde Charaktererziehung und Vermittlung von Tugenden. Als problematisch erweisen sich bei diesem Konzept die unmittelbare Kulturbezogenheit, die wenig konsensfähige Interpretation von Tugenden, der Vorrang von Anpassung vor Überzeugung bei Übernahme von Normen und Werten und damit verbunden eine relativ geringe Praxisbeständigkeit und die Vernachlässigung der kulturverändernden Wirkung selbstständiger moralischer Urteilsfähigkeit.

2. An der gegebenen Lebenswelt der Schüler (aktuelle Konflikte, Wahlentscheidungen, Alltagsprobleme) setzt das *Konzept der Wertklärung* an (vgl. Raths u. a. 1976 in Anlehnung an die Humanistische Psychologie). Die Schüler werden von der spontanen freien Wertentscheidung über die Suche und Prüfung von Alternativen sowie die Reflexion der Handlungskonsequenzen zur überlegten Vertretung ihrer Wertentscheidung geführt. Der Lehrer

setzt hier dem Schüler kein vorab entschiedenes Wertesystem vor, sondern leitet ihn lediglich zur Auseinandersetzung mit alltäglichen Lebenssituationen an. Die Anknüpfung an die individuelle Wertwelt der Schüler bei gleichzeitigem Primat der Selbstverwirklichung birgt bei diesem Konzept die Gefahr des Wertrelativismus und die Vernachlässigung der Sozialerziehung in sich.

3. Hohe Anforderungen an die Schüler stellen die *systematische Wertanalyse* (z. B. Coombs/Meux 1971) und die auf Werte bezogene *Begriffsbildungsstrategie* (Hall 1979). Für die Wertdiskussion bedeutsame Informationen werden gesammelt, gewichtet, zueinander in Beziehung gesetzt und auf ihre Handlungskonsequenzen hin durchgespielt. Gerade auch für die Schüler erlebbare Gegenwartsprobleme wie Atomenergie, Umweltprobleme, Arbeitsmarkt, Drogenmissbrauch u. a. erfordern den Diskurs und die Gewinnung eines durch gründliche Information gestützten Standpunkts.

4. Anlehnung an die gruppendynamische Praxis lassen die Unterrichtsprogramme „Lifeline" (Sekundarstufe II, 1972) und „Startline" (Grundschule, 1978) von Mc Phail u. a. erkennen. Ausgehend von alltäglichen Lebenssituationen arbeiten sie an der *Verbesserung der Kommunikationsfähigkeit,* sozusagen als Grundlage wertorientierten Verhaltens zueinander. Arbeitsschritte sind z. B. die möglichst unverstellte Wahrnehmung und Formulierung eigener und fremder Gefühle und Bedürfnisse, die situationsbezogene Interpretation von Absichten und Handlungen, die Rückkopplung von Handlungswirkungen an die Kommunikationspartner (Feedback), die Einübung in annehmbares Reagieren u. a. m.
Im Sinne der Werterziehung bedarf dieses Konzept unbedingt über das Verhaltenstraining hinaus der Ergänzung durch eine systematische Anbahnung des moralischen Urteilsvermögens.

5. Auf dem Gebiet der *Entwicklung moralischer Urteilsfähigkeit* haben bahnbrechende Arbeit vor allem Piaget, Dewey und Kohlberg (z. B. 1981) geleistet. Danach entwickelt sich das moralische Bewusstsein des Menschen in sechs aufeinander folgenden, nicht austauschbaren Etappen:

Vom ersten bis zum vierten Lebensjahr herrschen vor

– die „Orientierung an Strafe und Gehorsam" (maßgeblich für die Einschätzung einer Handlung sind ihre physischen Konsequenzen)
– und die „instrumentell-relativistische Orientierung" (richtiges Handeln wird erlebt als ein Ausgleich zwischen eigener und fremder Bedürfnisbefriedigung).

Zwischen dem vierten und achten Lebensjahr bilden sich heraus

– die „Orientierung an zwischenmenschlicher Übereinstimmung" (als richtiges Handeln wird die Anpassung an Verhaltenserwartungen praktiziert)
– und die „Orientierung an Gesetz und Ordnung" als Voraussetzung eines funktionierenden Zusammenlebens.

Ab dem achten Lebensjahr ist die Entwicklung des moralischen Urteils gekennzeichnet durch

– die „legalistische Orientierung am Gesellschaftsvertrag" (richtiges Handeln ist in dem Spannungsfeld zwischen allgemein anerkannten Werten, Normen und Regeln und deren Weiterentwicklung aufgrund kritischen Diskurses und auf der Hand liegender Nützlichkeit angesiedelt)

– und durch die „Orientierung an universalen ethischen Prinzipien"..., der Gerechtigkeit, der Gegenseitigkeit und Gleichheit der Menschenrechte, und auch an Prinzipien der Achtung vor der Würde des Menschen als je einzelner Person (nach Kohlberg).

Abgesehen davon, ob die fünfte und sechste Stufe der Entwicklung des moralischen Urteils überhaupt von allen Menschen erreicht werden, bewahrt die Kenntnis dieser Entwicklungsfolge den Lehrer einerseits vor Überforderung seiner Schüler, andererseits vermittelt sie ihm Hinweise für eine altersgerechte Förderung der Wertorientierung.
Entscheidend für Kohlbergs Konzept ist die Erkenntnis, dass moralische Urteilsfähigkeit nicht direkt gelehrt werden kann, sondern vom Einzelnen in Wechselwirkung mit Mit- und Umwelt mühsam erworben werden muss (= konstruktivistischer und interaktionistischer Ansatz). Als moralisches Hauptprinzip gilt auf allen Entwicklungsstufen die Gerechtigkeit, die z. B. in der Schule selbst als gerechter Gemeinschaft zu verwirklichen ist (vgl. die Verbindung zur Schulkultur unter 2.1.2/3.!). Der Lehrer kann den Aufbau der moralischen Urteilsfähigkeit begünstigen durch die sog. Plus-1-Konvention, d. h. durch Herausforderung der Schüler über Argumente, die der Entwicklungsstufe über ihrem gegenwärtigen Niveau entstammen.

2.2.3.2 Schulleben als Anleitung zur Bewältigung aktueller Lebensprobleme

Der in einem pluralistischen Gesellschaftssystem zwangsläufig langwierige Prozess der Meinungsbildung über Sachverhalte, die der schulischen Vermittlung wert sind, handelt der Schule immer wieder den Vorwurf ein, hinter der Lebenswirklichkeit herzuhinken.
Da die jeweils aktuellen Lebensprobleme zum Teil einem rascheren Wandel unterliegen als die seit langem eben bewährten Werte und die überlieferten Kulturgüter einer Gesellschaft, muss die staatliche Schulaufsicht m. E. zur Beantwortung drängender aktueller Lebensfragen auf den pädagogischen Freiraum des einzelnen Lehrers setzen. Die lehrplanmäßige Berechtigung erfolgt nicht immer so schnell wie z. B. mit der schulischen Aufklärungskampagne zum Problemfeld „Aids". Andere Zeitprobleme hatten und haben es schwerer, ihre Verankerung in Lehrplänen zu finden.
Die gegenwärtige Schülergeneration will – unter anderem – *ihre Lebensfragen beantworten und nicht lediglich den Antworten von gestern auf Fragen von vorgestern nachsinnen.*

Wo aber finden die folgenden *ausgewählten aktuellen Lebensprobleme* im Unterricht ihre angemessene Berücksichtigung?

1. Die *Massenmedien* haben der Schule in Gestaltungsmöglichkeit, Wirkung und Einfluss längst „die Schau gestohlen". Fast ebenso lange fordert die Medienerziehung den kritischen Rezipienten. Der Schulalltag aber ist nach wie vor von einer eher feindseligen Koexistenz mit den Massenmedien geprägt. Mittlerweile läuft die *Welle der sog. Neuen Medien* (z. B. Bildschirm- und Videotext, Kabel- und Satellitenfernsehen, Speichermedien wie Videorecorder, Videokassetten und Bildplatten, Internet und Datenautobahn) – beinahe unbeachtet von der Schule – auf direktem Weg im privaten Bereich der Schüler aus (vgl. zur Medienerziehung ausführlich 6.6 sowie Meyn 1984; Ratzke 1984; Schill 1992; Schorb 1992; Tulodziecki 1995, 1996, 1997).

2. Einen späten und zunehmend konsequenten Kontakt knüpft die Schule derzeit mit der informationstechnischen Grundbildung zur *Computerwirklichkeit.* Die interessierten Schüler haben sich mit ihren Computerkenntnissen längst den Erwachsenen entzogen. Verunsicherte Pädagogen und Soziologen sprechen von Sucht nach Videospielen, von „Opfern

des Elektronikzeitalters", von Realitätsverweigerung, von einem neuen Protest gegen die Erwachsenenwelt, von Vereinsamung vor dem Monitor, aber auch von zukunftsorientierter Kreativität, vom Streben nach Zuverlässigkeit und Berechenbarkeit, von Förderung des logischen Denkvermögens. Computer sind die maßgeblichen Werkzeuge der Informationsgesellschaft. Gängige Computerfunktionen zu beherrschen gehört in Zukunft zu den Basisqualifikationen wie die sog. Kulturtechniken Lesen, Schreiben, Rechnen und wie die Fähigkeit zu sozialem und demokratischem Verhalten.

(Vgl. Klingen/Otto 1986; Sacher 2000; Struck 1998)

3. Seit Anfang der 80er Jahre gehört auch zur Lebenswelt der Kinder und Jugendlichen die sog. *harte Software des Videomarktes:* Action-, Kriegs-, Krimi-, Eastern-, Western-Videos bis hin zu Horror- und Pornovideos werden von einer kaum bestimmbaren Zahl Jugendlicher regelmäßig oder aus Neugier oder als Mutprobe konsumiert. Der heimliche Griff in den elterlichen Videoschrank und Videotreffs bei älteren, ausleihberechtigten Freunden lassen eine hohe Dunkelziffer vermuten.
Der entsetzte Aufschrei der Öffentlichkeit über die Videopraxis im Kinderzimmer ist mangels publizistischer Dauerwirkung in den Sensationsmedien verklungen. Stichprobenbefragungen in Schulklassen und außerschulischen Cliquen lassen aber erkennen, dass sich die Videoszene mit dem nachlassenden öffentlichen Interesse keineswegs geändert hat. Der Gewöhnungseffekt hat eine Lebenswelt eines Teiles der Kinder und Jugendlichen entstehen lassen, die offensichtlich aus dem öffentlichen pädagogischen Bewusstsein verdrängt und dem Elternhaus zugewiesen wurde. Dabei sprechen einschlägige Untersuchungen eine eindeutige Sprache:

Die Wirkungen der Videoszene auf Kinder und Jugendliche reichen von der Sucht nach harter Videoware bis zu permanenten Angstzuständen. Kriminelle Handlungsbereitschaft ist als direkte Folge bisher zwar nicht beweisbar, zweifellos aber bewirken harte Videos bei Dauerkonsum eine Desensibilisierung, d. h., sie machen Gewalttätigkeiten gegenüber gleichgültiger.

Dass die beschriebene Lebenswirklichkeit nicht nur vor Schultüren Halt macht, belegen die nachfolgenden ausgewählten Fakten:

- Körperliche Gewaltanwendung unter Kindern und Jugendlichen scheint in dem Maße zuzunehmen, als die Fähigkeit zur Kommunikation abnimmt. In einer Untersuchung gab jeder zweite Junge zu, dass er zuschlage, wenn er gereizt werde.
- Ein auffälliger Anstieg von Gewaltanwendung ist bei Cliquen bemerkbar, die sich gemeinsam über einzelne ihnen missliebige Schüler hermachen.
- Die Sachschäden in Schulen pro Jahr haben in Großstädten wie München längst die Millionengrenze überschritten.
- Die Vandalismen in öffentlichen Verkehrsmitteln, an Automaten, Telefonzellen, Straßenverkehrszeichen – meistens von Jugendgangs ausgeführt – haben ein beängstigendes Ausmaß erreicht.

(Vgl. z. B. Hurrelmann; Struck 1995)

4. Die sensationslüsterne Berichterstattung über *Alkohol- und Drogenkonsum in Schulen* ist erfreulicherweise abgeklungen. Zurückgeblieben sind der von Einzelfällen drogen- und alkoholabhängiger Schüler genug belastete Schulalltag und die unübersehbare Drogen- und Alkoholszene in der außerschulischen Wirklichkeit.

a) *Ursachenzusammenhänge der Drogen- und Alkoholabhängigkeit von Jugendlichen (vgl. Übersicht!)*

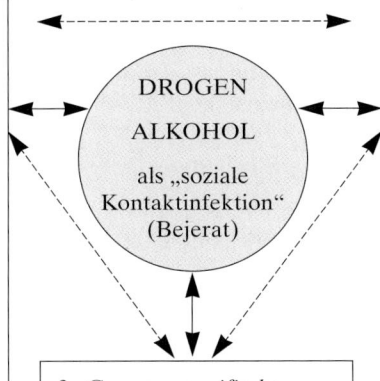

1. Individuelle Ursachen

– Neugierde

– Leistungsdruck

– Persönliche Konflikte

– zu geringe Frustrationstoleranz

– Identitätssuche

– Milieuauseinandersetzungen

– Flucht vor unbewältigter Realität

– Ablösungsproblematik

– Liebeskummer

– Einsamkeit

– Desorientiertheit („Null-Bock")

– Interesselosigkeit

– Schuldgefühle

– Angst

– Pubertätsschwierigkeiten

– Absinken des Selbstwertgefühls

– Drang nach Grenzwerterfahrung

DROGEN
ALKOHOL
als „soziale Kontaktinfektion" (Bejerat)

3. Gruppenspezifische Ursachen

– Nachahmung von bestimmten Leitbildern (Eltern, Stars, Werbung, etc.)

– Gruppenzwang und Gruppenerlebnis

– Bedürfnis nach Anerkennung durch Gleichaltrige

– Anpassung an bestimmte Gruppen → Subkultur

2. Gesellschaftliche Ursachen

– Generationskonflikt

– Erziehungsstile (Verwöhnung – Verwahrlosung – autoritär – inkonsequent)

– Sinnentleertes Freizeitverhalten (zu viele oder zu wenige Verbote)

– Angst vor Arbeitslosigkeit

– Unzufriedenheit mit der Leistungsgesellschaft

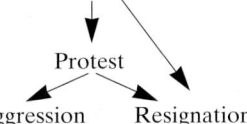

Protest

Aggression   Resignation

– Gefühl der Ohnmacht gegenüber Problemen der Gegenwart und Erlebnis der eigenen Marginalsituation

– Pluralität der Jugendszene: von Poppern, Freaks und Punks über Landkommunen, Jugendreligionen, Anarchos bis zu den Totalaussteigern

– Unsicherheit im Umgang mit den sog. postmateriellen Werten wie Selbstverwirklichung, natürliches Leben, Glück, Freiheit, Gefühlsbetontheit, Frieden …

– Verlust der Gemeinschaftsfähigkeit

b) Als *Warnsignale* vor allem für regelmäßigen Drogenkonsum werden von den Drogenberatern aufgelistet:

– *Warnsignale körperlicher Art* wie fahle Haut, häufige Kopfschmerzen, Herz-, Magen- und Darmbeschwerden, Zittern der Hände …

– *Warnsignale seelischer Art* wie innere Unruhe, Nervosität, Reizbarkeit/Aggressivität, depressive Stimmungsschwankungen, Wahnideen/Neurosen …

- *Warnsignale im Bereich sozialer Beziehungen* wie Alltagserlebnisse werden überzogen geschildert, exaltiertes Mitteilungsbedürfnis, gesteigerte Beredsamkeit, Abbruch bisheriger persönlicher Beziehungen, Hobbys und Freizeitgestaltungen, Verlust des Gefühls für soziale Verpflichtung …
- *Warnsignale im Leistungsbereich* wie Leistungsabfall ohne erkennbaren Grund, Verminderung des logischen Denkens, Merk- und Konzentrationsstörungen, Verlust von Interessen, Spontaneität, Kreativität bis hin zur Apathie, Vernachlässigung der Pflichten.

c) Die *Handlungsmöglichkeiten gegenüber dem Drogensüchtigen* sind enttäuschend begrenzt.

- Die Rückfallquote nach *Entziehungskuren* ist außerordentlich hoch.
- In der Schule können bei Verdacht der *Drogenkontaktlehrer* und der Schulpsychologe eingeschaltet werden.
- Der *Lehrer* ist als Therapeut überfordert, er kann aber als aufmerksamer Beobachter und unaufdringlicher Ansprechpartner eine Hilfe für betroffene Schüler sein.
- Da Drogenkonsum oft die Antwort auf Mangel an Liebe, Erfolg, Selbstständigkeit, Zugehörigkeit zu einer Gemeinschaft ist, kann der Lehrer in intensiver Zusammenarbeit mit den Eltern und Klassenkameraden evtl. auf eine *Änderung der defizitären Lebenssituation* hinwirken.
- Nach einer Entziehungskur wieder in die Schule aufgenommene Schüler beanspruchen viel Geduld bei den Lehrern, da der Rückweg zu nicht von Drogen beeinflusstem Verhalten mehrere Monate dauert.
- Erfolgreichere Arbeit kann der Lehrer im *Bereich der Vorbeugung* leisten:
  - Information der Schüler im Sinne sekundärer Prävention über die unkontrollierbaren Wirkungen von Drogen und Alkohol, was die gründliche Kenntnis der einschlägigen Szene von Seiten der Lehrer voraussetzt.
  - Thematisierung der Alkohol- und Drogenproblematik in geeigneten Fächern wie Religionslehre, Ethik, Deutsche Sprache, Erziehungskunde, Sozialkunde, Biologie …
  - Fachübergreifender Projektunterricht (auch Projekttage oder sog. Studientage) unter Einbezug des Drogenkontaktlehrers und außerschulischer Spezialisten
  - Elternarbeit
  - Bewusstmachen der Vorbildwirkung im Umgang z. B. mit Rauchen, Alkohol, Medikamenten …
  - Arbeit an der Klassen- und Schul*gemeinschaft*

d) Seit Anfang der 90er Jahre legen Suchtpräventionsprogramme die Erkenntnis nahe, dass entsprechende schulische Arbeit die nachhaltigsten Erfolge im Bereich der *Primärprävention* zeitigt. Hier liegt im Vorfeld einer aufklärerischen Prävention der Schwerpunkt auf der Stärkung des Selbstwertgefühls, auf bewusstem Neinsagen-Können und Verzichten sowie auf der Einübung von Konfliktlösungsstrategien und metakommunikativen Fähigkeiten.

(Vgl. z. B. Bastian 1992; Bäuerle 1996; Carlhoff/Wittemann 1990; Daunderer 1996; Nowak [2]1996; Petzold [5]1998)

5. Eine nicht nur die Eltern und Pädagogen beunruhigende Lebenswelt der Jugendlichen ist hierzulande seit Anfang der 70er Jahre mit den sog. *Jugendsekten bzw. Jugendreligionen* entstanden. Ihr zeitweilig enormer Zulauf kann nur als Zeichen dafür gedeutet werden, dass viele Jugendliche dort Antworten auf ihre Lebensfragen erwarten, die sie in den offiziellen Bildungseinrichtungen und in den etablierten Religionsgemeinschaften nicht finden

können bzw. nicht erhalten. Die Jugendsekten knüpfen auch ausdrücklich an der Zukunfts-angst, der Aussteigermentalität, dem Wertevakuum, an sinnentleerter Überforderung und an der Doppelmoral der Gesellschaft an.

Wie kann und soll die Schule auf diese zahlenmäßig beachtliche Bewegung reagieren, sofern sie sich als verantwortlich für Lebenshilfe sieht?

a) *Jugendsekten und ihre Auswirkungen*

> Als *Sekten* wurden ursprünglich Abspaltungen von der offiziellen Kirche durch abwei-chende Glaubensauffassung bezeichnet.
>
> Die hier diskutierten besonderen Formen der *Jugendsekten bzw. Jugendreligionen* ent-wickelten sich seit Anfang der 70er Jahre. In den meisten Fällen stellen sie eine Ver-bindung indischer Meditationstechniken mit westlichen Psychotrainings dar, vertreten eine ausschließlich gültige Heilslehre und erweisen sich als sehr geschäftstüchtig („Kein Guru ohne Giro"; H. Löffelmann). Sie bieten sich als alternative Lebensform zur Gegenwartspraxis der großen Kirchen an.

Gemeinsame Merkmale und Auswirkungen der Jugendsekten:

Sie betreiben ihre Abgrenzung von anderen weltanschaulichen Positionen mit Absolut-heitsanspruch. Ihr ideologischer Totalitarismus fordert den kritiklosen und totalen Einsatz ihrer Mitglieder für die neue Lehre als einziger Heilsbringerin.

Durch das Erlebnis von Geborgenheit und Anerkennung zentrieren sie ihre Mitglieder auf die Gruppe der Insider bei gleichzeitiger, oftmals feindseliger Abgrenzung gegenüber der bisherigen Umwelt. Die Kommunikation mit bisherigen Bezugspersonen wird wegen der Ausschaltung von Fremdeinflüssen unterbunden. Die Abhängigkeit von der Sektengruppe wird durch den systematischen Aufbau von Schuldgefühlen bei Normabweichungen und durch ein ausgeklügeltes Sanktionsregister gesichert.

Die Jugendsekten arbeiten streng führerzentriert.

Sie unterziehen ihre Mitglieder mit Hilfe psychologischer Techniken einer Persönlichkeits-veränderung, die sich bei Sekteneinsteigern z. B. durch plötzlichen und unbeirrbaren Wech-sel von Ansichten, Einstellungen, Wertvorstellungen und Lebensgewohnheiten sowie durch abrupte Abwendung von bisherigen Sozialkontakten äußert.

b) Ein lückenloser *Überblick* über die heutzutage agierenden Jugendsekten ist selbst gründ-lichen Kennern der Szene nicht möglich, da im Gegenzug zur öffentlichen Aufklärung über Jugendsekten ständig Filialgründungen und Tarnorganisationen entstehen. Um dem wach-samer gewordenen Auge des Gesetzes zu entgehen, rekrutieren sie ihre Mitglieder zuneh-mend verdeckt, z. B. über Nachhilfeorganisationen, Jugendverbände und Ferienlager.

Als einflussreichste Jugendsekten gelten folgende:

Kinder Gottes/Familie der Liebe (David Mose Berg),
Vereinigungskirche Deutschland (San Myung MUN oder MOON),
Internationale Gesellschaft für KRSNA – Bewusstsein (ISKCON),
Transzendentale Meditation (Maharishi Mahesh Yogi),
Divine Light Mission/Divine United Organisation (MAHARAJ JI),
EAP/Club of Life/ADK (Lyndon Hermyle LAROUCHE),
Rajneesh – Bewegung (BHAGWAN Shree Rajneesh),
Scientology-Kirche (Lafayette Ron HUBBARD)

c) Da bei von einer Sekte erfassten Jugendlichen selbst die Einflussnahme der Eltern in den meisten Fällen wirkungslos bleibt, sind die *pädagogischen Maßnahmen der Schule auf Vorbeugung über Aufklärung* beschränkt.

- Information über die Praktiken von Jugendsekten aufgrund aktueller Ereignisse und Fallbeispiele (Tagespresse …)
- Vermittlung eines verlässlichen Wertekodex, der dem Jugendlichen einen sicheren Orientierungsrahmen anbietet
- Besinnung der Kirchen auf Glaubensverkündigung anstelle des verschämten Ausweichens auf allgemein ethische Lebensbewältigung
- Arbeit an der Gruppenatmosphäre der Schulklasse, die eine Suche nach Ersatz vorenthaltener Anerkennung und Geborgenheit überflüssig macht
- Angebot der Gesprächsbereitschaft vor allem gegenüber labilen, leicht beeinflussbaren und evtl. durch Mangel an Sozialkontakten benachteiligten Schülern
- Sensibilisierung der Eltern für die Gefährdung ihrer Kinder durch die Jugendsekten, für ihre Praktiken und Kontaktnahmen (Elternabende, Elternbriefe usw.)

(Vgl. z. B. Haack 1991, 1995, 1996)

6. *New Age und Okkultismus – Modeerscheinung oder neuer Lebenstrend?*

(Vgl. z. B. Battista 1985; Bender 1998; Biedermann 1998; Capra 1992 (NA); Haack 1996, 1997; Helsper 1992; Hiller 1993; Hund 1995; Janzen 1989; Knackstedt/Ruppert 1988; Kron 1993; Miers 1997 (NA); Neumann/Weirauch 1992; Ruppert 1985; Schorsch 1989; Wenisch [2]1987)

New Age und Okkultismus erweisen sich seit Mitte der 80er Jahre auch in Deutschland als publikumswirksame und kommerziell lohnende Bewegungen mit ungebrochener Dauerwirkung. Etwa zehn Prozent der jährlichen Buchproduktion soll sich bei wechselnden Schwerpunkten mit dem weiten Feld der Esoterik befassen. Wiederholte Umfragen in der Schule bestätigen die Befürchtung, dass die New Age- und Okkultimusszene nicht als hochgespieltes, medienwirksames Modespektakel abgetan werden kann. Wenngleich die meisten okkulten Erfahrungen der Schuljugend – Mädchen scheinen übrigens ansprechbarer zu sein als Jungen – noch auf neugieriges Reinschnuppern und Mutproben beschränkt bleiben, nehmen doch die Fälle zu, in denen psychische Störungen, insbesondere Angstzustände bei Jugendlichen auf okkulte Praktiken zurückgeführt werden müssen.

a) Über *einige Gründe für die zunehmende Anfälligkeit Jugendlicher* für Heilsbewegungen des New Age und für Okkultismus kann eine Wirklichkeitsanalyse aufklären. Ihre Kenntnis vermittelt dem Lehrer erste Maßnahmen, mit denen er betroffenen und gefährdeten Jugendlichen helfen kann, nicht in wirklichkeitsfremde Lebensgestaltung abzudriften.

- Die Rationalisierung und Technisierung der modernen Lebenswelt wird als Bedrohung des menschlichen Daseins empfunden. Ihr steht die Sehnsucht nach einem erfüllten ganzheitlichen Leben gegenüber.
- Viele Jugendliche klagen in einer profit- und konsumorientierten Wirklichkeit über Mangel an Geborgenheit.
- Die Zerstörung von Natur und Umwelt lässt unausweichlich die Grenzen des technischen Fortschritts erfahren.
- Eine noch nie vorher in so großem Ausmaß vorhandene Gefühls- und Kontaktarmut produziert Einsamkeit, möglicherweise ein Tribut an das Informationszeitalter mit seiner Medienhochrüstung.

- Die Grenzerfahrungen zwischen Leben und Tod und die faszinierende Begegnung mit dem Unheimlichen, Nicht-Erklärbaren – von Geschäftemachern geschickt ins öffentliche Bewusstsein gerückt – knüpfen an verborgene Ängste des Menschen an.
- Die neuen Heilslehren nutzen das seelische Vakuum, das durch den weit verbreiteten Abschied von Sicherheit verleihenden religiösen und weltanschaulichen Positionen entstanden ist.

b) Die *gründliche Kenntnis der neuen Bewegungen* ist die Voraussetzung für einen angemessenen Umgang mit ihnen. Befragte Jugendliche lassen immer wieder erkennen, dass sie über Herkunft, Hintergründe, wesentliche Aussagen und Konsequenzen dieser Bewegung kaum Bescheid wissen.

> - *New Age* (neues Zeitalter, „Wendezeit", Wassermann-Zeitalter) verspricht die Abkehr vom mechanistischen Weltbild. Die Menschheit steht vor einer neuen Evolutionsstufe, an der sie zugrunde gehen, aber auch zu höherem Bewusstsein umgewandelt werden kann.
> New Age baut auf die Verbindung von Mystik, religiösen und esoterischen Überlieferungen einerseits und Naturwissenschaft andererseits. Die Welt als Ganzheit bedeutet die Absage gegenüber jedem Reduktionismus. Der Weg des Menschen in diesem neuen Zeitalter ist ein meditativ-mystischer Weg.

Als brillanter Vordenker auf christlicher Grundlage wird von den Vertretern des New Age Teilhard de Chardin (z. B. 1994) vereinnahmt. Die heutige Esoterikszene im Zeichen von New Age ist von vielen Scharlatanen bevölkert, ihr Angebot reicht von Körpertherapie bis zu Meditationstechniken. Reinkarnationsvorstellungen und nicht ungefährliche Reinkarnationstherapien werden zur Kompensation des verlorenen christlichen Auferstehungsglaubens aufgeboten. Zerrbilder mittelalterlicher Mystiker, östlicher und indianischer Religionen, der Kult mit parapsychologischen Phänomenen, Berichte über Wunder- und Geistheiler, Erfahrungsberichte aus dem Zustand nach dem klinischen Tod und das sog. Channeling (überirdische Diktate künstlerischer Produkte, z. B. musikalischer Kompositionen) verwischen die Konturen des ernst zu nehmenden Anliegens der New-Age-Bewegung nach ganzheitlicher Weltsicht.

> - *Esoterik* steht als Sammelbezeichnung für Geheimlehren, die nur Eingeweihten bekannt sind. Der Weg zur Erlösung des menschlichen Lebens und zur Erkenntnis der Welt führt nach einer Einführungsphase (Initiationsriten) über strenge geistliche Disziplin und innere Erleuchtungen. Esoterik hat auch eine beachtliche innerkirchliche Tradition. Esoterik behauptet, die universale Weltformel zu kennen.

Frühere esoterische Geheimgesellschaften waren z. B. die Kabbalisten, Rosenkreutzer, Freimaurer, Gnostiker u. a.

> - *Okkultismus* bezeichnet
> 1. die Lehre von übersinnlichen Kräften und Sachverhalten (paranormale Erscheinungen), die mit wissenschaftlichen Methoden nicht erklärt werden können, wie z. B. übersinnliche Wahrnehmungen (Telepathie, Hellsehen), seelisch oder gedanklich verursachte Fernbewegungen (Psychokinese, Telekinese), Präkognition (Voraussagen), Materialisationen (Verkörperlichung Verstorbener mit Hilfe

eines Mediums), Levitationen (Abheben von Personen und Gegenständen vom Boden), Spuk und Geistererscheinungen.

2. Okkultismus wird als Sammelbegriff verwendet für sog. Geheimwissenschaften, also für alles, was im Verborgenen geschieht wie weiße und schwarze Magie, Hexerei, Satanskult und schwarze Messen, Wahrsagerei, Spiritismus, Geisterbeschwörung.

● Demgegenüber untersucht die *Parapsychologie* die paranormale Phänomene mit anerkannten Methoden der Wissenschaft, insbesonders Phänomene der außersinnlichen Wahrnehmung (ASW) wie z. B. Telepathie und der Psychokinese (PK), deren Existenz heutzutage selbst von ernst zu nehmenden Wissenschaftlern nicht mehr in Frage gestellt wird.

● *Spiritismus* bezeichnet den Glauben an die Möglichkeit, dass die Geister Verstorbener durch die Vermittlung eines Mediums mit den Lebenden in Verbindung treten können; die Existenz einer Geisterwelt steht hier also außer Zweifel.

● *Beliebte Techniken* der Spiritismus- und Okkultismusszene sind Tischrücken, Gläserrücken, automatisches Schreiben, Pendeln, Tarot, Herbeirufen von Klopf- und Poltergeistern, Satanskult mit schwarzen Messen und sadomasochistischer Sexualmagie.

● Okkulte Botschaften werden auch von einigen Abkömmlingen des *Hard Rock* übermittelt, der seit ca. 1970 eine bei Jugendlichen beliebte Musikrichtung ist, seit 1975 auch Heavy Metal genannt. Hard-Rock-Gruppen beabsichtigen oft die Auslösung aggressiver Stimmungen und übersteigerter, zum Teil ekstatischer Aktionen; Protest und Gewalt werden auf der Bühne ausgelebt. Als geistiger Wegbereiter der destruktiven Hard-Rock-Richtungen (Black Metal, Death Metal u. a.) gilt Aleister Crowley, 1875 in England geboren, 1947 rauschgiftsüchtig und geistig umnachtet gestorben. Er predigte schwarze Magie, Satanismus, sexuelle Perversitäten und Drogenkonsum. Die Musik betrachtete er dafür als geeignetes Verführungs- und Transportmittel. Nachahmer fand er in einigen Black-Metal-Gruppen.

c) *Pädagogische Konsequenzen*

● Der Lehrer muss *aus sicherer Kenntnis argumentieren.* Ein inkompetenter oder voreingenommener Gesprächspartner wird von den Schülern erst gar nicht gefragt.

● *Nötig ist taktvolle Aufklärung,* die den verunsicherten Jugendlichen nicht der Lächerlichkeit preisgibt und die in Frage gestellte okkulte Praktik nicht lediglich als Unsinn etikettiert, sondern mit Argumenten beschreibt und erklärt. Der Jugendliche braucht gesicherte Informationen für die eigene Meinungsbildung.

● Bei Themen, die in die aktuelle Lebensgestaltung der Jugendlichen hineinreichen, kommt der Lehrer um eine *persönliche Stellungnahme* nicht herum. Er muss z. B. mit Fragen wie den folgenden rechnen, auf die mit ja oder nein zu antworten, den Jugendlichen nicht genügt:
Was halten Sie von Geistern? Glauben Sie an Satan und die Hölle? Gibt es Ihrer Meinung nach Hexen? ...
Bei solchen Fragen auf den Religionslehrer zu verweisen, hieße das Vertrauen der Jugendlichen zu enttäuschen und sie evtl. zu veranlassen, weiteres Fragen einzustellen.

● *Echte Fallbeispiele* führen die Jugendlichen noch am ehesten zu der Einsicht, wie gefährlich sich Okkultpraktiken auf ihre Lebensgestaltung auswirken können, z. B.:

Entfernung aus der Lebenswirklichkeit,
Fremdbestimmung durch eingebildete Geister oder schlicht durch Scharlatane,
Teufelskreis der sich selbst erfüllenden Prophezeiung,
lebenshemmende Angstzustände.

- Zu okkulten Aktivitäten kommen die Jugendlichen nicht von sich aus; es gilt also, das *Gespräch mit den „Anführern" zu suchen*, die möglicherweise in der Rollendynamik der Klasse/Gruppe/Clique überhaupt über einen bevorzugten Zugang zu den Mitläufern verfügen.

- Die Arbeit an okkulten Phänomenen darf sich *nicht mit der Aufklärung begnügen*. Sie muss sich vielmehr in konstruktiver Sicht mit den übergreifenden Themen Sterben und Tod, Lebensangst, Zukunftsangst und dem Erfahrungsraum gelebten Glaubens beschäftigen, und zwar nicht nur im Religionsunterricht.

- Nur dann, wenn der aufklärende Zugang zu einem betroffenen Jugendlichen nicht mehr möglich ist bzw. wenn eine ernsthafte Gefährdung von Mitschülern zu befürchten ist, muss der Lehrer *die Eltern und die Schulleitung verständigen*; außerdem wird er die Kontaktaufnahme zu einer *Beratungsstelle* empfehlen.

2.2.4 Schulleben als Verwirklichung fächerübergreifender Erziehungs- und Unterrichtsaufträge

(Vgl. z. B. Duncker/Popp 1997; Golecki 1999)

2.2.4.1 Wirklichkeitsbezug durch fächerübergreifenden Unterricht

Fächerübergreifender Unterricht fördert durch sinnvolle Vernetzung einzelfachlicher Wirklichkeitserschließung ganzheitliches, praxisorientiertes Lernen, weshalb er dem Schulleben im Sinne von Lebensnähe dient. Er ergibt sich meistens zwangsläufig aus komplexen Lerninhalten, die von einem Unterrichtsfach allein nicht abgedeckt werden können. Insofern stellt er ein Gegengewicht zum einseitig fachorientierten Unterricht dar, der über der gesonderten Betrachtung von Teilaspekten der Wirklichkeit die Zusammenhänge der Gesamtwirklichkeit leicht aus den Augen geraten lässt.

Fächerübergreifender Unterricht ist insbesonders in folgenden Fällen gefordert:

- Ein und derselbe Lerninhalt muss von verschiedenen fachlichen Standpunkten aus betrachtet werden, wenn er nicht wirklichkeitsfremdes Stückwerk bleiben soll.

- Die besondere Komplexität eines Lerninhalts besteht gerade darin, dass seine Einzelteile in verschiedenen Fächern beheimatet sind. Eine kompetente Auseinandersetzung mit dem Gesamtinhalt ist also nur durch Kooperation der betroffenen Fachlehrer möglich.

- Fächerübergreifender Unterricht greift auch aktuelle und damit zeitabhängige Anlässe auf, welche die Handlungsbereitschaft und -fähigkeit aller Menschen erfordern, in der Regel eine Überforderung für die Vermittlung durch ein einziges Fach.

- Fächerübergreifender Unterricht verfolgt meistens eindeutige Erziehungsabsichten; er zielt also über die Klärung eines Sachverhalts durch verschiedene Fächer hinaus auf Handeln, Einstellung, Gesinnung, Haltung der Schüler.

Die Beschreibung des fächerübergreifenden Unterrichts lässt deutlich werden, dass er auf enge Kooperation der jeweils kompetenten Lehrer angewiesen ist, wenn er kein mehr oder minder brauchbares Zufallsprodukt zeitigen soll. Zu dieser Kooperation gehören:

die verbindliche Absprache über die angestrebten Lernziele,
die Festlegung der zu diesem Zweck in den einzelnen Fächern zu behandelnden Lerninhalte,
die zeitliche Planung der ineinandergreifenden Unterrichtseinheiten,
der Austausch des fachlichen Lehr- und Lernmaterials, mindestens die Information darüber und die Abstimmung der Teilergebnisse sowie die gemeinsame Erarbeitung des Gesamtergebnisses.
Nur auf diese Weise lassen sich Überschneidungen, Wiederholungen und verwirrende Widersprüche vermeiden. Fächerübergreifende Unterrichts- und Erziehungsanliegen weisen sich somit als sinnvolle Themen für Lehrerkonferenzen und vor allem für kooperationswillige Lehrerteams aus.

2.2.4.2 Allgemeine Hinweise zur Praxis des fächerübergreifenden Unterrichts

Die offiziell formulierten und bundesweit verbindlichen fächerübergreifenden Erziehungs- und Unterrichtsanliegen sind durch Beschlüsse der Kultusministerkonferenz (KMK) legitimiert und meistens durch Ausführungsbestimmungen der einzelnen Bundesländer näher erläutert. Da fächerübergreifende Erziehungs- und Unterrichtsanliegen auf Handlungsbereitschaft und -fähigkeit der Schüler abzielen, werden sie auch vorzugsweise durch handlungsorientierte unterrichtliche Situationen verwirklicht, die den Gesamtzusammenhang erfahrbar machen, wie z. B. durch

– Gelegenheits- oder Situationsunterricht (v. a. an der Aktualität orientiert),
– Epochalunterricht (vor allem an der Gesamtsicht orientiert),
– Projektunterricht (vor allem am eigenen Handeln und Erfahren orientiert). Vgl. ausführlich 5.5.1.3 und 5.6.4!

Schülerkooperierende Unterrichtsformen, die Sozialform der Gruppenarbeit und die Produktivität der Schüler herausfordernde Aktionsformen begünstigen nicht nur das eigene Handeln der Schüler, sondern eröffnen auch sonst vernachlässigte Möglichkeiten des sozialen Lernens.

2.2.4.3 Übersicht über aktuelle fächerübergreifende Erziehungs- und Unterrichtsanliegen

Die Übersicht ist als stichwortartige Grundinformation und Orientierungshilfe zu verstehen. Sie ist durch die speziellen Richtlinien und Empfehlungen der einzelnen Bundesländer zu ergänzen, die in der Interpretation der Beschlüsse der Kultusministerkonferenz allerdings nicht grundsätzlich voneinander abweichen.

1. Familien- und Sexualerziehung
(Vgl. z. B. Dietz o. J.; Fricke u. a. 1980; Kluge 1984, 1998; Koch/Lutzmann 1982; Lesanovsky 1994; Macha/Mauermann 1997; Mewes [2]1995; Milhoffer 1995; Schmidt/Schetsche 1998)

a) *Rechtliche Grundlagen:*
● Sexualerziehung ist primär Aufgabe der Familienerziehung nach Art. 6.2 GG, das Recht zur schulischen Sexualerziehung ergibt sich aus Art. 7.1 GG.
● Sexualerziehung ist als schulischer Auftrag ausdrücklich durch die KMK-Empfehlung vom 3. 10. 1968 formuliert und durch Richtlinien in allen Bundesländern realisiert.

- Die Berechtigung zur Durchführung des Sexualkundeunterrichts wurde durch Beschluss des Bundesverfassungsgerichts vom 21. 12. 1977 bestätigt.
- Der Lehrer ist verpflichtet, die Eltern über die Durchführung des Sexualkundeunterrichts zu informieren, ihnen geplante Medien vorzustellen und mit ihnen zu kooperieren; bezüglich der Inhalte des Sexualkundeunterrichts aber haben die Eltern kein Mitspracherecht.
- Im Sexualkundeunterricht dürfen ausschließlich nur genehmigte Medien eingesetzt werden.

b) *Hauptsächlich betroffene Fächer*

Biologie,
Erziehungskunde,
Sozialkunde,
Religionslehre und Ethik,
Deutsche Sprache,
Kunsterziehung.

Dringend zu empfehlen sind Absprachen zwischen den betroffenen Lehrern in Arbeitsgemeinschaften sowie Abstimmung und Austausch des Arbeitsmaterials.

2. *Verkehrserziehung/Sicherheitserziehung*

(Vgl. z. B. Bärenz u. a. 1979; Böcher 1981; Bundesanstalt f. Straßenwesen 1979; Günther u. a. 1979; Jugendwerk der Deutschen Shell 1981; Landesinstitut f. Erziehung und Unterricht 1987 (3×); Limbourg/Gerber 1979; Miltz 1997; kostenlose Materialien stellen zur Verfügung die Automobilclubs, der HUK-Verband, die Verkehrswacht und Unterrichtsmaterial zum Ausleihen die Landes- und Kreisbildstellen)

a) *Rechtliche Grundlagen*

Vor allem die Empfehlung der Kultusministerkonferenz vom 7. 7. 1972

b) *Ziele*

Unfallverhütung und Qualifikation der Schüler für den Wirklichkeitsbereich Verkehr
Nach der Empfehlung der Kultusministerkonferenz soll die Verkehrserziehung

- „die Wahrnehmungsfähigkeit und das Reaktionsvermögen entwickeln und durch Beobachtungs- und Erkenntnishilfen zum Erwerb von Erfahrungen beitragen;
- verkehrskundliches Wissen vermitteln und verkehrstechnische Fertigkeiten einüben;
- zu den sozialintegrativen Formen des Verhaltens hinführen, die für die Teilnahme am Verkehr notwendig sind;
- die Bereitschaft wecken, sich um eine humane Gestaltung des Verkehrs zu bemühen".

c) *Konsequenzen für den Unterricht (nach Böcher)*

- Verkehrserziehung umfasst ganzheitlich die kognitiven, affektiven und instrumentellen Verhaltensbereiche.
- Verkehrserziehung muss entwicklungsgemäß der Verkehrsrolle und dem Wahrnehmungsvermögen der Kinder entsprechen.
- Verkehrserziehung ist an der Verkehrswirklichkeit orientiert, indem sie am lokalen Umfeld anknüpft.
- Verkehrserziehung greift problemorientiert für die Schüler wichtige, erlebbare Verkehrssituationen auf.

- Verkehrserziehung geht von unmittelbaren Bedürfnissen und Motiven der Schüler aus.
- Verkehrserziehung ist handlungsorientiert bis hin zur Erarbeitung von Veränderungs-vorschlägen für konkrete Verkehrssituationen.
- Anschauungsmaterial, Fallbeispiele, Planspiele und Simulationen müssen den Vorzug vor theoretischer Vermittlung haben.

Das Hauptproblem der Praxis der Verkehrserziehung besteht darin, dass sie als Unterrichtsprinzip oder fächerübergreifend betrieben oft unberücksichtigt bzw. auf Verbalakrobatik beschränkt bleibt. Die *bessere Lösung* stellen Kurse, Projekte, Kooperation mit der Polizei und mit Verkehrsverbänden, die Ausbildung von Schülerlotsen, Unterricht „vor Ort" und systematisches Verkehrstraining dar.

d) *Als unterrichtsergänzende, praxisnahe Lernangebote werden vorgeschlagen:*

- Mediatoren-Training für den Vorschulbereich: Eltern-Trainings-Programm (z. B. Limbourg/Gerber 79; Günther 79; Landesinstitut für Erziehung und Unterricht 1987 (3×))
- Kinder-Verkehrs-Clubs, in den 70er Jahren in Skandinavien gegründet, die Lernspiele und Medienpakete für Eltern und Kinder im Vorschulbereich anbieten; zwischen dem dritten und siebten Geburtstag des Kindes trifft jedes halbe Jahr ein Paket ein.
- Gezielte Maßnahmen in den Kindergärten
- Ausbildung der Schülerlotsen in Kooperation mit dem Elternbeirat, der Gemeinde als Träger und der Polizei; zur Vermeidung von Kompetenzstreitigkeiten sind hier die detaillierten Vorschriften einzuhalten. Die Tätigkeit als Schülerlotse sollte als Tätigkeit für die Schulgemeinschaft im Zeugnis erwähnt werden.
- Ausbildung in der Jugendverkehrsschule
- Kurse zur Ausbildung in der Ersten Hilfe
- Besuche von Gerichtsverhandlungen über Verkehrsdelikte
- Ausbildung zum Schulbusbegleiter, meistens als Zusatzausbildung des Schülerlotsen

e) *Hauptsächlich betroffene Fächer bzw. Lehrer*

- Klassenlehrer, vor allem in der Grundschule
- Naturwissenschaftlich-technische Fächer
- Gesellschaftswissenschaftliche-politische Fächer
- Zusammenarbeit mit der Polizei und den im Deutschen Verkehrssicherheitsrat vereinigten Organisationen, z. B. zur Durchführung
  freiwilliger Fahrradprüfungen,   Fahrübungen mit dem Mofa,
  Fahrradkontrollen,   Schulwegbegehungen.
- Der deutsche Verkehrssicherheitsrat und die Deutsche Verkehrswacht halten Materialien bereit, die nur abgerufen werden müssen.

3. *Umwelterziehung*

(Vgl. z. B. Berchtold/Stauffer 1997; Bölts 1995; Eulefeld u. a. 1991; Marek 1993; Mertens ³1995; Paffrath/Wehnert 1982; Pappler 1994; Seybold/Bolscho 1993; Staatsinstitut für Schulpädadogik und Bildungsforschung 1979, 1983, 1986; Verband Dt. Schullandheime 1991–1994; das Umweltbundesamt unterhält einen Materialdienst für Pädagogen, das Institut für Film und Bild in Wissenschaft und Unterricht (FWU) bietet eine fächerübergreifende Zusammenstellung aller AV-Medien zur Umwelterziehung an)

a) Die Empfehlung der Kultusministerkonferenz vom 17. 10. 1980 fordert die „Vermittlung von Einsichten in die komplexen Zusammenhänge unserer Umwelt", in denen der Mensch als Verursacher und Betroffener problematischer Entwicklungen erscheint sowie als Verantwortlicher für die Folgen seiner Eingriffe.

Durch schulische Vermittlung „soll der Schüler insbesondere

- die durch Verfassung und Gesetz gegebenen Rechte und Pflichten des Bürgers kennen lernen und dadurch bereit werden, an den Aufgaben der Sorge für die Umwelt und des Umweltschutzes mitzuwirken;
- zu einer gezielten Beobachtung und Untersuchung seiner Umwelt bewegt werden;
- Einblick in ökologische Zusammenhänge gewinnen und die Wirkung von Störungen kennen lernen;
- Ursachen von Umweltbelastungen und teilweise nicht wieder rückgängig zu machenden Umweltveränderungen kennen lernen;
- die Verflechtung ökologischer, ökonomischer und gesellschaftlicher Einflüsse erkennen, die zum gegenwärtigen Zustand unserer Umwelt geführt haben;
- erkennen, dass die Erhaltung der Vielgestaltigkeit von Lebewesen und Landschaft nicht nur zur Sicherung der natürlichen Lebensgrundlagen für die gegenwärtige, sondern auch für die zukünftigen Generationen erforderlich ist;
- erkennen, dass Umweltbelastung ein internationales Problem und eine Existenzfrage für die gesamte Menschheit ist und dass Sorge für die Umwelt somit eine internationale Aufgabe darstellt, bei der den hoch entwickelten Industriestaaten eine besondere Verantwortung zukommt;
- zur Einsicht gelangen, dass verantwortungsbewusstes Handeln des Einzelnen und der Gesellschaft notwendig ist, um dem Menschen die Umwelt zu sichern, die er für ein gesundes und menschenwürdiges Dasein braucht;
- erkennen, dass Sorge für die Umwelt die Auseinandersetzung mit Interessengegensätzen einschließt und deshalb eine sorgfältige Abwägung von ökonomischen und ökologischen Gesichtspunkten notwendig ist".

b) Die *für das Unterrichtsprinzip Umwelterziehung formulierten Richtziele* für die bayerischen Schulen verdeutlichen die notwendige Kooperation der verschiedenen Unterrichtsfächer (vgl. auch die nach Jahrgangsstufen geordnete Neuformulierung vom 30. Mai 1990!):

Hauptschule

Realschule

Gymnasiale Mittelstufe

1. Der Schüler soll erkennen, dass Tier- und Pflanzenwelt, Boden, Wasser, Luft und nicht zuletzt auch der Mensch miteinander in vielschichtigen Umweltbeziehungen stehen und Ökosysteme bilden.	*Biologie*
2. Er soll einsehen, dass Eingriffe in Einzelbereiche sich auf das Gesamtgefüge der Umwelt auswirken.	*Biologie* *Erdkunde*
3. Er soll wesentliche Erscheinungen der Umweltbelastung als Folge der Aktivitäten in der Güterproduktion und in den Bereichen des privaten und öffentlichen Lebens kennen lernen.	*Biologie* *Erdkunde* *Sozialkunde* *Chemie*
4. Er soll an Beispielen Umweltschäden feststellen und mit geeigneten Verfahren untersuchen können.	*Biologie* *Chemie* *Erdkunde*

5. Er soll wichtige Abhilfe- und Schutzmaßnahmen zur Sicherung der Grundgüter für die Erhaltung der menschlichen Lebensqualität kennen.	*Physik/Chemie* *Sozialkunde* *Biologie* *Erdkunde*
6. Er soll einen Überblick über die hierzu erforderlichen planerischen Maßnahmen gewinnen, Verständnis für ihre Notwendigkeit entwickeln und im Rahmen seines Erfahrungsbereiches zu einer kritischen Stellungnahme fähig sein.	*Erdkunde* *Sozialkunde* *Chemie* *Biologie* *Deutsch*
7. Er soll die Einsicht gewinnen, dass ein Zusammenhang zwischen verschiedenen Lebenseinstellungen und dem Umweltverhalten besteht.	*Sozialkunde* *Ethik/Religionslehre* *Biologie*
8. Er soll bereit sein, im privaten und später auch im beruflichen und öffentlichen Leben bei der Lösung von Problemen des Umweltschutzes und der Raumordnung mitzuwirken.	*Erdkunde* *Sozialkunde* *Biologie* *Wirtschaftslehre* *Ethik/Religionslehre*
9. Er soll Umweltvorsorge als internationales Problem erkennen und als Voraussetzung für die Weiterexistenz des Lebens auf der Erde begreifen.	*Erdkunde* *Sozialkunde* *Biologie* *Ethik/Religionslehre* *Chemie*

c) *Methodische Hinweise*

Absoluten Vorrang hat die *originale Begegnung* durch Besichtigung und Arbeit „vor Ort"; mindestens aber sollte die Natur ins Klassenzimmer hereingeholt werden, wenn immer dies möglich ist.

● Umwelterziehung wird am besten durch *Projektunterricht* verwirklicht, auch durch *Projekttage* (z. B. Befragungsaktion zum Umweltverhalten, Ausstellung und Experimente zum Thema Wasser ...) und *Jahresprojekte* (z. B. Schulgarten, Landschaftspflege, Beseitigung von Sondermüll, Aufräumarbeiten in der Natur, Pflanzaktionen, Einrichtung und Betreuung von Lehrpfaden, Biotopen und Nistkästen, Artenschutzmaßnahmen).

● Gründlich zu bedenken sind vor allem an Projekttagen, die ja u. a. auf Besucher angewiesen sind und eine hohe Fluktuation im Schulhaus mit sich bringen, wie die damit verbundenen *organisatorischen Probleme* zu lösen sind, z. B. durch
  – ein breit gefächertes Programm parallel verlaufender Veranstaltungen mit Verteilerfunktion für die Besucherströme;
  – eine erläuternde Programmübersicht, bereits eine Woche vor dem Projekttag zur Orientierung an Klassen und Eltern verteilt;
  – spielerische Angebote zum Projektthema für jüngere Geschwister der Schüler und für die Schüler der Unterstufe;
  – deutliche Ausschilderung der Veranstaltungsorte, Informationsstände sowie als Führer dienende Schüler;
  – Getränke- und Brotzeitstationen etc.

Als *weitere fächerübergreifende Erziehungs- und Unterrichtsanliegen besitzen derzeit hohe Aktualität:*

4. *Europa im Unterricht und internationale Zusammenarbeit*

(Vgl. die Empfehlung der Kultusministerkonferenz vom 8. 6. 1978 in der Fassung vom 7. 12. 1990: Lernziele und praktische Vorschläge und die Veröffentlichung der KMK zur Situation des Unterrichts über die Dritte Welt, Bonn 1988!)

5. *Friedenserziehung*

(Vgl. z.B. die Erklärung der Kultusminister der unionsregierten Länder 1983; das Bayerische Gesetz für Erziehung und Unterricht, Art. 1 „Völkerversöhnung"; Brose 1996; Gugel [4]1994 (NA); Johannsen 1990; Staatsinstitut für Schulpädagogik und Bildungsforschung (Hrsg.): Was ist Frieden? – Handreichung zur Behandlung des Themas Frieden im Unterricht, München 1983; Steinweg 1984; Zimmermann [3]1990)

6. *Medienerziehung, insbesondere informationstechnische Grundbildung*

(Vgl. Literatur und praktische Hinweise unter 6.6)

7. *Freizeiterziehung*

(Vgl. Literatur und praktische Hinweise unter 2.2.5.8)

8. *Verbrauchererziehung*

Vgl. die einschlägigen Gesetze und Verordnungen zum Schutze des Verbrauchers sowie Einrichtungen der Verbraucherberatung und verbraucherorientierte Informationen durch Presse, Funk und Fernsehen; ferner z. B. Kaiser/Kaminski [2]1997; Scherhorn 1997; aktuelle Themen lassen sich für *Elternabende* gewinnen, z. B.

– Kinder als Adressaten der Werbung (mit Beispielen aus den Massenmedien)
– Taschengeld
– Kinder, Verführte der Konsumgesellschaft ...

9. *Gesundheitserziehung*

(Vgl. vor allem den Beschluss der Kultusministerkonferenz vom 1. 6. 1979 und die Schriften der Bundeszentrale für gesundheitliche Aufklärung).

Ausgewählte Vorschläge für eine Gesundheitserziehung durch unmittelbare Erfahrung in der Schule (nach Brunnhuber, in schulreport 3/1980)

● Sorgt der Lehrer immer wieder für genügend Sauerstoffzufuhr und Lufterneuerung im Klassenzimmer durch planmäßige Lüftung?
● Achtet der Lehrer unter Beobachtung des Zimmerthermometers immer wieder auf die günstigste Arbeitstemperatur von 18–20° C? (Dem agierenden Lehrer ist es leicht zu warm, während Schüler frieren.)
● Hat sich der Lehrer (gerade bei Schulanfängern und bei einer neu übernommenen Klasse) vergewissert, ob nicht (oder ggf. in welchen Fällen) die Auffassungsfähigkeit einzelner Schüler durch Sinnesbeeinträchtigungen (Schwerhörigkeit, Kurzsichtigkeit, Farbenblindheit u. Ä.) behindert ist?

- Entsprechen Sitz- und Tischhöhe unter arbeitsphysiologischen Gesichtspunkten der Körpergröße der einzelnen Kinder? Wirkt der Lehrer regelmäßig auf eine allmählich gewohnheitsmäßig einzunehmende richtige Sitz- und Schreibhaltung der Schüler hin?
- Drängt der Lehrer auf eine Sitzordnung in der Klasse, bei der alle Schüler ohne unzumutbare Verrenkungen zum Lehrer und zur Tafel sehen können?
- Achtet der Lehrer durchwegs auf genügende Ausleuchtung der Arbeitsplätze, der Tafel und der Overhead-Projektionsfläche?
- Ist dem Lehrer eine bis in die letzte Bank gut wahrnehmbare, prägnante, farbkontrastreiche Beschriftung von Tafel oder Overhead-Folie ein tägliches Anliegen?
- Sorgt der Lehrer, nicht nur bei Grundschülern, nach längerem Stillsitzen für einen überlegten Ausgleich, bei dem das Bewegungsbedürfnis der Schüler zum Zuge kommt?
- Trägt der Lehrer in seinem Verhalten den Bedürfnissen der Kinder nach Geborgenheit, warmer Zuwendung, Sicherheit, Verlässlichkeit und Angenommensein Rechnung? Dies ist zwar eine unmittelbar mitmenschliche Forderung, zugleich aber auch eine Voraussetzung, dass Kinder ihre Kräfte für Leistungsforderungen freisetzen können.
- Überlegt der Lehrer immer wieder die Sinnhaftigkeit dessen, was er von den Schülern verlangt, und erschließt er ihnen auch Motive des Lernens?
- Kommen die Lehrkräfte – fachgebunden und überfachlich – dem Sinnverlangen der Kinder und Heranwachsenden entgegen, und geben sie ihnen tragfähige Antworten auf Fragen der Lebensgestaltung?

10. *Politische Bildung und Menschenrechtserziehung*

11. *Berufliche Orientierung*

12. *Interkulturelle Erziehung*

13. *Internationale Zusammenarbeit*

14. *Mensch, Wirtschaft und Technik*

2.2.5 Schulleben als Verwirklichung außerunterrichtlicher und außerschulischer Veranstaltungen

(Vgl. z.B. Muth/Zieroff 1985; Rux 1995)

Außerunterrichtliche und außerschulische Veranstaltungen tragen als ergänzende Maßnahmen erheblich dazu bei, die Interaktionen in einer Schule in Richtung einer Schulgemeinschaft zu entwickeln und lebendiges Lernen zu verwirklichen.
Der nachfolgende *Überblick* soll die vielfältigen Möglichkeiten skizzieren, unter denen der Lehrer von seinem fachlichen Zugang und seiner persönlichen Neigung her eine verkraftbare Auswahl treffen kann.

2.2.5.1 Spiel, Fest und Feier im Schulleben

(Vgl. auch Spiele im Unterricht unter 2.2.2.1; ferner Buytendiyk 1973; Flitner [10]1996; Hering 1979; Huizinga 1987; Kraft 1979; Kreuzer 1984 f.)

1. Sie erfordern in den meisten Fällen die Zusammenarbeit verschiedener Fachlehrer mit den Schülern, um die notwendige Planungsarbeit und Vorbereitung auf das gemeinsame Ziel hin (z. B. Weihnachtsfeier, Faschingsparty, Sommerfest) zu koordinieren. Besonders häufig ergibt sich die folgende Fächerkombination:

– Im Deutschunterricht wird an szenischen Darstellungen und Textvorträgen gearbeitet;
– der Musikunterricht leistet seinen Beitrag mit Singen, Tanzen und Musizieren;
– in der Kunsterziehung werden der äußere Rahmen und evtl. Kulissen gestaltet.

Die Verbindung zur außerschulischen Wirklichkeit wird hergestellt, wenn bei der Aufführung des Schulspiels bzw. zum Mitfeiern, gelegentlich auch schon in der Vorbereitungsphase Eltern und Geschwister der Schüler sowie weitere – jeweils näher zu bestimmende – Öffentlichkeit einbezogen werden.

2. Das *Spielen* wird seit der griechischen Antike (Platon, Aristoteles) als wesentlich zum Menschen gehörige Form des Verhaltens und Handelns reflektiert. Über das Spiel als Lernsituation laufen bedeutsame Lernprozesse, vor allem im Bereich des sozialen Lernens. In neuerer Zeit (seit Anfang des 20. Jahrhunderts) bereicherte die Geschichte der Spielpädagogik vor allem die Reformpädagogik, und hier wieder insbesonders die Kunsterziehungsbewegung, die Freien Waldorfschulen R. Steiners und die Montessori-Bewegung. Heute besteht gelegentlich die Gefahr der Verpädagogisierung des Spiels, der therapeutischen oder lernorientierten Zweckbelastung oder die Gefahr einseitiger Effekterwartung je nach spieltheoretischem Hintergrund.

Spiel, Fest und Feier in der Schule vertragen weder eine konsumorientierte Planung durch einige wenige „Macher" noch ritualisierte Abläufe, wie sie z. B. vielerorts für Abiturfeiern eingeschliffen sind. Sie sind vielmehr von den Schülern für die Schüler gestaltet, wobei sich die Lehrer mit einer beratenden Funktion begnügen sollten. Die Befähigung der Schüler zur Eigenaktivität und Selbstverantwortung ist im Bereich Spiel, Fest und Feier ein ausdrückliches Lernziel.

3. Für die *Gestaltung von Fest und Feier* stellte A. Bichler (in schulreport 6/1981) folgende Grundsätze zusammen:

Feiern

– Eine Feier hat einen Leitgedanken, der das ganze Programm bestimmt.
– In einem Programm wird der Ablauf der vorgesehenen Beiträge festgelegt.
– Bei der Programmabfolge ist auf einen sinnvollen Wechsel der Darstellungsformen zu achten.
– Bei der Programmplanung ist die Konzentrationsfähigkeit der Schüler und der Besucher im Auge zu behalten.
– Ein allzu perfekter Ablauf ist noch keine Gewähr für das Gelingen einer Feier.
– Feiern sollen herausragende Ereignisse des Schullebens sein. Ein Zuviel an Feiern ist zu vermeiden.
– Die Klassenfeier steht gleichrangig neben der großen Schulfeier.

Feste

– Wie die Feier ist ein Fest ein besonderer Höhepunkt im Ablauf eines Schuljahres.
– Feste sind bunt, unterhaltsam, vielgestaltig und locker im Aufbau und Ablauf.
– Neben einem festen Programmblock bietet ein Fest genügend Raum für spontanes Verhalten der Schüler.
– Ein Fest bezieht alle Teilnehmer in die Aktivitäten mit ein.
– Essen und Trinken erhöhen die Festesfreude.
– Den Schülern soll Gelegenheit geboten werden, eigene Vorstellungen zur Festgestaltung einzubringen.
– Die Dauer eines Festes hat sich am Grad der Belastbarkeit der Schüler zu orientieren.

4. Das *Feld der Spielsituationen* (in der Klasse, in der Schulgemeinschaft, vor und mit weiterer Öffentlichkeit) kann hier nur ohne Systematik angedeutet werden:

- Spielerisches Lernen (vgl. auch 2.2.2.1, z. B. Rollenspiel, Dialogspiel, Planspiel)
- Lernspiele im engeren Sinne (Puzzle, Memory, Verortungsspiele im Geographieunterricht)
- Gruppendynamische Spiele
- Sportliche Spiele, auch im Rahmen von Klassen- und Schulmeisterschaften
- Therapeutische Spiele, in der Schule mit Einschränkung gebraucht, z. B. zur Konflikt- und Aggressionsbearbeitung
- Darstellende Spiele, z. B. Märchenspiel, selbst entworfener Sketch
- Stegreifspiel, Pantomime
- Kabarett
- Hörspiel
- Film- und Videowerkstatt
- Spielfeste, evtl. zusammen mit den Eltern
- Schulübergreifende Schulspieltage, Musikfeste und Musikwettbewerbe

u. a. m.

2.2.5.2 Arbeitsgemeinschaften

Klasseninterne und -übergreifende Arbeitsgemeinschaften kommen den speziellen Interessen der Schüler entgegen, führen Gleichgesinnte zusammen und bieten Erfahrungs- und Vertiefungsmöglichkeiten, die im planmäßigen Unterricht keinen Platz finden.

Ausgewählte Möglichkeiten aus der Schulpraxis

Erste-Hilfe-Kurs,
Tanzkurs, Volkstanzgruppe,
Mopedkurs und Reparaturschuppen für Mopeds, Fahrräder usw.,
Computer-Treff,
Seifenkistenbau,
Brauchtumpflege, auch Pflege völkerverbindender Folklore,
Kurse im Schnitzen, Töpfern, Bildhauen …
Expertenclub für Tierzüchter und -pfleger,
Aktion Umweltsäuberung,
Club der Briefmarkenfreunde.

2.2.5.3 Ungezwungene Schülerzusammenkünfte

Sie bereiten zwar – innerhalb der Schule durchgeführt – meistens dem Schulleiter und mehr noch dem Hausmeister möglichen Delikten vorauseilende Sorgen, aber sie sind nun einmal für die Entwicklung eines Zusammengehörigkeitsgefühls der Schüler außerhalb des organisierten Unterrichtsrahmens bedeutend.

In Frage kommen z. B.

gesellige Klassenabende, mit oder ohne Eltern und Lehrer,
Klassenfasching,
von den Schülern selbst organisierte Informationsveranstaltungen,
Diskussionsrunden zu aktuellen Problemen mit dem Schulleiter, Beratungslehrer, Verbindungslehrer, Elternbeirat, Berufsberater … ,
ein Abend in der Schuldisco usw.

2.2.5.4 Außerunterrichtliche Aktivitäten der Schüler im Rahmen der Schule

(Vgl. z. B. Semmerling/Heller 1983)

Selbst wenn der Organisationsrahmen von der Schule abgesteckt ist wie in den folgenden Fällen außerunterrichtlicher Aktivitäten, sollte der Freiheit der Schüler die Chance eingeräumt werden, sich zu entfalten, z. B.
an Projekttagen,
am Tag der Offenen Tür (unbedingt mit angeschlagenem Übersichtsplan über Ort und Zeit aller Ereignisse),
bei der Anbahnung internationaler Partnerschaften,
bei Anlage und Pflege eines Schulgartens, Schulteiches, Schulwaldes,
bei der Anlage und Betreuung einer Klassenbibliothek, einer Schülerbücherei oder einer Mediothek,
bei der Organisation von Wettbewerben, z. B. Lesewettbewerb ...

2.2.5.5 Lernorte außerhalb der Schule

(Vgl. z. B. Beckmann 1986; Birkenhauer 1995; Burk/Claussen [5]1994; Doormann 1979; Freinet 1979, 1980, 1998; Schmitt 1988)

Sie binden die Schule unmittelbar an die Lebenswirklichkeit an und helfen auf diese Weise, die Sekundärerfahrungen über Medien einzuschränken. Allerdings erfordern alle Lernorte außerhalb der Schule eine gründliche Vorbereitung der Lehrer und Schüler und ebenso die auswertende, sichtende und sichernde Nacharbeit im schulischen Unterricht.
Vorbereitung bedeutet hier nicht nur die Bereitstellung notwendiger Ausgangskenntnisse für die Verständigung vor Ort, sondern vor allem Einübung der Schüler in Verhaltensweisen und Arbeitstechniken, die den erfolgversprechenden Umgang mit der Wirklichkeit ermöglichen und auf diese Weise auch die Lernmotivation aufrechterhalten.

Beispiele
1. Unterrichtsgänge, Erkundungen und Exkursionen

Neben der Klärung organisatorischer Fragen und eindeutiger Lernzielformulierung ist vor allem an *hohe, wenn möglich auch arbeitsteilige Eigenaktivität der Schüler vor Ort* unter unmissverständlicher Aufgabenstellung zu denken. Möglichkeiten dafür muss der Lehrer bei einer vorausgehenden Durchführung der Unternehmung abklären. Nur auf diese Weise kann er in detaillierter Planung festhalten, ob z. B. Interviews durchzuführen sind, Arbeiten mit Fotoapparat, Videokamera, Kassettenrekorder, Skizzenblock etc. anfallen, in wie viele Arbeitsgruppen die Schüler einzuteilen sind usw. Nach derart aufgabenbezogener Planung und Durchführung der Unternehmung wird auch die *Auswertung der Ergebnisse* in der Schule keine lästige Pflichtübung sein. Immerhin gilt es, ein Gesamtergebnis zu formulieren und Erkenntnisse zu gewinnen, die z. B. in einer Ausstellung oder Dokumentation anderen Klassen oder über die Schülerzeitung weiteren Interessenten zugänglich gemacht werden können.

2. Betriebspraktika und Schnupperlehren

3. Soziales Praktikum

4. Museumsbesuche haben nach Datow (1982, Seite 290) „Anschaulichkeit, authentische Objekte, Fülle und Ordnung" für sich.

Für die Arbeit vor Ort gilt:

- Der Lehrer muss den ins Auge gefassten Teilbereich des Museums bzw. die Ausstellung zuerst im Alleingang durchlebt und didaktisch gesichtet haben.
- Führungen mit rotem Faden planen: Wenig ist mehr als viel!
- Gespräch vor dem Objekt statt langer Erläuterungen
- Systematische Einübung in Beobachtungs- und Erschließungstechniken
- Evtl. Leitung der Schüler durch Arbeitsblätter mit dem Ziel strukturierter Selbsterarbeitung
- Vorhandene Unterrichtsprogramme nutzen (z. B. in Museumspädagogischen Zentren)
- Arbeit und Spiel in Aktionsräumen der Museen nicht vergessen!

(Vgl. auch Weschenfelder/Zacharias 1981)

2.2.5.6 *Schulfahrten und Wanderungen*

(Vgl. z. B. Beckmann 1987; Burk/Kruse 1983; Hofer/Hofer 1992; Muth/Zieroff 1985)

Sie bieten besonders günstige Möglichkeiten, das heimatliche Umfeld in biologischer, geographischer und historischer Hinsicht kennen zu lernen, Klassengemeinschaft zu entwickeln und an Kommunikationsproblemen zu arbeiten.

1. *Überblick*
- Wanderungen (Wandertag seit 1923 als Auswirkung der Jugendbewegung), auch mehrtägige Wanderungen unter Einbezug von Jugendherbergen (= Wanderfahrten)
- Studienfahrten
- Skikurse
- Radwanderfahrten
- Schullandheimaufenthalt
- Schüleraustausch, evtl. internationale Partnerschaften von Schulen
- Abschlussfahrten ins europäische Ausland

2. *Zum Beispiel: Schullandheim*

(Vgl. z. B. Arbeitsgruppe Handreichungen des Verbandes Deutscher Schullandheime 1980; Bayerische Akademie für Schullandheimpädagogik 1993; Dengler 1995; Heinemann 1992; Kasten 1992; Menze 1980; Verband Deutscher Schullandheime 1981, 1980, 1991–1994; Lippert 1988)

Die ersten Schullandheime entstanden Anfang des 20. Jahrhunderts durch Anmietung von Bauernhäusern. Beeinflusst von der Jugendbewegung und der Reformpädagogik entwickelten sie sich zu „pädagogischen Provinzen". 1926 wurde ein Dachverband gegründet. Heute verfolgt das gemeinsame Leben von Lehrern und Schülern im Schullandheim für eine oder zwei Wochen vor allem folgende *Zielsetzungen:*

- Sozialerziehung einschließlich der Intensivierung des Lehrer-Schüler-Verhältnisses
- Umwelterziehung durch Erkundung vor Ort
- Handlungsorientierte Projekte, fächerübergreifend und ganzheitlich
- Freizeiterziehung
- Standorterschließung als Projekt = systematische Erkundung eines Lebensraumes unter historischen, geographischen, klimatischen, soziologischen, industriellen Gesichtspunkten
- Der Schullandheimaufenthalt selbst als Projekt (Planung, Regeln ...)
- Gesundheitserziehung

Die heutzutage angebrachte *ökologische Ausrichtung* von Schullandheimen beschreibt Lippert (1988) am Beispiel des Schullandheimes Pfeifferhütte in Mittelfranken:

Es bietet folgende Leistungen an:

- Eine Sammlung größtenteils didaktisch aufbereiteter Materialen zu den Problembereichen Waldsterben, Gewässerschutz, Artenschutz, Abfallwirtschaft, Gartenarbeit etc.
- Beratung bei der Planung und Vorbereitung von Projektarbeiten zu Umweltthemen. Ein Labor sowie eine Fachbibliothek sind vorhanden.
- Die Gesprächsrunde Pfeifferhütte; hier treffen sich regelmäßig ökologisch interessierte Lehrer.
- Eine zwei Hektar große parkartige Anlage mit vielen Gelegenheiten zur unmittelbaren Naturerfahrung: Teich, Trockenrasen, Bauerngarten zum Beobachten und selbstständigen Arbeiten, Hügelbeet, Hochbeet, Kompostanlage, eigener Waldbestand, Spiel- und Nutzwiese, Kräutergarten, Fledermausbunker, ein wasserwirtschaftlicher Lehrpfad u. a.

2.2.5.7 Schulleben durch Schülermitverantwortung (SMV)

Die Aufgaben und Möglichkeiten der Schülermitverantwortung sind in den Schulgesetzen und Schulordnungen geregelt (vgl. z. B. für Bayern: Bayerisches Gesetz für Erziehung und Unterricht Art. 40; Falckenberg/Schiedermair/Amberg 1989; Bayerisches Staatsministerium für Unterricht und Kultus 1984).

Schülermitverantwortung (SMV) bedeutet zunächst die vom Entwicklungsstand des Schülers abhängige und rechtlich geregelte Mitgestaltung des gesamten Schullebens. Erst in zweiter Linie bezeichnet sie die offiziellen Organe der Schülervertretung.

Erste Formen der Schülermitverantwortung (SMV) wurden um die Jahrhundertwende in manchen Klosterschulen praktiziert. In der Zeit der Reformpädagogik, während der Weimarer Republik und nach 1945 war die Schülermitverantwortung (SMV) vor allem auf Charakterbildung sowie auf Erziehung zur Demokratie und Gemeinschaft hin konzipiert. Die ab ca. 1960 einsetzende Kritik an der Schülermitverantwortung (SMV) stellte sie als „demokratisches Feigenblatt" heraus und suchte nach anderen – z. T. wiederum wirklichkeitsfremden – Möglichkeiten der Verwirklichung. So befand z. B. das Schülerkollektiv Buxtehude über die freie Bearbeitung von Unterrichtsinhalten.

1. Im Rahmen der *allgemeinen Schülermitverantwortung* stehen dem einzelnen Schüler laut Erklärung der Kultusministerkonferenz vom 23. 5. 1973 die auf der Übersicht Seite 113 wiedergegebenen Rechte zu:

2. *Schülermitverantwortung über Schülervertretungen* kann sich auf die folgenden Rechte stützen:

a) *Mitgestaltungsrecht*

Die Schüler haben das Recht, Kurse und Schulveranstaltungen mitzugestalten sowie Anregungen zum Unterricht im Rahmen der Lehrpläne zu geben. Die SMV kann z. B. auch Vorschläge zur Einrichtung von Grund- und Leistungskursen in der Kollegstufe des Gymnasiums äußern (vgl. auch c!)

b) *Mitwirkungsrecht*

Die Meinung der Schülervertretung ist aufgrund dieses Rechtes in vielen Fragen des Schullebens zu hören. Ein von dieser Meinung abweichender Beschluss z. B. des Schulleiters ist zu begründen.

Das Mitwirkungsrecht übt der Schülerausschuss *direkt* (z. B. bei Aufstellung und Durchführung der Hausordnung, vor deren Erlass er zu hören ist, oder bei der Planung von Wanderungen und Fahrten) oder *indirekt* über das *Schulforum* (in Fällen besonders komplexer oder grundsätzlicher Art) aus.

c) *Anhörungs- und Vorschlagsrecht*

Schülervertreter können im Rahmen ihrer Gremien oder direkt gegenüber Lehrern, Schulleitern, Elternbeirat Meinungen und Vorschläge vortragen, die entsprechend zu würdigen sind, z. B. in Bezug auf

- Gestaltung von Kursen,
- Durchführung von Schulveranstaltungen,
- die Gestaltung des Unterrichts im Rahmen der Lehrpläne,
- Ausstattung der Bücherei,
- Planung von Schullandheimaufenthalten, Skilager, Wanderungen usw.
- Maßnahmen zur Unfallverhütung,
- Gründung einer Schülerzeitung.

Insbesondere dem Schulleiter ist in diesem Zusammenhang zu empfehlen, Vorschläge von Schülervertretungen nicht als Wichtigtuerei abzutun, sondern seine ausdrückliche Gesprächsbereitschaft über alle Fragen des Schullebens zu signalisieren.

d) *Informationsrecht*

Die Schülervertretungen haben einen Anspruch darauf, über alle die Schüler betreffenden Schulangelegenheit unterrichtet zu werden. Nur ausreichend informiert können sie ihre Rechte und Aufgaben wahrnehmen.

e) *Vermittlungsrecht*

Wenn ein Schüler sich ungerecht behandelt fühlt, setzen sich die Schülervertretungen auf seinen Antrag hin mit geeigneten Vermittlungsmaßnahmen für ihn ein, z. B. durch Gespräche mit Lehrern oder dem Schulleiter.

f) *Beschwerderecht*

Die Schülervertretungen können Beschwerden, z. B. bei Informationsverweigerung oder der Beschneidung anderer Rechte gegenüber dem Schulleiter, den betroffenen Lehrern und im Schulforum vorbringen.
(Zum Beschwerdeweg vgl. auch die Übersicht unter 1.!)

g) *Mitteilungsrecht*

Dieses Recht schlägt sich vor allem in der Herausgabe einer Schülerzeitung unter Mithilfe eines beratenden Lehrers nieder. Es dient der Verwirklichung des Rechts auf freie Meinungsäußerung (vgl. die Ausführungen unter 4.!).

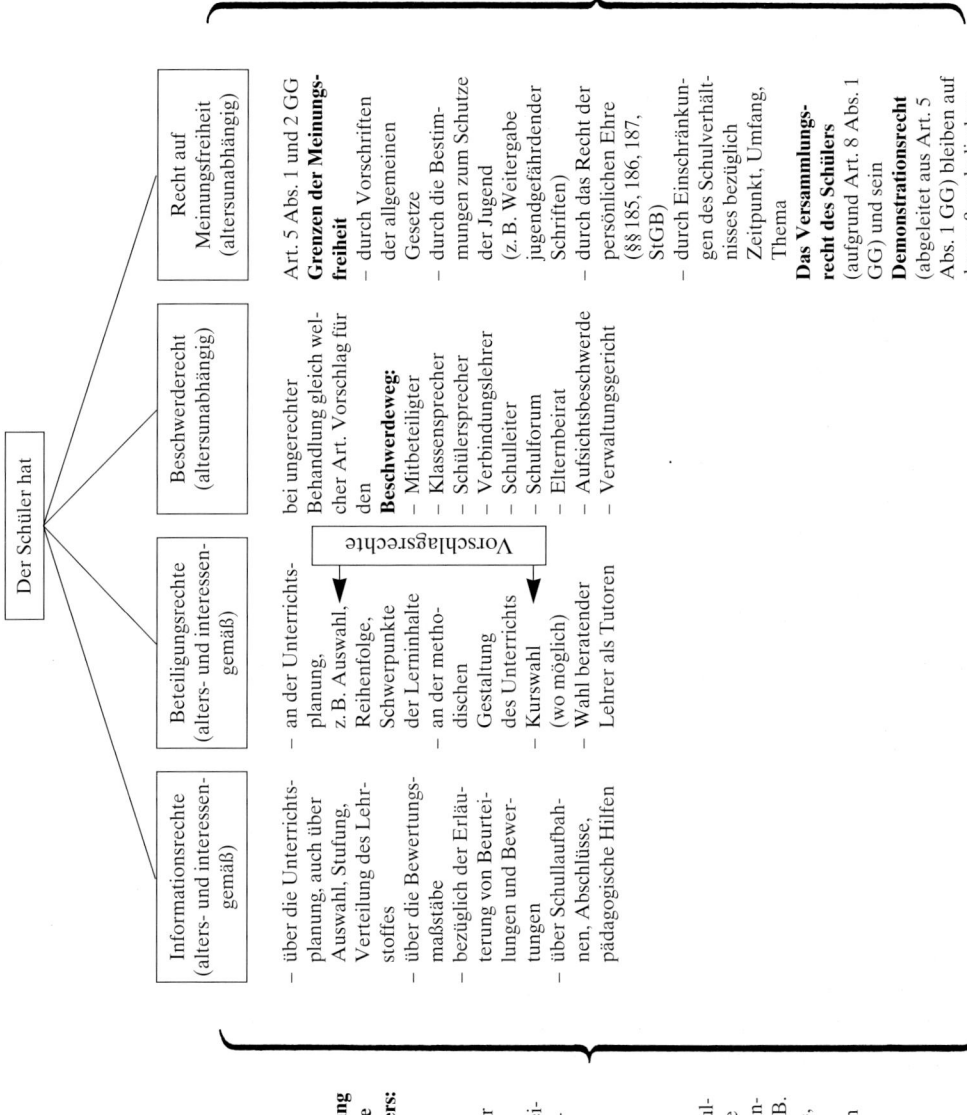

Pädagogischer Auftrag der Befähigung zur Wahrnehmung der Rechte durch den Schüler

Der Schüler hat

Informationsrechte (alters- und interessengemäß)

- über die Unterrichtsplanung, auch über Auswahl, Stufung, Verteilung des Lehrstoffes
- über die Bewertungsmaßstäbe
- bezüglich der Erläuterung von Beurteilungen und Bewertungen
- über Schullaufbahnen, Abschlüsse, pädagogische Hilfen

Beteiligungsrechte (alters- und interessengemäß)

- an der Unterrichtsplanung, z. B. Auswahl, Reihenfolge, Schwerpunkte der Lerninhalte
- an der methodischen Gestaltung des Unterrichts
- Kurswahl (wo möglich)
- Wahl beratender Lehrer als Tutoren

Vorschlagsrechte

Beschwerderecht (altersunabhängig)

bei ungerechter Behandlung gleich welcher Art. Vorschlag für den **Beschwerdeweg:**
- Mitbeteiligter
- Klassensprecher
- Schülersprecher
- Verbindungslehrer
- Schulleiter
- Schulforum
- Elternbeirat
- Aufsichtsbeschwerde
- Verwaltungsgericht

Recht auf Meinungsfreiheit (altersunabhängig)

Art. 5 Abs. 1 und 2 GG **Grenzen der Meinungsfreiheit**
- durch Vorschriften der allgemeinen Gesetze
- durch die Bestimmungen zum Schutze der Jugend (z. B. Weitergabe jugendgefährdender Schriften)
- durch das Recht der persönlichen Ehre (§§ 185, 186, 187, StGB)
- durch Einschränkungen des Schulverhältnisses bezüglich Zeitpunkt, Umfang, Thema

Das Versammlungsrecht des Schülers (aufgrund Art. 8 Abs. 1 GG) und sein **Demonstrationsrecht** (abgeleitet aus Art. 5 Abs. 1 GG) bleiben auf den außerschulischen Bereich beschränkt.

Eingrenzung der Rechte des Schülers:

1. durch die Rechte der am Schulleben beteiligten Mitschüler, Eltern, Lehrer

2. durch schulspezifische Bestimmungen wie z. B. Lehrpläne, Schulordnungen

3. Aufgabenbereich der Schülervertretungen im Rahmen der Schülermitverantwortung (SMV)

Gemeinschaftsaufgaben	Ordnungsaufgaben	Informations- und Konfliktschlichtungsaufgaben

Gemeinschaftsaufgaben

z. B.

– Einrichtung besonderer kultureller, sportlicher, musischer, der politischen Bildung dienender Arbeitsgruppen (Filmclub, Laienspielgruppe, Schachgruppe, Elektronikbastelkurs, Jazzband …)

– Übernahme schulischer Sozialaufgaben (Tutorentätigkeit für jüngere Schüler oder Ausländerkinder, Hilfeleistung für körperbehinderte Mitschüler …)

– Planung und Gestaltung von Schulfeiern, Theater-, Konzert- und Museumsbesuchen, von Schulfahrten und Wanderungen, Tauschaktionen, Wettbewerbsveranstaltungen verschiedener Art, Schulmeisterschaften, Theateraufführungen …

– Mitwirkung beim Aufbau der Schülerbücherei

Ordnungsaufgaben

z. B.

– Aufsicht bei Veranstaltungen der SMV (Mindestalter 16 Jahre)

– Beteiligung an Ordnungsaufgaben bei Schulsportfesten, bei Schullandheimaufenthalten und Skikursen

– Sorge für Ordnung und Sauberkeit im Klasszimmer, im Schulgebäude, im Schulhof

– Aufsicht während einer kurzzeitigen Abwesenheit des Lehrers im Klassenzimmer mit Unterstützung des im Nachbarraum unterrichtenden Lehrers

Informations- und Konfliktschlichtungsaufgaben

z. B.

– Regelmäßige Information der Mitschüler über die Tätigkeiten der SMV

– Anlage eines Archivs über die Tätigkeiten der SMV

– Ausübung des Beschwerderechts in Fällen, die von allgemeiner Bedeutung sind (z. B. unterschiedliche Benotungspraxis von Lehrern in Parallelklassen)

– Vermittlung in Konfliktfällen zwischen Schülern und Schulinstanzen (auf Antrag und bei Minderjährigen mit Zustimmung der Erziehungsberechtigten)

– Meinungsbildende Teilnahme der Schülervertreter an Sitzungen der Lehrerkonferenz und des Elternbeirats (nur möglich mit deren Zustimmung und bei Themen außerhalb der Verschwiegenheitspflicht)

– Anzeigepflicht beim Schulleiter

– **Genehmigung durch den Schulleiter:**

– als Voraussetzung des Unfallschutzes

– zur Garantie der schulischen Aufsicht

– zur Bereitstellung von Räumen

Für die Wahrnehmung aller genannten Aufgaben gelten die bereits unter Punkt 1 aufgeführten Einschränkungen.

4. *Stellenwert der Schülerzeitung im Schulleben*

a) Rechtsgrundlage, Definition und Aufgaben der Schülerzeitung

Die Schülerzeitung ist eine Einrichtung der Schule im Rahmen der Schülermitverantwortung. Sie ist kein Organ der Schülervertretung. M. Heger führt dazu in Anlehnung an die Erklärung der KMK vom 23. Mai 1973 in Schulreport, Heft 1, Donauwörth 1978, erläuternd aus: „Nach *allgemeinem* Sprachgebrauch sind Schülerzeitungen periodisch (wenn auch nicht immer regelmäßig) erscheinende Druckschriften, die von Schülern einer Schule gestaltet werden, sich in ersten Linie an die Schüler derselben Schule richten und dazu bestimmt sind, innerhalb der Schulanlage verteilt oder vertrieben zu werden.

Unter dem Dach dieser allgemeinen Definition haben sich im Schulrecht der insoweit souveränen Länder (Art 30, 70 GG) zwei wesensmäßig verschiedene Formen von Schülerzeitungen herausgebildet:

● Schülerzeitungen, die von den Schüler-Redakteuren selbstständig, d. h. außerhalb der Verantwortung der Schule, herausgegeben werden;

● Schülerzeitungen, die als schulische Veranstaltung unter Mitwirkung und Mitverantwortung der Schule herausgegeben werden."

Die außerschulische Pressearbeit der Schüler wird von den Schulordnungen nur insoweit eingeschränkt, als dadurch nicht die Verwirklichung der Aufgabe der Schule gefährdet werden darf und außerschulische Druck-Erzeugnisse in der Schule grundsätzlich nicht verteilt oder vertrieben werden dürfen.

Auch die Schülerzeitung, die als „Einrichtung der Schule" bezeichnet wird, baut auf den Grundrechten der freien Meinungsäußerung und der Pressefreiheit auf (Art. 1 GG, Art. 110 Abs. 1 und Art. 111 Bayerische Verfassung) unter Berücksichtigung der „Vorschriften der allgemeinen Gesetze" (Art. 5 Abs. 2 GG). Da die Schülerzeitung in diesem engeren Sinne nur innerhalb der Schule vertrieben werden darf, ist sie z. B. in Bayern *„nicht als Druckwerk im Sinne des § 6 Abs. 1 des Bayerischen Pressegesetzes anzusehen."*

Vor dem Hintergrund der genannten gesetzlichen Bestimmungen gilt für die Schülerzeitung als „Einrichtung der Schule" Folgendes:

● Die Schüler sollen durch die Gestaltung einer Schülerzeitung die Gelegenheit haben, journalistische und organisatorische Fähigkeiten zu entfalten und zu üben.

● Die Schülerzeitung hat durchaus den Auftrag, meinungsbildend zu wirken.

● Sie soll auf alle Jahrgänge einer Schule ausgerichtet sein.

● *Für Inhalt und Gestaltung trägt der Schulleiter die Verantwortung.* Damit soll immer wieder beobachteten Tendenzen der Enttabuisierung und Sexualisierung und des Terrors gegenüber Lehrern vorgebeugt werden.

● Die Redaktion der Schülerzeitung ist durch die Schule zu unterstützen (Raum, Bürobedarf, Portokosten, Schreibmaschine oder Computer, Beschaffung von Informationen, Einsicht in allgemein zugängliche Texte).

b) Abgrenzung der Schülerzeitung gegenüber anderen Publikationen

Von Schülerzeitungen zu unterscheiden sind

● reine „Schulzeitungen", die von einzelnen Schulen für Beteiligte und Interessierte (Lehrer, Eltern, Schüler, ehemalige Schüler) herausgegeben werden, wobei die Schule die alleinige redaktionelle Verantwortung trägt, Schülermitverantwortung also nicht stattfindet;

● „jugendeigene Zeitungen", die von Jugendlichen ohne Mitwirkung einer Schule in alleiniger presse-, straf- und zivilrechtlicher Verantwortung herausgegeben werden;

- „Jugendzeitschriften", die von Erwachsenen für Jugendliche außerhalb schulischer Verantwortung herausgegeben werden;
- Flugblätter, die sich in der Regel nur mit einem einzigen Thema befassen und sich mit einer Ausgabe erschöpfen.

c) *Mögliche Themenbereiche für die Schülerzeitung (Auswahl)*

- Der Lebensraum Schule (Schulgebäude, Schulgesetze, Hausordnung, Entwicklung der Schule, Stundenplanerstellung, Fächerangebot, Lebenslauf von Lehrern, Beobachtung des Schulwegs usw.)
- Schulveranstaltungen (Besichtigungen, Skikurse, Klassenfahrten, Theaterbesuche, Sportveranstaltungen, Wettbewerbe, Aktionstage …)
- SMV (Klassen-, Schülersprecher, Berichte von Klassensprecherversammlungen, Verbindungslehrer …)
- Freizeit (Schüleraustausch, Jugendprobleme, Berufswahl …)
- Meinungen und Leserbriefe zum Schulgeschehen
- Schulforum und Elternbeirat
- Örtliche Veranstaltungen (Kino, Theater, Sport …)
- Außerschulische Probleme
- Unterhaltungsteil …

Mögliche Textarten: Nachricht, Reportage, Interview, Kommentar, Glosse …

d) Die *Finanzierung der Schülerzeitung* erfolgt aus dem Verkaufserlös, aus Anzeigenwerbung und aus Zuwendungen Dritter, z. B. des Elternbeirats.

Die Arbeitsgruppe Schülerzeitung verwaltet ihre Finanzen selbst. Evtl. Überschuss aus dem Verkauf wird in die weitere Arbeit der Arbeitsgruppe investiert. Weiterer Überschuss kann nach Abstimmung der Arbeitsgruppe an die verantwortlichen Bearbeiter der einzelnen Beiträge verteilt werden. Bei Auflösung der Arbeitsgruppe entscheidet der Schulleiter über die weitere Verwendung vorhandenen Geldes im Rahmen der Schülermitverantwortung (SMV).

e) *Schülerzeitung und Zensur*

Der für die Schülerzeitung letztlich verantwortliche Schulleiter gerät schnell zwischen alle denkbaren Stühle, wenn sich ein Lehrer durch eine Glosse beleidigt fühlt, Eltern wegen allzu freizügiger Artikel im Namen der Sexualaufklärung Beschwerde führen, vorgesetzte Dienststellen oder gar außerschulische Institutionen ihr Befremden wegen einer Meinungsäußerung zu öffentlichen Belangen oder Verlautbarungen der schulischen Hierarchie erkennen lassen und schließlich der Redaktionsstab der Schülerzeitung auf Einwendungen des Schulleiters hin mit Einstellung der Arbeit droht.

Schulleiter und beratender Lehrer ersparen sich Ärger und unliebsame zensierende Entscheidungen, wenn sie mit dem Redaktionsstab der Schülerzeitung bereits zu Beginn seiner Arbeit den rechtlichen Rahmen abstecken, an den sie gemeinsam gebunden sind. Neben den Grenzen, die hier durch Grundgesetz und Verfassung sowie das Bürgerliche Gesetzbuch gesetzt sind, sollten vor allem die § 185 StGB (Beleidigung), § 186 StGB (üble Nachrede) und § 187 StGB (Verleumdung) erläutert werden. Für den Fall umstrittener Zensur oder gar eines Vertriebsverbots durch den Schulleiter empfiehlt es sich, zur Entlastung des Schulleiters, ein Gremium aus Lehrern, Eltern und Schülern zu hören. Auch das Schulforum kann eine Empfehlung aussprechen. Die letzte Entscheidung aber bleibt dem Schulleiter nicht erspart.

2.2.5.8 Schule und Freizeiterziehung

(Vgl. z. B. Florek u. a. 1981; Hurrelmann 1994; Nahrstedt 1990, 1997; Opaschowski 1977, 1981a, 1981b, 1996, 1997; Weber 1986)

Die Zeit der Meinungsverschiedenheiten scheint zu Ende zu gehen, ob die Schule Verantwortung im Bereich der Freizeiterziehung übernehmen müsse. Nach Opaschowski (1981, Seite 314) haben Schüler folgende *Freizeitbedürfnisse:*

1. Bedürfnis nach Erholung, Gesundheit und Wohlbefinden (Rekreation)
2. Bedürfnis nach Ausgleich, Zerstreuung und Vergnügen (Kompensation)
3. Bedürfnis nach Kennenlernen, Erlebnislernen und Weiterlernen (Edukation)
4. Bedürfnis nach Ruhe, Muße und Selbstbesinnung (Kontemplation)
5. Bedürfnis nach Mitteilung, Kontakt und Geselligkeit (Kommunikation)
6. Bedürfnis nach Gemeinschaftsbezug, Zusammengehörigkeit und Gruppenbildung (Integration)
7. Bedürfnis nach Beteiligung, Engagement und sozialer Selbstdarstellung (Partizipation)
8. Bedürfnis nach Entfaltung, produktiver Betätigung und Teilnahme am kulturellen Leben (Enkulturation).

Wie die fortschreitende Pervertierung von immer mehr Freizeit zu bloßer Konsumware erkennen lässt, scheint der Zugewinn an Freizeit von den Jugendlichen in Selbstregulierung nicht sinnvoll verkraftet zu werden.

Freizeitdidaktik befasst sich zwar in erster Linie mit Vermittlungsprozessen im Freizeitbetrieb wie z. B. Museen, Urlaub, Waldlehrpfad, in der Schule hat sie dazu aber als neue Aufgabe die *Vermittlung von Freizeitverhalten* entdeckt. Angestrebt wird gegenüber der konsumorientierten Vermarktung von Freizeit die unmittelbare, aktive Begegnung mit der Wirklichkeit. Dabei ist freilich der Übergang von der Einübung in aktive Freizeitgestaltung zur Freizeitplanung im Sinn von Animation fließend.

In der Schule können die Aufgaben der Freizeiterziehung vor allem als Unterrichtsprinzip und im Rahmen außerunterrichtlicher Veranstaltungen erfüllt werden.

1. *Freizeiterziehung als Unterrichtsprinzip* versucht vom Fachunterricht aus in die Freizeit hineinzuwirken.

Beispiele

- Der Kunstunterricht regt zu eigenem künstlerischem Gestalten an oder leitet zur überlegten Begegnung mit Kunstwerken z. B. auf einem Unterrichtsgang oder gar im Urlaub an.
- Der Musikunterricht ermuntert zur Auseinandersetzung mit musikalischen Angeboten anstelle bloßen Konsums und fördert eigene musikalische Aktivitäten der Schüler in der Freizeit, die ihrerseits den schulischen Bereich wieder beleben sollten.
- Die wirtschaftskundlichen Fächer können insbesonders zu kritischem Konsumverhalten führen.
- Der Biologieunterricht befähigt zum bewussten Erleben der Natur und zum engagierten Einsatz gegen Umweltzerstörung aller Art.
- Der Deutschunterricht gibt Anregungen für die Privatlektüre ...

2. Ob als Unterrichtsprinzip oder im Rahmen außerunterrichtlicher Veranstaltungen eingesetzt wie Hobbygruppen, Schulfahrten oder Schullandheim, immer sollte Freizeiterziehung versuchen, die *Eigenaktivität der Schüler* zu wecken und ihre Entscheidung für eine

bestimmte Freizeitgestaltung herauszufordern. Dies bedeutet für den Lehrer, dass er sich mit der Position des Aufklärenden, Anregenden und Beratenden zufrieden gibt.

3. E. Weber (1986) schlägt noch die *„schulisch betreute Erkundung von außerschulischen, freizeitrelevanten Einrichtungen"* vor, z. B. von „Leihbüchereien und Schallplattengeschäften, Reisebüros und Campingplätzen, Konzert- und Theateraufführungen, Jugendfreizeitstätten und Erwachsenenbildungsinstitutionen".

Bedenkenswert scheinen mir auch die *Sofortmaßnahmen für die Entwicklung eines freizeitkulturellen Lernbereichs in der Schule* (insbesondere in den Abschlussklassen) zu sein, die Opaschowski (1981 b, S. 317) unterbreitet:

- die freizeitbezogene Neigungs-und Interessengruppenarbeit in den Unterricht zu integrieren,
- mehr und längere Pausen in Verbindung mit freiwilligen Freizeit- und Sportangeboten einzuplanen,
- Jugendverbände und freizeitkulturelle Vereinigungen in der Schule (z. B. in den Freistunden) stärker zu beteiligen,
- die asphaltierten Schulhöfe unter Mitwirkung der Schüler, Eltern und Lehrer in anregungsreiche Spielhöfe umzuwandeln,
- die Aus-, Fort- und Weiterbildung der Lehrer in Methoden und Techniken der freizeitkulturellen Anregung und Förderung zu intensivieren,
- die Ganztagsschule als Angebotsschule auszubauen,
- die Schulgebäude in der unterrichtsfreien Zeit für den Wohnbereich als „Freizeitstätte um die Ecke" zu öffnen.

2.2.5.9 Für einige Fächer sollen am Schluss des Kapitels Schulleben exemplarisch *erprobte Beispiele für außergewöhnliche, den Schulalltag belebende Aktivitäten* aufgelistet werden, die teilweise auch im regulären Unterricht verwirklicht werden können.

Mathematik
- Modelle bauen, z. B. Zahlenpfeilmodell oder geometrische Modelle
- Mathematische Spiele (Zaubereien)
- Computerspiele
- Spielecke mit mathematischen Spielen
- Schüler entwerfen selbst mathematische Aufgaben, v. a. aus ihrem erlebbaren Umfeld
- Tutorensystem im Sinn organisierter Nachhilfe aufbauen
- Beteiligung an Wettbewerben, z. B. „Jugend forscht"

Physik
- Freiwillige Experimentalgruppen
- Arbeitsgruppe „Kernkraft"
- Physikalisches Spielzeug bauen
- Gezielte Museumsarbeit
- Besichtigungen, z. B. Energieunternehmen
- Filmkurse …

Geschichte
- Historischer Schaukasten
- Besuche von Ausstellungen und Museen
- Stadtführungen, von den Schülern selbst erarbeitet

- Historische Exkursionen
- Geschichtsfries
- Nachbau historischer Objekte
- Rollenspiele, auf Video aufgezeichnet ...

Deutsch

- Dichterlesung, z. B. mit regionalen Nachwuchsautoren
- Dichterlesungen der Schüler (vor der Klasse, klassenübergreifend, am Elternabend ...)
- Hörspiele gestalten
- Theateraufführungen, evtl. in Nachbarschulen auf Tournee gehen
- Lesekreis, literarischer Arbeitskreis
- Literarische Filme ansehen und selbst herstellen
- Balladen vertonen → Bänkelgesang
- Bücherflohmarkt
- Buchausstellung selbst organisieren oder besuchen
- Leute von Verlagen und Zeitungen einladen
- Verlag und Zeitung besuchen
- Arbeitskreis „Mundartpflege"
- Technik des Interviews (Fragetechnik, Tonbandarbeit ...)
- Aktion „Mein Lieblingsbuch" (Vorstellung durch die Schüler im Unterricht)
- Auf Bücher neugierig machen durch „anlesen"
- Arbeit für die Schülerzeitung oder Mitarbeit in der Redaktion
- Schulspielgruppe und Laienspiel im Unterricht
- Jugendbücherei und öffentliche Bibliotheken besuchen
- Gestaltung und Verwaltung der Schulbibliothek
- Einrichtung und Betreuung einer Klassenbibliothek
- Regisseur oder Schauspieler einladen, Tipps von den Profis
- In Verbindung mit dem Fach Hauswirtschaft ein Rezeptbuch erstellen und z. B. im Weihnachtsbazar verkaufen
- Wortspiele und Wortfelder in Quartettform
- Weihnachtsgeschichte von Schülern lesen lassen
- Nonverbale Ausdrucksschulung
- Gedichte als „stummes Denkmal" oder in Posen gestalten

Musik

- Schulkonzert
- Musikalische Morgenmeditation
- Freiwilliger Instrumentalunterricht
- Tanzgruppe
- Schulchor, Orchester, Ensembles, Big Band, Jazzband
- Musikalische Gestaltung des Elternabends
- Musik und Bewegung
- Singen im Altersheim
- Orff-Schulwerk
- Improvisationskurs
- Besuche von Oper, Konzert, Rockkonzert
- Arbeitskreis „Aufnahmestudio"
- Klassenhitparade
- Schulwunschkonzert

- Schüler bringen ihre besonderen musikalischen Fähigkeiten ein (Klavier, Gitarre ...)
- Musikalische Pausengestaltung
- Sternsinger ziehen von Klasse zu Klasse
- Musikalische Gestaltung des Faschingsballs
- In Verbindung mit Deutsch, Religion, Kunsterziehung, Gestaltung von Gottesdiensten und Festen

Religionslehre

- Immer gilt der Primat der persönlichen Probleme!
- Morgenandachten und Feierstunden in der Schule
- Vorbereitung des Schulgottesdienstes
- Gebetskreis, v. a. Entwurf altersgerechter Gebete
- Exerzitien, Einkehr- und Orientierungstage
- Meditationswochenende
- Lieder und Spiele im kirchlichen Jahreskreis
- Textbetrachtungen, Bibelkreis
- Patenschaften in der dritten Welt
- Dritte-Welt-Bazar und andere caritative Aktivitäten
- Collagen zu aktuellen Themen
- Christliche Brauchtumpflege
- Namenspatrone durch Schüler vorstellen
- Interviews zu aktuellen Themen
- Emmausgang, Nachtwallfahrt

Sport

Generell: Weniger Leistungsorientierung zugunsten des Breiten- und Freizeitsports, z. B.

- Langlaufkurs
- New games
- Radtouren
- Aktive Pausengestaltung
- Wettkämpfe aller Art, vor allem solcher, die Spaß und Gaudi bringen
- Skilager (aus Umweltschutzgründen zunehmend umstritten)
- Tänze: Choreographie, Musik, Kleidung von den Schülern erarbeitet
- Aufstellung und evtl. Veränderung von Sportregeln durch die Schüler
- Schüler als Schiedsrichter
- Einübung in Entspannungsübungen

Hauswirtschaft

- Gesundes Schulfrühstück bereiten und verkaufen
- Ausstellungen zu Umweltproblemen, z. B. Reinigungsmittel, Energiesparen
- Fachleute von Energiebetrieben einladen
- Verbraucherzentrale besuchen
- Neigungsgruppen einrichten
- Informationsblätter entwerfen, z. B. für Unfallverhütung, Diätwochen, Rezepte ...

2.2.6 Möglichkeiten der Zusammenarbeit mit den Schülereltern

(Vgl. z. B. Bort 1992; Braun 1995; Dusolt 1993; Köhler/Sennekamp 1994; Kowalcyk/Ottich 1992; Lueg 1996; Reichgeld 1994; Winkler 1991; vgl. auch die einschlägigen Schulgesetze und -ordnungen)

2.2.6.1 Lästige Pflicht oder erzieherische Notwendigkeit?

Der Aufbau einer fruchtbaren Kooperation zwischen Lehrern und Erziehungsberechtigten stellt hohe Anforderungen an alle Beteiligten:

– *Die Eltern* bringen in die Begegnung zunächst ihre eigenen Schulerinnerungen mitsamt einer meist stattlichen Anzahl unbearbeiteter Vorurteile ein. Mit ihren Kindern erleben sie sich neuerdings in einem Gefühl der Abhängigkeit und Ohnmacht gegenüber schulischen Entscheidungen: „Um des Kindes willen ist es besser, sich still zu verhalten und möglichst nicht unangenehm aufzufallen."
– Viele *Lehrer* sind ihrerseits nicht gerade erpicht darauf, ihrer zeitaufwändigen Vorbereitungs- und Unterrichtstätigkeit sowie den nervenaufreibenden täglichen Erziehungsproblemen noch eine intensive Kooperation mit den Erziehungsberechtigten hinzuzufügen.

Einmal mehr war es schon Pestalozzi, der auf die untrennbare Erziehungsarbeit von Elternhaus und Schule verwies, z. B. im Stanser Brief (1799): „Schulunterricht ohne Umfassung des ganzen Geistes, den die Menschenerziehung bedarf, und ohne auf das ganze Leben der häuslichen Verhältnisse gebaut, führt in meinen Augen nicht weiter als zu einer künstlichen Verschrumpfungsmethode unseres Geschlechts."

Wenn sich auch *die Kooperation der Lehrer mit den Erziehungsberechtigten* schwierig und mühevoll und gewiss nicht frei von Rückschlägen gestalten mag, sie *muss in der Schule von heute und morgen ein zentraler Arbeitsbereich sein.*

Angesichts der beklemmenden Erziehungsprobleme der Gegenwart kann sich keine Seite ein Alibi für unterlassene Zusammenarbeit verschaffen. Probleme wie unvollständige Familien, Medienüberflutung, Wertkrise und Jugendsekten, Jugendarbeitslosigkeit, Drogen- und Alkoholkonsum durch Kinder und Jugendliche, Jugendkriminalität lassen sich nur angehen, wenn *alle Erziehungsmächte um ein gemeinsames Erziehungskonzept ringen* und bei Meinungsverschiedenheiten sich wenigstens die gegenseitige Achtung erhalten.

2.2.6.2 Rechtliche Aspekte zur Kooperation zwischen Schule und Eltern

Kooperation lässt sich nicht verordnen. Rechtliche Bestimmungen können lediglich Minimalforderungen des Kontakts zwischen Schule und Erziehungsberechtigten formulieren, indem sie dabei von den Rechten und Pflichten der beiden Parteien ausgehen. Bezüglich des wünschenswerten Übergangs vom Kontakt zur Kooperation können sie nur auf Appelle bauen.

1. *Die Rechte der Eltern* sind in *Artikel 6 Absatz 2 GG* grundgelegt: „Pflege und Erziehung der Kinder sind das natürliche Recht der Eltern und die zuvörderst ihnen obliegende Pflicht. Über ihre Betätigung wacht die staatliche Gemeinschaft." Detaillierte Ausführungen über die Rechte und Pflichten der Eltern enthalten die Länderverfassungen und die in die Kulturhoheit der Länder fallenden Schulordnungen.

Das derart im Grundgesetz verankerte *Erziehungsrecht der Eltern* gilt aber trotz weitreichender Interpretation in gesetzlichen Verordnungen nicht ohne jede Einschränkung.

Einschränkungen für das elterliche Erziehungsrecht ergeben sich insbesonders *aus Art. 6 Abs. 2 Satz 2 GG* („über die Betätigung wacht die staatliche Gemeinschaft"), welcher die Rechtsbasis darstellt für entsprechende Bestimmungen z. B.

– des Bürgerlichen Gesetzbuches,
– des Jugendschutzgesetzes,
– des Jugendarbeitsschutzgesetzes
– und des Strafgesetzbuches.

Einschränkend wirkt sich aber vor allem das *Erziehungsrecht der Schule* aus:
So dürfen die Eltern nach Artikel 7 Abs. 1 GG z. B. keinen Einfluss nehmen auf die Erfüllung der Schulpflicht, auf Lehrpläne, auf die Beschaffung von Lehr- und Lernmitteln, auf die Auswahl der Lehrkräfte usw.

Schulordnungen bzw. Schulgesetze enthalten detaillierte Bestimmungen über die *Rechte der Eltern* bzw. Erziehungsberechtigten, z. B. über

– das Recht der Schulwahl;
– das Recht, über die Teilnahme am Religionsunterricht zu bestimmen;
– das Recht auf angemessene Information durch die Schule;
– das Recht auf fristgerechte Mitteilung von Ordnungsmaßnahmen;
– das Recht auf Mitgestaltung des schulischen Lebens.

2. Diesen Rechten stehen *Pflichten der Eltern* gegenüber, deren Einhaltung im Interesse der Schüler nur in enger Zusammenarbeit mit den Lehrern gewährleistet werden kann:

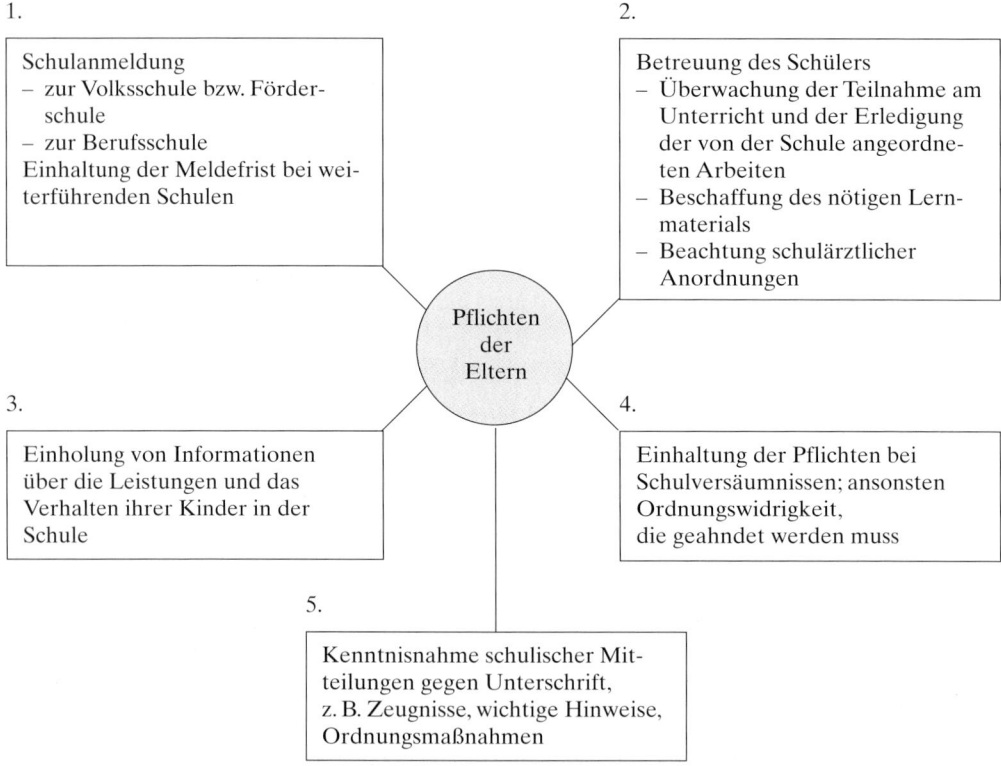

1.

Schulanmeldung
– zur Volksschule bzw. Förderschule
– zur Berufsschule
Einhaltung der Meldefrist bei weiterführenden Schulen

2.

Betreuung des Schülers
– Überwachung der Teilnahme am Unterricht und der Erledigung der von der Schule angeordneten Arbeiten
– Beschaffung des nötigen Lernmaterials
– Beachtung schulärztlicher Anordnungen

Pflichten der Eltern

3.

Einholung von Informationen über die Leistungen und das Verhalten ihrer Kinder in der Schule

4.

Einhaltung der Pflichten bei Schulversäumnissen; ansonsten Ordnungswidrigkeit, die geahndet werden muss

5.

Kenntnisnahme schulischer Mitteilungen gegen Unterschrift, z. B. Zeugnisse, wichtige Hinweise, Ordnungsmaßnahmen

3. Rechtlich geregelt sind in den Schulordnungen auch *verschiedene Möglichkeiten offizieller Kontaktaufnahme* zwischen den Erziehungsberechtigten und den Lehrern, bei denen allerdings erst die Art des Aufeinandereingehens darüber entscheidet, wo der Kontakt zwischen Konfrontation bzw. misstrauischer Distanz und Kooperation angesiedelt ist.

Folgende offiziellen Kontaktmöglichkeiten sind vorgesehen (vgl. Michler 1986, hier geändert und erheblich erweitert):

Art	Zweck	Vorteile	Nachteile/ Schwierigkeiten
Elternsprechstunde: Wöchentlich außerhalb der Unterrichtszeit des Lehrers	Persönliche Aussprache einzelner Eltern mit einem Lehrer ihres Kindes. Aufgrund aktueller Anlässe (Leistungsabfall, gravierende Verhaltensauffälligkeiten …) sind die Lehrer zu einer Einladung der Eltern bzw. zu einer anderen geeigneten Form der Information verpflichtet.	Ausreichend Zeit für ausführliche Gespräche unter vier Augen. Kontaktaufnahme jede Woche ist möglich.	Evtl. Hemmungen auf beiden Seiten können das Gespräch belasten. Die während der Schulzeit festgesetzten Sprechstunden sind für berufstätige Eltern kaum nutzbar. Dieses Problem kann gegebenenfalls durch Sprechstunden nach Vereinbarung behoben werden.
Elternsprechtag: 2 × im Schj. auch für Berufstätige erreichbar	Alle Eltern können innerhalb der festgesetzten Zeit alle Lehrer ihrer Kinder erreichen. Der Termin muss den Eltern 1 Woche vorher mitgeteilt werden.	Die Eltern können sich umfassend über ihre Kinder in zeitökonomischer Weise informieren.	Findet nur 2 × im Schj. statt. Oft lange Wartezeiten. Es sind nur Kurzbesprechungen möglich. Es sollten evtl. Termine für ausführliche Gespräche vereinbart werden.
Elternversammlung: Nach Bedarf auch auf Wunsch des Elternbeirats	Ermöglicht die Information und die Aussprache der Eltern einer Jahrgangsstufe oder einer Schule oder mehrerer Schulen über allgemein interessierende Fragen des Unterrichts und der Erziehung (z. B. neue Lehrpläne, Übertrittsverfahren in weiterführende Schulen).	Die Eltern einer Schule lernen sich persönlich kennen. Besondere Anliegen und Wünsche werden gemeinsam besprochen und mehrheitlich vertreten.	Es bleibt an einem Abend nur wenig Zeit zur Aussprache. Information steht vor Kontaktpflege.
Klassenelternversammlung/ Elternabend: Mindestens 1 × im Schj., auf Wunsch auch öfter	Die Eltern der Schüler einer Klasse können sich kennen lernen und gemeinsame Probleme besprechen. Die vorherige Ankündigung eines aktuellen Leitthemas durch den Lehrer wirkt motivierend, z. B. – Lernanforderungen – Disziplinprobleme – Medienerziehung – Besondere Veranstaltungen wie Schullandheime, Skilager, Hobby-Gruppen … Für entspannte Atmosphäre sorgen!		Das vorgeschriebene *einmalige* Treffen kommt meistens über eine erste Lockerungsphase nicht hinaus. Gerade die Eltern, die der Schule distanziert gegenüberstehen und erreicht werden sollten, kommen meistens nicht.

Art	Zweck	Vorteile	Nachteile/ Schwierigkeiten
Tag der offenen Schultüre (Kann-Bestimmung)	Die Eltern aller Schüler können sich während des laufenden Schulbetriebs über die schulische Arbeit informieren. Mit Genehmigung der Schulaufsichtsbehörde und der betroffenen Lehrer können sie auch als Gäste dem Unterricht beiwohnen.		Die Eltern stehen oft verloren in der Schule herum. Abhilfe: Führungen müssen geplant, Ausstellungen organisiert sein. Gelegenheit des Gesprächs mit Schülern und Lehrern in verlängerten Pausen sollte gegeben sein.
Kontakte zu Beratungsstellen der Schule	Möglichkeit gezielter und kompetenter Beratung von Eltern und Schülern, z. B. durch – Schuljugendberater an Volksschulen – Beratungslehrer – Schulpsychologen – Zentrale Schul- und Bildungsberatungsstellen, und zwar bezüglich z. B. – Schullaufbahn – Leistungsprobleme – Verhaltensstörungen …		Die Eltern sind oft nicht ausreichend informiert über die bestehenden Möglichkeiten der Beratung. Die Eltern haben oft „Berührungsängste" mit den Fachleuten.

4. Eine besondere Stellung im Kooperationsbereich zwischen Schule und Erziehungsberechtigten nimmt der *Elternbeirat* ein.

Seine *Aufgaben* sind im Allgemeinen:
– das Vertrauensverhältnis zwischen den Erziehungsberechtigten und den Lehrern, die gemeinsam für Erziehung und Bildung der Schüler verantwortlich sind, zu vertiefen,
– das Interesse und die Verantwortung der Erziehungsberechtigten für die Erziehung und Bildung ihrer Kinder zu wahren und zu pflegen,
– den Erziehungsberechtigten aller Schüler oder der Schüler einzelner Klassen in besonderen Veranstaltungen Gelegenheit zur Unterrichtung und Aussprache zu geben,
– Wünsche, Anregungen und Vorschläge der Erziehungsberechtigten zu beraten,
– Vermittlung zwischen Eltern und Lehrern bei Konflikten.

Bezüglich Wahlmodus, Rechte und spezielle Aufgaben des Elternbeirats muss an dieser Stelle auf die einschlägigen Bestimmungen der Schulordnungen hingewiesen werden.
Von Interesse für unseren Zusammenhang Kooperation ist m. E. noch der folgende *Kontaktplan des Elternbeirats,* der sich am Beispiel des Bayerischen Gesetzes für das Erziehungs- und Unterrichtswesen (BayEUG) orientiert:

Kontaktplan des Elternbeirats in der Übersicht

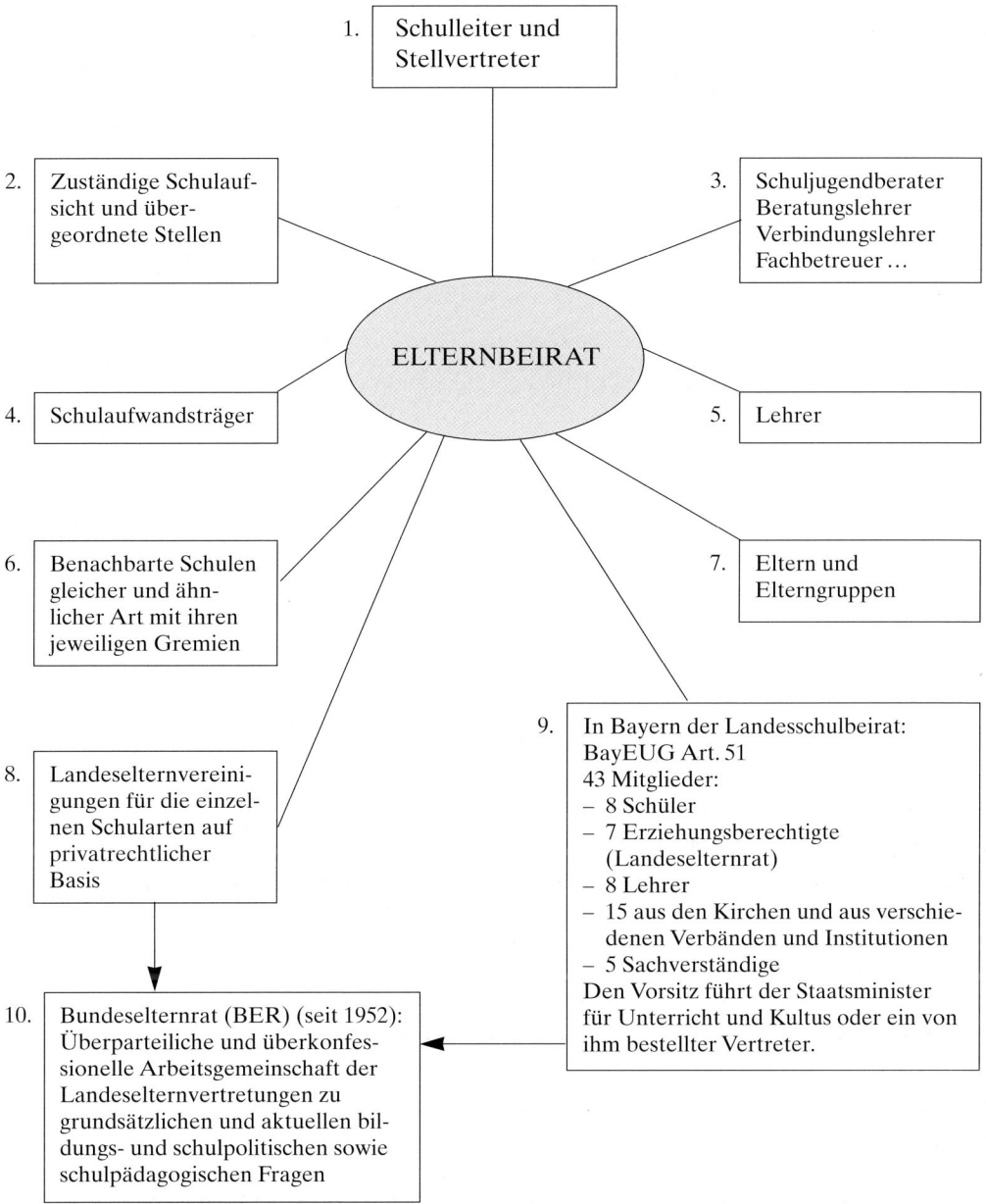

1. Schulleiter und Stellvertreter

2. Zuständige Schulaufsicht und übergeordnete Stellen

3. Schuljugendberater
Beratungslehrer
Verbindungslehrer
Fachbetreuer …

ELTERNBEIRAT

4. Schulaufwandsträger

5. Lehrer

6. Benachbarte Schulen gleicher und ähnlicher Art mit ihren jeweiligen Gremien

7. Eltern und Elterngruppen

8. Landeselternvereinigungen für die einzelnen Schularten auf privatrechtlicher Basis

9. In Bayern der Landesschulbeirat:
BayEUG Art. 51
43 Mitglieder:
– 8 Schüler
– 7 Erziehungsberechtigte (Landeselternrat)
– 8 Lehrer
– 15 aus den Kirchen und aus verschiedenen Verbänden und Institutionen
– 5 Sachverständige
Den Vorsitz führt der Staatsminister für Unterricht und Kultus oder ein von ihm bestellter Vertreter.

10. Bundeselternrat (BER) (seit 1952):
Überparteiliche und überkonfessionelle Arbeitsgemeinschaft der Landeselternvertretungen zu grundsätzlichen und aktuellen bildungs- und schulpolitischen sowie schulpädagogischen Fragen

2.2.6.3 *Vom Kontakt zur Kooperation: schulpraktische Möglichkeiten*

Rechtliche Bestimmungen sind auch im Schulbereich zunächst von der Absicht getragen, den jeweils Handelnden eine Art Sicherheitsrahmen zu verschaffen. Darüber hinaus stellen sie das wünschenswerte Minimum an Kontaktpflege zwischen Schule und Erziehungsberechtigten dar. Es hieße allerdings die rechtlichen Bestimmungen missverstehen, wenn die

Kontakte überwiegend oder ausschließlich über Paragraphen und Verwaltungsvorschriften abgewickelt würden. *Eine Hochform der Kooperation* wird zweifellos mit der „Schulgemeinde" im Sinne des Jena-Plans von P. Petersen angestrebt. Eine ähnliche Integration der Eltern in den Schulbetrieb praktizieren mit Erfolg z. B. die Landerziehungsheime und die Freien Waldorfschulen. Für die durch staatliche Schulaufsicht gesicherten Schulverhältnisse hierzulande könnte m. E. das *Modell der Nachbarschaftsschule* eine erreichbare Zielvorstellung für eine tragfähige Kooperation zwischen Eltern und Schule abgeben.

Aber abgesehen von solchen selten verwirklichten Hochformen der Kooperation müssen auch für die bescheideneren – und evtl. realistischeren – Zielvorstellungen des üblichen Schulbetriebs Möglichkeiten der Zusammenarbeit mit den Eltern gefunden werden, mit denen die nachfolgenden *Anlässe zur Kooperation* bewältigt werden können (vgl. auch Bayer. Staatsministerium für Unterricht und Kultus [16]1992):

1. *Informieren* über die geleistete und noch zu leistende Arbeit, z. B. durch
   - informelle Elternabende in verschiedener Gestaltung
     - Aussprache
     - Spezialreferat durch Lehrer, Elternteil, Fachleute wie Polizisten, Psychologen, Vertreter des Jugend- und Arbeitsamtes …
     - schriftliches Arbeitsmaterial
     - Medienangebote zu aktuellen Themen
   - Elterntreffen zusammen mit den Kindern
   - Elternstammtisch an neutralem Ort (immer wieder erinnern!)
   - regelmäßig stattfindende Elterntreffen, evtl. mit Hilfe der themenzentrierten interaktionellen Methode (TZI) durchgeführt
   - Protokolle
   - Elternbriefe oder -zeitungen, in denen sich auch die Eltern äußern sollten
   - Anschläge (organisatorische Hinweise, Empfehlungen zu Literatur, Arbeitsmaterialien, größere Arbeitsvorhaben oder Reisen)
   - Dokumentationen (Photomontagen, Arbeitsergebnisse)
   - Ausstellungen

2. *Einladen* zur Mitgestaltung von Festen, Spiel- und Sportwettbewerben, Reisen, zum Tag der offenen Tür …

3. *Übereinstimmung herstellen* über Erziehungsverständnisse und -ziele vor allem durch offene Gesprächsrunden, zu denen evtl. auch Experten zu bestimmten Themen geladen werden könnten. Wichtig: Vereinbarungen schriftlich festhalten!

4. *Aktivieren* der Eltern z. B. zur Materialbeschaffung, zur Gründung von Kontaktgruppen, zur Betreuung leistungsschwacher Lerngruppen außerhalb des Unterrichts, zur Durchführung einer Büchertauschaktion oder eines „Flohmarktes".

5. *Hausbesuche und telefonische Kontaktaufnahme* vor allem bei Eltern, deren Kinder durch Leistungsabfall oder normabweichendes Verhalten auffallen. Nicht gering zu schätzen ist auch ein Besuch bei Eltern, die evtl. erst für eine weiterführende Weichenstellung der schulischen Laufbahn ihrer Kinder aufgeschlossen werden müssen.

6. *Beraten* der Eltern in der Sprechstunde, durch Ausstellungen, Materialien, Spezialisten, über Elternbrief, Telefon, evtl. Hausbesuch.

7. *Fördern* der Eltern-Kind-Beziehung z. B. durch gemeinsame Gesprächsrunden, Hospitation der Eltern im Unterricht (nur mit Genehmigung der vorgesetzten Behörde erlaubt), durch Diskussion von Erziehungs- und Lehrmethoden bei Elternabenden, durch Selbst-

erfahrungsgruppen und Elternverhaltenstraining, durch Absprache über den Einsatz von Förderprogrammen ...

(Speziell für die *Arbeit des Elternbeirats* vgl. die reichhaltigen Vorschläge in den Heften 1 und 2/1985 der Zeitschrift „Schule und Wir" (hrsg. vom Bayer. Staatsministerium f. Unterricht und Kultus)

3 Lernziele und Bildungsziele im Unterricht

(Vgl. z.B. Achtenhagen/Meyer 1971; Brezinka 1987; Frey 1970; Hameyer u.a. 1982; Keck 1975; Kerstiens 1991; Kozdon 1981; Lemke 1981; Mager 1994 (NA); Meyer 1994; Peterßen 1974; Robinsohn 1981/5; Schröder 1995)

3.1 Ohne Lernziele kein Unterricht

Lernziele werden im Unterricht verfolgt, wann immer Schüler und Lehrer nach dem Wozu ihrer Lern- bzw. Lehranstrengungen fragen. Im Rahmen schulpädagogischer Überlegungen formulierte bereits Ziller (1817–1882) die Lernzielorientierung des Unterrichts als leitendes Unterrichtsprinzip. Lernzielorientierung ist also kein Originalfundstück der Curricularen Lernzieltheorie, die sie allerdings in ihrer vollen Tragweite für den Unterricht systematisch untersuchte und 20 Jahre lang – etwa zwischen 1970 und 1990 – zum Hauptkriterium der Lehrplangestaltung werden ließ. Nach dem Ende der Ära der Curricularen Lehrpläne, das nicht zuletzt durch die von Missverständnissen begleitete klägliche Übernahme der Curricularen Lernzieltheorie in die Praxis verursacht wurde, bleibt festzuhalten, was die Lernzieltheorie unabhängig von Modetrends an Anregungen für eine effektive Unterrichtsgestaltung anzubieten hat.

3.1.1 Basisinformationen zum Verständnis des lernzielorientierten Unterrichts

Was leisten Lernziele im Unterricht?

1. Ein Lernziel beschreibt einen angestrebten Lernfortschritt bzw. eine angestrebte Kompetenzerweiterung des Schülers (z. B. Zuwachs an Kenntnissen, Übung von Fähigkeiten), der bzw. die
   – möglichst eindeutig beschrieben ist,
   – durch eigene oder nachvollziehbare oder mitvollziehende Auseinandersetzung mit der begegnenden Welt erworben wird
   – und in der Regel im handelnden Vollzug überprüfbar ist.

2. Jedes Lernziel besitzt eine
   – inhaltsbezogene (materiale) Komponente: Was soll gelernt werden?
   – und eine verhaltensbezogene (formale) Komponente: Wie soll mit dem Gelernten umgegangen werden?

3. Die Güte einer Lernzielformulierung wird durch die Eindeutigkeit der geäußerten Verhaltenserwartung bestimmt. *Sinnvolle* Eindeutigkeit (gegenüber sinnloser Atomisierung komplexer Verhaltensweisen in vereinzelte Verhaltensbruchstücke) verhilft nicht nur dem

Lehrer zu präziser lernzielorientierter, sachlogischer und schülergemäßer Planung, sondern informiert auch den Schüler exakt darüber, welche Operationen im folgenden Lernprozess von ihm erwartet werden.

Beispiel

Verhaltenskomponente	Inhaltskomponente
Die sicher beherrschte Fertigkeit,	quadratische Gleichungen zu lösen

schließt nicht bereits mit ein

die Fertigkeit,	quadratische Gleichungen abzuleiten.

4. Die Curriculumtheorie unterscheidet zwischen kognitiven, affektiven und instrumentellen (syn. psychomotorischen, pragmatischen, Arbeits-) Lernzielen. *Kognitive Lernziele* beziehen sich auf Wahrnehmung, Gewinnung, Verarbeitung und Reproduktion von Wissen und Erkenntnissen. Gefragt sind also Fakten, Regeln, Gesetze, Fähigkeiten der Analyse, Synthese, Interpretation und Reflexion.

Affektive Lernziele fordern zu wertender Stellungnahme und Urteilsbildung heraus, aber auch zur Sensibilisierung des emotionalen und sozialen Verhaltensbereichs.

Instrumentelle Lernziele dienen der Einübung manueller und geistiger Arbeitstechniken und Bewegungsabläufe.

Im Unterricht werden – im Idealfall – die drei Lernzielarten miteinander verschränkt verfolgt, ohne bewusste Planung allerdings oftmals mit einseitiger Gewichtung der kognitiven Anforderungen. Die differenzierende Beachtung der drei Lernzielarten bei der Unterrichtsplanung soll also spezifische methodische Arrangements sicherstellen, die je nach Sachlage eine entsprechend gewichtende Kombination begünstigen. Für die Planung eines möglichst effektiven Unterrichtsverlaufs lohnt es sich jedenfalls zu bedenken, ob die Schüler z. B. die für die Erkenntnisgewinnung (= kognitives Lernziel) im vorliegenden Fall nötigen Arbeitstechniken (= instrumentelle Lernziele, z. B. induktive Methode, Datenanalyse etc.) beherrschen und zu bloßer Übernahme und Abspeicherung im Gedächtnis (= kognitives Lernziel) oder etwa darüber hinaus zu einfühlender und wertender Stellungnahme (= affektives Lernziel) angehalten werden sollen.

5. *Lernziel-Taxonomien und ihre unterrichtspraktischen Konsequenzen*
(Vgl. z. B. Bloom u. a. 1956; Gagne 1969; Keck 1975; Krathwohl u. a. 1964; Santini 1982)

a) *Taxonomien im streng wissenschaftlichen Sinn* stellen theoretisch begründete, gesetzmäßig aufgebaute Klassifikationen dar; ein Ausschnitt der Lebenswirklichkeit wird in einem Begriffssystem geordnet.

Lernzieltaxonomien sind wohl auch theoretisch begründet, aber in einem Maße von willkürlicher Setzung und Übereinkunft im Verständnis bestimmt, dass die Kritik bereits vorprogrammiert ist. Wenn wir also nachfolgend Beispiele von Lernzieltaxonomien betrachten, interessiert uns ihre praktische Brauchbarkeit unter den vorgegebenen Bedingungen, nicht das Ausmaß, mit dem sie wissenschaftstheoretischer Kritik standhalten.

● Lernzieltaxonomien wollen Verhaltensganzheiten in ihrer wechselseitigen Bedingtheit und in ihrem inneren Aufbau erfassen.

● Lernzieltaxonomien sind meistens hierarchisch *und* nach kognitiven, affektiven und instrumentellen Verhaltensbereichen (vgl. 4) aufgebaut.

- Der Gefahr einer Verhaltenszergliederung durch Lernzieltaxonomien muss der Lehrer in Planung und Durchführung des Unterrichts dadurch entgegentreten, dass er die Einzelfähigkeiten den Schülern nicht lediglich lehrgangsmäßig abfordert, sondern auch wieder zu ganzheitlichen und damit erst wirklichkeitsgerechten Vollzügen zusammenführt.
- Lernzieltaxonomien sind als formale Einteilungskriterien für menschliches Verhalten Orientierungshilfen des Lehrers, Lernleistungen möglichst exakt nach Qualität und Anforderung zu bestimmen.

  Konsequenz: „Vertrautheit" mit einem Sachverhalt als höchste Stufe der Verfügung über Wissen erfordert einen erheblich höheren Aufwand im Unterricht als der „Einblick" in ein Wissensgebiet.

  Die Lernzieltaxonomie entscheidet also wesentlich mit über den unterrichtlichen Aufwand und über die Anforderungen, denen sich der Schüler bei der Feststellung seines Lernfortschritts stellen muss. Das Niveau der Lernzielbearbeitung muss dem Niveau der Lernerfolgskontrolle exakt entsprechen; andernfalls wird der Schüler entweder überfordert oder über die tatsächlich zu erwartende Leistung getäuscht.
- Lernzieltaxonomien erweisen sich vollends als Hilfsinstrument für exakte und schülergemäße Unterrichtsplanung, wenn sie vor dem Hintergrund der Abkehr von den technokratischen teacher-proof-curricula (lehrersichere Curricula) hin zum Vertrauen in die didaktische Kompetenz des Lehrers vor Ort gesehen werden. Lernzieltaxonomien in Verbindung mit offenen Curricula könnte ein akzeptabler, die Ganzheitlichkeit des menschlichen Verhaltens berücksichtigender Kompromiss sein.

b) Die bereits *klassischen Beispiele* hierarchisch aufgebauter Lernzieltaxonomien stammen

für den *kognitiven Verhaltensbereich* von Bloom u. a. 1956. Das Kriterium der zunehmenden Lernanforderung ist hier die Komplexität.

1. Wissen und Kennen
2. Verstehen
3. Anwenden
4. Analyse
5. Synthese
6. Bewertung und Beurteilung

für den *affektiven Verhaltensbereich* von Krathwohl u. a. 1964. Das Kriterium der zunehmenden Lernanforderung ist hier das Ausmaß der Annahme und Verinnerlichung.

1. Aufnehmen und Beachten
2. Reagieren, Antworten
3. Werten
4. Aufbau und Organisation einer Werthierarchie
5. Charakterisierung des Verhaltens durch einen Wert oder Wertkomplex

Die komplexeren Lernzielstufen setzen jeweils die Beherrschung der einfacheren Lernzielstufen voraus, wenn der Schüler nicht durch Überforderung auf der Strecke bleiben soll.

c) *Lernzieltaxonomien in aktuellen Lehrplänen*

Lehrpläne seit etwa 1990 wenden sich ausdrücklich gegen die einseitig kognitive Leistungsorientierung, die durch Fehlinterpretation des lernzielorientierten Ansatzes die Unterrichtspraxis ca. 20 Jahre lang bestimmte.

Lernzielorientierung wurde aber grundsätzlich als ein unterrichtsbestimmendes Prinzip neben den Prinzipien des erziehenden Unterrichts (vgl. 1.3.2/9.), der Lernprozessorientierung (vgl. 5.10.2.10), der vertikalen und horizontalen Abstimmung der einzelnen Fächer (fächerübergreifendes Prinzip, vgl. 2.2.4.1) und des handlungsorientierten Unterrichts (vgl. 5.5.1.3/7.) beibehalten.

Die Lernzieltaxonomien wandelten sich in *didaktische Schwerpunkte*, bei deren Erfüllung nach wie vor im Sinne lernzielorientierten Unterrichts nicht die Menge des Gelernten entscheidend ist, sondern die Qualität des Gelernten in Bezug auf Qualifikationen (= Befähigungen) des Menschen.

Der bayerische Lehrplan benennt z. B. vier didaktische Schwerpunkte:

– Wissen zielt vor allem auf Gedächtnisleistungen.
– Können und Anwenden haben in erster Linie Verfahren und Methoden im Blick.
– Produktives Denken und Gestalten fördern vor allem Einsicht und Handeln.
– Wertorientierung leitet zu Werten und Urteilen an.

In der Unterrichtspraxis werden diese didaktischen Schwerpunkte bei aller Gewichtung integriert verfolgt, entsprechend der Verschränkung kognitiver, affektiver und instrumenteller Lernziele.

3.1.2 Das Konzept des lernzielorientierten Unterrichts im Überblick

> *Lernzielorientierter Unterricht verfolgt die zweckrationale Organisation von Unterricht im Hinblick auf optimalen Lernerfolg für möglichst viele Schüler.*

Um diese – jedem ernst zu nehmenden Unterrichtskonzept eigene – Absichtserklärung einlösen zu können, setzt er auf folgende spezifische Vorgänge bzw. Entscheidungen:

1. *Die Unterrichtsplanung ist in erster Linie auf Lernziele* (Qualifikationen, Fähigkeiten) *ausgerichtet,* nicht auf Lerninhalte bzw. Stoffkenntnisse um ihrer selbst willen.
Zielentscheidungen besitzen im lernzielorientierten Unterricht den Primat vor den Inhalts- und Methodenentscheidungen. Lernzielorientierte Unterrichtsplanung fragt also nicht nur: „Was soll der Schüler wissen?", sondern darüber hinaus: „Was soll der Schüler mit diesem Wissen anfangen?" Wissen muss in Handeln münden.

2. Der Primat der Zielentscheidung begründet aber kein Mittel-Zweck-Verhältnis, sondern ein *Wechselwirkungsverhältnis, in dem das Lernziel die Leitfunktion für die weiteren didaktischen und methodischen Entscheidungen besitzt,* durchaus auch rückwirkenden Veränderungen ausgesetzt. Lerninhalte präsentieren sich sogar oftmals als historisch-gesellschaftliche Fakten, aus denen heraus Zielsetzungen als Folge entwickelt werden müssen, die dann aber – einmal formuliert – über die weitere Lernorganisation verfügen.
Beispiel: Die Fähigkeit zu kritischer Distanz gegenüber politischer Propaganda als Folgezielsetzung der Auswirkungen politischer Propaganda im Dritten Reich.
Die Frage lautet hier also: Welches Verhalten ist angesichts gegebener Bildungsinhalte (mit Eigenwert) sinnvoll und wünschenswert?

3. Die unaufhebbare Wechselwirkung von Lernziel und Lerninhalt wird schon dadurch deutlich, dass *jedes Lernziel zwangsläufig eine Verhaltens- und eine Inhaltskomponente besitzt.*
Beispiel: Bewusstsein (verhaltensbezogene Komponente) von der Notwendigkeit der Erziehung (inhaltsbezogene Komponente)

4. Lernzielorientierter Unterricht ist nicht nur ergebnisorientiert, sondern darüber hinaus *prozessorientiert* angelegt: Unterschiedliche Zielsetzungen erfordern unterschiedliche Arrangements von Lernsituationen und Methoden, die ihrerseits in Form aufgabenbezogenen Verhaltens zu Lernzielen werden.

Das bedeutet: Das Lernen lernen, Motive des Lernens, psychische Zustände beim Lernen, kooperatives Lernen und fairer Wettbewerb, Lernstil und Lernweg sowie Methoden werden zu permanent angestrebten Lernzielen. Die Schüler vollziehen ein bestimmtes Lernarrangement nicht nur um eines angestrebten Produkts willen, sondern um auch Kenntnisse über ihr eigenes Lernen zu sammeln und Lernfähigkeiten systematisch einzuüben. Der lernzielorientierte Unterricht wendet sich damit gegen jede Art der „Vogel-friss-oder-stirb-Methode".

5. Richtig praktizierter lernzielorientierter Unterricht achtet auf die *ganzheitliche Förderung der Schüler* im kognitiven, affektiven und instrumentellen Verhaltensbereich. Behavioristischer Verplanung begegnet der lernzielorientierte Unterricht dadurch, dass er die Schüler in die Unterrichtsgestaltung als Mitplaner und Mitkontrolleure ihrer eigenen Lernprozesse einbezieht.

6. Lernzielorientierter Unterricht legt Wert auf die *Präzisierung der Zielangabe* des unterrichtlichen Unternehmens, und zwar für Lehrer *und* Schüler.

„Wenn man nicht genau weiß, wohin man will, landet man leicht da, wohin man gar nicht wollte" (Mager). Spätestens bei der Formulierung von Testaufgaben, deren Güte von der Übereinstimmung mit den im Unterricht bearbeiteten Lernzielen abhängt, zahlt sich die Eindeutigkeit der Zielangaben aus (vgl. 3.1.3 Operationalisierung).

7. *Lernzielorientierter Unterricht plant exakt im situativen Umfeld und anknüpfend an den Kenntnis- und Fähigkeitsstand der Schüler.*

8. Lernzielorientierter Unterricht strebt durch die Betonung der Verhaltenskomponente im Unterricht und durch anwendungsbezogenes Handeln der Schüler *Praxisorientierung* an (vgl. hierzu 5.5.1.3/7. Handlungsorientierter Unterricht). Dies schließt – und sei es gelegentlich wenigstens ansatzweise – die Erfahrung der historischen und gesellschaftlichen Bedingtheit und der Folgewirkungen von Wissen und Können in der Lebenswirklichkeit mit ein.

9. Lernzielorientierter Unterricht ist um die *Objektivierung der Lernprozesse und der Lernerfolgskontrollen* bemüht, sofern überhaupt kontrollierbares Verhalten vorliegt. Durch *lernprozessbegleitende Kontrollen* (formative Evaluation) und durch *Kontrollen am Ende einer Lerneinheit* (summative Evaluation) erhalten die Schüler laufend Rückmeldungen über ihre Lernfortschritte, der Lehrer über die Güte seiner Unterrichtsplanung.

Bei Lerndefiziten der Schüler sieht der lernzielorientierte Unterricht *„zielerreichendes Lernen"* (mastery learning nach Bloom) mit Förder-, Stütz-, Begleitkursen im Sinne der inneren Differenzierung vor.

10. Lernzieltests, die auf Einzelfähigkeiten zielen, müssen durch *komplexe Tests* ergänzt werden, die das Denken und Handeln in Beziehungen und Zusammenhängen sowie den Bezug zur Praxis fordern.

Lernzielorientierter Unterricht erweist sich dann als hilfreiches Instrument der Unterrichtsplanung, wenn er nicht mit Ausschließlichkeitsanspruch auftritt, sondern neben anderen Unterrichtskonzepten in den Dienst zunehmender Eigensteuerung, Selbstverantwortung und Selbstfindung der Schüler gestellt wird. Der Schüler als programmierbares Dressurprodukt ist nicht nur ein anthropologisches Schreckgespenst, sondern auch das Ergebnis eines gründlichen Missverständnisses des lernzielorientierten Unterrichtskonzepts.

3.1.3 Zweck und Grenzen der Operationalisierung im lernzielorientierten Unterricht

(Vgl. z. B. die kritische Stellungnahme von Schmitt 1982)

3.1.3.1 Zweck und Kriterien der Operationalisierung

Operation bedeutet Handlung *und* Lösungsverfahren.
Die Operationalisierung von Lernzielen strebt die eindeutige und damit der Überprüfung zugängliche Beschreibung zielgerichteter sinnvoller Handlungseinheiten des Schülers für seinen Lernprozess (im Unterricht) an.

Lernziele im Lehrplan/Curriculum sind in der Regel abstrakt formulierte bzw. umfassende komplexe Verhaltensbeschreibungen, für deren Vollzug der Schüler detaillierte Handlungsanweisungen und genau beschriebene Lernsituationen braucht.

Bei der Operationalisierung sind also folgende drei Kriterien zu beachten:

1. Die erwarteten Handlungen (Operationen) der Schüler müssen eindeutig und konkret beschrieben werden, sodass die Schüler ohne zusätzliche Erläuterungen sicher wissen, was sie zu tun haben.

2. Die Lernsituation zum Vollzug der erwarteten Handlungen ist genau zu beschreiben, d. h., es müssen die Bedingungen und Mittel genannt sein, unter denen bzw. mit deren Hilfe die Schüler arbeiten sollen.

3. Es muss der Beurteilungsmaßstab festgelegt sein, mit dem geprüft wird, ob die Schüler die erwartete Handlung (operationalisiertes Lernziel = Feinziel = konkretes Unterrichtsziel) ausführen können oder nicht.

Beispiel für ein operationalisiertes Lernziel (= konkretes Unterrichtsziel): Der Schüler soll unter Zuhilfenahme der physikalischen Karte im Atlas drei Gründe dafür finden, warum die Schifffahrt vor der Regulierung des Oberrheins Behinderungen ausgesetzt war.

3.1.3.2 Leistung und Leistungsgrenzen der Operationalisierung von Lernzielen

1. Lehrpläne enthalten in der Regel *ergebnisorientierte Lernziele:* Das nach einem unterrichtlich organisierten Lernprozess erwartete Verhalten der Schüler soll durch entsprechende Testsituationen überprüft werden. Die Aufgabe des Lehrers besteht nun darin, für die besondere Situation seiner Schüler (die ja nur er genau kennt) die ergebnisorientierten Lernziele des Lehrplans in *lernprozessorientierte Lernziele* umzusetzen, durch welche die Lernleistungen präzis beschrieben werden, welche die Schüler während des Unterrichts bringen sollen.

Lernzielorientierter Unterricht ist nicht allein durch seine zielorientierten Ergebnisse ausgewiesen, sondern mit gleichem Gewicht auch durch den zielorientierten Handlungsvollzug der Schüler während des Unterrichts.

2. Der operationalisierte Unterrichtsverlauf wird bei aller wünschenswerten Vergleichbarkeit von Parallelklassen notwendigerweise unterschiedlich ausfallen müssen, da sich nicht nur die einzelnen Klassen in ihren Lernbedingungen und Lernsituationen unterscheiden, sondern auch die didaktische Analyse des Lehrers an subjektiven Entscheidungen bei den Zielformulierungen und beim Arrangement des Lernprozesses der Schüler nicht vorbeikommt.

Im lernzielorientierten Unterricht ist also weder Leistungsnivellierung innerhalb der Klasse oder klassenübergreifend durch lückenlose Zielformulierung gefragt noch roboterhafte Verhaltenssteuerung.

3. Operationalisierte Lernziele beschreiben beobachtbares und messbares Verhalten im Regelkreissystem des Lernens, aber auch nur das!
Verhalten, das nicht beobachtbar und messbar ist, wie z. B. das durch affektive Lernziele beschriebene Verhalten, ist auch nicht operationalisierbar.

4. Die Untergrenze der Operationalisierung, also der Zerlegung von Lernzielen in einzelne Handlungsvollzüge, ist dort überschritten, wo die operationalisierten Lernziele (konkreten Unterrichtsziele) keine *sinnvollen Handlungseinheiten* mehr darstellen.

5. Operationalisierte Lernziele als eindeutig beschriebene *sinnvolle Handlungseinheiten müssen für den Schüler in übergeordneten Lernzielzusammenhängen und komplexen Handlungsvollzügen erfahrbar bleiben.* Ein noch so sicher beherrschter Vollzug von Teilhandlungen qualifiziert die Schüler nicht für die Bewältigung der Lebenswirklichkeit.

6. Operationalisierte Lernziele als eindeutig beschriebene sinnvolle Handlungseinheiten können nur *in beschränkter Anzahl* in einer Unterrichtsstunde verwirklicht werden. Lernzielkataloge mit trivialer bis lächerlicher Überlast widersprechen nicht nur dem Konzept einer sinnvollen Lernzielorientierung, sondern sind auch nicht realisierbar.

7. Kein Lehrplan kann dem Lehrer die Flexibilität und Kreativität im Umgang mit dem zugrunde liegenden Konzept abnehmen. Die Arbeit mit konkreten Klassen vor Ort, der situationsabhängige Einbezug affektiver und sozialer Lernziele in den Unterricht als Gegengewicht gegen die formalistische Tendenz der kognitiven und instrumentellen Lernziele und die in der Regel von Anforderungen überquellenden Lehrpläne fordern den Lehrer zwangsläufig zu *einschränkenden Maßnahmen* heraus.

- Mit Hilfe des *Prinzips des Exemplarischen* wählt der Lehrer unter qualitativen Gesichtspunkten aus mehreren Lernzielen des Lehrplans dasjenige aus, das in besonderer Weise geeignet ist, Grundkenntnisse und -fähigkeiten zu erwerben, Zusammenhänge zu erfassen usw. Die gründliche Arbeit an elementaren, fundamentalen oder repräsentativen Lernzielen soll die Schüler in die Lage versetzen, den Anforderungen ähnlicher Lernziele selbstständig gerecht zu werden.
- Durch *Lernzielbündelung* fasst der Lehrer unter quantitativen Gesichtspunkten Lernziele zusammen, die zwar an verschiedenen Stellen des Lehrplans niedergelegt sind, aber unter einem übergeordneten Aspekt der Zusammengehörigkeit in einer Unterrichtseinheit zusammengefasst werden können.

8. Sinnvoll durchgeführter lernzielorientierter Unterricht *vermeidet die Testomanie isolierter Verhaltensbruchstücke:* Auch für Testsituationen gilt die Rückführung operationalisierter Lernziele in komplexe wirklichkeitsentsprechende Handlungszusammenhänge.

9. Operationalisierte Unterrichtsgestaltung legt den *„informierenden Unterrichtseinstieg"* nahe (Grell): Anstelle eines Rateeinstiegs mit nachfolgendem Blindlernen wird der Schüler durch die problemhaltige Themenstellung mit den Zielen und dem Anspruchsniveau des Unterrichts vertraut gemacht. In der Regel sollte der Schüler im lernzielorientierten Unterricht aufgrund der Präsentation des Lerngegenstandes in der Lage sein, die Problemstellung – evtl. mit Unterstützung des Lehrers – zu erfassen und seine Fragen, Hypothesen und Handlungsmöglichkeiten zu formulieren.

10. Für die Verständigung zwischen Lehrer und Schülern (und evtl. Beobachtern, Mentoren usw.) ist es vorteilhaft, für Klarheit der Zielbezeichnungen durch entsprechende Vereinbarung zu sorgen.

3.2 Bildungs- und Erziehungsziele im Unterricht – mehr als pädagogische Beschwörungsformeln?

(Vgl. auch 1.3.1 Bildung!)

Die Frage nach handlungsleitenden Bildungs- und Erziehungszielen im Unterricht ist die entscheidende berufsethische Frage für den Lehrer. Sie bedeutet anthropologische und weltanschauliche Stellungnahme, immer vorausgesetzt, dass Unterricht und Erziehung eine untrennbare Einheit bilden. „… der Unterricht (will) den Gedankenkreis bilden, die Erziehung den Charakter. Das Letzte ist nichts ohne das Erste – darin besteht die Hauptsumme meiner Pädagogik" (J. Fr. Herbart).

3.2.1 Bildungs- und Erziehungsziele auf verlorenem Posten?

Ihre Notwendigkeit und Berechtigung werden nicht bestritten. Das Grundgesetz und die Länderverfassungen warten mit eindrucksvollen Katalogen von Bildungs- und Erziehungszielen auf, dennoch fehlt es aber gerade auf diesem Gebiet nicht an ebenso eindrucksvollen *Alibis für die Unterlassung dieses zentralen pädagogischen Auftrags* (vgl. z. B. Schneid 1987):

1. Die *Stofffülle der Lehrpläne* und der daraus resultierende Prüfungsdruck zwingen den Lehrer zu einseitig wissenschaftsorientiertem Unterricht. Das Stoffproblem gipfelt angesichts erzieherisch orientierter Unterrichtsphasen in der Frage der Schüler: „Ist das auch prüfungsrelevant?"

2. Der *Wertpluralismus* demokratischer Gesellschaftssysteme verführt zu weltanschaulicher Unverbindlichkeit und einem Mangel an Mindestübereinstimmungen in ethischen und moralischen Grundpositionen. Insbesonders die Befreiungseuphorie und der Aufklärungsfetischismus der 60er Jahre führten zur Auflösung des Traditionellen, zu einer Krise allgemein verbindlicher Wertvorstellungen und damit zu einer Neigung zum Bildungsmaterialismus mit Überbetonung der kognitiven Leistung.

3. *Unrealistische Erziehungsziele* oder wirklichkeitsfern abstrakte Erziehungsziele oder politisierte ideologische Erziehungsziele (wie z. B. „Emanzipation" – bis zur Unbrauchbarkeit vorbelastet) erschweren ihre praktische Umsetzung im Unterrichtsalltag.

4. Die weit verbreitete, oft auf Resignation beruhende *Job-Einstellung* unter den Lehrern führt zwangsläufig zum Rückzug aus zweifellos anstrengenden und oft auch enttäuschenden erzieherischen Aufgaben.

5. Viele Lehrer bezeichnen sich selbst als *pädagogisch nicht hinreichend kompetent*, was sie zum Teil auf die überwiegend fachwissenschaftliche Ausbildung, aber auch auf die zunehmend schwierigere Erziehungswirklichkeit zurückführen.

6. Unbestreitbar liegt ein *Mangel an praktischen Hilfen* für den Unterrichtsalltag vor, die dem Lehrer Anregungen vermitteln, wie er Bildungs- und Erziehungsziele in den Unterricht einbringen kann.

7. Zunehmend wird die erzieherische Resignation der professionellen Erzieher genährt von den Problemen, welche die *veränderte Kindheit* mit sich bringt: Eltern, die ihre Erziehungsverantwortung auf die Schule abschieben, geheime Miterzieher wie z. B. die Massenmedien und Peergroups, die in ihrem Einfluss schwer einzuschätzen sind, gravierende Zunahme von Verhaltensauffälligkeiten und Erziehungsschwierigkeiten. Mit – z. T. verständlicher – Erleichterung werden Aussagen von Pädagogen zur Kenntnis genommen, die zum Rückzug der Schule allein auf ihre Lehrfunktion blasen (z. B. Giesecke 1998; vgl. zur veränderten Kindheit z. B. Behnken/Jaumann 1995; Edelstein 1996; Erdmann 1996; Fölling-Albers [7]1997; Hensel [7]1995; Möller 1996; Rolff/Zimmermann [5]1997).

3.2.2 Konsensfähige Bildungs- und Erziehungsziele und ihre Quellen

Bildungs- und Erziehungsziele wirken sich erfahrungsgemäß in der Unterrichtswirklichkeit nur dann handlungsleitend aus, wenn der Lehrer sie in einem Entscheidungsprozess als für sich verbindlich anerkannt hat und immer wieder nach konkreten Möglichkeiten sucht, sie in den Unterrichtsbetrieb zu integrieren. „Geräuschvolle Moralkataloge" (H. Maier) bewirken ebenso wenig wie administrativ verordnete Leerformeln auf zu hohem Abstraktionsniveau.
Aber selbst bei unterstellter Konkretisierung von Bildungs- und Erziehungszielen durch den einzelnen Lehrer bleibt das Unbehagen mangelnder Übereinstimmung in pädagogischen und ethischen Grundpositionen. Bei aller Wertpluralität muss m. E. auch ein demokratisches Gesellschaftssystem allein zu seiner Sicherung an einem Minimalkonsens solcher Grundpositionen interessiert sein.

3.2.2.1 *Quellen für einen Minimalkonsens von Bildungs- und Erziehungszielen*

Angesichts weltanschaulicher Pluralität kommen als allgemein verbindliche Basis für die Gewinnung von Bildungs- und Erziehungszielen vor allem zwei Quellen in Frage, auf die sich auch die meisten Lehrpläne berufen:

1. Als allgemein verbindlich können Bildungs- und Erziehungsziele bezeichnet werden, die aus dem Grundgesetz, insbesonders aus den *Grundrechten,* abgeleitet werden können und die *in den einschlägigen Artikeln der Länderverfassungen ausdrücklich genannt sind.*
Sie beruhen auf einem Menschenbild, das sich auf Grundsätze des Christentums (z. B. Bedeutung der Person, der Freiheit, der Dialogfähigkeit, der Verantwortung), des Humanismus und der Aufklärung beruft.

Solche „oberste" Bildungs- und Erziehungsziele werfen allerdings für die praktische Umsetzung *erhebliche Probleme* auf:

● Mit der Abstraktheit ihrer Formulierung sind sie in hohem Maße interpretationsbedürftig und damit wiederum der Gefahr beliebiger Auslegung ausgesetzt. Eine verordnete Interpretation muss sich zumindest die Fragen gefallen lassen, wer es denn eigentlich ist, der hier zur Interpretation legitimiert ist, und nach welchen Kriterien interpretiert wird.

Der Vollzug steht und fällt mit der Umsetzungsbereitschaft des einzelnen Lehrers, der zur Anerkennung der obersten Bildungs- und Erziehungsziele per Amtseid noch veranlasst werden kann, in der Praxis aber nur jene Bildungs- und Erziehungsziele realisieren wird, die er sich in eigener oder nachvollziehbarer Interpretation zu eigen gemacht hat.

● Die obersten Bildungs- und Erziehungsziele erschweren ferner den direkten Zugang im Sinne einer Deduktion konkreter Unterrichtsziele. Entsprechende, meist auf bestimmte Fächer zugeschnittene Versuche können bestenfalls als Anregung verstanden werden, wirken aber oft aufgesetzt. Um einer minimalen Einheitlichkeit willen mag es bedauert werden, aber letztlich ist es wiederum der einzelne Lehrer, der von seinen persönlichen und fachlichen Möglichkeiten her alltägliche Lernsituationen definieren muss, in denen Verhaltensweisen – ohne moralischen Zeigefinger – erfahren und eingeübt werden können, die in Richtung der Idealformulierung oberster Bildungs- und Erziehungsziele angelegt sind.

2. Ein Minimalkonsens in Bildungs- und Erziehungszielen scheint auch möglich zu sein durch die *pragmatische Orientierung an drängenden Gegenwarts- und Zukunftsaufgaben.* An einschlägigen Untersuchungen fehlt es nicht.

Global 2000 fasst z. B. zusammen:

- Bevölkerungsexplosion
- Verknappung der Ressourcen
- Umweltbelastung, die an die absolute Katastrophengrenze reicht
- Verheerende Ausrottung von Pflanzen- und Tierarten
- Entwicklung zur Kommunikationsgesellschaft mit computergesteuerter Informationsverarbeitung und -übermittlung: Dies bedeutet eine ständige Steigerung der kognitiven Leistungsfähigkeit des Menschen durch die Wechselwirkung von technischer und menschlicher Informationsverarbeitung sowie enorme Anforderungen an das menschliche Anpassungsvermögen.

Speziell zur Studierfähigkeit stellte eine Untersuchung der Hochschul-Informations-System GmbH die folgenden Defizite fest:

- Fehlen eindeutiger normativer Orientierungen und damit von Rollenvorstellungen, die Identifikationsmöglichkeiten bieten
- Labile Anpassungsbereitschaft bis hin zu profilloser Wendigkeit und Beschränkung auf das unbedingt Notwendige
- Verlust wissenschaftlicher Einstellung und wissenschaftlichen Verhaltens
- Überbetonung von Prüfungsrelevanz und Verwertungsaspekt
- Mangel an differenziertem Darstellungsvermögen
- Mängel im sprachlichen Ausdruck

3.2.2.2 *Beispiele konsensfähiger Bildungs- und Erziehungsziele*

Im Blick auf die praktische Verwirklichung muss nochmals betont werden, dass der einzelne Lehrer bei dieser berufsethischen Zentralaufgabe einer Entscheidung für Bildungs- und Erziehungsziele ohne eigene Interpretationsarbeit keinen tragfähigen Standpunkt für erzieherische Aktivitäten finden kann. Nur er kann vor Ort seiner Schulpraxis entscheiden, über welche konkrete Lernsituationen er direkt oberste Bildungs- und Erziehungsziele anstreben kann, und wo und wann er in diesem Zusammenhang eher als Vorbild, als Modell, als Hauptarrangeur der pädagogischen Atmosphäre gefragt ist. (Vgl. konkrete Anregungen unter 2, vor allem 2.2.3.1 Wertorientierung und Werterziehung.)

1. Als umfassendes, aber wegen seiner Interpretationsbedürftigkeit in hohem Maße allgemeines Bildungs- und Erziehungsziel wird wohl die *allseitige Lebenstüchtigkeit* Anerkennung finden. „Allseitig" besagt hier, dass Wissen und weltanschauliche Bindung, Wissenschaftsorientierung (Ansatz des Szientismus) und Sinnorientierung (Ansatz des Pragmatismus als lebenspraktische Anleitung für den Einzelnen und die Gemeinschaft) zusammengebracht werden müssen. Wissen entfaltet sich überhaupt erst zum Bildungsziel, wenn es mit Aebli (1983) als „dynamisch operatives Verarbeiten, Rekonstruieren von Wirklichkeit" aufgefasst wird.

2. Als aufeinander bezogene Pole im Spannungsfeld pädagogischer Arbeit werden häufig die Bildungs- und Erziehungsziele *Personalisation und Sozialisation* genannt. Als Bildungsideal gilt die Person in ihrer Einmaligkeit, als Individuum *und* Sozialwesen, in Geschichtlichkeit und Kosmos an raumzeitlicher Stelle (M. Müller), in Verantwortung für die Welt und die Gesellschaft.

3. An die Tradition von Platon über Aristoteles, Thomas von Aquin bis J. Pieper anknüpfend bietet sich auch heute eine *Neuinterpretation der sog. Tugendkataloge* an, in der Sprache der Lernzieltheorie *Grundqualifikationen.*

Nehmen wir als Beispiel die vier Kardinaltugenden:

- Mäßigkeit (gegenüber sich selbst, der Natur, der Umwelt, der Technik, dem Konsum usw.)
- Tapferkeit (als Zivilcourage und Festigkeit in eigenen Standpunkten)
- Gerechtigkeit (den Mitmenschen als Person voll ernst nehmen)
- Weisheit bzw. Klugheit (als gemeinsame Sinnfindung in der pluralen Beliebigkeit).

4. Bedenkenswerte berufsbezogene *Schlüsselqualifikationen* wurden in der Chefetage von Siemens formuliert (Lüders bereits 1986):

- Denken, vor allem auch selbstkritisch denken
- Zusammenhänge erkennen
- Selbstständigkeit
- Verantwortungsbereitschaft
- Entscheidungsfähigkeit
- Erkennen der Grenzen der eigenen Möglichkeiten
- Hohes Qualitätsbewusstsein
- Exakte Planung der eigenen Arbeit
- Lernbereitschaft
- Bereitschaft zur freiwilligen Zusammenarbeit mit anderen
- Bereitschaft und Fähigkeit, mit Veränderungen zu leben.
- Mut zum Risiko.

3.2.2.3 Oberste Bildungs- und Erziehungsziele am Beispiel der Verfassung des Freistaates Bayern: Artikel 131

(Vgl. zur Problematik einer zeitgemäßen Interpretation z. B. Hočevar 1980)

1. „Die Schulen sollen nicht nur Wissen und Können vermitteln, sondern auch Herz und Charakter bilden."
Hier wird die Einheit von Wissenschaftsorientierung und Sinnorientierung (s. o) angesprochen. Wissen und Können sind nicht um ihrer selbst willen erstrebenswert, sondern als notwendige Ausrüstung

- für die Orientierungsfähigkeit zwischen Beliebigkeit und Sinnlosigkeit einerseits und noch nie vorher dagewesener Existenz- und Weltbedrohung andererseits,

- für die Entwicklung von Verantwortungsbereitschaft und eines zuverlässigen Gewissens,
- für den verantwortlichen Vollzug von Freiheit...

2. „Oberste Bildungsziele sind Ehrfurcht vor Gott, Achtung vor religiöser Überzeugung und vor der Würde des Menschen..."

- Ehrfurcht fragt nach dem Ziel der Sinnorientierung.
- Achtung beinhaltet die Toleranz gegenüber dem Andersdenkenden als Person und lässt den Wunsch nach einem Minimalkonsens in ethischen Grundpositionen erkennen.

3. „... Selbstbeherrschung, Verantwortungsgefühl und Verantwortungsfreudigkeit, Hilfsbereitschaft..."
Diese Bildungsziele wurden von den Vätern der Verfassung angesichts der Missachtung dieser Einstellungen während des Dritten Reiches formuliert.

- Verantwortung ist im Sinne der Verfassung zu sehen als Fähigkeit zum Zukunftsentwurf des eigenen Lebens, und zwar in der Verpflichtung dem Mitmenschen, der Welt und Gott gegenüber. Nach H. Jonas beruht „die Fähigkeit zur Verantwortung in der Befähigung des Menschen, zwischen Alternativen des Handelns mit Wissen und Wollen zu wählen."
- In der Erziehungspraxis geht es hier um den Erwerb sozialer Kompetenz, die als Gegengewicht gegen die Überbetonung des rationalen Elements, der Ichbezogenheit und Genussorientierung, gegen übersteigertes Konkurrenzverhalten und Mangel an Solidarität, gegen Leistungszwang und Orientierungslosigkeit in der Wertepluralität gesetzt ist. (Praktische Anregungen vgl. im Kapitel 2, Schulleben).

4. „... Aufgeschlossenheit für alles Wahre, Gute und Schöne"
Dieses Bildungsziel kam in Anlehnung an das griechische Bildungsideal und den christlichen Humanismus in die Verfassung.

- Gefragt ist vor allem Werterziehung auf christlich-humanistischer Basis (vgl. 2.2.3.1).
- Vgl. die aktuelle Interpretation der vier Kardinaltugenden (3.2.2.2/3) und die Forderung allseitiger Bildung der Person (3.2.2.2/1).
- Besondere Bedeutung gewinnt im Zeitalter der Mikroelektronik und der totalen Technisierung das Lernziel „Umgang mit künstlicher Intelligenz".
- Das Lernziel „schöpferische Freizeitgestaltung" tritt gegen die mentale Vergreisung durch die Kulturindustrie an und damit gegen die Verfehlung der durch Freizeitgewinn erstrebten humanen Selbstverwirklichung des Menschen.

5. „Die Schüler sind im Geiste der Demokratie, in der Liebe zur bayerischen Heimat und zum deutschen Volk und im Sinne der Völkerverständigung zu erziehen."

- Auf dieses Bildungsziel berufen sich die fachübergreifenden Erziehungs- und Unterrichtsaufträge der „Friedenserziehung" und „Europa im Unterricht".
- Der Heimatgedanke wird durch umfeldbezogene Unterrichtseinheiten seit Jahren in besonderem Maße favorisiert.
- Der Erziehung im Geiste der Demokratie kommt das heutige sehr anspruchsvolle Verständnis der Schülermitverantwortung entgegen (vgl. die praktischen Anregungen unter 2.2.5.7).

3.2.3 Übersicht zum Bildungs- und Erziehungsauftrag der allgemeinbildenden Schulen

Legitimation:

1. Anthropologisch: Der Mensch als „Mängelwesen", erziehungsbedürftig, aber auch erziehungsfähig
2. Sozialisationstheoretisch: Anforderungen aufgrund des aktuellen und überschaubaren zukünftigen Zustandes der Gesellschaft (Traditionssicherung und Arbeit an der Weiterentwicklung der Gesellschaft)
3. Pädagogisch: Notwendige Hilfestellung bei der Persönlichkeitsentwicklung des Menschen bzw. beim Erwerb von Ich-, Sozial- und Sachkompetenz
4. Rechtlich: Grundgesetz der Bundesrepublik Deutschland, Art. 7
   Länderverfassungen, z. B. Bayer. Verfassung Art. 131
   Spezielle Gesetze über das Erziehungs- und Unterrichtswesen

Inhaltliche Schwerpunkte:

Grundschule

1. Allseitige Persönlichkeitsförderung
2. Gewöhnung an Umgangsformen, verlässliche Regeln, sinnvolle Rituale
3. Vermittlung elementarer Kenntnisse, Fertigkeiten und Fähigkeiten (kognitiv, kommunikativ, sozial, ästhetisch, instrumentell; Kulturtechniken einschl. Medienerziehung und informationstechnische Grundbildung)
4. Arbeit an Lernmotivation und Leistungsbereitschaft
5. Das Lernen lernen
6. Anbahnung von Wert- und Sinnerschließung
7. Aktuelle fächerübergreifende Bildungs- und Erziehungsaufgaben (vgl. 2.2.4)
8. Vorbereitung auf die weiterführenden Schulen

gelten weiterhin in allen Schulformen

Hauptschule	**Realschule**	**Gymnasium**
1. Grundlegende Allgemeinbildung	1. Breit angelegte Allgemeinbildung	1. Vertiefte Allgemeinbildung
2. Praxisbezogene Berufsvorbereitung	2. Berufsvorbereitende Bildung durch Theorie-Praxis-Verknüpfung in 3 Wahlpflichtgruppen	2. Studierfähigkeit und Berufsvorbereitung mit erhöhter Verantwortung
3. Vermittlung von Schlüsselqualifikationen	3. Selbstständiger Umgang mit fachspez. Arbeitstechniken	3. Förderung von Abstraktionsfäh. und Theoriebildung
4. Wertorientierung u. Sinnfindung	4. Wertorient. u. Sinnfindung	4. Wertorient. u. Sinnfindung
5. Einübung i. d. Rechte u. Pflichten in der Gesellschaft	5. Teilhabe a. d. kulturellen Tradition, Übernahme soz. Verantwortung, Mitgestaltung der demokratischen Gesellschaft	5. Entwicklung eines tragfähigen Gemeinschaftsgefühls u. von Verantwortung f. d. Gestaltung d. Gesellschaft
6. Heranführung an praxisorientierte Führungsaufgaben	6. Befähigung zu verantwortlicher Tätigkeit in Wirtschafts- und Arbeitswelt	6. Vorbereitung für theoriefundierte Berufsaufgaben
7. Aktuelle fächerübergreifende Bildungs- u. Erziehungsaufgaben	7. Aktuelle fächerübergreifende Bildungs- und Erziehungsaufgaben	7. Aktuelle fächerübergreifende Bildungs- und Erziehungsaufgaben

3.2.4 Ein Blick über den Zaun: Bildungsverständnis der Alternativen Schulen

(Vgl. z. B. Arbeitsgemeinschaft Freier Schulen 1993; Böhm 1992; Böhm/Oelkers 1995; Eichelberger 1997 und 1998; Esser/Wilde 1989; Freinet 1998; Göhlich 1997; Hellmich/Teigeler 1995; v. Hentig 1990; Holthausener Manuskripte 1987; Kaimbacher/Pagitsch 1998; Leber 1996; Röhrs 1991; Scheibe 1994; Schenker 1997; Seyfarth-Stubenrauch/Skiera 1996; Winkel 1993)

3.2.4.1 Rechtliche Stellung und Selbstverständnis der Alternativen Schulen

1. Die Alternativen Schulen sind unter der Bezeichnung „private Schulen" in Artikel 7 des Grundgesetzes der Bundesrepublik Deutschland verankert. Wenn sie als „Ersatz für öffentliche Schulen" geführt werden, bedürfen sie „der Genehmigung des Staates und unterstehen den Landesgesetzen". Lehrziele, Einrichtungen und wissenschaftliche Ausbildung der Lehrkräfte müssen dem Standard des öffentlichen Schulwesens entsprechen, die wirtschaftliche und rechtliche Stellung der Lehrkräfte muss gesichert sein, und „eine Sonderung der Schüler nach den Besitzverhältnissen der Eltern" darf nicht erfolgen.
Probleme ergeben sich immer wieder aus dem Interpretationsspielraum zwischen staatlichem Aufsichtsrecht und der ebenfalls im Grundgesetz garantierten Existenzberechtigung Alternativer Schulen. Viele Vertreter Alternativer Schulen empfinden das staatliche Eingriffsrecht (Anerkennung der Schule und damit verbunden auch Mittelzuweisungen) als Anpassungsknebel, der die eigentlichen Zielsetzungen der Alternativen Schulen auf dem Wege ständiger Kompromisse verwässere.

2. Unter dem Sammelbegriff Alternative Schulen wird heutzutage eine verwirrende Vielfalt von Schulformen außerhalb der Regelschule verstanden. Die Unterschiede im rechtlichen Status, in den Zielsetzungen und in der pädagogischen Praxis sind nicht selten beträchtlich. So fallen unter Alternative Schulen z. B.

- Schulen in nichtstaatlicher Trägerschaft wie Landerziehungsheime, Jena-Plan-Schulen, Montessorischulen,
- Schulen in der Trägerschaft der Kirchen,
- Freie Waldorfschulen,
- die Laborschule an der Universität Bielefeld (1974 von H. v. Hentig gegründet),
- vom Staat eingerichtete Modellschulen oder Modellversuche,
- die sog. „Freien Schulen" u. a.

Sie alle gehen mit Unterschieden in der Schwerpunktsetzung und auch in der Deutlichkeit der Formulierung davon aus, dass das öffentliche Schulwesen ganz oder teilweise eine „Fehlkonstruktion" sei.
Sie wenden sich z. B. gegen einseitig kognitiv orientierten Leistungszwang, gegen Notendruck und Sitzenbleiben, gegen heimliche oder offene Selektion, gegen die „curriculare Vermarktung", gegen die Vernachlässigung des emotionalen und sozialen Lernens. Alternative Schulen sind damit immer *reformorientiert* und üben mit diesem Selbstverständnis wichtige *Pilotfunktionen für das öffentliche Schulwesen* aus. Entsprechende Auswirkungen sind auch heute festzustellen, z. B.

- Wortgutachten statt Ziffernnoten in den Eingangsklassen der Grundschule,
- Aufwertung von Erziehung und Handlungsorientierung in den Lehrplänen,
- Freiarbeit als Weg selbstbestimmten Lernens (vgl. 5.5.1.3/8),
- Anleihen bei der Erkundungs- und Arbeitspädagogik C. Freinets u. a. m.

Nach A. S. Neill „soll die Schule kindergeeignet sein, nicht die Kinder schulgeeignet".
Dies bedeutet für die Alternativen Schulen:

1. Sie alle leiten ihre Existenzberechtigung daraus ab, die wie immer auch geartete Trennung von Denken, Fühlen und Handeln im schulischen Leben zu überwinden und *den ganzen Menschen* ins Interesse der Erziehung zu stellen. Sie knüpfen damit an J. H. Pestalozzi an, der gegen das „Maulbrauchen" die ganzheitliche Förderung von „Kopf, Herz und Hand" forderte, die nicht nur getrennt und gelegentlich im Bildungsprozess erreicht werden müssen, sondern beim Lernen selbst zusammenwirken sollen. Erstrebt ist also eine *unmittelbare Verbindung von Lernen und Handeln, von Alltag und Schule.*

2. Die Alternativen Schulen betonen die *Priorität der Wertorientierung* gegenüber bloßer Informationsvermittlung. Sie stellen ein *weltanschaulich begründetes Weltbild* gegen die gerade heute weithin beklagte Orientierungslosigkeit. Damit sind aber auch ihre empfindlichsten Angriffspunkte verbunden: Der Schutz der demokratischen Grundordnung im weitesten Sinne ist der am häufigsten zitierte Anlass für die staatliche Schulaufsicht – zu Recht oder Unrecht –, in Alternative Schulen regulierend einzugreifen.

3. Die Alternativen Schulen wenden sich gegen die – noch dazu meistens kognitiv ausgerichtete – Lernzielerfüllung zum Zweck ständiger Qualifikationszuweisungen. Sie setzen dieser Tendenz des öffentlichen Schulwesens die *Aufwertung sozialer Leistungen und handwerklicher Lernfelder über eine betont schülerorientierte Vermittlung* entgegen. Erstrebt ist letzten Endes eine *praktikable Form der Verbindung von Humanität und Leistung.*

4. Die Alternativen Schulen verwirklichen – in unterschiedlicher Form und Ausprägung – die *Selbstbestimmung und Selbstregulierung der Lerngruppen.* Damit soll bereits in der Schule ein Lern- und Übungsfeld für demokratisches Verhalten bereitgestellt werden, das weit über die unzureichenden Möglichkeiten der Schülermitverantwortung (SMV) an öffentlichen Schulen hinausreicht.

5. Alternative Schulen legen großen Wert auf die *intensive Zusammenarbeit von Schülern, Eltern und Lehrern.* Mit größter Konsequenz wird diese Zusammenarbeit verwirklicht in der Peter-Petersen-Schule und in der neueren Alternativschulbewegung seit Anfang der 70er Jahre, also z. B. in den Freien Schulen.

6. Ausdrückliches Lernziel der Alternativen Schulen ist das *soziale Lernen,* das nicht nur als Unterrichtsprinzip, sondern in eigenen, bewusst geplanten Lerneinheiten praktiziert wird. Anleihen der neueren Grundschullehrpläne bei der Kindergartenpraxis und bei den Alternativschulen lassen erkennen, dass dieses Lernziel auch im öffentlichen Schulwesen zunehmend als wichtig und auch als realisierbar berücksichtigt wird.

7. Die Alternativen Schulen suchen nach Wegen des *angstfreien Lernens in Lebenssituationen* im Gegensatz zu den konstruierten, durch Stundenplan säuberlich getrennten Lehrplanlektionen des öffentlichen Schulwesens. Aus diesem Grund fördern sie die *Integration von Fächern* anstelle der Fachspezialisierung. In ihrer Unterrichtspraxis dominieren zu diesem Zweck problembezogene fächerübergreifende Lernsituationen und der Projektunterricht, die den Schüler zu Eigenaktivität, Eigenplanung und zu entdeckendem Lernen anhalten. Auch der Projektunterricht findet mittlerweile – von ideologischem Ballast und auch von Verdächtigungen befreit – Eingang im öffentlichen Schulwesen.

3.2.4.3 Möglichkeiten und Probleme der Alltagspraxis der Alternativen Schulen

1. Bei der Vorstellung der wichtigsten Zielsetzungen der Alternativen Schulen wurde immer wieder deutlich, dass sich bei der Übernahme von Zielen oder Methoden ins öffentliche Schulwesen die Qualität derselben verändert. Verantwortlich dafür sind das jeweils zugrunde liegende Selbstverständnis der verschiedenen Schulformen und die damit verbundenen Rahmenbedingungen des Lehrens und Lernens.

Aufgrund der größeren Gestaltungsfreiheit der Alternativen Schulen eröffnen sich diesen auch *größere Chancen bei der Verwirklichung ihrer Zielsetzungen,* wie z. B.

- konsequent vom eher strategisch-administrativen Lehrer-Schüler-Verhältnis der öffentlichen Schulen zu einem dialogischen Verhältnis auf der Grundlage des personalen Bezuges überzugehen;
- innerhalb eines gesicherten Rahmens einen größeren Spielraum für die Erprobung ungewöhnlicher und neuer Verfahren ausnützen zu können;
- durch die überschaubare Organisationsform wirkungsvollere Formen der Kommunikation einschließlich der Konfliktbearbeitung verwirklichen zu können;
- die Eltern durch erweiterte Mitsprache- und Mitwirkungsrechte zu intensiver Mitarbeit gewinnen zu können.

2. Oberstes Prinzip des Lernens in den Alternativen Schulen ist das *Konzept des offenen Lernens* (vgl. zum Verständnis auch 5.5.1):

- Orientierung des Unterrichts an der Lebenswelt der Kinder
- Entdeckendes und handlungsorientiertes Lernen
- Auflösung der 45-Minuten-Stunde
- Ablösung des Frontalunterrichts durch flexiblen Gruppenunterricht
- Umgestaltung der Klassenräume in Lern- und Erfahrungsecken: Mathematik- und Physikecke, Werkecke, Malecke, Leseecke, Diskussionsecke, Ruhezone usw.
- Fächerübergreifendes projektorientiertes Lernen
- Elemente spielerischen Lernens
- Mitgestaltung des Wochenarbeitsplans durch die Schüler und selbstverantwortliche Kontrolle der Lernaktivitäten
- Einbezug der Eltern

3. Die Abkapselung der Kinder in einem Schulghetto versuchen die in England entstandenen *Community Schools* zu überwinden, die als *Nachbarschaftsschulen* auch in der Bundesrepublik Deutschland Nachahmung fanden. Eltern und andere Erwachsene, Ämter und Vereine werden in den unterrichtlichen und außerunterrichtlichen Schulalltag einbezogen. Die Schulen werden auf diese Weise zu Stadtteilzentren, in denen z. B. ein Freizeitheim, ein Seniorenclub, eine Discothek, eine Beratungsstelle, Kurse der Volkshochschule und Sportvereine für eine bessere Auslastung der Räume sorgen und durch vielfältige Wechselwirkungen den schulischen Unterricht lebendig mitgestalten. Die Nachbarschaftsschulen bieten auf diese Weise einen gangbaren Weg an, die Schule als sonst isolierte Lernfabrik in die umgebende Lebens- und Erfahrungswelt einzubinden.

4. *Studientage und Projektwochen* werden seit längerem auch an weiterführenden Schulen des öffentlichen Schulwesens durchgeführt. Der Effekt muss allerdings zwangsläufig so lange gering bleiben, als es sich dabei um isolierte, gelegentlich stattfindende Sonderveranstaltungen handelt. In der Kürze der Zeit bieten sie kaum die Chance, das auf ein Thema konzentrierte fächerübergreifende und gruppenbezogene Lernen in seinen möglichen Auswirkungen auf das eigene Lernverhalten zu erleben, geschweige denn einzuüben.

5. Alternative Schulen werfen auch *Probleme* auf (hier eine Auswahl), deren Bewältigung erhebliche Schwierigkeiten zu bereiten scheint:

– Die heutige Praxis der Alternativen Schulen lässt eine Tendenz bei der Schülerauswahl zu höheren Bildungsschichten, gelegentlich wegen der hohen Schulkosten auch zum Geldadel hin erkennen. Dieser meist aus Kostengründen erfolgten Entwicklung versuchen die Alternativen Schulen wohl durch Freiplätze und Stipendien entgegenzuwirken, ohne damit aber die immerhin möglichen negativen psychischen Auswirkungen bei den betroffenen Schülern ausschließen zu können.

– Alternative Schulen stehen immer in Gefahr, zu „pädagogischen Provinzen", d. h. zu pädagogischen Schonräumen, zu werden. Die gegenüber dem öffentlichen Schulwesen bewusst verfolgten Gegenkonzepte schulischer Praxis, gelegentlich auch gesellschaftlicher Praxis, führen u. U. dazu, die Schüler lebensuntüchtig für die tatsächlich gegebene Realität zu machen. Es liegen andererseits aber auch empirische Befunde vor, dass z. B. Waldorfschüler den Prüfungsanforderungen beim Abitur und den nachfolgenden beruflichen Anforderungen überdurchschnittlich gewachsen sind. Dieses Ergebnis wird allerdings um den Preis eigens eingerichteter Vorbereitungskurse nach dem Muster des öffentlichen Schulwesens erkauft.

– In dem heutzutage verschärften Existenzkampf neigen Alternative Schulen dazu, einen wichtigen Bestandteil ihres Selbstverständnisses nicht mehr einzulösen, nämlich reformerisch im Hinblick auf das öffentliche Schulwesen zu wirken. Die Versuchung zu resignierter Abkapselung der Alternativen Schulen gegenüber der Regelschule ist angesichts der Eingriffe der staatlichen Schulaufsicht durchaus verständlich, ihr konsequenter Vollzug würde sie aber ins pädagogische Ghetto treiben und der Regelschule würde er bedeutende Reformimpulse entziehen.

4 Praxisfeld Unterricht

4.1 Unterricht – lebensferne Lehrgänge mit eingeschränkter Langzeitwirkung?

(Vgl. z. B. Aebli 1996, 1998; Aselmeier/Vogel 1992; Fend 1980; Gage 1979; Glöckel 1996; Gudjons 1998; Oelkers 1995; Peterßen 1994, 1996; Schröder 1996; Schulz 1996; Wiater/ 1997; Winkel 1997)

Die in der Überschrift formulierte Provokation zieht sich wie ein roter Faden durch die Schul- und Unterrichtskritik aller Zeiten. Dabei scheint der vor allem von den Schülern erlebte Mangel am schulischen Unterricht nicht auf seinen Bestimmungsmerkmalen, also auf einem grundsätzlich falschen Verständnis von Unterricht zu beruhen, sondern eher auf einem Vollzug dieser Bestimmungsmerkmale, der die Bedürfnisse der Schüler als Lernender zu wenig berücksichtigt.

Schulischer Unterricht ist durch die folgenden *Merkmale* gekennzeichnet:

1. *Unterricht dient der Selbstverwirklichung und Weltorientierung des Schülers.* Diesen Zielen ist das gesamte organisatorische Arrangement unterzuordnen, d. h., Lernziele, Lerninhalte, Methoden und Medien sind Mittel zum Zweck, nicht Selbstzweck.

„Wir lehren einen Gegenstand nicht, um aus den Schülern lauter kleine wandelnde Fachbibliotheken zu machen, sondern wir lehren ihn deshalb, weil wir die Schüler dahin bringen wollen, (z. B.) selbst mathematisch zu denken, Sachverhalte mit den Augen des Historikers zu sehen und teilzunehmen am Prozess der Wissensgewinnung. Wissen ist in diesem Sinne kein Produkt, sondern ein Prozess." (Bruner 1974, S. 14).

2. Unterricht ist wie die Schule insgesamt ein *Erfahrungsraum,* der Organisation und Freiheit gleichermaßen erfordert.

3. Unterricht wird vollzogen als *Kommunikation,* die von pädagogischen Absichten (Lernen und Erziehung) geleitet ist. Da Unterricht niemals auf einen lediglich abgespeicherten (und damit letztlich sinnlosen) Wissenszuwachs abzielt, sondern auf Handeln und Verhaltensänderung, *ist Unterricht immer auch Erziehung* (vgl. hierzu die Theorie des erziehenden Unterrichts unter 1.3.2/9., praktiziert seit eh und je, erstmals formuliert von Günther 1796, vehement verfochten von Herbart (1890), heutigentags am konsequentesten vertreten in den Konzepten der Kommunikativen und Systemisch-konstruktivistischen Pädagogik).

4. Unterricht ist durch *Regelhaftigkeit* geprägt, die durch Zeitvorgaben, Lehrplanbestimmungen, Leistungsmessungen u. a. m. gesetzt ist.

5. Unterricht ist als Sonderform des Lernens *am Verlauf eines natürlichen Lernprozesses orientiert.*

6. Unterricht erfordert als planmäßig organisierte Lernsituation einen institutionellen Rahmen und für die beschriebenen Aufgaben speziell qualifizierte (professionelle) Lehrer.

Fehlentwicklungen oder gar Zerrbilder von Unterricht können sich von der Interpretation eines jeden der genannten Bestimmungsmerkmale aus ergeben. Besonders folgenschwer aber wirken sich allem Anschein nach folgende Missverständnisse von Unterricht aus:

1. Institutionalisierung und Regelhaftigkeit von Unterricht verselbstständigen sich nicht selten zum Hauptzweck des Schulalltags, was zwangsläufig einen über Gebühr ritualisierten und routinierten Lehr-/Lernbetrieb nach sich zieht. Als Alibi dienen i. d. R. die Lehrplananforderungen, Stundenplankorsett, Prüfungsdruck und Vorschriften aller Art.

2. Der Erfahrungsraum Schule wird oft über die gegebenen Zwänge hinaus unnötig beschnitten. Erfahrung schließt nun einmal einen Erprobungs- und Übungsspielraum für die Schüler mit ein, in dem sie sich sanktionsfrei bewegen und ihre Grenzen erleben können. Hier müssen als Alibi fehlende Räume, ungeeignetes Lernmaterial, mangelndes Sozialverhalten der Schüler und daraus resultierende Disziplinprobleme herhalten.

3. Trotz seit Pestalozzi nicht abreißender Attacken gegen das „Maulbrauchen" dominieren im schulischen Unterricht der auf Abstraktion zielende Wortgebrauch sowie Mit- und Nachvollzug von Lernvorgängen durch die Schüler. Unterricht nach den Regeln des natürlichen Lernens verfolgt demgegenüber ganzheitliches Lernen in realen Handlungszusammenhängen. „Die beste Einführung in ein Sachgebiet ist die Sache selbst." (Bruner 1974, S. 149).

Fassen wir zusammen:

Unterrichten heißt Lernsituationen bereitzustellen, manchmal auch nur zuzulassen, in denen sich der Schüler in altersentsprechendem, ganzheitlichem Lernen entfalten kann. Bruner spricht in seinem Plädoyer für entdeckendes Lernen davon, das Wissen an die Emotionen (und an die erfahrbare Lebenswelt/Köck) der Schüler anzubinden und auf diese Weise zu „personalisieren", d. h. zur Sache des Schülers zu machen.

4.2 Unterrichtsforschung, Unterrichtstheorie und Schulwirklichkeit

(Achtenhagen 1982; Bruner 1970 und 1974; Lehr-Lern-Forschung 1982; Maier/Pfistner 1993; Schnaitmann 1998)

1. *Die Unterrichtsforschung* versucht, mit Hilfe wissenschaftlicher Methoden schulischen Unterricht zu beschreiben, zu analysieren und zu interpretieren. Die jüngere *Lehr-Lern-Forschung* beschäftigt sich umfassender mit Lehr-Lern-Situationen aller Art, ob sie sich bewusst geplant, z. B. als schulischer oder außerschulischer Unterricht ergeben oder eher nebenbei, z. B. in Spielsituationen oder beim Lernen über Nachahmung.

Während die herkömmliche Unterrichtsforschung bei ihren Untersuchungen in erster Linie auf experimentelle Methoden setzt, rücken in der neueren Forschung prozessorientierte Methoden der Feld- und Handlungsforschung in den Vordergrund sowie alle Arten der Beobachtung, insbesondere die teilnehmende Beobachtung, Methoden der Interaktions- und Unterrichtsanalyse und interpretative Forschungsmethoden (unter Einschluss von Selbstreflexion und verhaltensändernden Trainingspraktiken).

Auch in der Reihe der *vordringlichen Forschungsgegenstände* zeichnet sich ein Wandel ab:

- Instruktion als systematisch organisierte und kontrollierte Vermittlung von Wissen, Kenntnissen und Fähigkeiten
- Die Einflüsse der Interaktion zwischen Lehrern und Schülern auf die Lehr-Lern-Prozesse
- Die institutionelle Einbettung von Lehr-Lern-Situationen
- Das Phänomen des sog. heimlichen Lehrplans, womit der Lebens- und Erfahrungsbereich des nicht institutionell Geregelten, also des nicht durch Lehrplan, Schul- und Hausordnung Festgelegten gemeint ist.

2. *Aufgabe der Unterrichtstheorie* ist es, die Ergebnisse der Unterrichtsforschung, aber auch gesicherter unterrichtlicher Alltagserfahrung als Handlungsanweisung für eine möglichst optimale Unterrichtsgestaltung zu formulieren.

Ihr vorrangiges Interesse gilt demnach den folgenden Problemfeldern:

- Bestimmung günstiger Lernvoraussetzungen und förderlicher Lernumwelt
- Kriterien für die Durchstrukturierung eines Wissensbereiches zum Zweck optimaler Verarbeitung
- Festlegung der optimalen Lernschritte und Lernwege
- Sinnvolle Verstärkungssysteme u. a. m.

3. Unterrichtsforschung und Unterrichtstheorie werden ihrem Auftrag nur gerecht, wenn sie in einem *Regelkreis mit der vorgefundenen Schulwirklichkeit* für die Praxis bedeutsame Probleme aufgreifen und wenn sie ihre Antworten für den Praktiker brauchbar aufbereitet und verständlich formuliert an die Schulwirklichkeit zurückgeben. Fehlentwicklungen des Unterrichts können jedenfalls auf die Dauer nur vermieden werden, wenn Unterrichtsforschung, Unterrichtstheorie und Schulpraxis im Wechselspiel gegenseitiger Korrektivfunktion ständig miteinander im Gespräch bleiben.

4.3 Didaktik zwischen Lehrplantheorie und Planungshilfe

(Vgl. z. B. Adl-Amini 1986; Klafki 1975, 1996; Möller 1979/9; Tenorth 1986)

Der Lehrer arbeitet als Balancekünstler im Spannungsfeld von
- institutionell gesetzter Aufgabe,
- zum Teil sich widersprechender Erwartungen von Seiten der Schüler, der Eltern, der Abnehmer in der Arbeitswelt, der Administration,

– seinen eigenen handlungsleitenden Orientierungen
– und seinem tatsächlichen Handeln.

Nicht selten mündet dieser Balanceakt fast zwangsläufig ins Dilemma des Scheiterns, wenn die beschriebenen Erwartungen und Handlungen zu weit auseinanderdriften. In derartiger Verunsicherung (und Überforderung) erwartet der Lehrer von der Didaktik Richtlinien für ein unterrichtliches Handeln, die nach Tenorth folgende Funktionen erfüllen müssen:

– „Sie beschreiben Erwartungen, denen die Lehrer und Erzieher zu genügen haben",
– „sie definieren Kompetenzen, die im Erziehungsprozess erworben werden können",
– „sie postulieren Kriterien, die den Prozess von Unterricht und Erziehung kennzeichnen sollen."

4.3.1 Didaktik als Berufswissenschaft des Lehrers

(Z. B. Arbeitsgruppe Theorie der Unterrichtswissenschaft 1980; Hoof 1994; Klafki/Otto/Schulz 1979)

Als Berufswissenschaft des Lehrers hat die Didaktik Tradition seit der Antike. Sie entwickelte sich im Laufe der Zeit von der „Lehrkunst" über die „Unterrichtslehre" zur „wissenschaftlichen Reflexion des Lehrens und Lernens". Als eigenständiger Bereich der Erziehung wurde sie von W. Ratke (1571–1635) und J. A. Comenius (1595–1670) begründet, von J. Fr. Herbart (1776–1841) und seiner Schule für den schulischen Unterricht konzipiert. Heute begegnet die Didaktik dem Lehrer leider als eine arg vom Meinungsstreit gebeutelte Berufswissenschaft. Folgende Aufgabenbereiche erlauben aber eine vorläufige Bestimmung der Didaktik, wenngleich sie in der Fachliteratur zum Teil sehr kontrovers diskutiert werden:

1. *Didaktik ist die Theorie der Bildungsinhalte und des Lehrplans.*
(Z. B. Dolch 1974; Kerschensteiner 1890; Klafki 1964; Weniger 1952)

In diesem Aufgabenfeld ist die Didaktik damit befasst,
– allgemein verbindliche oberste Bildungsziele zu ermitteln,
– Kriterien und Methoden der Lehrplananalyse und der Lehrplankonstruktion zu entwickeln,
– konkrete Unterrichtsinhalte nach pädagogischen Gesichtspunkten zu bestimmen.

Die letztgenannte Aufgabe fordert immer wieder den Einspruch der Fachwissenschaftler heraus, denn sie besagt nichts anderes, als dass Gegenstand des schulischen Unterrichts nicht die Sache um ihrer selbst willen sein darf. Maßgeblich für die Auswahl und Aufbereitung – für die didaktische Reduktion – eines Unterrichtsgegenstandes ist vielmehr, inwiefern er zum Bildungsprozess einer bestimmten Altersgruppe von Schülern beizutragen vermag. Adl-Amini (in Lenzen 1986) spricht in diesem Zusammenhang von Bildung als gelungener Vermittlung zwischen dem Subjekt und den in Lehrplänen repräsentierten gesellschaftlichen und kulturellen Objekten. Als gelungen kann diese Vermittlung betrachtet werden, wenn sie weder einseitig eine Anhäufung von Bildungsinhalten verfolgt (vgl. die materialen Bildungstheorien: der Inhalt bildet) noch ausschließlich auf Kräfteschulung abzielt (vgl. die formalen Bildungstheorien von Pestalozzi über Rousseau bis zur Reformpädagogik und Summerhill), sondern eine wechselseitige Öffnung und Veränderung von Subjekt und Objekt ins Auge fasst (vgl. Klafkis Ansatz der kategorischen Bildung (1964), in dem nur jenem Bildungs*inhalt* auch Bildungs*gehalt* zugesprochen wird, der geeignet ist, diese dialektische Vermittlung zwischen Schüler und Unterrichtsgegenstand zu schaffen vgl. auch 1.3.1/4.).

2. Didaktik ist Theorie des Unterrichts

Als Unterrichtstheorie ist die Didaktik mit ihrer Forschung und mit ihren Handlungs-anweisungen ausdrücklich auf die Optimierung des unterrichtsbezogenen Handelns des Lehrers ausgerichtet. Didaktik als Handlungstheorie hilft dem Lehrer, „den Unterricht theoriegeleitet zu planen, kontrollierend zu realisieren und analysierend zu reflektieren" (Adl-Amini in Lenzen 1986).

In der neueren Didaktikdiskussion wird besonders auf den Vorgang des kritischen Über-denkens der Unterrichtswirklichkeit und überkommener Didaktikpositionen Wert gelegt. Als „kritisch – konstruktive Theorie" (Klafki 1979) kann sich die Didaktik nicht mit Be-standsaufnahmen und Systemstabilisierung begnügen, sie muss vielmehr zu konstrukiven Vorschlägen zur Veränderung der Unterrichtspraxis vorstoßen, wo eine Veränderung ange-zeigt ist. Systemstabilisierung über die Institution Schule und Systemkritik über die Unter-richtsforschung und politische Einflussnahme müssen in der Didaktik als Handlungstheo-rie Hand in Hand gehen. So ist es z. B. Sache der Didaktik.

- hartnäckig auf unterdrückte oder vernachlässigte Unterrichtsbedingungen hinzuweisen und Verbesserungsvorschläge zu erarbeiten,
- den Scheuklappenblickwinkel auf das Geschäft des Unterrichts als Lernbetrieb aus-zuweiten auf die vielfältigen Abhängigkeiten des Unterrichts von gesellschaftlichen und institutionellen Rahmenbedingungen,
- alternative Formen der Vermittlung zum herkömmlichen Unterricht zu entwickeln u. a. m.

3. Didaktik ist die Wissenschaft vom Lehren und Lernen

Mit diesem Aufgabenfeld wendet sich die Didaktik den Bedingungen des Informationsum-satzes sowie den psychischen Vorgängen beim Lernprozess zu. Die Anleihen bei der Lern-psychologie sind erheblich (vgl. Köck 1973 und 1992 bzw. zusammengefasst unter 1.3.3.2). Einen wissenschaftstheoretisch extremen Standpunkt nehmen innerhalb dieses Didak-tikverständnisses die Vertreter der informationstheoretischen und kybernetischen Didak-tik ein (z. B. Frank 1969 und 1996; v. Cube 1971, 1977 und 1982, Weltner 1970). So untersucht nach v. Cube „die Didaktik als *Wissenschaft,* wie die Lernprozesse eines Lernsystems (z. B. des Schülers/Köck) zu initiieren und zu steuern sind, um *vorgegebene* Lernziele in optima-ler Weise zu erreichen" (1971). Die Wissenschaftlichkeit der Didaktik werde also durch ihre Beschränkung auf die methodischen und technischen Probleme des Informationsumsatzes garantiert. Sobald Didaktik sich aber anschicke, die normative Arbeit an der Ermittlung der Unterrichtsinhalte in ihre Aufgabenregister einzureihen, büße sie zwangsläufig ihre Wissenschaftlichkeit ein; normensetzende und wissenschaftliche Funktion sind nach dieser Auffassung eben unvereinbar.

4.3.2 Der Standort der Fachdidaktik im Praxisfeld Unterricht

(Vgl. z. B. Achtenhagen 1981; Altenberger 1997; Fischler 1982; Heintel 1986; Meyer/Plöger 1994; Reinhardt/Weise 1997; Zenner 1990)

1. Der Rang- und Kompetenzenstreit zwischen den Disziplinen Erziehungswissenschaft bzw. Pädagogik, Allgemeine Didaktik und Fachdidaktik mag in Zeiten der grundsätzlichen Standortfindung im Wissenschaftsbetrieb verständlich gewesen sein. Heute lassen solche Streitfälle eher Profilneurosen oder (unbegründete) Minderwertigkeitskomplexe einzelner

Vertreter dieser Disziplinen vermuten als Gründe, die sich aus der Beziehung der Disziplinen selbst ergeben.

Erziehungswissenschaft, Allgemeine Didaktik und Fachdidaktik stehen nicht im Sinne einer Deduktionskette in einem Über-Unter-Ordnungsverhältnis zueinander. Sie vertreten vielmehr alle drei die Rechte und Bedürfnisse des Kindes (Schülers), etwa wie die Anwälte einer Kanzlei auf Spezialgebiete angesetzt. So ist es schlicht eine Frage ökonomischer Arbeitsteilung, z. B. der Allgemeinen Didaktik die Grundlagenforschung zum menschlichen Lernen zu überlassen und von der Fachdidaktik Auswahl und spezielle Aufbereitung der einem bestimmten Fach angemessenen Lernstrategien zu erwarten.

---

2. Fachdidaktik ist die Berufswissenschaft des Lehrers im engeren Sinne. Sie ist die „… *Wissenschaft vom planvollen, institutionalisierten Lehren und Lernen spezieller Aufgaben-, Problem- und Sachbereiche"* (Heursen in Lenzen 1986, Band 3).

Bis zum Beginn des 20. Jahrhunderts existierte die Fachdidaktik in Form von Kompendien und Meisterlehren, die überwiegend rezeptologisch auf Alltagserfahrung beruhende Handlungsanweisungen vermittelten. Die *heutigen Positionen der Fachdidaktik* sind vor allem durch die folgenden Aspekte gekennzeichnet:

a) Aspekt der Wissenschaftsorientierung (Ausgangspunkt Fachwissenschaft)

b) Aspekt der Schülerorientierung (Ausgangspunkt Lebenssituationen bzw. erfahrungs- und handlungsorientierter Unterricht)

c) Ihr Verständnis als Berufswissenschaft des Lehrers (Der Lehrer als mitforschender und mitentscheidender Didaktiker und Methodiker).

3. Aus der Standortbestimmung der Fachdidaktik lässt sich der folgende *vorläufige Aufgabenkatalog* ableiten, der die Eigenständigkeit der Fachdidaktik überzeugend belegt:

a) Die Fachdidaktik hat zwischen der Fachwissenschaft und dem schulischen Unterricht zu vermitteln.

● Sie vertritt einerseits die Interessen der Fachwissenschaft, indem sie Methoden und Ergebnis der Auswahl und Aufbereitung fachwissenschaftlich gesicherter Aussagen für den schulischen Unterricht unter den Gesichtspunkten wissenschaftlicher Zuverlässigkeit und Gültigkeit überwacht.

● Andererseits hat sie bei all ihrem Bemühen um den wissenschaftlich einwandfreien Transport fachlicher Inhalte in den Unterricht den Schüler einer bestimmten Altersgruppe im Auge. Sie entscheidet darüber, ob und in welcher Weise ein Lerninhalt Bedeutung für den Schüler hat und in welcher Präsentation er ihm zumutbar ist.

Damit ist das Problem der *didaktischen Reduktion* (vgl. z. B. Kahlke/Kath 1984; Kath/Kahlke 1985) angesprochen, das wohl jedem Fachdidaktiker Unbehagen bereitet. In der didaktischen Reduktion werden nämlich komplexe Lerninhalte auf ihre Kernaussage zurückgeführt, an besonders einleuchtenden Beispielen erläutert, durch Veranschaulichung vereinfacht usw., um sie Schülern einer bestimmten Jahrgangsstufe zugänglich zu machen. Dabei ergeben sich zwangsläufig quantitative Probleme mit der Auswahl bzw. mit dem Weglassen von Elementen eines Sachverhalts sowie qualitative Probleme, die mit Vorgängen der Vereinfachung, Vergröberung und Übertreibung allemal verbunden sind. Die Fachdidaktik kommt aber auf keinem Fall daran vorbei, den wissenschaftlich formulierten Sachverhalt für eine bestimmte Unterrichtssituation zu „übersetzen". Verluste sind beim Informationstransport nie vermeidbar; die didaktische Reduktion bietet da wenigstens den Vorteil, die Verluste bewusst und damit vertretbar einzukalkulieren.

b) *Fachdidaktik trägt dem inhaltsbestimmenden Einfluss der Gesellschaft Rechnung.*

Es ist nicht nur kurzsichtig, sondern auch unrealistisch, von der Annahme auszugehen, dass die Sache an sich überhaupt in die Vermittlung gelangen könne. Selbst die fachwissenschaftliche Erkenntnisgewinnung ist allemal schon von technischen, praktischen und emanzipatorischen Erkenntnisinteressen geleitet, ganz zu schweigen von ihrer Bestimmung durch die Medien der Vergesellschaftung, nämlich Arbeit, Sprache und Herrschaft.

Fachdidaktik sorgt also bei der Analyse von Unterrichtsinhalten dafür, dass der *Zusammenhang der drei Kategorien Gesellschaft, Fachwissenschaft und Schüler* nicht verloren geht. Je nach Stellenwert eines Unterrichtsinhalts im gesellschaftlichen Kontext ist es keineswegs belanglos, ob die Schüler z. B. vorläufig nur Wissen speichern sollen oder Zusammenhänge begründen, gesellschaftspolitische Hintergründe aufdecken, selbstständig und verantwortlich handeln sollen usw.

c) Eine weitere Aufgabe der Fachdidaktik besteht darin, *die fachübergreifenden Aussagen der Allgemeinen Didaktik zum Lernfeld Unterricht für die speziellen Anforderungen der einzelnen Fächer zu konkretisieren.* Die Forschungsergebnisse und Handlungsempfehlungen der Allgemeinen Didaktik kommen in der Praxis nur über den Filter der Fachdidaktiken an, da Unterricht sich eben an fachlich orientierten Sachverhalten ereignet.

Eine Fachdidaktik aber, die angesichts ihrer Pufferposition glaubt, das Grundlagenangebot der allgemeinen Didaktik ausschlagen zu sollen, handelt zumindest unökonomisch. Die Folgen einer Abschottung gegenüber der Grundlagenforschung sind Einschränkung der eigenen Möglichkeiten und fachblinde Routine.

d) Die Allgemeine Didaktik ihrerseits verliert sich in praxisfernen Höhenflügen, wenn sich die Fachdidaktik der Aufgabe verweigert, der *Allgemeinen Didaktik Rückmeldung zu geben,* inwieweit deren Anregungen überhaupt in konkrete Unterrichtspraxis umsetzbar sind und was sie im Unterricht tatsächlich bewirken.

4.4 Strukturmodelle der Didaktik als Erklärungs- und Planungshilfen für den Unterricht

4.4.1 Anmerkungen zum Verständnis von Strukturmodellen der Didaktik

Mindestens unterschwellig sind Strukturmodelle der Didaktik in der unterrichtlichen Arbeit eines jeden Lehrers wirksam, sei es als Theorierest der akademischen Ausbildung oder als favorisierte Planungsmodelle der Seminarschulpraxis.

Strukturmodelle der Didaktik zählen – im Unterschied zu ikonischen, verbalen, graphischen und Analogiemodellen – *zur Sorte der theoretischen Modelle,* von denen man weiß, dass sie die Verhältnisse in der Wirklichkeit nicht voll treffen. Sie versuchen Erscheinungsformen und Bedingungsfaktoren von Unterricht zu erklären und zu systematisieren, womit sie gleichzeitig Handlungskonsequenzen für die Unterrichtsplanung, -durchführung und -analyse formulieren.

W. Popp (1970) beschreibt folgende *Merkmale von Modellen in der Didaktik,* welche einerseits die mögliche Leistung von Modellen definieren und deren Kenntnis andererseits der ausschließlichen Begünstigung eines bestimmten Strukturmodells der Didaktik entgegenwirkt.

1. *Reduktion:* Modelle in der Didaktik sollen komplizierte Wirklichkeitszusammenhänge vereinfachen und veranschaulichen im Sinne „grundrisshafter Verdeutlichung". Das Wesentliche wird anschaulich und verständlich herausgearbeitet, wobei die Grenze bei der realitätsverzerrenden Simplifizierung liegt.

2. *Akzentuierung:* Modelle in der Didaktik betonen je nach Forschungsansatz einen bestimmten Aspekt eines größeren Wirklichkeitszusammenhanges, d. h., sie wählen *einen* Gesichtspunkt aus, und zwar zwangsläufig, weil die gesamte in Frage gestellte Wirklichkeit in all ihren möglichen Dimensionen gar nicht fassbar ist. So kann im Zentrum der Betrachtung z. B. die Auswahl der Bildungsinhalte, die Planbarkeit von Unterricht, der kommunikative Aspekt von Unterricht stehen.

3. *Transparenz:* 1. und 2. haben eine erhöhte Transparenz des Modells in der Didaktik zur Folge. Dies bedeutet Verfügbarkeit sowohl für die Praxis des Unterrichts als auch in übergeordneten Modellzusammenhängen. Dabei evtl. auftretende Widersprüche geben zur Korrektur Anlass.

4. *Perspektivität* des Modells in der Didaktik bezeichnet die zugrunde liegende Fragerichtung, das erkenntnisleitende Interesse.

5. *Produktivität:* Dieses Merkmal besagt, dass Modelle in der Didaktik zu immer neuen Fragen ermuntern, eben weil sie vorläufig sind, vereinfachen, nur einen Teilaspekt der Wirklichkeit erfassen, „ein Konstrukt auf Widerruf" sind. Insofern können die verschiedenen Strukturmodelle der Didaktik auch als wechselseitige Korrektivinstanzen gesehen werden.

4.4.2 Übersicht über Strukturmodelle der Didaktik

(Zum Überblick vgl. z. B. Blankertz 1991; Bönsch 1986; Flechsig 1996; Gudjons 1997; Heursen 1997; Peterßen 1994; Ruprecht u. a. 1976)

Die Übersicht ist als Orientierungshilfe zu verstehen. Sie ordnet die heute hauptsächlich diskutierten Strukturmodelle der Didaktik dem jeweiligen Bestimmungsaspekt des Unterrichts zu, den diese als leitenden Gesichtspunkt bei unterrichtlichen Entscheidungen betonen. Die Bedeutung der jeweils nachgeordneten Bestimmungsaspekte des Unterrichts wird von keinem der genannten Strukturmodelle in Frage gestellt.

Bestimmungsaspekte des Unterrichts im Zusammenhang ihrer besonderen Gewichtung durch Strukturmodelle der Didaktik:

Zielaspekt des Unterrichts	Inhaltsaspekt des Unterrichts	Vermittlungsaspekt des Unterrichts	Beziehungs- und Handlungsaspekt des Unterrichts
Unterricht als Vermittlung von Qualifikationen	Unterricht als Vermittlung tradierungswürdiger Inhalte	U. als methodische und techn. Aufbereitung von Lehr- und Lernprozessen	Unterricht als kommunikatives Handeln
1. *Ansätze der normativen Didaktik*, sofern es um die Setzung oberster Bildungs- und Erziehungsziele geht 2. *Lernzieltheoretischer Ansatz,* sofern die Ermittlung von Unter-	*Bildungstheoretische Didaktik,* in Annäherung an die Berliner Schule und an die Kommunikative Didaktik 1980 von Klafki zur „kritisch konstruktiven Didaktik" weiterentwickelt	1. *Lehr- und unterrichtstheoretischer Ansatz der Berliner Schule* (vgl. 4.4.4) ● Pragmatisch auf Unterrichtssteuerung und -kontrolle ausgerichtet ● Unterrichtsplanung unter dem Gesichts-	1. *Theorie der kommunikativen Didaktik:* (Schäfer/Schaller 76/3; Popp 76) ● Erziehung und Unterricht müssen über das Wissen hinaus zur Emanzipation als kritische Selbstbestimmung, herr-

richtszielen gefragt ist
Ziel: „Ausstattung des Schülers zur Bewältigung von Lebenssituationen"
Robinsohn 1967

Kernaussagen:
Vgl. 4.4.3

- Verantwortung gegenüber dem Zögling als Korrektiv pädagogischen Handelns
- Bildungsinhalte sind durch ihren Bildungs*gehalt* legitimiert.
- Primat der Didaktik vor der Methodik im Sinne einer logischen Rangfolge von Entscheidungen von den Zielen u. Inhalten zu den Methoden
- Unterschiede im Theorieansatz:
Materiale Bildungstheorie: Der Inhalt als solcher bildet.
Formale Bildungstheorie: Vorrang hat die Kräfteschulung.
Kategoriale Bildungstheorie: Überwindung einseitig materialer oder formaler Bildung durch den Aspekt des „doppelseitig Erschließenden" (Klafki) = Schnittpunkt, wo Wirklichkeit und Mensch sich wechselseitig füreinander öffnen.
- *Didaktische Analyse* als Kernstück der Unterrichtsvorbereitung (vgl. 4.5.2)

punkt der *Interdependenz* von anthropogenen und soziokulturellen Voraussetzungen, Intention, Thematik, Methodik und Medienwahl

2. *Hamburger Modell* (Schulz 91):
Erweiterung von 1. unter besonderer Berücksichtigung der gesamtgesellschaftlichen Rahmenbedingungen und des Einbezugs der Schüler in die unterrichtlichen Entscheidungen

3. *Informationstheoretischer und kybernetischer Ansatz* (v. Cube 71, 77, 82; Frank 69, 99; Weltner 70)
- Die Informationsübermittlung soll mit Hilfe mathematischer Methoden berechenbar werden.
- Didaktik als Wissenschaft wird auf die Technik des Lehrens und Lernens im Regelkreissystem eingeschränkt.
- V. a. bedeutend für die programmierte Instruktion

4. *Systemtheoretischer Ansatz* (König/Riedel 79/2 und 79/4; König u. a. 80):
- Lernen wird verstanden als Operationen an Operationsobjekten
- Ziel ist die lückenlose Konstruktion von Unterricht durch exakte Beschreibung der möglichen Relationen zwischen allen Planungselementen und daraus folgend die Ableitung von Lehralgorithmen für bestimmte Arten der Unterrichtsplanung

schaftsfreie Kooperation und verantwortungsbewusstes Handeln führen.
- Unterricht muss der Tatsache Rechnung tragen, dass Kommunikation nicht nur von Inhalten bestimmt wird, sondern auch von den Beziehungen aller am Unterricht Beteiligten zueinander.
(Vgl. 4.4.5)

2. *Systemisch-konstruktivistische Didaktik:*
- Gesellschaft, Schule, Gruppen und Personen sind Systeme oder Subsysteme, charakterisiert durch *Ganzheit, sinnhafte Selbstorganisation und -steuerung,* das Bedürfnis nach *Entwicklung* und *Stabilität.*
- Beim Lernen wird nicht vorgegebene Wirklichkeit entdeckt, sondern *als subjektive Vorstellungswelt erfunden.*
- *Konsequenz:* Lernen heißt nicht, Vorgegebenes abbilden, sondern *Eigenes gestalten* = konstruieren, und zwar in Verständigung mit anderen Wirklichkeit konstruierenden Subjekten, d. h. Wendung von der Abbilddidaktik zur Animationsdidaktik.
(Vgl. 4.4.6, 5.5.1.3)

4.4.3 Zum Beispiel: Bildungstheoretisches Strukturmodell der Didaktik

Als Vertreter des geisteswissenschaftlichen Ansatzes in der Didaktik seien in Erinnerung gerufen: W. Dilthey, H. Nohl, E. Weniger (1952), M. Frischeisen-Köhler, E. Spranger, W. Flitner, J. Derbolav, W. Klafki (1964, 1975, 1979, 1991, 1996). Mit unterschiedlicher Schwerpunktsetzung finden wir diese Pädagogen, in ihren Arbeiten zwischen Hermeneutik und Pragmatik orientiert, als Verfechter einer eher materialen oder formalen oder kategorialen Bildungstheorie. Immer aber ist der bildungstheoretische Ansatz in der Didaktik gekennzeichnet als *inhaltsbezogene Didaktik.* Die *zentralen Fragen dieser Richtung* zielen v. a. auf

1. Wesen, Sinn, Möglichkeiten und Grenzen von Bildung überhaupt (Theorie der Bildung),
2. die Auswahlkriterien für die Inhalte einer zeitgemäßen Bildung (Theorie des Lehrplans),
3. die Bildungsrelevanz und -transformation der einzelnen Unterrichtsfächer und -stoffe (didaktische Analyse als Kernstück der Unterrichtsvorbereitung).
4. die Stellung des Lehrers als Anwalt des Kindes gegenüber den übermächtigen Erwartungen und Ansprüchen der Gesellschaft einerseits und der (allzu kinderfremden) Eigengesetzlichkeit der Inhalte andererseits.

Den nachhaltigsten Einfluss auf die Unterrichtspraxis übt zweifellos die *didaktische Analyse* aus, deren Ausformulierung in fünf Fragen an den jeweiligen Bildungsinhalt durch W. Klafki (1975) hier angeboten werden soll:

1. „Welchen größeren bzw. welchen allgemeinen Sinn- und Sachzusammenhang vertritt und erschließt dieser Inhalt? Welches Urphänomen oder Grundprinzip, welches Gesetz, Kriterium, Problem, welche Methode, Technik oder Haltung lässt sich in der Auseinandersetzung mit ihm ‚exemplarisch‘ erfassen?"
2. „Welche Bedeutung hat der betreffende Inhalt bzw. die an diesem Thema zu gewinnende Erfahrung, Erkenntnis, Fähigkeit oder Fertigkeit bereits im geistigen Leben der Kinder meiner Klasse, welche Bedeutung sollte er – vom pädagogischen Gesichtspunkt aus gesehen – darin haben?"
3. „Worin liegt die Bedeutung des Themas für die Zukunft der Kinder?"
4. „Welches ist die Struktur des (durch die Fragen 1, 2 und 3 in die spezifisch-pädagogische Sicht gerückten) Inhalts?"
5. „Welches sind die besonderen Fälle, Phänomene, Situationen, Versuche, Personen, Ereignisse, Formelemente, in oder an denen die Struktur des jeweiligen Inhalts den Kindern dieser Bildungsstufe, dieser Klasse interessant, fragwürdig, zugänglich, begreiflich, anschaulich werden kann?"

Zu beachten ist bei der Anwendung dieser fünf Fragen zur Erschließung des *tatsächlich bildungsrelevanten Gehalts eines Inhaltes,* dass Klafki den Fragenkatalog zur Vermeidung von Missverständnissen ausdrücklich als „variables Fragenschema" bezeichnet, das mit „größtmöglicher Freiheit" situationsangemessen zu verwenden sei.

Letztlich geht es in der didaktischen Analyse um die *Legitimation der Bildungsinhalte als Unterrichtsinhalte.* Eine entscheidende Hilfestellung bietet dabei die Frage nach dem Exemplarischen, Typischen, Repräsentativen und Elementaren am Bildungsinhalt, deren positive Beantwortung einen Bildungsinhalt als bedeutend für die unterrichtliche Behandlung ausweist.

Aufgrund der Akzentuierung des Inhalts beim bildungstheoretischen Strukturmodell der Didaktik wird die Betrachtung der anthropogenen und soziokulturellen Voraussetzungen des Unterrichts, der Methoden und Medien und schließlich des Lehrers selbst im Faktorengefüge des Unterrichts an den Rand gedrängt. Dies ist bei der aspekthaften Betrachtungsweise eines jeden Strukturmodells der Didaktik durchaus legitim, der Lehrer darf sich aber nicht dazu verführen lassen, in der komplexen Gesamtwirklichkeit von Unterricht das Teil für das Ganze zu nehmen und etwa seine Arbeit nur auf die didaktische Analyse und die Qualität ihrer Durchführung auszurichten.

In seiner nachfolgenden revidierten Fassung der didaktischen Analyse lässt Klafki seine Annäherung an das unterrichts- und lehrtheoretische Strukturmodell der Berliner Schule und an das Konzept der Kommunikativen Didaktik deutlich werden (Klafki 1991):

Revidierte Fassung der „Didaktischen Analyse"

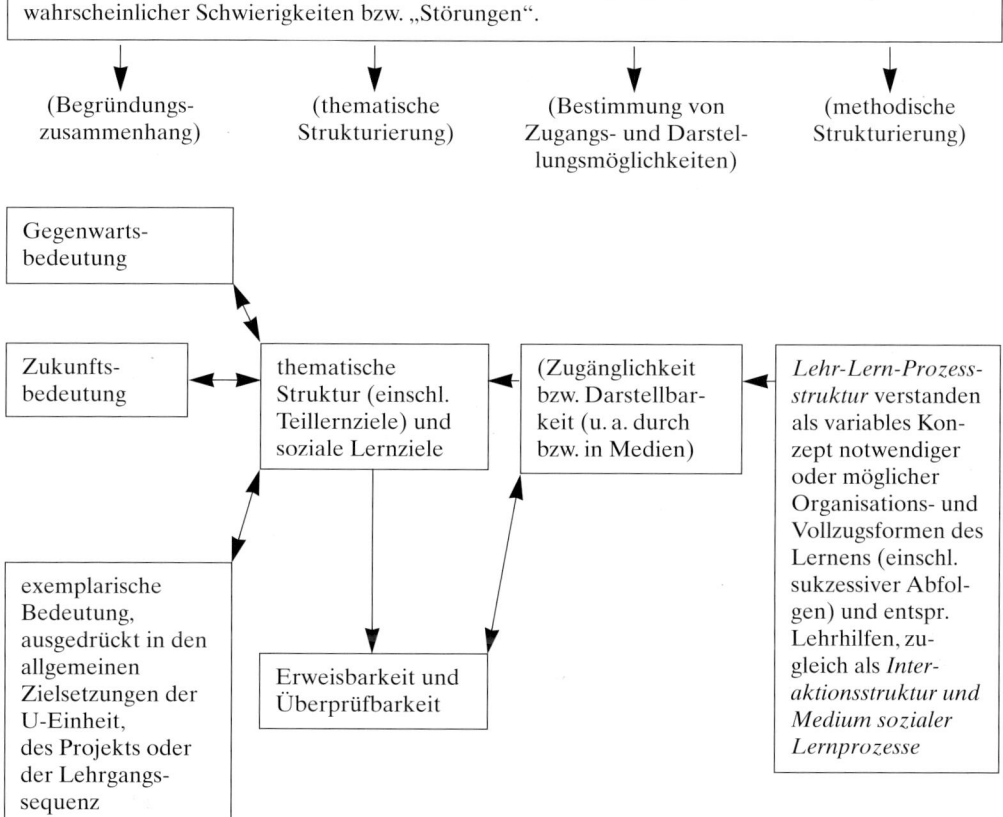

(Klafki 1991, S. 30)

Anregungen zur *praktischen Durchführung der didaktischen Analyse* vgl. unter 4.5.2!

4.4.4 Zum Beispiel: Unterrichts- und lehrtheoretisches Strukturmodell der Didaktik

Das Strukturmodell der Didaktik, wie es die Berliner Schule (Heimann, Otto, Schulz 1977[9], vgl. auch Neubert 1991) entworfen hat, fordert die wissenschaftliche Analyse und Kontrolle *aller* an Lehr- und Lernprozessen beteiligten Faktoren. Das unterrichts- und lehrtheoretische Strukturmodell erfreut sich wohl aufgrund dieses seines empirischen und ideologiekritischen Ansatzes, aufgrund seiner Verständlichkeit und wegen seiner unmittelbaren Umsetzbarkeit weiter Verbreitung in der Unterrichtspraxis und in der Lehrerbildung. Es liefert gleichsam eine Checkliste jener Elementarstrukturen, die den Unterricht allemal beeinflussen und deshalb in der didaktischen Analyse und deren Niederschlag, der Unterrichtsskizze, planend bedacht werden sollten.

Bezüglich der Makroplanung des Unterrichts, die sich in Lehrplänen, Curricula, Curricularen Lehrplänen usw. niederschlägt, macht sich das unterrichts- und lehrtheoretische Strukturmodell der Didaktik Aussagen der Curriculumtheorie zu eigen. Danach erfolgt Lehrplanarbeit im gesellschaftlichen Gesamtzusammenhang und auf diesen hin.

Mikroplanung des Unterrichts

Für die tägliche Unterrichtsplanung sind die in der nachfolgenden Graphik enthaltenen Dimensionen (Elementarstrukturen des Unterrichts) zu befragen:

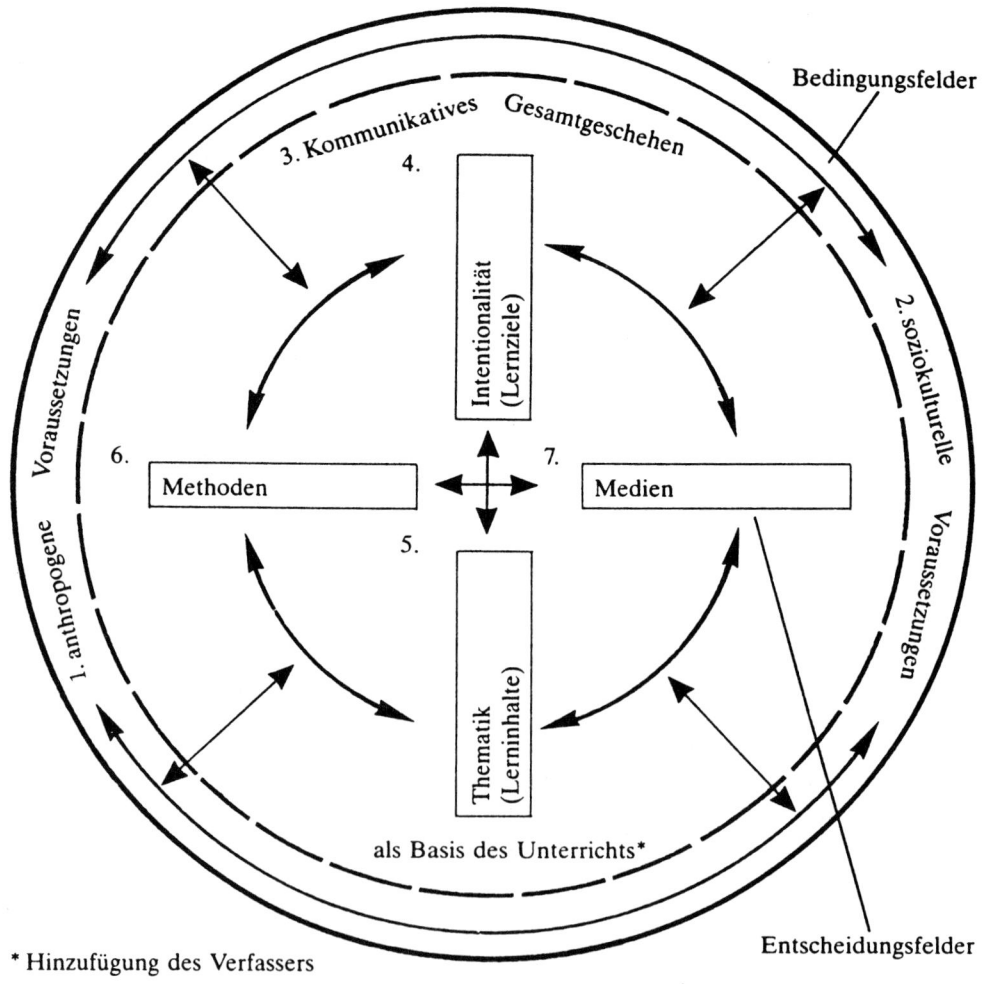

* Hinzufügung des Verfassers

Zur Erläuterung

1. Mit den *Bedingungsfeldern* sind jene Gegebenheiten gemeint, die als persönliche „Ausrüstung" aller Beteiligten und als äußere Rahmenbedingungen in die Unterrichtsplanung eingebracht werden. Sie wirken immer auf den Unterricht ein, sind ihrerseits aber zum größten Teil durch das unterrichtliche Geschehen – zumindest unmittelbar – kaum zu verändern.

Mit anderen Worten beschreiben die Bedingungsfelder die Adressatengruppe eines bestimmten Lernprozesses in vorgegebenen Rahmenbedingungen, auf die hin der Lehrer seine didaktischen und methodischen Entscheidungen ausrichten muss.

Beispiele für anthropogene Voraussetzungen:

- Geschlecht
- Alter
- Anlagen
- „Temperament"
- „Typ"
- anthropologische Gegebenheiten (z. B. der Mensch als lernendes Wesen, als Sozialwesen, als begrenztes Wesen ...)
- Lehr- und Lernkapazität
- Grundfähigkeiten wie Kontaktfähigkeit, Aggressivität, Geben und Nehmen ...

Beispiele für soziokulturelle Voraussetzungen:

- Herkunft, Milieu
- Klassenfrequenz
- Auswahl der Schüler nach Alter, Geschlecht, Konfession
- Lehrplan
- Schulordnung
- Schulart
- Ausstattung der Schule mit Räumen und Lehrmitteln
- gruppendynamische Gegebenheiten wie Rangordnung, Gruppenbildung, Tendenz zur Cliquenbildung ...
- Einstellungen, z. B. zum Lernen (bedingt u. a. durch Familie, soziale Klasse, kulturelle Anregungen, Peer-groups sowie durch das jeweilige Selbstbild und die individuelle Entwicklung)

2. Die *Entscheidungsfelder* umfassen jene Dimensionen der Unterrichtsplanung, bei denen der Lehrer in Rücksicht auf die Bedingungsfelder (1. und 2.) und auf die kommunikative Gesamtsituation der Klasse (3.) seine didaktischen und methodischen Entscheidungen (4. bis 7.) treffen muss.

a) Es ist ein verbreiteter Irrtum in der Lehrerschaft, anzunehmen, dass der Lehrer im Zeitalter verbindlich vorgeschriebener *Lernziele und/oder Lerninhalte* in Curricula oder Lehrplänen von didaktischen Entscheidungen entbunden sei. Auch lernzielorientierte Curricula und Lehrpläne fordern wie ehedem die stofforientierten Lehrpläne den Lehrer zur Auswahl nach dem *Prinzip des Exemplarischen* (qualitativer Aspekt) auf. Ferner muss er entscheiden, welche im Curriculum oder Lehrplan an verschiedenen Stellen platzierten Lernziele bei dem Vorwissen einer bestimmten Lerngruppe in einer Unterrichtseinheit zusammen*gebündelt* werden können (quantitativer Aspekt). Und schließlich ist der Lehrer zumindest in Formen des offenen Curriculums und des lernzielorientierten Lehrplans wieder voll in seine didaktische Entscheidungsfreiheit gestellt, wenn er bei der konkreten Unterrichtsvorbereitung zur Formulierung von konkreten Unterrichtszielen bzw. einzelner Unterrichtsschritte aufgerufen ist.

b) Beim Umgang mit den Lernzielen, insbesondere ihrer konkretisierenden Umsetzung in den Unterricht und der damit verbundenen *Thematik (Lerninhalt)* einer Unterrichtsstunde greift in vollem Umfang die didaktische Analyse, wie sie in verschiedenen Ausformungen vom bildungstheoretischen Strukturmodell der Didaktik erarbeitet wurde (vgl. 4.4.3 und 4.5.2).

c) Hinsichtlich der im Unterricht verwendbaren *Methoden* ist der Berliner Schule für den Versuch zu danken, mit ihrer Methodensystematik konsensfähige Unterscheidungen im methodischen Begriffswirrwarr getroffen zu haben (vgl. hierzu ausführlich Punkt 5 und zu Medien Punkt 6).

Wie die zunächst zur Beschreibung und Analyse von Unterricht brauchbaren Elementarstrukturen als Orientierungsaspekte bei der Unterrichtsplanung Verwendung finden können, ist in Form einer unterrichtlichen Verlaufsskizze unter Punkt 4.5.4.2 dargestellt.

3. Als *handlungsleitende Grundsätze jeder Unterrichtsplanung* nennt die Berliner Schule die Prinzipien der Interdependenz, der Variabilität und der Kontrollierbarkeit.

a) Das *Prinzip der Interdependenz* besagt, dass in jeder Unterrichtsplanung eine „widerspruchsfreie Wechselwirkung der Planungselemente" gegeben sein müsse. Es ist also nicht damit getan, eine Unterrichtsstunde durch schrittweise aufeinanderfolgende Bearbeitung der Elementarstrukturen 1. bis 7. zu gestalten, vielmehr muss jeder neue Planungsschritt auch widerspruchsfrei zu den bereits vollzogenen passen.

Solche *Fragen zur Interdependenz der Planungselemente* könnten z. B. sein:

● Ist der ausgewählte Lerninhalt (5.) ausreichend geeignet für die Erreichung des Lernzieles? (4.)
● Ist die geplante Methode (6.) sowohl sachangemessen (5.) als auch adressatenangemessen, d. h., wird sie von den Schülern (1. + 2.) im hier geforderten Maße überhaupt beherrscht?
● Erleichtern die Medien (7.) die Erreichung der Lernziele (4.), oder treiben sie von ihnen weg? …

b) Das *Prinzip der Variabilität* meint
– die „absichtsvolle Bereitstellung von Alternativen" (der Lehrer baut vertiefende Zusatzangebote, differenzierende methodische oder mediale Maßnahmen usw. in seine Planung ein),
– das „Zulassen von Variationen" (der Lehrer geht auf planungsverändernde Interessenrichtungen, alternative Lösungsvorschläge und dergleichen mehr ein),
– die „nachträgliche Korrektur von Unterrichtszielen" und „Elastizität beim Ansteuern dieser Ziele", was kritische Nacharbeit am Unterricht und Einbezug der Schüler (so weit wie möglich) in die Gestaltung des Unterrichts bedeutet.

c) Das *Prinzip der Kontrollierbarkeit* versteht die Berliner Schule als *Kontrolle des Verhältnisses von Planung und tatsächlichem Verlauf.* In diesem Sinne kann sich der Lehrer z. B. in ein realistisches Zeitgefühl einüben, indem er die einzelnen Schritte seiner Unterrichtsvorbereitung mit geschätzten Zeitangaben versieht, denen er die tatsächlich im Unterrichtsverlauf verbrauchte Zeit gegenüberstellt. Meines Erachtens stellt es eine wünschenswerte Erweiterung der Bedeutung des Prinzips der Kontrollierbarkeit dar, es auch auf den Sachverhalt zu beziehen, dass eine Unterrichtsskizze so ausführlich gestaltet sein muss, dass sie für den Fachmann nachvollziehbar ist *(Maßstab für die Ausführlichkeit einer Unterrichtsskizze).*

4.4.5 Zum Beispiel: Kommunikationstheoretisches Strukturmodell der Didaktik

(Vgl. z. B. Biermann 1985; Mollenhauer 1982; Popp 1976; Schäfer/Schaller 1976; Schaller 1984 und 1987; Watzlawick u. a. 1990; Winkel 1980)

4.4.5.1 *Erziehungsverständnis der Kommunikativen Didaktik und Kritik am herkömmlichen Erziehungs- und Schulsystem*

Nach Schäfer/Schaller ([3]1976) hat Pädagogik als kritische Erziehungswissenschaft das permanent schlechte Gewissen der Gesellschaft zu sein, der sie ihre Mängel mit der Forderung nach Änderung vorhält. Aufgabe der Pädagogik ist „Veränderung der gesellschaftlichen Praxis auf dem Wege von Erziehung und Bildung" (S. 26), nicht nur Veränderung des Einzelnen, des Zöglings auf die Gesellschaft hin. Diese Veränderung der gesellschaftlichen Praxis setzt die Aufklärung der Wirklichkeit im Prozess der Kommunikation voraus, und sie vollzieht sie durch Kommunikation. Kommunikative Pädagogik fordert die Teilnahme am Prozess der Kommunikation, in dem der Einzelne sich im Umgang und in der Weiterentwicklung der gesellschaftlichen Erwartungen verwirklicht.

Erziehung ereignet sich im kommunikativen Umgang mit Sachen, Lerninhalten, Situationen usw. Erklärte Zielsetzung der kommunikativen Pädagogik ist also die Erziehung zur Rationalität im kritischen Umgang mit der Welt und auf dem Wege herrschaftsfreier Kooperation mit dem Ziel Handlungsfähigkeit. Wissen und Handeln sind im Vorgang der Kommunikation notwendig miteinander verschränkt. Eine solche Bestimmung von Erziehung versteht sich als Absage an subjektivistische Bildungsideale wie z. B. des Humanismus mit dem statischen Bild des Gebildeten. Wissen muss zum Handeln führen, nicht allein zur Selbstbereicherung.

Die traditionelle Leistungsschule bezeichnen Schäfer/Schaller (S. 79) ihrem Erziehungsentwurf gegenüber konsequenterweise als Manipulationsinstrument der Erziehung: „Im traditionellen Unterricht passen sich Schüler dem Erwartungshorizont des Lehrers an. Schüler müssen wie Orchestermitglieder die „Partitur" des Lehrers aus der Art und Weise, wie er agiert, erschließen und erraten. Sie werden also genötigt, ein Handlungsspiel entscheidend mitzutragen, dessen „Partitur" sie nicht kennen!" (Schäfer in Popp, 1976, S. 61)

4.4.5.2 *Standortbestimmung der Kommunikativen Didaktik*

1. *Akzentsetzung der Kommunikativen Didaktik*

Die Kommunikative Didaktik geht in der Betrachtungsweise des Unterrichts von der Akzentuierung aus, dass *Unterricht als kommunikatives Geschehen zu sehen sei, in welchem die anderen Didaktikansätze – neu bedacht – aufgehoben seien.*

Unterrichtliche Kommunikation und damit das pädagogische Verhältnis ist Kommunikation wie jede andere mit dem besonderen Merkmal, gesetzte Lernziele erreichen zu wollen und über diese als Mittel dem erkenntnisleitenden Interesse der Emanzipation verpflichtet zu sein. Emanzipation bedeutet in diesem Zusammenhang nichts anderes als die uralte pädagogische Forderung, die jungen Menschen zu kritischer Selbstbestimmung, „herrschaftsfreier Kooperation" und verantwortungsbewusstem Handeln freizusetzen, und zwar in dem und durch den Prozess der Kommunikation. Neben der Inhalts- und Vermittlungsdimension soll die soziale Beziehungsdimension des Unterrichts zumindest gleichgewichtig in unterrichtliches Planen und Handeln einbezogen werden. Es werden im Unterricht eben nicht nur Informationen zu Themen und Lerninhalten transportiert, sondern immer auch Informationen über die dabei mitschwingenden und tragenden Absichten und Beziehungen der Kommunikationsteilnehmer.

Schäfer definiert dementsprechend Didaktik folgendermaßen: *Didaktik* „analysiert als Wissenschaft vom Unterricht die kooperative Organisation, die kritische Vollzugsform und die curricularen Inhalte des Unterrichts" (in Schäfer/Schaller 1976, S. 124).

Die Schwerpunktsetzung der Kommunikativen Didaktik wird allein schon durch die Reihenfolge der Aufzählung ihrer Aufgaben deutlich: Ihr Anliegen ist vor allem die Interaktion aller am Unterricht Beteiligten, und zwar in der Vollzugsform des Subjekt-Subjekt-Schemas. Als gleich wichtig tritt hierzu die Vermittlung von Informationen.

2. *Ausgangspositionen der Kommunikativen Didaktik*

Als Vorläufer der Kommunikativen Didaktik können die Pädagogik des dialogischen Prinzips von M. Buber (1997) und die Pädagogik des pädagogischen Bezugs von H. Nohl (1958; vgl. hierzu Köck 1992, S. 193 f.) angesehen werden.

In direkter Bezugnahme orientiert sich die Kommunikative Didaktik an der Kritischen Theorie der Frankfurter Schule,

der Kommunikationstheorie,

der Handlungstheorie

und der Theorie des Symbolischen Interaktionismus.

Unterricht wird bestimmt als Kommunikation und Handeln mit lernbezogener Zielorientierung. Die Kommunikative Didaktik wendet sich gegen die einseitige – aber weit verbreitete – Ansicht, dass die Aufgabe des Unterrichts vor allem darin bestünde, eine Information möglichst optimal von einem Sender zu einem Empfänger zu transportieren.

4.4.5.3 *Zusammenfassung des Didaktikverständnisses der Kommunikativen Didaktik*

(In Anlehnung an die zehn Thesen zur Didaktik von Popp 1976)

1. Aufgabe der Didaktik ist Analyse und Planung von Lernprozessen, wobei die Bedingungen und Gesetzmäßigkeiten von Lernprozessen als „Wahrheiten auf Widerruf zu behandeln sind".

2. „Didaktik ist als realistisch-kritische Disziplin nicht so sehr aus auf die Festschreibung von Ergebnissen, sondern auf ihre weitere Untersuchung und Korrektur im Bewusstsein der Geschichtlichkeit und der notwendigen Pluralität der Perspektiven." Die Kommunikative Didaktik tritt nicht mit dem Anspruch auf ausschließliche Gültigkeit auf, sondern als offenes System.

3. Unterricht als Ergebnis didaktischer Analyse und Planung zielt auf die zunehmende Partizipation" und den „Aufbau kritisch praktischer Handlungsfähigkeit" der Lernenden in einem stets sich verändernden Umfeld ab.

4. Da „Interaktionen im didaktischen Feld durch Tradition und Organisationsstrukturen weitgehend verfestigt und ritualisiert sind", hat die Didaktik dafür Sorge zu tragen, dass diese Verfestigungen aufgedeckt und in alternative, unter Umständen eher lernprozessfördernde Handlungsspielräume erweitert werden.

5. Die „ideologiekritische Reflexion" als Aufgabe der Didaktik ergibt sich aus dem „Grundsatz der kooperativen Wahrheitssuche in einem offenen System, wie er durch die Komplexität, die Geschichtlichkeit und die situative Bedingtheit des Gegenstands der Didaktik gegeben ist".

6. Didaktik dient der Sensibilisierung der Lehrenden für ihre erzieherischen Aufgaben, die entgegen jeder aspekthaften Blickverengung darin bestehen, den Schülern eine Einheit

von Lernen und Handeln zu garantieren. Für das Unterrichtsgeschehen sind die Absichten und Handlungen aller Beteiligten maßgeblich. Daraus ergibt sich für die Forschung im pädagogischen Feld, dass sie zwangsläufig als Handlungsforschung erfolgt.

7. „Interaktionsprozesse im didaktischen Feld sollen mit Hilfe der Didaktik so analysiert und strukturiert werden, dass die Einführung in die gesellschaftliche Wirklichkeit als kritische Auseinandersetzung in einem kooperativen Lernprozess ermöglicht wird, in den auch die Lehrenden als Lernende einbezogen bleiben. ‚Didaktik als Aufklärung' (Halbfas) schließt Selbstaufklärung und entsprechende Lernprozesse mit ein." Kommunikative Didaktik versucht, das übliche Lehrer-Schüler-Gefälle im Sinne eines Abbaus komplementärer Beziehungen zugunsten symmetrischer Beziehungen zu überwinden.

8. Unterricht ist als umfassendes Interaktionsfeld mit vielfältigen Verflechtungen mit dem innerschulischen und außerschulischen Umfeld zu sehen und nicht als pädagogische Provinz zum Zweck des Informationsumsatzes. Für die Unterrichtsvorbereitung ergibt sich hieraus die Forderung, die Planung der Inhaltsvermittlung in ihrer Interdependenz mit den dabei wirkenden Interaktionsformen vorzunehmen. Informationsübermittlung im Unterricht erfolgt nicht um ihrer selbst willen, sondern zu dem Zweck, soziales Lernen, Ichfindung und verantwortungsbewusstes Handeln in der und für die Gesellschaft zu ermöglichen.

9. „Der Widerspruch und gleichzeitige Bedingungszusammenhang von Lehre und Fremdbestimmung einerseits und von Kooperation und diskursiver Auseinandersetzung andererseits ist nicht aufzulösen." Darin besteht die „pädagogische Paradoxie" (Mollenhauer), die als Dauerauftrag dazu aufruft, sie über Metakommunikation bzw. Diskurs situations-, rollen- und funktionsangemessen zu verringern. Das pädagogische Ziel liegt hier in erster Linie im Vollzug des Prozesses, der immer nur Teilerfolge bringen wird.

10. „Didaktik als Handlungswissenschaft hat die Aufgabe, über notwendige Veränderungen der Kommunikationsstrukturen aufzuklären und an ihrer Verwirklichung im Sinne emanzipatorischer Zielsetzung konkret zu arbeiten. Gleichzeitig muss sie, ohne diesen Anspruch aufzugeben, die Lernfähigkeit und die Innovationstoleranz des sozialen Systems realistisch ermitteln, gegebene Spielräume handelnd vermessen und durch Praxis sukzessive erweitern. Didaktisches Handeln könnte dadurch Modellcharakter bekommen für die intendierte kritisch-praktische Handlungsfähigkeit der Heranwachsenden."

4.4.5.4 Anregungen der Kommunikativen Didaktik für die Praxis

Artikel 1 des Grundgesetzes der Bundesrepublik Deutschland stellt fest: „Die Würde des Menschen ist unantastbar." Die Kommunikative Didaktik weiß sich konsequent dieser Grundaussage verpflichtet, wenn sie den herkömmlichen Unterricht einer kritischen Analyse unterzieht und ein in Gleichheit und gegenseitiger Achtung gründendes Verhältnis *aller* am Unterricht Beteiligten fordert. Für die Unterrichtspraxis ergeben sich aus diesem Ansatz folgende vordringliche Konsequenzen:

1. Unterricht muss durch die *ständige Arbeit an einer Mindestübereinstimmung im kommunikativen Handeln* geprägt sein, andernfalls besteht die Gefahr, aneinander vorbeizuhandeln. Hierher gehört die *Verständigung über die praktizierte Sprache* (Sprachbarrieren, Dialekt, Fachsprachen usw.) ebenso wie *vereinbarte und geübte Verfahren zur Regelung der Beziehungen. Die Fähigkeit zur Metakommunikation* (bzw. zur Diskursfähigkeit) ist *permanentes Unterrichtsziel und Unterrichtsprinzip gleichzeitig.* In den lebenslangen Vorgang des Erwerbs und der Korrektur der eigenen kritischen Teilhabe an der Alltagskommunikation

(Metakommunikation) ist der Lehrer ebenso wie seine Schüler einbezogen. Erfahrungsgemäß stößt die Auffassung der Kommunikativen Didaktik, dass der Lehrer nicht die Zentralfigur des Unterrichts ist, sondern voll in ihn integriert ist, zunächst auf Widerspruch oder Abwehr. Immerhin stellt sie Verhaltensmuster in Frage, die im herkömmlichen Unterricht jahrelang geformt wurden.

Das Zurücktreten und Sich-Integrieren wird dem Lehrer aber zusätzlich dadurch erschwert, dass er nun einmal Planungs- und Kontrollinstanz ist. Nach Schäfer kann es angesichts dieses Dilemmas für das Selbstverständnis des Lehrers hilfreich sein, wenn er sich als *Gruppenleiter im unterrichtlichen kommunikativen Handlungsfeld* versteht, dessen Aufgabe darin besteht, *alle Beteiligten in funktionierender Kommunikation um Sachen zu koordinieren*, das heißt mit anderen Worten, Situationen zu schaffen, in denen sich die Schüler eigenständig und kooperativ entfalten können. Dabei wird der Lehrer nicht von der Verantwortung freigesprochen, weiterhin ständig für funktionierende Kommunikation im Unterricht zu sorgen bzw. an ihrer Aufrechterhaltung mit den Schülern zu arbeiten.

2. Jeder Praktiker kann täglich erfahren, dass repressive Maßnahmen im weitesten Sinne Resignation, Aggression und Misstrauen bei den Schülern fördern. Ein Beziehungsgefüge auf solcher Grundlage macht Erziehung unmöglich. Die Kommunikative Didaktik schlägt deshalb den *Abbau des Zwanges zum Lernen durch Teilhabe der Schüler* vor, wo immer dies im Planungsbereich oder im Unterricht selbst möglich ist. Teilhabe der Schüler wird z. B. dadurch praktiziert, dass

– Lernziele vorgestellt, kurz begründet, in besonderen Fällen diskutiert werden,
– Unterrichtsmethoden gelegentlich gemeinsam mit den Schülern auf ihre Wirksamkeit hin hinterfragt werden,
– gegenseitige Verhaltenserwartungen offen ausgesprochen, Vorurteile bearbeitet, Kompromisse gefunden werden …

3. Der Unterricht sollte so geplant sein, dass *die Schüler* aus der – heute immer noch überwiegenden – *Reaktion zur Aktion* kommen. Dies bedeutet

– die Ablösung der vom Lehrer getragenen Einwegkommunikation,
– den Verzicht des Lehrers auf unterordnende Autoritätsstrukturen, die ihre Existenz in den meisten Fällen nicht böser Absicht, sondern mangelnder Reflexion eigenen Verhaltens verdanken,
– Spielraum für die Schüler, eigenes Denken und Handeln zu verwirklichen, statt nachzuvollziehen,
– Situationen für die Schüler, die sie zum Erproben und zum Erwerb angemessenen Rollenverhaltens anregen,
– Einübung in symmetrische Kommunikation, die aus grundsätzlicher Achtung der Person des Interaktionspartners auf abwertende und Zwang ausübende Kommunikationsformen verzichet u. a. m.

Es war schon immer ein erklärtes Ziel der pädagogischen Praxis, das die kommunikative Didaktik wieder aktualisiert, den jungen Menschen in die Selbstbestimmung und in den verantwortungsbewussten Umgang mit seiner Mitwelt und Umwelt zu entlassen. Dafür muss der *Unterricht Übungsfeld* sein.

4. Übungsfeld ist der Unterricht auch für den *Umgang mit den eigenen Gefühlen und mit den Gefühlen der anderen und mit der eigenen und fremden Wahrnehmung.*
Schüler und Lehrer üben hier u. a.
– aktives Zuhören,
– die Überprüfung von Selbst- und Fremdwahrnehmung durch Rückmeldung,

- die Wahrnehmung und Mitteilung eigener Gefühle,
- ihr nonverbales Repertoire,
- auf Störungen im Umgang mit der Sache zu achten. Die Schüler mit disziplinierenden Maßnahmen am Thema zu halten, vermag dem Lehrer die Erfüllung seines vorgenommenen *Lehr*zieles zu bringen, ob die Schüler aber auch ihr *Lern*ziel erreichen, dürfte fraglich sein. Die Schüler sollten also die Möglichkeit haben, *ihre* Ablenkung vom Thema *sofort* zu signalisieren ohne auf ein entsprechendes Signal des Lehrers warten zu müssen.

5. Ein Unterricht, der den *gruppendynamischen Aspekt bei Lernvorgängen* nicht ausdrücklich mitverfolgt und gegebenenfalls thematisiert, wirkt an seinen tragenden Bedingungen vorbei und verschenkt Möglichkeiten des sozialen Lernens. Die Arbeit an einem Unterrichtsgegenstand schließt immer auch die Arbeit an der damit verbundenen Selbstdarstellung des Einzelnen (Lehrer und Schüler) und die Arbeit an der Gruppe mit ein.

6. Die Kommunikative Didaktik fordert den *Einsatz aktivitäts- und kooperationsfördernder Methoden,* womit sie seit langem nicht allein steht. Gruppenarbeit, Diskussion, Problemlösungsverfahren, Projektlernen u. a. m. dürfen nicht Programm bleiben (mit Hilfe des Alibis Stofffülle und Zeitdruck), sondern müssen Praxis werden. Über diese Maßnahmen hinaus, die der Lehrer bereits bei der Unterrichtsplanung bedenkt, muss er sich in den Mut zu flexibler Unterrichtsgestaltung einüben, die in angemessener Rücksichtnahme auf die Erfordernisse der konkreten kommunikativen Situation besteht.

7. Da Schule keine pädagogische Provinz ist und ihrer Bestimmung nach auch nicht sein kann, sondern eingebunden in ein gesellschaftliches Umfeld u. a. wieder für eben dieses Umfeld qualifizieren soll, muss *die außerschulische Wirklichkeit in die schulische Kommunikation einbezogen werden.*
Dies als Grundanliegen des Unterrichts überhaupt zu verwirklichen, ist Sache der Curriculumforschung und der Lehrplanarbeit. Für den Lehrer liegen darüber hinaus Chancen

- in intensivierter Elternarbeit, die über die meist als lästig empfundenen – weil unattraktiv gestalteten – Elternabende hinausreicht,
- im Einbezug der Arbeitswelt in die schulischen Aufgaben,
- im aufmerksamen und kritischen Eingehen auf aktuelle gesellschaftliche Probleme u. a. m.

Die dargestellten Empfehlungen der Kommunikativen Didaktik für die Unterrichtspraxis werden nicht als Ergebnisse neuester Forschung in die Pädagogik eingebracht, so sehr manche Detailerkenntnisse zum zwischenmenschlichen Leben und damit auch zum Lehrer-Schüler-Verhältnis vor allem durch die Kommunikationsforschung vertieft und präzisiert wurden. Dies lässt den Schluss zu, dass diese seit alters bekannten pädagogischen Forderungen in der gegebenen Schulwirklichkeit schwer umzusetzen sind. Veränderung vollzieht sich im kommunikativen Bereich aber letztlich nicht durch spektakuläre Schulreformen oder gar über Verordnung, sondern dadurch, dass der einzelne Lehrer in seinen gegebenen Verhältnissen sein Selbstverständnis ständig kritisch überprüft und sein Zusammensein mit den Schülern mit Leben in des Wortes voller Bedeutung erfüllt.

4.4.6 Zum Beispiel: Systemisch-konstruktivistisches Strukturmodell der Didaktik

(Vgl. z. B. Duncker u. a. 1993; Hensel 1995; Hentig 1996; Heursen 1997; Kösel 1997; Lenk 1977–1984; Luhmann 1987; Maturana/Varela 1995; Maturana 1997; Müller 1996 (2 ×); Oelkers/Tenorth 1987; Rapaport 1987; Reich 1997; Schulz 1997; Siebert 1994 und 1996; Struck 1996 und 1997; Vester 1990 und 1997; Voß 1998; Wiater 1999; Willke 1993–1995)

4.4.6.1 Alter Wein im neuen Schlauch?

Der systemisch-konstruktivistische Ansatz in der Didaktik erfreut sich zunehmender Akzeptanz in der schulpädagogischen Lehre, seine Umsetzung bereitet aber angesichts der bestehenden Schulstruktur und der fest etablierten didaktischen Grundanschauungen in der Unterrichtspraxis erhebliche Schwierigkeiten. Dabei blickt der Konstruktivismus in seinem schulpädagogischen Verständnis auf eine beachtliche Ahnengalerie zurück, z. B. allein in der Neuzeit auf Gianbattista Vico (1668–1744; man kann nur erkennen, was man auch tun kann), George Berkeley (1684–1753; das Sein besteht nur im Wahrgenommenwerden), David Hume (1711–1776), Immanuel Kant (1724–1804; die Wirklichkeit wird durch unseren Erkenntnisapparat aufgebaut), Wilhelm Dilthey (1813–1911; Vater der Phänomenologie), Ludwig Wittgenstein (1889–1951), Jean Piaget (1896–1980; Buchtitel: Die Konstruktion der Wirklichkeit beim Kind) und Karl R. Popper (1902–1998). Wie oft in der Schulpädagogik geht es auch hier darum, lange bekannte Erkenntnisse zu aktualisieren, mit Ergebnissen von Detailforschung anzureichern, in neue Zusammenhänge zu stellen und auf ihre Realisierbarkeit hin zu prüfen.

4.4.6.2 Grundannahmen des systemisch-konstruktivistischen Didaktikansatzes

1. Gesellschaft, Schule, Gruppen und Personen werden jeweils als *soziale Systeme* oder Teilsysteme in einem umfassenden System gesehen. Nach Allport wird „ein System ... als ein Komplex von Elementen in Wechselbeziehungen" definiert.

Im Einzelnen ist ein soziales System durch folgende *Merkmale* charakterisiert:

- Ein soziales System ist mehr als die Summe seiner Elemente. Die wechselseitigen Beziehungen zwischen den Elementen sind es, die einem System seine spezifische unverwechselbare Ganzheit verleihen (vgl. z. B. die Individualität eines jeden Menschen).
- Soziale Systeme zeichnen sich aus durch sinnhafte Selbstorganisation und -steuerung. Ihre hohe Störanfälligkeit aufgrund ihrer Wechselbeziehungen intern und zu Mit- und Umwelt erfordert selbstregulierende Anpassungsmechanismen, die ihren Fortbestand sichern (vgl. z. B. in Gruppen die Positions- und Rollenverteilung, Regeln, Rituale, Reviere, formelle und informelle Ordnungen!).
- Soziale Systeme sind relativ geschlossen, d. h. sie stehen zwar in Wechselbeziehung zu anderen sozialen Systemen, grenzen sich aber ihrerseits durch ihre Eigenart von anderen sozialen Systemen ab. Diese Tatsache schließt z. B. den direkten, auf Veränderung zielenden Eingriff in ein soziales System von außen ohne dessen bejahte Eigenleistung aus. Vielleicht erklären sich heraus so manche geringe Lerneffekte trotz hohen Aufwandes.
- Soziale Systeme erstreben Stabilität bei gleichzeitiger, vorsichtiger Entwicklung. Dabei sind sie auf geplante und ungeplante Entwicklungsanstöße von außen angewiesen, unabhängig aber in der Ableitung und Ausführung von Konsequenzen. In Lehr-Lern-Prozessen erzwungene Konsequenzen, die sich der Lernende also nicht zur eigenen Sache gemacht hat, werden unwillig oder gar nicht oder für schnelles Vergessen programmiert an den Systembestand auf Zeit angekoppelt, aber nicht integriert.

2. Der *Konstruktivismus* (von lat. construere = zusammenfügen, erbauen) interessiert in der Schulpädagogik in seiner erkenntnistheoretischen Variante:

- Danach existiert die Wirklichkeit für den Menschen nicht an sich, objektiv vorgegeben, sondern als subjektive Vorstellungswelt. Der Mensch konstruiert die Wirklichkeit durch Wahrnehmung und Erkennen, d. h. er entdeckt nicht vorgegebene Welten (z. B. durch

Mitlaufen auf der Erkenntnisspur des Lehrers), sondern er erfindet sie. Der Mensch verfügt nicht über die äußere Wirklichkeit, wie sie tatsächlich ist, sondern lediglich über seine Ansicht von der Wirklichkeit. Effektives Handeln, u. U. sogar das Überleben hängen aber davon ab, in welchem Ausmaß äußere Wirklichkeit und das Vorstellungsbild des Menschen von dieser Wirklichkeit übereinstimmen und inwieweit zwischen den Menschen Einverständnis über ihre Vorstellungsbilder erzielt wird. Exakt an diesem Punkt setzen Auftrag, aber auch Ohnmacht von Erziehung und Unterricht an.

● Wenn Objektivität der Erkenntnis nicht möglich ist, so aber wenigstens Intersubjektivität. Die Chance der Erkenntnis liegt neben der eigenen Konstruktion der Wirklichkeit in dem Abgleich der verschiedenen Wirklichkeitskonstruktionen der verschiedenen Menschen durch Verständigung. Die evolutive Entwicklung unserer Wahrnehmungs- und Erkenntnisfähigkeit scheint dabei nicht nur der Wirklichkeit an sich relativ nahe zu kommen, sondern auch den erwähnten Abgleich zu begünstigen. Fehlinterpretationen und konfliktreiche mangelhafte Verständigung bleiben allemal noch genug übrig, wie der Alltag nicht nur bei Lernvorgängen zeigt.

● In Übernahme von Jean Piaget beschreiben die Vertreter der systemisch-konstruktivistischen Didaktik den Lernprozess als selbst gesteuerte Entwicklung kognitiver Schemata:
Ein wegen seiner Funktionstüchtigkeit beruhigend wirkender Gleichgewichtszustand (Homöostase, Äquilibration) z. B. in Wissen und Können erweist sich angesichts einer neuen Aufgabe als unzureichend. Nach mehrfacher Prüfung, ob das Problem nicht doch noch mit den bisherigen Strategien zu lösen ist (Vorgang der Assimilation: die neue Aufgabe wird der bisherigen Wirklichkeitskonstruktion unterworfen) ergibt sich zwangsweise die Notwendigkeit, die gewohnte Wirklichkeitskonstruktion der veränderten Situation bzw. der neuen Aufgabe anzupassen, d. h. dazuzulernen (= Vorgang der Akkomodation); ein neuer – erweiterter – Gleichgewichtszustand ist erreicht.

3. Der *Interaktionstheorie* in ihrer aktuellen Fassung verdankt der systemisch-konstruktivistische Ansatz in der Didaktik den umfassenden Blick auf die Komplexität der sozialen Interaktion. Diese bezeichnet zunächst die auf sprachlicher und nichtsprachlicher Kommunikation beruhende Wechselwirkung zwischen zwei oder mehreren Personen mit verhaltensbeeinflussender Wirkung. Um soziale Interaktion handelt es sich also, wenn zwei oder mehrere Personen ein Gespräch miteinander führen, aber ebenso wenn z. B. ein Lehrer seine Schüler durch Gesten und Mimik zur Mitarbeit auffordert oder der Schüler den Lehrer durch provozierende Haltung aufbringt. Das für diesen Zusammenhang besonders bedeutsame interpretative Paradigma besagt, dass soziale Interaktionen maßgeblich von der subjektiven Sicht des Bedeutungszusammenhanges bestimmt werden, also davon z. B. welche Erfahrungen die Interaktionspartner teilen, welche Erwartungen sie ineinander setzen, welche Vorurteile sie gegeneinander hegen, wie sie die gemeinsame Situation der Interaktion (z. B. Lernvorgang) beurteilen, welche Rolle sie dabei für sich selbst in Anspruch nehmen und den anderen zugestehen, welche Bedeutung sie dem Kommunikationsgegenstand beimessen usw.

Die aktuelle Interaktionstheorie weitet allerdings ihren Blick von dem beschriebenen unmittelbaren Interaktionsgefüge aus auf die verhaltensbeeinflussenden Systeme, welche die Interaktionspartner jeweils sozusagen als persönliche Mitbringsel in die Interaktion mit einbringen; jeder bringt eben seinen aktuellen Bestand an Lebenswelten und Wirklichkeitskonstruktionen mit. (Vgl. zur weiteren Grundlegung und vor allem zu unterrichtspraktischen Konsequenzen die Ausführungen zum kommunikationstheoretischen Strukturmodell der Didaktik unter 4.4.5.)

4. Einen weiteren Baustein für ihren Ansatz fand die systemisch-konstruktivistische Didaktik mit der *Handlungstheorie,* die einschließlich ihrer Praxiskonsequenzen ausführlich unter 5.5.1.3/7.: „Handlungsorientierter Unterricht" dargestellt ist.

4.4.6.3 *Unterrichtspraktische Konsequenzen der systemisch-konstruktivistischen Didaktik*

1. Lernen heißt nicht, Vorgegebenes abbilden, sondern *Eigenes gestalten = konstruieren von Wirklichkeit.* Dies bedeutet den Abschied von der Abbild- und Belehrungsdidaktik und die Hinwendung zur „Animationsdidaktik" (Siebert), die Wendung von der Buch- und Redeschule zur Denk- und Handlungsschule.

2. Animation bedeutet das *vom Schüler her bedachte Angebot von Lernsituationen,* manchmal auch nur das Zulassen derselben, in denen der Schüler mit seinen ihm zur Verfügung stehenden Möglichkeiten seine Ansicht von Wirklichkeit aufbauen kann. Je weniger eigene Wirklichkeitskonstruktion dem Schüler zugestanden wird, desto weniger angemessen fällt seine Sicht der Wirklichkeit aus. Dem Schüler zwangsweise eingetrichterte Fremdansichten von Wirklichkeit entfremden ihn im wahrsten Sinne des Wortes der Wirklichkeit, mit den bekannten Effekten geringen Behaltswerts und mangelhafter Handlungstauglichkeit.
Konkret: Moralische Urteilsfähigkeit kann nicht durch Belehrung vermittelt werden, sondern nur durch eigene, erprobende Einübung in moralische Urteilsformen in verkraftbaren Alltagssituationen.

3. Da jeder seine eigene Wirklichkeitssicht aufbaut, muss *Unterricht verständigungsorientiert* angelegt sein, d. h. dem Austausch verschiedener Wirklichkeitskonstruktionen viel Raum geben. Verständigung ist hier als Plattform für korrigierende Arbeit an der eigenen Wirklichkeitskonstruktion im Vergleich mit denen der Mitschüler und des Lehrers zu verstehen, einzige Chance – abgesehen von der zu kurz greifenden Law-and-order-Strategie –, sowohl fremdbestimmte und angepasste Mitläufer als auch Chaoten zu vermeiden.

4. Verständigung setzt *klare Beschreibungen der Wirklichkeitskonstruktionen aller* am Unterricht Beteiligten voraus, z. B. die Klärung der wechselseitigen Verhaltenserwartungen oder der gegenwärtigen Ausgangslage in der Sicht der Wirklichkeit zu einem beliebigen Problem.

5. Von der Wirklichkeitskonstruktion z. B. des Lehrers *abweichende Wirklichkeitskonstruktionen der Schüler müssen beachtet werden.* Nicht Vereinheitlichung mit Zwang ist hier angesagt, sondern Anleitung zur Lernprozessbeobachtung, zur Fehlersuche und zur Eigenkorrektur von Fehlleistungen über Verständigungsprozesse.

6. *Zusammengefasst:* „Lernen ist (nach Siebert) – nicht nur, aber auch – die Überprüfung unserer Wirklichkeitskonstruktionen hinsichtlich ihrer Viabilität" (= Gangbarkeit), was beständige Arbeit an der eigenen Lebenswelt bedeutet.

(Vgl. detaillierte Unterrichtstipps unter 4.4.5.4 und 5.5.1.3/7.)

4.5 Praxis der Unterrichtsplanung: Tipps, Planungshilfen, Beispiele

(Vgl. z. B. Adl-Amini/Künzli 1991; Aselmeier/Vogel 1992; Grell/Grell 1996; Haas 1998; Köck 1973; Meyer 1993, 1996, 1997; Peterßen 1994 u. 1996; Sandfuchs 1987; Schulz 1991; Witzenbacher 1994; Zimmermann 1977)

Wenn in der neueren Lehr-Lern-Forschung von Unterrichtsvorbereitung und didaktischer Analyse die Rede ist, *interessiert nicht nur die technische Seite der Planungsarbeit, sondern auch die das Ergebnis wesentlich beeinflussende Einstellung des Lehrer zu seiner Arbeit.* Dabei spielen nicht nur die grundsätzliche Einstellung zu seinem Beruf und Augenblicksstimmungen eine Rolle, sondern auch seine bevorzugten kognitiven Strategien und Theorieabhängigkeiten. Bestimmtes Planungs- und Vermittlungsverhalten (Prozess) führt zu bestimmten Wirkungen (Produkt). Die vorwiegend produktorientierte Unterrichtsplanung unter technischen Aspekten ist also zu einem *Prozess-Produkt-Modell* auszuweiten.
Andernfalls werden durch die Aussparung der kritischen Reflexion des Vermittlerverhaltens folgenschwere Verkürzungen der unterrichtlichen Tätigkeit des Lehrers riskiert. Die Lehr-Lern-Forschung geht z. B. folgenden speziellen Fragen nach (vgl. z. B. Peterson 1978):

- *Welche Reihenfolge halten die Lehrer bei ihrer Planungsarbeit ein?*
  Die Reihenfolge Stoff, Methode, Schüler, Medien, zuletzt erst Lernziele macht verständlich, weshalb der – meistens schon in seinem theoretischen Ansatz missverstandene – lernzielorientierte Unterricht kaum eine Chance hatte, den Sprung von der Theorie in die Praxis zu schaffen.
  Die zitierte Reihenfolge bringt aber auch die Schüler viel zu spät ist Spiel, auf die hin bzw. von denen her das gesamte Unternehmen Unterricht zu planen ist.

- *Wie schätzen Lehrer den Zweck ihrer Planungsarbeit?*
  In erster Linie sind sie (gemäß Befragung) daran interessiert, durch Unterrichtsplanung eigene Unsicherheiten zu überwinden. Der ebenfalls genannte Grund einer effektiveren Lernplanung für die Schüler wird mit zunehmender Sicherheit der Lehrer von unterrichtlichen Routineverläufen überlagert.

- Aufschlussreiche Ergebnisse ergeben sich auch auf die Fragen, *wie sich eher konservative und eher progressive Unterrichtstheorien der Lehrer auf ihren Unterricht auswirken,* und welche Einflüsse der Umgebung, der Schulatmosphäre und der Interaktionen im Kollegium und zu Vorgesetzten auf die Planungs- und Unterrichtsarbeit des Lehrers einzukalkulieren sind.

4.5.1 Planungsarbeiten in der Übersicht
oder: vom Lehrplan zum Unterrichtsinhalt

Jeder Lehrer entwickelt – den Bedürfnissen seiner schulischen Arbeit und seiner Vorliebe angepasst – im Laufe der Zeit ein je eigenes System von Planungsaktivitäten. Dabei sollten sich Ökonomie und Effizienz des Vorgehens möglichst optimal ergänzen. Die folgenden begründeten Vorschläge für die schulischen Planungsarbeiten stellen das Minimum dar, das m. E. für deren erfolgreiche Durchführung bei gleichzeitig vertretbarem Aufwand erfüllt werden muss.

Die Form ist jederzeit veränderbar.

Als *übersichtliche Merkhilfe* für den Vorgang der didaktischen Analyse, deren Kernaufgabe in der Aufbereitung eines Lehrplaninhaltes für den konkreten Unterrichtsvollzug besteht, bewährt sich die sog.

4-R-Methode

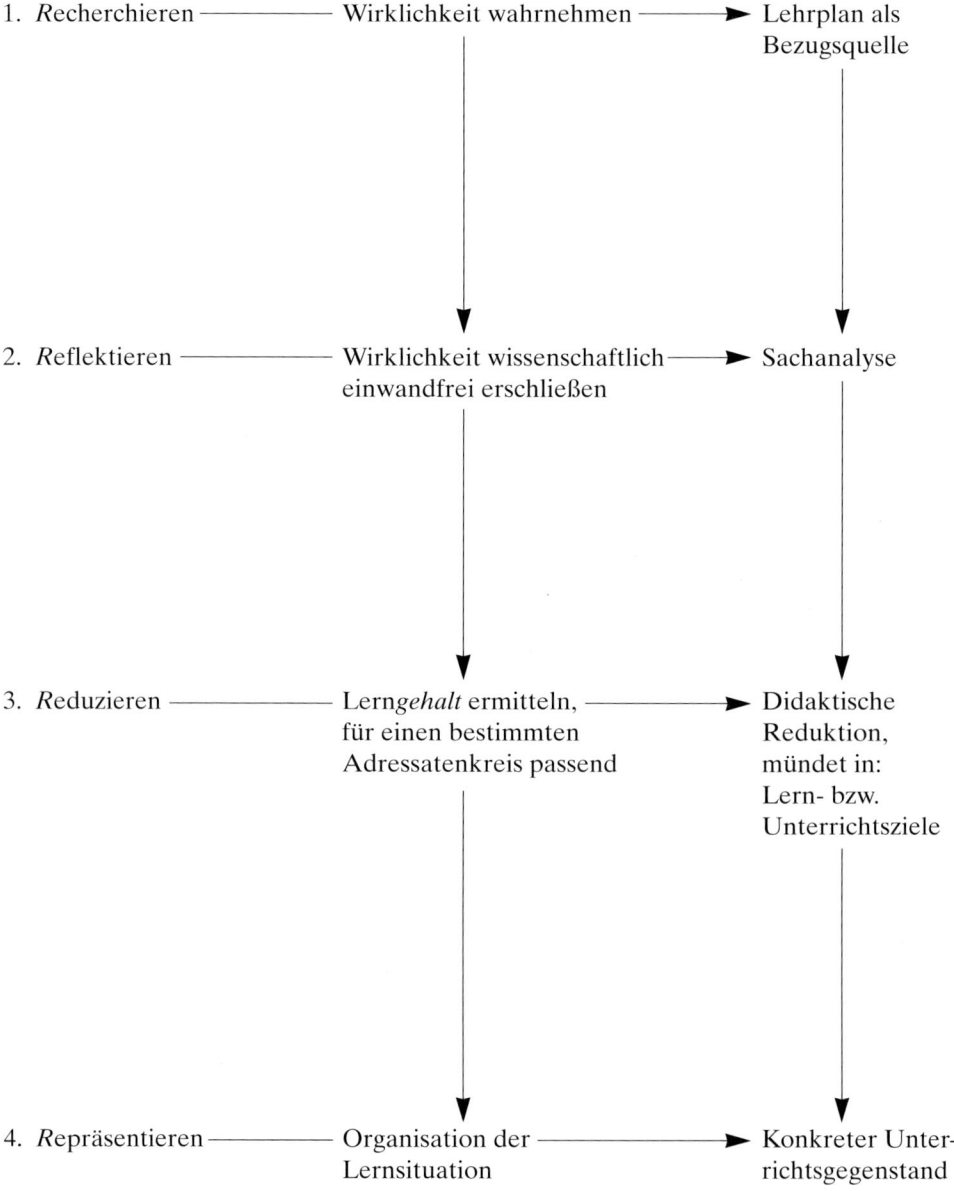

1. *Recherchieren* ——— Wirklichkeit wahrnehmen ——▶ Lehrplan als Bezugsquelle

2. *Reflektieren* ——— Wirklichkeit wissenschaftlich ——▶ Sachanalyse einwandfrei erschließen

3. *Reduzieren* ——— Lern*gehalt* ermitteln, ——▶ Didaktische für einen bestimmten Reduktion, Adressatenkreis passend mündet in: Lern- bzw. Unterrichtsziele

4. *Repräsentieren* ——— Organisation der ——▶ Konkreter Unter- Lernsituation richtsgegenstand

4.5.1.1 Detaillierte Übersicht über die Planungsschritte

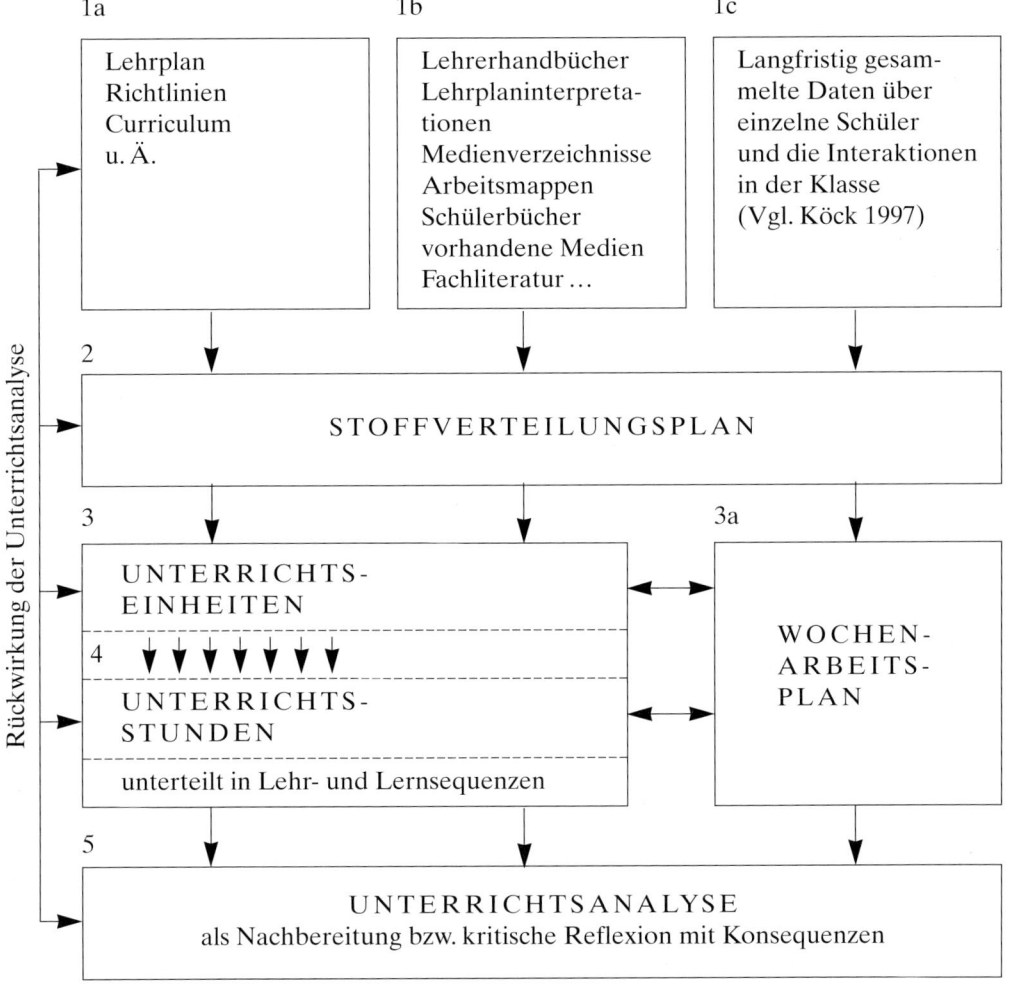

4.5.1.2 Erläuterungen zu den einzelnen Planungsschritten

Zu ①

Zur Klärung: Lehrplan und Curriculum

(Vgl. z. B. Apel 1991; Dörpfeld 1873 (1962); Dolch 1959 (^{4}1994); Draxler 1997; Kerschensteiner 1890; Künzli/Hopmann 1998; Robinsohn 1967; Trapp 1780; Weniger 1952 (^{3}1963)

> Der *Lehrplan* ist als Ordnungsmittel schulischen Lernens und Lehrens zu verstehen. Er bietet:
> 1. Die Auswahl der Lerninhalte für den Unterricht nach fachlichen, gesellschaftlichen und pädagogischen Aspekten,
> 2. die Verteilung der ausgewählten Lerninhalte auf die einzelnen Jahrgangsstufen und
> 3. die Abfolge der ausgewählten Lerninhalte im Unterricht der einzelnen Jahrgangsstufen.

Lehrpläne, die als Bildungspläne, Rahmenpläne, Richtlinien auftreten, setzen auf große Entscheidungsfreiheit des Lehrers auch bezüglich der Unterrichtsinhalte.

> *Curriculum* bezeichnet nach einer Definition des Bildungsgesamtplans 1973 ein System für den Vollzug von Lernvorgängen in Bezug auf definierte und operationalisierte Lernziele. Es umfasst:
> - Lernziele (Qualifikationen, die angestrebt werden sollen)
> - Inhalte (Gegenstände, die für das Erreichen der Lernziele Bedeutung haben)
> - Methoden (Mittel und Wege, um die Lernziele zu erreichen)
> - Situationen (Gruppierung von Inhalten und Methoden)
> - Strategien (Planung von Situationen)
> - Evaluation (Diagnose der Ausgangslage, Messung des Lehr- und Lernerfolgs mit objektivierten Verfahren).

Das Ausmaß der Verbindlichkeit dieser Angaben entscheidet darüber, ob es sich um die Form des *geschlossenen Curriculums* (der Unterricht ist durch Lernpakete bis in die Details vorstrukturiert) oder um die Form des *offenen Curriculums* (die Angaben zur Organisation und Überprüfung des Unterrichts haben den Charakter von Empfehlungen) handelt.

Während Varianten des Lehrplans in der Regel auf normativer Setzung beruhen, d. h. auf bewährter Überlieferung, den Vorgaben der Fachwissenschaften, den Anforderungen gesellschaftlicher Institutionen und den maßgeblichen Erkenntnissen der aktuellen Schulpädagogik, werden die Lernziele und Lerninhalte des Curriculums – im Idealfall –

- im Kontext der historischen und gesellschaftlichen Gesamtsituation empirisch-analytisch gewonnen,
- praxis-, situations- und zukunftsorientiert konzipiert,
- dem ständigen Wandel der Lebenswirklichkeit entsprechend fortlaufend revidiert,
- für den Unterrichtsvollzug operationalisiert (vgl. 3.1.3.)
- und auf ihre Angemessenheit und Effektivität hin überprüft, d. i. evaluiert.

Bei der Übernahme einer neuen Jahrgangsstufe oder der Einführung neuer Lehrpläne ist dem Lehrer anzuraten, sich einen gründlichen Überblick über die Themenbereiche des Lehrplans zu verschaffen. Bei der Erstellung eines Stoffverteilungsplanes ② ergibt sich die orientierende und ordnende Sichtung des Lehrplans ohnehin, zugegebenermaßen eine zeitaufwendige Planungsarbeit – am besten noch vor Beginn eines Schuljahres –, die sich aber im weiteren Verlauf des Schuljahres auszahlt.

Der Überblick soll dem Lehrer helfen, u. a.

- evtl. eigene fachliche Defizite festzustellen,
- sich gegebenenfalls über Fortbildungsmaßnahmen (private oder institutionalisierte) auf den neuesten Stand zu bringen,
- seine eigene und/oder die Schulbibliothek mit aktueller Fachliteratur zu versorgen,
- seine Schule und die Medienzentralen (z. B. Kataloge der Landesbildstellen) nach geeignetem Unterrichtsmaterial zu durchforsten,
- Angebote von Lehrmittelverlagen zu prüfen,
- arbeitsentlastende Lehrerhandbücher zu sichten,
- nötiges Arbeitsmaterial zu beschaffen oder über den Aufwandsträger rechtzeitig zu bestellen …

Da Unterrichtsplanung bereits auf dieser Planungsebene auf eine bestimmte Zielgruppe (Klasse oder Jahrgangsstufe) ausgerichtet ist, empfiehlt sich ebenfalls gleich zu Beginn eines neuen Schuljahres die *Vorbereitung entsprechender Formblätter für eine kontinuierlich durchzuführende Datensammlung* (1c) *über jeden Schüler und über die Interaktionsstruktur in der Klasse* (vgl. konkrete Gestaltungsvorschläge in Köck 1997).

Zu (2)

Sichtbares Ergebnis der ordnenden Orientierung (1) ist der *Stoffverteilungsplan,* der – wenn er mehr sein will als lediglich eine andere Fassung des Lehrplans – folgenden Zwecken dient:

● Die Lernziele und Themenbereiche des Lehrplans werden nach sachlogischen Gesichtspunkten ausgewählt und aneinandergereiht. Die dabei leitenden Prinzipien sind Exemplarität und Lernzielbündelung.

  – Das *Prinzip des Exemplarischen* hält dazu an, solche Themenbereiche auszuwählen, die durch Zugänglichkeit, Aufbau, Kernaussagen besonders geeignet sind, ein Stoffgebiet zu erschließen. Das ausgewählte Beispiel tritt an die Stelle doch nie erreichbarer Vollständigkeit. Die Auswahl leitet *der qualitative Aspekt* des Elementaren, Fundamentalen, Kategorialen, der dem Beispiel zu eigen ist.
  Im Stoffverteilungsplan werden die unter dem Gesichtspunkt des Exemplarischen ausgewählten *Lernziele und Themenbereiche wörtlich aus dem Lehrplan übernommen,* die damit gleichzeitig abgedeckten Lernziele und Themenbereiche werden mit ihrer Ziffer im Lehrplan genannt, um sie gegebenenfalls schnell auffinden zu können.

  – Das *Prinzip der Lernzielbündelung* führt Lernziele und Themenbereiche von verschiedenen Fundstellen des Lehrplans zu einer Unterrichtseinheit zusammen. Die Begründung liefern die *eher quantitativen Ordnungsaspekte* der Zusammengehörigkeit, Ähnlichkeit, Aufeinanderfolge.
  Im Unterricht werden alle derart gebündelten Lernziele und Themenbereiche angesprochen, allerdings mit geringerem Aufwand, als er bei isolierter Behandlung nötig wäre.

● Ein weiterer Zweck des Stoffverteilungsplans wird mit der *realistischen Verteilung der Mindestanforderungen* des Lehrplans auf die tatsächlich verfügbare Unterrichtszeit erfüllt, die sich nach Abzug von Ferien, Skilager, Schullandheimaufenthalt und Feiertagen ergibt.

● Nach Schulart und Schulverständnis verschieden können bei der Stoffverteilung auch *jahreszeitliche Aspekte, Feste, Feiern, (jahrgangsübergreifende) Projekte* von Bedeutung sein.

● Der Stoffverteilungsplan koordiniert die Vorgaben des Lehrplans mit den erzieherischen, didaktischen und methodischen Fähigkeiten und Ideen des Lehrers und mit dem greifbaren Medien- und Materialangebot. So gesehen stellt er die Übersetzung des Lehrplans für eine bestimmte Zielgruppe in der persönlichen Handschrift des Lehrers dar.

● Im Stoffverteilungsplan werden nach Absprache mit den betroffenen Kollegen fächerübergreifende Themenbereiche platziert. Nur kooperativ erarbeitete und verbindliche Zeit- und Inhaltsangaben können sicherstellen, dass die sog. fächerübergreifenden Erziehungs- und Unterrichtsanliegen nicht auf der Strecke bleiben (vgl. dazu 2.2.4. und die jeweils aktuellen Anforderungskataloge in den Lehrplänen!).

● Als unmittelbare Arbeitsvorgabe für die tägliche Unterrichtsvorbereitung ist der Stoffverteilungsplan *ständiger Veränderung ausgesetzt.* Der Lehrer arbeitet z. B. kontinuierlich neu entdeckte Fachliteratur, Medien- und Materialhinweise ein und notiert vor allem aufgrund des abgelaufenen Unterrichts Konsequenzen, die in wiederholten Unterrichtsverläufen beachtet werden müssen.

Für den nachfolgenden *Formularvorschlag eines Stoffverteilungsplans* können aus der praktischen Erprobung einige Empfehlungen abgeleitet werden:

- Loseblattverfahren wegen der leichteren Austauschbarkeit.
- Um ausreichend Platz zu gewinnen, empfiehlt sich die Verteilung der Spalten über zwei DIN-A4-Seiten, so dass insgesamt für jeden Monat ein Formblatt im Format DIN A3 zur Verfügung steht.
- Um bei einem evtl. nötigen Blattaustausch möglichst ökonomisch verfahren zu können, die Rückseiten der Formblätter nicht beschriften.
- Der Stoffverteilungsplan soll den schnellen Überblick über die unterrichtlichen Planungsarbeiten jeweils eines ganzen Monats ermöglichen. Dies erfordert Abkürzungen, die der Lehrer zum Zweck leichterer Nachvollziehbarkeit (Vertretung, Beurteilung ...) in einer Legende auf dem Titelblatt erläutern sollte.

Formularvorschlag für den Stoffverteilungsplan

Fach:	Jahrgangsstufe:				
Monat:					
Lernziele und Themenbereiche ⎯⎯⎯⎯ Fächerübergreifende Aufgaben	Fundorte im Lehrplan	Geplante Lernzeit	Anmerkungen zu den Lerninhalten (Literatur...)	Medien (genaue Angaben mit Bestell-Nr. usw.)	Materialien Lehrmittel a) vorhanden b) anzufertigen

Des Platzgewinns wegen empfiehlt es sich, das Formular über 2 DIN-A4-Seiten aufrecht, also DIN A3 anzulegen!

Zu ③

Eine *Unterrichtseinheit* bezeichnet die für die vorgesehene Vermittlung eines in sich geschlossenen Themenbereichs nötigen und zusammengehörenden Lehr- und Lernsituationen. Sie kann bei einem eng begrenzten Thema mit einer Unterrichtsstunde zusammenfallen, in der Regel aber umfasst sie mehrere Unterrichtsstunden.

In der Ausbildungspraxis steht die Planung einzelner Unterrichtsstunden im Vordergrund, um die Referendare an überschaubaren Lehr- und Lernsituationen mit den Grundfähigkeiten des Unterrichtens vertraut zu machen. *Für die schulische Alltagspraxis ist allerdings die Planung in Unterrichtseinheiten vorzuziehen.* Die Planung im zeitlich größeren Rahmen der Unterrichtseinheit wirkt dem Zerhacken zusammengehöriger Themen in Einzelstücke entgegen, erleichtert die Gewichtung von Kerninformationen und unerlässlichen Operationen der Schüler und ökonomisiert die Beschaffung von speziellen Vorbereitungshilfen, von Lernmaterial und Medien. Außerdem lassen sich aus dem Überblick von Unterrichtseinheiten, der auch den Schülern bekannt sein sollte, die Schwerpunkte der einzelnen Unterrichtsstunden leichter ableiten, ohne den Sinnzusammenhang des Gesamtthemas, Lehrgangs, Projekts aus dem Auge zu verlieren.

Ein weiterer Vorteil der Unterrichtseinheit besteht darin, über die fachbezogene Arbeit hinaus fächerübergreifende Verbindungslinien zu entdecken und rechtzeitig einzuplanen (z. B. durch Absprache mit den betroffenen Fachkollegen).

Zu ③a

Eine eher organisatorische Hilfe verspricht die *Anlage von Wochenarbeitsplänen.* Sie erleichtern es insbesondere dem Anfänger im Lehrberuf, der noch nicht auf erprobte und evtl. revidierte Unterrichtseinheiten zurückgreifen kann, von der kurzfristigen Einzelstundenplanung auf die Vorbereitung von Unterrichtseinheiten umzusteigen und die Material- und Medienbeschaffung ökonomischerweise wenigstens für eine ganze Woche gebündelt zu betreiben.

Mit Anmerkungen in der Nachbereitungsphase versehen, kann der Wochenarbeitsplan zu einem sinnvollen Instrument der Unterrichtsanalyse weiterentwickelt werden. (Vgl. Formularvorschlag Seite 172!)

Zu ④ und ⑤

Die Planung einzelner *Unterrichtsstunden* verfolgt den Zweck, eine Unterrichtseinheit in mehreren Abschnitten *für eine bestimmte Zielgruppe aufzubereiten. Dazu gehört*

– die lückenlose Anbindung der Unterrichtsstunden an die Vorstunden und damit an das Eingangswissen und -können der Schüler;
– die Formulierung operationalisierter Lernziele als sinnvolle Handlungseinheiten;
– die sachlogische *und* adressatengemäße Strukturierung der Lerninhalte und damit die geordnete Gliederung der Unterrichtsstunde in aufeinanderfolgende Lehr- und Lernsequenzen;
– die Erarbeitung eines bei der aktuellen Lerngruppe mutmaßlich wirksamen motivierenden Einstiegs;
– die Formulierung einer für die Schüler verständlichen Zielangabe;
– die Aktivierung von Methodenkenntnissen, die in dieser Lerngruppe bereits sicher beherrscht werden bzw. ausdrückliches Lernziel sein sollen;
– die Berücksichtigung gruppendynamischer Gegebenheiten in der Lerngruppe;
– die Einplanung von Phasen für Teil- und Gesamtzusammenfassungen, für Übung und Einprägen;

Wochenarbeitsplan

Fächer:		Woche: vom	bis

Unterrichtszeit		Montag	Dienstag	Mittwoch	Donnerstag	Freitag
1. Stunde	Lernziele/Lerninhalte:					
	Thema:					
	Medien/Material:					
2. Stunde	Lernziele/Lerninhalte:					
	Thema:					
	M/M:					
usw.	usw.					

Eintragungen:

1 Lernziele/Lerninhalte in Stichworten und mit Nummern aus dem Stoffverteilungsplan
2 Thema in Stichworten
3 Genaue Angaben zu Medien und Material

Format: DIN A4

Strategie der Planung einer Unterrichtsstunde als Handlungszusammenhang der Tätigkeiten auswählen, begründen, entwerfen und revidieren

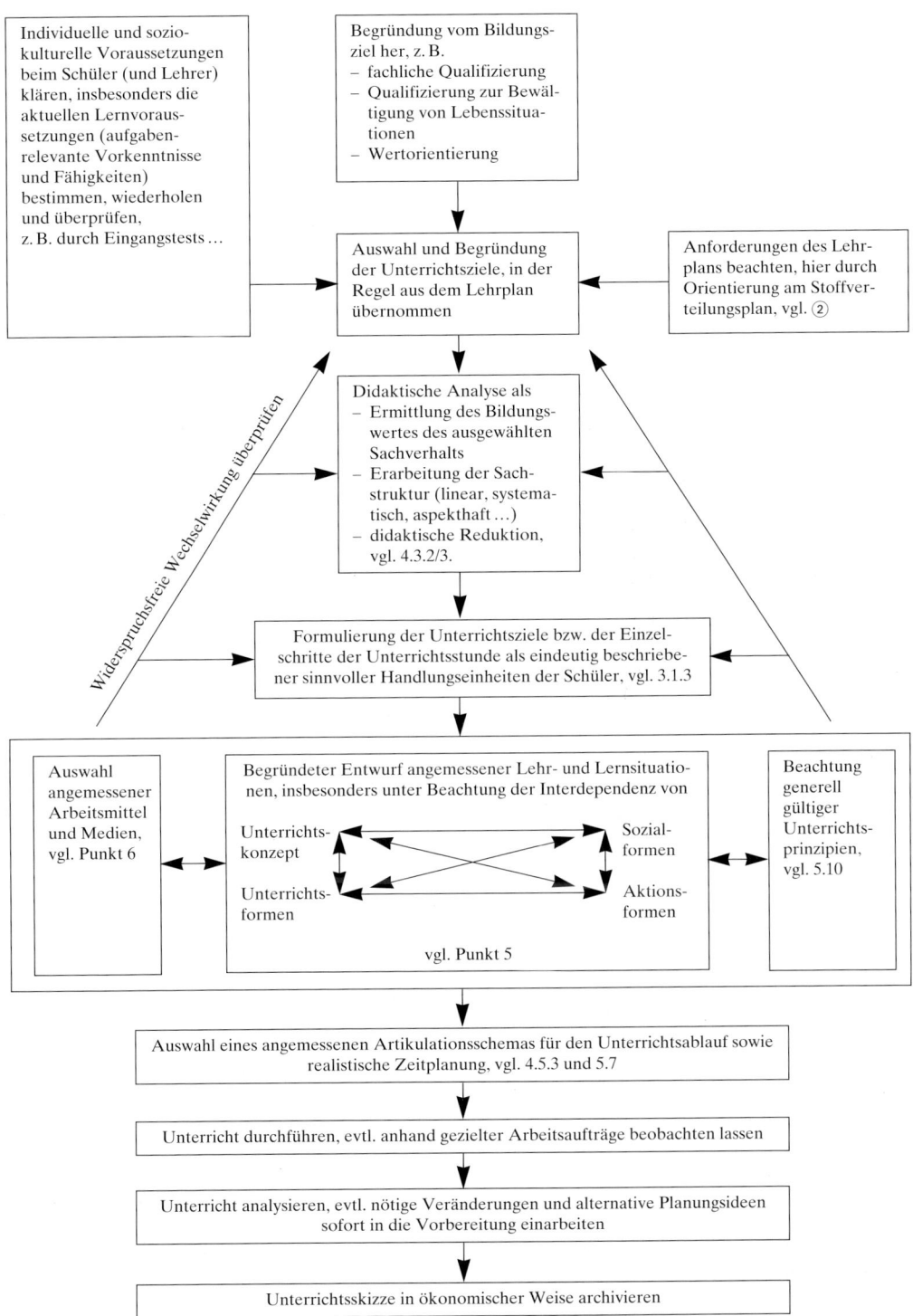

- die Auswahl aussagekräftiger Medienangebote, welche die Schüler auch entschlüsseln können;
- die Einplanung von Kontrollmöglichkeiten, mit deren Hilfe die Schüler selbst ihre Lernfortschritte und evtl. Defizite feststellen können und gegebenenfalls Rückmeldung an den Lehrer wegen zusätzlicher Erläuterungen erstatten können;
- die Überlegung besonderer Maßnahmen, die sich aus der kontinuierlichen Arbeit mit der Lerngruppe als notwendig erwiesen haben, wie z. B. Verstärkungsmaßnahmen für misserfolgsängstliche Schüler, Zusatzangebote, Differenzierungsmaßnahmen.

Die auf Seite 173 gebotene *Übersicht über die Planungsschritte bei der Vorbereitung einer Unterrichtsstunde* kann auf den Anfänger im Lehramt auf Anhieb verwirrend und überfordernd wirken. Demgegenüber beabsichtigt sie, *eine Art Checkliste* an die Hand zu geben, deren Beachtung die Wahrscheinlichkeit verringert, dass die geplante Unterrichtsstunde durch Fehlentscheidungen vermeidbare Schwächen aufweist. Außerdem hält die Übersicht auch den erfahrenen Praktiker dazu an, einzelne Planungsschritte abwechselnd immer wieder einmal einer kritischen Überprüfung zu unterziehen.

4.5.2 Die didaktische Analyse als zentrale Aufgabe der Unterrichtsvorbereitung

(Vgl. z. B. Klafki 1975, 1979, 1991, 1996; Sandfuchs 1987)

Im Rahmen einer realistischen Unterrichtsplanung kann sich die didaktische Analyse Akzentsetzungen, wie sie in den Strukturmodellen der Didaktik um der Betonung ihres jeweiligen Hauptanliegens willen entwickelt wurden, nur bedingt leisten. In der Regel muss sie vielmehr die in den Strukturmodellen bevorzugt bearbeiteten Aspekte zu einer ganzheitlichen Planungsstrategie zusammenführen.

1. Für die tägliche Unterrichtsvorbereitung interessiert vor allem die *didaktische Analyse als Prozessplanung,* wie sie in der Übersicht auf Seite 175 zusammengefasst ist.

2. *Anmerkungen zur Sachanalyse*
Nach Meyer ist „ein Unterrichtsinhalt die pädagogische Repräsentation gesellschaftlicher Wirklichkeit"; er ergibt sich aus folgendem Wechselwirkungsverhältnis:

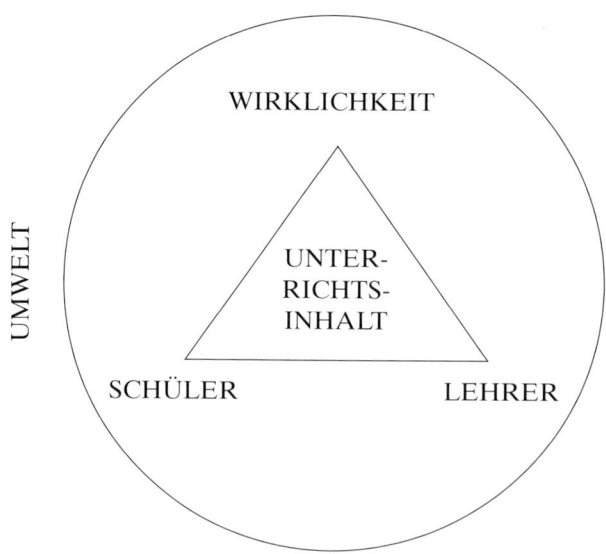

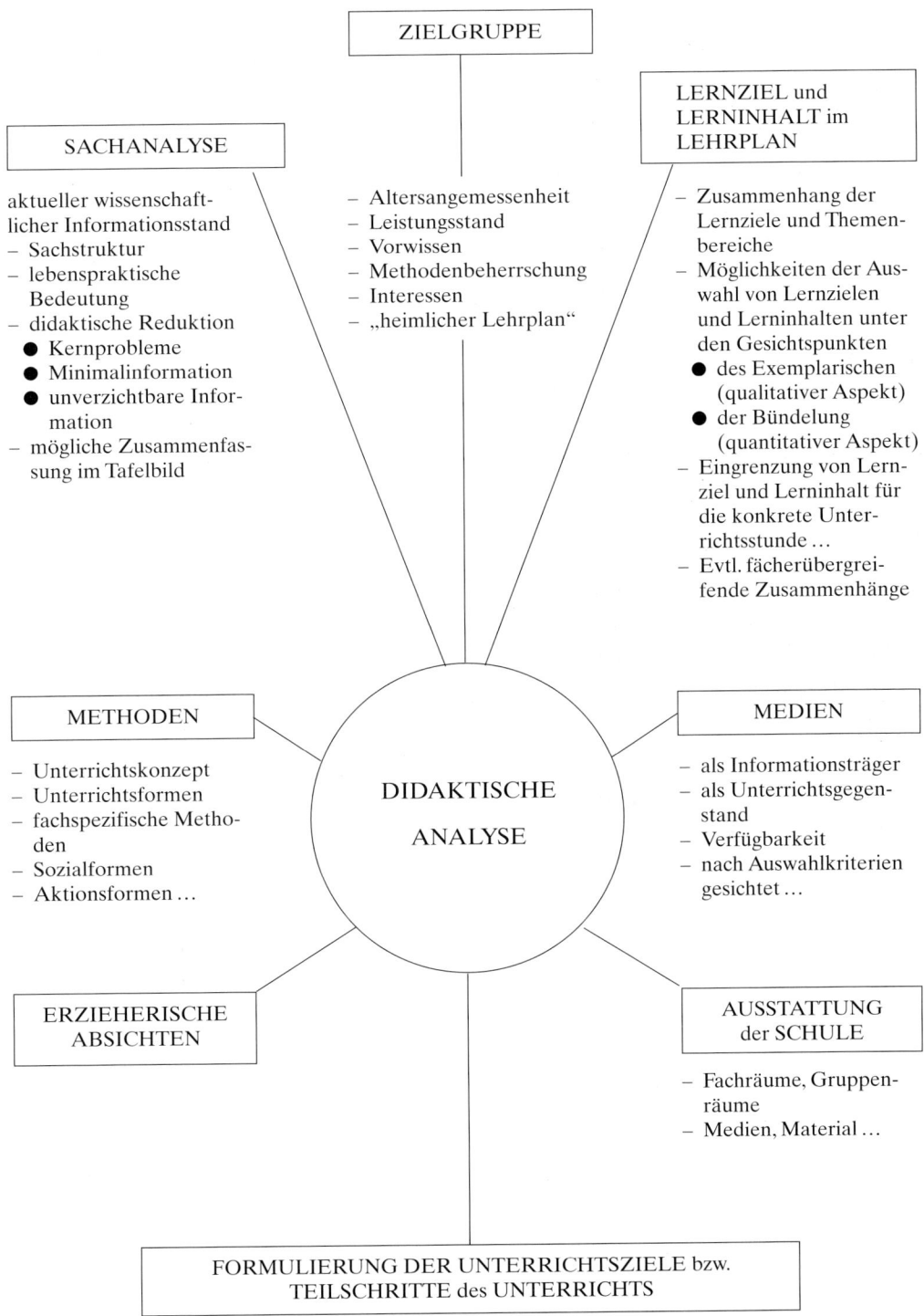

ZIELGRUPPE

LERNZIEL und
LERNINHALT im
LEHRPLAN

SACHANALYSE

aktueller wissenschaft-
licher Informationsstand
– Sachstruktur
– lebenspraktische
  Bedeutung
– didaktische Reduktion
  ● Kernprobleme
  ● Minimalinformation
  ● unverzichtbare Infor-
    mation
– mögliche Zusammenfas-
  sung im Tafelbild

– Altersangemessenheit
– Leistungsstand
– Vorwissen
– Methodenbeherrschung
– Interessen
– „heimlicher Lehrplan"

– Zusammenhang der
  Lernziele und Themen-
  bereiche
– Möglichkeiten der Aus-
  wahl von Lernzielen
  und Lerninhalten unter
  den Gesichtspunkten
  ● des Exemplarischen
    (qualitativer Aspekt)
  ● der Bündelung
    (quantitativer Aspekt)
– Eingrenzung von Lern-
  ziel und Lerninhalt für
  die konkrete Unter-
  richtsstunde …
– Evtl. fächerübergrei-
  fende Zusammenhänge

METHODEN

– Unterrichtskonzept
– Unterrichtsformen
– fachspezifische Metho-
  den
– Sozialformen
– Aktionsformen …

MEDIEN

– als Informationsträger
– als Unterrichtsgegen-
  stand
– Verfügbarkeit
– nach Auswahlkriterien
  gesichtet …

DIDAKTISCHE
ANALYSE

ERZIEHERISCHE
ABSICHTEN

AUSSTATTUNG
der SCHULE

– Fachräume, Gruppen-
  räume
– Medien, Material …

FORMULIERUNG DER UNTERRICHTSZIELE bzw.
TEILSCHRITTE des UNTERRICHTS

als eindeutige ①, sinnvolle ② Handlungseinheiten ③

Die Problematik des mit langer Tradition in der Schulpädagogik diskutierten *didaktischen Dreiecks* wird deutlich, wenn man es in Beziehung setzt zur Realität der Umwelt und der Gesellschaft. Diese Realität als Ausgangs- und Zielbereich ist es nämlich, die jeden Unterrichtsinhalt legitimiert. In der Terminologie der bildungstheoretischen Didaktik geht es um die *Ermittlung des Gehalts von Bildungsinhalten*, die der Lehrer nicht völlig den Lehrplankommissionen zuschieben kann. Darüber hinaus muss der Lehrer bei der Sachanalyse das vertretbare Ausmaß an didaktischer Reduktion (vgl. 4.3.2/3a) verantworten. Bedauerlicherweise ist es eher die Ausnahme, dass der Schüler der Wirklichkeit in schulischen Lernprozessen unmittelbar begegnen kann. Meistens durchläuft die Wirklichkeit mehrere Etappen der Entfremdung, bis sie über Lehrpläne gefiltert, durch Vorbereitungsvorlieben und Medien präpariert und im Vermittlungsvorgang selbst verkürzt an den Schüler herankommt. Oft genug stehen dann Lehrer und Schüler vor Einzelteilen, die den lernmotivierenden Zusammenhang mit ganzheitlichen Lebenssituationen verloren haben. Probleme erwachsen einer auf den Schüler bezogenen Sachanalyse aber auch von der Seite des Schülers selbst und aus der Lernsituation vor Ort. Die Qualifikationsanforderungen an den Schüler und seine Bedürfnisse geraten nicht selten in Konkurrenz miteinander, wenn aus der Sachanalyse unterrichtliche Konsequenzen gezogen werden müssen. Und letztlich entscheiden weder sachlogische Gesichtspunkte noch schülerorientierte Erwägungen über die Unterrichtsplanung, sondern Vermittlungsmöglichkeiten wie Material, Medien, Räume.

3. Didaktische Analyse und „heimlicher Lehrplan"

(Z. B. Pädagogisches Institut Basel-Stadt 1997; Zinnecker 1975)

Didaktische Analyse auf eine bestimmte Zielgruppe hin zu betreiben, die durch Alter, Geschlecht, Vorwissen, Lerngewohnheiten und Interessen näherhin gekennzeichnet ist, gehört zur selbstverständlich einzulösenden Vorbereitungsarbeit des Lehrers. Schwieriger wird die angemessene Beurteilung einer Zielgruppe/Klasse – weil dem direkten Zugriff verschlossen –, wenn es um den Bereich des sog. heimlichen Lehrplans geht. Ihn nicht zu beachten oder auch nur falsch einzuschätzen, kann die Sabotage eines ansonsten perfekt geplanten Unterrichts bedeuten. Der *heimliche Lehrplan* umfasst alles, was zur inoffiziellen Seite der Schule zählt. Er beschreibt das nicht institutionell Geregelte, das nicht durch Lehrplan, Schulgesetz, Schul- und Hausordnung eindeutig Bestimmte. So unterliegt sicherlich ein größerer Spiel- und Erprobungsraum des sozialen Lernens inoffiziellen Regelungen als geschriebenen Anordnungen. Im heimlichen Lehrplan spielen aber auch beispielsweise folgende Erfahrungen und Handlungen eine Rolle, deren unterrichtsbestimmende Qualität der Lehrer weder bei der didaktischen Analyse noch bei der Unterrichtsdurchführung außer Acht lassen darf:

- Nebeneffekte von Unterricht und Leistungsbeurteilung wie z. B. Strategien gegen die Langeweile, Geheimzeichen und -sprachen zur Weitergabe unterrichtsfremder Informationen, Einsagemethoden, Unterschleiftechniken.
- Die Image prägende Einschätzung von Lehrern und mit ihr die Einschätzung ihrer Fächer.
- Die in Ritualen gipfelnde Anpassung der Schüler an Lehrererwartungen bis hin zum unterrichtlichen Ratespiel und zur Untertanenroutine.
- Als Gegenstrategien der Schüler gegen einen einseitig lehrerzentrierten oder autokratisch geführten Unterricht haben Taktiken der Zeitverzögerung, Interesse heucheln, Provokation, der sog. kluge Blick eine ungebrochene Tradition.

● Die durch Rollenkampf entstandene Klassenstruktur und die damit verbundene Geltung einzelner Schüler sowie die praktizierten Umgangsregeln der Schüler miteinander, v. a. in gemischten Klassen, müssen als Vorgabe möglicher Kommunikation bedacht, u. U. geplant in den Unterricht einbezogen und bearbeitet werden.

Der Unterricht entwickelt sich umso mehr zum Schauplatz tragikomischer Ringkämpfe zwischen Lehrer und Schülern, je weniger der Lehrer schon bei seiner didaktischen Analyse die Realität des heimlichen Lehrplans akzeptiert.

4.5.3 Varianten des Unterrichtsverlaufs – Anmerkungen zur Auswahl situationsangemessener Artikulationsschemata

1. Artikulationsschemata des Unterrichts bezeichnen die Gliederung einer Unterrichtsstunde in einzelne, aufeinander bezogene Arbeitsschritte. Als Ordnungsmaßstab gilt in erster Linie der sach- und situationsangemessene Ablauf des Lernprozesses beim Schüler in Wechselwirkung mit der formallogischen Struktur des Lerninhalts.

Es ist also in der Abfolge des Unterrichts bei jedem Arbeitsschritt zu fragen, was in dieser Phase im Schüler bei der Auseinandersetzung mit dem Lerninhalt vor sich geht (vor sich gehen soll). *Artikulationsschemata beschreiben somit psychische Zustände der Schüler.* Von diesem Grundverständnis aus, das durch lernpsychologische Befunde hinreichend abgesichert ist, werden die Unterschiede bei den Bezeichnungen von Unterrichtsstufen belanglos; *entscheidend ist ihre Interpretation als lernprozessgliedernde Abfolge von Arbeits- und Lernschritten.*

2. *Artikulationsschemata aus der Geschichte der Schulpädagogik im Vergleich mit heute üblichen Stundengliederungen*

(siehe Tabelle auf Seite 178)

Die am Lernprozess orientierte Abfolge von Lern- und Arbeitsschritten passt die Begegnung mit einem Lerninhalt den psychischen Zuständen an, die auch in einer nicht organisierten Auseinandersetzung mit neuen Sachverhalten und ungewohnten Lernsituationen durchlaufen werden:

● Auf der *Stufe der Motivation* wird der Schüler durch die Präsentation des Unterrichtsgegenstandes, einer Aufgabe, eines Problems, eines Fallbeispiels usw. in den psychischen Zustand der Aufmerksamkeit, des Interesses, im Idealfall der Neugier versetzt. Selbst versierte Praktiker bezeichnen Lernverläufe, in denen die Anknüpfung an intrinsische (aus Neugier an der Sache orientierte) Lernmotive gelingt, als Sternstunden ihres Unterrichts. Als intrinsische Lernmotive gelten nach Bruner (1974):

  – Neugier
  – Kompetenzerreichung, die das Erlebnis vermittelt, etwas planen und zu einem guten Ende bringen zu können, und die darüber hinaus Anerkennung in der Bezugsgruppe verschafft. Hier kommt dem Lehrer als täglich erlebbares Arbeits- und Kompetenzmodell hohe Bedeutung zu.
  – Das Motiv, in einer Situation angemessen Kräfte auf ein Ziel hin koordinieren zu können, also das Erlebnis einer „Lerngemeinschaft" von Lehrer und Schülern.

Wenn es gehäuft misslingt, diese intrinsischen Lernmotive zu wecken, ist die zwangsläufige Folge die heutzutage oftmals beklagte Lähmung der Arbeitskraft und des Lernantriebs (Null-Bock-Haltung).

J. H. Pestalozzi (1746–1827)	J. Fr. Herbart (1776–1841)	W. Rein (1847–1929)	G. Kerschensteiner (1854–1932)	Am Lernprozess orientierte Stundengliederungen	
				nach H. Roth	synonyme Bezeichnungen
Anschauen	Klarheit	Stufe der Anschauung: – Vorbereitung – Darbietung	Schwierigkeits- analyse und -umgrenzung	Stufe der Motivation	Einstieg, Hinführung, Einstimmung, Anknüpfung, Vorbereitung …
	Assoziation		Lösungsvermutung	Stufe der Schwierig- keiten	Zielangabe, Problemdefinition, Hypothesenformulierung, Problemstellung, Aufgabenstellung, Arbeitsplanung …
Denken	System	Stufe der begriff- lichen Erfassung: – Verknüpfung – Zusammenfassung	Prüfung der Lösungskraft	Stufe der Lösung	Problemlösung, Lösungsversuch, Problementfaltung, Erarbeitung, Neuerwerb, Ausführung, Erstbegegnung, Informationsvermittlung …
Handeln (Anwenden)	Methode	Stufe der Anwendung	Bestätigungs- versuche	Stufe des Tuns und Ausführens	Zusammenfassung, Ergebnisfeststellung, Lernerfolgskontrolle,
					Anwendung, Transfer, Aufarbeitung, Reflexion, Besinnung, Verarbeitung …
				Stufe des Behaltens und Einübens	Wiederholung, Übung, Ergebnissicherung, auch Hausaufgabe …
				Stufe des Bereitstel- lens, der Übertragung, der Integration	Systematisierung, Übertragung auf größere Zusam- menhänge …

Vertiefung (umfasst Klarheit und Assoziation)

Besinnung (umfasst System und Methode)

Von Herbart als ganzheitliches Handeln am Lerngegenstand verstanden.

Grell J. und Grell M. (1996) favorisieren in der Motivationsphase den sog. *informieren-den Unterrichtseinstieg.* Mit seiner Hilfe soll der Schüler unmissverständlich mit dem Stundenziel bekannt gemacht werden, statt ihn geraume Zeit raten zu lassen, was der Lehrer mit ihm vorhat. Der Schüler erfährt also – am besten in Stichworten schriftlich fixiert (Tafel, Folie, Arbeitsblatt) –, *was* er lernen soll, *wie* er lernen soll und *warum* er einen bestimmten Sachverhalt lernen soll. Unterrichtsversuche im Rahmen einer vom Autor angeregten Zulassungsarbeit (Fenninger 1986) brachten das Ergebnis, dass der informierende Unterrichtseinstieg bei Desinteresse an dem vorgestellten Lerninhalt zu vorschnellem Abschalten der Schüler führen kann und sich in manchen Fällen span-nungsmindernd auswirkt.

Höhere Motivationsquoten ließen sich mit der Kombination von sog. Motivationsgags (Rätsel, Impuls, Provokation ...) und nachfolgendem informierendem Unterrichtsein-stieg erzielen.

- Auf der *Stufe der Schwierigkeiten* soll der Schüler in der Lage sein, aufgrund der Präsen-tation des Lernproblems in der Motivationsphase das zentrale Problem der Stunde zu formulieren, evtl. in Teilprobleme zu zerlegen und in einer ersten Orientierung im Be-stand seines Wissens und seiner Fähigkeiten Vermutungen über die Problemlösung an-zustellen.

- Auf der *Stufe der Lösung* bearbeitet der Schüler das Problem durch Ausprobieren der für erfolgreich erachteten Lösungswege oder durch systematisches Vorgehen (auch mit Hilfe des Lehrers). Am Ende dieser Phase steht ein für die Problemlösung beachtbares Ergebnis.

- Auf der *Stufe der Anwendung* soll dem Schüler die Möglichkeit eingeräumt werden, das erzielte Ergebnis auf das Eingangsproblem zu beziehen oder ein ähnliches Problem zu lösen. Dieser erste Anwendungsversuch muss noch innerhalb der Unterrichtsstunde er-folgen (z. B. als Lernerfolgskontrolle, Lernfortschrittsfeststellung, Ergebnissicherung), um dem Schüler die Chance zu geben, Verständnisschwierigkeiten und methodische Defizite aufzuarbeiten.

- Die *Stufen des Übens und Behaltens* sowie der *Bereitstellung, der Übertragung und der Integration* dienen der nachhaltigen Ergebnissicherung, der Einordnung des Neuen in das sicher beherrschte Repertoire von Wissen und Können und dem Transfer in umfassende Problem- und Lebenssituationen. Sie sind zeitlich nicht festlegbar und ereignen sich durch wiederholte Anwendung in den Folgestunden, in Übungsbeispielen, in eigenen Übungsstunden (auch in spielerischer Gestaltung) und durch Hausauf-gaben.

3. In Abhängigkeit von der Struktur und Schwierigkeit des Lerninhalts ist die dargestellte *lernprozessorientierte Gliederung einer Unterrichtsstunde flexibel zu handhaben.* Denkbare *Varianten der Stundengliederung* werden nachfolgend in Auswahl dem idealtypischen Ablauf eines Lernprozesses zugeordnet:

(siehe Grafik auf Seite 180)

Varianten der Stundengliederung (fachübergreifend formuliert)

Idealtypischer Ablauf eines Lernprozesses (nach Roth) als Folge psychischer Zustände	Problembewältigung in *einem* Durchgang (synonyme Bezeichnungen)	Unterrichtsstunde mit differenzierter Lösungsphase	Unterrichtsstunde mit aufeinanderfolgenden Lerndurchgängen
1. Motivation	1. Motivation Einstieg Hinführung Problembegegnung…	1. Problembegegnung	1. Gesamtmotivation
2. Schwierigkeiten	2. Problemformulierung Zielangabe Hypothese…	2. Problemformulierung	2. Problemformulierung
3. Lösung	3. Problemlösung Erarbeitung Problembearbeitung…	3. Problemlösung in 1, 2, 3 … Teilschritten Teilzielen Teilzusammenfassungen…	3. Bearbeitung der Einzelprobleme 3.1 *Erstes Teilziel* – Motivation – Bearbeitung – Zusammenfassung, Sicherung 3.2 *Zweites Teilziel* – Motivation – Bearbeitung – Zusammenfassung, Sicherung
4. Anwendung (meistens als Lernerfolgskontrolle)	4. Problemanwendung (als Lernerfolgskontrolle)	4. Problemanwendung (als Lernerfolgskontrolle)	4. Gesamtzusammenfassung und Problemanwendung (als Lernerfolgskontrolle)
5. Üben und Behalten (evtl. als Hausaufgabe, innerhalb der Stunde formuliert und erläutert)	5. – Hausaufgabe – Übungsphasen in der Unterrichtsstunde	bis hierher *muss* die Unterrichtsstunde führen	
6. Bereitstellung, Übertragung, Integration	6. – eigene Übungsstunden		

4.5.4 Formen der schriftlichen Unterrichtsvorbereitung

4.5.4.1 Die ausführliche schriftliche Darstellung einer Unterrichtsstunde zu Demonstrationszwecken

Die detaillierte schriftliche Darstellung einer Unterrichtsstunde ist trotz hohen Zeitaufwandes gerechtfertigt, wenn sie als *mit- und nachvollziehbare Planungsgrundlage für Beobachtungs- und Prüfungssituationen* dient. Sie findet also vor allem Verwendung in der Ausbildungsphase des Lehrers, insbesondere für Unterrichtsstunden, die im Rahmen des Seminarbetriebs gründlich analysiert werden oder die als Prüfungslehrproben gehalten werden. Darüber hinaus scheint es mir nicht nur vertretbar, sondern im Sinne langfristiger Planung auch sehr hilfreich zu sein, wenigstens eine Unterrichtsstunde pro Woche in der ausführlichen schriftlichen Form vorzubereiten. Den Vorzug sollten dabei Einführungsstunden und Lernbereiche haben, für die der Lehrer sich selbst nicht ausreichend kompetent hält. Auch solche Unterrichtsstunden bieten sich hier an, die von Lehrer und Schülern als ineffektiv und/oder lustlos erlebt wurden. Im Laufe der Zeit ergibt sich auf diese Weise ein sich ständig erweiterndes Repertoire ausführlich vorbereiteter und überarbeiteter Unterrichtsstunden sozusagen als Leitlinie des Unterrichts in einer bestimmten Jahrgangsstufe.

Gliederung einer ausführlich beschriebenen Unterrichtsstunde

1. Angaben zur Zielgruppe

Nur für den aktuellen Vollzug nötige und sinnvolle Angaben; allgemeingültige lern- und entwicklungspsychologische Aussagen über die Altersgruppe sind hier nicht angebracht.

Also nur Angaben z. B.
- für besondere Beobachtungen von Schülern,
- über notwendige Differenzierungsmaßnahmen,
- über besondere Gruppierungsmaßnahmen,
- über besondere Interessen der Schüler,
- über unbedingt notwendige Lernvoraussetzungen der Schüler ...

2. Didaktische Analyse (vgl. die Übersicht unter 4.5.2/1.)

2.1 Lernzielanalyse
- Zusammenhang der Lernziele und Themenbereiche
- Möglichkeiten der Auswahl von Lernzielen und Lerninhalten unter den Gesichtspunkten des Exemplarischen (qualitativer Aspekt)
  der Bündelung (quantitativer Aspekt)
- Eingrenzung von Lernziel und Lerninhalt für die konkrete Unterrichtsstunde
- Einbettung von Lernziel und Thema in Vor- und Folgestunde, Stellenwert in der Unterrichtseinheit

2.2 Sachanalyse
- Aktueller wissenschaftlicher Informationsstand
- Sachstruktur
- Lebenspraktische Bedeutung
- Didaktische Reduktion
  - Kernprobleme,
  - Minimalinformation,
  - unverzichtbare Information.

- Mögliche Zusammenfassung im Tafelbild
- Abgrenzung des Themas, Möglichkeiten für Kürzungen und vertiefende Erweiterungen, evtl. Zusatzstoff und differenzierende Aufgaben
- Mögliche Aufgaben für die Hausaufgabe, evtl. auch differenzierend

2.3 *Methodische und mediale Vorüberlegungen*

- Einführung bzw. Übung fachspezifischer Methoden
- Begründung der lernprozessbestimmenden Unterrichtsmethoden aus der Wechselwirkung mit 1./2.1/2.2 und den verfügbaren Medien

2.4 Aufgrund von 1./2.1/2.2/2.3 Formulierung der *erreichbaren Unterrichtsziele* als *eindeutige, sinnvolle Handlungseinheiten*

3. *Planung des Unterrichtsverlaufs*

- Je nach Lernsituation und Problemstellung ist ein *angemessenes Artikulationsschema* des Unterrichtsverlaufs auszuwählen bzw. zu entwerfen (vgl. 4.5.3/3.).
- Als Maß für die *Ausführlichkeit der Verlaufsdarstellung* kann die Forderung gelten, dass ein Fachmann in der Lage sein muss, die Unterrichtsstunde nachzuvollziehen. Die durchgehende wörtliche Formulierung der Gesprächsanteile, z. B. in Frage-Antwort-Ketten, behindert die Spontaneität im Unterricht sowie die in einer lebendigen Lernsituation unbedingt nötige Handlungsfreiheit.
- Der Sachzusammenhang wird übersichtlich, *für den Fachmann vollständig nachvollziehbar* in Stichworten, mit Beziehungspfeilen, durch Skizzen, durch als Anlage ausgearbeitete Overlay-Folien, Arbeitsblätter usw. dargestellt.
- Wörtlich bzw. vollständig ausgefüllt sollten festgehalten werden:
  - Einleitende Worte des Lehrers,
  - Schlüsselfragen,
  - Impulse,
  - Arbeitsanweisungen,
  - Tafelbild bzw. Foliensatz,
  - ein ausgefülltes Exemplar von Arbeitsblättern für die Hand des Lehrers.

4. *Planung weiterführender Arbeiten*

- Stellung der Hausaufgabe mit Begründung und Erläuterung – *vor* dem Gongschlag!
- Evtl. unterrichtsvorbereitende Arbeiten für einzelne Schüler oder die ganze Klasse.

4.5.4.2 *Die Unterrichtsskizze als Normalfall der Unterrichtsplanung*

Die Unterrichtsskizze fasst in möglichst ökonomischer Weise und übersichtlich die Planungsarbeit des Lehrers in selbst entworfenen und vorgedruckten Formblättern zusammen. Ein Blatt mit der Kurzfassung der didaktischen Analyse und ein bis zwei Blätter für die Verlaufsplanung dürften für die meisten Unterrichtsstunden ausreichen. Zur Ökonomisierung der Planungsarbeit trägt es bei, wenn sich der Lehrer ein Verzeichnis von Abkürzungen und Zeichen für Lernschritte, Vorgänge, Relationen usw. entwirft, die in Unterrichtsvorbereitungen immer wieder auftauchen. Das Ergebnis der Sachanalyse, methodische Maßnahmen und Medien werden gleich in die Verlaufsplanung eingearbeitet.

Formblatt für die Kurzfassung der didaktischen Analyse (auf DIN A4 verteilt)

Thema:

1   *Angaben zur Zielgruppe:* vgl. 4.5.4.1/1.

2   *Lernziele und/oder Lerninhalte*

2.1 *Lernziele und/oder Lerninhalte* (wörtlich aus dem Lehrplan bzw. Stoffverteilungsplan)

–
–
–
–
–
–
–
–

2.2 *Operationalisierte Unterrichtsziele* (realisierbare Anzahl; Beschreibung als eindeutige, sinnvolle Handlungseinheiten)

–
–
–
–
–
–
–
–

3   *Methodische Vorüberlegungen* (jeweils mit Kurzbegründung in einem Satz)

3.1 *Unterrichtskonzept:*

3.2 *Dominierende Unterrichtsformen:*

3.3 *Methodische Einzelentscheidungen:* (Nur wenn sie von besonderer Bedeutung sind, also z. B. Kleingruppenarbeit als ausdrückliches soziales Lernziel geplant wird)

4. *Verlaufsplanung*

Artikulationsschema	Lernziele und Lerninhalt	Methoden	Medien/Material	Zeiteinteilung
1. Motivation	• Die einzelnen Unterrichtsziele bzw. Unterrichtsschritte werden nur mit ihrer Ziffer vom Deckblatt erwähnt. • Der Lerninhalt wird nach sachlogischen Gesichtspunkten in Stichworten, Skizzen usw. entfaltet.	In der Regel sind hier bei jedem Arbeitsschritt aufzuführen: • Sozialform (SF) • Aktionsform (AF) (Art des Denkens und Handelns) • Unterrichtsform (URF) • Aufgabentypen Auf die widerspruchsfreie Wechselwirkung der Methodenentscheidungen untereinander und mit den anderen Planungselementen achten!	Genaue Angabe von • Gerät (Hardware) • Medienangebot (Software) • Fundort (Lehrmittelzimmer, Katalognummer, eigene Materialsammlung ...)	Geschätzte Unterrichtszeit, evtl. im Vergleich mit der tatsächlich verbrauchten Unterrichtszeit; diese Spalte kann mit zunehmender Routine in realistischer Zeiteinteilung entfallen.
2. Problemformulierung	• Arbeitsanweisungen, tragende Impulse, Kernaussagen, Merktexte, Zusammenfassungen werden wörtlich notiert. • Wichtig ist die übersichtliche parallele Anordnung der jeweils zusammengehörenden Planungselemente; also besser ein Blatt mehr verwenden als die Übersichtlichkeit aufs Spiel setzen!			

Nach jedem Planungsschritt Platz lassen für Anmerkungen aufgrund der Unterrichtsanalyse für mögliche Verlaufsvarianten, neu entdeckte Medien usw.!

4.5.4.3 Unterrichtsplanung in Form von Tafelbildern, Foliensätzen, Overlay-Folien u. Ä.

Mit zunehmender Erfahrung im schülerangemessenen Umgang mit fachwissenschaftlichen Aussagen kann es genügen, eine Unterrichtseinheit oder Unterrichtsstunde als exakt aufbereitete Abfolge des nötigen Lehr- und Lernmaterials und der wesentlichen Erkenntnisschritte zu planen.

1. *Die Unterrichtsvorbereitung in Form eines Tafelbildes* bietet den Vorteil, alle für den Unterricht wesentlichen Maßnahmen auf einer DIN-A4-Seite übersichtlich zusammenzufassen.

Die *Gliederung* des Stundenverlaufs wird durch Nummerierung der Teilschritte (Stichwort, Kurztext, Skizze) und der Beziehungen zwischen den Teilschritten festgehalten. Um in der Anspannung der Unterrichtssituation Fehlentscheidungen vorzubeugen, sollten *methodische und mediale Entscheidungen* in geläufigen Abkürzungen und evtl. farbig bei den einzelnen Teilschritten notiert werden. Die bei jeder Form der Unterrichtsvorbereitung nötige eindeutige Beschreibung der *Unterrichtsziele* als sinnvoller Handlungseinheiten der Schüler erfolgt auf der Rückseite der Tafelskizze (vgl. Beispiel auf Seite 186!).

2. Eine *Unterrichtsvorbereitung in Foliensätzen oder Overlay-Folien* liegt nahe, wenn das aufbereitete Arbeitsmaterial aufgrund langfristig unveränderter Informationslage immer wieder in derselben Weise Verwendung findet. So lohnt es sich unter unterrichtsökonomischen Gesichtspunkten, z. B. für die Erarbeitung einer komplizierten mathematischen Gesetzmäßigkeit einen aufwändigen Foliensatz vorzubereiten. Er garantiert nicht nur eine erhebliche Zeitersparnis in Wiederholungsstunden zugunsten der Denk- und Übungsphasen der Schüler, sondern er überzeugt auch gegenüber der Tafelarbeit durch größere Genauigkeit.

Overlay-Folien erweisen sich als besonders geeignet, wenn in der Unterrichtsstunde ein Sach- und Beziehungszusammenhang erarbeitet werden soll. Durch Hereinklappen nummerierter Folienteile auf die Grundfolie kann ein Lerngegenstand schrittweise entwickelt und auf einer Schreibfolie mit zusätzlichen Ergänzungen versehen werden.
Sowohl Foliensätze als auch Overlay-Folien werden als Form der Unterrichtsvorbereitung in erster Linie bei Lerninhalten in Frage kommen, welche die darbietende oder fragendentwickelnde Unterrichtsform verlangen.

4.5.4.4 Unterrichtsvorbereitung in Form von Flussdiagrammen

Flussdiagramme eignen sich als Form der Unterrichtsvorbereitung, wenn neben dem bloßen Nacheinander von Planungsschritten Verzweigungen, vielschichtige Zusammenhänge und arbeitsteilige Leistungen in übersichtlicher Form verdeutlicht werden sollen. Allgemein gebräuchliche Symbole erleichtern zusätzlich das Bemühen um Übersichtlichkeit der Darstellung und leisten darüber hinaus einen weiteren Beitrag zu möglichst ökonomischer Unterrichtsvorbereitung (vgl. Symbole und Beispiel für ein Flussdiagramm Seite 187 und 188!).

Beispiel der Unterrichtsvorbereitung in Form eines Tafelbildes (je nach Thema und Zusammenhang anders gestaltet)
(DIN A4 quer; Einteilung je nach vorhandener Tafel mit oder ohne klappbaren Seiten)

Rückseite: Lernziele   Anlagen: Arbeitsblätter, Folien, Texte …

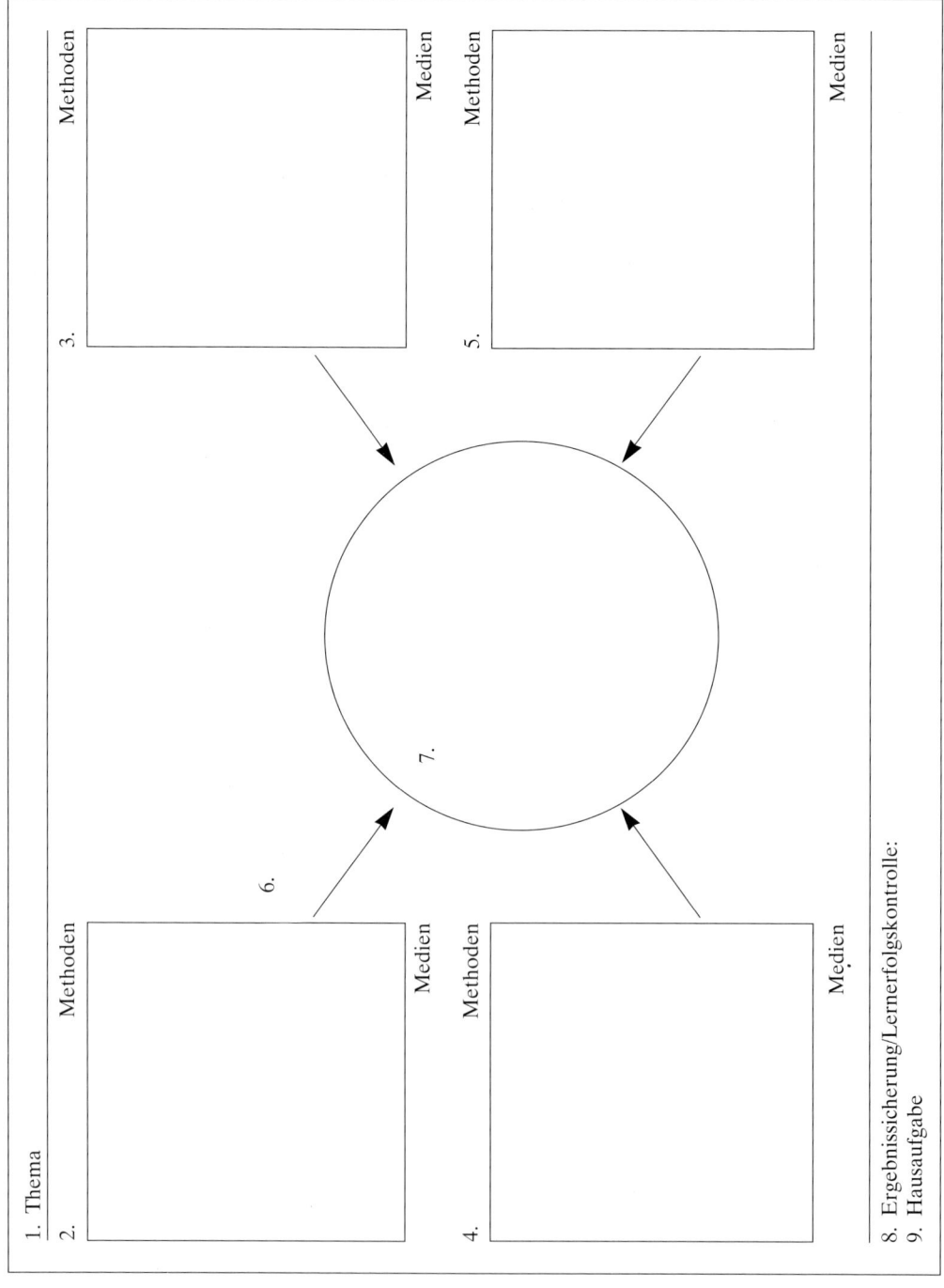

Legende für
Flussdiagramme
im Unterricht

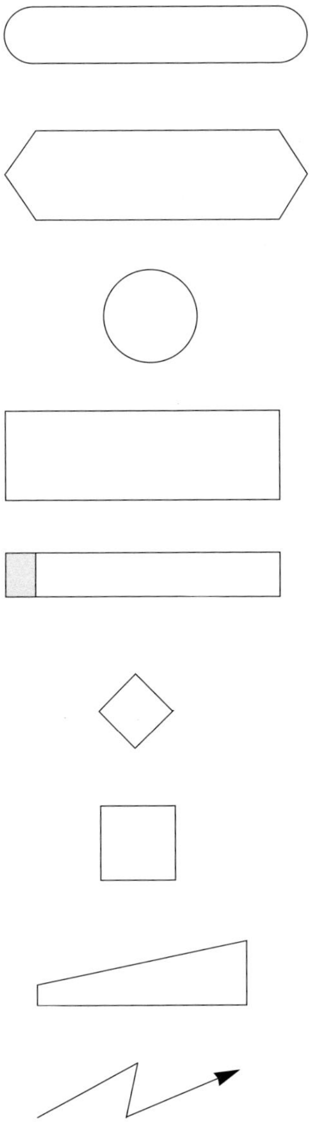

Beginn und Ende der Unterrichtseinheit

Problemaufriss (Motivation)

Überleitung, Impuls, Anweisung
usw.

Allgemeine Operation

Erkenntnis

Lernerfolgskontrolle

Weitere Lernhilfen
(individuelle Lehrerhilfe)

Übung

Transfer

Beispiel für die Planung einer Unterrichtsstunde in Form des Flussdiagrammes:
Erdkunde, 7. Jgst., Realschule

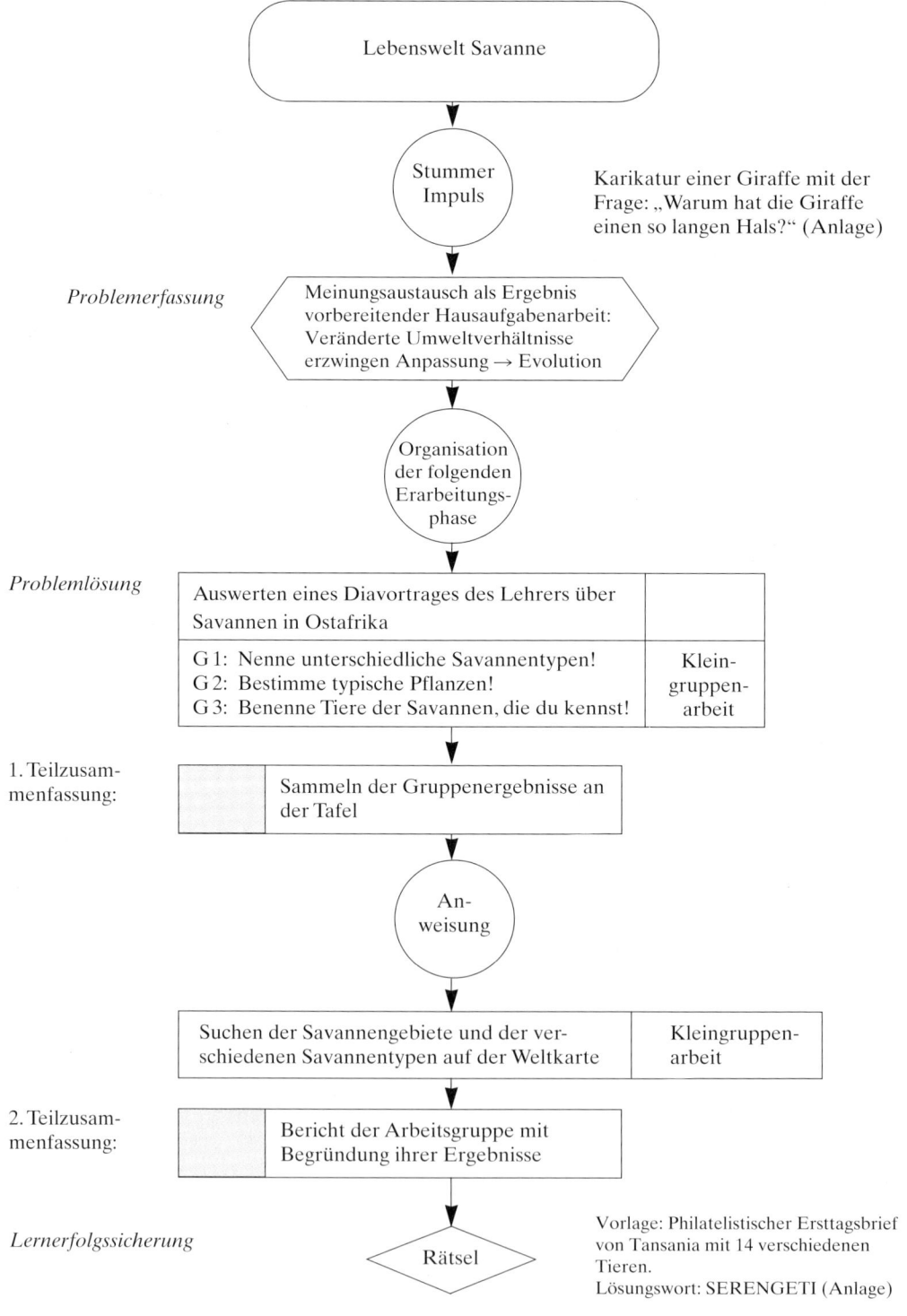

5 Unterrichtsmethoden als Formen des Lehrens und Lernens und als Unterrichtsgegenstand

(Vgl. z. B. Adl-Amini u. a. 1993 und 1994; Aschersleben 1990; Bastian 1987; Bönsch 1995; Gudjons 1991; Kriss-Rettenbach/Liedtke 1986; Meyer 1996; Seibert 2000; Terhart 1997)

5.1 Lernziel: Unterrichtsmethodische Handlungskompetenz

„Die unterrichtsmethodische Handlungskompetenz von Lehrern und Schülern besteht in der Fähigkeit, in immer wieder neuen, nie genau vorhersehbaren Unterrichtssituationen zielorientiert, selbstständig und unter Beachtung der institutionalisierten Rahmenbedingungen zu arbeiten, zu interagieren und sich zu verständigen." (Meyer 1996; S. 47). Für die ständige Überprüfung und Weiterentwicklung der unterrichtsmethodischen Handlungskompetenz des Lehrers ist die Erkenntnis bedeutsam, dass die Schüler die Ausgestaltung einer jeden Methode durch ihre Fähigkeiten, ihr Sicheinlassen oder ihr Sichverweigern entscheidend mittragen.

Von Seiten des Lehrers wird die unterrichtsmethodische Handlungskompetenz zum Teil – und da meist unreflektiert – von unterrichtsmethodischem Theoriewissen bestimmt. Größeren Einfluss üben meistens Erfahrungswissen (als ehemaliger Schüler und jetzt als Lehrer), rezeptologische Handlungsanweisungen (für möglichst effektive Lehramtsprüfungen), nicht mehr hinterfragte fachmethodische Routinegeleise, persönliche Vorlieben und Abneigungen bestimmten Methoden gegenüber, die Einschätzung von Schülerfähigkeiten, das Grundverständnis von Unterricht und dergleichen mehr aus, ganz zu schweigen von vorgeordneten Einflüssen wie z. B.

weltanschauliche und politische Überzeugungen des Lehrers,
seine Persönlichkeitsstruktur,
seine physische und psychische Verfassung,
seine kommunikativen Fähigkeiten,
seine grundsätzliche Berufseinstellung,
institutionelle Rahmenbedingungen u. a. m.

Dabei beschreitet der *angehende* Lehrer nach Meyer einen Weg von der *Anfängerdidaktik* (akademisch theoriegeleitet) über die *Prüfungsdidaktik* (rezeptologisch-erfolgsorientiert) zur *Profididaktik* (auf Alltagserfahrung gestütztes Routinehandeln).

Die unterrichtsmethodische Handlungskompetenz von Lehrern und Schülern kann also wegen ihrer Wechselwirkung und aufgrund ihrer aufgezeigten Abhängigkeiten nicht als Anwendungswissen im Sinne eines verlässlichen Ursache-Wirkungs-Verhältnisses aufgebaut werden. Vielmehr ist das unterrichtsmethodische Theoriewissen ständig neu der Bewährung in konkreten Lernsituationen und im Wechselspiel aller am Lernprozess Beteiligten ausgesetzt.

Beispiel

Die empirisch durchaus gesicherte Aussage „Kleingruppenarbeit bringt qualitativ höherwertige Ergebnisse als der Frontalunterricht" kann in dieser Form nur aufrecht erhalten werden, wenn bei ihrer Erprobung in der Unterrichtspraxis bedacht wird, dass sie z. B. eine langwierige Einübung der Schüler in die Techniken der Kleingruppenarbeit und in die

Reflexion der gruppendynamischen Ereignisse bei der Kleingruppenarbeit voraussetzt; andernfalls endet Kleingruppenarbeit allzu oft mit Enttäuschung bei Lehrern und Schülern und wird evtl. voreilig aus dem unterrichtsmethodischen Repertoire gestrichen.

Die Entwicklung der unterrichtsmethodischen Handlungskompetenz der Schüler wird umso mehr behindert – mit fatalen Rückwirkungen auf die methodischen Bemühungen des Lehrers –, je mehr der Lehrer aus nicht mehr überprüftem routiniertem Methodenrepertoire heraus und mit geheimnisumwitterter Unterrichtsplanung die Schüler steuert. Nur wachsende Einsicht der Schüler in die methodische „Trickkiste" des Lehrers und damit ihr Zuwachs an methodischer Kompetenz verhilft letztlich den unterrichtsmethodischen Anstrengungen des Lehrers zu optimalen Ergebnissen.

5.2 Anmerkungen zum Verständnis von Unterrichtsmethoden

Bedauerlicherweise konnte die Fachliteratur bis heute keine Übereinstimmung im Verständnis der Unterrichtsmethoden erzielen, ganz zu schweigen von allgemeinverbindlichen Bezeichnungen für die einzelnen Unterrichtsmethoden oder gar der Erarbeitung einer empirisch abgesicherten Theorie des Lehrens und Lernens.

Die folgenden Überlegungen orientieren sich deshalb an sachlogischen und pragmatischen Gesichtspunkten, um die Meinungsvielfalt der schulpädagogischen Diskussion zu einem *praktikablen Instrumentarium unterrichtlicher Arbeit* zu bündeln.

1. *Methode* bezeichnet allgemein das zielgerichtete und nach bestimmten Regeln erfolgende Vorgehen und Verfahren, z. B. in der Forschung bei Untersuchungen, bei der Herstellung von Gütern, im Unterricht.

2. Die *Unterrichtsmethodik* ist nach Klafki (1979, S. 31) als „Inbegriff der Organisations- und Vollzugsformen zielgerichteten Lehrens und Lernens" aufzufassen.

Die diesem Verständnis verpflichteten *Unterrichtslehren* versuchen alle im Unterricht relevanten Methoden zu beschreiben und als Handlungsanweisungen fruchtbar zu machen. Da sie sich überwiegend auf *bewährtes Erfahrungswissen* stützen, haftet ihnen auch heutzutage immer noch die Tendenz zur Kompendienliteratur an.

Methodik bzw. Unterrichtsmethodik bezeichnet neben dem Verständnis als Lehre von den Methoden aber auch eine bestimmte Kombination von Einzelmethoden zu einer Arbeitsweise, die der Bewältigung eines Problems oder einer Situation angemessen ist.

3. „*Unterrichtsmethoden* sind die Formen und Verfahren, in und mit denen sich Lehrer und Schüler die sie umgebende natürliche und gesellschaftliche Wirklichkeit unter institutionellen Rahmenbedingungen aneignen" (Meyer 1996, Bd. 1, S. 45).

„Das *methodische Handeln* von Lehrer und Schülern besteht aus der zielgerichteten Arbeit, sozialen Interaktion und sinnstiftenden Verständigung" (S. 47).

Um dem methodischen Handlungsanspruch gerecht werden zu können, ist *unterrichtsmethodische Handlungskompetenz* erforderlich, deren Repertoire im Sinne eines kontinuierlichen Lernprozesses ständig erweitert und auch kritischer Überprüfung zugänglich gemacht werden muss.

Für die Klärung der *Methodenproblematik in Unterricht und Erziehung* scheint mir die folgende Differenzierung nützlich zu sein, wie sie z. B. W. Schulz (in Lenzen 1985, Bd, 4, S. 53 f.) zusammenfasst:

● Methode bezeichnet zunächst die *Vorstellung vom pädagogisch orientierten Handeln für eine förderliche Entwicklung der Heranwachsenden.* Sie ist zeitabhängig und wird verwirklicht in absichtlichen erzieherischen Maßnahmen, über ideologische Grundsatzentscheidungen, offizielle Lehrpläne und den sog. heimlichen Lehrplan, über Institutionen und deren spezielle Organisation.

Methode in diesem Sinne ist *stark beeinflusst von den gesammelten Alltagserfahrungen in unterrichtlichen Situationen,* die der Lehrer als Schüler, Student, Referendar und aus seiner bisherigen Lehrerpraxis gewonnen hat. Die daraus abgeleiteten Erwartungen und Befürchtungen des Lehrers sind

  – stark emotional beladen und wenig reflektiert,
  – relativ überdauernd und verallgemeinernd und damit schwer veränderbar,
  – wissenschaftlicher Theorie kaum zugänglich und meistens auch nicht von ihr hergeleitet,
  – durch lang andauernde bzw. stark beeindruckende Erfahrungen zu Verhaltensmustern verfestigt, die Meinungen, Gefühle und Körpersprache umfassen.

● Methode meint ferner *Konzepte der Erziehung und des Unterrichts,* wie z. B. Erziehung und Unterricht im Sinne der Freinet-Pädagogik oder Projektunterricht.

● In der wohl geläufigsten Bedeutung bezeichnen Methoden *Einzelmaßnahmen zum möglichst effektiven Umgang mit Lerngegenständen und Lebenssituationen,* wie z. B. bestimmte Abfolgen des Lernprozesses oder Sozial- und Aktionsformen, aber auch das methodisch orientierte Gesamtkonzept einer Unterrichtsstunde.

Unterrichtsmethoden legen den Interaktionsrahmen von Schülern und Lehrern für ihr gemeinsames Handeln an Lerninhalten fest.
Dabei kommt der Lehrer aufgrund seines Vorsprungs an unterrichtsmethodischer Handlungskompetenz zunächst ein Steuerungsvorteil zu. Als jeweils angemessene Unterrichtsmethode wird ja in der Regel auch jenes Lehrverfahren bezeichnet, das in einer bestimmten Unterrichtssituation den höchstmöglichen Lerneffekt bei den Schüler verspricht. Für Comenius (1592–1670) z. B. ist dieser Effekt durch die richtige Kombination von „Zeit, Stoff und Methode" zu erreichen (1992).
Da es aber auch ein erklärtes Ziel des Unterrichts ist, dass die Schüler auf ihrem Wege zu selbstständiger Lebensgestaltung ihre unterrichtsmethodische Handlungskompetenz ständig erweitern, muss der Lehrer auf seinen Steuerungsvorteil in Wechselwirkung mit den möglichen Fähigkeiten der Schüler verzichten. *Unterrichtsmethoden sind nicht nur Mittel der Lernsteuerung, sondern selbst Unterrichtsgegenstand und damit geplantem Meta-Unterricht zugänglich zu machen.* So kann der Lehrer z. B gelegentlich sein methodisches Handeln begründen, den Schülern einen Blick in seine methodische „Trickkiste" gewähren, Methoden auf ihre Brauchbarkeit und ihre Grenzen prüfen lassen, individuellen Schwierigkeiten der Schüler mit bestimmten Methoden nachspüren lassen usw.
Ziel dieses Teils unterrichtlicher Arbeit, die auch unter dem Schlagwort „das Lernen lernen" seit langem mit enttäuschend geringem Effekt gehandelt wird, ist *verantwortete methodische Handlungskompetenz.* Dieses Ziel wird durch die Einübung von Techniken allein nicht erreicht, sondern nur wenn es gelingt, Methoden kritisch in Dienst zu nehmen.

4. *Der sog. Implikationszusammenhang der Unterrichtsmethoden und daraus abgeleitete Auswahlkriterien für Unterrichtsmethoden*

Methodische Entscheidungen können bei der Unterrichtsplanung nicht isoliert getroffen werden. Die gewählte Unterrichtsmethode wirkt sich vielmehr unmittelbar über die bloße Transportfunktion hinaus auf die Qualität des Unterrichtsgegenstandes aus, wie umgekehrt z. B. Zielvorstellungen und Unterrichtsinhalte entscheidenden Einfluss auf die Auswahl der Unterrichtsmethoden nehmen.

Für den Praktiker wäre es nun von Vorteil, wenn sich gesetzmäßige Beziehung zwischen den Zielen, Inhalten und Methoden des Unterrichts ermitteln ließen, die hieb- und stichfeste Unterrichtseffekte garantieren würden. Solchen Wechselbeziehungen versucht die gegenwärtige einschlägige Literatur vor allem mit den Bezeichnungen „Interdependenz der Planungselemente" (z. B. Heimann), „Implikationszusammenhang" (z. B. Blankertz) und „Ziel-Inhalt-Methoden-Relation" auf die Spur zu kommen. Dabei scheint die übliche vereinfachende Frage „Welche Methode ist der Sache und dem dafür günstigen Lernvorgang angemessen?" zu kurz zu greifen, wie aus dem folgenden Zusammenhang von bestimmenden Abhängigkeiten der Unterrichtsmethode ersichtlich ist.

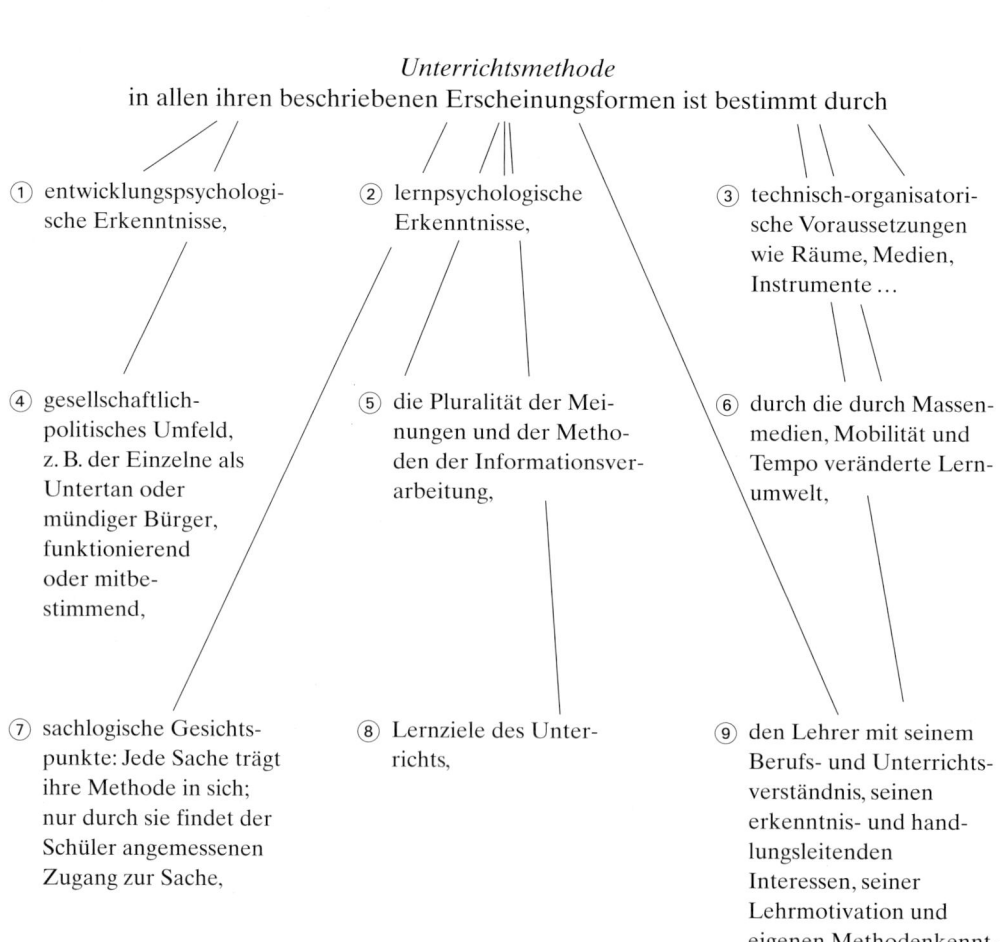

Unterrichtsmethode
in allen ihren beschriebenen Erscheinungsformen ist bestimmt durch

① entwicklungspsychologische Erkenntnisse,

② lernpsychologische Erkenntnisse,

③ technisch-organisatorische Voraussetzungen wie Räume, Medien, Instrumente …

④ gesellschaftlich-politisches Umfeld, z. B. der Einzelne als Untertan oder mündiger Bürger, funktionierend oder mitbestimmend,

⑤ die Pluralität der Meinungen und der Methoden der Informationsverarbeitung,

⑥ durch die durch Massenmedien, Mobilität und Tempo veränderte Lernumwelt,

⑦ sachlogische Gesichtspunkte: Jede Sache trägt ihre Methode in sich; nur durch sie findet der Schüler angemessenen Zugang zur Sache,

⑧ Lernziele des Unterrichts,

⑨ den Lehrer mit seinem Berufs- und Unterrichtsverständnis, seinen erkenntnis- und handlungsleitenden Interessen, seiner Lehrmotivation und eigenen Methodenkenntnis.

Erläuterungen zu ① *und* ②

Der entwicklungs- und lernpsychologische Ansatz fragt vor allem danach, welche Fähigkeiten die Schüler bereits besitzen und welche sie bei einer gegebenen Lerngelegenheit einüben könnten und sollten. So sind z. B. nach Untersuchungen von Flavell (1979) Kinder von acht bis zehn Jahren nicht in der Lage, ihre Verarbeitungsfähigkeiten im Hinblick auf die Schwierigkeit einer Lernaufgabe richtig einzuschätzen. Einen ersten Überblick über erfolgversprechende Lernstrategien kann man erst ab dem elften Lebensjahr erwarten, wobei allerdings immer noch eine starke Abhängigkeit von Akten der Veranschaulichung bleibt.

Oder: Die Aptitude-Treatment-Interaction (ATI: Untersuchung von Wechselwirkungen zwischen Unterrichtsmethoden und Schülermerkmalen) hat beispielsweise ergeben, dass ängstliche Schüler im lehrerzentrierten Unterricht zu besseren Ergebnissen kommen als im wenig strukturierten schülerzentrierten Unterricht. Die Konsequenz aus solcher Erkenntnis ist die langsame, schrittweise Einübung in den schülerzentrierten Unterricht, wenn sich bei einem Teil der Schüler keine Negativeffekte einstellen sollen.

Oder: Die Lernpsychologie empfiehlt dringend das einübende Verweilen bei Methoden und Lernbedingungen anstelle methodischer Hyperaktivität und permanenten bis hysterischen Methodenwechsels. Auch für den Methodeneinsatz gelten die pro- und retroaktiven Gedächtnishemmungen. Die hinlänglich bekannten Folgen eines allzu turbulenten Methodenwechsels sind Überforderung, Übermüdung, Abstumpfung ... , oder der hektische Aktivitätswechsel der Schüler schlägt in geschäftige Wichtigtuerei um, die des Tiefgangs entbehrt.

Angemessener Methodeneinsatz erfordert sensible Wahrnehmung des aktuell Notwendigen, da keine Klasse ist wie eine andere, nicht einmal zwei Schüler restlos vergleichbar sind. Das letzte Beispiel erhellt auch die Problematik von Show-Stunden (bei Prüfungen, Hospitationen, Beurteilungen), in denen meistens ein Feuerwerk methodischer Brillanz abgebrannt wird, das kein Schüler länger als ein bis zwei Stunden verkraften kann.

5. Dimensionen unterrichtsmethodischen Handelns

Klassifikationen von Unterrichtsmethoden bieten durchaus praktikable Orientierungshilfen für die Zuordnung von Methodenkombinationen zu bestimmten Lehr-Lern-Situationen. Da sie überwiegend aus der praktischen Erfahrung abgeleitet sind und nur wenige wissenschaftlich abgesicherte Ergebnisse bezüglich der Effekte bestimmter Methodenkombinationen vorliegen, ist dem Praktiker zu empfehlen, Klassifikationen wie die folgende trotz ihrer einleuchtenden Zusammenhänge flexibel und kritisch vor dem Hintergrund der Unterrichtswirklichkeit zu benutzen.

Beispiel zur Zuordnung der Unterrichtsmethoden Seite 194 oben:

Der entwickelte Unterricht im Sinne des Frage-Antwort-Unterrichts ② wird sinnvollerweise vor allem in der Erarbeitungsphase der Unterrichtsstunde ③ mit Hilfe sach- und adressatenangemessener Fragetechnik des Lehrers ⑤ im Klassenunterricht (Frontalunterricht) ④ bei situationsabhängiger Berücksichtigung der Unterrichtsprinzipien ⑥, z. B. Anschaulichkeit, Selbsttätigkeit, Differenzierung, und bei integrierter Beachtung der Methoden zur Arbeit an der Kommunikation ⑦ verwirklicht.

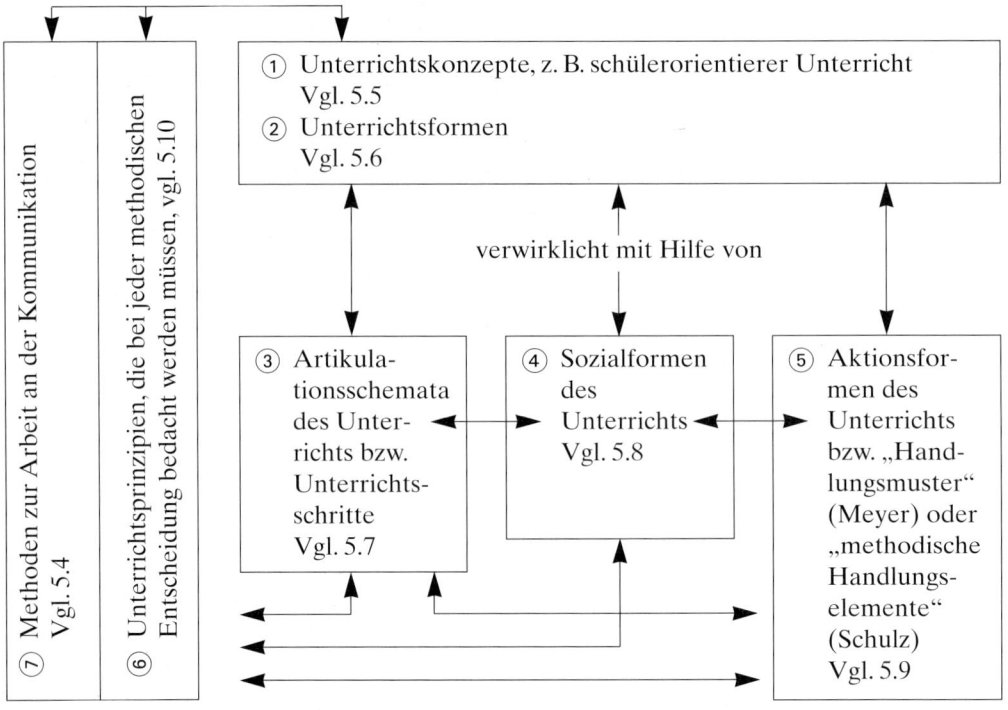

5.3 Unterrichtsmethoden im Überblick

Methoden zur Arbeit an der Kommunikation	Unterrichts-konzepte, z. B.	Unterrichts-formen	Artikula-tions-schemata, z. B.	Sozial-formen des Unterrichts	Aktionsfor-men des Unterrichts	Unterrichts-prinzipien, z. B.
Metakom-munikation	Lehrgang	Darbieten-der UR	nach H. Roth:	Frontal- oder Klassen-unterricht	Vortrag	Angemessen-heit
Feedback	Direktiver Unterricht	Entwickeln-der UR	Stufe der		Fragen	Sach-gemäßheit –
Prozess-analyse	Offener Unterricht	Impuls-UR	1. Motiva-tion	Einzel- oder Allein- oder Stillarbeit	Arbeit an Materialien und Medien	Wissen-schaftlichkeit
Situations-analyse	Entdecken-der UR	Aufgaben-der UR	2. Schwie-rigkeiten		Interview	Elementari-sierung
Rollenspiele	Problem-lösender UR	Kurzphas. entdecken-lassende Unterrichts-formen	3. Lösung	Partner-arbeit	Gespräch	Anschaulich-keit
Entspan-nungs- und Konzentra-tions-übungen	Schüler-orientierter UR		4. des Tuns und Aus-führens	Kleingrup-penarbeit	Experiment	Lebensnähe
				Kreis-situation	Demonstra-tion	Selbsttätig-keit
Morgenkreis		Langphas. entdecken-lassende Unterrichts-formen	5. des Be-haltens und Einübens	Groß-gruppen-unterricht	Lernspiele	
	Erfahrungs-bezogener UR				Rollenspiele	Innere Diffe-renzierung und Indivi-dualisierung
Stille-übungen					Dialogspiele	
					Simulationen	

Methoden zur Arbeit an der Kommunikation	Unterrichts-konzepte, z. B.	Unterrichts-formen	Artikula-tions-schemata, z. B.	Sozial-formen des Unterrichts	Aktionsfor-men des Unterrichts	Unterrichts-prinzipien, z. B.
Meditation Vgl. 5.4, Seite 195	Kommuni-kativer UR Projekt-orientierter UR Handlungs-orientierter UR Vgl. 5.5, Seite 206	Dialogische URF Vgl. 5.6, Seite 223	6. des Be-reitstel-lens, der Übertra-gung, der Inte-gration Vgl. 5.7, Seite 236	Vgl. 5.8, Seite 242	Planspiele Freies Spiel und viele weitere fach-spezifische Aktions-formen Vgl. 5.9, Seite 252	Zielorien-tierung Erfolgs-sicherung Ganzheit Vgl. 5.10, Seite 258

5.4 Methoden zur Arbeit an der Kommunikation

(Lit. z. B. Bliesener/Brons-Albert 1994; Fassler 1997; Franke 1997; Günther/Sperber 1997; Heidemann 1995; Meggle 1997; Reneke/Damm 1997; Rosenbusch/Schober 1995; Schulz v. Thun; Ungeheuer 1987, 1990; Wagner-Link 1998; Watzlawick 1990; vgl. weitere Hinweise auch bei den einzelnen Kapiteln)

Zur Erinnerung: Unterricht ist Kommunikation mit dem besonderen Zweck, in institutio-nalisiertem Rahmen und methodisch organisiert Lernprozesse anzustoßen, die dem Schüler dienlich sind bei Selbstfindung und Weltorientierung (vgl. ausführlich 4.1). Wenn-gleich also im Unterricht als besondere Zweckbestimmung das Lernen im Vordergrund steht, ist sein tragendes Fundament doch die Kommunikation. Ihr Gelingen wird üblicher-weise stillschweigend vorausgesetzt, obwohl ihre enorme Störanfälligkeit jedermann tagtäglich erlebt. Überzeichnend formulierte dieses Alltagserleben Osmo A. Wiio: „Kom-munikation misslingt im Allgemeinen – außer durch Zufall.‟

5.4.1 Was geschieht im Vorgang der Kommunikation?

Das lateinische communicare bedeutet gemeinsam machen, vereinigen, teilen, mit-teilen, sich besprechen mit jemand. Und communicatio wird übersetzt mit Anteil-nahme, Mitteilung, Gemeinschaft. Im heutigen Sprachgebrauch bezeichnet Kommuni-kation den Austausch von Informationen zwischen zwei oder mehreren Personen in der Absicht, vom Kommunikationspartner verstanden zu werden und über dieses Ver-ständnis Gemeinsamkeit zu stiften.

Seit den bahnbrechenden Untersuchungen von Watzlawick u. a. (8/1990) gelten für den Vorgang der Kommunikation 5 *pragmatische Axiome,* welche die Kompliziertheit, Stör-anfälligkeit, aber auch die Bearbeitungsmöglichkeit von Kommunikation verdeutlichen:

1. Es gibt keine Situation, in der sich der Mensch der Kommunikation entziehen könnte. Auch Schweigen oder die erklärte Unlust zur Kommunikation sind Signale mit Aussage und Absicht. Eine schweigende Klasse kann z. B. Übermüdung, Uninteressiertheit, Unter- oder Überforderung, Protest signalisieren.

2. Jede Kommunikation hat eine Inhalts- und eine Beziehungsstruktur, welch letztere bestimmend für die Qualität der Kommunikation ist. Auf der Grundlage einer gestörten Beziehung zwischen Lehrer und Schülern wird selbst eine optimale Unterrichtsgestaltung mit ihren Effekten weit hinter ihren Möglichkeiten zurückbleiben. Eine grundsätzlich gute Beziehung zwischen Lehrer und Schülern dagegen kann auch einer unterrichtlichen Fehlplanung noch eine Chance abgewinnen.

3. Jeder Kommunikationsablauf wird durch die Interpunktion der Kommunikationspartner bestimmt. Entscheidend für die eigene Aktion oder Reaktion ist es, welche Details der Kommunikation wahrgenommen werden. Die Schüler schweigen, weil sie die kleinschrittige bohrende Fragestrategie des Lehrers nervt, der Lehrer fragt entsprechend, weil er die Schüler endlich zur Mitarbeit anregen möchte.

4. Bei jeder Kommunikation sind digitale und analoge Vorgänge zu unterscheiden. Digitale Kommunikation (engl. digit = Dezimalstelle, Ziffer) ermöglicht aufgrund ihrer komplexen und vielseitigen logischen Syntax die exakte Übermittlung von Informationen, die analoge Kommunikation steuert bezüglich der Beziehung der Kommunikationspartner die Bedeutung bei z. B. durch Mimik, Gestik, Tonfall.

Beispiel: Der Schulleiter steht vor der Aufgabe, einem Schüler mitzuteilen, dass mehrere Lehrer des Kollegiums und neuerdings auch der Elternbeirat Klage über sein Verhalten gegenüber Mitschülern führen. So problemlos die Aufgabe auch klingt, sie ist es ganz und ganz nicht, da es eben nicht nur darum geht, die Nachricht von A (Schulleiter) nach B (Schüler) zu bringen mit dem Effekt, dass der Schüler die Mitteilung schon richtig verstehen würde (= digitaler Anteil). Das renitente und provokative Auftreten des Schülers (so empfindet es zumindest der Schulleiter) fordert den Schulleiter heraus, seine Stimme mit tadelnder Schärfe auszustatten und in Reaktion auf das dadurch ausgelöste vermeintlich spöttische Grinsen des Schülers (so sieht es eben der Schulleiter) den Verweis von der Schule anzudrohen (= analoge Anteile). Der Schüler seinerseits nimmt die eigentlich beabsichtigte Nachricht (= digitaler Anteil) überhaupt nicht wahr (kann es wohl gar nicht), sondern stellt bei sich fest, dass auch der Schulleiter kein Verständnis für ihn habe und nur darauf aus sei, ihn „in die Pfanne zu hauen", weshalb er sich abschottet und die Mitteilungen des Schulleiters mit versteinertem Gesichtsausdruck hinnimmt (= analoger Anteil).

Fazit: Sender und Empfänger einer Nachricht beeinflussen sich und die zu vermittelnde Information wechselseitig, und zwar vor dem Hintergrund ihrer gesammelten Erfahrungen in ähnlichen kommunikativen Situationen.

5. „Zwischenmenschliche Kommunikationsabläufe sind entweder symmetrisch oder komplementär, je nachdem, ob die Beziehung zwischen den Partnern auf Gleichheit oder Unterschiedlichkeit beruht." Die symmetrische Form der Kommunikation birgt die Tendenz zur Eskalation z. B. einer Meinungsverschiedenheit in sich. Die komplementäre Form der Kommunikation beruht aufgrund der unterschiedlichen Positionen der Kommunikationspartner auf Über- und Unterordnung (z. B. Eltern – Kind, Lehrer – Schüler), die Gefahr mit einschließend, dass der Übergeordnete immer dominanter, der Untergeordnete immer unterwürfiger wird.

Einen weiteren ausgewählten Beitrag zur Komplexität und damit zur systematischen Bearbeitungsbedürftigkeit der Kommunikation steuert die Gruppendynamik mit ihrer Unterscheidung einer *surface agenda* (= offizielle, an der Oberfläche befindliche und jedermann zugängliche Geschäftsordnung) und einer *hidden agenda* (= die verborgene, versteckte Geschäftsordnung) bei.

Beispiel: Nicht selten verläuft eine Lehrerkonferenz deshalb unbefriedigend, weil eine Dissonanz zwischen beiden Geschäftsordnungen herrscht. Während die surface agenda eine höfliche, sachliche Diskussion verlangt, hält die hidden agenda dazu an, Rivalitäten, Positionsgerangel etc. auszutragen, was durch spitze Bemerkungen, Blockaden, lähmendes Schweigen und Fremdbeschäftigungen aller Art auch zum Ausdruck kommt. Auf Dauer gesehen wird es für die Atmosphäre und die Effektivität einer Lehrerkonferenz förderlich und ökonomisch sein, bei gegebenen Anlässen an der hidden agenda zu arbeiten, welche die surface agenda fortwährend sabotiert.

5.4.2 Übersicht über Arten und Funktionen der Kommunikation

Die Übersicht (orientiert an Rosenbusch/Schober 1995) verdeutlicht einerseits das Gewicht der nonverbalen Kommunikation, andererseits die Beobachtungs- und Arbeitsbereiche bei Kommunikationsstörungen und bei der Förderung der Kommunikationsfähigkeit.

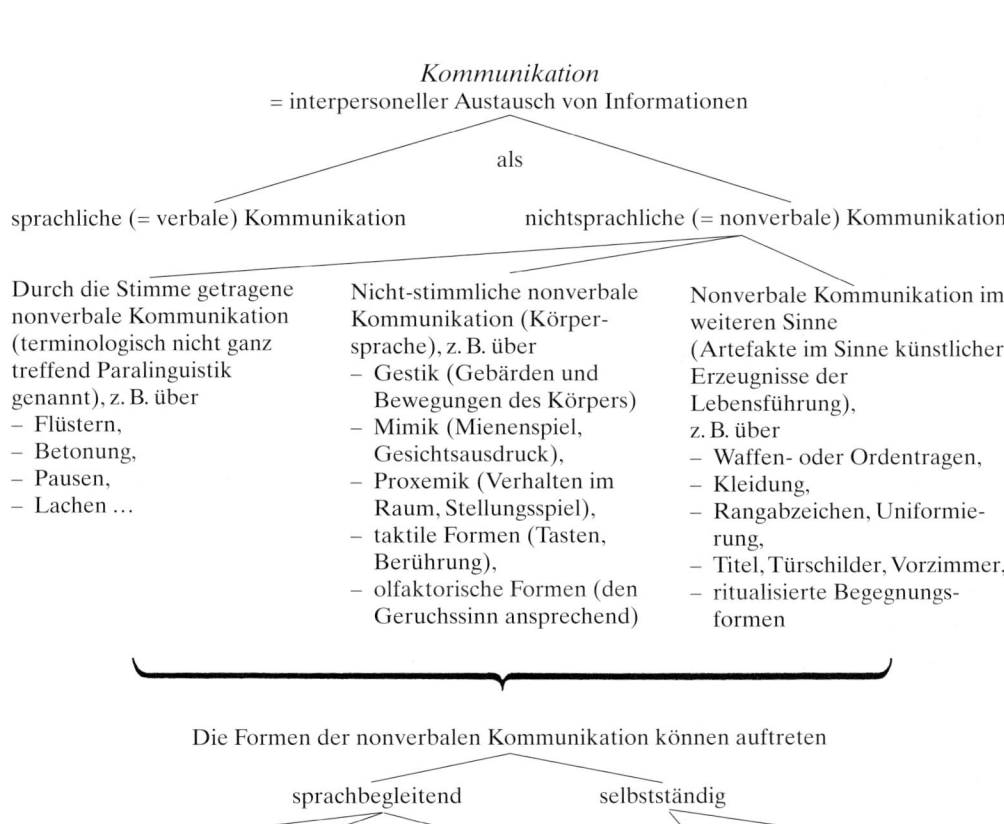

5.4.3 Ausgewählte Methoden zur Arbeit an der Kommunikation

1. *Arbeit an kognitiven Dissonanzen*

> Eine kognitive Dissonanz liegt vor, wenn in ein und derselben Person bzw. zwischen mehreren Personen zwei oder mehrere verschiedene Erkenntnisse, Meinungen oder gar grundlegende Einstellungen zu einem Sachverhalt unvereinbar gegeneinander stehen.

Auf die Entstehung kognitiver Dissonanzen wirken v. a. folgende Hauptfaktoren ein:

a) Die bisherige Meinung des Empfängers zur Aussage bzw. zum Aussagebereich,

b) die positive oder negative Bewertung dessen, der die Aussage macht (= Kommunikator) durch den Empfänger,

c) die Meinung, die durch die Aussage zum Ausdruck gebracht wird bzw. dahinter vermutet wird.

Wenn diese drei Hauptfaktoren nicht übereinstimmen, liegt eine kognitive Dissonanz vor.

Beispiel: Eine noch so sachlich und glaubwürdig vorgetragene Information des Schulleiters etwa zur Schulordnung (c) wird jene Kollegen in der Konferenz in der beabsichtigten Weise nicht erreichen, die entweder die Schulordnung grundsätzlich anders beurteilen als der Schulleiter (a) oder die den Schulleiter persönlich oder als Funktionsträger negativ einschätzen (b).

Die Überwindung der kognitiven Dissonanz kann nur dadurch erreicht werden, dass die drei genannten Hauptfaktoren in Richtung Übereinstimmung verändert werden und zwar durch sorgfältige Reflexion der widerstreitenden Elemente (Situationsanalyse) und durch zusätzliche Informationsbeschaffung. Im Einzelnen

a) revidiert entweder der Empfänger seine bisherige Meinung zum Sachverhalt

b) oder der Empfänger bewertet den Kommunikator neu

c) oder die bislang evtl. falsch interpretierte Meinung hinter der Aussage wird relativiert.

Für unser Beispiel bedeutet dies:

a) Meinungsänderung der Kollegen bezüglich des Grundkonzepts der Schulordnung

b) Neubewertung des Schulleiters z. B. aufgrund eines feucht-fröhlichen gemeinsamen Oktoberfestbesuches (So übel ist er gar nicht wie ich dachte)

c) Richtigstellung einer Fehlbewertung der Aussage z. B. schlicht durch Informationszuwachs

2. *Kontrolle des Lehrerverhaltens*

Aufgrund seiner Modellwirkung auf die Schüler gerade im kommunikativen Bereich kommt der Lehrer nicht umhin, sein eigenes kommunikatives Verhalten ständiger Selbst- und Fremdüberprüfung auszusetzen. Im Blickpunkt stehen dabei v. a. Sprechtechnik, Sprachdisziplin (Wortwahl, Prägnanz, Rücksicht auf die Zuhörer mit Fachsprachen, Zuhören und Ausredenlassen etc.) und die Umkehrbarkeit (= Reversibilität) des Sprachverhaltens. Letzteres könnte geradezu als kategorischer Imperativ zur Überprüfung des Kommunikationsverhaltens des Lehrers ausformuliert werden: Verhalte dich deinen Schülern gegenüber jederzeit so, dass sich diese dir gegenüber ebenso verhalten könnten, ohne dir zu nahe zu treten oder gar dich zu kränken!

Da jeder Mensch in der Selbstbeobachtung zum Selbstbetrug neigt, ist der objektivierende Einsatz technischer Hilfsmittel angezeigt, der zudem eine gründliche Nacharbeit ermöglicht.

a) Die ideale Methode der *Videoaufzeichnung* lässt nach einmal überwundener Hemmschwelle erfahrungsgemäß die gegen ihre Verwendung vorgebrachten Einwände schnell schrumpfen: Der Effekt lohnt den relativ schnellen Aufbau einer Videokamera allemal. Die Totaleinstellung erübrigt eine störende Fremdbedienung und die Apparatur selbst wird von Lehrer und Schülern rasch vergessen, v. a. bei öfterem Einsatz.

b) Für den Einstieg in die Überprüfung des Sprachverhaltens allein ist leichter zu verkraften der gelegentliche *Einsatz des Kassettenrekorders.* Für die Auswertung bieten sich mit steigendem Anspruch an: Abhören allein, mit einem Kollegen, mit einer berufsfremden Person (z. B. aus der Familie), als Hochform mit der beteiligten Klasse. Bei allen dokumentierenden Kontrolltechniken geht es nicht um Bloßstellen, sondern um Materialgewinnung für die nachfolgende systematische Arbeit an der Kommunikationsfähigkeit.

c) Dies leistet auch jede Art der kollegialen *teilnehmenden Fremdbeobachtung,* die um der Genauigkeit willen allerdings auf spezifische Beobachtungsanlässe hin erbeten werden sollte. Je konsequenter sich dabei der Beobachter auf beschreibende Wahrnehmung beschränkt und je weniger wertende Stellungnahmen er in sein Beobachtungsprotokoll hineinmischt, umso weniger Abwehrmechanismen wird das gewonnene Material beim Beobachteten auslösen (vgl. ausführlich Köck 4/1997).

d) Die bereits genannten und die noch folgenden Methoden mit einbeziehend verfolgt die *Supervision* in ihrer Bedeutung als Praxisberatung das Ziel, z. B. verfestigte kommunikationshemmende Verhaltensweisen aufzudecken, Einstellungs- und Motivationseinbrüche zu ergründen, speziellen Ursachen des Burnout-Syndroms nachzuspüren und jeweils den Betroffenen zu veranlassen, aus eigener Erkenntnis Verhaltensalternativen zu entwickeln.

e) Als besonders erfolgversprechende Methode zur Überprüfung und Erweiterung der kommunikativen Kompetenz, aber auch aus entsprechendem defizitärem Anlass bieten sich *gruppendynamische Trainings* an. Sie räumen den Teilnehmern insbesondere die Möglichkeit ein,
- sich aus freier Entscheidung und in sanktionsfreiem Raum realistisch wahrnehmen zu lernen,
- Hemmungen des konventionellen Verhaltens zur Aufdeckung festgefahrener Gewohnheiten zu überwinden,
- erwünschte neue Verhaltensweisen zu erproben und einzuüben,
- annehmbare Techniken zur Rückmeldung (= Feedbacktechniken) über Verhaltensweisen anderer zu erlernen, die durch Vermeidung von Vorwurf, Drohung, Bewertung und Urteil den Boden für verbesserte Kommunikation bereiten sollen.

Zusammengefasst sind gruppendynamische Trainings als Übungsfeld zu verstehen, in dem eine Änderung von Einstellungen und Verhaltensweisen erprobt werden kann, deren Ergebnis auf die Realität außerhalb der Trainingsgruppe übertragbar ist.

f) Der nachfolgende *Feedbackbogen* dient als Kurzform schriftlicher Verhaltenseinschätzung in Bezug auf den Lehrer mit Hilfe einer Ratingskala (= Einschätzskala). Wieder geht es um Materialgewinnung, die in der Nachfolgediskussion mit der Klasse im Einzelnen durch konkrete Beispiele belegt werden muss. Je nach Jahrgangsstufe ist zu empfehlen, den folgenden Feedbackbogen auch nur ausschnittweise und v.a. in schülerangepasster Wortwahl zu verwenden.

Feedback-Bogen

für Herrn/Frau _____

Wertschätzung, Wärme, Zuneigung freundlich – ermutigend – anerkennend – verständnisvoll – einfühlsam	– – – 0 – – –	*Geringschätzung, Kälte, Abneigung* unfreundlich – entmutigend – kritisierend – abwertend – verständnislos – uninteressiert
Dirigismus befehlend – anordnend – lenkend – kontrollierend – möchte, dass alles so geschieht, wie er es sich vorstellt – autoritär – redet viel allein	– – – 0 – – –	*Non-Dirigismus* vorschlagend – sich zurückhaltend – lässt anderen Entscheidungsfreiheit – demokratisch – lässt andere zu Wort kommen
Aktivität aktiv – macht viele Vorschläge – stark interessiert und engagiert – bemüht – stellt Material bereit – setzt sich ein	– – – 0 – – –	*Passivität* passiv – hält sich zurück – überlässt alles den anderen – „laissez faire" – desinteressiert – setzt sich nicht ein
Echtheit, Selbstoffenheit ist ganz er selbst – sagt, was er denkt und fühlt – offen – ohne Fassade – unvollkommen – zeigt Gefühle	– – – 0 – – –	*Unechtheit, Verschlossenheit* unecht – fassadenhaft – lehrhaft – „zieht Show ab" – perfektionistisch – verbirgt Gefühle
Was mir sonst auffiel:		*Wirkung auf mich:*

3. Als zuverlässiges Instrument zur Verbesserung der Alltagskommunikation und zur Überprüfung der Gruppenentwicklung erweist sich die *Metakommunikation.*

Allgemein bezeichnet sie den Vorgang der kritischen Reflexion alltäglicher Kommunikation.

Für die Schule hat sich dafür die Variante des *Meta-Unterrichts* eingebürgert, in dem es insbesondere auf die gemeinsame Reflexion von Lernzielen und -inhalten, von Unterrichtsmethoden und von Normen im Sinne der praktizierten und erwarteten Umgangsformen in der Schule ankommt.

Der Lehrer begibt sich mit der Metakommunikation in einen gemeinsamen Lernprozess mit den Schülern, in dem er gleichzeitig Betroffener und für den Verlauf der Metakommunikation Verantwortlicher ist.

Im Einzelnen kann sich Metakommunikation z. B. mit folgenden Problemen befassen:

– *Gruppenziele* vereinbaren und bewusst halten, wobei u. a. auf die Formulierung erreichbarer Teilziele in überschaubarer Zeit zu achten ist. Die Frage nach dem Stand z. B. von Emanzipation, Kooperation, Kommunikation überfordert nicht nur Schüler. Beobachtbar und damit eher erreichbar sind Teilziele wie:
  ● den Mitschüler mit seiner abweichenden Meinung achten,
  ● aufmerksam zuhören,
  ● aussprechen lassen,
  ● nonverbale Signale beachten,
  ● dem Lehrer Störungen mitteilen können usw.
– Wie werden eher *leistungsbezogene* und eher *sozio-emotionale Aufgaben und Rollen* in der Gruppe wahrgenommen?
– Von welchen *wechselseitigen Erwartungen* gehen die Gruppenmitglieder aus? Sind sie realistisch oder unerfüllbar hoch angesetzt und damit ständiger Anlass für Kommunikationsstörungen?
– Wie ist der *Informationsfluss* in der Gruppe zu den aktuellen Leistungsanforderungen, zu persönlichen und gruppenbezogenen Problemen beschaffen?
– Welchen Stellenwert besitzen *Gefühle* im Leben der Gruppe?
– Auf welcher *Entwicklungsstufe* befindet sich augenblicklich die Schulklasse als Gruppe? Welche Probleme sind als nächste vordringlich zu lösen? (Ängste, Dominanz, Abhängigkeiten, Außenseiter)
– Welche Aktivitäten werden zum Zweck der *Gruppenkohäsion* (= Gruppenzusammenhalt) ausgeübt, welche müssen noch eingeübt bzw. wieder erinnert werden?
  Es sind nicht die „verbindenden Selbstverständlichkeiten" (A. Gehlen) allein, also die gemeinsamen sozio-kulturellen Rahmenbedingungen, die für den Gruppenzusammenhalt genügen.
  Es muss sich vielmehr die *bewusste Arbeit an stabilen interpersonellen Beziehungen* dazugesellen, also z. B.
  ● Suche und Organisation von räumlicher und zeitlicher Nähe;
  ● Bearbeitung emotionaler Probleme in der Gruppe;
  ● Verlass auf arbeitsteilige Leistung und damit verbundene Anerkennung;
  ● bestandene Bewährungsproben in der Bewältigung „kognitiver Dissonanzen" (vgl. 1.).
  ● Bereitschaft zur Sensibilisierung (= Steigerung der Aufgeschlossenheit) einer wirklichkeitsgemäßen Selbst- und Fremdwahrnehmung, etwa durch Beobachtungsschu-

lung, meditative und gruppendynamische Praktiken sowie durch Feedbacktechniken (vgl. 4. und 7.).
– Wie ist es um die *soziale Distanz* in der Gruppe bestellt? Werden Freiheits- und Intimbereich der Gruppenmitglieder geschützt und geachtet, oder drohen Seelenstriptease, Klatschsucht, Bloßstellung und rücksichtslose Vertretung individueller Bedürfnisse die Verarbeitungstoleranz der Gruppe zu sprengen?

4. Mehrfach war mittlerweile von der *Einübung in Feedbacktechniken* die Rede, die nachweislich zur Verbesserung der Kommunikation beizutragen vermögen.

In der Gruppendynamik meint Feedback die Rückmeldung von subjektiven Wahrnehmungen und Wirkungen als Folgen des Verhaltens eines Kommunikationspartners.

Konkreter: Jedes Gruppenmitglied empfängt eine Menge von Informationen (verbal und nonverbal), wie es bei anderen Gruppenmitgliedern und der Gesamtgruppe ankommt. Gehäufter Husten beispielsweise löst Reaktionen aus, – der Unmutspegel steigt und fordert eine Problemlösung (der Huster blickt gequält und verständnisheischend um sich, er flieht aus der Gruppe vor einer möglichen weiteren Eskalation des Unmuts, er ignoriert die Feedbacks und ertrotzt sich sein Recht auf seinen Husten usw.).
Ein Lehrer kann mit seinem Unterrichtsgegenstand nur dann bei einer Klasse wirklich „landen", wenn er es versteht, die Signale aus der Klasse aufzunehmen und situationsentsprechend zu verarbeiten, und all das meistens unter Zugzwang und Entscheidungsdruck. Durch Feedback angezeigte Konflikte gleich welcher Art (kognitive, soziale, emotionale) verdeckt zu halten und zu ignorieren oder zur Bearbeitung an die Oberfläche zu bringen, ist letztlich eine Frage der Ökonomie. Im Augenblick benötigt das Verdeckthalten meistens weniger Energie als das Austragen, auf lange Sicht gesehen aber ist es wegen des dauernden geheimen Energieverbrauchs und der möglichen Ausuferung des Konflikts unökonomisch (vgl. hierzu auch surface agenda und hidden agenda unter 5.4.1).

Folgende *Feedback-Regeln* sollten beachtet und im Sinne eines Unterrichtsprinzips *bei aktuellen Anlässen nach und nach* eingeübt werden:
1. Ein nützliches Feedback kann nur aus einer *positiven Grundhaltung* der Betroffenen erwachsen. Der Feedback-Gebende sollte sich selbstkritisch prüfen, ob seine Motive zum Feedback aufbauend, kommunikationsfördernd sind oder ob sich hinter ihnen etwa die Lust zu destruktiver Kritik oder zum bloßen Abreagieren seiner Unmutsgefühle verbirgt.
2. Feedback muss *brauchbar* sein, d. h. auf veränderbare Verhaltensweisen bezogen und nicht etwa auf unveränderbare körperliche Merkmale.
3. Feedback sollte *konkret und präzis* sein, also das aktuelle Geschehen, die die Reaktion hier und jetzt auslösende Verhaltensweise ansprechen.
4. Es ist günstig, wenn das Feedback *erbeten* ist, weil damit eine positive Aufnahmebereitschaft angenommen werden kann. Auf keinen Fall aber darf Feedback aufgezwungen werden oder gar mit der Forderung nach einer Verhaltensänderung verbunden werden. Ob der Angesprochene das Feedback annimmt und welche Konsequenzen er daraus zieht, ist einzig und allein seine Sache.
5. Feedback *beschreibt* Wirkungen bestimmter Verhaltensweisen und eigene Reaktionen auf dieselben. Es teilt das tatsächlich Wahrnehmbare mit. Es vermeidet moralische Wertungen, Interpretationen und Analysen von Verhaltensweisen, die den Betroffenen in Abwehr- und Verteidigungshaltung treiben.

6. Feedback ist am wirksamsten, wenn es *in unmittelbarer Verbindung mit dem auslösenden Verhalten* gegeben wird, evtl. auch durch andere Signale als durch direkte Anrede. Im Einzelfall entscheidet freilich die gegebene Situation darüber, ob ein sofort gegebenes Feedback nicht einen augenblicklich wichtigen Vorgang stört.

7. Feedback sollte *angemessen* sein, d. h. ehrlich, aber taktvoll, die Aufnahmefähigkeit des Angesprochenen und seine Möglichkeiten zur Feedbackverarbeitung berücksichtigend.

8. Feedback sollte so gegeben werden, dass die *Subjektivität* der wiedergegebenen Eindrücke außer Zweifel steht und wenn möglich anderen Gruppenmitgliedern als *Kontrollinstanzen* zur Prüfung übergeben wird.

9. Der Feedback-Empfangende sollte *aufmerksam zuhören*, evtl. *klärend nachfragen* und das *Gehörte in Ruhe verarbeiten*, nicht aber argumentieren und sich verteidigen.

5. Noch einen Schritt weiter als die ohnehin schon anspruchsvollen Feedbacktechniken gehen Verhaltensregeln, die in gruppendynamischen Trainingsformen entwickelt wurden und dort in der Laborsituation verdichteter Wirklichkeit auch funktionieren.

Ermutigende Erfahrungen in der Schulpraxis wurden mit den *Verhaltensregeln der Themenzentrierten Interaktion* gemacht.

Bevor der Lehrer sich auf eine angemessene Praxis dieser Verhaltensregeln in der Schule einlassen kann, muss er sie selbst durch *umfassende Erfahrung* gelernt haben; kognitive Kraftakte reichen dafür ebenso wenig aus wie lediglich vorschriftsmäßige Anwendung. Da die *Verhaltensregeln der Themenzentrierten Interaktion* über Erfahrung und nicht über Erläuterungen zu lernen sind, werden sie nachfolgend ohne weiteren Kommentar zur Erprobung angeboten:

1. *Sei dein eigener „Chairman"!*
   Bestimme selbst, wann du reden oder schweigen willst! Richte dich dabei nach deinen Bedürfnissen im Hinblick auf das Thema und darauf, was immer für dich und die Lerngruppe wichtig sein mag!

2. *Sprich per „ich" und nicht per „man" oder „wir"!*
   Es könnte ansonsten leicht eine Übereinstimmung vorgetäuscht werden, die nicht vorhanden ist. Besser ist es, die anderen zu fragen, ob eine Übereinstimmung möglich ist, anstatt sie durch Verallgemeinerungen zu manipulieren.

3. *Persönliche Aussagen sind besser als unechte Fragen.*
   Tarne nicht deine Aussage als Frage! Versuche echte Fragen dadurch einzuleiten, dass du erklärst, was sie für dich bedeuten!

4. *Es kann nur einer zur gleichen Zeit reden.*
   Versuche nötigenfalls eine Einigung über den Gesprächsverlauf herbeizuführen, am besten durch vereinbarte Zeichen!

5. *Vermeide möglichst Seitengespräche!*
   Unterrichte gegebenenfalls die Gruppe über deren Inhalt; denn er ist für sie meist von größerer Bedeutung, als du ahnst!

6. *Störungen haben Vorrang, denn sie behindern das Dabeisein.*
   Unterbrich „gegebenenfalls" das Gespräch, wenn du Unlustgefühle verspürst (Langeweile, Ärger über den Gesprächsverlauf oder den Inhalt, über Gruppenmitglieder, Konzentrationsmangel …), und teile dies der Gruppe mit!

7. *Versuche zu sagen, was du meinst.*
   Sage nicht, was deiner Meinung nach von dir erwartet wird!

8. *Teile der Gruppe und einzelnen deine persönlichen Reaktionen mit!*
   Vermeide, andere zu manipulieren, indem du interpretierst! Jeder kann selber sagen, was er wirklich meint. Bei Unklarheit frage lieber zurück, als zu interpretieren!

9. *Beachte Signale deines Körpers und solche bei anderen Gruppenmitgliedern!*
Es hat keinen Sinn, z. B. bei Müdigkeit weiter zu diskutieren oder weiter zu lernen. Es ist dann rationeller, sich zu erholen oder Routinetätigkeiten auszuführen.

6. *Gruppendynamisch orientierte Einzelmaßnahmen*

– In der *Prozessanalyse* gehen die Beteiligten den gemeinsam zurückgelegten Weg ihrer Kommunikation zurück. Gefragt ist letztlich, durch welches konkrete Ereignis oder Verhalten beispielsweise eine bis dahin befriedigende Unterrichtsstunde in Interesselosigkeit oder in zunehmende Störungen umzuschlagen begann.
Prozessanalysen lohnen sich also u. a. dann, wenn ähnliche unerwünschte Verläufe immer wieder auftreten.

– Die *Situationsanalyse* befasst sich demgegenüber mit der Beschreibung des gegenwärtigen Zustandes einer Gruppe. Sie kann z. B. den Lehrer bei dem Unternehmen entlasten, das Lernen und Zusammenarbeiten blockierende Vorkommnisse durch Vermutung erschließen zu müssen.
Auch diese Methode lohnt erst den Zeitaufwand, wenn sich eine lernhemmende Situation festfährt und auch durch ökonomischere Maßnahmen wie Methodenwechsel, Kurzentspannung, Pause, Frischluft nicht überwunden werden kann. Insbesonders Referendare fragen in der Ausbildung immer wieder, wie sie sich gegenüber einer schwätzenden, nicht mitarbeitenden, disziplinlosen Klasse verhalten sollten, und fordern Rezepte, die es leider nicht gibt.
Auch die berühmt-berüchtigte Empfehlung: „Am Anfang fest den Daumen drauf und dann langsam die Zügel los lassen!" bringt eher Hilflosigkeit zum Ausdruck als die Bereitschaft, eine auf lange Sicht tragfähige kommunikative Basis zu erarbeiten. Durch derartige Verhaltenskorsette und die damit zwangsläufig verbundenen Strafmechanismen wird mutwillig Konfrontation geschaffen, wo auf Dauer nur Kooperation weiterhilft.
Für die weitere Zusammenarbeit ist es mit Sicherheit sinnvoller, die beispielhaft beschriebenen Situationen aufzugreifen, den Schülern die eigene Unzufriedenheit mit der Situation ohne Vorwurf, aber auch ohne Weinerlichkeit mitzuteilen und sie zu einem klärenden Gespräch über die Ursachen ihres Verhaltens und über die Rahmenbedingungen des zukünftigen Unterrichts aufzufordern. Verhaltensregeln, die die Schüler bei solchen Gelegenheiten selbst formulieren, pflegen sie auf ihre Einhaltung hin wechselseitig strenger zu kontrollieren, als der Lehrer es könnte.
In Klassen, in denen die skizzierte schwierige Anfangssituation *gemeinsam* überwunden ist und eine gute Atmosphäre vorherrscht, können im Bedarfsfall - der immer wieder eintreten wird – besondere Verfahren der Situationsanalyse eingeführt werden, z. B.

● Feedback (vgl. 4.);
● informelle Tests zur Erfassung der Gruppenatmosphäre, meistens in Form von Einschätzskalen (= Ratingskalen) (vgl. 2. f.);
● sog. Metapherübungen („der Lehrer behandelt uns heute wie …")
● Stimmungsbarometer, durch die in einer Blitzaktion meist nonverbal (durch vereinbarte Zeichen) die Gefühlslage signalisiert wird.

– Schulklassen brauchen eine *systematische Einübung in die Selbstregulierung* umso mehr, je einseitiger sie bis dahin nach dem Muster der Ausrichtung auf den Lehrer unterrichtet wurden. Überforderung dabei führt wegen der plötzlichen Orientierungslosigkeit regelmäßig in eine Übergangsphase, die durch mangelnde Disziplin, ständiges Ausreizen der

Verhaltensgrenzen und durch Abreagieren andernorts erfahrener Unlustgefühle gekennzeichnet ist.

Selbstregulierung und Selbstverantwortung erwirbt die Klasse in einem langwierigen Lernprozess. Nach den ersten Versuchen äußern die Schüler wegen der anstrengenden Eigenleistung nicht selten den Wunsch nach Rückkehr zum bequemen Leithammel-Prinzip.

Möglichkeiten der Einübung in die Selbstregulierung der Klasse:

● Verteilung klasseninterner Ämter und Aufgaben durch die Schüler selbst. Der Lehrer beschränkt sich hier wie in den folgenden Beispielen im Sinne sozialen Lernens auf Hilfen, die die Entscheidungsfindung, Kooperation, Konfliktschlichtung usw. erleichtern können.

● Beratung alternativer Lernvorschläge nach der Rahmenvorgabe des Lehrers durch die Schüler allein, also ohne Manipulation des Lehrers.

● Einteilung von Arbeitsgruppen durch die Schüler.

● Gestaltung des Klassenzimmers; evtl. provokative Auswüchse sollten als solche mit den Schülern diskutiert und beseitigt, nicht schlicht verboten werden.

● Sog. Ventilstunden sollen den Schülern Gelegenheit geben, in besonders dringenden Fällen oder/und in festgelegten Abständen aktuelle Probleme zuerst im Klassenverband und dann erst mit dem Lehrer ihres Vertrauens zu besprechen.

● Besondere Hilfestellung durch Lehrer und Klasse brauchen die Klassensprecher, die weder als Hilfslehrer noch als verlängerter Arm des Lehrers, aber auch nicht als die Klasse entlastende Beschwerdeführer missbraucht werden dürfen. Die Einrichtung des Klassensprechers ist ohnehin nur ein Zugeständnis an Klassen, die nicht im Sinne einer Gruppe mit wechselseitiger Selbstregulierung und situationsentsprechender Arbeitsverteilung funktionieren.

– *Rollenspiele* beabsichtigen die ganzheitliche Begegnung mit der Lebenswirklichkeit, indem sie zur Identifikation mit wirklichen sozialen Rollen auffordern. Sie beinhalten die verstandes- und gefühlsmäßige Einfühlung in Lebens- und Handlungszusammenhänge. Erfahrungsgemäß können Schulklassen durch behutsame Anleitung durchaus für Rollenspiele gewonnen werden, um Lebenssituationen außerhalb der Schule besser verstehen zu lernen (Familie, Arbeitsplatz, Politik, Randgruppen).

Als Hochform des Rollenspiels muss es bezeichnet werden, wenn auf diese Weise klasseninterne Rollen sozusagen durch Rollentausch der gemeinsamen Bearbeitung zugänglich gemacht werden.

Wegen der meist hohen emotionalen Belastung einzelner Gruppenmitglieder und wegen der notwendigen Voraussetzung großer Gruppendichte dürfte diese Art des Rollenspiels in Schulklassen eher die Ausnahme sein.

7. In einem ganzheitlichen Unterricht sind je nach Bedarf *Entspannungs-, Konzentrations-, Stille-, Meditations-, Bewegungs- und Interaktionsübungen eine Selbstverständlichkeit.* Letztlich ist es eine Frage der Lernökonomie, den Unterrichtsalltag mit einer konzentrierenden Sammlung zu beginnen, in einer Phase zunehmender Ermüdung eine Kurzentspannung einzubauen, vom langen Sitzen malträtierte Körperteile durch Bewegungsübungen zu lockern, nachhaltige Kommunikationsstörungen u. a. durch gezielte Interaktionsübungen anzugehen und Wahrnehmungsvorgänge durch meditative Praktiken zu unterstützen. In jedem Fall sollte der Lehrer in seiner Anleitung darauf achten, dass die Schüler solche Übungen mehr und mehr in Eigenregie übernehmen als Mittel, die sie selbst je nach Situation in die Bearbeitung ihrer Kommunikationsfähigkeit ein-

bringen können. Der Lehrer muss allerdings die Übungen selbst beherrschen und in ihrem Sinn voll akzeptieren, andernfalls büßt er bei den Schülern, die für die Echtheit und Wahrhaftigkeit des Lehrers ein untrügliches Gespür haben, schnell seine Glaubwürdigkeit ein. Durch eigene Übung gesicherte Überzeugung von der Notwendigkeit ganzheitlichen Unterrichts lässt den Lehrer außerdem gelassener die möglicherweise bei den Erstversuchen mit solchen Übungen auftretenden verschämten Kicherphasen der Schüler überstehen. Erfahrungsgemäß klingen dieselben nach dem ersten Erleben der Übungseffekte schnell ab.

(Literatur zu den genannten Übungen liegt reichhaltig vor, z. B. Blumenfeld/Grünn 1997; Bort 1994 und 1995; Broich 1998 und 1999 (2×); Dennison/Dennison 1997 (2×); Gudjons 1995; Langen 1998; Lindemann 1995; Meyer 1991; Portmann/Schneider 1997; Schultz 1991; Struck 1995; Vaitl/Petermann 1993/1994; Wendlandt 1995)

5.5 Unterrichtskonzepte

> Ein *Unterrichtskonzept* bezeichnet die theoriegeleitete Grundeinstellung des Lehrers bezüglich Zweck, Anlage und Durchführung des Unterrichts.

Unterrichtskonzepte sind maßgeblich beeinflusst von der eigenen schulischen Sozialisation des Lehrers, seinen unterrichtstheoretischen Überzeugungen und praktischen Erfahrungen, seinem Berufsverständnis und seiner Sichtweise der Schüler. So wird z. B. ein Lehrer, der von der grundsätzlichen Notwendigkeit der Belehrung der Schüler ausgeht, zum Unterrichtskonzept des lehrerzentrierten (direktiven) Lehrgangs neigen. Ein anderer Lehrer, der den Schülern die Selbstorganisation ihres Lernens zutraut, wird dagegen eher Unterrichtskonzepte des offenen Unterrichts bevorzugen.

5.5.1 Die Schulwirklichkeit als Spannungsfeld zwischen direktivem und offenem Unterricht

(Vgl. zum offenen Unterricht z. B. Bönsch 1993; Duncker 1987 (2×), 1993; Göhlich 1997; Gudjons 1998; Hegele 1997; Heimbrock/Wegmann 1997; v. Hentig 1987, 1990, 1996; Jürgens 1998; Nauck 1993; Ramseger 1992 und 1994; Reiss/Eberle 1997; Stieren 1993; Struck 1996)

5.5.1.1 Schulwirklichkeit und neue Lernformen

Schulkritik – so alt wie die Schule selbst – neigt mit ihren Aussagen zur Überzeichnung und Einseitigkeit. Dies mitbedacht, beschreibt sie den herkömmlichen Unterricht folgendermaßen:

- Er ist überwiegend lehrgangsmäßig gestaltet.
- Er ist auf Prüfungen ausgerichtet, die Berechtigungsscheine ausstellen.
- Er koppelt Lerninhalte und Methoden von der gegenwartsbezogenen Erlebniswelt der Schüler ab.
- Mit seiner Zukunftsorientierung schafft er zwangsläufig Konflikte, die auf Seiten der Schüler in Verhaltensweisen zwischen konsumorientierter Anpassung und Aufbegehren bis hin zur Flucht in die Drogenwelt und Ersatzreligionen münden.

Nach Duncker (1987) ist die skizzierte Situation heute noch verschärft durch folgende Tatsachen:

- Die schulischen Berechtigungen laufen vielfach ins Leere (Arbeitsmarkt).
- Zukunftsängste verweisen auf ein intensives Leben im Hier und Jetzt.
- Die lebensbestimmenden Werte sind gegenwarts- und genussorientiert.
- Die Jugend hat heutzutage viel früher Zugang zum Erwachsenenleben.
- Die Peergroup hat als jugendgemäße Lebenswelt eine enorme Aufwertung erfahren.

Als – selbstverständlich näher zu präzisierende – *Vorschläge für einen angemessenen Umgang mit diesen aktuellen Herausforderungen* bietet Duncker an:

- Offene Zeitstruktur und Prozessorientierung des Unterrichts, was auf eine Verbindung von Zielstrebigkeit und Erfahrungsspielraum hinausläuft.
- Interessenorientierung im Sinne altersabhängiger und damit zunehmender Beteiligung der Schüler an unterrichtlichen und schulischen Entscheidungen.
- Handlungs- und Situationsorientierung: Nur aktuelle, anregende Situationen, in denen Probleme und Widerstände erlebt werden können, münden in engagiertes Handeln.
- Kommunikative Orientierung des Unterrichts, einschließlich der Interpretation des eigenen Unterrichtsbetriebs, der dort gespielten Rollen usw.
- Ästhetische Orientierung des Unterrichts: Ausgleich zwischen der sprachlich-reflexiven Seite des Unterrichts (Unterricht als Ort der Schrift- und Sprachkultur) und der szenischen, ikonischen, dramaturgischen Seite des Unterrichts (Gegenwart der Jugendkultur bis hinein in Gestik, Mode, Subkultursprache). Diese zweite Seite des Unterrichts soll dabei nicht etwa zum Unterrichtsgegenstand gemacht werden, sondern im Schulalltag als Ausdrucksmittel zugelassen und gemeinsam mit den Schülern hinterfragt werden (z. B. Selbstdarstellung in Schrift und Bild).

5.5.1.2 Direktiver und offener Unterricht im Vergleich

(Vgl. z. B. Behnken 1989; Breuer 1997; Götz 1987; Jank u. a. 1986; Kayser/Schäkel 1992; Müller-Bardorff 1986; Nauck 1993; Ramseger 1992; vgl. auch die Literaturhinweise unter 5.5.1)

Der Vergleich soll nicht der Propagierung des einen Unterrichtskonzepts und der Verteufelung des anderen dienen. Der Lehrer befindet sich immer in der – oft genug belastenden – Situation, zwischen den Ansprüchen von Kind und Sache vermitteln zu müssen. Sein Auftrag besteht gerade darin, Begegnung mit der Wirklichkeit in schülergemäßen Formen zu ermöglichen. Dies bedeutet: *„Soviel Strukturierung wie nötig, soviel offener Unterricht wie möglich", und zwar je nach Sachlage, Lernsituation und Lernvoraussetzungen der Schüler.* Gefragt ist also kein Entweder-Oder-Standpunkt, sondern ein immer wieder neu zu bestimmender Brückenschlag zwischen den Unterrichtskonzepten.

Direktiver Unterricht	*Offener Unterricht*
1. *Definitionen*	
Der direktive Unterricht bezeichnet schulisches Lernen, das	Der offene Unterricht bezeichnet Unterrichtskonzepte,
– vom Lehrer und/oder einem Lehrsystem (insbesondere Unterrichtsmedien) geplant ist,	– die ganz oder teilweise wesentliche Elemente des Lernprozesses wie z. B. Zielbestimmung, Methodenwahl, Ergebnis-

Direktiver Unterricht	Offener Unterricht
– damit in seinem Verlauf fremdgesteuert und – bezüglich Ausführung und Ergebnis ständig kontrolliert ist. – „Der Lehrer als Zentralsonne eines Trabantenhaufens" (Comenius). – Synonyme Bezeichnungen, z. B. lehrerzentrierter Unterricht, formeller Unterricht, geschlossener Unterricht ...	formulierung, Ergebnissicherung der Eigensteuerung und Eigenverantwortung der Schüler überlassen. – Das Ausmaß der Öffnung ist abhängig von den mittlerweile erreichten Fähigkeiten der Schüler, ihre eigenen Lernprozesse selbst zu entwerfen und zu steuern. – Ziel des offenen Unterrichts ist die Bewältigung von Lebenssituationen durch selbstbestimmtes Handeln (Erwerb praxisorientierter Handlungskompetenz). – Offener Unterricht hebt sich aber selbst auf, wenn er die Schüler überfordert, also wenn er gegen die Schülerorientierung als Unterrichtsprinzip verstößt. – Formen des offenen Unterrichts werden seit Beginn des 20. Jahrhunderts gefordert, so z. B. von J. Dewey (learning by doing: Lernen durch Handeln, Erfahrungslernen), von den Reformpädagogen (vor allem der Arbeitsschulbewegung G. Kerschensteiners) und in neuerer Zeit von der Kommunikativen Erziehungswissenschaft und der systemisch-konstruktivistischen Didaktik.

2. *Merkmale*

Direktiver Unterricht	Offener Unterricht
– Exakte, verbindliche Lernzielbestimmung, Zielangabe am Beginn des Lernprozesses, fremdbestimmte Schwerpunktsetzung.	– Rahmenziele, evtl. Auswahlmöglichkeit zwischen beschriebenen Lernzielen, Mitsprache der Schüler bei der Zielsetzung (v. a. durch Verbindung von schulischer und außerschulischer Wirklichkeit) und Möglichkeit der Veränderung von Zielsetzungen aufgrund des Unterrichtsverlaufs, immer dem individuellen Entwicklungsstand der Schüler angepasst.
– Festgelegte Abfolge der Lernschritte. – Vorgeschriebene Lernzeit mit hohem Anspruch an die nach- und mitvollziehende Aktivität der Schüler. – Methodisch straff gegliedert, anregend durch Methodenwechsel, aber Bevorzugung lehrerzentrierter Methoden wie Entwickelnder Unterricht, Darbietender Unterricht, Impulsunterricht ... – Präzise, meist eng begrenzende Arbeitsanweisungen.	– Entwurf und Durchführung eines eigenen Lernplanes. – Vorgabe der Gesamtlernzeit (z. B. Tages- oder Wochenplan, Blockstunde), aber variable Einteilung durch die Schüler. – Bevorzugung von Methoden, welche ganzheitliches Lernen erfordern sowie Eigenaktivität, Eigenverantwortung und Kooperation.

Direktiver Unterricht	Offener Unterricht
– laufende Lernerfolgskontrolle.	– Weite Arbeitsanweisungen, im Idealfall von den Arbeitsgruppen bzw. den einzelnen Schülern selbst formuliert.
	– Lernerfolgskontrollen durch die Arbeitsgruppen oder selbsttätig anhand von Kontrollhilfen des Lehrers, einschließlich von Anregungen zur Überwindung von Lernschwierigkeiten.
– Sofortige Ausschaltung lernfremder Aktivitäten und von Störverhalten durch den Lehrer.	– Einbezug gruppendynamischer Arbeit in den Unterricht, Anleitung der Arbeitsgruppen zu konstruktivem Umgang mit Störungen, Lernflucht, Konflikten…
– Der Lehrer behält die gesamte Lerngruppe im Auge, reagiert flexibel auf Leistungsunterschiede, vermeidet Leerlauf.	– Das Lernen lernen in Eigenverantwortung!

3. *Auswirkungen auf die Schüler: Welche Lernvollzüge, Denkformen, soziale Verhaltensweisen werden gebraucht bzw. gefördert?*

– Überwiegend Rezeptivität, Reaktivität und Reproduktion auf vorgeschriebenen Wegen.	– Gefordert sind Produktivität und Kreativität.
– Eher nach- und mitvollziehendes Denken.	– Eher problemlösendes, kritisches Denken.
– In der Regel Einwegkommunikation Lehrer – Schüler (komplementäre Kommunikation).	– Auf Wechselseitigkeit beruhende Kommunikation aller am Lernprozess Beteiligten (symmetrische Kommunikation): kooperativ, frei von Bevormundung, auf Erwerb und Vollzug von Diskursfähigkeit ausgerichtet, um Eigensteuerung der Kommunikation und Metakommunikation innerhalb der Lerngruppe bemüht (evtl. unter Anleitung des Lehrers)
– Erwartet ist ein Verhalten, das fraglos vorgegebenen Verhaltensregeln angepasst ist.	– Unterricht wird ausdrücklich u. a. als bewusst angelegtes Übungsfeld für soziales Lernen verstanden.

4. *Hauptsächliche Anwendungsbereiche mit folgenden Anforderungen bzw. Voraussetzungen*

– Der Aufgabentyp lässt nur ein bestimmtes erwünschtes Verhalten zu, um z. B. Fehlleistungen oder unökonomische Versuch-Irrtums-Phasen auszuschließen.	– Spielraum für kreative Lernphasen (z. B. ausprobieren, Plakatarbeit für die Ergebnisse) sowie für erfahrungsbezogenes, problemlösendes und anwendendes Lernen, das argumentieren, schlussfolgern,

Direktiver Unterricht	Offener Unterricht
	bewerten u. ä. erfordert. Es geht nicht nur um die Ergebnisse von Lernprozessen, sondern auch um die Lernprozesse selbst.
– Straffe Lernzielorientierung nach Lehrplan, begründet z. B. durch logische Abfolge bestimmter Schritte.	– Die Unterrichtsziele sind teilweise oder ganz offen. Die Mitentscheidung der Schüler bei der Planung und Durchführung des Unterrichts ist gefragt; ohne Einführung und Einübung der Schüler in effektives Entscheidungsverhalten und in Grundkenntnisse der Netzplantechnik sind sie hier allerdings überfordert.
– Direktiver Unterricht ist v. a. dann sinnvoll, wenn möglichst schnell verfügbare fehlerfreie Reproduktion erwünscht ist, also z. B. bei Erwerb von Grundlagenwissen und fachlich notwendigen Verfahrensweisen oder bei Vermittlung prüfungsrelevanten Basiswissens.	– Offener Unterricht liegt nahe, wenn die Anknüpfung an die Bedürfnis- und Erlebniswelt der Schüler möglich ist und die Schüler über einen ausreichenden Erfahrungshintergrund verfügen.
– Direktiver Unterricht ist in Unterrichtssituationen zu bevorzugen, die eine behutsame, aber straffe Führung durch schwierige Sachverhalte und Zusammenhänge erfordern oder bei der Einführung in neue Wissensgebiete.	– Offener Unterricht setzt auf Entfaltung und Training der eigenen Lernfähigkeiten und auf die Einübung in erfolgreiche Kooperation. Die Reflexion des eigenen Lernverhaltens wird zu einem wichtigen Lernziel neben inhaltlichen und methodischen Lernzielen. Für offenen Unterricht kommen deshalb nur Lernsituationen in Frage, welche die Schüler bei entsprechender Materialvorgabe auch selbsttätig bewältigen können.

5. *Durch praktische Erprobung ermittelte Voraussetzungen für die Verwirklichung des offenen Unterrichts*

● *Die für den offenen Unterricht nötigen Verhaltensweisen und Arbeitstechniken müssen im Rahmen eher direktiven Unterrichts eingeübt werden,* andernfalls gerät er für Schüler und Lehrer zur frustrierenden Überforderung.
Zu üben ist z. B. Material beschaffen, Informationen auswerten, Arbeitsstrategien festlegen, Konflikte ökonomisch und konstruktiv zugleich bearbeiten, Ergebnisse übersichtlich gestalten u. v. a. m.

● Erfolgversprechend ist ein *fließender Übergang vom eher direktiven Unterricht zum offenen Unterricht* mit ansteigenden Anforderungen, z. B.

  – Elemente des offenen Unterrichts unter Anleitung des Lehrers im Rahmen einer direktiven Gesamtplanung,
  – Elemente offenen Unterrichts in Eigenverantwortung der Schüler, aber vom Lehrer kontrolliert,

- Elemente offenen Unterrichts in Eigenverantwortung der Schüler und von den Schülern auch selbst (mit und ohne Anleitung des Lehrers) reflektiert,
- *Einübung der Schüler in Entscheidungskompetenz* durch schrittweise erweiterten Vollzug folgender Aktivitäten:
  Informationen aufmerksam aufnehmen und verarbeiten (ordnen, gliedern, zusammenfassen),
  Anhörungsrecht ausüben (Äußerung anmelden, Äußerung „griffig" aufbereiten …),
  Mitspracherecht verwirklichen (in Strategien erfolgversprechender Auseinandersetzung und Verhandlung einüben …),
  Einspruchsrecht üben (Standpunkte exakt abklären, eigene Kompetenz nicht überschreiten …),
  Mitentscheidung durchsetzen (geschickt argumentieren, in Kooperation und Kompromissfindung einüben, eigene Standpunkte vertreten lernen, ohne andere Standpunkte zu missachten …),
  Alleinentscheidung vollziehen als Summe aller vorher erworbenen Fähigkeiten.
- Gestaltung einer Unterrichtsstunde nach den Prinzipien des offenen Unterrichts durch den Lehrer,
- Kooperative Gestaltung einer Unterrichtsstunde nach den Prinzipien des offenen Unterrichts durch Lehrer und Schüler,
- Ausweitung des offenen Unterrichts auf Doppelstunden, die Erarbeitung von Wochenplänen usw.

● *Sehr unruhige, disziplinlose, leicht zerstreute Klassen zuerst „disziplinieren"*, d. h. durch verstärkten Einbezug gruppendynamischer Lernziele in den Unterricht zu selbstverantwortetem Arbeits- und Sozialverhalten führen.

● *Stundenplantechnische Voraussetzungen* für die zeitintensiven Arbeitsphasen des offenen Unterrichts durch Einplanung von Doppelstunden schaffen.

● *Notwendige räumliche Veränderungen:*
- gruppen- und diskussionsorientierte Sitzordnung,
- Arbeitsecken bzw. -tische mit frei zugänglichem Material, z. B. Lesebereich, Experimentierbereich). Gestaltung der Klassenzimmer als Lebens-, Lern- und Arbeitsraum.
- „Wände" für die Arbeitsergebnisse.

● Offener Unterricht wird erheblich erleichtert durch *kooperative Unterrichtsplanung* mit Kollegen und durch Formen des Teamteaching. Mindestens aber ist wegen der sichtbaren Veränderungen im Klassenzimmer um Verständnis bei den Kollegen zu werben.

● Gelegentlich ist mit *besorgten Eltern* zu rechnen, die – ganz dem traditionellen Lernbegriff und ihren eigenen Unterrichtserfahrungen verhaftet – danach fragen, wann denn da etwas gelernt werde.

● *Der Lehrer muss dazu bereit sein, sich von überkommenen Vorstellungen der Lehrer-Schüler-Interaktion zu lösen,* die durch Alibis wie Stoffmenge, Stundenplanmängel, Disziplinierbarkeit der Klassen beharrlich aufrecht erhalten werden. Seine Aufgaben sind im offenen Unterricht v. a.
- Material und Medien in geeigneten Lernsituationen bereitzustellen,
- Hilfestellung in „verfahrenen" Situationen zu geben,
- als Beobachter und Berater zur Verfügung zu stehen,
- in schwierigen Lernphasen zu ermutigen …
  Offener Unterricht verlangt zweifellos vom Lehrer umfassende Kompetenz im behandelten Sachgebiet, höhere Flexibilität im Eingehen auf Lernwege der Schüler und einen im Vergleich zum direktiven Unterricht höheren Vorbereitungsaufwand.

- Mit Geduld ist einer in unseren eigenen Praxisversuchen immer wieder erlebten *Ablehnung des offenen Unterrichts durch die Schüler höherer Schülerjahrgänge* zu begegnen. Ihre Gründe:
  - Aufgrund ihrer gesamten bisherigen und mittlerweile auch gewohnten schulischen Sozialisation trauen sie den „demokratischen" Angeboten nicht.
  - Manche Schüler befürchten schlicht, im offenen Unterricht größere Anstrengungen auf sich nehmen zu müssen.
  - Relativ viele Schüler reagierten mit der besorgten Frage, ob denn das im offenen Unterricht Erarbeitete auch prüfungsrelevantes Wissen sei.

5.5.1.3 Überblick über Unterrichtskonzepte auf dem Weg zum offenen Unterricht

Die nachfolgend dargestellten Unterrichtskonzepte verfügen zum Teil über eine beachtliche Tradition in der Geschichte der Schulpädagogik. Jedes Unterrichtskonzept war zum Zeitpunkt seiner Entstehung eine Antwort auf eine allzu direktive Unterrichtspraxis. Von Bedeutung für unsere heutige Unterrichtspraxis sind sie alle, da sie *Akzentsetzungen je nach den Erfordernissen der unterrichtlichen Gesamtsituation darstellen.* Mit ihrer jeweiligen Akzentsetzung weisen sie sich auch als Elemente des offenen Unterrichts aus, da sie neben ihrer – allen Konzepten gemeinsamen – Orientierung am Vorgang des „natürlichen" Lernens sowie an den Bedürfnissen und speziellen Lernbedingungen der Schüler wahlweise auch einer Öffnung des Unterrichts in Bezug auf Ziele/Inhalte, Methoden, Medien, die Eigenart der Interaktionen und die Organisation Vorschub leisten.

1. *Der entdeckende Unterricht, auch forschendes Lernen oder genetisches Verfahren*

(Vgl. z. B. Berg 1985; Bruner 1981 und 1974; Foster 1993; Neber 1981)

- *Ziel:* Der Schüler soll einen Sachzusammenhang selbstständig bzw. mit Hilfe geringfügiger Anleitung durch den Lehrer und gegebenenfalls in Kooperation mit anderen erschließen können. Die Lernhilfen des Lehrers sind hier wie in anderen schülerorientierten Unterrichtskonzepten immer als Anregung zur Selbstbewältigung durch den Schüler zu verstehen.
  Je nach Ausmaß der Lehreranleitung wird *unterschieden* zwischen
  - selbstentdeckendem Unterricht und
  - gelenkt entdeckendem Unterricht.
- *Voraussetzungen bei den Schülern:*
  - Intrinsische (an der Sache orientierte) Motivation, die Neugier und Forscherhaltung bedeutet.
  - Bereitschaft und Fähigkeit zu produktiven und kreativen Lernleistungen,
  - Bereitschaft und Fähigkeit zu eigengesteuerten Such- und Auswahlverfahren als Bedingungen der Selbsttätigkeit.
  - Voraussetzung und gleichzeitig Ziel sind die für entdeckende Verfahren nötigen Denk- und Arbeitsmethoden.
- *Voraussetzungen beim Lehrer und im Umfeld:*
  - Problem- und materialreiches Umfeld, z. B. Experimentiertische zur freien Beschäftigung...
  - Der Lehrer als Vorbild (Forscherhaltung)!
  - Auswahl von Unterrichtsmethoden, die entdeckendes Lernen zulassen.
  - Arbeit an Lernprozess und Lernstil der Schüler, da sie diese Art des Lernens meistens nicht gewohnt sind.

– Den Schülern Zeit lassen in entdeckenden Unterrichtsphasen! Umwege und Irrtümer zulassen! Erst nach und nach ökonomische Verfahren des entdeckendes Lernens mit den Schülern einüben!

● Zum Verlauf des entdeckenden Lernens vgl. den allgemeinen Verlauf der Problembearbeitung unter 2. (Problemlösender Unterricht)!

2. *Problemlösender Unterricht*

(Vgl. z. B. Arbinger 1997; Bugdahl 1995; Ingenkamp 1979; Kaul 1994; Köster 1994; Lange 1986; Scholz 1980)

● *Ziel:* Der Schüler soll zu selbstständigem Denken und Handeln im Umgang mit Alltagsproblemen geführt werden. Von einem Problem ist hier die Rede, wenn eine Situation eine Aufgabe enthält, die durch Routinehandeln nicht gelöst werden kann. Zu *unterscheiden* ist der problemlösende Unterricht vom
  – Problemunterricht,
  – problemorientierten Unterricht und vom
  – problembehandelnden Unterricht, bei denen die Problembegegnung im Vordergrund steht und nicht die Problemlösung.

● *Allgemeiner Verlauf der Problembearbeitung:*
  – Auffinden bzw. Präsentation des Problems,
  – Erkennen des Problems,
  – Exakte Beschreibung bzw. Definition des Problems,
  – Entschluss zur Bearbeitung des Problems (u. a. abhängig von Kenntnissen und Fähigkeiten),
  – Phase der eigentlichen Problemlösung,
  – Sicherung und Veröffentlichung der Ergebnisse,
  – Prüfung der Gültigkeit, Brauchbarkeit, Anwendbarkeit der gefundenen Problemlösung.

3. *Schülerorientierter Unterricht*

(Vgl. z. B. Bohnsack 1984; Einsiedler/Härle 1976)

● *Ziel:* Im schülerorientierten Unterricht werden die unterrichtlichen Entscheidungen in erster Linie am Lernenden ausgerichtet, also an seiner Erfahrungswelt, seiner Ausgangslage, seinen Bedürfnissen, Interessen und Erwartungen. Der Schüler soll aus der Rolle des bloßen Adressaten eines Informationstransports herausgelöst und statt dessen zu selbstständiger Informationsbeschaffung und -verarbeitung angeleitet werden. Schülerorientierter Unterricht ereignet sich, wenn im Sinne W. Klafkis der Akt des doppelseitigen Erschließens eines Bildungsinhalts gelingt, d. h., wenn der Bildungsinhalt durch die didaktische Ermittlung seines Bildungs*gehalts* für den Schüler interessant und gleichzeitig zugänglich wird.
  Zu *unterscheiden* ist zwischen
  – Schülerorientierung als Unterrichtsprinzip im Sinne von Angemessenheit, Passung
  – und Schülerorientierung als Unterrichtskonzept, das hier zur Debatte steht.

● *Kennzeichen des schülerorientierten Unterrichts:*
  – Der schülerorientierte Unterricht knüpft vor allem an aktuelle Probleme der Schüler an; Konsequenz: Problemorientierte Themenformulierung!

- Einbezug der Schüler bei der inhaltlichen und methodischen Planung im Sinne alters-angemessener Mitsprache
- Selbsttätigkeit
- Arbeit am eigenen Lernverhalten (Lerntyp, Lernwege, Lernstil …)
- Arbeit an der Gruppendynamik der Schulklasse durch Metakommunikation, Feed-back, konstruktive Konfliktregelung …
- Förderung von Kooperation und symmetrischer Kommunikation
- Starke Tendenz zur Differenzierung und Individualisierung des Unterrichts
- Priorität unmittelbarer Umweltbegegnung
- Nutzung pädagogischer Freiräume.

4. *Erfahrungsbezogener Unterricht*

(Vgl. z. B. Gmelch 1987; Jank 1986; Scheller 1994)

● *Ziel:* Der erfahrungsbezogene Unterricht setzt schwerpunktmäßig bei der Erfahrungs-welt der Schüler und Lehrer an, die thematisiert und erweitert wird.

● *Besonderheiten des Unterrichtsverlaufs:*
Gefühle, Stimmungen und körperliche Befunde werden ausdrücklich in den Unterricht einbezogen. Insofern versteht sich der erfahrungsbezogene Unterricht als ganzheitliches Unterrichtskonzept im Gegensatz zur einseitigen Verkopfung des Unterrichts.

5. *Kommunikativer Unterricht*

(Vgl. z. B. Biermann 1985; Schäfer/Schaller 1976; Schaller 1987)

Der kommunikative Unterricht knüpft an Kommunikations- und Interaktionstheorien an. Er sieht den Schüler als Subjekt in herrschaftsfreier Kommunikation.

Vgl. näherhin das *kommunikationstheoretische Strukturmodell der Didaktik unter 4.4.5.*

6. *Projektorientierter Unterricht*

(Vgl. z. B. Bastian 1997; Bastian/Gudjons 1994; Chott 1990; Duncker/Götz 1988; Freinet 1998; Frey 1998; Hänsel 1997)

Ansätze des projektorientierten Unterrichts finden wir in der Reformpädagogik, vor allem bei Dewey und Kilpatrick, bei der Arbeitsschule G. Kerschensteiners und bei der Freinet-Pädagogik.

Zur Organisation und zum Verlauf des projektorientierten Unterrichts vgl. 5.6.4!

7. *Handlungsorientierter Unterricht*

(Vgl. z. B. Aebli 1993 u. 1994; Bastian 1980; Becker 1995–1998; Behnken 1989; Blohm 1980; Frey 1998; Graef/Preller 1994; Gudjons 1997; Habermas 1995 (2×); Heller 1983; Meyer 1980, 1996, 1997; Müller-Bardorff 1986; Puchta/Schratz 1984; Steinert 1977; Tulodziecki 1996; Wiater 1998)

Im Reigen aspekthafter Wiederbelebung seit jeher bewährter Unterrichtskonzepte und -prinzipien hat zu Beginn der 90er Jahre der handlungsorientierte Unterricht einen Spit-zenplatz eingenommen. Durch geradezu inflationäre Vereinnahmung des Begriffs Hand-lung in der Literaturwissenschaft, der Linguistik und in den Sozialwissenschaften droht auch dem handlungsorientierten Unterricht das Schicksal einer Modeerscheinung: spekta-kulär aufgeputzt und kurzlebig. So genügt es z. B. nicht mehr, von Konsequenzen zu reden, es müssen schon Handlungskonsequenzen sein; und anstelle von Unterrichtsformen und Aktionsformen bestimmen Handlungssituationen und Handlungsmuster bzw. Handlungselemente die Szene der Lehrerausbildung.

Angesichts des wichtigen Anliegens des handlungsorientierten Unterrichts ist klarzustellen, ob für seine unterrichtspraktische Beschreibung die umsichtige und aktualisierte Interpretation pädagogischer Klassiker etwa zum Unterrichtsprinzip Selbsttätigkeit ausreicht oder ob er nicht – wenigstens teilweise – eine originäre Antwort auf neue Anforderungen der Wirklichkeitsbewältigung darstellt.

a) *Warum überhaupt die dringende Forderung nach handlungsorientiertem Unterricht?*

Die Begründung ist aus der Analyse der tatsächlichen Lebenswirklichkeit und ihren Anforderungen an die notwendige Ausstattung des Menschen mit Wissen, Fähigkeiten, Verhaltensmustern und Haltungen zu ihrer erfolgreichen Bewältigung zu gewinnen. Eine solche Analyse legt als Grundausstattung des Menschen z. B. nahe:

– Kommunikationsformen, die bei aller Erfolgsorientierung auf Verständigung bauen;
– ausgefeilte Formen der Kooperation, ohne die die komplexen und durch Spezialwissen als ganze undurchschaubaren Aufgaben der Lebenswirklichkeit nicht mehr bewältigt werden können;
– hochspezialisierte Fähigkeiten für den Umgang mit technischen Informationssystemen, durch die allein noch die anwachsende Informationsmenge erfasst und koordiniert werden kann;
– Bereitschaft und Fähigkeit zu verantwortlichem Handeln, das die Handlungsfolgen vorwegdenkend gestaltet u. a. m.

Offensichtlich ist die Schulwirklichkeit mit ihren nach wie vor überwiegend auf Rezeption und Reaktion angelegten Vermittlungs- und Kommunikationsformen diesen Anforderungen nur teilweise gewachsen, wie uns zumindest die einschlägigen Klagen aus den außerschulischen Lebenswelten unüberhörbar versichern.

Handlungsorientierter Unterricht wird also aufgeboten

– gegen den stofforientierten Ansatz in der Didaktik, der Wissen und Fähigkeiten ohne Anbindung an die außerschulische Wirklichkeit vermittelt,
– und gegen den lernzielorientierten Ansatz, der zum einen mit den meisten seiner curricularen Lehrplanentwürfe eben nicht von der Analyse der vorgefundenen Lebenswirklichkeit ausging, sondern sich in Etikettenschwindel durch die Überarbeitung vorhandener Lehrpläne erging, zum anderen durch überzogene Lernzielzertrümmerung bis in kleinste Verhaltensvorschriften die auf Überblick und Ganzheitlichkeit ausgerichtete Handlungsfähigkeit sabotierte.
Es muss als tragikomisches Ereignis der jüngsten Geschichte der Didaktik bezeichnet werden, dass die auf grundlegendem Missverständnis oder gar Unverständnis der curricularen Lernzieltheorie beruhende Praxis des lernzielorientierten Unterrichts das Gegenteil der ursprünglichen Idee produzierte, die ja gerade Qualifikation für den erfolgreichen Umgang mit Welt forderte, also Handlungsfähigkeit.

b) *Was ist Handlung?* (notwendiger, weil grundlegender Exkurs)

Nach Danto (1977) bedeutet handeln „*verursachen,* dass etwas geschieht", im Unterschied etwa zu bloßem Tun oder zu Vorgängen wie Niesen oder Gähnen, Einschlafen oder Stolpern.

Ähnlich definiert Wright (1977): „Handeln heißt, *intentional* eine Veränderung in der Welt bewirken oder verhindern."

Mit Blick auf pädagogische Situationen formuliert Aebli (1998): „Handlungen sind zielgerichtete, in ihrem inneren Aufbau verstandene (und damit verantwortete/Köck) Vollzüge, die ein fassbares Ergebnis erzeugen."

In einer Handlung sind also Wahrnehmen, Denken, Tätigsein und Verantworten in einem allseitigen Wechselwirkungsprozess miteinander verschränkt.

Nach Habermas (1995a) dient handeln allgemein „der *Bewältigung von Situationen*", ausgehend von

(1) der Deutung einer vorgefundenen Situation
(2) vor dem Hintergrund der eigenen Lebenswelt (die den sichernden, vorinterpretierten Rahmen für den Zusammenhang der objektiven, sozialen und subjektiven Welt abgibt)
(3) wird ein Handlungsplan entworfen und ausgeführt,
(4) um ein definiertes Ziel zu erreichen.

Zielgerichtetheit bzw. Zwecktätigkeit ist jedem Handeln eigen; der Handelnde erreicht seinen Zweck durch die Auswahl erfolgversprechender Mittel. Für ausschließlich erfolgsorientiertes Handeln in nicht-sozialen Handlungssituationen reicht auch die Befolgung technischer Handlungsregeln aus (z. B. zur Reparatur eines Automotors). In sozialen Handlungssituationen entscheidet aber über die Qualität des Handelns die Art, auf welche die Einzelhandlungen der Beteiligten koordiniert werden;

● Wenn in sozialen Handlungssituationen ein Handeln am Erfolg orientiert wird, ergibt sich *strategisches Handeln,* in dem Einfluss auf die Entscheidung des Gegenspielers ausgeübt werden soll; was zählt, ist die eigene Deutung der Situation und das daraus abgeleitete Handlungsziel, nicht die Art des Umgangs miteinander.

● *Kommunikatives Handeln* liegt dagegen vor, wenn ein *kooperativer Deutungsprozess* vorgenommen wird. *Die Handlung wird an der Verständigung orientiert,* d. h., wechselseitige Geltungsansprüche werden intersubjektiv anerkannt, die Handlungspläne der Beteiligten werden durch verständigungsorientierte Benutzung der Sprache koordiniert (im Gegensatz zur wechselseitigen Beeinflussung beim strategischen Handeln).

Für das Gelingen kommunikativen Handelns müssen allerdings einige *Voraussetzungen* erfüllt sein:

(1) Der Sprecher beansprucht *Wahrheit* für Aussagen oder Existenzbehauptungen,
(2) *Richtigkeit* für legitim geregelte Handlungen und deren normativen Kontext
(3) und *Wahrhaftigkeit* für die Kundgabe subjektiver Erlebnisse." (Habermas 1995 b, S. 589)

Konsequenterweise darf „in Zusammenhängen kommunikativen Handelns als zurechnungsfähig nur gelten, wer als Angehöriger einer Kommunikationsgemeinschaft sein Handeln an intersubjektiv anerkannten Geltungsansprüchen orientierten kann" (Habermas 1995 a, S. 34).

Für das Verständnis des handlungsorientierten Unterrichts ist es ausschlaggebend, ob er an einer derart anspruchsvollen Definition von Handlung gemessen wird oder ob er sich durch Unschärfen in der Begriffsbestimmung in der Beliebigkeit subjektiver Interpretationen verbröselt.

c) *Der handlungsorientierte Unterricht und seine Väter*

Das heutige Verständnis des handlungsorientierten Unterrichts ausschließlich auf historische Vorbilder (z. B. das Prinzip der Selbsttätigkeit, alternative Schulkonzepte, Projektunterricht) zu stützen, greift zu kurz.

Wenn der handlungsorientierte Unterricht mehr sein will als bloß tätigkeitsorientierter Unterricht, wenn er gar ein zeitgemäßes Unterrichtskonzept darstellen will, müssen wir ihn auch von den neueren kommunikations- und handlungstheoretischen Ansätzen her begründen und dann auf seine Realisierbarkeit hin prüfen.

● Die in verschiedenen Wissenschaften beheimateten *Handlungstheorien* versuchen über das menschliche Handeln in bestimmten Handlungssituationen aufzuklären.

So interessiert z. B. im Rahmen der *Wirtschaftswissenschaften* das menschliche Handeln im Zusammenhang des Gestaltens und Produzierens von Gütern.

Wenn von *Didaktik als Handlungstheorie* die Rede ist, sind die Handlungsanleitungen für den Lehrer gemeint, seinen Unterricht „theoriegeleitet zu planen, kontrollierend zu realisieren und analysierend zu reflektieren" (Adl-Amini in Lenzen 1986; Bd. 1, S. 37). *Soziologische Handlungstheorien* sind an der Klärung sozialen Handelns interessiert, und zwar sowohl seiner Merkmale als auch der verschiedenen „Mechanismen der Handlungskoordinierung" über Einflussnahme oder Einverständnis, wodurch eine „regelhafte und stabile Vernetzung von Interaktionen ermöglicht" wird (Habermas 1995 b, S. 571/572). Ziel ist „eine intersubjektiv geteilte soziale Ordnung".

● *Die Kritische Theorie der Frankfurter Schule* verweist darauf, dass Handlungsorientierung im Unterricht mit der gesellschaftlichen Realität korrespondieren muss; ohne für die Schüler erfahrbare außerschulische Bezugspunkte bleibt Handlungsorientierung wirkungslos bzw. von vorneherein bloße Tätigkeit oder umtriebige Geschäftigkeit. Außerdem ist das Handeln selbst im Kontext seiner gesellschaftlichen Bedingtheit und von Interessen geleitet kritisch zu reflektieren. Die von Habermas entfaltete *Theorie des kommunikativen Handelns* (s. S. 216) brachte eine Dimension in die Betrachtung menschlichen Handelns ein, die längst – leider nicht immer sorgfältig rezipiert und oft mit Missverständnissen befrachtet – in die schulpädagogische und didaktische Fachliteratur und Praxis durchsickerte.

● Von der *Humanistischen Psychologie* wird durch empirische Untermauerung seit alters bekannter Zusammenhänge die Erkenntnis in die Diskussion eingebracht, dass nur bedeutungsvolles, ganzheitliches und selbstverantwortetes Lernen auf die Dauer nachhaltige Wirkung auf den Lernenden ausübe.

● Die *Kommunikationstheorie,* der *Symbolische Interaktionismus* mit seiner Rollentheorie und die *Lernzieltheorie* sind an dieser Stelle wenigstens zu erwähnen. Sie leisten zur Erklärung des menschlichen Handelns gerade in der Lebenswelt Schule beachtliche Beiträge, die im Zusammenhang mit den nachfolgenden Praxisanleitungen verdeutlicht werden sollen.

● Vgl. im Sinne eines Wechselwirkungsverhältnisses auch den Ansatz der systematisch-konstruktivistischen Didaktik unter 4.4.6!

d)
> **Was ist handlungsorientierter Unterricht?**
>
> Entscheidend für den handlungsorientierten Unterricht ist nicht der Besitz von Wissen und Können, sondern *wie die Schüler ihr Wissen und Können erwerben und verwenden.*
>
> Im handlungsorientierten Unterricht lernt der Schüler, (in alters- und entwicklungsgemäßer Weise) Aufgaben und Situationen der für ihn erfahrbaren und bedeutungsvollen Wirklichkeit selbsttätig zu erkennen, zu deuten und zielorientiert zu bewältigen sowie für seine Handlungsergebnisse die Verantwortung zu übernehmen. In sozialen Handlungssituationen lernt er darüber hinaus seine Handlungspläne mit denen der anderen Beteiligten über Vorgänge der Verständigung zu koordinieren. Im handlungsorientierten Unterricht wird der Schüler als selbstständig handelndes Subjekt ernst genommen.
>
> Ziel des handlungsorientierten Unterrichts ist Lebenstüchtigkeit im Sinne ergebnis- und verständigungsorientierten sowie verantwortlichen Handelns in und an der Wirklichkeit.

e) *Das Praxiskonzept des handlungsorientierten Unterrichts steht und fällt mit der Einhaltung folgender Grundsätze:*

- Handlungsorientierter Unterricht ist ein *Unterrichtskonzept,* nicht bloß Unterrichtsprinzip.

- *Durch Selbsttätigkeit zur Selbstständigkeit* (vgl. auch 5.10.2.6). Handlungskompetenz wird nur durch Handeln erworben, nicht durch Reden über Handeln und schon gar nicht durch Erzählungen über Handeln. Das uralte Unterrichtsprinzip Selbsttätigkeit bzw. des learning by doing (von Dewey bis Bruner) lehrt uns, dass nur einsichtiges, selbst eingeleitetes und selbstverantwortetes Lernen an für den Schüler bedeutungsvollen Aufgaben nachhaltige Wirkung für den Lernenden besitzt. Allerdings birgt die Selbsttätigkeit der Schüler auch das Merkmal der Unsicherheit in sich, die dem Unterricht einen anderen als den vom Lehrer geplanten Verlauf geben kann. Aber auch für den Handelnden selbst gilt: Je mehr er selbst denkt und verantwortlich handelt, um so riskanter lebt er, da seine Handlungsergebnisse grundsätzlich der Kritik ausgesetzt sind.

- *Verantwortetes Handeln erfordert die Freiheit der Planung und Mitgestaltung des Unterrichts durch die Schüler.*
  Die Merkmale Verantwortung, freie Selbsttätigkeit und Mitgestaltung weisen den handlungsorientierten Unterricht als eine *Spielart des offenen Unterrichts* aus. Handlungsorientierung nimmt in dem Ausmaß zu, als der Lehrer das Handeln und die Verantwortung dafür den Schülern überlässt; umgekehrt nimmt sie mit dem Ausmaß seines Eingreifens ab und wandelt sich in Tun, Nachvollzug, Wegnahme von Verantwortung, eben in lehrerzentrierten Unterricht.

- *Handlungsorientierter Unterricht begünstigt ganzheitliches Lernen* (wahrnehmen, denken, fühlen, handeln als dialektische Einheit) *in realen Handlungszusammenhängen.* Damit setzt er sich von einseitiger Verkopfung und bloßem „Maulbrauchen" (Pestalozzi) als unnatürlicher weil beschnittener Lernformen ab. Gleichzeitig wendet er sich *gegen die Wirklichkeitsentfremdung* (Kritische Theorie), indem er die unmittelbare Auseinandersetzung mit der Wirklichkeit an die Stelle der Wirklichkeit aus zweiter Hand setzt. *Handlungsorientierter Unterricht gelingt nur dort, wo der Lerninhalt zur Sache des Schülers wird.*

- *Handlungorientierter Unterricht zielt auf sinnvolle, einsichtige und selbstverantwortete Handlungsergebnisse,* wozu aufgrund des ganzheitlichen Verständnisses von Lernen ausdrücklich *auch Vollzug und Ergebnis künstlerischen Gestaltens* (vgl. z. B. produktions-orientierten Deutschunterricht), *sozialen Handelns und verantworteter Kommunikation* zählen. Zum Handeln *an* einer Sache kommt das Handeln *miteinander* und das Handeln *füreinander* als Programm, nicht bloß nebenbei wie schon immer.

- *Handlungsorientierter Unterricht ist zielorientierter Unterricht,* der das Handeln an dem allgemeinen Verlaufsmuster Wahrnehmung der Situation, Zielorientierung, Bereitstel-lung der Mittel ausrichtet. Dabei sind aufeinanderfolgende eindeutige und sinnvolle Handlungseinheiten als Grobentwurf vorauszuplanen (vgl. Lernzieltheorie!).

- *Handlungsorientierter Unterricht nimmt Anleihen für die Unterrichtsstrategie von den Handlungstheorien,* die menschliches Lernen vor allem unter folgenden Gesichtspunk-ten untersuchen:
  (1) Ziel des Handelns (individueller oder kollektiver Art)
  (2) Bedingungen, unter denen sich das Handeln vollzieht, z. B. die zur Verfügung stehen-den Mittel und Informationen, die Widerstände…
  (3) Die Bewertung von angestrebten Zielen und von aufzuwendenden Mitteln und ihre vergleichende Gegenüberstellung (Arbeits- bzw. Lernökonomie).

  Dass derartige Strategien nicht nur allgemein ergebnisorientiert, sondern sogar existenz-sichernd durchgeführt werden können, wird uns seit langem in den Managementetagen der Wirtschaft vorexerziert, wo durch sog. Szenarios mögliche Entwicklungen der Wirk-lichkeit durchgespielt und entscheidungsreif vorbereitet werden. Die Parallele zum Zweck des Unterrichts liegt auf der Hand.

- *Handlungsorientierter Unterricht in sozialen Situationen versteht sich als Übungsfeld für die Schüler,* in dem sie die Verlaufsformen und Folgewirkungen der verschiedenen Typen des Handelns (ergebnisorientiertes Handeln, strategisches Handeln, kommunikatives Handeln) erfahren können und eine verständigungsorientierte Koordinierung ihrer Handlungspläne einüben können.

- Handlungsorientierter Unterricht ist am leichtesten in unterrichtlichen *Situationen* zu verwirklichen, *die das Handeln zwingend herausfordern,* z. B.

  Werkstatt,
  Exkursion,
  Labor,
  Schulspiel und Theater,
  Projekte,
  Ausstellung,
  Spiel usw.

Wir erinnern uns: Die Tatsache, dass ein Schüler zuhört oder den Bleistift zur Hand nimmt, ist noch keine Handlung!

f) *Für den unterrichtlichen „Normalbetrieb" einige Tipps zum Einstieg in den handlungsorientierten Unterricht:*

● Nicht alle lehrplanmäßig vorgeschriebenen Lerninhalte eignen sich für eine Vermittlung
über den handlungsorientierten Unterricht (vgl. die Prinzipien unter e).

● Der inflationären Verbröselung der Handlungsorientierung im Unterricht kann begegnet werden, indem Tätigkeiten mit den Begriffen belegt werden, die sie exakt treffen,
also z. B. Nachvollzug, Mitdenken, Zuhören, Problemlösen, Erleben, Handeln nach Vor-
schrift usw.

● Mit überschaubaren handlungsorientierten Elementen innerhalb einer Unterrichtsstunde beginnen! Bei dieser Gelegenheit können für das Handeln nötige Fähigkeiten
nach und nach eingeübt werden, z. B. Erfassen einer Problemsituation, präzise Beschreibung eines Problems, aufmerksames Registrieren abweichender Meinungen, Formulierung des Handlungszieles bzw. des angestrebten Handlungsergebnisses, Entwurf und
Erprobung eines Handlungsplanes, Formulierung und Präsentation eines Handlungsergebnisses, Einübung in verständigungsorientiertes Aushandeln gemeinsamer Handlungspläne, kritische Reflexion des Handlungsverlaufs.

● Die Schüler „fordern statt verwöhnen" (v. Cube/Alshuth 1992). Handlungsorientierter
Unterricht ist anspruchsvoll, anstrengend und zeitaufwändig.

● Natürliche Aktivitäten der Schüler unterstützen, wo immer dies möglich ist!

● Funktionslust erzeugen! Das Interesse an der Übernahme von Aufgaben ist eine wesentliche Voraussetzung für das Handeln.

● Neugiertrieb einsetzen und Forscherhaltung aufbauen, z. B. durch problemorientierte
Stundenthemen.

● Faire Konkurrenz einüben!

● Handeln durch spielerische Elemente im Unterricht fördern!

Aber wohlgemerkt: Dies sind lediglich Vorbereitungen für einen handlungsorientierten
Unterricht im Sinne kommunikativen Handelns.

g) *Für die Unterrichtsplanung und -durchführung ergeben sich im handlungsorientierten Unterricht folgende Schritte:*

1 Forderungen des Lehrplans, organisatorische und mediale Gegebenheiten, Interessen des Lehrers

Lernvoraussetzungen und Interessen der Schüler

2 Lernziel für eine bestimmte Schulklasse

Entscheidung über Elemente des Unterrichts, die

eher am Nach- und Mitvollzug orientiert sind

eher handlungsorientiert sind

Formulierung möglicher Handlungsziele

Überwiegend vom Lehrer getragene Vorbereitung und Durchführung des Unterrichts

Je nach Fähigkeit zur Mitentscheidung werden die Entscheidungen über Lernziele, Unterrichtskonzepte und Handlungsziele von den Schülern mitgetragen.

3 Orientierungs- und Erprobungsphase für die Erstbegegnung mit dem problematischen Sachverhalt bzw. mit der problematischen Situation.
Zweck: Erkennen, deuten und formulieren der Problemlage durch die Schüler; sichten der vorhandenen Kenntnisse und Fähigkeiten zur Bearbeitung des Problems

4 Lehrer und Schüler verständigen sich über das Handlungsprodukt und über erfolgversprechende Handlungspläne.

5 Ausführung der Handlungspläne, in der Regel arbeitsteilig in Kleingruppen; der Lehrer beschränkt sich auf die Funktion des gefragten Beraters.

6 Auswertungsphase: Kritische Reflexion des Handlungsverlaufs und des Handlungsprodukts; Erprobung weiterer Anwendungsmöglichkeiten; Vorschläge für Übungslernen; Präsentation des Handlungsprodukts (für die anderen Gruppen, andere Klassen, außerschulische Adressaten, z. B. durch Wandbilder, Zeitung, Vorführung, Ausstellung, Spiele, Feiern …)

8. *Freiarbeit*

(Vgl. z.B. Claussen 1995 und 1997; Freiarbeit e. V. 1991; Groß 1998; Hameyer 1994; Hegele 1998; Hell 1993; Jürgens 1994; Krieger 1998; Merkelbach 1993; Sehrbrock 1995; Seitz 1998)

> Freiarbeit kann als selbstverantworteter Zugriff des Kindes/Jugendlichen auf Lernangebote in einem didaktisch strukturierten Umfeld definiert werden.

Sie ist eine Realisierungsform des offenen Unterrichts mit langer Tradition in Alternativschulen. Die Reformpädagogik zwischen 1920 und 1932 stellte das Kind nicht nur in den Mittelpunkt von Unterricht und Lernen, sondern vollzog auch konsequent den Perspektivenwechsel in der Organisation von Lernprozessen, diese nämlich vom Kinde aus zu sehen. Verbindendes Hauptmerkmal mit den anderen Formen des offenen Unterrichts ist das *selbstbestimmte Lernen* gemäß M. Montessoris Motto: „Hilf mir, es selbst zu tun!"

Die Schüler organisieren also ihre Lernsituationen nach Zielen, Inhalten, Methoden, Medien, Materialien, Lernzeit, Arbeitstempo, räumliche Situation und Art der Interaktion selbst. Sie üben sich dabei in den verantworteten Umgang mit Freiheit ein. Freiarbeit hat also nichts mit Beliebigkeit zu tun, sie ist auch kein orientierungsloses „Hüpfen" von einer Sache zur anderen (M. Montessori), sondern von Selbstdisziplin getragene eigene Gestaltung von Lernprozessen. Dementsprechend ist das Gelingen von Freiarbeit an einige *Bedingungen* geknüpft:

● Die Freiheit des Wählens bedingt die soziale Verpflichtung, nicht zu stören. Vereinbarte und eingeübte Umgangsregeln sind Voraussetzung und permanentes Lernziel von Freiarbeit gleichzeitig.

● Die bei der Freiarbeit benötigten Lern- und Arbeitstechniken müssen bis zu einem bestimmten Ausprägungsgrad im herkömmlichen Unterricht vermittelt sein, um Leerlauf und entmotiviertes Versagen zu vermeiden.

● Freiarbeit bedeutet selbstbestimmtes Lernen, aber innerhalb eines vereinbarten und/oder selbstgesetzten Ordnungsrahmens, z.B. bezüglich der Zielerreichung, der Gesamtlernzeit, der Menge des Lernstoffes.

● Der Lehrer achtet auf die Einhaltung der vereinbarten Arbeitsbedingungen, im Übrigen ist er Organisator von Lernsituationen und Auswahlmaterialien, Koordinator und Lernberater mit der Chance individueller Lernbetreuung.

● Freiarbeit ist auf Lernmaterial mit Auswahlmöglichkeiten angewiesen, das im Klassenzimmer leicht zugänglich sein muss (Materialschrank oder -regal).

● Freiarbeit baut auf die Selbstkontrolle des Schülers, d. h. der Schüler entwirft nicht nur seinen individuellen Lernplan, sondern er dokumentiert auch die erledigten Arbeiten durch entsprechende Nachweise.

Geläufige Organisationsformen der Freiarbeit:

● Materialgeleitete Freiarbeit: Auswahlangebot für differenzierenden Zugriff der Schüler bei freier Wahl der Sozialform. Die Lernzielorientierung bleibt durch Vorstrukturierung des Materials durch den Lehrer garantiert.

● Lernzirkel und Übungszirkel: Diese an verschiedenen Stationen zu bewältigende Freiarbeit (Stationenarbeit, Stationentraining) sieht vor, dass die Schüler das an den Stationen in logischer Aufeinanderfolge oder in beliebiger Aneinanderreihung vorgefundene Material zur Inhaltserschließung bzw. zu Übungszwecken selbstständig bearbeiten.

- Expertenarbeit: Die Schüler bearbeiten in Freiarbeitsphasen in der Schule und in häuslicher Lernarbeit nach eigenen Interessen ausgewählte Themenbereiche mit dem Zweck, die Ergebnisse ihren Klassenkameraden vorzustellen (vgl. Lernen durch Lehren!)
- Freies bzw. kreatives Schreiben von Texten: Die Schüler entwerfen und bearbeiten (bis zur Endfassung) einen Text zu einer Lebenssituation, einem Alltagsfalls, einem Unterrichtsthema ihres Interesses und ihrer Wahl.
- Freie Wochenplanarbeit: Die Schüler organisieren und kontrollieren ihr Lernen selbst nach einem Übersichtsplan, der die Pflicht- und Wahlaufgaben für eine Woche ausweist. Über die Sozialform entscheiden sie – in Rücksicht auf die Anforderungen der Aufgabenstellung – selbst. In die Wochenplanarbeit können die vorher genannten Formen der Freiarbeit integriert werden. Es liegt auf der Hand, dass diese Form der Freiarbeit von intensiver Arbeit an Planungsstrategien und Selbstdisziplin begleitet sein muss.

Der – langsam die Anforderungen steigernde – Weg zur Freiarbeit führt z. B. über differenzierende Wahlangebote im direktiven Unterricht, Materialtische mit Lernangeboten für Zwischenpausen oder für die Vorviertelstunde, spielerische Lernphasen und die „vorbereitete Lernumgebung" (M. Montessori).

5.6 Unterrichtsformen

5.6.1 Definition und Abgrenzung der Unterrichtsformen

> 1. Unterrichtsformen bezeichnen die Art der Organisation der Interaktionen von Lehrer und Schülern im Unterricht aufgrund der Vorgabe methodischer Rahmenbedingungen des handlungsleitenden Unterrichtskonzepts.

So sieht z. B. im Geschichtsunterricht eine Phase des darbietenden Unterrichts in Form einer Lehrererzählung vor, dass die Schüler ohne Interaktion untereinander und ausschließlich auf den Lehrer als Informationsquelle ausgerichtet durch aufmerksames Zuhören die vorgetragenen Fakten – vorläufig unbefragt – akzeptieren und aufnehmen.

Für den dargestellten Sachverhalt werden in der Literatur auch die folgenden Bezeichnungen verwendet (Auswahl):

- Lehr- und Lernverfahren,
- Lehr- und Lernformen,
- Lehrrahmen,
- Unterrichtsrahmen,
- Handlungsmuster (Meyer 1996).

2. Bei aller Toleranz gegenüber definitorischer Eigenwilligkeit in der Fachliteratur wäre es für die Verständigung in der Lehrerausbildung wünschenswert, neben der Übereinstimmung in Grundbegriffen exakte *Abgrenzungen* vorzunehmen, insbesondere gegenüber Unterrichtskonzepten, Sozialformen und Aktionsformen. Die genannten Unterrichtsmethoden stehen zwar in unaufhebbarer Wechselwirkung miteinander, sind aber nicht beliebig austauschbar.

Beispiel: Die darbietende Unterrichtsform ist auf die Sozialform Frontalunterricht (Klassenunterricht) *als Mittel* angewiesen, um die beabsichtigten Lehrer- und Schüler-Aktivitäten (Aktionsformen) in der Entsprechung von vortragen – zuhören, vormachen – nachmachen usw. zur Wirkung kommen zu lassen.

Unterrichtsformen werden durch bestimmte (d. h. für die jeweilige Unterrichtsform geeignete) Handlungen des Lehrers und der Schüler (= Aktionsformen) im dazu passenden äußeren Arrangement (= Sozialform) verwirklicht.

5.6.2 Übersicht über geläufige Unterrichtsformen

(siehe Grafik Seite 225)

Erläuterung

Je weiter nach links in der Übersicht von Vogel eine Unterrichtsform auf dem Kontinuum Lehrer-Schüler-Aktivität angeordnet ist, desto mehr dominiert der Lehrer im Unterricht, und desto mehr befinden sich die Schüler in aufnehmenden Lernhaltungen. Umgekehrt tritt z. B. im schülerkooperierenden Verfahren der Lehrer teilweise oder völlig zurück und entlässt die Schüler – selbstverständlich mit der nötigen Ausrüstung an Materialien und Arbeitstechniken – in die selbsttätige Bearbeitung eines Problems.

Je nach Unterrichtsform ergeben sich also quantitativ und qualitativ unterschiedliche Handlungen von Lehrer und Schülern. Dennoch darf die Übersicht nicht voreilig etwa zugunsten der erarbeitenden und entdecken lassenden Unterrichtsformen interpretiert werden mit der praktischen Folge einer methodischen Schlagseite. *Didaktisch begründet hat vielmehr jede der genannten Unterrichtsformen ihre unersetzbare Bedeutung.* So stellt die in der Literatur viel geschmähte darbietende Unterrichtsform durchaus hohe Anforderungen an die Fähigkeiten der Schüler zu Rezeptivität, Reproduktivität und Reaktivität, sofern sie gezielt die Ausbildung und Übung dieser Fähigkeiten beabsichtigt. Die Informationsflut unseres Medienzeitalters fordert geradezu eine hochentwickelte Rezeptionsfähigkeit, die als verlässlicher Filter nach bestimmten Qualitätskriterien zu sortieren vermag.

In der Unterrichtspraxis treten meistens mehrere Unterrichtsformen kombiniert in einer Lerneinheit oder Unterrichtsstunde auf, z. B. die darbietende Unterrichtsform, die in die aufgebende Unterrichtsform übergeht, oder die Impuls-Unterrichtsform, die in die kurzphasige schülerkooperierende Unterrichtsform mündet usw.

Wichtig ist dabei, dass die Wahl der jeweiligen Unterrichtsform nicht dem Zufall überlassen werden darf oder unter dem alleinigen Gesichtspunkt des methodischen Wechsels erfolgt. *Es muss vielmehr jene Unterrichtsform gewählt werden, die unter den Planungskriterien Lernziele, Lerninhalt, Methoden, Medien, Schüler und Unterrichtsökonomie möglich und angemessen erscheint.*

Wenn aber die Entscheidung für eine derart begründete Unterrichtsform gefallen ist, sollte sie weder durch unangemessene Sozialformen des Unterrichts noch durch unpassende Aktivitäten von Lehrer und Schülern in ihrer beabsichtigten Wirkung beeinträchtigt werden, es sei denn, sie erwiese sich im aktuellen Vollzug als Fehlplanung.

Beispiel: Eine spannende Lehrererzählung (darbietende Unterrichtsform) kann nur ihre Wirkung entfalten, wenn jeder einzelne Schüler im Gesamtverband der Klasse (Frontal- oder Klassenunterricht) aufmerksam dem Lehrer zuhört (Aktionsform). Zwischenfragen

Nach Weber (1925)	1. darbietende Unterrichtsform	2. herausholende Unterrichtsform	3. anreizende Unterrichtsform
Nach Huber (1968)	1. unmittelbarer Unterricht – Lehrformen (vom Lehrer ausgehend)		2. mittelbarer Unterricht – Lernformen (vom Schüler eingeleitet, zumindest getragen)
Nach Vogel (1978)	1. darstellende Unterrichtsform	2. erarbeitende Unterrichtsform	3. entdecken lassende Unterrichtsform
	darbietend	a) entwickelnd b) Impulsunterricht c) aufgebend	a) kurzphasiges schülerkooperierendes Verfahren b) langphasiges schülerkooperierendes Verfahren c) dialogisches Verfahren

Lehreraktivität ← wechselseitige Bedingtheit → Schüleraktivität

Tendenz zu
– Rezeptivität
– Reproduktion
– Reaktivität der Schüler

Tendenz zu
– Produktivität
– Kreativität der Schüler

Zuordnung der
Sozialformen des
Unterrichts (vgl. 5.8):
Frontalunterricht
Einzelarbeit
Partnerarbeit
Kleingruppenarbeit
Kreissituation
Großgruppenunterricht

225

der Schüler oder gar Seitengespräche können die gewählte Unterrichtsform bis zur Wirkungslosigkeit zerstören.

Auch für Unterrichtsformen gelten Regeln und Rituale, die eingeübt und eingehalten werden müssen. Verständnisfragen in unserem Beispiel beugt der Lehrer vor, indem er Wortwahl und Verständnisniveau seiner Erzählung *vorher überdenkt,* neue Begriffe *vorab klärt* und irritierende Fremdwörter nicht erst während der Erzählung niederringt.

5.6.3 Kurzbeschreibung und Anwendungsbereiche der einzelnen Unterrichtsformen

5.6.3.1 Darbietende Unterrichtsform

(Z. B. Michael 1983)

1. *Kurzbeschreibung/Funktionen*

> Bei der darbietenden Unterrichtsform erfolgt in totaler Fremdsteuerung der Schüler die Informationsausgabe von *einer* Informationsquelle (Lehrer, Schüler, Medium) *gleichzeitig* an *alle* Schüler, und zwar im selben Tempo, innerhalb derselben Lernzeit, auf demselben Anspruchsniveau (Uniformierungstendenz).

Der Aktivität der Informationsquelle stehen die ausschließliche Rezeptivität und Reaktivität der Schüler gegenüber, die vorläufig kritik- und fraglos die Information aufgrund der Autorität und Kompetenz der Informationsquelle übernehmen und nachvollziehen. Interaktionen zwischen den Schülern sind nicht erwünscht.

2. *Hauptsächliche Anwendungsbereiche*

- Bericht eigener Erlebnisse oder Erfahrungen durch Lehrer, Schüler, Fachmann, direkt oder über Medien
- Erzeugung bestimmter emotionaler Stimmungen
- Ökonomische Ausgabe einer großen aber leicht verständlichen Informationsmenge
- Vermittlung von Arbeitsmaterial, das auf andere Weise schwer zugänglich ist
- Berichterstattung von Arbeitsergebnissen (z. B. aus der Kleingruppenarbeit)
- Vermittlung von Methoden und Arbeitstechniken, um Fehlleistungen von vorneherein auszuschließen
- Demonstration gefährlicher oder besonders aufwändiger Versuche.

3. *Hinweise und Tipps*

- Informationen nach den Kriterien Kürze/Prägnanz, Verständlichkeit und übersichtliche Gliederung gestalten
- Wo möglich (z. B. Lehrererzählung in Geschichte) dramatisieren, personifizieren, lokalisieren
- Die Schüler *vor* der Informationsausgabe zu „gebündelter" Konzentration versammeln!
- Dauer je nach Spannungsgehalt max. 10–20 Minuten, besser nur 5 Minuten, denn danach kommt es zu Abschaltungen bei den Schülern.

5.6.3.2 Entwickelnde Unterrichtsform: Frage-Antwort-Unterricht

1. *Kurzbeschreibung/Funktionen*

(Vgl. z. B. Nowak/Macht 1996)

> Bei der entwickelnden Unterrichtsform versucht der Lehrer (oder das Programm) jeden einzelnen Schüler im Klassenverband auf eingleisiger Denkspur Schritt für Schritt (meistens mit Hilfe von Frage-Antwort-Ketten) durch ein Problem zu einem bereits formulierten Ziel zu führen.

Die Schüler sind mit ihren Antworten voll auf die Erwartungshaltung des den Lernprozess der Schüler steuernden Lehrers (Programms) eingestellt; sie denken den Denkweg des Lehrers nach. Interaktionen zwischen den Schülern sind nicht angebracht, einziger Bezugspunkt ist die Fragequelle Lehrer oder Programm.

2. *Hauptsächliche Anwendungsbereiche*

● Lernprozesse, die hohe Zielgerichtetheit bei gleichzeitig straffer Führung erfordern, z. B. Regelerarbeitung,
● erwünschter Vollzug einer ganz bestimmten Methode,
● schwierige, komplexe Themen.

3. *Hinweise und Tipps*

● Sparsam, das Denken aktivierend fragen!
● *Vorher* klären, welche Aufgabe die Frage erfüllen soll (in Anlehnung an Meyer 1996, Bd. 2, S. 207):
  – Vorkenntnisse ermitteln,
  – wiederholen,
  – Aufmerksamkeit, Neugier wecken,
  – zum Nachdenken, Widerspruch provozieren,
  – disziplinieren.
● Auf den *Vierer-Takt des Frage-Antwort-Unterrichts* achten:
  – Lehrerfrage,
  – Überlegphase,
  – Schülerantwort,
  – Würdigung der Antwort (Verstärkung, Berichtigung ...).
● *Angemessene Frageform* wählen (Meyer, a. a. O.):
  – *Inhalts-/prozess-/beziehungsbezogene Fragen:* „Wer kennt eine Definition für ‚Handlungsmuster'?"/„Seid ihr endlich fertig?"/„Was ist eigentlich mit dir los?"
  – *Wissensfragen* („Wer ist Alfred Hrdlicka?") und *Denkfragen* („Wie könnte ein Denkmal für Friedrich Engels gestaltet werden?")
  – *Offene* („Wer weiß noch mehr darüber?") und *geschlossene* Fragen („Wie heißt die Hauptstadt von Frankreich?")
  – *Konvergente* und *divergente* Fragen: Beim „konvergenten" Denken wird bereits Bekanntes und Vertrautes auf neue Probleme oder Situationen angewendet bzw. weiterentwickelt. Beim anspruchsvolleren „divergenten" Denken müssen neue Sach-, Sinn- und Problemzusammenhänge durchschaut werden, die zum Teil oder ganz im

Widerspruch zum bisher Bekannten stehen. (Diese Begriffsbildung stammt von dem Psychologen Guilford.)

–   *„Schrotschuss"-Fragen:* Sie sind absichtlich unscharf. Sie zielen nur ungefähr in die Richtung, in die der Lehrer das Gespräch lenken will. Sie sollen dazu führen, dass sich möglichst alle Schüler der Klasse angesprochen fühlen und beteiligen können: „Einige von euch haben doch sicherlich zu Hause ein Haustier? Erzählt doch mal!"

–   *„Ballon"-Fragen:* Sie greifen in der Ordnung des Lehrgangs vor und dienen dazu, eine neue Lernlandschaft zu erkunden. Der Lehrer testet, wie weit er gehen kann, z. B. „Wisst ihr, was 'ne Anti-Baby-Pille ist?"

● *Fehlformen der Frage vermeiden* (Meyer, a. a. O., S. 208):

–   *Ketten-Fragen:* Der Lehrer stellt mehrere Fragen unmittelbar hintereinander und vermengt sie zumeist noch mit Sachinformationen.

–   *Suggestiv-Fragen:* Der Lehrer will von den Schülern gar nichts Neues wissen, sondern verpackt seine Aufforderung, zuzustimmen, in Frageform. „Sind Sie jetzt auch, so, wie ich Ihnen den Sachverhalt erläutert habe, der Meinung, dass der Euro-Scheck ein praktisches Zahlungsmittel ist?" (Was sollen die Schüler darauf wohl antworten?)

–   *Echo-Fragen:* Viele Lehrer neigen dazu, Schüler-Antworten zu wiederholen. Diese Wiederholung wird dann oft noch in Frageform verpackt: „So, meinen die anderen auch, dass Paris die Hauptstadt von Großbritannien ist?"

–   *Nase-Pul-Fragen:* Der Lehrer stellt eine diffuse Frage, erwartet aber eine ganz präzise Antwort. Da diese längst nicht immer auf der Stelle folgt, pult und bohrt er so lange, bis die erwünschte Antwort da ist. Bei der Nase-Pul-Technik handelt es sich sicherlich um die häufigste und für die Schüler zugleich lästigste Fehlform der Lehrerfrage.

–   *Schein-Fragen:* In Frageform verpackte Tadel oder Belobigungen, Ironisierungen, Anbiederungen usw.

–   *Killer- oder Fangschussfragen:* Der Lehrer hat bemerkt, dass ein Schüler träumt, stört oder mit Nebentätigkeiten beschäftigt ist. Er nimmt ihn dran, um ihn bloßzustellen: „Na, Heiner, kannst du uns die Aufgabe nochmal erklären? Du passt ja grade so prima auf!"

5.6.3.3 Impuls-Unterrichtsform

(Z. B. Köck, 1972)

1. *Kurzbeschreibung/Funktionen*

> Bei der Impuls-Unterrichtsform wird der Schüler *durch die im Impuls präsentierte Kernproblematik des Unterrichtsthemas* veranlasst, sich in einem *weiteren Denkfeld* als beim Frage-Antwort-Unterricht assoziierend, in seinem Wissen orientierend und Lösungen suchend mit dem Lerninhalt auseinanderzusetzen. Je nach Intensität und Tragweite des Impulses kann der ausgelöste Lernprozess fünf Minuten (z. B. Eindrücke sammeln) bis zu einer Unterrichtsstunde (z. B. Lösungsversuche im Versuchs-Irrtums-Verfahren oder Fallbeschreibung) andauern.

In der Regel löst der Lehrer den Lernprozess der Schüler durch den Impuls aus, sorgt im weiteren Verlauf des Unterrichts aber lediglich dafür, dass die Schüler nicht aus dem abgesteckten und vereinbarten Lernfeld laufen.

Meistens herrscht hohe Interaktion der Schüler untereinander, Einzelarbeit ist aber je nach Aufgabenstellung ebenso möglich.

2. Hauptsächliche Anwendungsbereiche

● Bei allen Lerninhalten, für welche die Schüler über ausreichend Vorkenntnisse verfügen, um die Kernprobleme erschließen und bearbeiten zu können,
● bei Lerninhalten, die für die Schüler selbst von hoher Aktualität sind und sie neugierig machen,
● bei Lerninhalten, die provozieren, zum Widerspruch reizen, Meinungsvielfalt erwarten lassen.

3. Hinweise und Tipps

● Mögliche Vielfalt der Impulse nutzen:
　– Ein Wort
　– Ein Satz $\Big\}$ meistens provozierend formuliert
　– Ein Kurztext
　– Eine als Impuls wirkende Frage
　– Stummer Impuls: Bild, Bildgeschichte, Graphik, Karikatur, Dia, Filmausschnitt (z. B. Goebbels – Rede vom totalen Krieg)
● Impulse sorgfältig aufbereiten:
　– Fachlich einwandfrei präsentieren!
　– Sprachlich präzis!
　– So knapp wie möglich!
　– Das Kernproblem muss für den Schüler durchschaubar sein!
　– Psychologisch angemessen!
　– Technik des Impulsunterrichts einüben: Das präsentierte Problem wirken lassen (Denkpause), Impuls nicht zerreden, Meinungen sammeln → ordnen → Arbeitsaufgaben ableiten → weiteren Lernweg beschließen …

5.6.3.4 Aufgebende Unterrichtsform

1. Kurzbeschreibung/Funktionen

> Durch die aufgebende Unterrichtsform werden die Schüler in die Lage versetzt, anhand präziser Aufgabenstellungen ein Lernproblem auf vereinbartem Wege selbst-tätig zu lösen.

Je nach Anspruchsniveau der Aufgabenstellung (enge oder offene, vom Lehrer vorgege-bene oder selbst erstellte Aufgaben) liefern die Schüler Produkte auf vorprogrammiertem Weg oder Problemlösungen mit hoher Eigenleistung.
Die aufgebende Unterrichtsform ist in fast jede Unterrichtsstunde integriert und bean-sprucht je nach Aufgabenumfang ca. zehn bis 30 Minuten. Zur Regelung der Interaktionen der Schüler kommt in Abhängigkeit vom Lernproblem und der vereinbarten Aktionsfor-men jede Sozialform in Frage.

2. Hauptsächliche Anwendungsbereiche

● Sequenz einer Unterrichtsstunde, meistens in der Phase der Problembearbeitung oder Problemanwendung,
● Feststellung des Lernfortschritts,
● Hausaufgabe.

3. Hinweise und Tipps

- Präzise Aufgabenbeschreibung durch Lehrer oder Schüler, schriftlich fixiert (Tafel, Overheadprojektor, Arbeitsblatt).
- In der Regel genaue Wegbeschreibung durch Lehrer oder Schüler.
- *Vorher* bedenken, welches Material, welche Hilfsmittel, welche Arbeitstechniken benötigt werden.

5.6.3.5 Entdeckenlassende Unterrichtsformen:

kurzphasig (innerhalb einer Unterrichtsstunde) und
langphasig innerhalb einer Doppelstunde oder stundenübergreifend)

1. Kurzbeschreibung/Funktionen

> Die entdeckenlassenden Unterrichtsformen sollen die Schüler dazu anleiten,
> – ein vorgegebenes oder selbst gewähltes Thema
> – durch eigene Materialsuche
> – und durch eigene Ermittlung geeigneter Methoden
> – bei freier Zielsetzung zu bearbeiten.

Eigensteuerung und Eigenverantwortung der Schüler für ihren Arbeitsprozess, ihr Arbeitsverhalten und ihre Arbeitsergebnisse fordern
- die Auswahl problemhaltiger Themen, die Argumentation, Meinungsaustausch, Ringen um die optimale Lösung verlangen
- *und* gleichzeitig Einplanung und kritische Reflexion sozialer Lernziele und gruppendynamischer Ereignisse.

2. Hauptsächliche Anwendungsbereiche

- Bewusst angelegtes Übungsfeld für soziale Lernziele, insbesondere für die Einübung von Kooperation und für die Stärkung des Selbstwertgefühls der Schüler,
- problemlösende Unterrichtssequenzen, zum Teil fremdgesteuert – kurzphasig, z. B.
  - Schüler zerlegen eine Pflanze. (Biologie)
  - Schüler finden anhand eines Stadtplanes von London den Weg zum Wachsfigurenkabinett. (Englisch)
  - Schüler bauen ein Hindernisrennen auf. (Sport)
  - Schüler bereiten die Begegnung mit dem Bischof vor. (Religion)
  - Schüler entwickeln Aufgaben aus der Materialbegegnung. (Kunsterziehung)
- Langphasige Problemlösungen mit aufwändiger Materialsuche und -auswertung,
- gebundene Schülerexperimente (kurzphasig) bis offene Schülerexperimente (langphasig),
- gebundene Unterrichtsgespräche (kurzphasig) bis freie Unterrichtsgespräche (langphasig),
- Planspiele,
- Projekte (vgl. 5.6.4).

3. Hinweise und Tipps

- *Motto:* Die Schüler alles tun lassen, was sie tun können!
- Für präzise Arbeitsanweisungen und die Bereitstellung von Material und Strategien *sorgen,* also die Schüler dazu anleiten!
- In der Phase der Problembearbeitung ist der Lehrer lediglich Beobachter, im Ausnahmefall Berater. Er enthält sich konsequent gängelnder Eingriffe auch angesichts von Irrwegen der Schüler.
- Für Einüben in die Grundfähigkeiten der Kooperation im eher lehrergeleiteten Unterricht sorgen! (Vgl. Köck 1992, S. 176 f.) Andernfalls stellen sich Überforderung, Entmutigung, lernfremde Tätigkeiten der Schüler und Disziplinprobleme ein.

5.6.3.6 Dialogische Unterrichtsform

1. Kurzbeschreibung/Funktionen

Im dialogischen Verfahren bemühen sich gleichberechtigte Gesprächspartner um Problemlösungen. Entscheidend sind z. B.
- Argumente anstatt Mehrheiten,
- Freiheit der Meinungsäußerung anstelle der Anpassung an die Gruppenmeinung,
- strenge Problemorientierung
- *und* Miteinbezug von Emotionen und Beziehungen in den Arbeitsprozess.

2. Hauptsächliche Anwendungsbereiche

- Integriertes Unterrichtsprinzip im Sinne von Metakommunikation
- Planung und Durchführung von Veranstaltungen des Schullebens wie z. B. Schullandheimaufenthalte, Skilager,
- Auseinandersetzungen auf weltanschaulicher Grundlage und/oder über existenzielle aktuelle Probleme,
- Bearbeitung aktueller Konfliktsituationen.

3. Hinweise und Tipps

- Hier ist der Lehrer selbst permanent Lernender (zur Nützlichkeit gruppendynamischen Trainings vgl. 5.4.3/2.e.)
- Verhaltens- und Gesprächsregeln erleichtern den humanen Umgang miteinander im dialogischen Verfahren (vgl. z. B. die Feedback-Regeln und die Verhaltensregeln der Themenzentrierten Interaktion, 5.4.3/4. und 5.).

5.6.4 Das Projekt als Beispiel langphasiger entdeckenlassender Schülerkooperation

(Z. B. Bastian/Gudjons 1991 und 1993; Bastian u. a. 1997; Böhnke/Hennig 1980; Bossing 1935; Chott 1990; Dewey/Kilpatrick 1935; Duncker/Götz 1988; Freinet 1979 u. 1998; Frey 1998; Hänsel 1997; Heller/Semmerling 1983)

5.6.4.1 Verständnis und historische Wurzeln des Projektunterrichts

> Ein Projekt (lateinisch: das Vorentworfene) bezeichnet in unserem Zusammenhang eine besondere Form praxisorientierten Unterrichts. Es verbindet die Schule (als Organisationsrahmen) mit der außerschulischen Wirklichkeit (als lebensnahem Inhalt). Durch ganzheitliches Lernen, in dem Wissen, Erfahrung, Denken, Fühlen und Handeln in ihrer Wechselwirkung erlebt werden, sollen die Schüler die Fähigkeit zu gemeinsamem problemorientiertem und selbstverantwortetem Handeln erwerben.

Der bislang nachweisbare Ursprung der Projektmethode ist nach M. Knoll (1993) in der Kunsthochschule „Accademia di San Luca" zu orten, die auf Initiative der Architekten Ende des 16. Jahrhunderts in Rom gegründet wurde. Die Projekte („progetti") ergänzten dort die Vorlesungen als Entwürfe für Wettbewerbe.

In die Schule drang die Projektmethode nach Knoll erstmals in den USA in der 2. Hälfte des 19. Jahrhunderts vor, als an der von C. M. Woodward gegründeten Manual Training School das technische Werken eingeführt wurde. Dieses auf *Konstruktion* ausgelegte Verständnis der Projektmethode erfuhr in der Folgezeit Ausweitungen und Akzentverschiebungen durch die Interpretation von W. H. Kilpatrick (1917), Dewey (zusammen mit Kilpatrick 1935) und Bossing (1935). In Deutschland erlebte die Projektmethode eine Blütezeit durch die Reformpädagogik, z. B. im Jena-Plan P. Petersens, ideen- und methodenreiche Ansätze schulischen Unterrichts, die durch die Gleichschaltungsstrategie des Nationalsozialismus untergingen.

5.6.4.2 Voraussetzungen des Projektunterrichts

Da die hohen Anforderungen eines Projekts an die intellektuelle, methodische und kommunikative Leistungsfähigkeit der Schüler gleichzeitig Lernziele und Voraussetzungen für das Gelingen der Projektarbeit darstellen, wären die Schüler – je nach Projekterfahrung mehr oder minder – überfordert, wenn sich der Lehrer aus seiner Planungsverantwortung verabschiedete.

1. Die im Projekt nötigen Arbeitstechniken, sozialen Verhaltensweisen und Grundkenntnisse der Netzplantechnik müssen in den eher lehrergeleiteten Formen des Unterrichts auf einen Stand gebracht werden, der die Schüler in ihren selbstgesteuerten Arbeitsphasen nicht vor ungewohnten Schwierigkeiten kapitulieren lässt.
2. Um einer demotivierenden Überforderung der Schüler vorzubeugen, ist dringend zu raten, nicht mit einem Großprojekt zu starten, sondern die Schüler in die andersartigen Arbeitsweisen in Formen des *projektorientierten* Unterrichts einzuüben.
3. Gerade bei den ersten Versuchen projektorientierten Unterrichts oder gar des Projektunterrichts ist es ergebnisentscheidend mit den Schülern Themen zu vereinbaren, die sie als lebensnah und für sich unmittelbar bedeutsam anerkennen.
4. Im Stundenplan verlangt der Projektunterricht mindestens Doppelstunden, für beabsichtigtes Teamteaching sogar die zeitgleiche Einplanung der betreffenden Fächer. Solche Wünsche müssen frühzeitig vor der Erstellung eines Stundenplans angemeldet werden. Projektunterricht aus dem Stand scheitert meistens schon an den ungeeigneten organisatorischen Rahmenbedingungen.
5. Die meisten Projektthemen sind fächerübergreifend angelegt, erfordern also die Kooperation mit den betroffenen Kollegen.
6. Es kommt dem projektorientierten Unterricht und dem Projektunterricht entgegen, wenn die Klassenzimmer entsprechend umgestaltet werden:

- Sitzordnung in Sechsergruppen,
- Ausrüstung mit Wandtafeln, Flipchards,
- Anlage einer kleinen Handbibliothek, vor allem Nachschlagewerke (absperrbar),
- Anlage von Materialkästen zu verschiedenen Fächern usw.

C. Freinet (1979) fordert eine konsequente Umgestaltung der Klassenzimmer zu „Forschungswerkstätten" (Ateliers, Labors, Druckerei …), in denen die Schüler anhand ausgelegter oder selbst mitgebrachter Arbeitsmaterialien mit/ohne Anleitung Versuche machen können (vgl. praktische Beispiele in deutschen Schulversuchen bei Böhnke/Hennig 1980).

Als Fernziel wird hier die Doppelqualifikation Hochschulreife und Berufsausbildung erkennbar, die z. B. in Freinetschulen, Freien Waldorfschulen und in der Bielefelder Laborschule bereits mit Erfolg erreicht wird.

5.6.4.3 Kriterien des Projektunterrichts

Als besondere Ziele des Projektunterrichts gelten z. B. Wahrnehmung eigener Bedürfnisse, Einübung in Kooperation und demokratische Verhaltensweisen, Bereitschaft zu arbeitsteiliger Aufgabenbewältigung und modellhafter Wirklichkeitsbegegnung, Erweiterung der Eigenverantwortung für Lernprozesse, Stärkung des Selbstbewusstseins u. a. m.

Der Projektunterricht kann solchen Zielen nur dienen, wenn die folgenden Kriterien ohne wesentliche Modifikationen erfüllt werden (vgl. Otto 1977; ähnlich formulieren Frey [8]1998 und Gudjons [3]1997).

1. *Bedürfnisbezogenheit:* Die Interessen und Bedürfnisse der Schüler bestimmen die Auswahl des Projektthemas. Im Idealfall schlagen die Schüler von sich aus ein Projektthema vor, unter dem Gesichtspunkt des Lehrplanbezuges muss ihnen aber mindestens die Wahl unter mehreren Themen bleiben.

2. *Situationsbezogenheit:* Das Projekt bezieht sich auf eine tatsächliche, für die Schüler erfahrbare und aktuelle Situation. Ohne unmittelbar einsichtigen Sinn ihrer Arbeit halten die Schüler ein Projekt nicht durch.

3. *Interdisziplinarität:* Die komplexe Struktur der Projektthemen erfordert die überfachliche bzw. von verschiedenen fachlichen Aspekten ausgehende Bearbeitung, d. h. auch das Zusammenwirken der betroffenen Fachkollegen unter den Lehrern. Mit fachinternen überschaubaren Projektthemen lassen sich in der Einübungsphase in die Projektarbeit die aus der kollegialen Zusammenarbeit resultierenden Organisationsprobleme vermeiden.

4. *Selbstorganisation des Lehr-Lern-Prozesses durch die Schüler einschließlich der Beurteilung des Verlaufs und des Ergebnisses:* Diese Forderung setzt unbedingt die ausgiebige Einübung in projektbezogene Arbeitsweisen wie selbstständige Materialsuche, gruppeninterne Entscheidungsfindung, Interviewtechnik, Auswertung von Lexika und anderen Quellen usw. in gewohnten Unterrichtsformen voraus; andernfalls verlassen die Schüler durch das ständige Erlebnis ihres Unvermögens fluchtartig das Lernfeld.

5. *Produktorientierung:* Das Projekt zielt auf ein „Werk" ab, z. B. auf eine Theateraufführung, eine Ausstellung, einen Nothilfsdienst, einen Bastelraum, eine Veröffentlichung …

6. *Kollektive Realisierung:* Alle Mitglieder einer Lerngruppe tragen verantwortlich durch Bearbeitung bestimmter zugeteilter bzw. übernommener Aufgaben zum Ergebnis des Projekts bei. Die Aufarbeitung evtl. auftretender gruppendynamischer Probleme, wie z. B. Arbeitsverweigerung, Drückebergerei, überschießende Dominanz …, gehört wesentlich als soziales Lernziel mit zur Projektarbeit.

⑦ *Gesellschaftliche Relevanz:* Damit soll die Bedeutsamkeit des Projekts durch Orientierung an aktuellen Ereignissen unterstrichen werden. Außerdem sollte ein Projekt nicht um seiner selbst willen durchgeführt werden, sondern Nutzen für andere und die Projektarbeiter selbst abwerfen.

5.6.4.4 Projektverlauf

① Themenauswahl

In Abhängigkeit von der Projekterfahrung der Schüler wird der Lehrer nach Erkundung der Interessenlage das Projektthema vorgeben, aus mehreren Themen auswählen lassen oder von den Schülern frei bestimmen lassen.

Folgende Gesichtspunkte müssen die Entscheidung für ein Projektthema leiten:

– Aktualität des Themas,
– Interesse der Schüler am Thema,
– Bildungswert des Themas, evtl. Lehrplanbezug,
– Angemessenheit der Projektmethode für ein Thema,
– Verhältnis von Zeitaufwand und erwartetem Effekt; Schüler neigen zu überdimensionierten Themen,
– Materialkosten und Materialbeschaffung,
– schulische Sachzwänge wie Organisation, Räume, Medien, Einstellung von Schulleiter, Kollegen, Hausmeister …

② Motivation und Zielfindung

Die Zielbestimmung unter Mithilfe der Schüler und die Identifikation der Schüler mit *ihren* Projektzielen sind entscheidend für ihre Motivation und Durchhaltebereitschaft. Allgemeine Nützlichkeit des Projekts reicht – vor allem für jüngere Schüler – meistens nicht aus; sie erwarten, dass ihre eigenverantwortlich geleistete Arbeit auch unmittelbar einsichtigen Nutzen für sie selbst abwirft. Der Lehrer sollte also um der Arbeitszufriedenheit willen darauf achten, dass der soziale und der persönliche Nutzeffekt sich ergänzen.

③ Planung

Sowohl die Planung des Gesamtprojekts im Plenum als auch die Planung der Teilschritte in den Kleingruppen müssen

– begründet,
– in Stichpunkten übersichtlich schriftlich fixiert
– und allen Projektteilnehmern zugänglich angebracht werden (Planungstafel, große Kartons an den Wänden).

Grundkenntnisse der Netzplantechnik und vereinbarte Symbole zur Kennzeichnung der Arbeitsschritte beugen dem Auseinanderdriften der Arbeitsgruppen vor.

④ Ausführung

● Die Kleingruppen bewältigen ihre Arbeit in mehreren aufgabenorientierten Schritten.
● Metakommunikation über den Arbeitsfortschritt und über gruppendynamisch bedeutsame Ereignisse werden in die Kleingruppenarbeit integriert.
● An vereinbarten Haltepunkten (siehe Gesamtplan) tauschen die Kleingruppen ihre bisherigen Erkenntnisse, Schwierigkeiten, evtl. Materialien aus. Anspruchsvolle arbeitsteilige Verfahren sind darauf gerichtet, dass die Kleingruppen bereits während der Ausführungsphase einander zuarbeiten und nicht bis zum Projektende nebeneinander herarbeiten und evtl. auch noch konkurrenzbezogen ihre Zwischenergebnisse abschotten.

Einander zuarbeiten kann u. U. auch bedeuten, dass der weitere Arbeitsplan revidiert werden muss. An solchen Haltepunkten darf sich der Lehrer bei aller gebotenen Zurückhaltung den Schülern nicht als Koordinator verweigern, zumindest muss er sie in die Methoden zur Bewältigung ihrer Probleme einweisen.

(5) Auswertung und Reflexion

● Gemeinsam zu beurteilen sind das Gesamtergebnis, der Projektplan und der Arbeitsweg.
● Bei dieser Gelegenheit sind die Schüler in angemessene Beurteilungskriterien einzuüben.
● Die Teilnehmer vereinbaren gemeinsam, ob und auf welche Weise das Projektergebnis einer weiteren Öffentlichkeit zugänglich gemacht werden soll (Schule, Tag der offenen Tür, Massenmedien, Kontakte mit staatlichen und gemeindlichen Stellen …).

5.6.4.5 *Beispiele für durchgeführte Projektthemen (ungeordnet)*

– Verschönerung des Schulhauses, des Klassenzimmers
– Einrichtung einer Kellerbar
– Schulhofgestaltung
– Planung und Durchführung eines Schullandheimaufenthaltes
– Planung und Durchführung von Festen, Feiern, Theater an der Schule
– Musical „Dracula"
– Puppenspieltheater
– Herausgabe einer Schülerzeitung
– Tageszeitung
– Jugendliteratur
– Zeitschriftenanalyse
– Comics – Rezeption und Produktion
– Klassenbibliothek
– Ein Kinderbuch schreiben, illustrieren, herstellen
– Die Medienwelt
– Mehr Mitmenschlichkeit
– Kirchenbauten
– Kontakt zu einer Missionsstation
– Sexualerziehung
– Verkehrserziehung
– Ländervergleich Bundesrepublik Deutschland – Großbritannien
– Die englische Küche
– Heimat bewusst erleben
– Gewässerkunde vor Ort
– Landschaftsreinigung
– Biotop im Schulgarten
– Strukturanalyse eines Landkreises
– Verbraucherinformationen

Projektwoche zum Thema Umwelt:

Englisch	Umwelt, ein internationales Problem (speakers corner)
Wirtschaftslehre	Welcher Preis ist für das Wachstum des Bruttosozialprodukts zu bezahlen?

Ein Raum wird als Irrgarten zum „goldenen Kalb" gestaltet – der Irrgarten endet in einem leeren Raum zum Nachdenken.

Biologie	Müllsammeln in einem abgesteckten Gebiet + Photoaktion: → Es werden Abfalltonnen für getrennten Abfall aufgestellt. → Vergleichsdarstellung Auto – Fahrrad unter Umweltgesichtspunkten → Vergleichsdarstellung Altpapier – Neupapier unter Umweltgesichtspunkten
Chemie	Wassergüte in der Umgebung/aktuelle Probleme (z. B. Stausee, Flussbegradigung …)
Religion	Schöpfungsbericht und Wirklichkeit
Musik	Songs, Kabarett
Geographie	Ortung der Schulumwelt und Strukturanalyse
Deutsch	Auswertung der Tagespresse → Collagen → Abfassen eigener Eingaben

5.7 Strukturierung des Unterrichts

> 1. Strukturierung bzw. Artikulation des Unterrichts bezeichnet die lernprozessorientierte Gliederung einer Lehr-Lern-Einheit in Unterrichtsschritte. Der Ablauf einer Unterrichtsstunde wird also in erster Linie vom Lernprozess des Schülers und nachrangig erst von sachlogischen Gesichtspunkten des Lerninhalts bestimmt.

Die für diesen Zweck im Lauf der Schulgeschichte praktizierten *Artikulationsschemata* waren und sind lediglich als Orientierungsrahmen der Unterrichtsgliederung zu verstehen. Je nach Lerngruppe, den aktuellen Lernbedingungen, evtl. Störungen, Lernziel und Lerninhalt sowie den methodischen und medialen Voraussetzungen müssen sie situationsangemessen variiert werden.

Jeder Lehr-Lern-Prozess stellt eine besondere Handlungsfolge dar, die durch jede Art der Schematisierung um die Chance kreativer Entwicklung gebracht wird. Artikulationsschemata des Unterrichts sind also eine Art Sicherheitsrahmen bzw. „Wegmarkierungen" (Meyer) für die Unterrichtsplanung, die alternative Wege – geplant oder aus dem aktuellen Unterrichtsgeschehen entstanden – oder Umwege, gelegentlich auch Irrwege einkalkulieren.

2. *Unsicherheit* in die Planung von Unterrichtsschritten wird allein schon dadurch getragen, dass der Lehrer mit seinen methodischen Entscheidungen auf entsprechende Reaktionen der Schüler abzielt, die sich in der erwarteten Form aber nicht zwangsläufig einstellen müssen. Welchem Lehrer ist z. B. nicht schon die Enttäuschung widerfahren, trotz großen Motivationsaufwandes die Schüler nicht in den Zustand der Aufmerksamkeit und des Interesses (Motivation) versetzt zu haben?!

Eine weitere Unsicherheit, die sich einer perfekten Verlaufsplanung des Unterrichts ent-
gegenstellt, ist mit den *Transferverlusten zwischen der inneren und der äußeren Seite jeder
methodischen Entscheidung* gegeben (vgl. Meyer 1996). Die z. B. dem Algorithmus (regel-
haftem Ablauf) der induktiven Methode entsprechende zeitliche Gliederung einer Unterrichtsstunde (äußere Seite) wird nur zum Erfolg führen, wenn die Schüler aufgrund ihrer
Vorerfahrungen und/oder entsprechender Anleitung in der Lage sind, den abgebildeten
Algorithmus nachzuvollziehen (innere Seite):

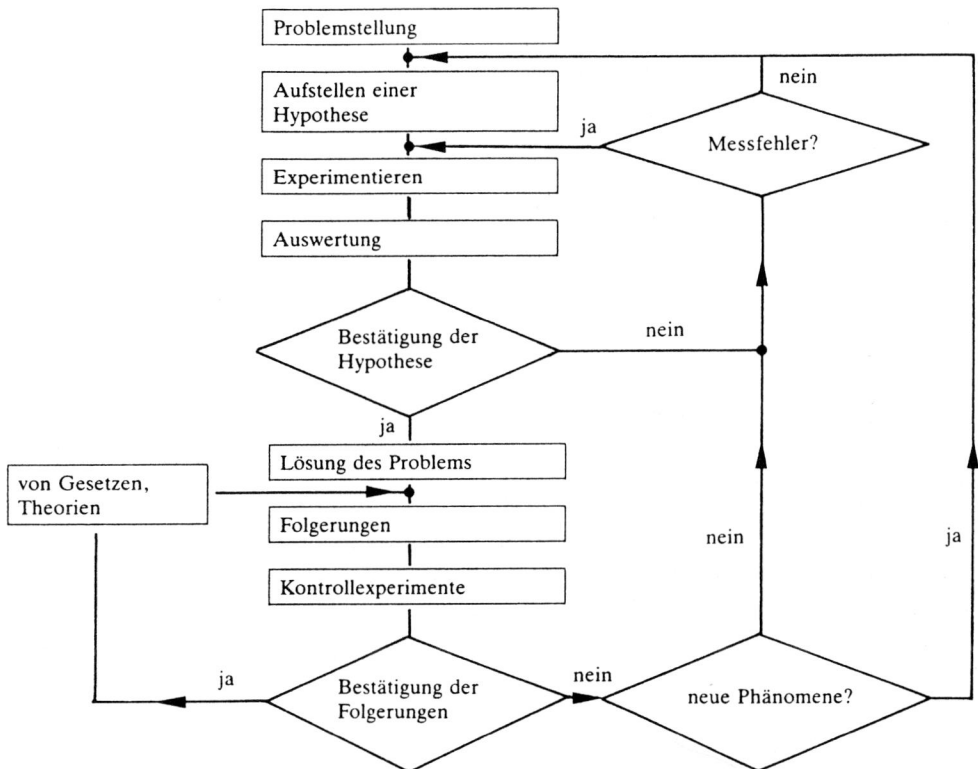

Töpfer/Bruhn 1979, S. 111 f.

3. *Ein für alle Lernsituationen gleichermaßen geeignetes, gar lernpsychologisch legitimiertes
Artikulationsschema gibt es nicht.*

Die ohnehin nur als Orientierungsrahmen flexibel zu verwendenden Artikulationsschemata weisen vielmehr je nach Aufgabenstellung und Lernsituation unterschiedliche Verlaufsformen auf.
K. A. Wiederhold ermittelte *fünf grundsätzliche Theorieansätze für die Formulierung von
Artikulationsschemata,* auf die sich die in großer Anzahl vorliegenden Artikulationsschemata aus der Geschichte des schulischen Unterrichts zurückführen lassen (in Twellmann
Bd. 4.1, S. 406 f., Stichwort: Die Artikulation des Unterrichts):

① *Erkenntnistheoretisch orientierte Artikulationsmodelle*

(Herbarts Erkenntnistheorie und die Formalstufentheorien von Ziller und Rein)
Zum Beispiel Herbart:

1 Vertiefung	1.1	Klarheit (durch Analyse der gegebenen Einzelmerkmale eines Unterrichtsgegenstandes)
	1.2	Assoziation (Verbindung der analysierten Einzelteile zu Vorstellungen)
2 Besinnung	2.1	System (Ordnen der Vorstellungen nach den Prinzipien der Logik, nach Grund-Folge- und Ursache-Wirkungs-Verhältnis)
	2.2	Methode (Anwendung der neu geordneten Vorstellungen)

Für erkenntnis- und problemorientierte Aufgabenstellungen ist diesem Artikulationsschema auch aus heutiger Sicht m. E. nichts hinzuzufügen.

Zillers Formalstufen (nach Stach 1979)

Bezeichnung	Prozesscharakter	Erläuterungen
Zielangabe	Interessenfixierung	Angabe der Denkrichtung
Analyse	Orientierungsprozess	Interessenweckung und Bewusstmachung der Lernlücke; Ortung des Unterrichtsgegenstandes; Vorgang der Besinnung
Synthese	Informierungsprozess	Allseitiges Erfassen und Aneignen des Unterrichtsgegenstandes als das Besondere, Einzelne; Vorgang der Vertiefung
Assoziation	Abstraktionsprozess	Begriffsbildung; Ablösung des Allgemeinen vom Besonderen durch Vergleich; erneuter Vorgang der Vertiefung
System	Zuordnungsprozess	Herstellen von Begriffsverbindungen unter Einbeziehung des Vorwissens; Bildung des Gedankenkreises; Vorgang der Besinnung
Methode	Anwendungsprozess	Entwicklung eines Wertsinnes für erworbenes Wissen, Charakterbildung; Übertragung des Wissens auf neue Aufgabenbereiche

② *Handlungsorientierte Artikulationsmodelle*

(Arbeitsstufentheorien von Gaudig, Scheibner, Kerschensteiner u. a.)
Zum Beispiel Scheibner
– Arbeitsziel setzen,
– Arbeitsweg planen,
– Arbeitsmittel bereitstellen,
– Arbeitsschritte vollziehen,
– Arbeitsergebnisse hinstellen, bewerten, prüfen, einordnen.

③ *Lernprozessorientierte Artikulationsmodelle*

(Lernstufentheorien von Guyer und Roth; vgl. ausführlich dargestellt unter 4.5.3/2.)

④ *Fachorientierte Artikulationsmodelle*

(Zum Beispiel Dienes, Polya für den Mathematikunterricht)
Nach Dienes geht es bei der Unterrichtsplanung um „eine Art bester Anpassung zwischen der Struktur der Aufgabe und der Struktur des individuellen Denkens" (1969, S. 39).
Polya schlägt für den Mathematikunterricht das folgende Artikulationsschema vor:

1. Phase: Verstehen der Aufgabe

Das Verstehen der Aufgabe wird gefördert durch folgende Fragen: Was ist unbekannt? Was ist gegeben? Wie lautet die Bedingung? Ist die Bedingung ausreichend, unzureichend, überbestimmt oder kontradiktorisch? Lässt sich eine Figur zeichnen oder eine passende Bezeichnung einführen? Lassen sich Teile der Bedingung trennen?

2. Phase: Ausdenken eines Planes

Ein wichtiger Aspekt für das Ausdenken eines Planes ist das Aufspüren von Aufgaben oder Daten, die mit dem anstehenden Problem im Zusammenhang stehen (verwandte Aufgaben; allgemeinere oder speziellere Aufgaben; analoge Aufgaben u. a.). Auch durch systematische Konstruktion neuer Aufgaben, durch Umstrukturierung oder Veränderung der gegebenen Daten kann die Idee des Ausführungsplanes gefördert werden. Damit die anstehende Aufgabe nicht aus dem Blick gerät, gilt es zu prüfen, ob alle Daten und Bedingungen benutzt worden sind.

3. Phase: Ausführen des Planes

Bei der Ausführung des Planes soll jeder Schritt durchgeführt und auf seine Richtigkeit überprüft werden.

4. Phase: Rückschau

In der Rückschau geht es um das Kontrollieren des Resultates und des Beweises sowie die Frage, ob das Resultat und die Lösungsmethode auch für andere Aufgaben verwendbar sind.

⑤ *Unterrichtspraktisch orientierte Artikulationsmodelle*

(Bach und Drefenstedt/Neuner)
Zum Beispiel Bach (hier nach Wiederhold)

1. Phase: Hinwendung

Als mögliche Formen dieser Phase nennt Bach: die Anknüpfung an den voraufgegangenen Unterricht, die gemüthafte Einstimmung, die Weckung des Interesses, die Herausforderung, die Erregung der Neugier, die Anspornung des Ehrgeizes und schließlich die Herstellung von Beziehungen zum täglichen Leben der Kinder.

2. Phase: Vorbereitung

Diese Phase ist charakterisiert durch näheres Bekanntwerden mit der Sache, durch wachsende Spannung, Beobachtung, freie Erfahrungsäußerung, „naive" Lösungsversuche, Vorüberlegungen, Aufgabenerfassung und -entfaltung, Einführung in die Arbeitsform, Einübung oder Schulung der eingesetzten Lerntechniken, Arbeitsanweisungen für in Frage kommende Unterrichtsmittel bzw. deren Verteilung, Abstellung anfangs auftretender Schwierigkeiten usw.

3. Phase: Erarbeitung

In ihr kommt es zur Bewältigung der verschiedenartigen Aufgaben, der Problemlösungen, der Schlussfolgerungen, des Verständnisses, der Erlebnishöhe.

4. Phase: Vertiefung

Hier lässt sich ein Streben nach Perfektionierung, nach intensivem Einbringen, nach Überschau, Ordnung, Abklärung, Unterscheidung, Nachprüfung, Erweiterung, Verfeinerung und Differenzierung des Gewonnenen beobachten.

5. Phase: Befestigung

Hier gilt es, das Gewonnene festzuhalten, zu sichern. Es ist der Zeitpunkt für eine erste Wiederholung, ein Vergleichen, ein Aufspüren von Beziehungen zu dem bereits gesicherten Erfahrungsschatz, ein Einordnen und Ausprobieren oder ein erstes Anwenden bzw. Verwerten des Gelernten in anderen Zusammenhängen.

6. Phase: Gestaltung

Diese Phase ist durch das Bestreben gekennzeichnet, dem Gewonnenen eine bleibende Form zu geben; sie könnte auch als Phase der Entladung oder des Ausdrucks bezeichnet werden. In diese Phase gehören die sprachliche Formulierung oder schriftliche Fixierung, die zeichnerische, plastische, musische oder szenische Darstellung sowie die Übung gewonnener Fähigkeiten, bis sie fest zum gekonnten Bestand geworden sind. Sie ist auch Phase der Vergewisserung für den Lehrer, inwieweit die Klasse das gesteckte Unterrichtsziel wirklich erreicht hat, so dass kritische Beobachtungen, Kontrollen und Prüfungen notwendig werden.

7. Phase: Ablösung

In dieser Phase soll das Geschehen der vorausgegangenen Phasen allmählich ausklingen. Den unterschiedlichen Unterrichtsgegenständen gemäß, bieten sich folgende Formen an: das Ausklingenlassen in Andacht, Musik oder Gespräch, die Betrachtung, die Ausstellung, die Schul- oder Klassenfeier, die Kritik der entstandenen Arbeiten, die Rückschau auf die Unterrichtseinheit, die Diskussion der Arbeitsform, die Erörterung der Arbeitshaltung der Klasse, das einfache Einsammeln der Arbeitsmittel, das Aufräumen des Arbeitsplatzes und des Klassenzimmers oder der Ausblick auf anschließende Unterrichtsthemen.

8. Phase: Entspannung

Diese Phase dient zur Verarbeitung des Gelernten im Unbewussten und dem Schöpfen neuer Kräfte. Gemeint sind damit Pausen, freie Spiele oder ein einfaches In-Ruhe-Lassen der Kinder.

Bach selbst grenzt seine Phaseneinteilung von den Formalstufen ab, indem er darauf hinweist, dass

- seine Phasen nicht nur für intellektuelle Unterrichtsgegenstände geeignet sind, sondern immer einer dem entsprechenden Unterrichtsgegenstand angemessenen Ausformung bedürfen,
- seine Phasen nicht von vornherein bestimmte Unterrichtsformen, -techniken und -mittel für die einzelnen Abschnitte normierend festlegen,
- seine Phasen nicht nur Gestaltungsgesichtspunkte für die einzelne Unterrichtsstunde, sondern auch für Unterrichtstage und Unterrichtswochen abgeben,
- seine Phasen im Hinblick auf ihre Länge vom Unterrichtsgegenstand sowie von der Individuallage der Klasse abhängen.

4. *Ausgewählte Beispiele für die Gestaltung der Hauptphasen einer Unterrichtsstunde*

(Vgl. hierzu auch 4.5.3)

Funktionen	Gestaltungs- und Handlungsmöglichkeiten
Unterrichtseinstieg 1. Motivation 2. Weckung des Fragebewusst-seins des Schülers 3. Erschließung von Schüler und Sache füreinander 4. „Disziplinierung"	1. Die Schüler „einsammeln" und für das Fach und das Thema „aufwärmen", evtl. mit einigen Konzentrationsübungen (vgl. zu Entspannung und Konzentration z. B. Broich 1998 u. 1999; Dennison 1997 (2×); Vester u. a. 1996) 2. Ausgangslage der Schüler ermitteln, und zwar durch Mitsprache der Schüler, nicht nur über Lehrervermutungen. Vorkenntnisse und Vorerfahrung der Schüler klären (inhaltlicher, methodischer, gefühlsmäßiger Zugang ...). Unterschiede in der Ausgangslage müssen durch Differenzierungsmaßnahmen, z. B. über Helfersystem, ausgeglichen werden. 3. Gegenstand präsentieren und zwar mit aufforderndem Anspruchsniveau. 4. Aufmerksamkeit wecken, z. B. durch Provokation, paradoxe Aufgaben, Rätsel usw., d. h. Schüler und Unterrichtsinhalt miteinander „anfreunden". 5. Neugier als primäres Lernmotiv wecken. 6. Problembewusstsein wecken und zur Problemdefinition anregen. 7. Sinn, Zweck, Verlauf der Stunde klären (≙ dem informierenden Unterrichtseinstieg).
Erarbeitung 1. Sachkompetenz 2. Methodische Kompetenz 3. Kommunikative Kompetenz der Schüler, und zwar mit dem Ziel zunehmender Selbstständigkeit der Schüler	*Denken und Handeln* 1. Erarbeitung z. B. von Regeln, Gesetzmäßigkeiten, Zusammenhängen: Ziel ist das *brauchbare Handlungswissen.* 2. Reflexion über Inhalte, Methoden, Umgangsformen, Normen, und zwar im selbsttätigen Vollzug der Schüler, nicht lediglich nachvollziehend. Bezüglich der Methoden z. B. Reflexion des methodischen Stundenaufbaus, der methodischen „Strickmuster", verwendeter Medien; Reflexion des eigenen methodischen Handelns unter logischen und gruppendynamischen Gesichtspunkten, Begründung methodischer Maßnahmen durch den Lehrer ... 3. Den Schülern Gelegenheit zu gemeinsamem Handeln geben, didaktisch begründet und in überlegtem Wechsel mit eher rezeptiv orientierten Informationsphasen (vgl. die „Ideenkiste" bei Meyer 1996, Bd. 2, S. 158–160).
Anwendung, Ergebnissicherung, Übung 1. Fixierung der wesentlichen und verbindlichen	1. Bevorzugt integrierte Formen der Ergebnissicherung einbauen, wie z. B. Wiederholungen, Anwendung in neuen Zusammenhängen, Sammeln des Orientierungswissens. 2. Die Kriterien sinnvollen Einprägens und Übens beachten: – motivieren,

Funktionen	Gestaltungs- und Handlungsmöglichkeiten
Unterrichtser- gebnisse 2. Vergleich von Soll- und Istwert der Unterrichts- planung: In wel- chem Ausmaß haben die Schüler die ge- setzten Lernziele erreicht? Evtl. ausglei- chende Arbeit! 3. Erstes Einprägen der neu gewon- nenen Kenntnisse und erstes Üben der angebahnten Fähigkeiten 4. Praxisbezogene Anwendung 5. Evtl. „kritische Bewertung der geleisteten Un- terrichtsarbeit" (Meyer, a. a. O., S. 165)	– Zweck erläutern, – Anforderungen am mittleren Schwierigkeitsgrad ausrichten, – lernen in Sinnzusammenhängen. – Geordnetes Lernmaterial wird besser behalten als ungeord- netes. – Ganzheitlich mit allen Sinnen lernen, – v. a. operatives Lernen fördern, – spielerische Formen der Ergebnissicherung einbeziehen, – auf angst- und stressfreie Atmosphäre achten ... (vgl. ausführlich 9.4). 3. Beispiele – Mündliche Zusammenfassung am Schluss der Unterrichts- stunde, – gelenktes Unterrichtsgespräch, – schriftliche Zusammenfassung durch Tafeltext oder Lehrer- diktat, – protokollieren durch Schüler, – Simultan-Protokoll (Tafel, Overheadprojektor, Flipchard ...), – abfragen und „verhören", – Arbeit mit dem Schulbuch, – Hausaufgaben, – produktives Schreiben, – Schülerbuch, Schülerlexikon, Klassenzeitung, Schülerzeitung, – Wandzeitung, – Fries, – Zeitleiste (Geschichtsfries), – Film, Video, Hörspiel, – Streitgespräch, Diskussion ... , – Rollenspiel, Planspiel, – Feste und Feiern, – Ausstellung, Dokumentation, – selbstständige Alleinarbeit ...

5.8 Sozialformen des Unterrichts

5.8.1 Was sind Sozialformen des Unterrichts?

Sozialformen des Unterrichts beschreiben das äußere Zueinander von Lehrer und Schülern bei der Bearbeitung von Lerninhalten. Sie regeln die Beziehungsstruktur in der Klasse durch die Vorgabe des äußeren sozialen Rahmens. Sozialformen des Unter- richts sind insofern die Voraussetzung dafür, dass Unterrichtsformen (vgl. 5.6) und Aktionsformen (vgl. 5.9) verwirklicht werden können.

Sie sind situations- und aufgabenabhängig und damit als begründetes Produkt der didakti- schen Analyse auch grundsätzlich alle als gleichwertig einzuschätzen.

Üblicherweise werden die folgenden Sozialformen des Unterrichts unterschieden, die mit entsprechenden Sitzordnungen korrespondieren:

Frontalunterricht bzw. Klassenunterricht

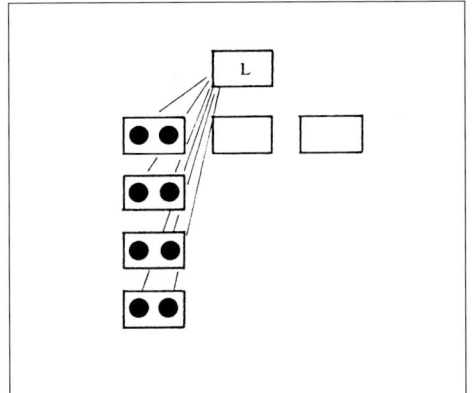

Einzelarbeit bzw. Still- oder Alleinarbeit

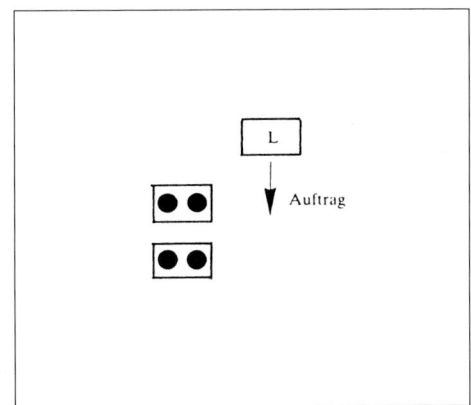

Partnerarbeit

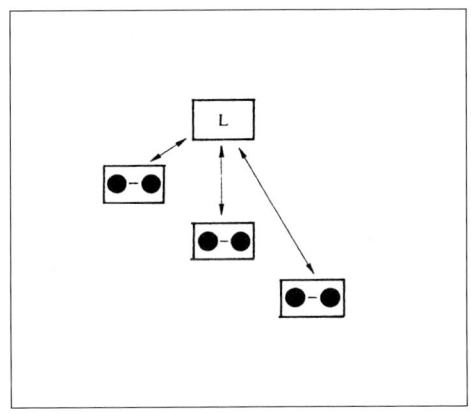

Kleingruppenarbeit bzw. Gruppenunterricht
(Sitzordnung ohne Möbelrücken)

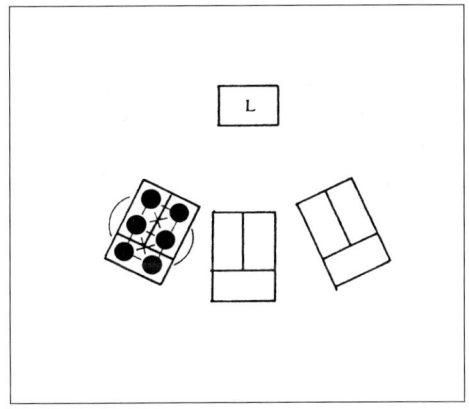

Kreissituation

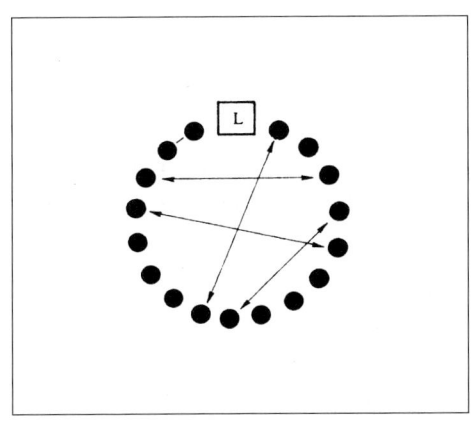

Hufeisenform

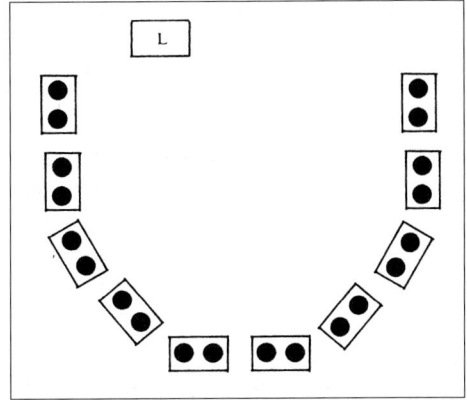

Nach ihrem Einsatz in der Unterrichtspraxis zu urteilen, erfreuen sich die dargestellten Sozialformen sehr unterschiedlicher Wertschätzung. Kontinuierliche Unterrichtsbeobachtungen des Autors vermitteln jedenfalls ein beharrlich aufrechterhaltenes Übergewicht der Sozialform Frontalunterricht, der als „Vehikel" für darbietenden, demonstrierenden und Frage-Antwort-Unterricht verwendet wird. Lediglich höchstens ein Viertel der Unterrichtszeit entfällt auf Einzel-, Partner- und Kleingruppenarbeit, wobei dieser Durchschnittswert z. T. erhebliche fächerbedingte Abweichungen (z. B. Kunsterziehung, Sport) außer Acht lässt.

Trotz der aktuellen Favorisierung ganzheitlichen Lernens liegen die bevorzugten Unterrichtsziele nach wie vor im intellektuellen Bereich, also beim Erwerb von Wissen und geistigen Arbeitstechniken.

5.8.2 Auswahlkriterien für situations- und aufgabengemäße Sozialformen des Unterrichts

Für die Bevorzugung des Frontalunterrichts mag es Gründe geben, für ihre Rechtfertigung reichen sie aber bestimmt nicht aus. Es ist mehr als unwahrscheinlich, dass für ca. 90 % des gesamten Unterrichts der Frontalunterricht mit seinen spezifischen Anforderungen die situations- und aufgabengemessene Sozialform sein sollte.

Auch für die Sozialformen des Unterrichts gelten – wie für jede andere Unterrichtsmethode – als *Auswahlkriterien*

– die Schüler mit ihrem aktuellen Eingangswissen und -können,
– das Lernziel mit seinem Anspruch verschiedener Verhaltensklassen,
– der Lerninhalt mit seiner speziellen Problematik,
– die Medien mit je unterschiedlichem Anspruch an Wahrnehmen, Denken, Handeln und Interagieren der Schüler,
– die Unterrichtsökonomie, die an einem vertretbaren Verhältnis von Aufwand und Effekt der unterrichtlichen Arbeit interessiert ist.

Mir scheint, dass das Kriterium der Unterrichtsökonomie allzuoft als Alibi dafür herhalten muss, mit dem Hinweis auf Stoff- und Prüfungsdruck sowie auf mangelhaft beherrschte Arbeitstechniken und unterentwickeltes Sozialverhalten der Schüler Sozialformen nicht in den Unterricht einzubauen, die einen größeren Aufwand an Vorbereitung und Unterrichtszeit erfordern als der Frontalunterricht.

5.8.3 Auswirkungen, Funktionen und Einsatzbereiche der Sozialformen des Unterrichts

	Ablauf/Auswirkungen	Funktionen und bevorzugte Einsatzbereiche	Vorteile/Nachteile
Frontalunterricht (Z. B. Aschersleben 1986, Meyer/Winzenty 1984)	Die Informationen werden – von *einer* Informationsquelle (Lehrer, Medium) – an jeden einzelnen Schüler einer Klasse – gleichzeitig, – auf demselben Anspruchsniveau, – im selben Tempo,	– Schnelle und gleiche Information an alle Schüler, vor allem im darbietenden Unterricht ökonomische Informationsausgabe, – (vorläufig) unbestrittene Anerkennung der fachlichen Autorität des Lehrers bzw. des Mediums.	Vorteile: – Der Lehrer „behält das Heft in der Hand", fachlich wie disziplinär. – Wenig aufwändige Unterrichtsorganisation – Alle Schüler werden gleichzeitig auf denselben Informationsstand gebracht.

	Ablauf/Auswirkungen	Funktionen und bevorzugte Einsatzbereiche	Vorteile/Nachteile
	– innerhalb derselben Zeit, – total fremdgesteuert übermittelt.	– Im Frage-Antwort-Unterricht: Jeden einzelnen Schüler möglichst ohne Fehlleistung auf ein- und derselben Denk- und Handlungsspur halten, was die gleiche Ausgangslage für nachfolgende Unterrichtsphasen schafft. – Einübung in die Techniken rezeptiver Informationsverarbeitung, die gerade in einer Zeit zunehmender Informationsfülle an Bedeutung gewinnt. – Disziplinierungsfunktion. – Mittel zur Durchführung der darbietenden und entwickelnden Unterrichtsform (vgl. 5.6.3.1 u. 5.6.3.2).	– „Ablenkungsmanöver" der Schüler können schnell erkannt und abgefangen werden. Nachteile: – Uniformierung der Anforderungen: Differenzierung und Individualisierung haben keine Chance. – Selbsttätigkeit, Eigensteuerung, Eigenverantwortung der Schüler haben keinen Spielraum. – Tendenz zur Verfestigung autoritärer Beziehungsstrukturen zwischen Lehrer und Schülern. – Isolierungstendenz, da Schülerkontakte ausdrücklich nicht erwünscht sind. – Evtl. Verstärkung der Etikettierungseffekte für die schwächeren Schüler. – Problem „Drankommen": Nach Untersuchungen stammen zwischen 60 % und 80 % aller Wörter im Unterricht vom Lehrer, der Rest verteilt sich nochmals ungleich zwischen den stärkeren (Motoren) und schwächeren Schülern einer Klasse. Eine weitere Verschiebung zugunsten der eher Leistungsmotivierten ergibt sich mit dem Stundenfortschritt eines Schulvormittags.
Einzelarbeit	Jeder einzelne Schüler löst allein Lernaufgaben, und zwar – aufgrund präziser Aufgabenstellung,	– Vor allem in Phasen der Wiederholung und des Einübens für die selbstständige Anwendung	Vorteile: – Möglichkeit der Individualisierung der Lernprozesse nach Lernaufgabe, Methode, Arbeits-

	Ablauf/Auswirkungen	Funktionen und bevorzugte Einsatzbereiche	Vorteile/Nachteile
	– mit vorgegebener oder selbst zu findender Methode, – je nach Aufgabe eher nachvollziehend – festigend oder problemlösend. Eine extreme Form der Einzelarbeit ist die lineare Programmierte Instruktion.	von Kenntnissen, Erkenntnissen und Fähigkeiten, auch in der Hausaufgabe. – Überprüfung des persönlichen Lernfortschritts; individuelle Defizite können erkannt und bearbeitet werden. – Einzelarbeit ist immer dann angemessen, wenn es um die Sicherung des sog. Minimalwissens und -könnens geht, über welche jeder einzelne Schüler für nachfolgende Lernaufgaben (auch Prüfungen) verfügen muss. – Displinierungsfunktion, m. E. nur gerechtfertigt zur Herstellung der nötigen Konzentration für die Bewältigung von Lernproblemen.	tempo, Leistungsfähigkeit, Interessen. – Bei angemessenem Anspruchsniveau eine bedeutsame Möglichkeit der Selbstverstärkung. Nachteile: – Bei gehäufter Anwendung Vereinsamungseffekte (v. a. bei der linearen Form der Programmierten Instruktion). – Motivationsprobleme bei lang andauernder Über- oder Unterforderung: Auch Einzelarbeit bedarf der beratenden Begleitung durch den Lehrer.
Partnerarbeit	– Jeweils zwei Schüler – in der Regel die Banknachbarn – bilden für kurze Zeit eine Arbeitsgemeinschaft. – Sie bearbeiten nach präziser Arbeitsanweisung überschaubare Aufgaben v. a. der Materialsuche und -auswertung sowie der wechselseitigen Kontrolle.	– Vorteilhaft für schnelle Materialauswertung, – wechselseitige Kontrolle der Feststellung des Lernfortschritts, – in Wiederholungs- und Übungsphasen, – Einsatz im Rahmen des Helfersystems, – Sozialisationsfunktion.	Vorteile: – Erweiterung des Wahrnehmungs- und Denkfeldes sowie größere geistige Beweglichkeit durch Meinungsaustausch. – Einübung ins Argumentieren, Nachgeben, in die Fähigkeit, Kompromisse zu schließen und auf seiner Meinung mit Begründung zu beharren. – Übernahme von Eigenverantwortung für eigene Lernprozesse und deren Ergebnisse, gelegentlich auch im Wettbewerb, – größere körperliche Mobilität, – schnell und ohne großen Aufwand zu organisieren.

	Ablauf/Auswirkungen	Funktionen und bevorzugte Einsatzbereiche	Vorteile/Nachteile
			Nachteile: – Tendenz zum Dominanzverhalten eines Partners bei leistungsungleichen Schülern. – V. a. bei themengleicher Partnerarbeit können nicht alle Ergebnisse im Plenum gewürdigt werden. – Einübung in Arbeitsdisziplin und in die nötigen sozialen Fähigkeiten kostet Zeit.
Kreissituation	Der Lehrer und alle Schüler einer Klasse sitzen einander zugewandt (Kreis- oder Hufeisenform), – notwendige Voraussetzung für alle Arten des Gesprächs, in denen verbalen *und* nonverbalen Signalen gleich große Bedeutung zukommt. – Ein vom Lehrer vorgegebenes oder von der Klasse formuliertes Thema – wird nach bekannten und eingeübten Gesprächsregeln, – von einem Gesprächsleiter gelenkt oder ohne Lenkung vom Gesprächskreis selbst reguliert, – von gleichberechtigten Gesprächsteilnehmern bearbeitet (symmetrische Kommunikation).	– Einübung in aufgaben- und situationsangemessene Formen der Kommunikation, Erweiterung der kommunikativen Kompetenz, – Einübung in Metakommunikation als kritische Reflexion alltäglicher Kommunikation, von Unterrichtsinhalten, Unterrichtsmethoden, Umgangsformen, Regeln usw. – V. a. geeignet für die Formulierung, Vertretung und Erweiterung persönlicher Meinungen aufgrund des Austausches begründeter Argumente – sowie für die Bearbeitung aktueller sozialer Konflikte und von Kommunikationsstörungen.	Vorteile: – Übungsfeld zur Überwindung sprachlicher und emotionaler Barrieren, sich in größeren Gesprächsrunden zu äußern, – bewusste Pflege nonverbaler Kommunikation, – Einübung in die Selbstregulierung eines Gesprächskreises. Nachteile: – Mögliches Abgleiten in einen „Plauderkreis", – Verfestigung hierarchischer Strukturen, wenn die vereinbarten Gesprächsregeln symmetrischer Kommunikation nicht beachtet werden, – Angst einzelner Schüler, sich im großen Gesprächskreis zu äußern, – Gruppen- und Meinungsdruck, wenn das gruppendynamische Geschehen nicht reflektiert wird.
Großgruppenunterricht	– Die Schüler mehrerer Klassen werden in der Phase der Informationsausgabe (z. B. über einen Film) zusammengeführt (z. B. Aula, Medienraum).	– Klassenübergreifende Kontaktpflege, – Ökonomie v. a. bei technisch aufwändiger Informationsausgabe, – geeignet v. a. bei Themen, die ergiebige	Vorteile: Vgl. bei Funktionen! Nachteile: – Verstärkte Tendenz zu Disziplinverstößen und Unterrichtsstörungen,

	Ablauf/Auswirkungen	Funktionen und bevorzugte Einsatzbereiche	Vorteile/Nachteile
	– In der Erarbeitungsphase werden klassenübergreifend und meistens interessenorientiert Kleingruppen zu Arbeitsschwerpunkten (in der Regel themenverschieden und arbeitsteilig) des Gesamtthemas gebildet, evtl. Teamteaching. – Die Kleingruppen berichten (mündlich, veranschaulicht in schriftlicher Form, durch Werkstücke, Plakate, Videofilme usw.) im Plenum der Ausgangsklassen. – Die Ergebnisse werden in den einzelnen Klassen gesichert. – Der Großgruppenunterricht setzt organisatorisch mindestens eine Doppelstunde voraus; er kann sich aber auch über mehrere Wochen im Sinne eines Projekts erstrecken.	Arbeitsschwerpunkte enthalten und evtl. aus verschiedener fachlicher Sicht beleuchtet werden können. → Projekt	wenn die nötigen Arbeits- und Umgangsregeln nicht hinreichend eingeübt sind und auf ihre Beachtung hin streng kontrolliert werden, und zwar von den Schülern selbst. – Der Zeitaufwand liegt meistens höher als bei den üblichen klasseninternen Unterrichtsorganisationen.
Kleingruppenarbeit (Vgl. bezüglich der sozialpsychologischen und gruppendynamischen Grundkenntnisse Köck 1992, S. 124 f.; vgl. auch Knoll 1997; Schneider 1985)	Durch die Sozialform Kleingruppenarbeit wird der Klassenverband zeitlich befristet in Untergruppen aufgelöst, die klar beschriebene Teilaufgaben zum Gesamtthema einer Unterrichtseinheit bzw. Unterrichtsstunde selbsttätig und kooperativ bewältigen sollen. – Die Kleingruppenarbeit ist gerechtfertigt bei problemorientierten Lerninhalten bei gleichzeitiger Mitnahme sozialer Lernziele. Es kommen insbesondere Aufgaben in Betracht von der Art der Kräfteaddition, des Suchens und Findens, des Fehlerausgleichs	– Einübung in entdeckendes und problemlösendes Lernen, – selbsttätiger Umgang der Schüler mit dem Unterrichtsgegenstand, dem Arbeitsmaterial und den Arbeitstechniken, – Arbeitsteilung (Ökonomieprinzip), – Einübung in fairen Wettbewerb, – Lernziel „Kooperation" v. a. durch die Balance zwischen den Ansprüchen von Sache, Gruppe und dem einzelnen Schüler (nach R. Cohn, vgl. Köck 1992, S. 182 f.), – Förderung der Kommunikationsfähigkeit und	Vorteile: – In der Regel sind Qualität der geleisteten Arbeit und der Lernzuwachs der Schüler (Behaltwert und Arbeitstechniken) höher zu veranschlagen als bei anderen Sozialformen. – Kleingruppenarbeit knüpft an den Stärken der einzelnen Schüler an. – Kleingruppenarbeit fordert Schüleraktivität und Kooperationsbereitschaft. – Kleingruppenarbeit schafft die Voraussetzung für produktive und kreative Problemlösungen (mehr Köpfe – mehr Ideen!).

	Ablauf/Auswirkungen	Funktionen und bevorzugte Einsatzbereiche	Vorteile/Nachteile
	(Weg zur günstigen Lösung) und des Entscheidens. – Ideale Gruppengröße: 4 bis 6 Schüler. – Räumliche Voraussetzungen schaffen, z. B. Sechserblocksitzordnung, um das aufwändige und störende Möbelrücken zu vermeiden. – Kleingruppenarbeit kann themengleich oder themenverschieden organisiert sein. – Der Lehrer hat während der Kleingruppenarbeit vorwiegend beratende Funktion. *Verlauf* – Problembeschreibung und exakte Formulierung der Arbeitsschwerpunkte je nach Aufgabentyp im Klassenunterricht, und zwar schriftlich festgehalten an der Tafel, auf der Overheadprojektor-Folie, im Arbeitsblatt … Je mehr Erläuterungen nachträglich nötig sind, umso schlechter war der Arbeitsauftrag formuliert. – Kleingruppenarbeit an den vereinbarten Arbeitsschwerpunkten einschließlich der Ergebnisformulierung. – Ergebnisberichte der Kleingruppe im Plenum in sachangemessener Form: mündlich, schriftliche Zusammenfassung an der Tafel, auf der Folie, Flipchard … *Gruppenbildung* – frei nach Zuneigung, Aufgabe, Interessen,	der Fähigkeit zur Metakommunikation (vgl. hierzu als mögliches Hilfsmittel den nachfolgenden Fragebogen zum Nachdenken über Kleingruppenarbeit!), – Steigerung der „sozialen Handlungskompetenz".	– Positive Rückwirkungen der Kleingruppenarbeit auf die Einzelarbeit der Schüler wurden mehrfach nachgewiesen, v. a. für leistungsschwächere Schüler (Modell-Lernen, Beobachtungslernen). – Kleingruppenarbeit bewirkt größere emotionale und soziale Arbeitszufriedenheit der Schüler. – Kleingruppenarbeit sorgt für die Erhöhung des Sprachanteils des einzelnen Schülers im Unterricht. – Kleingruppenarbeit fördert den kritischen Umgang mit Lerninhalten, Meinungen, Vorurteilen. – Kleingruppenarbeit ist ein Übungsfeld für soziales Lernen: zuhören, sich durchsetzen, nachgeben, Kompromisse schließen, argumentieren, Konflikte fair austragen … – Kleingruppenarbeit hilft die Angstschwelle zu überwinden, vor dem Plenum der Klasse zu sprechen. – Kleingruppenarbeit vermindert lenkende Lehrermaßnahmen zugunsten der Beratertätigkeit des Lehrers. Nachteile: – Bei Vernachlässigung der gruppendynamischen Dimension besteht die Gefahr autoritärer Fehlentwicklung der Kleingruppe durch die Dominanz einzelner Schüler bzw.

	Ablauf/Auswirkungen	Funktionen und bevorzugte Einsatzbereiche	Vorteile/Nachteile
	– vom Lehrer bestimmt nach gruppendynamischen Gesichtspunkten, nach Leistung (gleich oder differenziert, Helfersystem), nach fachlichen Kenntnissen … – Auf Wechsel bei der Gruppenzusammensetzung achten, um Rollenfixierungen vorzubeugen. – Abgesehen von Wiederholungs- und Übungsphasen sind bezüglich der Leistungsfähigkeit heterogene Gruppen den homogenen vorzuziehen.		die Gefahr eines ineffektiven Dauerrollenkampfes. – Die Disziplinprobleme können zunehmen, wenn keine gemeinsam vereinbarten Umgangsregeln eingeübt werden. – Möglich sind schnelle Entmutigung der Schüler bei Überforderung und Ausflippen in Leerlaufhandlungen bei Unterforderung. – Hinsichtlich der Vorbereitung, Organisation und der Unterrichtszeit ist die Kleingruppenarbeit meistens aufwändiger als andere Sozialformen. *Misserfolge bei der Kleingruppenarbeit* rühren meistens her von – ungünstiger Gruppengröße, v. a. wenn mehr als 6 Gruppenmitglieder zusammenarbeiten sollen, – unklarer Arbeitsanweisung, – schwer verständlichem Arbeitsmaterial, – unzureichend eingeübten Arbeitstechniken, – Mängeln im Sozialverhalten.

Schrittweise Hinführung zum Kleingruppenunterricht:

Von der Partnerarbeit über themengleiche kurzphasige und themengleiche langphasige Kleingruppenarbeit zu themenverschiedener Kleingruppenarbeit, und zwar mit jeweils zunehmender Anforderung an Sachverstand, methodische Kenntnisse, Entwurf von Arbeitsplänen, Arbeitsteilung und gruppendynamische Fähigkeiten.

Fragebogen zum Nachdenken über Gruppenarbeit

Der folgende Fragebogen soll euch zum Nachdenken über die Arbeit in eurer Gruppe anregen. Bearbeitet diesen Fragebogen zunächst jeder für sich allein und vergleicht dann die Ergebnisse in eurer Gruppe. Versucht zu klären, warum ihr unterschiedlich geantwortet habt, oder wie ihr die Arbeit in der Gruppe verändern könnt!

Fragen zum Unterrichtsinhalt	ja	teils/teils	nein
1. War mir klar, worin unsere Aufgabe bestand, was unsere Aufgabe war?	○	○	○
2. Wusste ich genug, um an die Aufgaben herangehen zu können?	○	○	○
3. War es gut, die Aufgaben in Gruppenarbeit zu lösen?	○	○	○
4. Hatte ich Interesse und Lust zu der Aufgabe?	○	○	○
5. War ich in der Lage, die mir übertragene Aufgabe zu erledigen?	○	○	○
Fragen zur Organisation der Gruppenarbeit			
6. Konnten wir uns am Anfang über unser Vorgehen einigen?	○	○	○
7. Haben wir uns an unsere Vereinbarungen gehalten?	○	○	○
8. Wusste ich immer genau, welche Aufgabe ich in der Gruppe übernehmen sollte?	○	○	○
9. Konnten wir immer die zur Arbeit notwendigen Informationen und Hilfsmittel beschaffen?	○	○	○
Fragen zum Miteinanderumgehen			
10. Habe ich mich in der Gruppe wohl gefühlt?	○	○	○
11. Haben sich alle an der Gruppenarbeit beteiligt?	○	○	○
12. Sind wir im Gespräch aufeinander eingegangen?	○	○	○

Aus: Ernst Meyer: Angst als Thema der Schule. In: Die Realschule, Heft 5, 1982, S. 299

5.9 Aktionsformen im Unterricht

5.9.1 Anmerkungen zum Verständnis und sinnvollen Einsatz von Aktionsformen im Unterricht

> Aktionsformen des Unterrichts bezeichnen die lehr- und lernbezogenen Handlungen, die Lehrer und Schüler im Unterricht ausüben. Für die Unterrichtsplanung ist es bedeutsam, dass *grundsätzlich jede Aktionsform von jedem Teilnehmer am Unterrichtsprozess wahrgenommen werden kann.*

Es muss sogar als vordringliches Erziehungsziel gesehen werden, vorwiegend vom Lehrer praktizierte Aktionsformen durch schrittweise Einübung auf die Schüler übergehen zu lassen. Wie bei den Unterrichtsformen ist auch hier eine grundsätzliche Bevorzugung einzelner Aktionsformen weder lernpsychologisch noch didaktisch zu rechtfertigen. *Aktionsformen sind vielmehr aufgrund ihrer aufgabenspezifischen Leistung auszuwählen.* So erfolgt z. B. Informationsausgabe meistens im Rahmen der darbietenden Unterrichtsform durch vortragen, erzählen, beschreiben, erklären, vormachen, vorzeigen. Die genannten Aktionsformen des Lehrers bringen ihre volle Leistung aber erst, wenn die Schüler ihre adäquate Antwort beisteuern, in unserem Beispiel also zuhören, nacherzählen, mitvollziehen, nachvollziehen, nachmachen. Die konsequente Entsprechung von Lehrer-Schüler-Aktivität entscheidet über die Güte der gewählten Aktionsform. Dies bedeutet, dass der Lehrer bei der Bestimmung von Lehr-Aktivitäten die erwünschten Lern-Aktivitäten der Schüler mitbedenken muss. Andernfalls bleibt gelegentlich der Effekt nicht aus, dass die Schüler sich zu anderen Handlungen entschließen, als vom Lehrer erwartet werden.

Bedauerlicherweise reicht aber auch die logische Entsprechung von Lehr- und Lernaktivität noch nicht für das Gelingen einer Aktionsform aus. Als zumindest teilweise unbekannte Störgröße erweist sich nämlich die jeweilige Handlungsfähigkeit der Schüler, die sie in der geplanten Situation einbringen können und wollen. Mit anderen Worten: Auf manche Aktionsformen springen die Schüler nicht an, weil sie die spezifische Antwort auf eine Lehr-Aktivität nicht hinreichend beherrschen und/oder weil ihre altersabhängige Vorliebe für einen z. B. eher erfahrungs- und gefühlsbetonten sowie spielerischen Umgang mit der Wirklichkeit missachtet wird. Die Folge sind im besten Fall Lern-Aktivitäten der Schüler, die hinter den Erwartungen des Lehrers zurückbleiben, gelegentlich aber auch zur Aufgabe gesetzter Stundenziele führen. Die Schüler können aber auch ihren Part an der Aktionsform bewusst total verweigern und sich phantasiereich unterrichtsfremden Aktivitäten zur Bekämpfung aufgezwungener Langeweile hingeben (z. B. zeichnen, vor sich hin dösen, mit Schreibmaterial spielen, Schiffe versenken, Hausaufgaben erledigen, Geräusche erzeugen usw.). Die dem Schüler nicht angepasste Aktionsform produziert mutwillig Unterrichtsstörungen.

Häufige Aktionsformen sind

– *Vortrag,* vor allem der Kurzvortrag des Schülers, in dem er ein kleines Stück Lehrfunktion übernimmt,
– Geschichtenerzählen,
– Mitschreiben,
– Arbeit an Arbeitsblättern, am Buchtext, am Quellenmaterial …,
– Interview,

- *Fragen,* die das Denken des Schülers, nicht das Antworten, Reagieren fördern sollen. Bei den meisten Lehrerfragen sind die Schüler gezwungen, sich ratend oder wie in einem linearen Programmablauf Schritt für Schritt am Frager zu orientieren und damit am Denken des Fragers, statt das eigene Denken mobilisieren zu dürfen. Die ideale Fragesituation liegt mit Lernsituationen vor, die die Schüler zum Fragen anregen (vgl. z. B. Dahms 1985).
- Impuls,
- Gespräch in verschiedenen Varianten, z. B. gebundenes oder freies Unterrichtsgespräch, Diskussion, Debatte, Anhörkreis, Gesprächskreis,
- Experiment, v. a. Schülerexperiment und Vorbereitung von Experimenten durch Schüler,
- Demonstration,
- Lernspiele,
- Rollenspiele,
- Dialogspiele (v. a. im Fremdsprachenunterricht),
- Simulationen,
- Planspiel,
- Freies Spiel, Stegreifspiel, Pantomime … (vgl. Schulleben unter 2),
- Teamteaching
- *sowie viele fachspezifische Aktionsformen* wie z. B. Konstruktion, Kartenarbeit, Collagen erstellen, Erkundungsgang …

Aktionsformen werden immer innerhalb einer Sozialform (vgl. 5.8) und einer Unterrichtsform (vgl. 5.6) verwirklicht.

5.9.2 Zum Beispiel: Lehrer- und Schülervortrag

1. *Begriffliche Abgrenzung*

„Reden heißt leider auch sich isolieren. Und schlimmer noch: Viel reden heißt sich unsozial verhalten" (Vollrath 1973, S. 77)

Durch einen Vortrag werden Informationen an den Zuhörer

- zusammenhängend,
- in adressatengerechter Form
- und in zumutbarer Zeitspanne übermittelt.

Lehrer- und Schülervortrag verfolgen zusätzlich den Zweck, die Zuhörer zum Lernen zu veranlassen. Als Vortrag im Unterricht gelten sowohl der ausgefeilte Kurzvortrag als auch etwas unscharf abgegrenzt mehr oder minder freie Formen des Vortrags wie längere Erläuterungen, Erzählungen, Schilderungen, Rezitationen, Berichte z. B. über einen Arbeitsvorgang oder über den Verlauf einer Gruppenarbeit und deren Ergebnis u. a. m.
Mit dem *Schülervortrag* ist im Rahmen der Aktionsformen nicht der Übungsvortrag im Deutschunterricht gemeint, sondern die entsprechende Lehr-Aktivität, die der Schüler an Stelle des Lehrers oder eines anderen Mediums in einer bestimmten Phase des Unterrichts übernimmt. Ein Schülervortrag dieser Art bedarf der genauen Absprache zwischen Lehrer und Schüler über seinen didaktischen Ort sowie einer gründlichen Einweisung des Schülers in Thema, Methode und Medien.

2. Für die *Gestaltung von Lehrer- und Schülervortrag* gelten gleichermaßen die folgenden *Grundsätze,* die auch zur Unterrichtsanalyse im Seminarverband oder in der Selbstüberprüfung (z. B. mit Hilfe eines Kassettenrekorders) herangezogen werden können:

- Lehrer- und Schülervortrag müssen *einfach, verständlich* (auf die Adressatengruppe zugeschnitten), *anschaulich* und bei alledem *sachlich richtig* sein. Unvermeidbare Fachausdrücke werden erläutert.
- Sie weisen deutlich erkennbar eine *übersichtliche Gliederung* auf, die bei längeren Vorträgen evtl. durch stichpunktartige Teilzusammenfassungen oder durch graphische Darstellung von Zusammenhängen schriftlich (Tafel, Overheadprojektor) unterstrichen werden kann.
- Lehrer- und Schülervortrag sind *auf das Wesentliche beschränkt.* Kürze und Prägnanz schließen aus, in Details zu schwelgen und „auf die Pauke zu hauen".
- Der Anregung der Aufmerksamkeit dienen z. B.
  - Blickkontakt,
  - humorvolle Einschübe,
  - modulationsreiche Sprechtechnik (Tonfall, Tempowechsel, Lautstärke),
  - kontrollierte Gestik und Mimik,
  - sensible Verarbeitung der Feedbacks aus der Klasse (gähnen, träumen, kritzeln, aufmerksam zuhören, angespannter Gesichtsausdruck usw.).
- Die *Lehrererzählung,* deren Wirkung vom Gelingen einer Spannungskurve und der Emotionalisierung der Zuhörer über möglichst viele Sinne abhängt, fordert vom Erzähler zusätzlich
  - Personalisierung,
  - Lokalisierung und
  - Dramatisierung,
  aber innerhalb der Grenzen sachlicher Richtigkeit und Glaubwürdigkeit.

3. Einen den Unterrichtsalltag belebenden und keineswegs auf die Grundschule beschränkten Vorschlag bringt Meyer (1996, Bd. 2, S. 306) mit den *Schülergeschichten* in Erinnerung:

- „*Endlos-Geschichte:* Der Lehrer gibt eine Rahmenbedingung vor, und die Schüler müssen diesen Rahmen reihum ausfüllen: Der Lehrer erzählt den Anfang der Geschichte eines Fünf-Mark-Stückes, das frisch aus der Münze gekommen ist und gleich einem Banküberfall zum Opfer fällt. Die Schüler spinnen die Geschichte weiter.
- *Reizwort-Geschichte:* Der Lehrer gibt drei, vier oder fünf Reizwörter vor – die Schüler denken sich dazu eine Geschichte aus, z. B.: Fischkutter/Kapitän/Piraten/Schatzkiste.
- *Modernisierungen:* Der Lehrer liest ein Märchen, eine Fabel, eine Geschichte aus dem Alten oder Neuen Testament vor. Die Schüler machen daraus eine zeitgemäße ‚Story'.
- *Den Faden zu Ende spinnen:* Der Lehrer erzählt die erste Hälfte einer Geschichte. Die Schüler denken sich aus, wie sie zu Ende gehen kann.
- *Rätsel-Geschichten:* Der Lehrer denkt sich eine logisch konstruierte Geschichte (z. B. einen Krimi) aus. Die Schüler müssen die Geschichte durch ausmalende Rückfragen, auf die der Lehrer nur mit ja oder nein antwortet, rekonstruieren."

5.9.3 Zum Beispiel: Das Gespräch im Unterricht

(Kliebisch 1997; Lüschow/Michel 1996; Ritz-Fröhlich 1982; Thiele 1982)

1. Im Gespräch tauschen die Kommunikationspartner verbal und nonverbal Informationen aus. Wie immer in kommunikativen Situationen hängt das Ausmaß der Verständlichkeit und der Verständigung auch beim Gespräch ab

– vom gemeinsamen Sprachvorrat (allgemeiner: Zeichenvorrat) zum Gesprächsinhalt
– und von der Beschaffenheit der Beziehungen zwischen den Kommunikationspartnern sowie ihrer Fähigkeit, an Beziehungsstörungen gemeinsam zu arbeiten.

2. Die *Gesprächsformen im Unterricht* verfolgen über den bloßen Informationsaustausch hinaus weitere Ziele:

– Höherer Behaltwert des im Gespräch Verarbeiteten,
– Schulung von Ausdrucks- und Diskussionsfähigkeit,
– Schulung von Kritikfähigkeit und Urteilsvermögen,
– Training der Fähigkeit des konzentrierten Zuhörens,
– Arbeit am Begegnungsstil der Klasse → Verwirklichung humaner Kommunikation,
– Befähigung zur Metakommunikation.

Die Gesprächsformen im Unterricht werden nach dem Ausmaß der Lenkung durch den Lehrer unterschieden. Ihre Verwendung wird vom jeweiligen Zweck des Lehrens und Lernens bestimmt. In Anlehnung an Meyer (1996, Bd. 2, S. 281) stehen folgende Gesprächsformen im Unterricht zur Wahl:

| Gelenktes bzw. gebundenes Unterrichts-gespräch bzw. Lehrgespräch, Prüfungsgespräch | Erkundungsge-spräch (Interview), Sachverständi-genbefragung, „mäeutische" Gesprächsformen | Diskussion, Streitgespräch (Pro-Contra), Debatte (auf Grund eines Antrags soll eine Entscheidung gefällt werden) | freies Unterrichts-gespräch bzw. Schülergespräch, evtl. Rollen-gespräch | Unterhaltung |

◄──►

hohe Lenkung durch den Lehrer   geringe bzw. keine Lenkung durch den Lehrer

Für die *sach- und situationsangemessene Auswahl* von Gesprächsformen im Unterricht bieten sich als Orientierungshilfen – wie immer bei methodischen Entscheidungen – die folgenden Aspekte an:

● Ist das zugehörige Lernziel eher kognitiv oder affektiv oder instrumentell gewichtet?
   Beispiel: Für die schlichte Vermittlung unstrittiger Fakten sind eher Gesprächsformen mit hoher, zielorientierter Lenkung angemessen, erfahrungsbezogenen Lernzielen wird eher mit freien Gesprächsformen entsprochen.
● Das Gesprächsthema hilft bei der Entscheidungsfindung, insofern die Vorerfahrungen und das Vorwissen der Schüler sowie die Komplexität des Themas selbst die zulässige Gesprächsform nahe legen.
● Es ist zu fragen, in welchem Ausmaß die Schüler die Regeln einer bestimmten Gesprächsform beherrschen. Diesbezügliche Mängel müssen in Übungsphasen und durch integrierten Metaunterricht abgearbeitet werden.
● Schließlich entscheidet der Grundsatz der Unterrichtsökonomie darüber mit, ob eine zeitaufwändigere freie Gesprächsform angesichts des erstrebten Effekts vertretbar ist.

3. *Tipps für die Verbesserung unterrichtlicher Gesprächsformen*

● Grundlegende Ausdrucksfähigkeit aufbauen!
● Dafür sorgen, dass sich alle Beteiligten laufend über ihren gemeinsamen verbalen und nonverbalen Zeichenvorrat verständigen. Fremdwörter und Fachsprachen schließen den Nichtwissenden vom Gesprächsverlauf aus.

- An gesprächsoffener Klassenatmosphäre arbeiten!
- Echte, problemhaltige Gesprächsanlässe aufgreifen, die an den Interessen und Bedürfnissen der Schüler orientiert sind!
- Nach und nach verbindliche Gesprächsregeln einführen!
  (Z. B. die Gesprächsregeln der Themenzentrierten Interaktion unter 5.4.3/5.)
- Sitzordnung von Angesicht zu Angesicht: Kreis, Halbkreis, Hufeisen.
- Gelegenheiten zum Metaunterricht über Inhalte, Verfahren, Umgangsregeln „Normen" nutzen!
- Der Lehrer soll zunehmend mit der Gesprächsfähigkeit der Schüler
  – zuhören und schweigen können,
  – ordnende Hilfen anbieten,
  – die Schüler am Problem halten,
  – die Schüler zur Äußerung ermuntern,
  – Schülerbeiträge positiv verstärken,
  – seine Meinung in freien Unterrichtsgesprächen erst dann beitragen, wenn sie gefragt ist.

5.9.4 Zum Beispiel: Planspiel

(Buddensiek 1992; Fürstenberg 1992; Klippert 1996; Reinisch 1980;
zu Rollenspiel: Bliesener/Brons-Albert 1994; Broich 1999; Kochan 1981; Kühne 1994; van Ments 1998;
Meyer 1996, Bd. 2)

1. *Was ist ein Planspiel?*

Im Planspiel wird ein Handlungszusammenhang der Wirklichkeit modellhaft und möglichst praxisnah im Unterricht vollzogen.
Dabei wechseln Rollenspielphasen und Reflexionsphasen einander ab. In den *Rollenspielphasen* legen die Schüler durch Identifikation mit verschiedenen Interessengruppen zu aktuellen Problemen der Wirklichkeit Argumente für ihre Position dar, die durch gruppenintern erarbeitete Informationen begründet sind und der Entwicklung einer Entscheidungsstrategie dienen.
In den *Reflexionsphasen* diskutieren und werten die Kleingruppen und das Plenum die jeweils erzielten Ergebnisse, die Methoden ihrer Erkenntnisgewinnung und die Art des Umgangs miteinander in den Spielphasen.
In Planspielen müssen wirklichkeitsbezogene Entscheidungen getroffen werden. Dabei ist von *offenen Planspielen* die Rede, wenn Konflikt- oder Problemsituationen mit offener Lösung gegeben sind.
Geschlossene Planspiele liegen vor, wenn das Ziel bzw. das Ergebnis gegeben ist und die für die Zielerreichung angemessenen bzw. tatsächlichen Entscheidungen gefunden werden müssen.

2. *Primäre Erziehungsziele der Planspielmethode*

- Die Schüler lernen ihr Wissen in größeren Zusammenhängen zu sehen und in alltäglichen Situationen zu erproben.
- Sie erleben an ausgewählten Beispielen die Verbindung von schulischem Lernen und außerschulischer Wirklichkeit – mögliche Rückkopplung für die Lernmotivation!
- Sie erfahren die Konsequenzen ihrer Entscheidungen und ihres Handelns und lernen, zu den Konsequenzen zu stehen oder nötige Kompromisse einzugehen.

- Planspiele fördern die Fähigkeit der Schüler zu selbstständiger Informationsbeschaffung und -verarbeitung sowie ihre Kommunikationsfähigkeit in der Auseinandersetzung um Standpunkte, Meinungen und Vorurteile.
- Planspiele führen die Schüler an aktuelle gesellschaftliche Probleme heran.

3. *Empfehlungen für die Einübung der Schüler in Planspiele und für ihre Durchführung oder: der Entmutigung vorbeugen!*

- Planspiele dienen nicht in erster Linie dem Wissenszuwachs, sondern der Entscheidungs-findung bzw. dem Nachvollzug gesellschaftlich relevanter Entscheidungen. Sie setzen also zuverlässig verfügbares Wissen und Erfahrungen der Schüler zur Problemlage vor-aus.
- Da Planspiele die engagierte Identifikation mit Positionen und Rollen der außerschuli-schen Wirklichkeit verlangen, kommen dafür nur aktuelle Problemsituationen in Frage, an deren Lösung die Schüler selbst interessiert sind bzw. deren Weg zur Entscheidungs-findung sie durchschauen wollen.
- Die Rollenspielphasen gelingen umso wirklichkeitsnäher, je mehr die Schüler auch emo-tional von der Problemlage erfasst werden.
- Die im Planspiel nötigen Arbeitstechniken (z. B. Quellenmaterial auswerten, Argumente abwägen, diszipliniert diskutieren, Ergebnisse übersichtlich zusammenfassen und vor-tragen, Feedback geben, Grundfähigkeiten der Metakommunikation) müssen im eher lehrergeleiteten Unterricht so weit eingeübt sein, dass das Planspiel nicht an ihrem Man-gel scheitert.
- Die Schüler müssen mit Eigenart, Zweck und Formen des Rollenspiels vertraut sein.
- Die Aufgabe des Lehrers im Planspiel besteht vor allem darin, die Schüler am Problem und im Lernfeld zu halten. Mit zunehmender Vertrautheit der Schüler mit der Planspiel-methode baut der Lehrer seine lenkende Einflussnahme ab.

4. Als *Themen für Planspiele* kommen beispielsweise in Frage:

- Besiedlungsplan, Naherholungsraum, Altstadtsanierung, Umgehungsstraße, Alpen-erschließungsplan u. a. in Geographie,
- soziale und ethische Problemsituationen wie Jugendarbeitslosigkeit, Altenversorgung, sexuelle Freizügigkeit und Ehe u. a. in Sozialkunde, Ethik und Religionslehre,
- aktuelle Problemsituationen der Schüler wie Konflikte untereinander mit Lehrern und Eltern ...

5. Wichtig ist, dass jede Phase des Planspiels und schließlich das Planspiel als Ganzes in den Kleingruppen und/oder im Plenum *reflektiert werden*.

Als *Leitfragen* bieten sich z. B. an:

- Was war unser Ziel? Inwieweit haben wir es erreicht? Welche konkreten Ergebnisse liegen vor?
- Wer in unserer Gruppe hat zur Zielverwirklichung auf welche Weise beigetragen? Wer hat dominiert, wer blockiert? (konkrete Beispiele)
- Welchen Weg sind wir in der Bewältigung des Problems gegangen? Welche Fehler, Umwege wären vermeidbar gewesen?
- Welche Spielgruppen haben unsere eigene Arbeit fördernd oder hemmend beeinflusst? (konkrete Beispiele)
- Welchen Lerngewinn in Bezug auf Realitätsbewältigung stellen wir fest?

- Welche gesellschaftlich relevanten Aktivitäten ergeben sich evtl. aus unserer Arbeit? Wie gehen wir sie konkret an?
- Welchen Erkenntnisgewinn in Bezug auf Strategiebildung und -umsetzung können wir verbuchen?

5.10 Unterrichtsprinzipien als handlungsleitende Regulative der Unterrichtsplanung

(Z. B. Bönsch 1995; Brunnhuber 1995; Heller 1992; Kopp 1973; Webb 1985)

5.10.1 Beschreibung und Zweckbestimmung von Unterrichtsprinzipien

> Unterrichtsprinzipien sind handlungsleitende Grundsätze der Unterrichtsgestaltung, im Unterrichtsverlauf nicht direkt beobachtbar, aber aus dem tatsächlichen Verlauf erschließbar. Indem sie zur Begründung unterrichtlicher Maßnahmen herangezogen werden, sorgen sie bei jedem Schritt der Planung und Durchführung von Unterricht sozusagen als Regulative dafür, dass die Begegnung von Schüler und Lerninhalt möglichst intensiv und effektiv gelingt.

Das Unterrichtsprinzip der Anschaulichkeit z. B. gibt in Verbindung mit dem Unterrichtsprinzip der Angemessenheit dem Lehrer Kriterien an die Hand, dass er mit seinen unterrichtlichen Anforderungen das Abstraktions- und Arbeitsvermögen der Schüler nicht überfordert. Oder mit der bewussten Beachtung des Unterrichtsprinzips der Selbsttätigkeit kann der Lehrer sicherstellen, dass die Schüler durch allzu ausgedehnte lediglich aufnehmende Lerntätigkeit nicht in Langeweile oder entlastende Störmanöver abdriften.
Unterrichtsprinzipien können nicht unter allen Umständen totale Geltung beanspruchen. Die jeweilige Lernsituation entscheidet darüber, welche Unterrichtsprinzipien zusammenwirken können, wann dagegen einem einzigen Unterrichtsprinzip der Vorzug zu geben ist und welche konkurrierenden Unterrichtsprinzipien im Sinne dialektischer Wechselwirkung einzusetzen sind. So ziehen die Unterrichtsprinzipien der Anschaulichkeit, Angemessenheit und Selbsttätigkeit in der Regel an einem Strang, während Anschaulichkeit und abstraktes Denken sich ausschließen oder auch gegenseitig ergänzen können. Einseitige Bevorzugung ausgewählter Unterrichtsprinzipien zwingt Lehrer und Schüler in eine Routine, die allemal nur eine bruchstückhafte Wirklichkeitsbegegnung zulässt.

5.10.2 Fachübergreifend gültige Unterrichtsprinzipien

In der Fachliteratur fallen je nach Grundverständnis des Unterrichts (vgl. die Strukturmodelle der Didaktik unter 4.4.2) *die Kataloge der Unterrichtsprinzipien* in Auswahl und Gewichtung sehr verschieden aus. Wir beschränken uns in der folgenden Auswahl auf jene Unterrichtsprinzipien, die fachübergreifend und unabhängig von der didaktischen Grundposition als lernpsychologisch gesichert und für jeden Lernprozess mit unterschiedlicher Gewichtung als gültig ausgewiesen sind. Kataloge von Unterrichtsprinzipien sind grundsätzlich als offen und dem geschichtlichen Wandel ausgesetzt zu sehen.

5.10.2.1 Das Prinzip der Angemessenheit,

> auch Entwicklungs-, Alters-, Schüler- oder Kindgemäßheit, Schülerorientierung oder Passung genannt, bezeichnet die Aufbereitung eines Lernangebotes auf eine bestimmte Lerngruppe, extrem auf einen einzelnen Lernenden hin. Lernsituation und Lernangebot sollen den Schüler aus entwicklungspsychologischer, lernpsychologischer und soziologischer Sicht seiner Lernbereitschaft und seinen Lernmöglichkeiten entsprechend treffen.

In der Diskussion um den Begabungsbegriff, die Leistungsorientierung der Schule, die Chancengerechtigkeit und neuerdings verstärkt um die Situation der Hochbegabten nimmt das Prinzip der Angemessenheit eine hart umkämpfte Position ein.

Handlungskonsequenzen für den Unterricht

- Das Prinzip der Angemessenheit fordert, dass sich schulischer Unterricht gleichermaßen am entwicklungspsychologisch gegebenen Durchschnitt der Klasse und am individuellen Lernstand des einzelnen Schülers orientiert. Dieses Dilemma ist in krassen Fällen nur über Maßnahmen der Individualisierung und inneren Differenzierung des Unterrichts zu bewältigen. Der Lehrer muss für die überforderten Schüler z. B. weiteres Anschauungsmaterial bereithalten, die unterforderten Schüler mit kniffligen Zusatzaufgaben bei der Stange halten (vgl. ausführlich unter 5.10.2.7 Differenzierung).
- Im Idealfall sollte anstelle der Über- oder Unterforderung der Schüler die gerade noch erreichbare Forderung (didaktischer Vorgriff) stehen. Erfahrungsgemäß dürfte der sog. mittlere Schwierigkeitsgrad einer Lernsituation die meisten Schüler einer Klasse erreichen. Gelegentliches Fordern der Schüler bis an ihre Leistungsgrenze stärkt ihr Selbstbewusstsein, dauernde Höchstleistung ermüdet sie und leistet mit der steigenden Fehlerhäufung ihrer Demotivierung Vorschub.
- Angemessenheit bedeutet, Lernsituation und Lernangebot an Eingangswissen und -können der Schüler zu orientieren. Die Schüler sind für den neuen Lernprozess dort abzuholen, wo sie stehen; dies gilt auch und gerade für lernschwächere Schüler. Gelegentlich kann sich der Lehrer durch informelle Eingangstests ein Bild darüber verschaffen, von welchen Vorerfahrungen seine Schüler tatsächlich ausgehen. Wenn er über längere Zeit weder Eingangstests noch – sinnvollerweise in jede Unterrichtsstunde zu integrierende – Maßnamen der Lernerfolgskontrolle durchführt, flüchten Über- und Unterforderte gleichermaßen aus dem Lernfeld in Leerlaufhandlungen oder Störaktionen.
- Um einem frühzeitigen Ausklinken einzelner Schüler aus dem Unterrichtsprozess vorzubeugen, kann die Angemessenheit durch Organisationshilfen hergestellt werden, die in der Geschichte der Schulpädagogik eine lange Tradition haben, wie z. B.
    - vom Leichten zum Schwierigen,
    - vom Einfachen zum Komplizierten,
    - vom Nahen zum Fernen,
    - vom sinnlich Wahrnehmbaren zum Vorgestellten (vgl. Prinzip der Anschaulichkeit) usw.
- Die Lernziele der Unterrichtsstunde müssen für die Schüler einsichtig und nachvollziehbar abgeklärt sein. Nur auf diese Weise können evtl. Startschwierigkeiten schon in ihrer Entstehung abgefangen werden.

- Angemessenheit des Unterrichts bedeutet, dass der Lehrer zusätzliche Hilfestellungen für den Lernprozess der Schüler vorausplant, aber auch spontan und flexibel der aktuellen Unterrichtsentwicklung entsprechend anbietet.
- Das Prinzip der Angemessenheit fordert die Berücksichtigung der jeweiligen Lerngeschichte, des Lernstils und des Lerntyps der Schüler. Dies bedeutet, dass Lerngewohnheiten und Arbeitstechniken der Schüler und ihr bisheriges Können im Umgang mit fachspezifischen Methoden und Medien in die Überlegungen zur Unterrichtsplanung einbezogen werden müssen. Was nützt ein dem Auffassungsvermögen der Schüler angemessener Lerninhalt, wenn ihnen die Mittel zu seiner erfolgreichen Bearbeitung nicht zur Verfügung stehen!?
- Angemessenheit bedeutet die Rücksichtnahme auf die Gefühlslage und Belastbarkeit der einzelnen Schüler und der Klasse. Unterricht endet mit Sicherheit in der Ineffektivität, wenn er wie geplant ohne Rücksicht auf Konflikte, besondere Belastungen durch vorausgegangene oder nachfolgende Prüfungen, sichtliche Ermüdung usw. durchgezogen wird.

5.10.2.2 Das Prinzip der Sachgemäßheit

(Synonym: Sachgerechtigkeit, Wissenschaftlichkeit, Wissenschaftsorientierung) Bei aller wünschenswerten Ausrichtung des Unterrichts dem Schüler zuliebe nach den Prinzipien der Angemessenheit und Anschaulichkeit muss der Unterrichtsgegenstand in seinem wesentlichen Gehalt vermittelt werden.

Das Prinzip der Sachgemäßheit verlangt, dass der Lerninhalt vom Lehrer dem aktuellen Stand der wissenschaftlichen Diskussion entsprechend aufbereitet wird und von den Schülern mit Hilfe sachgemäßer Methoden bearbeitet wird. Das Prinzip der Sachgemäßheit garantiert die Eigengesetzlichkeit der begegnenden Wirklichkeit.

Nach dem Strukturplan von 1970 „soll das organisierte Lernen für alle wissenschaftsorientiert sein", freilich „in abgestuften Graden" dem Alter der Schüler entsprechend. Die Interpretation dieser Forderung bescherte der Schule in der Folgezeit nicht nur exzessiven Lernzielformalismus, sondern auch eine verhängnisvolle Theoretisierung aller Schulfächer. Wissenschaftlich einwandfreie Vermittlung von Lerninhalten wurde mit theoretischer Kopflastigkeit des Unterrichts verwechselt, die Praxis der Theorie und dem „Maulbrauchen" (Pestalozzi) geopfert.

Handlungskonsequenzen für den Unterricht

- Der Unterrichtsgegenstand darf durch ungenaue Erläuterungen, veraltete Erklärung, Verfremdung durch ideologische oder auch nur interessengeleitete subjektive Auswahl von Akzentsetzungen nicht verfälscht werden.
- Die unter dem Gesichtspunkt der Wissenschaftlichkeit für Schüler aller Schulstufen immer nötige didaktische Reduktion (vgl. 4.3.2/3a) findet spätestens dort ihre Grenze, wo durch Vereinfachung und Beschränkung der Unterrichtsgegenstand in seinem wesentlichen Gehalt und Kontext nicht mehr deutlich wird. Ein Zuviel an Anschaulichkeit kann in Simplifizierung umschlagen, eine allzu dramatisch gestaltete historische Erzählung kann den Lehrer leicht zum Dazuerfinden einiger spannender, aber nicht belegter Details verführen.

- In deutlicher Distanz zu jeder Wissenschaftsgläubigkeit muss der Schüler im Vorfeld wissenschaftlichen Arbeitens gefordert werden, in zunehmendem Maße fachwissenschaftliche Methoden zu erproben und sich in eine sorgsam beobachtende und abwägende Arbeitshaltung einzuüben.
- Jedes Fach erfordert fachangemessene Formen des Lehrens und Lernens, die von der Fachdidaktik zu entwickeln sind, z.B. Einsprachigkeit im Fremdsprachenunterricht, Experimentalunterricht in Physik, Chemie und Biologie, Quellenanalyse im Geschichtsunterricht usw.
- Die Sachgemäßheit im Sinne von Objektivierung wird eher gewahrt, wenn der Schüler dem Unterrichtsgegenstand in seinem realen Zusammenhang begegnen kann, statt auf Wort- und Buchübermittlung angewiesen zu sein.
- Sachgemäßheit bedeutet, dem Schüler den Ort des einzelnen Unterrichtsgegenstandes im Gefüge der Gesamtwirklichkeit und in seiner Bedeutung für den Menschen aufzuzeigen mit allen Möglichkeiten und Grenzen der Machbarkeit (ökonomischer, ökologischer, ethischer Aspekt des Unterrichts).

5.10.2.3 Das Prinzip der Elementarisierung

> bzw. der didaktischen Reduktion (vgl. auch 4.3.2/3a) versucht zwischen den Prinzipien der Angemessenheit (Schülerorientierung) und der Sachgemäßheit zu vermitteln. Der Unterrichtsgegenstand soll einerseits für den Schüler zugänglich werden, andererseits in seinem wesentlichen Gehalt nicht verfälscht werden.

Elementarisierung verhilft zu einer ersten Erschließung eines komplexen Sachverhalts, einer vielfach beeinflussten Lebenssituation, eines gesetzmäßigen Ablaufs. Sie leistet Einstiegshilfe, mit deren Auswirkung sich der Lehrer allerdings nicht begnügen darf. Vielmehr soll über das Einfache, Überschaubare, Exemplarische der Weg zum komplexen Zusammenhang, Allgemeinen, Grundsätzlichen, Gesetzmäßigen, Ganzen usw. gebahnt werden. Elementarisierung führt insofern immer zu vorläufigen Antworten in der Begegnung mit der Wirklichkeit.

Handlungskonsequenzen für den Unterricht

- Von Elementarisierung im strengen Sinne ist die Rede, wenn bei der Aufbereitung von Bildungsinhalten
  - das Elementare als das grundlegend Einzelne aufgesucht wird, der „Kern der Sache", von dem aus das Ganze erschließbar ist;
  - oder das Fundamentale als „das sinnerschließende Strukturierte" (A. Wolf);
  - oder das Kategoriale (W. Klafki) als eine Klasse von grundlegenden, das Wesentliche eines Sachverhalts betreffenden Einsichten, die zu ordnender Gliederung eines Wirklichkeitsausschnittes geeignet sind.
- Weitere unmittelbar praktizierbare Möglichkeiten der Elementarisierung hat Glöckel (1985) zusammengefasst:
  - *„Die Beschränkung auf den einfachen Fall …*
    Z.B. Rechenoperationen, Sachrechenfälle, Formeln usw. werden zunächst mit einfachen Zahlen geübt, damit die Schwierigkeiten des Ziffernrechnens nicht den Blick auf die mathematische Struktur verdecken …
  - *Die Vergröberung durch Weglassen von Elementen*

Zur ersten Orientierung im Raum wählt man inhaltsarme Karten mit vereinfachten Symbolen ohne Höhendarstellung ...

Das unüberschaubare Bedingungsgeflecht für die Machtergreifung Hitlers wird auf die vermutlich wichtigsten Faktoren reduziert, z. B. Versailler Vertrag, fehlende Bereitschaft für die Demokratie, Versagen der Parteien, gekonnte NS-Propaganda, Wirtschaftskrise.

Ein Sport- oder Gesellschaftsspiel wird zunächst nach den wichtigsten Grundregeln ohne die Fülle der Komplikationen gespielt ...

– *Die vorläufige Beschränkung auf eine Schicht des Sachverhalts ...*
Physik beschränkt sich vorerst auf die Beobachtung und Deutung der Phänomene und verzichtet auf Mathematisierung ...

– *Die Rückführung auf eine andere Repräsentationsebene ...*
Zahlenverhältnisse werden in Schaubildern, Mengenbeziehungen an „logischen Blöcken" verdeutlicht ...

– *Die Darstellung am anschaulichen Beispiel bzw. am konkreten Fall*
Das Leiden im Krieg, die Verfolgung der Juden, die Probleme der Gastarbeiter werden am Schicksal einer Familie nacherlebt ...
Die wechselseitige Abhängigkeit der Lebewesen wird an einem überschaubaren Biotop aufgezeigt.

– *Strukturierung und Schematisierung*
Der zweifache Blutkreislauf wird an einem stark vereinfachenden Schaubild erklärt ...

– *Darstellung am Modell als „anschauliche Schematisierung"*
Hauptteile und Funktion des Viertaktmotors werden an einem beweglichen Flachmodell verdeutlicht, die inneren Organe des Körpers an einem Torsomodell mit herausnehmbaren Organen demonstriert ...

– *Modellhaftes Handeln*
Betriebliche Überlegungen und Entscheidungen werden in einem Planspiel simuliert. Im Werkunterricht werden einfache Werkstücke einmal in Einzel-, ein andermal in Fließbandarbeit hergestellt ...

– *Auflösung eines statischen Nebeneinanders in ein dynamisches Nacheinander durch Rückführung in die Ursprungssituation ...*
Vom Sandkastenmodell des Heimatdorfes aus wird die erste Karte erarbeitet ...

– *Sprachliche Einfachheit*
Naturerscheinungen werden zunächst in der Umgangssprache beschrieben und zu erklären versucht, ehe schrittweise die notwendigen Begriffe der Fachsprache eingeführt werden ... "

5.10.2.4 Das Prinzip der Anschaulichkeit

„Anschauung ist das Fundament aller Erkenntnis" (Pestalozzi), d. h. Vorstellungsbilder und Begriffe werden durch die unmittelbare sinnliche Wahrnehmung eines Sachverhalts aufgebaut. Denken als Reflexion des Wahrgenommenen kann ohne diese Vorstellung nicht gelingen. Selbst das abstrakte, formallogische Denken operiert mit Symbolen und Zeichen, die durch anschauliches Handeln „begriffen" wurden und ihrerseits eine höhere Anschauungsebene darstellen. Die unmittelbar sinnliche Wahrnehmung vermittelt Zeichen und Symbole, die als Stellvertreter der Wirklichkeit zum Handeln befähigen. Begriffe ohne anschauliches Fundament sind wirklichkeitsfremd, bloße Anschauung bleibt unfruchtbar für das realitätsgemäße Handeln.

Je nach Wirklichkeitsnähe der Anschauung ergibt sich folgende Unterscheidung:

- Unmittelbare direkte Anschauung liegt vor, wenn der zutreffende Begriff gleichzeitig mit der Wirklichkeitsbegegnung angeboten wird.

- Mittelbare direkte Anschauung ist gegeben, wenn die Wirklichkeit durch Medien vermittelt wird.

- Die indirekte Anschauung baut auf hinreichend bekannten Begriffen auf, mit deren Hilfe der Schüler in einem Vorgang der inneren Anschauung Vorstellungsbilder entwickeln und kombinieren kann.

Handlungskonsequenzen für den Unterricht

- Soviel Anschaulichkeit wie nötig, soviel Abstraktion wie möglich!
- Die Qualität des Anschauungsaktes hängt maßgeblich davon ab, dass den sinnlichen Erfahrungen die tatsächlich zugehörigen Symbole, Zeichen, Begriffe zugeordnet werden; sprachliche Präzision ist gefordert.
- Nicht die Menge der Anschauungsmittel ist entscheidend, sondern ihre Qualität. Der Anschauungsgegenstand soll der verfügbar beste sein, einen Zusammenhang zu erschließen oder einen Erkenntnisprozess zu leiten.
- Die Formen der direkten Anschauung sind in der Regel zuverlässiger als die indirekte Anschauung. Bei der indirekten Anschauung ist immer mit unterschiedlich ausgeprägten Begriffsebenen der Schüler zu rechnen. Außerdem führt das eigene Erleben, Handeln und Beobachten mit weniger Widerständen zu Erkenntnissen der Schüler als die lediglich in der Vorstellung vollzogene Wirklichkeit.
- Anschauungsakte werden nicht um ihrer selbst willen vollzogen, sondern um mit ihrer Hilfe Wirklichkeit sprachlich zu erfassen und damit angemessenem Handeln zugänglich zu machen. Handeln aber gerät umso flexibler und wirklichkeitsgerechter, je unabhängiger von unmittelbar sinnlicher Wahrnehmung es ausgeführt werden kann. Die Förderung der Abstraktionsfähigkeit ist somit ein vordringliches Ziel des schulischen Unterrichts, allerdings verbunden mit der Forderung, die Ergebnisse des abstrakten Denkens an der sinnlich wahrnehmbaren Wirklichkeit zu prüfen.

5.10.2.5 Das Prinzip der Lebensnähe

(Synonym: Aktualität, Wirklichkeitsnähe, Brauchbarkeit, Praxisorientierung, Handlungsbezug)

Die synonymen Bezeichnungen für das Prinzip der Lebensnähe lassen die verschiedenen pädagogischen Ansätze erkennen, die in der Geschichte der Pädagogik immer wieder gegen die unreflektierte Übernahme des Überkommenen, gegen die Verschulung der Wirklichkeit, gegen das Abdriften der Schule zur pädagogischen Provinz und gegen die reine Buch- und Wortschule antraten. Heutzutage sieht sich die Schule vor allem der Kritik ausgesetzt, ihren Auftrag zwischen oberflächlicher Aktualitätshascherei und technologisch ausgeklügelter Vermittlung über Medien zu verfehlen.

Das Prinzip der Lebensnähe betont gegenüber all den genannten Verzerrungen schulischen Unterrichts den Auftrag der Schule, die Schüler auf die Wirklichkeitsbewältigung heute und morgen vorzubereiten, ohne deshalb ihre ganze Arbeit reinem Nützlichkeitsdenken unterzuordnen.

Das Prinzip der Lebensnähe ist zweifellos in hohem Maße dem historischen Wandel, ja sogar der Bestimmung durch das herrschende Gesellschaftssystem ausgesetzt. Einem damit immer gegebenen möglichen Missbrauch, zumindest aber blickverengender Einseitigkeit begegnet das Prinzip der Lebensnähe, indem es das gewünschte reibungslose Funktionieren der Schüler in Beruf und Gesellschaft in grundlegende Traditionen und überzeitlich gültige Wertsysteme einbindet. Lebensnähe als Unterrichtsprinzip bedeutet, das Leben von heute mit seinen Wurzeln in der Vergangenheit und begleitet von einer tragfähigen Tradition zu sehen.

Handlungskonsequenzen für den Unterricht

● Die Schüler haben ein Recht darauf, eine Begründung für ihre Lernanstrengungen zu bekommen. Der uralte Vorsatz „Nicht für die Schule, sondern für das Leben lernen wir" gerät zur ärgerlichen Farce, wenn der Lehrer seinen Schülern die Lernziele einer Lerneinheit nicht in ihrem Stellenwert für praktisches Handeln erläutert.
● Lebensnähe gilt nicht nur für die Auswahl von Lerninhalten, sondern auch für Methoden, Arbeitstechniken, Medien und kooperatives Handeln.
● Lebensnähe bedeutet, dass der Lehrer geplant und spontan seinen Unterricht an aktuelle Ereignisse anbindet, wenn immer sich dies sinnvoll anbietet. Nur auf diese Weise kann die Schule sicherstellen, im aufgezwungenen Konkurrenzkampf mit den Massenmedien nicht als hoffnungslos realitätsfern abgeschlagen zu werden.
● Ohne krampfhaften Motivationsgags und kurvenreicher Schülerlockung das Wort zu reden, sollte der Lehrer seinen Unterricht an den Interessen der Schüler anknüpfen, vor allem wenn die Schüler selbst sie deutlich zu erkennen geben. Zumindest aber sollte er sich bei der Unterrichtsvorbereitung die didaktische Frage stellen, welche Bedeutung der Unterrichtsgegenstand für die Schüler besitzt, und das Ergebnis seiner Überlegungen gelegentlich auch den Schülern mitteilen.
● Handlungsbezug des Unterrichts ergibt sich einsichtig durch Handeln der Schüler im Unterricht.
● Lebensnähe wird für die Schüler „erlebbar", wenn Schule und außerschulische Wirklichkeit verbunden werden. Möglichkeiten dazu bieten Projektarbeit, Projekttage, Tage der offenen Türe, Feste und Feiern, Betriebspraktika, Erkundungsgänge, Exkursionen, intensive Elternarbeit …
● Lebensnähe im vollen Umfang wird verwirklicht, wenn alltägliche Entscheidungen und Handlungen und deren Konsequenzen von wertgeleiteten Einstellungen her begründet werden. Die Gesellschaft braucht den mündigen Bürger, nicht den funktionierenden Vollstrecker.

5.10.2.6 Das Prinzip der Selbsttätigkeit

(Z. B. Aebli 1993/4, 1998; Gaudig 1969; Geppert/Preuss 1980; Neber 1981 und 1982) (Vgl. zum Unterschied: Lernen durch Handeln bzw. durch Operationen, Handlungsorientierung unter 5.5.1.3/7.)

> Selbsttätigkeit beschreibt das selbst- oder mitgestaltete Lernen des Schülers, das maßgeblich der Verwirklichung des Erziehungszieles „Selbstständigkeit" dient. Selbsttätigkeit ist gekennzeichnet durch Handeln, Eigeninitiative und Selbststeuerung beim Lernprozess.

Selbstständigkeit besagt die eigenverantwortliche Handlungsfähigkeit, die weder der Fremdmotivation noch der Fremdsteuerung bedarf. Selbsttätigkeit ist als Unterrichtsprinzip in der Geschichte der Pädagogik seit Comenius nachweisbar. Besondere Beachtung fand sie in der Reformpädagogik und in der Arbeitsschulbewegung (Gaudig, Kerschensteiner). In neuerer Zeit hat die Selbsttätigkeit des Schülers einen zentralen Stellenwert, z. B. in den Konzepten des „entdeckenden Lernens" (Bruner), des „schülerorientierten Unterrichts" und des „handlungsorientierten Unterrichts". Bei der Unterrichtsgestaltung ist – abhängig von der Struktur des Lerninhaltes und den lern- sowie entwicklungspsychologischen Voraussetzungen bei den Schülern – abzuwägen, welches Ausmaß an Selbsttätigkeit den Schülern zugemutet werden kann.

Handlungskonsequenzen für den Unterricht

● Der Lehrer sollte sich grundsätzlich bei der Unterrichtsplanung von der folgenden Faustregel leiten lassen: Alles, was die Schüler tun können, sie auch tun lassen!
● Lernsituationen schaffen, die Neugier beim Schüler auslösen, und die ihn ermuntern, den Lerngegenstand selbstständig zu bearbeiten.
● Handelndes Lernen verhilft nicht nur am leichtesten zu Einsichten und Erkenntnissen, sondern schafft auch Ergebnisse mit hohem Behaltwert.
● Selbsttätigkeit kann sich entfalten, wenn dem Schüler Möglichkeiten des entdeckenden Lernens, des genetischen Lernens, des erfahrungsbezogenen Lernens, des problemorientierten Lernens, des Versuch-Irrtum-Lernens angeboten werden.
● Der Schüler soll über Selbsttätigkeit zu Selbstständigkeit befähigt werden. Das „Lernen lernen" muss vor allem unter der Devise stehen, den Schüler von der Führung durch den Lehrer zunehmend unabhängig zu machen. (Vgl. hierzu ausführliche Tipps unter 7.3)

5.10.2.7 Die Prinzipien der inneren Differenzierung und der Individualisierung

(Z. B. Bauer 1995; Böhnel/Khan-Svik 1995; Herber 1983; Radatz/Rickmeyer 1996; für die Problematik der Hochbegabten vgl. Heller 1992; Webb 1985)

> Durch Maßnahmen der inneren Differenzierung werden die Schüler einer Klasse aufgrund ihrer unterschiedlichen Ausgangslage bzw. Lernmöglichkeiten in Lehr- und Lernprozessen in Unterrichtsgruppen mit verschieden gestalteten Lernangeboten aufgeteilt.

Die Unterrichtsplanung für den sog. Durchschnittsschüler kann nur einen Teil der Schüler einer in der Regel heterogen zusammengesetzten Schulklasse treffen.

Innere Differenzierung ist deshalb die zwangsläufige Antwort auf die in jeder Jahrgangsklasse gegebenen Unterschiede zwischen den Schülern in Lernverhalten, Leistungsvermögen, Interessen, Methodenkenntnissen u. a. Für angemessene differenzierende Maßnahmen ist die Voraussetzung eine genaue Bestandsaufnahme der Unterschiede und ihrer Verursachung z. B. durch Begabungsschwerpunkte, bisherige Lernerfahrungen, unökonomischen Lernstil, ungünstige häusliche Lernbedingungen, methodische Fehler der Unterrichtsorganisation. Sinnvolle Differenzierung strebt ein Lernarrangement an, das an den gegebenen Lernmöglichkeiten des Schülers ansetzt und den Schüler ohne Über- und Unterforderung optimal fördert. Innere Differenzierung trägt insofern in hohem Maße dem Aufbau und Erhalt der grundlegenden Lernmotivation Rechnung, indem sie jeden Schüler in seiner „Individuallage" (Pestalozzi) ernst nimmt, den lernstärkeren Schüler vor frustrierender Langeweile bewahrt und dem lernschwächeren Schüler dauernde Frustration durch Versagen und schließlich Misserfolgsängstlichkeit erspart.

Während Maßnahmen der inneren Differenzierung aus organisatorischen und ökonomischen Gründen in der Regel auf einigermaßen homogene Untergruppen ausgerichtet sind, verfolgt *das Prinzip der Individualisierung* die konsequente Planung eines Lehr-Lern-Prozesses auf einen bestimmten einzelnen Schüler hin. Eine derart weitreichende Individualisierung können Privatlehrer oder Nachhilfelehrer leisten, im schulischen Unterricht gelegentlich Formen der Programmierten Instruktion, des computerunterstützten Unterrichts, des mastery learning nach Bloom (zielerreichendes Lernen, 1973) und des adaptiven Unterrichts (Schwarzer/Steinhagen 1975; die Lernvoraussetzungen der einzelnen Schüler werden exakt mit den Unterrichtsbedingungen abgestimmt).

Handlungskonsequenzen für den Unterricht

1. *Innere Differenzierung ereignet sich auf dreifache Weise:*

● Sie findet sozusagen als *ungeplantes Nebenprodukt der Unterrichtsführung* statt, wenn der Schüler nur die Gelegenheit bekommt, sich seinen Fähigkeiten und Neigungen entsprechend in einer Lernsituation einzurichten. Dies kann er tun, wenn er z. B.
   - in Alleinarbeit, Partner- oder Kleingruppenarbeit seine besonderen Stärken entwickeln kann,
   - einem reichhaltigen Materialangebot konfrontiert wird, das mit unterschiedlichen Anforderungen zwischen Anschauung und Abstraktion angesiedelt ist,
   - in handlungsorientierten Lernsituationen über verbale Leistungen (das „Maulbrauchen" Pestalozzis) hinaus ganzheitlich gefordert wird,
   - einen Spielraum im Gebrauch von Methoden, Hilfsmitteln und im Finden von Lösungswegen zugestanden bekommt.

Man kann geradezu von der *Hochform der inneren Differenzierung* sprechen, wenn der Schüler durch den regulären Unterricht – und ohne ausdrücklich auf eine bestimmte Schülergruppe hin geplante differenzierende Maßnahmen des Lehrers – in die Lage versetzt wird, seinen Lernweg und Lernstil im Zusammenspiel mit Lehrer und Mitschülern selbst zu finden und zu vervollkommnen. Dabei ist das Ziel selbstverständlich nicht das Einzementieren bereits beherrschter Lernstrategien, sondern deren schrittweise Erweiterung durch Ausprobieren, Nachahmen, einübendes Mitvollziehen.

● *Innere Differenzierung als lenkende Maßnahme ergibt sich oft aus dem aktuellen Unterrichtsgeschehen.*

   Beispiele
   - Der Lehrer bemerkt bei mündlicher oder schriftlicher Anknüpfung an die Vorstunde (Eingangstest), bei der Hausaufgabenkontrolle oder bei der Wiederholung vor längerer Zeit vermittelter Kenntnisse und Fähigkeiten, dass ein Teil der Schüler Defizite aufweist, welche die erfolgreiche Bearbeitung des neuen Lernangebots sabotieren.
   - Aufgrund der Mitarbeit der Schüler kann der Lehrer erkennen, dass einige Schüler während der Erarbeitungsphase abhängen (sie sind hilfesuchend im Lernmaterial oder bei Mitschülern unterwegs, träumen mit abwesendem Blick durch den Lehrer hindurch oder zum Fenster hinaus, sitzen ratlos vor einer Arbeitsaufgabe, liegen mit Antworten „total daneben", beginnen lerninhaltsfremde Seitengespräche, verlieren sich in Leerlaufhandlungen u. dgl. m.).
   - In erfolgssichernden Unterrichtsphasen werden einige Schüler aufgrund ihres höheren Arbeitstempos und/oder ihrer umfangreicheren Lösungsfähigkeiten schneller mit einer Aufgabe fertig.
   - Der Lehrer entdeckt für bestimmte Unterrichtsthemen Spezialisten unter den Schülern, an die er einen Teil seiner Lehrfunktion abtreten könnte.

– Der Lehrer erfährt aufgrund allgemeiner Unlust, Passivität oder Störaktionen der Schüler, dass sie eine belastende Schulaufgabe hinter sich haben, einen aktuellen Konflikt mit dem Lehrer oder untereinander austragen, keinen Zugang zum Unterrichtsgegenstand finden oder schlicht übermüdet sind u. a. m.

In solchen Fällen verfehlt der Lehrer allemal sein Lehrziel bzw. verschenkt leichtfertig Chancen der Schülerförderung, wenn er an seinem vorbereiteten Unterrichtskonzept festhält.

Von angemessener Reaktion kann man reden, wenn er

– mit methodischen Varianten auf die aktuelle Situation antwortet,
– den schnelleren und erfolgreicheren Schülern Zusatzmaterial anbieten kann,
– Lerndefizite bei einigen Schülern selbst angeht oder über Helfersystem aufarbeiten lässt, während der Rest der Klasse an vertiefenden oder vorbereitenden Aufgaben arbeitet,
– den Spezialisten Raum gibt für die Erprobung ihres Wissens und Könnens vor der Klasse,
– lernbehindernde Ereignisse und Situationen ableiten hilft (Gespräch, Entspannungsübungen, Lernspiele).

● Es bleibt nicht aus, dass der Lehrer mit *geplanten Maßnahmen der inneren Differenzierung* einem Auseinanderdriften des Lern- und Leistungsverhaltens der Schüler begegnen muss.

– Grundsätzlich kommt auch hierfür jede Phase des Unterrichts in Frage. Durch die *Lernerfolgskontrolle, die in jede Unterrichtsstunde integriert sein muss,* erhält der Lehrer Aufschluss darüber, ob er gleich zu Beginn der Folgestunde im Rahmen wiederholender Aufarbeitung differenzieren muss, die Erarbeitungsphase gezielt auf unterschiedliche Interessen und Fähigkeiten der Schüler ausrichtet oder eine intensive differenzierende Anwendungs- und Übungsphase (nach Bedarf auch eine ganze Unterrichtsstunde) planen muss.
– Die geplante innere Differenzierung, die sich bewusst an den Interessen und Leistungen der Schüler orientiert, kann – von jederzeit möglichen Kombinationen abgesehen – nach ihren schwerpunktartig bestimmten Maßnahmen unterschieden werden:

●● Die *thematisch-intentionale Differenzierung* greift Neigungen und Interessen der Schüler auf, denen v. a. durch die zulässige Auswahl eines Schwerpunktthemas aus dem Lehrplan und durch arbeitsteilige Kleingruppenarbeit entsprochen werden kann. Als praktikabel erweisen sich auch Spezialistenteams, die aufgrund ihres besonders motivierten Zugangs zu einem Fach oder Themenbereich durch außerschulische Arbeit z. B. Materialsammlungen anlegen und die Ergebnisse ihrer Arbeit in den Unterricht einbringen.

Eine Differenzierung nach Lernzielen (intentionale Differenzierung) ist wegen der Verbindlichkeit von Minimalanforderungen, die an alle Schüler in gleicher Weise gestellt werden müssen, nur vertretbar zur Zieldefinition von Nachholkursen zum Abbau von Defiziten und von Zusatzangeboten über das Allgemeinverbindliche hinaus.

●● *Die soziale Differenzierung,* die in der Regel in Kombination mit anderen differenzierenden Maßnahmen praktiziert wird, dient dem sozialen Lernen. Durch überlegte Gruppenzusammenstellung kann auf die Öffnung eingeschworener Schülercliquen hingearbeitet werden, die Zusammenarbeit gerade leistungsverschiedener Schüler und das Helfersystem gefördert werden, der Zusammenhalt einer zerstrittenen Klasse gekittet werden …

●● Am häufigsten wird der Lehrer zu *Maßnahmen der methodischen Differenzierung* greifen, mit denen er Sozialformen und Aktionsformen des Unterrichts den aktuellen Erfordernissen entsprechend variabel einsetzt, unterschiedliche Übungsarten anbietet, Lernzeit und Lerntempo variiert.

●● Die *mediale Differenzierung* versetzt die Schüler in die Lage, an Lernmaterialien und Medienangeboten sowie mit Arbeitsmitteln zu arbeiten, die ihrer Aufnahme- und Verarbeitungskapazität entsprechen. Je nach Ausmaß der nötigen Veranschaulichung werden hier z. B. Erklärungen des Lehrers, Texte, Graphiken, Bilder, Modelle eingesetzt.

Beispiele: Teilaspekte eines historischen Zusammenhangs können in Schülergruppen arbeitsteilig durch Quellenanalyse, Auswertung historischer Karten und durch exzerpierendes Studium des betreffenden Abschnitts im Schulbuch erarbeitet werden.

Das Volumen eines Würfels mit kegelförmiger Aussparung kann in der Übungsphase von einer Schülergruppe vorstellungsgebunden ermittelt werden (evtl. mit weiterführenden Zusatzaufgaben), von einer zweiten Schülergruppe mit Hilfe graphischer Veranschaulichung und von einer dritten Schülergruppe anhand eines Plastikmodells berechnet werden.

2. *Diagnostische Verfahren im Dienste innerer Differenzierung*

● *Das Gespräch mit dem einzelnen Schüler und mit der Klasse* ist neben Verfahren der Lernerfolgskontrolle und Leistungsmessung die ergiebigste und zuverlässigste Quelle über besondere Interessen und Lernschwierigkeiten der Schüler. Entscheidend für verwertbare Ergebnisse solcher Gespräche ist eine angstfreie Atmosphäre, die den Schüler sicher sein lässt, dass ihm eingestandene Schwächen nicht zum Nachteil ausgelegt werden.

● *Die Schülerkartei des Lehrers,* die aufgrund aktueller Befunde fortlaufend geführt wird, gibt Aufschluss z. B. über Mitarbeit, Arbeitsweise, Arbeitshaltung, Interessen, Leistungsschwerpunkte und bevorzugte Arbeitsgebiete (Fachmann) des Schülers.

● *Schriftliches und mündliches Feedback der Schüler* als der Adressaten aller unterrichtlichen Bemühungen sollten vom Lehrer nicht als mögliche Quelle destruktiver oder inkompetenter Kritik abgelehnt werden, sondern als Selbststeuerungsinstrument der Schüler für ihre Lernprozesse nach und nach aufgebaut werden. Wie sonst sollten die Schüler in Eigenverantwortung für ihr Lernen und ihre Lernmotivation eingeübt werden? Mit fortschreitender Einsicht in den Zweck sinnvollen Feedbacks sollten die Schüler auch die Gelegenheit erhalten, zu allen sie betreffenden schulischen Fragen (z. B. Interessen, Lehrerverhalten, Unterrichtsgestaltung) ihre Meinung zu äußern, bevor dieselbe in den schulischen Untergrund abtaucht und dort ein oftmals sehr störendes Eigenleben entfaltet.

● Wenigstens zu Beginn jeder größeren Lerneinheit sollten die *Lernvoraussetzungen der Schüler durch einen Eingangstest* festgestellt werden. Im Vergleich mit dem hypothetisch besten Lernweg lassen sich auf diese Weise differenzierende Lernwege ermitteln, die der Realität einer heterogenen Klasse von vornherein eher entsprechen als die üblichen durchschnittlichen Lernprogramme.

● *Der soziale Status der Schüler in ihrer Klasse* übt einen nicht zu geringschätzenden Einfluss auf ihr Lern- und Leistungsverhalten aus. Soziometrische Verfahren (Soziogramm, evtl. Milieusoziogramm nach Engelmayer) können dafür Anhaltspunkte liefern, die aber allemal gründlicher Überprüfung durch Beobachtung und durch das Gespräch mit den Schülern bedürfen.

● *Lernerfolgskontrollen* (in jede Unterrichtsstunde integriert und unbenotet) und *Leistungsbewertungen* (benotete Überprüfung nach längeren Lernabschnitten) dienen nicht nur der Ermittlung des jeweiligen Leistungsstandes der Schüler, sondern auch im Sinne dauernder Lernberatung als mögliches Untersuchungsmaterial für die Aufdeckung von Lernschwierigkeiten der Schüler und von Planungsdefiziten des Lehrers.

- *Begabungs- und Intelligenztests* können grundsätzliche Aufschlüsse über das Lernverhalten der Schüler geben, dürfen in ihrer Aussagekraft aber nicht überschätzt werden. Als alleiniges Diagnoseinstrument werden sie dem komplexen Untersuchungsgegenstand nicht gerecht.

3. Nützliche Tipps zur Durchführung differenzierender Maßnahmen

- Leistungsgemischte Gruppen sind aus folgenden Gründen in der Regel günstiger:
  - Höherer Motivationsanreiz,
  - Möglichkeit des Modell-Lernens,
  - geringere Tendenz zur Diskriminierung,
  - sozialerzieherischer Aspekt,
  - Nutzung des Helfersystems.
- In der schriftlichen Unterrichtsvorbereitung nötige und mögliche differenzierende Maßnahmen deutlich kennzeichnen (einrahmen, farbig markieren) und den Zeitaufwand für die einzelnen Arbeitsgruppen festlegen → Leerlauf vermeiden!
- Die Arbeitsaufträge für die Schüler müssen verständlich und genau formuliert und den Schülern in schriftlicher Form zugänglich sein (Tafel, Overheadprojektor, Arbeitsblatt ...).
- Die Arbeitszeit der differenziert arbeitenden Gruppen langsam steigern.
- Die Arbeitsweise der einzelnen Gruppen sowie ihre Zwischenergebnisse im Auge behalten, dabei aber nicht reglementieren; der Selbstregulierung der Arbeitsgruppen in Abhängigkeit von ihren Fähigkeiten eine Chance geben und sie dazu anleiten.
- Die Arbeitsergebnisse der Gruppen oder Einzelner würdigen → Selbstwertgefühl! Außerdem haben die Schüler ein Recht darauf, über den Zweck der Maßnahmen innerer Differenzierung und über die erzielten Ergebnisse informiert zu werden.
- Kontrollen durch den Lehrer, durch Helfer oder die Arbeitsgruppe sowie über geeignete Arbeitsmittel (Lexikon, Schulbuch ...) und eigene Aufgaben zur Lernerfolgskontrolle sollen jedem einzelnen Schüler einen Überblick über seine Fortschritte, aber auch über evtl. noch vorhandene Defizite verschaffen.

5.10.2.8 Zusammenfassung weiterer Unterrichtsprinzipien

Die nachfolgend kommentarlos aufgelisteten Unterrichtsprinzipien geben einen – bereits wieder auswählenden – Einblick in die Fülle von Nennungen in diesem methodischen Bereich. Je nach unterrichtstheoretischem Ansatz und abhängig von den jeweiligen Zeitumständen wurden und werden sie unterschiedlich gewichtet.
- Zielorientierung
- Motivierung und Aktivierung (vgl. 1.3.3.3)
- Planmäßigkeit
- Situationsbezogenheit
- Erfolgssicherung (vgl. Kapitel 7)
- Prinzip des erziehenden Unterrichts (1.3.2/9.)
- Gemeinschaftsbezogenheit (Sozialisation)
- Mehrperspektivität
- Heimatbezogenheit und Weltoffenheit
- Ganzheit (Ganzheitlichkeit, Interdisziplinarität, Prinzip des fächerübergreifenden Unterrichts, vgl. auch 2.2.4)
- Prinzip der Unterrichtsökonomie
- Prinzip der Effektivität

5.10.2.9 Unterrichtsprinzipien der Berliner Schule (Interdependenz, Variabilität, Kontrollierbarkeit)

Wegen ihrer Überschaubarkeit und praktischen Verwertbarkeit haben die drei *Unterrichts-prinzipien der Berliner Schule* (Heimann u. a. 1977) eine beachtliche Breitenwirkung in der Unterrichtspraxis erfahren. Sie bestimmen als handlungsleitende Grundsätze jede Unterrichtsplanung, schließen also eine Schwerpunktsetzung wie die bereits genannten Unterrichtsprinzipen aus. (Vgl. zu den Grundlagen des lehr- und unterrichtstheoretischen Strukturmodells der Didaktik sowie zu den hier gemeinten Unterrichtsprinzipien 4.4.4).

5.10.2.10 Das Prinzip der Lernprozessorientierung

nimmt neuerdings bei der Lehrplanarbeit und in deren Gefolge in der Unterrichtsgestaltung endlich den Platz ein, der ihm als Korrektiv zwischen Lernzielformalismus und Stoffdiktatur zukommt. Die lernprozessorientierte Didaktik drängt auf die Beachtung der jeweils besonderen psychischen Vorgänge bei durchaus verschiedenen Lernprozessen und der Bedingungen des jeweiligen Lernprozesses.

1. *Verschiedene Lernarten erfordern verschiedene Lernwege, z. B.:*
   – Das Lernen durch Konditionierung beabsichtigt Gewohnheitsbildung und erfolgt über fortwährende Wiederholung, letztlich über Drill.
   – Das Lernen am Modell verlangt die Organisation von Lernprozessen, die exakte Wahrnehmung und Beobachtung, Imitation und die Entwicklung von Anpassungsstrategien herausfordern.
   – Das Lernen durch Versuch und Irrtum legt das Arrangement eines offenen Orientierungsfeldes nahe.
   – Einprägendes Lernen zielt auf einen möglichst hohen Behaltwert und muss zur Kenntnissicherung und Wissensspeicherung Wege zur Vernetzung der Wissensbestandteile im Gedächtnis benutzen.
   – Das Einüben von Fertigkeiten und die Erweiterung von Fähigkeiten erfordern die wiederholte Ausführung in der Wirklichkeit, nicht bloß den Vollzug in der Vorstellung.
   – Für Transferaufgaben genügt Kombinationsfähigkeit in geübten Bahnen, während Superzeichenbildung die Fähigkeit zum Klassifizieren und ordnenden Strukturieren verlangt.
   – Kreatives Denken sowie Problemlöseverhalten fordern dagegen in spielerischem, grenzüberschreitendem Umgang mit Wissen und Können die Fähigkeit zu ungewohnten Kombinationen und zur Erschließung neuer Denkwege und Strategien heraus.

2. *Lehren und Lernen vollziehen sich naturgemäß ganzheitlich,* d. h. jeder kognitive Lernvorgang ist eingebettet in einen Bedingungszusammenhang aus äußeren Umständen, sozialen Beziehungen und emotionalen Befindlichkeiten, am ehesten verbunden in Formen des Lernens durch Handeln.

3. *Lehren und Lernen unterliegen Gesetzmäßigkeiten der Entwicklung,* d. h. Lehr- und Lernprozesse müssen in ihrer Eigenart für eine bestimmte Zielgruppe nach entwicklungspsychologisch und lernpsychologisch gesicherten Erkenntnissen aufgebaut werden (vgl. Prinzip der Angemessenheit, 5.10.2.1).
   Lernprozessorientierte Unterrichtsgestaltung bedeutet zusammenfassend die Vermeidung routinierter Lehr- und Lernprozesse, die der in Entwicklung begriffenen Entfaltung des Menschen entgegenstehen.

6 Medien als Lehr- und Lernhilfen, als Unterrichtsgegenstand und Erziehungsaufgabe

(Vgl. z.B. Adl-Amini 1994; André 1985; Armbruster/Kübler 1988; Baacke 1997; Baacke u.a. 1997; Bachmair 1979; Barthelmes/Sander 1997; Biermann/Schulte 1997; Brenner 1993; Brucker 1982 und 1986; Dichanz 1997; Dichanz/Tulodziecki 1984; Euler 1992; Hüther 1997; Issing/Klimsa 1995; Jürgens 1984; Kagelmann 1990; Köck 1975 und 1977; Projekt-Team 1991; Prokop 1985; Ratzke 1984; Sacher 2000; Schill 1992; Schnitzer 1981/82; Schorb 1992; Struck 1998; Tulodziecki 1995, 1996, 1997; Wandl 1985; Wellenhofer 1991)

6.1 Anmerkungen zum Verständnis von Medien

Medien bezeichnen allgemein jegliches Transportmittel für Informationen; sie umfassen insofern z.B. die personale Vermittlungsinstanz bei spiritistischen Sitzungen genauso wie die Sprache und nonverbalen Signale, Tagebücher und Massenmedien, Notizzettel und Ausstellungen u.dgl.m. Ihre Entwicklung führte vom *Informationsträger für eine überschaubare Anzahl von Menschen* (z.B. Brief, Anschlag, aber auch Kunstwerk und Theateraufführung) über die *Massenmedien* mit der Eigenart regelmäßig sich wiederholender Verteilung (z.B. Printmedien, Film, Radio, Fernsehen) zu den *interaktiven Medien* (z.B. Internet, Multimediasysteme), die durch digitale Technik und Computereinsatz ein Wechselwirkungsverhältnis mit dem Mediennutzer ermöglichen.

6.1.1 Die Medien als Lebenswirklichkeit

Die Mediokratie, d.h. die unumschränkte und im alltäglichen Leben kaum hinterfragte Herrschaft der Medien, ist längst keine Angstphantasie einiger Psychologen und Pädagogen mehr, sondern eine handfeste Tatsache mit unübersehbaren Folgewirkungen. Medien ermöglichen eine Bewusstseinserweiterung von noch nie dagewesenem Ausmaß. Nur mit den Medien können viele individuelle und gesellschaftliche Aufgaben unserer Zeit bewältigt werden; denn sie haben unsere Welt, unsere Vorstellungen, unser Bewusstsein so mitgestaltet, wie sie heute sind. Medien suggerieren grenzenlose Informationsbeschaffung und damit verbunden Daseinserleichterung, totale Weltbemächtigung und Weltbewältigung. So verselbstständigt sich Medien aber auch immer gebärden, sie sind und bleiben Kommunikationsmittel, Mittel zum Zweck, von personalen Auftraggebern, Urhebern und Interpreten von Informationen und deren Interessen gesteuert. Sie ermöglichen also auch Manipulation ohne Grenzen, Einflussnahme auf Verhaltensweisen und Einstellungen einzelner und von Gruppen in kürzester Zeit mit einem schwer abschätzbaren Multiplikationseffekt. Medienmanien und Medienneurosen sind schon lange keine seltenen Krankheitsbilder in der kinderpsychologischen Praxis mehr, sondern Alltagswirklichkeit. Die Medien entfremden den Menschen der originalen Wirklichkeit und zwingen ihn durch Illusionierung und Denkentwöhnung in eine fatale Medienabhängigkeit. Unkontrollierter Medienkonsum mündet in einem Freiheitsverlust, in dem nicht mehr der Mensch das Medium als Mittel zum Zweck benutzt, sondern vom Medium manipuliert und mit einer unberechenbaren

Vielzahl von anderen Menschen gleichgeschaltet wird. Die Medien als heute fest integrierter Bestandteil der menschlichen Lebensgestaltung fordern in allen Lebensbereichen – wieder einmal insbesondere in der Schule – eine Medienerziehung, die Wege aufzeigt, auf denen der Mensch sich der totalen Fremdbeeinflussung entziehen und die Medien daseinserleichternd in Dienst nehmen kann.

6.1.2 Situationsanalyse zum Medieneinsatz in der Schule

1. Trotz ermutigender Ansätze wie z. B. der informationstechnischen Grundbildung und „Schulen ans Internet" bezieht die Schule die außerschulische Medienwelt zu wenig in den Unterricht ein, weder als Lerngegenstand noch als Informationsquelle. Auf diese Weise entsteht in der Erfahrungswelt der Schüler ein Konkurrenzkampf zwischen außerschulischer und schulischer Medienbegegnung, den die Schule mit ihren herkömmlichen Unterrichtsmethoden nicht gewinnen kann.
2. Auf der anderen Seite ist der totale medienorientierte Unterricht im Konzept ausgedacht, für die einen ein Wunschtraum zur Erziehung optimaler Lerneffizienz, für andere ein Alptraum totaler Manipulation über entpersönlichte Lernprozesse und sicheres Mittel zu sozialer Isolierung.
3. Die Beobachtung der Unterrichtswirklichkeit lässt deutlich werden, dass die Situation der Verwendung von Medien im Unterricht je nach Lehrereinstellung von Euphorie bis Ignoranz gekennzeichnet ist.
4. Medieneinsatz erweist sich oft deshalb nicht als lohnend, weil Medien am falschen Platz, mit unverhältnismäßig geringem Effekt oder nicht mehr vertretbar großem Aufwand verwendet werden. Medien scheinen vielfach eher nach Verfügbarkeit eingesetzt zu werden als aufgrund strenger Beurteilung anhand von Auswahlkriterien. Von Zufallstreffern abgesehen, muss dann das Ergebnis enttäuschen.

6.1.3 Definition und Zweckbestimmung von Unterrichtsmedien

1. *Medien im Unterricht sind Mittel* (bzw. Zeichen- und Informationssysteme), *die Kommunikation im Rahmen unterrichtlich organisierter Lernprozesse herstellen und unterstützen.*

Die Umkehrung dieser Begriffsbestimmung besagt, dass Unterricht als Kommunikation, ja selbst als bloßer Informationsumsatz (wie ihn z. B. die informationstheoretische Didaktik sieht) ohne Medien grundsätzlich nicht möglich ist.

2. *Mediendidaktik* kann – neben der Medienerziehung und der Medientechnik – als Teildisziplin der Medienpädagogik und als Sonderform der Allgemeinen Didaktik definiert werden. Sie ist zu verstehen als Wissenschaft vom Lernen und Lehren unter dem Aspekt der Organisation von Lernprozessen mit Hilfe von Unterrichtsmedien auf der Grundlage lernpsychologischer Erkenntnisse.

Die jeweilige Erfolgskontrolle dient als Korrektiv und als Beurteilungsmaßstab für die Feststellung der didaktischen Wertigkeit der verwendeten Medien.
Die Mediendidaktik entwickelt Kriterien für Herstellung, Verwendung, Analyse und Beurteilung von Unterrichtsmedien.

3. Alle heutzutage maßgeblichen unterrichtstheoretischen Konzepte teilen die *Erwartungen, die an die Medien im Rahmen des Unterrichts herangetragen werden*:

- Medien ermöglichen die Auseinandersetzung mit Lerninhalten, die der direkten Erfahrung des Schülers nicht zugänglich sind, wie z. B. die Lebensumstände der Menschen in anderen Ländern (Film, Dias, Karten, Reiseberichte …) oder komplizierte technische Zusammenhänge (Trickdarstellung der Funktionsweise des Otto-motors) oder Mikroorganismen (Mikroskop) oder historische Ereignisse (filmische und schriftliche Dokumente, Bilder …) oder gefährliche Experimente in Physik und Chemie.
- Medien machen die gleichen Informationen für beliebig viele Lernende verfügbar. Sie dienen damit dem Prinzip der Unterrichtsökonomie bzw. der Rationalisierung von Lernprozessen.
- Medien ermöglichen die jederzeitige Wiederholung von Informationen, womit sie in gleicher Weise unterrichtsökonomischen und unterrichtsdifferenzierenden Überlegungen zugute kommen.
- Medien begünstigen durch perfekte Machart und Veranschaulichung sowie durch ihren Motivationscharakter die Optimierung von Unterricht.
- Medien sind ihrerseits leicht optimierbar im Sinne der Zweck-Mittel-Rationalisierung, d. h. sie können aufgrund ihrer überprüfbaren Wirkung schrittweise und situationsangemessen verbessert werden.
- Medien helfen, die Objektivierung von Unterricht zu verwirklichen. Sie steuern damit der alleinigen Abhängigkeit der Schüler von den Meinungen, Interessen und Darstellungsgewohnheiten des Lehrers entgegen und erweitern den Erfahrungshorizont der Schüler.
- Bestimmte Medien, wie z. B. Problemsituationen, Experimentiermaterial, Medienverbundsysteme, Multimedia, fördern die Eigenaktivität der Schüler und damit ihre Fähigkeit, sich Wirklichkeit langfristig selbsttätig zu erschließen.
- Medien ermöglichen die Differenzierung und Individualisierung des Unterrichts nach Interessen, Leistung und Lerngewohnheiten der Schüler.
- Medien als Unterrichtsgegenstand leiten die Schüler zu kritischem Umgang mit Informationen und ihrer Aufbereitung an.

6.2 Übersicht über Unterrichtsmedien

Eine Klassifikation von Unterrichtsmedien verfolgt die Absicht, zumindest alle gebräuchlichen Unterrichtsmedien zu beschreiben und zu ordnen. Sie richtet sich dabei nach festgesetzten Einteilungskriterien, wie z. B. Funktion der Unterrichtsmedien, unterrichtsmethodischer Ort der Unterrichtsmedien (Motivation, Erarbeitung, Ergebnissicherung, Übung, Kontrolle), Aktivitätsverteilung durch die Unterrichtsmedien, ausgelöste Lernaktivität durch die Unterrichtsmedien usw.

Als empirisch gesichert kann keine der zahlreichen Medienklassifikationen und -taxonomien gelten. Die folgende Übersicht beschränkt sich auf eine bloße Auflistung der im Unterricht gebräuchlichen Medien, zu deren Gebrauch in den folgenden Kapiteln Handlungsanregungen entwickelt werden. (Vgl. Brucker 1986, hier erheblich erweitert.)

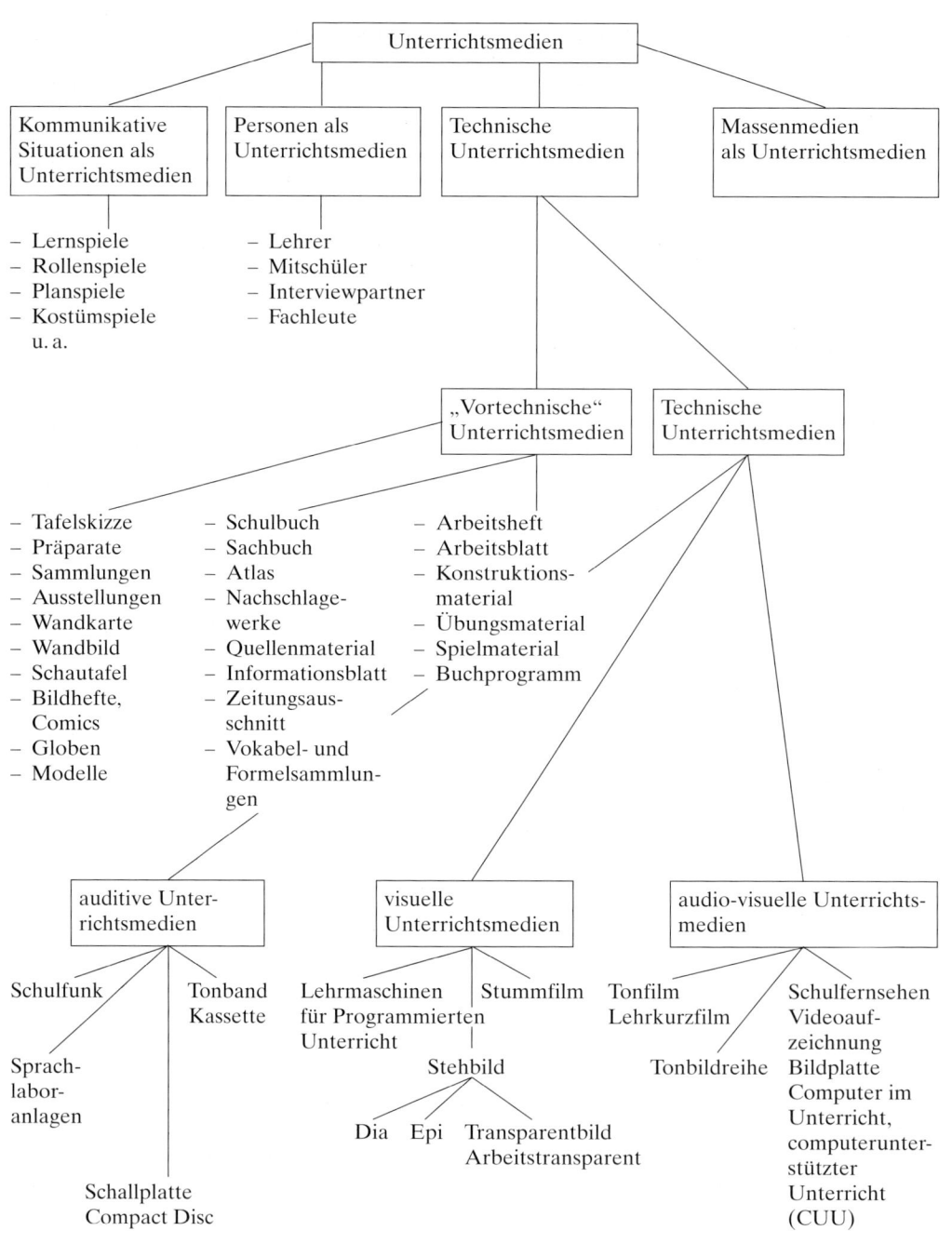

Unterrichtsmedien

- **Kommunikative Situationen als Unterrichtsmedien**
  - Lernspiele
  - Rollenspiele
  - Planspiele
  - Kostümspiele
    u. a.

- **Personen als Unterrichtsmedien**
  - Lehrer
  - Mitschüler
  - Interviewpartner
  - Fachleute

- **Technische Unterrichtsmedien**

- **Massenmedien als Unterrichtsmedien**

„Vortechnische" Unterrichtsmedien

Technische Unterrichtsmedien

- Tafelskizze
- Präparate
- Sammlungen
- Ausstellungen
- Wandkarte
- Wandbild
- Schautafel
- Bildhefte, Comics
- Globen
- Modelle

- Schulbuch
- Sachbuch
- Atlas
- Nachschlagewerke
- Quellenmaterial
- Informationsblatt
- Zeitungsausschnitt
- Vokabel- und Formelsammlungen

- Arbeitsheft
- Arbeitsblatt
- Konstruktionsmaterial
- Übungsmaterial
- Spielmaterial
- Buchprogramm

auditive Unterrichtsmedien

visuelle Unterrichtsmedien

audio-visuelle Unterrichtsmedien

Schulfunk

Tonband Kassette

Lehrmaschinen für Programmierten Unterricht

Stummfilm

Tonfilm Lehrkurzfilm

Schulfernsehen Videoaufzeichnung

Sprachlaboranlagen

Stehbild

Tonbildreihe

Bildplatte Computer im Unterricht, computerunterstützter Unterricht (CUU)

Dia   Epi   Transparentbild Arbeitstransparent

Schallplatte Compact Disc

+ Multimediasysteme und Medienverbundsysteme

6.3 Grundsätze eines sinnvollen Medieneinsatzes

Medien sind kein beliebig auswechselbarer Bestandteil des Unterrichts. Sie beeinflussen mehr oder minder verändernd die gesamte Unterrichtsplanung und den tatsächlichen Verlauf von Lernprozessen. Bei der Auswahl von Unterrichtsmedien reicht deshalb der Blick auf Lernziele, Lerninhalt und beherrschte Arbeitstechniken der Schüler allein nicht aus. Der Lehrer kommt nicht um eine begründete Antwort auf die Frage herum, welchen Stellenwert das jeweils ausgewählte Unterrichtsmedium in der Gesamtplanung des Unterrichts besitzt.

6.3.1 Die Frage nach der Bildungsrelevanz von Unterrichtsmedien

Wenn wir Bildung als ordnende Orientierung in der Welt und als Befähigung zum angemessenen Verhalten in dieser Welt verstehen, ist auch beim Einsatz von Unterrichtsmedien zu fragen, welchen speziellen Beitrag sie dazu leisten. Dabei greifen unsere Überlegungen zu kurz, wenn wir die Unterrichtsmedien lediglich in ihrer Dienstfunktion als Träger und Vermittler von Informationen sehen. Informationen ohne Medien – und deren informationsbeeinflussende Wirkung – ist nicht möglich. Bildung im beschriebenen Sinn kann nur gelingen, wenn über den Informationstransport hinaus immer gleichzeitig an der Befähigung der Schüler gearbeitet wird, sich durch die Wahl der jeweils richtigen Mittel möglichst ökonomisch Informationen beschaffen zu können und mit den gewählten Mitteln auch sicher und medienkritisch umgehen zu können. Ein noch so perfekt geplanter Unterricht verfehlt letztlich seinen Bildungszweck, wenn nicht der Schüler über die Medien verfügt, sondern die Medien über den Schüler verfügen.

So kann z. B. die kritische vergleichende Untersuchung derselben Nachricht in verschiedenen Medien Hilfe dafür sein, eigene wertende Stellungnahmen zu ermöglichen, die Manipulierbarkeit der Medien selbst zu erkennen, nach den Menschen hinter den Medien zu fragen. Letztlich kommt es auf das Bewusstsein permanenter Manipulation durch die Medien an, der Widerpart zu bieten sich keinesfalls immer lohnt, der aber den Kampf anzusagen lebensnotwendig sein kann, wenn mangelnde Transparenz der Absichten medialer Angebote eine nicht mehr reflektierbare Manipulation vermuten lässt.

6.3.2 Die Frage nach der didaktischen Relevanz von Unterrichtsmedien

Der Praktiker mag es noch selbstverständlich finden, bei der Unterrichtsvorbereitung danach zu fragen, ob ein mediales Angebot den Lerninhalt ohne korrigierende Eingriffe in seinem wesentlichen Gehalt trifft, ob es Zusatzinformation oder Randständiges anbietet oder ob es sozusagen als Materiallieferant „ausgeschlachtet" werden muss.

Problematischer ist es, der Tatsache nachzuspüren, dass Medien die gewünschten Informationen durch die Art ihrer Aufbereitung und des Transports zum Empfänger verändern. Die Medien entscheiden mit über den Gefühlswert einer Information für den Schüler und über die Eigenart seines Zugangs zum Informationsgehalt.

Beispiel

Es kann kaum ein Zweifel darüber bestehen, dass das Nachlesen im Medium Geschichtsbuch über die Machtergreifung Hitlers einen ungleich blasseren, wenn vielleicht auch objektiveren Eindruck über die Ereignisse vermittelt als das Nacherleben über das Medium Dokumentarfilm. Die Entscheidung für ein bestimmtes Medium kann sich also nicht danach richten, welches Medium gerade greifbar ist oder wie viel Aufwand der Lehrende für die Unterrichtsvorbereitung in Kauf nehmen will, sondern sie ist bestimmt von der am Lernziel orientierten Vorentscheidung, auf welche Qualifikation des Schülers die Beschäftigung mit dem Lerninhalt ausgerichtet ist. Wenn es bei unserem Beispiel lediglich um die Kenntnis der historischen Fakten geht, mag das Medium Geschichtsbuch genügen, seine Verwendung ist jedenfalls lernökonomischer als die eines Dokumentarfilms. Anders aber verhält es sich, wenn über die Kenntnis der historischen Fakten hinaus Verständnis für historische Entwicklungen und wertende Stellungnahme erwartet werden. Die Fragerichtung bei der didaktischen Analyse in unserem Beispiel darf aber nicht nur vom Lernziel über den Lerninhalt zu den Methoden und Medien führen, *sondern sie muss rückläufig auch eine Antwort darauf geben, was das als zunächst angemessen anerkannte Medium tatsächlich in Bezug auf Lernziel und Lerninhalt* einbringt. Es könnte sich evtl. unter dem Gesichtspunkt wertender Stellungnahme herausstellen, dass der gewählte Dokumentarfilm die Gefahr in sich birgt, über der Faszination demonstrierter Machtentfaltung das eigentliche Lernziel zu verfehlen, wenn nicht durch ein weiteres Medium sichergestellt wird, dass den Schülern der ganze Kontext der Hitlerschen Machtergreifung gegenwärtig ist. Die Diskrepanz zwischen Lernziel und Medium könnte jedoch auch dazu führen, das zunächst gewählte Medium durch ein anderes zu ersetzen, um die Anforderungen des Lernziels und die Aussagemöglichkeiten des Mediums zur Deckung zu bringen und um nicht der den Medien grundsätzlich eigenen Tendenz zu erliegen, sich innerhalb des didaktischen Gesamtkonzepts und schließlich gegen dasselbe zu verselbstständigen. Wenn der Lehrer die *eigengesetzliche Wirkung* der Medien nicht einkalkuliert, steht er u. U. verwundert vor der Tatsache, dass das gesetzte Lernziel von den Schülern nicht erreicht wurde.

6.3.3 Die Frage nach der methodischen Relevanz der Unterrichtsmedien

richtet sich darauf, welche spezielle Aufgabe die Unterrichtsmedien im Lernprozess der Schüler erfüllen sollen und welche mutmaßlichen Auswirkungen auf die Schüler sie dabei haben werden.

1. *Die Auswirkungen der Unterrichtsmedien auf den Lernprozess der Schüler* werden zunächst von folgenden *medieneigenen Faktoren* bestimmt (vgl. z. B. Tulodziecki 1981):

● Der bei der Verschlüsselung der Information angelegte *Reduktionsgrad* erlaubt Aussagen darüber, in welchem Ausmaß das mediale Angebot von der Wirklichkeit abweicht:
– Bei *ikonischer Darbietung* ist wenigstens ein Detail der Wirklichkeit unverändert dargestellt, z. B. auf dem Foto oder im Film.
– Die *schematische Gestaltung* führt die Wirklichkeit auf das Wesentliche zurück, wie z. B. im Trickfilm oder in der Graphik.
– Die *verbale Vermittlung* beschränkt sich auf die schriftliche oder mündliche Wiedergabe von Informationen.
– Die *symbolische Vermittlung* begnügt sich mit Begriffen, Wörtern, vereinbarten Zeichen für Handlungsfolgen usw.
● Die bei der Verschlüsselung der Information gewählte *Abbildungsart* legt fest, welche Sinne durch das Medienangebot angesprochen werden (auditiv, visuell, audiovisuell). Untersuchungen über den Behaltwert von Informationen im Gedächtnis haben nachgewiesen, dass er umso höher liegt, je mehr Sinne an der Aufnahme und Verarbeitung der Information beteiligt waren.
● Die *Gestaltungstechnik* bei der Verschlüsselung der Information (z. B. Einstellungsgröße, Kcamerablickwinkel, Schnitt, Farbeinsatz) entscheidet – in oft sogar bewusster Manipula-

tionsabsicht – maßgeblich über Quantität und Qualität der Information sowie über Gefühle, die im Empfänger (hier Schüler) ausgelöst werden sollen.

● Die *Gestaltungsform,* die zur Verschlüsselung von Informationen gewählt wird (z. B. Dokumentarfilm, Spielszene, Reportage, Bericht oder Erzählung) wirkt v. a. über dramaturgische Mittel und den Anschein von Echtheit oder Unechtheit des Angebots auf die Aufnahmebereitschaft der Schüler.

Neben diesen medieneigenen Gestaltungsmerkmalen hängen Medienangebote noch ab
– von der Einstellung der Schüler zur Thematik, von ihren Vorkenntnissen, von der Aktualität des Angebots für die Schüler
– und vom richtig gewählten Ort des Medienangebots im Unterricht.

2. *Die Zuteilung einer bestimmten Aufgabe an Unterrichtsmedien im Lernprozess der Schüler* kann sich an verschiedenen Ansätzen orientieren, die in der Praxis meistens zu unterschiedlichen *Aufgabenkombinationen* führen:

● Unterrichtsmedien werden oft *zur Auslösung bestimmter Teilschritte* im Lernprozess eingesetzt, z. B. zur Motivation, Erarbeitung, Festigung, Ergebnissicherung, Erfolgskontrolle, Übung, Ausweitung …).

● Unterrichtsmedien werden zur *Anregung bestimmter Sinneswahrnehmungen* aufgeboten. Durch die Nutzung verschiedener Eingangskanäle für Informationen (visuell, auditiv, multisensorisch) können lernerschwerende Bedingungen vermindert werden. Außerdem lernen die Schüler ihre bevorzugten Lerngewohnheiten zu durchschauen und durch bewusste Medienverwendung zu verbessern sowie an vernachlässigten Möglichkeiten ihrer Sinneswahrnehmung zu arbeiten. Das langfristig angelegte Ziel aller Medienarbeit im Unterricht ist die Eigenverantwortung des Schülers für seinen Lernprozess.

● Unterrichtsmedien dienen der *Einleitung und Stützung bestimmter Lernaktivitäten* wie z. B. der Beobachtung, Informationsverarbeitung, Erprobung, dem Handeln, dem Speichern von Informationen. Ihr Einsatz ist v. a. geboten, wenn die unmittelbare *Anschauung* der Wirklichkeit nicht möglich bzw. nicht ökonomisch realisierbar ist (z. B. Lebensverhältnisse der Menschen in der dritten Welt) oder der *Verdeutlichung* bedarf (z. B. Einsatz der Videokamera bei der Demonstration eines Physik- oder Chemieexperiments).

● Die Aufgabe von Unterrichtsmedien kann durch das *Ausmaß ihrer Einflussnahme auf den Lernprozess des Schülers* bestimmt werden:
– *Medien werden unterrichts- bzw. kommunikationsunterstützend eingesetzt* (Enrichmentfunktion). In dieser Funktion dienen sie in erster Linie der Vermittlung von Informationen, sie ermöglichen bzw. unterstützen die Verständigung der am Unterricht Beteiligten, zwischen denen aber die direkte Kommunikation aufrechterhalten bleibt. Diese Funktion erfüllt z. B. die Tafelskizze, der Atlas, das Lehrbuch, die Wandkarte, die Diareihe, ein Anschauungsmodell u. v. a.
– *Medien treten als „eigenständige Kommunikationsinstanz" innerhalb des größeren Rahmens des Unterrichts auf* (Kolb) wie z. B. die Fernsehsendung, der Unterrichtsfilm, zu Demonstrationszwecken verwendete Massenkommunikationsmittel, Medienverbundsysteme, die Programmierte Instruktion und der Computer. In solchen Fällen übernehmen die Medien die Lehrfunktion, womit allerdings für die Lehrobjektivierung – außer der Unabhängigkeit von der Lehrervermittlung – nichts weiter gewonnen ist. Gerade der scheinbaren Objektivität, welche vor allem die technischen Medien kennzeichnet, muss der Kommunikationspartner Schüler mit zunehmender kritischer Distanz gegenübertreten. Diese erwirbt er aber nur – im Sinne eines Lang-

zeitunternehmens –, wenn er lernt, neben dem Inhalt auch die Präsentationsform und die handlungsleitenden Interessen der jeweiligen Produzenten kritisch zu befragen.

– *Medien übernehmen die Leitfunktion im Unterricht,* wie z. B. bei den Multimediakonzepten, in denen Kombination und Präsentation verschiedener Unterrichtsmedien und der Lernweg vom Leitmedium Computer gesteuert werden.

– *Medien werden zu „Kommunikationsmitteln in der Hand der Lernenden"* (Kolb), wie dies z. B. bei Planspielen, Projekten, Arbeitsbüchern, Schülerzeitung, Schulspiel, selbst gestalteten Ausstellungen, bei der Produktion von Video-Filmen der Fall ist. Der Blick hinter die Kulissen und auf die Machart wird erweitert zum Umgang mit den Medien. Der Schüler kann sich auf diesem Wege – schrittweise und sicherlich mühevoll – vom Rezipienten zum Kommunikator entwickeln, der seinen Handlungsspielraum in der Auseinandersetzung mit dem Medium erkennt und auch zu nutzen weiß (kritisch-emanzipatorischer Ansatz).

6.4 Auswahlkriterien für Unterrichtsmedien

Ein Medienangebot ohne Auswahlprozedur, d. h. ohne Sichtung, einzusetzen, bedeutet immer ein schwer kalkulierbares Risiko. Auch Begleithefte können dem Lehrer nicht die eigene exakte Analyse von Medienangeboten abnehmen, wenn er sie als Bausteine mit klar definierter Aufgabe in seine Gesamtplanung für eine ganz bestimmte Adressatengruppe einbauen will. Der zeitraubende Aufwand für die Medienanalyse wandelt sich in eine Entlastung für künftige Unterrichtsplanungen, wenn sich der Lehrer eine *Kartei* anlegt, in der er die analysierten Medienangebote mit stichwortartiger Inhaltsangabe und Beurteilung z. B. mit Hilfe der nachfolgenden Auswahlkriterien erfasst. *Die Übersicht über Auswahlkriterien für Unterrichtsmedien* ist als Zusammenfassung von Fragen an das Medienangebot zu sehen, die von Fall zu Fall *in unterschiedlicher Kombination und Gewichtung* von Bedeutung sein werden:

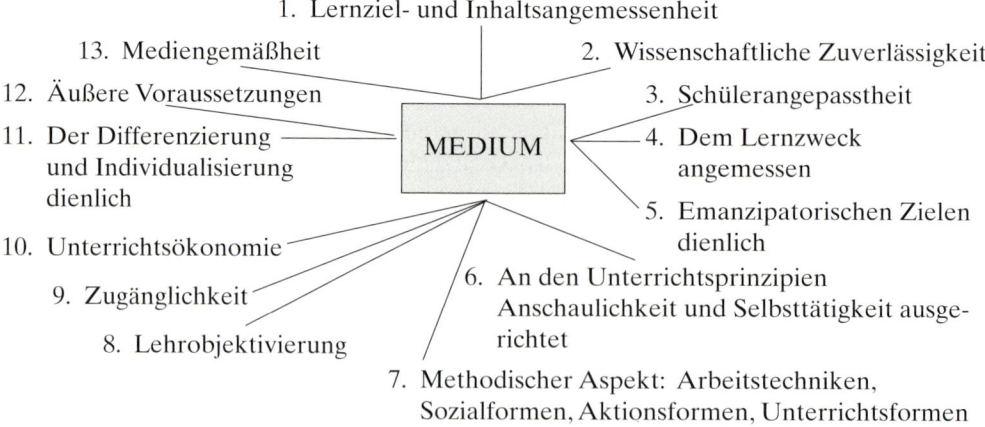

1. Lernziel- und Inhaltsangemessenheit
2. Wissenschaftliche Zuverlässigkeit
3. Schülerangepasstheit
4. Dem Lernzweck angemessen
5. Emanzipatorischen Zielen dienlich
6. An den Unterrichtsprinzipien Anschaulichkeit und Selbsttätigkeit ausgerichtet
7. Methodischer Aspekt: Arbeitstechniken, Sozialformen, Aktionsformen, Unterrichtsformen
8. Lehrobjektivierung
9. Zugänglichkeit
10. Unterrichtsökonomie
11. Der Differenzierung und Individualisierung dienlich
12. Äußere Voraussetzungen
13. Mediengemäßheit

MEDIUM

Frage 3

Erläuterungen

1. *Lernziel- und Inhaltsangemessenheit:*
   – Den im Lernziel formulierten Qualifikationen dienlich,
   – Zentral- oder Randproblem,
   – Lernzielverändernder Rückkopplungseffekt ...

2. *Wissenschaftliche Zuverlässigkeit*
   – Aktueller Stand der Informationen,
   – wesentliche Informationen,
   – evtl. ideologische Verfremdung,
   – Informationen durch die Gestaltung verdeckt,
   – einwandfreie Verwendung fachwissenschaftlicher Methoden,
   – Gefahr des Simplifizierungseffekts ...

3. *Schülerangepasstheit*
   – Dem Entwicklungsstand der Schüler angemessen,
   – der Aufnahmekapazität und den Lernfähigkeiten der Schüler angemessen
   – Verständlichkeit (Durchschaubarkeit, klare Gliederung, Prägnanz im Ausdruck)
   – der gruppendynamischen Struktur der Klasse angemessen bzw. förderlich,
   – an Schülerinteressen orientiert ...

4. *Dem Lernzweck angemessen*
   – zur Motivation,
   – zur Information,
   – zur Verarbeitung,
   – zur Erweiterung, Ergänzung, Vertiefung,
   – zur Kontrolle,
   – zur Übung,
   – kommunikationsstiftend ...

5. *Emanzipatorischen Zielen dienlich*
   – Medienkunde,
   – Umgang mit Medien,
   – Erstellung von Medien,
   – erzieherischer Aspekt des selbstgestalteten und kritisch distanzierten Lernens,
   – Zugewinn an Lernfähigkeiten und Wirklichkeitserfahrung ...

6. *An den Unterrichtsprinzipien Anschaulichkeit und Selbsttätigkeit ausgerichtet*
   – So anschaulich wie nötig; so abstrakt wie möglich!
   – Alles, was die Schüler selbst tun können, sie auch tun lassen!

7. *Methodischer Aspekt*
   – vorausgesetzte Arbeitstechniken,
   – vorausgesetzte, evtl. einzuübende Sozialformen,
   – erforderliche Aktivitäten,
   – Entsprechung zur Unterrichtsform (eher lehrergeleitet oder eher schülerorientiert) ...

8. *Lehrobjektivierung*
   – Aktualität,
   – umfassender Zugang zur Wirklichkeit,
   – Unabhängigkeit vom Lehrer,
   – Wiederholbarkeit ...

9. *Zugänglichkeit*
   - Didaktische Aufbereitung,
   - Begleitmaterial,
   - ausschnittweise verwendbar,
   - evtl. nötiger Raumwechsel,
   - Bereitstellung ...

10. *Unterrichtsökonomie*
    - Aufwand an Vorbereitungszeit,
    - Aufwand an Lernzeit,
    - Aufwand an Material und finanziellen Mitteln,
    - Entlastungsfunktion für den Lehrer.

11. *Der Differenzierung und Individualisierung dienlich*
    - Differenzierung nach den Gesichtspunkten Zeit, Ziel, Inhalt, Schülerinteressen, Weg,
    - Bewältigung organisatorischer Probleme dabei.

12. *Äußere Voraussetzungen*
    - Klassen- bzw. Gruppengröße,
    - Sitzordnung,
    - Spezialräume,
    - technische Voraussetzungen wie Verdunkelung, Kabel ...

13. *Mediengemäßheit*
    - Sind die technischen Möglichkeiten des Mediums optimal genutzt? (Gestaltungstechnik und Gestaltungsform, vgl. 6.3.3)

Als hilfreich bei der Entscheidung für oder gegen ein bestimmtes Medium können sich hier sog. *Mediensteckbriefe* erweisen. Sie geben

- Informationen über die technischen Möglichkeiten eines Mediums und seine Handhabung,
- Erfahrungen zu den überhaupt möglichen didaktischen Funktionen eines Mediums,
- Informationen über Organisationsprobleme, Kostenfragen, Literatur

Vorschlag eines Formblatts für die Medienanalyse

1. *Formale Angaben*

Art des Unterrichtsmediums: Fundort:

Titel: Kennzeichnung:

Laufzeit/Bilderzahl insgesamt:

bei Ausschnitten: von _____ bis _____

Nummern ausgewählter Bilder/Dias ...: _____

Qualität der technischen Aufbereitung:

2. *Inhalt in Stichpunkten* (mit Kennzeichnung von Schwerpunkten, brauchbaren Ausschnitten usw.)

Wissenschaftliche Zuverlässigkeit/Aktualität:

3. *Aspekt Schüler:*

Jahrgangsstufe:
Voraussetzungen an Wissen und Können:
Ort im Lernprozess (z. B. Motivation):
Geforderte Lernaktivität:
Medienerzieherischer Aspekt:

4. *Aspekt Lernziel:*

Lehrplanbezug (mit Fundstelle):
Exakte Beschreibung der zu vermittelnden Qualifikationen:
Evtl. lernzielverändernde Effekte des Unterrichtsmediums:

5. *Aspekt Unterrichtsmethode:*

Leistet das Medienangebot punktuelle Informationsübermittlung, ist es Leitmedium oder Kommunikationsmittel?:
Mögliche bzw. nötige Kombination mit anderen Medien?:
Mögliche Sozialformen:
Mögliche Arbeitsaufträge (auch differenzierend):

6.5 Multimedia oder das vernetzte Klassenzimmer

Eine neue Qualität des Lernens bahnt sich mit dem Einzug des Computers in die Schule an.

> Insbesondere *Multimedia* stellt sich als Technologie vor, welche die computergesteuerte und -unterstützte Interaktion des Nutzers mit einem vielfältigen, vernetzten Mediensystem ermöglicht. Mit Hilfe des Computers werden Informationen über Texte und erläuternde bzw. veranschaulichende Graphiken, Bilder, Filme und Videosequenzen je nach Bedarf miteinander verbunden. Die netzwerkartig angelegte Datenbasis (Hypertext) erlaubt selbstgesteuertes und problemorientiertes Lernen mit Rücksicht auf Lernzeit, Lerntempo, bevorzugte Eingangskanäle und Methoden.

Der Computer als informationstechnisches „Denkzeug" (Haefner) hat sich längst an der Schule vorbei zur Kulturtechnik entwickelt. Es kann also gar nicht die Frage sein, ob die Schule dieser Tatsache Rechnung tragen soll, sondern allenfalls wie und in welchem Umfang sie ihrer diesbezüglichen Aufgabe gerecht werden kann. Dabei geht es mit gleicher Gewichtung sowohl um die Nutzung von Multimediasystemen in schulischen Lernprozessen als auch um die medienkritische Auseinandersetzung mit dieser Technologie.

Als Lernmedium bewährt sich Multimedia, wenn

– der Lerninhalt aufgrund seiner Vielschichtigkeit und fächerübergreifenden Verflechtungen netzwerkartig beschaffen ist,
– deshalb auch vielfältige mediale Darstellung angemessen ist
– und die zur Bearbeitung erforderlichen Techniken, insbesondere die Fähigkeiten der Informationserschließung über Computer, des flexiblen und produktiven Umgangs mit Informationen und der Kooperation gegeben sind.

– Die Motivation für den Einstieg in ein derart aufwändiges Lernsystem wie Multimedia wird entscheidend von der Neugier auslösenden Problemhaltigkeit des Lerninhalts beeinflusst, von seiner Einbettung in lebensnahe Situationen und von seiner übertragbaren Brauchbarkeit.

Hinweise für die unterrrichtsrelevante Beurteilung von Multimediaangeboten

– Multimedia sollte aus lernökonomischen und lernpsychologischen Gründen nur in oben beschriebenen Lernsituationen zu ernsthafter Lernarbeit eingesetzt werden. In bloßer Enrichmentfunktion oder als oberflächlich spielerisches Angebot mit Surfausflügen ins Internet wirkt es sich wegen des reduzierten Durchhalteappells in künftigen Lernsituationen eher nachteilig auf den Lernprozess aus.
– Die spektakulären vielfältigen medialen Darstellungsformen in Multimediaangeboten dürfen nicht darüber hinwegtäuschen, dass sich auch hier Lerneffekte nicht als Summe von Bilderfolgen automatisch einstellen, sondern aufgrund klarer Strukturierung des Lernangebots und zwingender Anleitung zum Methodengebrauch bei der Bearbeitung des Lernangebots.
– Die für die Bearbeitung von Multimediaangeboten nötigen Techniken wie Sicherheit in der Bedienung des Computers, Entschlüsselung und Deutung der verschiedenen Medienpräsentationen nach Kriterien und grundlegende Strategien effektiver Verbindung von Informationssets müssen vorher schrittweise eingeübt worden sein, wenn nicht ihre mangelhafte Beherrschung den multimedialen Lernweg blockieren und Mutlosigkeit bis hin zur Lernhemmung nach sich ziehen soll.
– Es ist zu fragen, ob das Multimediaangebot inhaltlich dem aktuellen wissenschaftlichen Diskussionsstand entspricht, sorgfältig recherchiert und vertretbar didaktisch reduziert, und ob es in der Darstellung den jeweiligen medienspezifischen Standards genügt.
– Das Multimediaangebot ist daraufhin zu prüfen, ob das Verhältnis zwischen Präsentation und Lerngehalt sowie Lernanreiz ausgewogen ist oder ob etwa ein Feuerwerk bildhafter Präsentation ohne Lerneffekte abgebrannt wird.
– Nach Erkenntnis der Kognitionspsychologie werden sowohl beim Verstehen von Texten als auch beim Verstehen von Bildern gleicherweise sprachliche und modellhafte Repräsentationen gebildet. Bei Multimediaangeboten ist deshalb darauf zu achten, dass auch beide Verschlüsselungen geleistet werden.
– Die im Multimediaangebot verwendeten Symbole, Zeichen, Schemata, Fachtermini etc. müssen den Schülern bekannt sein bzw. vor Beginn der Lernarbeit geklärt werden.
– Nach der Prüfung anhand der Auswahlkriterien für Unterrichtsmedien (vgl. 6.4) ist letztlich für den Einsatz eines Multimediaangebots sein Ort im Lernprozess des Schülers entscheidend:
  ● Verbindliches Lernpaket im regulären Unterricht für alle Schüler (Standardmodell)
  ● Übungs- und Lernangebot zur Schließung kleinerer Kenntnis- und Fähigkeitslücken (Fördermodell)
  ● Nachholprogramm bei größeren Lerndefiziten (Kompensationsmodell)
  ● Zusatzangebot für quantitativ und/oder qualitativ überdurchschnittlich arbeitende Schüler (Präferenzmodell)

6.6 Medienpädagogik und Medienerziehung im Informationszeitalter

(Vgl. z. B. Fröhlich 1982; Gibas 1986; Hiegemann/Swoboda 1993; Hentig 1987; Issing 1988; Issing/Klimsa 1995; Sacher 2000; Schorb 1992; Struck 1998; Sturm 1979; Tulodziecki 1981, 1988, 1995, 1996, 1997)

6.6.1 Aufgaben und Zielsetzungen

1. Haefner (1985) beschreibt die *Medienpädagogik* als „die Wissenschaft von der Mediatisierung und deren Bewältigung durch den aufgeklärten Menschen". Die Schwerpunkte medienpädagogischer Forschung sind „die Informations- und Kommunikationstechniken mit ihren sozialen und kulturellen Folgen" (Baacke).

2. *Medienerziehung* ist als angewandte Medienpädagogik der Aufgabe verpflichtet, *Hilfestellung zu bieten bei der Einübung des Menschen in eine reflektierte Mediennutzung.*

Wie die unmittelbare Wahrnehmung und die Kommunikation dienen auch die Medien der Orientierung des Menschen in der Welt und oft genug auch als Antrieb zu Handlungen. Die besondere Art der Wahrnehmung aufgrund medialer Vermittlungsprozesse liefert die ästhetische Begründung der Medienerziehung, die Integration der Medien in die Lebenswirklichkeit bis hin zur Gefahr unklarer Grenzen zwischen tatsächlicher und medialer Wirklichkeit ihre pragmatische Begründung.

Baacke spricht im Zusammenhang mit der Medienerziehung von der „Notwendigkeit der Bewältigung kommunikationskultureller Problemlagen", die durch die Medien neu geschaffen wurden. So verändern beispielsweise die sog. neuen Medien nicht nur die Informationsübertragung, sondern auch die Kommunikation selbst, die Arbeitsplätze, ja sogar überkommene Denk- und Sprachformen. Das Verhältnis zwischen dinglicher und menschlicher Wirklichkeit einerseits und ihrer medialen Darstellung andererseits ist vor dem Hintergrund moderner Medientechnik grundsätzlich neu zu überdenken, Ausgangspunkt einer philosophischen Begründung der Medienerziehung. Ethische Probleme ergeben sich, wenn man z. B. an den Handlungsvorteil der informationstechnischen Insider gegenüber den bloßen Medienkonsumenten denkt, hinreichender Anlass für eine soziologische und politische Begründung der Medienerziehung. Ihre pädagogische Begründung mit dem Ziel Medienkompetenz als neue Kulturtechnik erfährt sie schließlich durch die Tatsache, dass die Wirklichkeit in immer größerem Umfang durch die spezifischen Möglichkeiten aber auch Grenzen schulischer Lernprozesse vermittelt wird. Medienerziehung als Hilfe beim Aufbau einer fundierten Medienkompetenz hat aber nur eine echte Chance, wenn sie bereits im frühpädagogischen Bereich ansetzt und als lebenslanges Lernen verstanden wird. Schulische Medienerziehung bleibt ein Tropfen auf einen heißen Stein, wenn die Eltern nicht für ihre Ziele gewonnen werden können. Ferner wird Medienerziehung ein einseitiges, wenn nicht fruchtloses Unternehmen sein, wenn sie nicht eingebettet in eine umfassende Freizeiterziehung praktiziert wird. Empfohlene Medienaskese z. B. kann nur gelingen im Rahmen alternativer sinnvoller Freizeitaktivitäten.

3. *Vordringliche Ziele der Medienerziehung:*

- Die quantitative und qualitative Erweiterung des Wahrnehmungsfeldes durch die Medien erfordert *systematische Wahrnehmungsschulung* für die spezifischen medialen Informationsmöglichkeiten, z. B. exakte Erfassung und Deutung der Bilder – und Symbolsprache, rasche Unterscheidung wesentlicher und eher randständiger Informationen, Erkennen weiterführender Verbindungshinweise zwischen Informationen etc.
- Kompetenter Umgang mit den Medien setzt grundlegende *Kenntnisse in der Medientechnik* voraus, und zwar bezüglich Funktionsweise, Einsatz, Bedienung, Herstellung und Besonderheiten von Software.
- In Wechselwirkung mit den bereits genannten Zielen wird die Einübung in *kritische Medienanalyse* möglich, welche die technische Güte, Aufnahme- und Verarbeitungsqualität, Manipulationstendenzen, unmittelbare und mittelbare kognitive und emotionale Auswirkungen untersucht.
- Als besondere Aufgabe stellt sich der Medienerziehung die *Arbeit mit den Schülern an ihren unbewältigten Medienerlebnissen,* z. B. an der Überlast emotionaler Eindrücke, an Aggressionsstau, an Isolierungstendenzen und Defiziten direkter Kommunikation, an den verschwimmenden Grenzen zwischen tatsächlicher und virtueller Wirklichkeit.
- Wenn die Schüler nicht zu den Analphabeten des Informationszeitalters zählen wollen, müssen sie über die medientechnischen und -kritischen Fähigkeiten hinaus zu einer *umsichtigen Nutzung der Medien* vorstoßen, und zwar im Sinne bewusst auswählender Informationsbeschaffung aller Art, also Spiel und Unterhaltung mit einschließend.
- Beste Effekte kann die Medienerziehung verbuchen, wenn sie die Schüler aus ihrer Konsumentenhaltung heraus und zu *medialer Eigenproduktion* hinführt. Erst durch den eigenen gestaltenden Umgang mit den Medien erleben sie deren hinreichende Desillusionierung und gleichzeitig die wachsende Sicherheit im Umgang mit ihnen bis hin zur Verführung der Manipulation.
- So paradox es klingt, Medien leisten trotz immensen Informationsangebotes der Kommunikationsunfähigkeit und -armut in direkten zwischenmenschlichen Beziehungen Vorschub.
  Medienerziehung muss deshalb verstärkt die *Übung in direkter Kommunikation* von Person zu Person mit einschließen, in der Schule in Form gepflegter Gesprächskultur.

Die aus den Erfahrungen der alltäglichen Medienwirklichkeit abgeleiteten Zielsetzungen machen deutlich, dass Medienerziehung ihren Auftrag weder als Bewahrpädagogik noch als bloße Anleitung zur Entwicklung eines kritischen Medienrezipienten erfüllen kann, der den vielfältigen medialen Manipulationen gewachsen ist. Im Informationszeitalter ist vielmehr der Mediennutzer im umfassenden Sinne gefragt, der kritisch und handelnd mit den Medien als Kommunikationsinstanzen der Wirklichkeit umzugehen versteht, auch und gerade im Unterricht; dort gesellt sich zum Zweck der Objektivierung und Perfektionierung des Unterrichts durch Medien (mit der Gefahr der Verplanung des Schülers) die Medienanalyse und der produktorientierte Umgang mit Medien.

6.6.2 Für die Medienerziehung bedeutsame Befunde

1. In welchem Ausmaß Medien Lerneffekte bei Kindern bewirken und sie zum Denken anregen, bestimmt nicht die Menge des Medienkonsums, sondern *die qualitative Art des Umgangs mit den Medienangeboten* (vgl. Untersuchungen z. B. zum Fernsehkonsum von Salomon, zusammengefasst in Issing 1988). Dabei neigen Kinder – ohne besondere Instruktionen – dazu, Medienangebote eher unter dem Aspekt ihres Unterhaltungswertes

und als Mittel zur Realitätsflucht zu betrachten als unter dem des Lernens. Medienangebote werden zunächst einmal mit Hilfe bereits bekannter Informationen bewältigt; Neues bedeutet Anstrengung.

2. Eine von mir angeregte Untersuchung (Schmölz 1986) zum privaten Fernsehkonsum der Realschüler und seiner Auswirkungen auf den Unterricht brachte u. a. folgende Ergebnisse:

- Fernsehwissen gelangt in den Unterricht meistens als oberflächliches Halbwissen oder gar in Form von Vorurteilen, die gründliche Nacharbeit herausfordern. Für den Unterricht brauchbare Informationen werden durch ein wahllos konsumiertes Fernsehangebot überlagert und gelegentlich bis zur Unbrauchbarkeit entstellt.
- Jugendliche beziehen Vorbilder und Einstellungen kritiklos vor allem aus dem Fernsehen. Die befragten Schüler sprachen unter dem Auswahlangebot Fernsehen, Presse, Rundfunk dem Fernsehen mit 100 Prozent die größte Glaubwürdigkeit zu.
- Der private Fernsehkonsum der Schüler scheint sich durch die pausenlose Bilder- und Informationsfolge mindernd auf ihre Konzentrationsfähigkeit auszuwirken.
- Die vom Denken entlastende Bildersprache des Fernsehens trägt zusammen mit der im Gleichschritt marschierenden verkümmernden Kommunikation in der Familie zur sprachlichen Verarmung bei. Den durch das Fernsehen vergrößerten passiven Wortschatz können viele Schüler nicht sprachgestaltend umsetzen.
- Exzessiver Fernsehkonsum scheint ein Mitverursacher schlechter Schulleistungen zu sein.

Das Ergebnis kindlicher Medienbegegnung fällt also meistens äußerst flüchtig aus, bei gleichzeitig unreflektierter Aufnahme einer Menge unerwünschter Informationen (Gewalt, Stereotype, Vorurteile) mit schwer kalkulierbarem Tropfen-Effekt.

3. Eine Langzeitstudie von Tannis McBeth Williams (1986) u. a. brachte den Nachweis, dass vor allem unkontrolliert hoher Fernsehkonsum Aktivitäten beeinträchtigt, die ungeteilte Aufmerksamkeit verlangen wie z. B. der Leselernprozess. Ferner hemmt das Fernsehen durch den Verbrauch von Muße die Entwicklung der Kreativität, fördert die Aggression durch wirklichkeitsfremde Schnell-Lösungs-Strategien und mindert die Sozialkontakte.

4. Insbesondere Fernsehen und Film machen es wegen ihrer formalen „medienspezifischen Angebotsweisen" (Tempo der Bilderfolge, Schnitttechnik …; vgl. Sturm in Issing 1988) meistens unmöglich, das Geschehen innerlich zu versprachlichen. Die Folge sind Erregungszustände mit Denkblockaden sowie Erlebnisse mit verschwindend geringem kognitivem, aber relativ hohem emotionalem Behaltwert. Sturm fordert als Konsequenz eine „zuschauerfreundliche Mediendramaturgie", d. h. Zeit für innerliches Verbalisieren, keine emotionalen Wechselduschen, Rücksicht auf die Verständnisstruktur der Adressaten.

5. *Videofilme* führen zu noch längerer Verweildauer der Kinder und Jugendlichen vor dem Fernseher, wobei nach Untersuchungen ca. ein Drittel der Jugendlichen über 15 Jahren keinen Einschränkungen durch die Eltern bei der Auswahl unterliegen. Befragungen von Schülern legen aber die Annahme nahe, dass alle Kinder und Jugendlichen auch ohne Erlaubnis der Erziehungsberechtigten an alle Arten von Videos, also auch Horror- und Pornovideos, herankommen, die sie sehen wollen.

Auswirkungen

- Abdriften in eine Traumwelt, die auch nicht durch familiale Kommunikation aufgearbeitet wird,
- Verstärkung herkömmlicher geschlechtsspezifischer Rollenfixierung durch herabsetzende Darstellung der Frau,
- langfristig anhaltende Angstzustände.
- Der Angstabwehr dienende Immunisierungsversuche der Kinder und Jugendlichen, die sich damit beruhigen, dass ja alles nur Trick und Ketchup sei.
- Gelegentliches Umspringen der Bildschirmerlebnisse in konkrete Handlungsbereitschaft, von Lehrern vor allem am Montag nach den Videowochenenden beobachtbar.

6. Die modernen Informations- und Telekommunikationssysteme erfordern ein Ausmaß an psychischer Mobilität und Widerstandsfähigkeit, das über informationstechnische Grundbildung allein nicht aufgebracht werden kann.

Medienkritiker beklagen v. a. die folgenden *Auswirkungen der computerisierten Informationstechnik:*

- Die Verschmutzung der informationellen Umwelt nimmt mangels wirksamer Ordnungssysteme bedenklich zu.
- Das Missverhältnis zwischen tatsächlich möglicher Informationsnutzung und tatsächlich kompetentem Nutzerkreis weitet sich immer mehr aus mit unabsehbaren Folgen für die Machtverteilung in der Gesellschaft.
- Die bisherige Internetpraxis lässt den Trend erkennen, dass die Themeninteressen der Nutzer chaotisch auseinanderdriften.
- Die Einschränkung direkter Kommunikation ist begleitet von Computersucht, sozialer Isolierung, Verlust des unmittelbaren Umfeldes, Aggressionsstau.
- Die virtuelle Welt des Cyberspace (= künstliche Welten als dreidimensionale Wirklichkeitssimulation) lässt die Trennlinie zwischen tatsächlicher und möglicher Wirklichkeit unscharf werden.
- Die gewaltige Überlast an Informationen ist nicht mehr bearbeitbar und damit inhuman, das Gedächtnis wird hoffnungslos überfordert. Es wird einem verhängnisvollen Verständnis von Wissen Vorschub geleistet, wonach Menge und Besitz zählen anstelle von Verarbeitung.
- Information bewirkt nicht unmittelbar kritische Beurteilungsfähigkeit, sie setzt sie vielmehr voraus. Das Eintauchen in die Informationswelt ohne kriteriengeleitete Orientierung hat also entweder Manipulation auf geführten Wegen (guided tours) oder zielloses Herumirren aufgrund von Navigationsproblemen („lost in hyperspace") zur Folge.

Der *Computer* erfasst die Wirklichkeit ausschließlich nach den Gesetzen der binären Logik – streng genommen eine Simplifizierung der Wirklichkeit –, was für den Menschen eine neue Gefahr der Entfremdung in sich birgt. Die schulische Aufgabe muss deshalb heißen:

- Die Schüler müssen in kritischen und verantworteten Umgang mit dem Computer eingeübt werden. Immerhin ermöglicht der Computer einen enormen Informationszuwachs.
- Den Schülern muss die ausschnittweise, technologische Wirklichkeitserfassung durch den Computer und die damit verbundene Entfremdungsgefahr für den Menschen erfahrbar gemacht werden.
- Vorübergehend möglichen Isolierungstendenzen durch den Umgang mit dem Computer muss die Schule gegensteuern.

6.6.3 Handlungskonsequenzen für die Medienerziehung

1. Den nachhaltigsten Erfolg scheint im Rahmen der Medienerziehung die *aktive Medien-arbeit* zu zeitigen. Dabei sollten aus Zeit- und Motivationsgründen mediale Kurzformen im Vordergrund der Arbeit stehen, z. B.:

– Videoaufzeichnungen zu aktuellen Schulereignissen,
– Videoprojekt „Die Schule stellt sich vor",
– Interviews und Reportagen,
– Schulnachrichten (Zeitung, über das Ansagesystem, Video in der Pausenhalle ...),
– Dokumentaraufnahmen zu aktuellen Ereignissen aus dem näheren Schulumfeld,
– Literaturvideos (Umformung eines Textes in szenische Abfolgen, lllustration eines Gedichtes, Verfilmen einer Erzählvorlage ...),
– Aufbereitung von Unterrichtsinhalten in Wandzeitungen, Hörbildern ...,
– Märchen als Hörspiel,
– Fotodokumentationen,
– Verfilmte (vertonte) Geschichte,
– Schülermagazin in einer Fremdsprache,
– Teilnahme an Medienwettbewerben,
– Schülerinternetcafé mit direktem Erfahrungs- und Lernaustausch,
– Erstellung von Multimediapaketen.

2. Große Bedeutung kommt gerade in einer Zeit technologisch verkürzter und einseitiger Informationsübermittlung der *ganzheitlichen Wirklichkeitswahrnehmung* zu. Hierbei kann von Nutzen sein z. B.

– Einübung in *konzentriertes* Lesen, Hören, Sehen, Handeln,
– die schrittweise Erarbeitung von Kriterien ganzheitlicher Wahrnehmung,
– systematische Sinnesschulung durch gezielte Übungen,
– Konzentrations- und Meditationspraktiken.
– Äußerer Anreiz speziell zum Lesen können die Einrichtung und Pflege von Schul- und Klassenbibliotheken sein, gelegentliche Büchertauschaktionen, kurze Schülerkommentare zu Lieblingsbüchern u. a. m.

3. Medienerziehung ereignet sich, wenn der unvermittelten Wirklichkeit der Vorzug vor der vermittelten Wirklichkeit gegeben wird, wenn immer dies möglich ist. Die Erfahrungen aus zweiter Hand vermindern die Fähigkeit des Menschen zum originalen Zugriff auf die Wirklichkeit auch dann, wenn sie existenznotwendig ist. Vor allem die konsequente Pflege der Lesekultur wird von Fachleuten (z. B. Neil S. Postman) als wirkungsvolles Mittel beschworen, die Informationsgesellschaft nicht in eine Minderheit lesegeübter und damit denkgewohnter und zur Herrschaft prädestinierter Spezialisten und eine Mehrheit über Bildersprache manipulierter Konsumenten von Informationen zerfallen zu lassen. Die originale Begegnung mit der Wirklichkeit ist z. B. möglich

– durch Exkursionen,
– durch die Analyse literarischer Vorlagen für Fernsehfilme,
– durch die Arbeit im Schulgarten,
– durch Betriebs- und Umwelterkundungen,
– durch Teilhabe am gemeindlichen Leben u. a. m.

4. Jede noch so kreativ eingefädelte Medienerziehung wird unglaubwürdig, wenn sich Eltern und Lehrer als Modelle ihrer erzieherischen Vorstellungen versagen. Bedauerlicher-

weise bleibt die Einflussnahme des Lehrers auf die Eltern beschränkt auf (drastische) Information über Medienwirkungen. Es darf unterstellt werden, dass sich die Eltern der Auswirkungen von Massenmedien, insbesondere des Fernsehens, des Videomarktes und der digitalen Informationswelt, auf Lern- und Sozialverhalten ihrer Kinder nicht bewusst sind.

Aus diesem Grunde kann wiederholte und mit Fakten belegte Information durchaus medienerzieherisches Engagement der Eltern einleiten. Trotz ihrer Bemühungen um die Mithilfe der Eltern enttäuschten Lehrern bleibt immer noch ihr eigenes Modellverhalten im Umgang mit Medien, das von kritisch auswählender Medienaskese bis zur kundigen Nutzung von Medien als Informationsübermittler reicht.

5. Die Rolle des Lehrers im medienorientierten Unterricht

Umfragen bestätigen immer wieder das Unbehagen der Lehrer, durch Unterrichtsmedien auf die Rollen eines Medientechnikers, -arrangeurs, -koordinators und eines Lernzielkontrolleurs reduziert zu werden. Da die herkömmliche, durch Curricula und Lehrpläne stark reglementierte Unterrichtspraxis auch nicht gerade zu Experimenten mit medial offen strukturierten Lernsituationen ermutigt, liegen auch keine gesicherten Erkenntnisse über die Praktikabilität durch Medieneinsatz veränderter Lehrerrollen vor. So dominiert auch heute noch ein Rollenverständnis des Lehrers im Unterricht, das durch straffe zielgerichtete Organisation unterrichtlicher Lernsituationen gekennzeichnet ist. Die Unterrichtsmedien werden bei einer solchen Grundeinstellung vorwiegend auf dem Stellenwert eines stets berechenbaren Unterrichtsfaktors festgeschrieben. Unterrichtsverläufe mit metakommunikativen Bestandteilen wie z. B. beim Planspiel oder Projekt werden selten gewagt. Die Forderungen z. B. des kommunikationstheoretischen oder systemisch-konstruktivistischen Didaktikansatzes erscheinen eher als Appelle denn als Beschreibung praktizierten Unterrichts.

Wenn allerdings die enge Zweck-Mittel-Bindung der Medien in Richtung kritischer Indienstnahme der Medien durch die Schüler erweitert werden soll, müssen unterrichtliche Lernsituationen unter Leitung von Medien verwirklicht werden, in denen sich der Lehrer aus seiner zentralen Macherposition zurücknimmt und sich bewusst geplant in die Rollen eines Moderators, Tutors, Lernhelfers, Beraters und Diagnostikers einübt. Nur durch eine konsequente Schwerpunktverschiebung von der unterrichtlichen Funktion des Lehrers zu seiner erzieherischen Funktion, die nur mit Hilfe der Medien gelingen kann, wird auch ein ausgewogener, am jeweiligen Zweck des Unterrichts orientierter Ausgleich zwischen lehrerzentriertem und schülerorientiertem Unterricht möglich sein.

6.7 Ausgewählte Auswertungs- und Beobachtungshilfen für den medienorientierten Unterricht

Die in der Unterrichtsvorbereitung vorgenommene Analyse und situationsspezifische Auswahl von Unterrichtsmedien sowie die konkret formulierten medienerzieherischen Absichten erfahren ihre Kontrolle durch ihre tatsächlichen Auswirkungen im Unterricht. Lehrer und Schüler gelangen von einem lediglich ungefähren Eindruck zu exakten, für die weitere Unterrichtsplanung richtungweisenden Aussagen, wenn sie Planung und Durchführung medienorientierter Unterrichtsphasen einer ebenfalls geplanten vergleichenden Untersuchung unterziehen.

6.7.1 Bei Beobachtungs- und Kontrollfragen für die Schüler ist aus Zeitgründen und möglicher Überforderung der Schüler vorbeugend anzuraten, die Schüler *jeweils auf eine einzige Frage* zu ihrer Begegnung mit dem Medienangebot zu konzentrieren. Welche Frage angemessen ist, erkennt der Lehrer in der Regel aus seinen Beobachtungen zum Lernverhalten seiner Schüler und aus der Medienanalyse, gelegentlich auch erst aus dem aktuellen Unterrichtsverlauf.

Beispiele für Beobachtungs- und Kontrollfragen, welche die Schüler für sich selbst beantworten und in Arbeitsgruppen, im Klassenverband, mit dem Lehrer besprechen sollten:

1. Konnte ich Schwierigkeiten im Umgang mit dem Medienangebot feststellen? (Art der Darstellung, Umfang der Information, Klarheit und Verständlichkeit der Aussagen, Übersichtlichkeit der Informationen ...)
2. Welche Lerngewohnheiten kann ich im Umgang mit dem Medienangebot entdecken? Welche Mängel an Lern- und Arbeitstechniken fallen mir auf? Was könnte ich sofort zu ihrer Behebung unternehmen, üben?
3. Wie ist meine Wahrnehmungsfähigkeit beschaffen? Was vom Medienangebot habe ich im Vergleich zu meinen Schulkameraden wahrgenommen, was nicht?
   Wie kann ich meine Wahrnehmungsfähigkeit trainieren?
   Woher bekomme ich Übungsangebote?
4. Welche Lernaktivitäten wurden durch das Medienangebot ausgelöst?
5. Welche Gefühle wurden durch das Medienangebot angesprochen? ...

6.7.2 Die Beobachtungs- und Kontrollfragen für den Lehrer dienen in erster Linie der Überprüfung der Übereinstimmung von Planung des Unterrichts und seiner Auswirkungen auf die Schüler, aber auch der Aufdeckung evtl. vorhandener „blinder Flecke", wie z.B. unvermuteter Medienwirkungen oder unzureichend eingeübter Arbeitstechniken der Schüler für die Medienerschließung oder gar von Bedienungsdefiziten.

1. Einen Überblick über den Zusammenhang eingeplanter Unterrichtsmedien und dadurch ausgelöstes Schülerverhalten bietet das folgende *Verlaufsprotokoll:*

Verlaufsprotokoll mit Schwerpunkt „Medien und Schülerverhalten"				
Zeit	Unterrichtsphase und inhaltlicher Ablauf	Verwendete Medien und Funktion der Medien	Schüleraktivitäten	Bemerkungen
	1. *Eröffnungs- phase*			
	2. *Erarbeitungs- phase* *1. Schritt* *2. Schritt* usw.			

2. Zur Auswertung bzw. Ergänzung des Verlaufsprotokolls und der während des Unterrichts gewonnenen Beobachtungsdaten haben sich die folgenden *Kontrollfragen* bewährt:

● *Verbale und nonverbale Mittel der Kommunikation (personale Unterrichtsmedien)*
  – Umgangston? – Reversibel oder irreversibel?
  – Typische Redeformen?
  – Vorzüge und Mängel in der Redetechnik?
  – Verteilung der verbalen Beiträge auf Lehrer und Schüler?
  – Welche nonverbalen Verständigungsmittel werden gebraucht?
  – Wird die Unterrichtssprache reflektiert (Metakommunikation)?
● *Fragen zur Verwendung technischer Unterrichtsmedien*
  – Welche Unterrichtsmedien wurden eingesetzt?
  – An welcher Stelle des Unterrichts wurden sie eingesetzt? – Richtig oder falsch platziert?
  – Welche Funktionen sollten sie erfüllen und haben sie erfüllt? (z. B. Motivation, Erarbeitung, Materialausgabe, Ergebnissicherung ...)
  – Wurde der Lerninhalt wissenschaftlich zuverlässig dargestellt?
  – Aufgrund welcher spezifischen Merkmale erschien das verwendete Unterrichtsmedium als besonders gut (weniger) geeignet?
  – Entsprach die Darstellung den Lernvoraussetzungen der Schüler?
  – Sprache des Mediums? – Sprache der Schüler? – Überbrückungshilfen?

- Konnten die verwendeten Unterrichtsmedien die Schüler aktivieren? Wie? Welche Tätigkeiten wurden angeregt?
- Wurden die Unterrichtsmedien erschöpfend ausgewertet? Welche Informationen bzw. Wirkungen wurden nicht verwertet?
- Gaben die Unterrichtsmedien Anlass zum sozialen Lernen? Wozu konkret?
- Welche organisatorischen Maßnahmen mussten beim Einsatz des Unterrichtsmediums getroffen werden bzw. wurden nicht vollzogen? (Frage nach der Ökonomie)
- Brachte das Medienangebot die erwartete Entlastung des Lehrers von seiner Lehrfunktion?
- Entsprach das Medienangebot den Auswahlkriterien auch beim Einsatz im Unterricht? Wodurch wurden evtl. Abweichungen von der Planung ausgelöst?

6.8 Hinweise zur Beschaffung und Organisation von Unterrichtsmedien

Der Einsatz von Unterrichtsmedien unterbleibt oder scheitert oft deshalb, weil Hardware und Software unökonomisch organisiert sind, mangelhaft gewartet werden, dem Lehrer nicht hinreichend zur Kenntnis gebracht werden, Bedienungsängste vorliegen u. a. m.

6.8.1 Überblick

(siehe Seite 292)

6.8.2 Audiovisuelle Blöcke im Klassenzimmer

Es kann im Informationszeitalter nicht als unzumutbare finanzielle Forderung bezeichnet werden, jedes Klassenzimmer mit einer Mindestausrüstung an technischen Unterrichtsmedien auszustatten. Die gebräuchlichsten Unterrichtsmedien müssen jederzeit griffbereit zur Verfügung stehen, um zeitaufwändige Organisation und Überschneidungen in der Ausleihe zu vermeiden. Die im Klassenzimmer stationär untergebrachten Unterrichtsmedien werden ökonomisch und für einen schnellen Zugriff am besten in einem Medienschrank konzentriert und verkabelt. Bei Bedarf stehen sie – auf beweglichen Standbrettern herausgezogen – ohne unnötige Handgriffe zur Verfügung.

Standardausrüstung des Medienschranks:

- Fernsehgerät
- Videorekorder
- Filmgerät, 16 mm
- Diaprojektor
- Tageslichtprojektor
- Radiogerät
- Tonbandgerät bzw. Kassettenrekorder mit CD-Abspielung

Die im Aufbau begriffene Ausrüstung von Klassenzimmern mit Computereinheiten – wenigstens für überschaubare Schülergruppen – oder mit Laptops ist nicht nur hilfreich für den Abbau evtl. Berührungsängste gegenüber der modernen Informationstechnologie, sondern auch für deren realistische Verortung als gelegentlich nützliches „Lernzeug".

Beschaffung von Medien durch den Medienbetreuer

– Medienwünsche der Lehrer einholen
– Orientierung auf dem Medienmarkt, auf Messen, bei Firmen
– Entscheidungsfindung über die endgültige Antragsliste
– Etatverhandlungen

Hardware (Geräte)	Vorgefertigte	Mitgeschnittene	Selbsterstellte
– auf Kompatibilität achten!	Software (Medien-angebot) der	Software von Rund-funk und Fernsehen	Software
– Genügend große Anzahl von Ersatzteilen und Ersatzgeräten beschaffen!	Medienverlage	(unter Beachtung der urheberrecht-lichen Bestimmungen)	

Katalogisierung der Medien

Hardware, z. B.
– Monitore
– Rundfunkgeräte
– Plattenspieler
– Videogeräte
– Diaprojektoren

– Trägermaterialien wie Kassetten, Filme, Folien …
– Arbeitsgeräte wie Zei-chengeräte, Folienstifte …

Software, z. B.
– bespielte Tonbänder und Videokassetten
– Schallplatten
– Filme
– Diareihen
– Foliensätze …

Bedienungsanleitungen für Hardware
– übersichtlich
– gut lesbar
– verständlich und unmittelbar nachvoll-ziehbar

Einsatzmöglichkeiten für Software, u. a. durch schriftlich fixierte Erfahrungs-berichte der Lehrer

Ausleihsystem

(Anlage und Betreuung eines Medienarchivs)

Wartung

– Funktionsprüfung
– Ausführung von Kleinreparaturen
– Veranlassung größerer Reparaturen

– Information der Lehrer über vorhandene Unterrichtsmedien
– Einweisung in die Gerätebedienung
– Beratung für den Medieneinsatz

Medienbetreuer und technische Assistenten

7 Ergebnissicherung durch Wiederholen, Üben und Anwenden

(Vgl. z. B. Aebli 1993; Arbeitsgemeinschaft Lernmethodik 1980; Arbinger/Jäger 1996; Baddeley 1979; Bönsch 1993; Dieckmann u. a. 1998; Endres u. a. 1995; Foppa 1968; Hülshoff/Kaldewey 1990; Keller 1993; Kugemann 1986 und 1994; Maras 1987; Markowitsch 1992; Oerter 1988; Ortner 1987; Pöppel 1997; Reischmann 1993; Schmidt 1988; Schräder-Naef 1992; Speichert 1986; Vester 1996; Wettler 1980)

7.1 Worum geht es bei den Lernhandlungen Wiederholen, Üben, Anwenden?

Lehrer und Schüler arbeiten in Wiederholungs- und Übungsstunden oft aneinander vorbei, weil nicht eindeutig geklärt ist, welche Lernleistung und welcher Lerneffekt verlangt sind und zu welchem Zweck (Lernziel) das ganze Unternehmen veranstaltet wird.

Was passiert also beim Wiederholen, Üben, Anwenden, Vertiefen? Wozu dient die jeweilige Aktivität, und wie führt man sie möglichst effektvoll aus? Solche Fragen müssen zusammen mit den Schülern beantwortet werden, wenn das „Lernen lernen" einmal mehr eine echte Chance haben soll, und die Schüler sich nicht schon bei der Ankündigung wiederholender und übender Lernsituationen auf Phasen der Lustlosigkeit und Langeweile einstellen sollen.

7.1.1 Zusammenhang der ergebnissichernden Lernaktivitäten

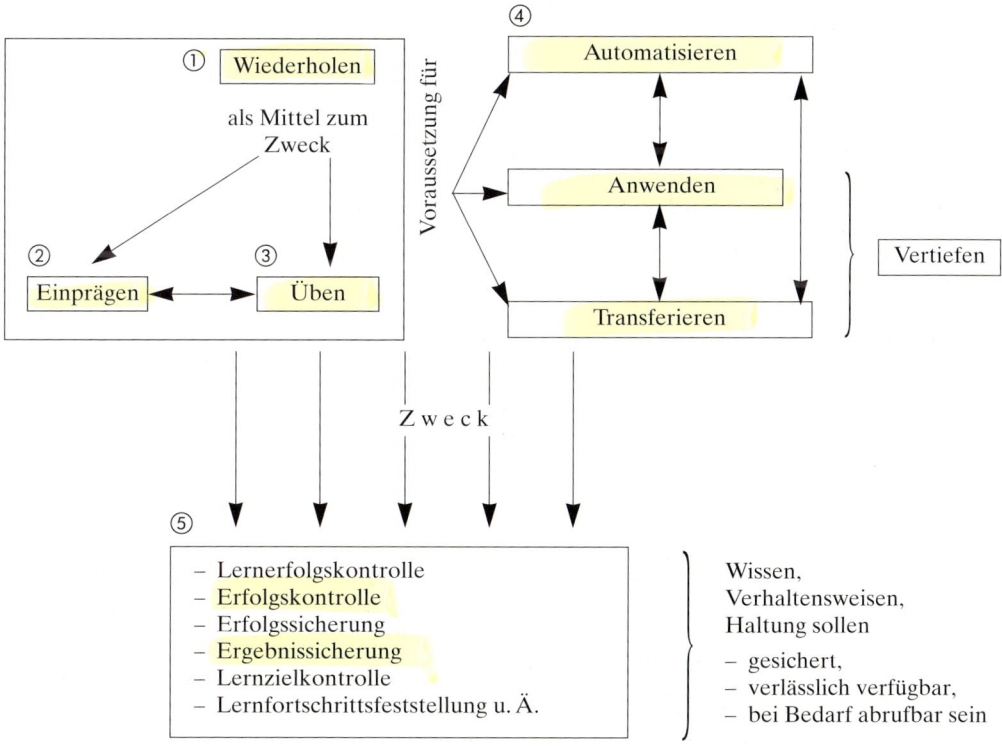

293

7.1.2 Erläuterungen zu den einzelnen Lernaktivitäten

> ① *Wiederholen* bedeutet die nochmalige bzw. mehrmalige Ausführung eines äußeren oder inneren Handlungsablaufs in unveränderter bzw. sinngemäßer Form.

Beispiele
- Der Bewegungsablauf beim Weitsprung wird durch oftmalige Wiederholung eingeschliffen und verbessert.
- Geläufige Satzmuster in der Fremdsprache werden durch Wiederholung in gleichen und ähnlichen Sprachsituationen verfügbar.
- Die Schüler wiederholen einen eben erarbeiteten Sinnzusammenhang mit eigenen Worten, um den Lerneffekt zu sichern und gleichzeitig ihr Verständnis unter Beweis zu stellen.
- Verlässliche Formeln, Regeln, Lösungsstrategien sollen durch oftmalige Wiederholung zum schnellen Durchspielen bei Problemlösungen zur Verfügung stehen, und zwar aus ökonomischen Gründen zur Entlastung der kreativen Lernarbeit.

> ② Im *Vorgang des Einprägens* soll die Wiederholung als Mittel zum Zweck zur Sicherung von Informationen, Wissen, Fakten, Kenntnissen, Einsichten, Zusammenhängen u. dgl. führen, d. h. dieselben im Gedächtnis abrufbar verankern.

> ③ Demgegenüber stehen beim *Üben* Abläufe, Wege, Methoden, Prozesse im Vordergrund der Wiederholung, also Können, Fähigkeiten, Fertigkeiten, Handlungsvollzüge. Gefragt ist letztlich Leistungssteigerung.

Einprägen und Üben arbeiten immer einander zu, für die Lernplanung ist es aber dennoch von Bedeutung, ob es z. B. lediglich um den Behaltwert von Fakten geht oder um eine Methode, gegebene Fakten sinnvoll und ökonomisch zu verbinden.

④ Mit dem Wiederholen zum Zweck des Einprägens und Übens sind die Voraussetzungen geschaffen für das Automatisieren, Anwenden und Transferieren. Vielleicht endet so mancher Transferversuch deshalb in Misserfolgen, weil seine Voraussetzungen nicht hinreichend geübt waren?!

> - Die besondere *Übungsform des Automatisierens* zielt über Drill, Konditionierung und Dressur auf Gewohnheitsbildung. Die erwünschten Verhaltensweisen sollen sich auf Schlüsselreize hin zuverlässig und ohne Belästigung des Bewusstseins einstellen.

Im militärischen Bereich dient die Automatisierung von Bewegungsabläufen, Handgriffen und von Befehl-Antwort-Ketten der Überlebenssicherung; im zivilen Bereich begünstigen z. B. das Einschleifen von Essmanieren, die Sauberkeitserziehung und die Eingewöhnung in allgemein übliche Umgangsformen die Akzeptanz der umgebenden Gesellschaft, – gelegentlich um den Preis einer zwanghaften Persönlichkeitsentwicklung und der Beeinträchtigung von Selbstständigkeit und Verantwortungsfähigkeit.

Lernpsychologisch gesehen bedeutet Gewohnheitsbildung unbestritten Entlastung von Routinehandlungen zugunsten einsichtigen Lernens. Unerwünschte Nebeneffekte können vermindert werden, wenn das Automatisieren *in Sinn- und Lebenszusammenhängen* erfolgt. So weist z. B. der pattern drill des Fremdsprachenunterrichts – übersetzt als Strukturmusterübung – über stumpfsinniges Pauken hinaus.

● In *Lernakten des Anwendens* soll der Praxisbezug hergestellt und geprobt werden.

Im Tun, Handeln, Ausführen wird das neu Gelernte und hinreichend durch Wiederholung Gesicherte an Fallbeispielen, wirklichkeitsbezogenen Aufgaben oder schlicht am eingangs der Unterrichtsstunde gestellten Lernproblem erprobt. Allerdings dürfen die Erwartungen an die Lernleistung nicht zu hoch gesteckt werden, wenn die Aufgabe in der Anwendungsphase lediglich darin besteht, das eben Gelernte ein erstes Mal zu wiederholen.

● Im *Transferieren* wird letztlich flexibler Umgang mit der Wirklichkeit auf der Basis eines sicher verfügbaren Verhaltensrepertoires angestrebt. Die Übertragung von Lernerfahrungen auf neue Situationen und Probleme, die ungewohnt aber mit der bisherigen Ausrüstung lösbar sind, setzt ausgiebiges Einprägen und Üben voraus.

Transferleistungen dürfen nicht mit mühsamer Erinnerungsakrobatik belastet werden. Im Transfer konzentrieren sich die Schüler
– auf die möglichen Relationen zwischen Fakten,
– auf problemlösende Verknüpfungen von Regeln, Gesetzmäßigkeiten,
– auf Sinnzusammenhänge,
– auf kreative Kombinationen und Grenzüberschreitungen …
Angesichts solcher Lernleistungen entpuppt sich so mancher Transfer einer Unterrichtsstunde als Hochstapelei, und manch anderer als Überforderung mangels entsprechender Vorleistungen im Einprägen und Üben.
Neue Erkenntnisse können nicht auf gerade gewonnene aufgepfropft werden, vielmehr muss als Voraussetzung einsichtigen Lernens auf jedem neu erreichten Erkenntnis- und Fähigkeitsplateau dem Schüler ausreichend Zeit für übendes Lernen zugestanden werden (vgl. hierzu die von Piaget beschriebenen Vorgänge der Äquilibration, Assimilation, Akkomodation unter 4.4.6.2/2.!).
Je nach lernfördernder oder -behindernder Wirkung ist in der Literatur von positivem bzw. negativem Transfer die Rede. Von einem Null-Transfer wird gesprochen, wenn sich keine nennenswerte Auswirkung auf nachfolgende Lernsituationen beobachten lässt.

● Der in Unterrichtsvorbereitungen gelegentlich auffindbare Begriff *Vertiefung* wird meistens ohne Trennschärfe als Sammelbezeichnung für so unterschiedliche Lernvorgänge wie Zusammenfassen, Ausweiten, Anwenden hergenommen. Da auch hier wieder den einzelnen Lernanforderungen entsprechende Rahmenbedingungen bereitzustellen sind, erweist sich eine eindeutige Abgrenzung als günstig:

Vertiefen bezeichnet eine für alle Schüler einer Klasse oder für einen Teil der Schüler vorgesehene *qualitative Intensivierung* der bis dahin geleisteten Lernarbeit.

Beispiele

– Das Lernergebnis wird in einen größeren Sinnzusammenhang gestellt. (Die Bedeutung der Verfassung der Vereinigten Staaten von Amerika für demokratische Verfassungen der Folgezeit)
– Ein Lerngegenstand wird durch zusätzliche Informationen in seinem Bedeutungsgehalt erweitert.
  (Kunstdünger als Mittel der Ertragssteigerung, aber auch als *eine* Ursache der Störung des ökologischen Gleichgewichts)
– Eine neu erlernte Operation wird in ihrer vollen Auswirkung erlebt, indem mit ihrer Hilfe eine komplexe Situation der erfahrbaren Wirklichkeit (leichter) bewältigt wird.
  (Stellenwert des Bewerbungsschreibens im Rahmen der Berufswahl)

⑤ Alle dargestellten Lernakte dienen der *Erfolgskontrolle und Ergebnissicherung*. Die vom Schüler zu leistende Wiederholung, der Übungsverlauf, evtl. Schwierigkeiten bei Anwendung und Transfer sollen zunächst Aufschluss über Verlauf und Ergebnis des eben vollzogenen Lernprozesses geben. Verständnis- oder Handlungsschwierigkeiten der Schüler müssen im Zusammenhang mit dem aktuellen Lernvorgang aufgedeckt und bewältigt werden und dürfen nicht mit dem Alibi von Stoffdruck und Zeitnot den Eltern und Nachhilfezentren zugeschoben werden.

Neben der unmittelbar erfolgenden Erfolgs-(Ergebnis-, Lernziel-)kontrolle sind *die Ergebnisse in geplanten Abständen zu sichern* (vgl. später!), wenn überhaupt eine Aussicht bestehen soll, sie mit einigem Behaltwert in das Langzeitgedächtnis einzulagern und im Bedarfsfall über sie verfügen zu können.

7.2 Wesentliche Ergebnisse der Lern- und Informationspsychologie als Grundlage schülerangemessener Ergebnissicherung

Selbst redlich um Einprägen und Üben bemühte Schüler klagen darüber – von den abfragenden Lehrern ganz zu schweigen –, dass die Ergebnisse des Wiederholens ein äußerst ungünstiges Aufwand-Nutzen-Verhältnis abgäben. Vor allem entmutigt der hinlänglich bekannte Effekt, dass durch Wiederholung gesicherte Lernergebnisse vielleicht gerade noch für die mündliche Notengewinnung in der nächsten Unterrichtsstunde zur Verfügung stehen, ihr Behaltwert aber mit der zeitlichen Entfernung von der Wiederholungstortur beängstigend zusammenschmilzt.

Sollte es etwa an den Umständen und Bedingungen des einprägenden und übenden Lernens liegen, weshalb der Nutzeffekt fast immer hinter der investierten Anstrengung zurückbleibt?

7.2.1 Erkenntnisse der Lernpsychologie

Die *Lernpsychologie* lässt an der Bedeutung des Wiederholens, Übens und Anwendens für die Sicherung von Informationen, Erfahrungen und Verhaltensmustern keine Zweifel aufkommen. Unterschiedliche Standpunkte werden eher hinsichtlich der Methode vertreten, die zu größeren Behaltwerten führe.

So setzen *die dem Behaviorismus zuneigenden Lerntheoretiker* auf möglichst unveränderte Wiederholung der neu erfahrenen Reiz-Reaktions-Kombinationen in sinnvollen Lernsituationen. Durch Anwendung auf andersartige, aber mit dem bisherigen Können lösbare

Lernsituationen hoffen sie auf Wirkungen der Übungsübertragung, einer Vorstufe des Transferierens. Allzu oftmalige Wiederholung führt zur Übersättigung und zu ablehnenden Reaktionen auch gegenüber an sich attraktiven Lernzielen. Bestehende Reiz-Reaktions-Verbindungen werden gelöscht bzw. vergessen, wenn sie

– sich überlagern,
– nicht benutzt bzw. nicht durch Wiederholung geübt werden
– und keine Erfolgserlebnisse (Verstärkung) nach sich ziehen.

Behavioristisch orientiertes Lernen ist also durch Zugewinnung und Übung möglichst vieler Reiz-Reaktions-Verbindungen gekennzeichnet, durch die die begegnende Wirklichkeit „flächendeckend" bewältigt werden soll. Diesem Konzept wäre ohne Einschränkung zuzustimmen, wenn es bescheidener aufträte und sich für Gewohnheitsbildung und mechanisierendes Lernen zuständig erklärte.

Der Wirklichkeit mit ihren vielfältigen Anforderungen an Produktivität und Kreativität glauben eher *die Vertreter des kognitiven Lernens* gerecht zu werden. Nach ihrer Meinung ereignet sich bedeutsames Lernen über Erfahrung, Einsicht, Erkenntnisgewinnung, Entdecken und Handeln. In der Ergebnissicherung ist nicht die zuverlässig verfügbare Menge von Reiz-Reaktions-Verbindungen gefragt. Merkenswert sind vielmehr nur Leitsätze, Gesetzmäßigkeiten, Kategorien, also grundsätzliche Strukturelemente und -beziehungen, die unmittelbar zum Transferieren befähigen, einmal ganz abgesehen von ihrem größeren Behaltwert. Neu erworbene Operationen müssen auf vielfältige Weise in den zugehörigen „Operationsset" eingebaut werden, was jederzeit wieder abrufbare Verfügbarkeit bedeutet.

Aebli führt zur Klärung des *Unterschieds von Automatismus und Operation* folgendes *Beispiel* an (1976[6], S. 71):

„Das *Einmaleins* kann als eine Sammlung von Automatismen oder als eine Gruppe von Operationen erworben werden. Im ersten Fall wird jede Zahlenkombination als stereotype Reaktion gelernt, bei der die visuelle oder auditive Wahrnehmung zweier Zahlen, etwa $8 \cdot 7$, das Aussprechen (effektiv oder innerlich) einer dritten Zahl, hier 56, hervorruft. Jede der verschiedenen Zahlenkombinationen ist demnach von jeder anderen isoliert. Will man jedoch, dass die Schüler das Einmaleins als System von Operationen begreifen, so wird man mit ihnen die vielfachen Beziehungen zwischen den verschiedenen Operationen studieren, zum Beispiel $6 \cdot 5 = (6 \cdot 10) : 2; 7 \cdot 6 = (5 \cdot 6) + (2 \cdot 6)$, also $30 + 12; 9 \cdot 8 = (10 \cdot 8) - (1 \cdot 8)$; $5 \cdot 5 = 25; 5 \cdot 6 = 30; 5 \cdot 7 = 35, \ldots$ also $5 \cdot a = n$ und $5 \cdot (a + 1) = n + 5$; usw., und dies alles, ohne noch vom Zusammenhang der Multiplikation mit der wiederholten Addition zu sprechen und ohne die Multiplikation in Beziehung zu ihrer Umkehrung, der Division, zu setzen. So wird das Einmaleins für den Schüler zu einem System, in dem er ohne Schwierigkeiten eine Operation aus der anderen ableiten und auf verschiedenen Wegen zu ein und demselben Ergebnis kommen kann, kurz: sich einem freien, seiner Ergebnisse sicheren arithmetischen Handeln zu überlassen vermag – dank dem Zusammenhang des Ganzen und der Beweglichkeit der Teile.

Dieser Unterschied zwischen Automatismus und Operation macht gut verständlich, warum die *intellektuellen Automatismen so oft in erstaunlich kurzer Zeit vergessen werden.* Das mechanisch gelernte Einmaleins braucht regelmäßige Wiederholung, sonst kann der Schüler bald nicht mehr über es verfügen."

Sollte also Lernen nur eine Frage der jeweils passenden Strategie sein: für Tischmanieren gedrillte Reiz-Reaktions-Ketten, für den Satz des Pythagoras operatives Lernen?

7.2.2 Unser Gedächtnis – Informationsspeicher mit hoher Verlustrate

Für Lernvorgänge ergibt sich eine bedenkliche Situation aus dem Befund, dass von Informationen im Kurzzeitgedächtnis nach ca. vier Sekunden nur noch die halbe Menge, nach zwei Tagen gar nichts mehr vorhanden ist.

Dann sind die Informationen entweder vergessen oder ins Langzeitgedächtnis weitertransportiert.

Erfreulichere Behaltwerte über immerhin mehrere Monate werden im Langzeitgedächtnis erzielt. Trotzdem kennt jedermann die bedrückende Erfahrung, dass z. B. von einem Vortrag bereits nach einer Woche ohne sichernde oder weiterverarbeitende Maßnahmen das meiste vergessen ist; bestenfalls blieb eine Kernaussage als Rest, möglicherweise aber auch nur ein als Auflockerung gedachter Witz.

---

1. *Das Gedächtnis ist ein hypothetisches Konstrukt,* d. h. nicht unmittelbar beobachtbar, sondern nur aufgrund der Ergebnisse seiner Aktivitäten erschließbar. Allgemein hat es die Aufgabe, Informationen jeder Art zu speichern und bei Bedarf wiedergeben zu können.

Als *Artgedächtnis* zeichnet es sich verantwortlich für die Weitergabe der gespeicherten Erbinformationen einschließlich der angeborenen Auslösemechanismen (AAM), als *Individualgedächtnis* verwahrt es die von jedem Individuum durch Lernen gesammelten, also auch nicht vererbbaren Erfahrungen.

---

2. Für die Gestaltung von Lernprozessen ist es bedeutsam, dass der Mensch nach Erkenntnissen der Faktorenanalyse in der psychologischen Forschung nicht über ein einheitliches Allgemeingedächtnis verfügt, sondern *unterschiedliche Gedächtnisleistungen je nach Aufgabengebiet* ausbildet. Die ältere Psychologie favorisierte ausschließlich das mechanisch-assoziative Gedächtnis als Generalgedächtnis, in dem Vorstellungen und Verhaltensweisen vor allem nach den Assoziationsgesetzen der Äquivalenz (Ähnlichkeit), des Kontrasts (Gegensatzes) und der Kontiguität (zeitliche und/oder räumliche Nähe) verknüpft werden. Auswendiglernen, Drill und Pauken waren die logische Konsequenz für die Informationsspeicherung.

Die faktorenanalytische Forschung wies mittlerweile neben diesem mechanisch-assoziativen Gedächtnis unterschiedliche Gedächtnisleistungen z. B. im Ultrakurzzeit- bzw. Gegenwartsspeicher, im Kurzzeit- bzw. Arbeitsspeicher, im Langzeitspeicher, für Zahlen, für visuell begegnende Informationen und für sinnvolles Lernmaterial nach.

3. Neurophysiologie, Neurobiologie und Biochemie haben dafür gesorgt, dass wie immer auch geartete Vorstellungen vom Schubladengedächtnis mit lediglich quantitativ gestapeltem Informationsmaterial der Vergangenheit angehören. So führt z. B. F. Vester Lernart und Gedächtnisleistungen auf die von der Geburt an zunehmende und durch die Interaktion mit der Umwelt gesteuerte *Vernetzung im Gehirn* zurück. Die dadurch entstehenden individuellen Grundmuster wirken sich begünstigend auf das weitere Lernen aus, wenn sie z. B. auf ähnliche Erklärungsmuster beim Lehrer stoßen, während sie bei Verschiedenheit der Grundmuster zur Lernflucht und zu Denkblockaden anstiften. Der Informationstheorie und der Kybernetik verdanken wir das plausible Erklärungsmodell, wonach solche Wechselwirkungen nicht nach dem Ursache-Wirkungs-Prinzip, sondern nach dem *Regelkreisprinzip* ablaufen: Informationsquelle, Art der Information, Informationsvermittlung und Informationsverarbeitung in den Gedächtnisspeichern beeinflussen sich wechselseitig,

wobei grundsätzlich immer eine Eskalation in Richtung Lernzuwachs oder Lernflucht möglich ist.

4. Viele Indizien sprechen dafür, dass das Gedächtnis über *mehrere Speichersysteme mit unterschiedlichen Aufgaben, Kapazitäten und Behaltwerten* verfügt.
Im *Ultrakurzzeit- bzw. Gegenwartsgedächtnis* werden die Informationen lediglich registriert. Wenn sie nicht innerhalb weniger Sekunden in das *Kurzzeit- bzw. Arbeitsgedächtnis* zur Überprüfung ihrer Brauchbarkeit und Verknüpfbarkeit mit Bekanntem überführt werden, gehen sie sofort wieder verloren. Einen Behaltwert von mehreren Monaten erreichen Informationen, die durch Anknüpfung an bereits eingespeichertes Material die Hürde ins *Langzeitgedächtnis* genommen haben. Ohne gelegentlichen Gebrauch durch Wiedererinnern, Wiederholen, Üben, Anwenden in Alltagssituationen u. a. m. verblassen allerdings auch diese wenigen ins Langzeitgedächtnis durchgekommenen Informationen.

5. Die Informationsaufnahme und -verarbeitung sind während ihres gesamten Ablaufs durch mannigfache Informationsverluste belastet. Ein erheblicher Teil dieser Verluste geht auf das Konto des *Vergessens* (in biologischer Sicht ein Zerfallen der Ribonucleinsäure).
Im Gegenwartsbewusstsein wird Vergessen v. a. durch ein überforderndes Überangebot an Informationen und durch augenblicklich wirklich oder scheinbar unbrauchbare Informationen verursacht.
Ins Gedächtnis vorgedrungene Informationen scheinen dadurch in Vergessenheit zu geraten, dass sie durch neue Informationen verdrängt bzw. überschrieben werden. Dabei sind dem Vergessen aufgrund der rückwirkenden und vorauswirkenden Ähnlichkeitshemmung vorzugsweise solche Informationen ausgesetzt, die mit neuen nicht sehr verschiedenen Informationen konkurrieren müssen.
Dazu gesellt sich das *motivierte Vergessen,* durch das peinliche Erlebnisse und Erfahrungen in die „Rumpelkammer" des Unbewussten abgeschoben werden.
Schließlich spielen heutzutage gelegentlich auch in der Schule Gedächtnisstörungen eine Rolle, die auf Alkohol- und Drogenmissbrauch zurückzuführen sind.

7.3 Unterrichtspraktische Konsequenzen: eine Menge Tipps mit Null-Effekt?

Die meisten Frustrationserlebnisse beim einprägenden und übenden Lernen sind nicht auf unbrauchbare Lernhilfen zurückzuführen, sondern auf deren Unkenntnis und falschen Einsatz. Da Menschen sich auch in der Art des lernenden Umgangs mit der Wirklichkeit unterscheiden, gilt für Lehrer und Schüler gleichermaßen, die der Alltagserfahrung und der wissenschaftlichen Forschung entstammenden Anregungen zum einprägenden und übenden Lernen zu sichten, zu erproben, dem jeweiligen Lerntyp entsprechend auszuwählen und zu einer individuellen Lernstrategie zusammenzubauen. Dabei gilt auch hier: Besser weniger Anregungen gründlich verwirklichen als viele oberflächlich!

7.3.1 Grundsätzliche Anforderungen an einprägende und übende Lernphasen

1. Ohne Bereitschaft und Motivation zum einprägenden und übenden Lernen besteht kein oder nur geringer Lernerfolg!
Wenn der Lerngegenstand selbst nicht genügend Motivation abwirft, dann vielleicht die Form (lustige Verpackung, Wettbewerb, Aussicht auf Belohnung …).

2. Auch beim Einprägen und Üben hat der Schüler ein Recht darauf, den Sinn des Unternehmens zu erfahren (Lernziele!). *Transparenz*

3. Die Lernanforderungen müssen für den Schüler überschaubar sein und Erfolgserlebnisse zulassen, die je nach Erfolgsgewohnheit bzw. Misserfolgsängstlichkeit des Schülers individuell zu verstärken sind: Vom mittleren Schwierigkeitsgrad der Aufgaben beginnend die Anforderungen langsam steigern!

4. Die exakte Bestimmung von Art, Anforderung, Zweck und Kontrolle der Wiederholung erfordert eine gründliche Vorbereitung der einprägenden und übenden Lernphase, – vorstrukturiert an der Tafel, auf der Overheadprojektor-Folie, auf dem Arbeitsblatt …

5. Lernen in Sinnzusammenhängen fällt leichter als an isolierten Teilstücken; es leitet außerdem zu strukturierendem Lernen an.

6. Geordnetes Lernmaterial wird besser behalten als ungeordnetes; dabei Ordnungsgesichtspunkte immer wieder bewusst machen! V. a. die Superzeichenbildung dient der Entrümpelung des Gedächtnisses von unnötigem Material.

7. Ganzheitliches, mit allen Sinnen (multisensorisches) erfolgendes Lernen erhöht die Chancen beträchtlich, dass über die vermehrten Eingangskanäle die Endprodukte im Langzeitgedächtnis erfreulicher ausfallen; also: handeln, laut sprechen, Skizzen entwerfen usw.

8. Insbesondere operatives Lernen (handelndes, selbsttätiges Lernen) führt zu erheblich größeren Behaltwerten als bloßer Nachvollzug oder Mitvollzug.

9. Die erste Wiederholung muss sofort nach der Einführung des neuen Wissens bzw. des neuen Könnens erfolgen, da andernfalls dasselbe bereits den Kurzzeitspeicher nicht übersteht.

10. Wiederholungsphasen sollten kurz sein, ihre Abstände voneinander werden mit der Entfernung von der Neubegegnung immer größer (individueller Erfahrungsplan nötig!).

11. Die Wiederholungen müssen unbedingt fehlerfrei gehalten werden, da falsch Eingelerntes nur mit hohem Aufwand wieder gelöscht werden kann.

12. In einprägenden und übenden Lernphasen müssen proaktive (vorauswirkende) und retroaktive (rückwirkende) Gedächtnishemmungen ausgeschlossen sein. Diese stellen sich unvermeidbar ein, wenn verschiedene Übungsphasen, aber auch die Neubegegnung mit Lernmaterial ohne deutliche Pause aufeinanderfolgen (vom Stundenplan vorprogrammierte Lernverluste). Auf diese Weise überlagern und löschen sich die verschiedenen Lernbereiche wechselseitig.

7.3.2 Wiederholen, Einprägen, Üben als Lernaufgaben

Auch auf diesem Gebiet fallen die Meister nicht vom Himmel, obwohl so manche schulische Übungs- und vor allem Hausaufgabenpraxis dies stillschweigend vorauszusetzen scheint und damit als Nebeneffekt nicht selten die Eltern in Verlegenheit bringt. Es gehört zu den selbstverständlichen Aufgaben der Schule, für die von ihr verordneten Lernaktivitäten des Einprägens und Übens auch die nötigen Techniken zu vermitteln, und zwar in jedem Fach an jeder gestellten Lernaufgabe. Einmalige Einführungskurse in die Technik des Lernens als Sonderveranstaltungen z. B. des Schulpsychologen oder Beratungslehrers können eine Grundlage schaffen und gravierende Lernfehler aufdecken, keinesfalls aber ein Alibi für die täglich zu leistende Kleinarbeit auf diesem Gebiet abgeben. Lern- und Arbeitsdisziplin sind eine Aufgabe lebenslangen Lernens. Für den Lehrer heißt es auch hier wieder, mit Geduld ein Programm der kleinen, aber gründlich überlegten und geübten Schritte zu verwirklichen.

Beispiele

1. Die Taktik der Wiederholungsarbeit kann sehr unterschiedlich ausfallen, von den äußeren Umständen des Lernens über die benutzten Verarbeitungskanäle bis hin zur Art der Speicherung. Der Lehrer muss deshalb als Fachmann für Lehren und Lernen dem Schüler behilflich sein, nach und nach seinen *individuellen Lernstil* herauszufinden, der beim Einprägen und Üben bei größtmöglicher Ökonomie die nachhaltigsten Effekte abwirft. Allerdings muss der Lehrer dabei so viel Toleranz aufbringen, den Schülern nicht seinen eigenen Lernstil aufzunötigen, auch wenn er ihn für sich selbst als den effektvollsten erkannt haben sollte.

2. Lernphasen des Einprägens und Übens müssen deshalb *methodisch so abwechslungsreich* gestaltet sein, dass die Schüler ihrem Lerntyp entsprechend ihre Lernstärken (visuell, akustisch, motorisch, multisensorisch) ausbauen und an ihren Defiziten unter Anleitung (und ohne Angst vor Bestrafung) arbeiten können.

3. Für die individuelle, also vor allem für die häusliche Wiederholungsarbeit sollten Lehrer und Schüler *Übungs- und Lernpläne* entwerfen, die nach einiger Zeit der Erprobung auf ihre Wirksamkeit hin überprüft und gegebenenfalls – auch individuell – verändert werden. Solche Lernpläne könnten z. B. nach folgenden Gesichtspunkten gestaltet sein:

- Vom Leichteren zum Schwierigeren!
- Wo immer möglich: Ordnen, gliedern, strukturieren!
- Abwechseln zwischen schriftlichen und mündlichen Formen des Wiederholens!
- Lernhilfen und „Eselsbrücken" bauen!
- Wiederholungsdurchgänge in immer größeren zeitlichen Abständen festlegen!
- Einführung in die Mnemotechnik!
- Pausen fest einplanen → sorgsamer Umgang mit der eigenen Lernenergie! Übermüdung führt nicht nur zu Null-Effekten beim Lernen, sondern auch zu Abwehr- und Vermeidungsreaktionen.
- Sich selbst Belohnungen nach einem erreichten Lernziel zugestehen! …

4. Die Lernberatung des Lehrers muss sich auch auf die *Biorhythmen und die damit verbundenen Leistungsschwankungen* während der schulisch relevanten Zeiteinheiten beziehen (vgl. z. B. Ortner 1987!):

- Die geistige Leistungsfähigkeit steigt *während des Schuljahres* von September bis März kontinuierlich an, fällt ab Mai wieder ab und erreicht im Juli ihren Tiefpunkt.

- *Während der Schulwoche* können wir von Dienstag bis Donnerstag mit der höchsten Leistungsfähigkeit der Schüler rechnen, wobei der Montag vor allem als Opfer der Freizeitgewohnheiten am Wochenende (Fernsehen, Übermüdung) abzubuchen ist.
- *Während des Schultages* liegen die Leistungsspitzen zwischen 8 und 11 Uhr und zwischen 16 und 18 Uhr. Hausaufgaben im absoluten Leistungstief zwischen 13 und 14 Uhr zu erledigen, ist unsinnig.

Neben den Biorhythmen ist die *Konzentrationsfähigkeit* zu beachten, die je nach Alter – und mit individuellen Verschiedenheiten – bei ein und demselben Gegenstand 15 bis 30 Minuten verweilen kann. Nach dieser natürlichen Konzentrationsgrenze entartet weiteres Dranbleiben am Lerngegenstand erfahrungsgemäß in Trödelei, Leerlauf, Unlustgefühle, tränenreiche häusliche Machtkämpfe usw.

5. Es ist m. E. keineswegs eine Einmischung in das elterliche Erziehungsrecht, über die Schule hinaus Schülern und Eltern gegenüber immer wieder unermüdlich auf eine *lernfördernde Gestaltung der Lernumwelt* hinzuwirken:

Arbeitsplatzgestaltung, Lernmaterial, Ordnungshilfen, Geräuschkulisse, nebenbei unterhaltender Fernseher, Konfliktbereinigung ...

6. Speziell für das Langzeitlernen empfiehlt sich die *Anlage einer Lernkartei* (z. B. Zettelkasten), die nach folgendem Zeitplan arbeitet:

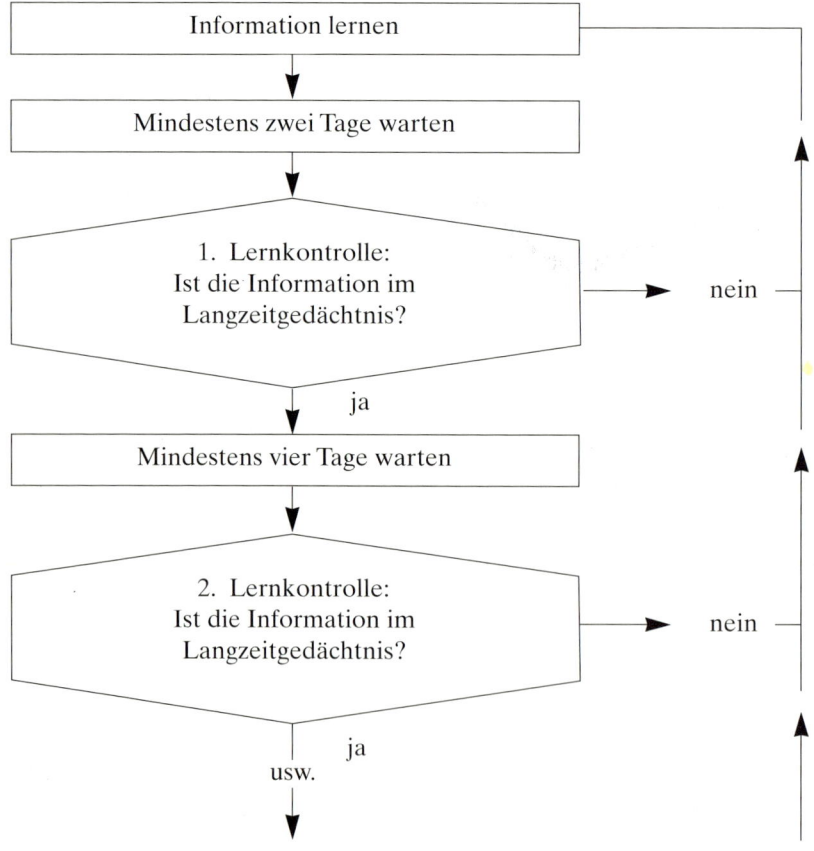

7. Als Langzeitunternehmen könnte die *Erarbeitung von Lernalgorithmen* in Angriff genommen werden, die sich als optimale Lösungsstrategie für Aufgaben eines bestimmten Problemkreises eignen. Beispiel eines Lernalgorithmus nach G. Meyer (1966, S. 99) zur induktiven Methode:

1. Untersuche Einzelfälle, die einzelnen konkreten Erscheinungen, und analysiere sie!
2. Suche die einzelnen Beziehungen, die Einflussfaktoren auf!
3. Beobachte zunächst qualitativ und weitergehend quantitativ die Einzelbeziehungen!
4. Stelle die Einzelbeziehungen zusammen (vielfach in tabellarischer Anordnung)!
5. Fasse zusammen (Synthese) und verallgemeinere die Einzelbeziehungen zu einem Gesetz, zu einer Regel, einem Formelausdruck (induktiver Schluss)!
6. Überprüfe an Beispielen, durch Experimente, in der Praxis das Gefundene!

7.3.3 Wiederholen, Einprägen, Üben und Anwenden im Unterricht

Bei diesen speziellen Anregungen für das Einprägen und Üben im schulischen Unterricht gelten ohne Einschränkungen die grundsätzlichen Anforderungen (7.3.1) und die in Auswahl angebotenen Maßnahmen der Lernberatung (7.3.2). Aus diesem Grunde sind im Folgenden auch gelegentliche Überschneidungen mit den bisherigen Ausführungen unvermeidbar.

1. Auch Wiederholungsstunden bedürfen der *Motivation,* d.h., die Schüler sollen in den psychischen Zustand der Aufmerksamkeit und Lernbereitschaft versetzt werden. *Echte* Anknüpfung an Schülerinteressen und an die außerschulische Wirklichkeit schafft solche Motivation noch am leichtesten, krampf- und trickreiche Lockeinstiege nicht unbedingt; die Schüler durchschauen die Absicht und sind verstimmt. Entgegen solchen Pseudomotivationen sind sie eher bereit, sich auch auf unbeliebte Übungsphasen einzulassen, wenn ihnen der Lehrer den Sinn des Unterfangens erläutert bzw. die zu sichernden Kenntnisse und Fertigkeiten im Zusammenhang mit einem größeren Lernvorhaben, gelegentlich sogar mit der aktuellen Lebenswirklichkeit aufzeigt. Der ideale Vollzug von Einprägen und Üben überhaupt liegt vor, wenn er sich sozusagen unbemerkt innerhalb fächerübergreifender, projektorientierter Lernsituationen ereignet.

2. Auch und gerade am Beginn einprägender und übender Lernphasen muss die *genau definierte Leistung* (Lernziele) stehen, an der sich der Schüler messen kann. Der – evtl. sogar differenzierte – Schwierigkeitsgrad muss Erfolg zulassen. Bei Misserfolg helfen nicht Verbalinjurien weiter, sondern nur die Aufklärung der verursachenden Defizite. Der Sinn des Einprägens und Übens ist ja nicht, Wiederholung des ohnehin schon Beherrschten bis zum Überdruss zu betreiben, sondern *mühevolle Kleinarbeit an noch bestehenden Unvollkommenheiten* zu leisten.

3. Die letzte Anmerkung beinhaltet die Forderung, dass Übungsstunden *angst- und stressfrei* gehalten werden müssen. Ungeduld, Ironie, Gespött der Klassenkameraden oder gar Drohung mit schlechten Noten lassen es dem Schüler nicht geraten erscheinen, individuelle Probleme im Umgang mit dem Lerngegenstand offen darzulegen; ein derart verunsicherter und ängstlicher Schüler wird noch unsicherer aus der Übungsstunde hervorgehen.

4. Gerade in der Kleinarbeit an individuellen Defiziten bewährt sich die *Kleingruppenarbeit,* in der nicht nur die Möglichkeiten der gegenseitigen Hilfestellung vervielfacht werden, sondern auch soziales Lernen praktiziert wird.

5. Für eine *lernfördernde Umwelt im Klassenzimmer* – *auch* beim Einprägen und Üben – sorgen z. B. Lernecken, Flip-chard oder Tafelflächen für großflächiges gemeinsames Arbeiten von Kleingruppen, eine Klassenbibliothek mit Nachschlagewerken (Lexikon, Duden, Atlanten …), mittendrin der *Lehrer als die beratende Endstation*. Einprägen und Üben leben vor allem vom *selbsttätigen Handeln der Schüler*.

6. Für die gegenstandsangemessene Planung des Einprägens und Übens ist die Kenntnis der *verschiedenen formalen Übungsarten* nützlich, wie sie z. B. Kösel/Schneider (1978) zusammengestellt haben (zit. in Maras 1987):

a) *Die lineare Übung:* „Sie beginnt an einem Punkt und schreitet dann in einer Richtung weiter." Beispiel: Einmaleinsreihen.

b) *Die vieldimensionale Übung;* Beispiel: Die „Zahl 18 in ihrer Beziehung zu anderen Zahlen".

c) *Die kreisförmige Übung:* Ein Gegenstand erscheint zunächst in einem überschaubaren Bereich und wird dann in einen größeren Zusammenhang hineingestellt; Beispiel: Das Wasser im Haushalt – Überregionale Wasserversorgung.

d) *Die spiralförmige Übung:* Ausgehend von einem Begriff werden komplexe Sachverhalte vermittelt; Beispiel: „Auto … – Benzinverbrauch, Verkehrsmittel, Autoindustrie, Umwelt".

e) *Die strukturorientierte Übung:* An einem „Gefüge" wird geübt und wiederholt; Beispiel: Globus – „Schüler kennen die Bedeutung der Längen- und Breitengrade, kennen die Klimazonen, ziehen daraus Schlüsse."

f) *Die ganzheitliche Übung:* „Beim ganzheitlichen Üben … wird immer der ganze Lerngegenstand durchlaufen"; Beispiel: Auswendiglernen eines Gedichts.

g) *Die elementhafte Übung:* Beispiel: „Suche aus dem Text alle Wörter, die mit ie geschrieben werden!"

7. Für die genaue Bestimmung der erwarteten Lernleistung ist die Kenntnis bedeutend, *auf welcher Lernzielstufe sie angesiedelt ist* (vgl. die Übersicht auf S. 305!).

7.3.4 Prinzipien für die Gestaltung von Wiederholungs- und Übungsstunden

Der *Normalfall der Ergebnissicherung* sind in den Lernprozess einer jeden Unterrichtsstunde *integrierte Wiederholungen und Übungen,* z. B. in Form von Teilzusammenfassungen, des Vollzugs früher gelernter Tätigkeiten, der Lösung von Teilaufgaben, der Abfassung von Merksätzen, der Lernerfolgskontrolle usw. Ergebnissicherung wird also vor allem *prozessbegleitend* vollzogen, nicht nur prozessabschließend am Ende einer Unterrichtsstunde oder Unterrichteinheit. Dabei ist es für den Stellenwert der Ergebnissicherung im Lernprozess und in der Sicht der Schüler von Bedeutung, dass sie nicht als lästiges Anhängsel in den Gongschlag hinein praktiziert wird, sondern als gleichwertiger Schritt der gesamten Lernplanung innerhalb der Unterrichtsstunde.

Für *prozessabschließende Ergebnissicherungen in eigenen Wiederholungs- und Übungsstunden* verspricht die Einhaltung folgender Prinzipien eine Optimierung des Unterrichtsverlaufs:

1. *Ermittlung der Ausgangslage der Ergebnissicherung*

Wiederholungs- und Übungsstunden knüpfen an den *exakt ermittelten Kenntnisstand der Schüler* an, den der Lehrer über Lernerfolgskontrollen, Eingangstests, langfristige Beobachtungen erfährt. Bereits bei der Planung der Wiederholungs- und Übungsstunde müssen erste Entscheidungen über eine evtl. Aufgabendifferenzierung getroffen werden.

Erwartete Lernleistung			
Reproduktion	**Reorganisation**	**Transfer**	**Problemlösung**
Reine Wiederholung im Sinne des Einschleifens, Mechanisierens; am besten in kleinen Einheiten sofort nach der Erstbegegnung (bei der Hausaufgabe sind Details schon wieder vergessen).	Mit Bekanntem in bekannten Zusammenhängen variabel umgehen, z. B. das Gelernte unter einer neuen Fragestellung neu ordnen: veränderter Blickwinkel gegenüber dem bekannten Sachverhalt.	Übertragung des Gelernten auch auf unbekannte Fälle, Sachverhalte, Probleme, die aber mit dem Bekannten voll lösbar sind.	Bekanntes muss auf neue Weise kombiniert werden; Teile des Lösungsweges sind selbstständig zu erschließen; bekannte Strategien werden schrittweise verändert angewendet; Kreativität fordernde Situationen werden bearbeitet; Superzeichenlernen wird geübt …

In der Regel angemessene Sozial- und Aktionsformen

Einzelarbeit, Partnerarbeit als Kontrolle
(Klassenunterricht als Ausnahme)

Aktionsformen z. B.
- Lückentext ausfüllen
- Verbalisieren graphischer Darstellungen
- Zuordnungsaufgaben lösen
- Zusammenfassungen erstellen
- Ausfüllen einer stummen Karte
- Tabelle auswerten
- Wettbewerbsspiele, Silben- und Kreuzworträtsel, Dialogspiele
- Programmierter Unterricht (lineare Form) …

Partnerarbeit und Gruppenarbeit

Aktionsformen z. B.
- Fallbeispiele bearbeiten, Fallstudien
- Textanalysen erstellen
- Praxisnahe Planspiele und Projekte
- Quelleninterpretation
- Rollenspiele
- Debatten
- Erörterung
- Entwurf von Ordnungsschemata
- Programmierter Unterricht (verzweigte Form) …

Wegen der nachgewiesenen lernfördernden Wirkung sei noch einmal daran erinnert, wenn immer möglich bei allen Formen der Ergebnissicherung dem *spielerischen Lernen* den Vorzug zu geben.

Andernfalls sind Lustlosigkeit und Langeweile des unterforderten Schülers sowie Misserfolgserlebnisse und Entmutigung des überforderten Schülers gleichermaßen vorprogrammiert. In Phasen der Ergebnissicherung soll jeder Schüler die Gelegenheit haben, von seinem augenblicklichen Stand aus Kenntnislücken zu schließen, Unsicherheiten abzubauen, Fähigkeiten in Richtung sicherer Beherrschung weiterzuentwickeln.

2. *Formulierung des – evtl. differenzierenden – Auftrages zur Ergebnissicherung*

- Formulieren Sie den Auftrag *sachlich genau, eindeutig, übersichtlich gegliedert* und für die speziellen Adressatengruppen der Schüler *verständlich* (Kenntnis- und Entwicklungsstand)!
- *Begründen* Sie im Auftrag (schriftlich oder mündlich) den Zweck und den Lerneffekt der zu leistenden Arbeit!
- *Erläutern* Sie im Auftrag (schriftlich oder mündlich) die Anforderungsstufe der Aufgabe, die Aufgabenform und den Lernweg, evtl. anhand eines Beispiels!
- Sorgen Sie dafür, dass der *Auftrag* für die Schüler während der gesamten Zeit der Ergebnissicherung *präsent bleibt* (z. B. an der Tafel, über Tageslichtprojektor, auf dem Arbeitsblatt, ins Heft notiert)!
- Überzeugen Sie sich durch Fragen zum Auftrag, dass *alle Schüler die Aufgabenstellung verstanden haben und über ausreichende Methoden zur Aufgabenlösung verfügen!*
- Denken Sie bei der Formulierung des Auftrages daran, die Ergebnissicherung *handlungsorientiert und ganzheitlich* zu gestalten: Jeder Schüler muss für seinen weiteren Lernweg ohne Fremdhilfe über die gesicherten Ergebnisse verfügen können. Dieses Ziel erreicht er leichter, wenn er nicht nur Aufgaben für Kopffüßler bekommt, sondern je nach Aufgabe sprechen, lesen, spielen, zeichnen, denken, handeln darf.

3. *Betreuung der Schüler während der Ergebnissicherung*

- Üben Sie nach und nach *spezielle Verhaltensregeln* für Phasen der Ergebnissicherung ein, z. B. Mitschüler bei individuell zu leistender Arbeit nicht stören; Reihenfolge möglicher Hilfsmittel (Schulbuch, Merkheft, Nachschlagewerke, Mitschüler, Lehrer); Mitschülern helfen, ohne ihnen die Lernarbeit wegzunehmen (evtl. Tutorensystem einführen); den eigenen Lernweg und die Ergebnisse der Arbeit bewerten, ohne zu mogeln …
- Sorgen Sie für eine *entspannte und angstfreie Atmosphäre bei der Ergebnissicherung!* Gerade Fehlleistungen und Kenntnislücken sollen entdeckt und beseitigt werden.
- Geben Sie Ihren Schülern Sicherheit durch *Lernhilfen,* durch erreichbare Teilaufgaben mit Zwischenergebnissen, durch Ermunterung!
- Ermutigen Sie Ihre Schüler zum *kreativen Umgang mit den Aufgaben,* zu alternativen Lösungswegen, zum spielerischen Ausprobieren …!
- Regen Sie je nach Sachlage den *Wechsel der Sozialformen und Aktionsformen* an!

4. *Auswertung der Ergebnissicherung*

- Bereiten Sie eine *zuverlässige Lernerfolgskontrolle* vor, z. B. Vergleich mit einer Vorlage über Tageslichtprojektor zur Selbst- oder Partnerkorrektur!
- Helfen Sie, *Fehlleistungen durch genaue Fehleranalyse sofort zu beseitigen und aufgetretene Schwierigkeiten zu bearbeiten!*
- Lassen Sie ausgewählte Lösungswege *von den Schülern demonstrieren,* Ergebnisse vortragen, die Überwindung von Lernschwierigkeiten beschreiben usw.!
- Sorgen Sie für *angemessene Verstärkung!*
- Überlegen Sie, ob sich eine *sinnvolle Weiterführung der Ergebnissicherung als Hausaufgabe* anbietet! Erläuterung und Überprüfung nicht vergessen!

8 Problemfall Hausaufgaben

(Vgl. z.B. Becker/Kohler 1995; Feiks 1991; Geißler/Schneider 1982; Helms 1995; Lipp/Will 1984; Schwemmer 1981; Speichert 1987; vgl. auch die Literaturempfehlungen zur Ergebnissicherung!)

Von Hausaufgaben ist in Erlassen, Schulordnungen und pädagogischen Schriften die Rede, seitdem es organisierten Unterricht gibt.
Offensichtlich wurden sie als – wie immer auch definierte – Verlängerung des Schulunterrichts schon seit jeher für notwendig gehalten, begleitet vom Wehklagen der Schüler und Eltern. Was ist auch von Hausaufgaben zu halten, wenn sie in Elternversammlungen und in der Tagespresse immer wiederkehrend als „Schikane der Lehrer", „Tatbestand des Hausfriedensbruchs", „Freizeitkiller", und im selben Zusammenhang die Eltern als „Hilfslehrer der Nation" bezeichnet werden, welche – oft genug peinlicherweise an der Grenze eigenen Leistungsvermögens – die Versäumnisse der Schule kompensieren müssten?

8.1 Die Hausaufgabe im Missverhältnis zwischen pädagogisch sinnvollen Forderungen und der schulischen Wirklichkeit

8.1.1 Merkmale der Hausaufgabe

- Die Hausaufgabe ist ein vom Lehrer erteilter Auftrag.
- Sie steht mit dem augenblicklich behandelten unterrichtlichen Lernziel und Lerninhalt in Zusammenhang.
- Der Schüler bearbeitet sie in der unterrichtsfreien Zeit, und zwar ohne Fremdhilfe durch Lehrer oder Eltern, von kooperativen Formen der Hausaufgabe einmal abgesehen.

8.1.2 Schulrechtliche Bestimmungen

Die einschlägigen *schulrechtlichen Bestimmungen* statten die Hausaufgabenpraxis mit einem Rechtsrahmen aus, der die sinnvolle Gestaltung von Hausaufgaben durchaus unterstützt.

So sollen Hausaufgaben

- die Festigung des in der Schule Gelernten (Kenntnisse, Fähigkeiten, Techniken) sicherstellen,
- die Schüler zu selbstständiger Arbeit anregen,
- die Schüler an Eigenverantwortung für ihr Lernen gewöhnen
- sowie in realistische Zeiteinteilung und in sog. Arbeitstugenden (z.B. Regelmäßigkeit, saubere Gestaltung, Ausdauer) einüben,
- den Kontakt zwischen Elternhaus und Schule im Hinblick auf Lernfortschritte und Lernverhalten der Schüler kontinuierlich aufrechterhalten.

Die genannten Ziele können nur verfolgt werden, wenn sie nicht durch äußere Umstände in Frage gestellt werden. Die Schulordnungen schreiben deshalb folgende Rahmenbedingungen vor:

- Die Hausaufgaben müssen ausreichend erläutert werden.
- Ihre Menge muss so beschaffen sein, dass sie von einem durchschnittlichen Schüler in der Grundschule in höchstens einer Stunde, von Schülern der fünften bis zehnten Jahrgangsstufe in höchstens zwei Stunden und von Schülern der elften bis dreizehnten Jahrgangsstufe in höchstens drei Stunden bewältigt werden kann; dabei sind der Zeitaufwand für Schulwege und für Nachmittagsunterricht zu berücksichtigen.
- Den Schülern muss genügend Zeit für Erholung, Spiel und persönliche Interessen bleiben.
- Die Hausaufgaben sind vom Lehrer zu überprüfen.
- Die Lehrer müssen sich bezüglich ihrer Hausaufgabenforderungen abstimmen, z. B. durch Eintragung ins Klassenbuch oder einen Übersichtsplan an der Pinnwand.
- Die Schüler der Jahrgangsstufen 5 bis 10 führen ein Hausaufgabenheft.
- Sonntage, Feiertage und die Ferien sind von Hausaufgaben freizuhalten.

Bei der skizzierten Funktionsbestimmung der Hausaufgabe und dem für sie vorgesehenen Rechtsrahmen kann es nur an Unkenntnis, falscher Auslegung oder Missachtung liegen, wenn die Hausaufgabenpraxis öfter als verkraftbar nicht damit in Einklang zu stehen scheint. Empirische Untersuchungen liefern ebenso wie schlichte Befragungen bei Elternabenden hartnäckig immer wieder die gleichen Fakten (Auswahl):

- Allzuoft erfordern die Hausaufgaben die Mithilfe der Eltern oder gar Nachhilfeunterricht. Dabei bleibt zunächst offen, ob dies auf mangelhafte Aufmerksamkeit der Schüler im Unterricht oder auf unzureichende Erläuterung der Lehrer zurückzuführen ist. Es liegt auf der Hand, dass hier Schüler benachteiligt sind, deren Eltern den Anforderungen der Hausaufgaben nicht gewachsen sind oder die keine Zeit für die Mithilfe und/oder kein Geld für die Nachhilfe aufbringen können.
- Der von den Schulordnungen vorgesehene Zeitrahmen für die Erledigung der Hausaufgaben wird mangels Koordination der Anforderungen durch die Lehrer oft erheblich überzogen. Die Folgen sind nicht nur zunehmende Lustlosigkeit der Schüler und Abneigung gegenüber Hausaufgaben überhaupt, sondern auch Übermüdung, Bewegungsmangel, Stresssymptome und Nervosität, begleitet von Spannungen innerhalb der Familie. Der Griff zu angeblich leistungssteigernden Psychopharmaka ist nicht selten.
- Die Hausaufgabenstreuung auch über Sonn- und Feiertage belastet das Verhältnis zwischen Eltern und Schule, da die Beeinträchtigung von Freizeitaktivitäten auf die ganze Familie übergreift.
- In den meisten Fällen klagen Schüler und Eltern über langweilige und ideenarme Routineaufgaben, deren Erledigung ausschließlich als lästige Pflicht empfunden wird.
- Die Überprüfung der Hausaufgabe durch die Lehrer wird teilweise gar nicht oder allzu stichprobenartig gehandhabt, womit sowohl die Funktion der Rückmeldung als auch die Verstärkung für die Schüler (und die Eltern) ausfällt.
- Überforderung führt zwangsläufig zum Abschreiben von Unverstandenem, zum Schwindeln und Mogeln, womit nicht selten der Teufelskreis zunehmenden Leistungsversagens eingeleitet wird.
- Es ist sicherlich u. a. auf Defizite in der Beratung von Schülern und Eltern zurückzuführen, wenn für die Arbeit an Hausaufgaben falsche Lernzeiten (vgl. Biorhythmen unter 7.3.2/4.) und ungünstige äußere Umstände (Lernplatz, Radioberieselung usw.) gewählt werden.

8.2 Vorschläge für die Gestaltung abwechslungsreicher und sinnvoller Hausaufgaben

8.2.1 Grundsätze für die Arbeit am Verständnis der Hausaufgaben

1. Hausaufgaben bleiben so lange ein hoffnungsloser Problemfall, als der Lehrer sie nicht als *selbstverständlichen Bestandteil in die Planung des Unterrichts integriert.* Wenn sich die Hausaufgabe nicht zwingend notwendig aus der Lernprozessplanung ergibt, besteht auch kein hinreichender Grund für ihre Anordnung. Ebenso gilt: Besser keine als eine nicht oder schlecht vorbereitete oder nicht genügend erläuterte Hausaufgabe!

2. Als Bestandteil der Gesamtplanung des Lehr- und Lernprozesses ist die Hausaufgabe *nur in folgenden Funktionen interessant und vertretbar:*

- In *didaktischer Funktion* dient sie der Vorbereitung, Ergebnissicherung, Ausweitung, Vertiefung unterrichtlicher Themen.
- *Kontrollfunktion* fällt ihr – neben den besser geeigneten Lernerfolgskontrollen – zu, wenn sie tatsächlich von den Schülern ohne Fremdhilfe bearbeitet wird, dadurch individuelle Lerndefizite aufgedeckt werden, und der Lehrer Konsequenzen für seine weitere Unterrichtsplanung daraus zieht.
- *Informationsfunktion* erfüllt die Hausaufgabe, insofern durch sie die Eltern in kontinuierlicher Weise Einblick in die Lernfortschritte und das Lernverhalten ihrer Kinder erhalten.
- *Die kooperations- und kommunikationsstiftende Funktion* der Hausaufgabe greift dann, wenn Schüler sie in Arbeitsgemeinschaften oder in Form von Interviews, Materialbesorgung, Erkundung und dergleichen bearbeiten.

Andere, meist unreflektierte, aber durchaus traditionsreiche Funktionen der Hausaufgabe wie z. B. die der Disziplinierung, der bloßen Beschäftigung, der Entlastung von schulischer Arbeit und der Selektion haben in einer verantwortlich durchgeführten Lernplanung keine Daseinsberechtigung.

3. *Erste Ergebnissicherungen gehören in den Unterricht,* und sei es in Form der Lernerfolgskontrolle, um grundlegende Verständnisschwierigkeiten der Schüler im unmittelbaren Zusammenhang mit der problematischen Aufgabenstellung bearbeiten zu können. In die Hausaufgabe verschleppte und mittlerweile durch den Vorgang des Vergessens noch vergrößerte Verständnisschwierigkeiten erzwingen unerwünschte Fremdhilfe und/oder Abschreiben der Lösungen aus Angst vor Blamage oder anderen schulischen Sanktionen.

4. Hausaufgaben erfordern wie jeder andere Schritt des Lernprozesses *systematische Anleitung,* Besprechung auftretender Schwierigkeiten (Lernstil, Lernwege, Lernökonomie, Lernplatz ...) und gelegentlich beispielhafte Ausführung im Unterricht.

5. Alles Bemühen des Lehrers endet in einem frustrierenden Nulleffekt, wenn er *die Eltern* über die verschiedenen vorgeschriebenen und möglichen Wege der Kontaktaufnahme nicht für die *Zusammenarbeit an der Gestaltung einer sinnvollen Hausaufgabenpraxis* gewinnen kann. Hier gilt es, mit Geduld auf Desinteresse ebenso wie auf überzogenen Drill, das Lernen zerstörende Strafmaßnahmen und lernbehindernde häusliche Umstände einzuwirken (vgl. hierzu die Anmerkungen zur Ergebnissicherung unter 7.3!).

6. Durch Hausaufgaben soll der Schüler *sein Leistungsvermögen in angstfreien Situationen erproben.* Fällt ein Schüler mehrfach durch unerledigte Hausaufgaben auf, sind mit ihm zusammen die Gründe zu klären. Für angemessene Maßnahmen ergeben sich Unterschiede aus der Feststellung, ob er nicht will, nicht kann, grundsätzlich resigniert hat oder die Hausaufgabe schlicht vergessen hat.

8.2.2 Grundsätze für die Gestaltung von Hausaufgaben

1. *Formulieren* Sie Ihren Auftrag für die Hausaufgabe genau, übersichtlich gegliedert und für alle Schüler verständlich!
Vergewissern Sie sich, dass Ihr Auftrag bei allen Schülern angekommen ist! Sorgen Sie dafür, dass Ihr Auftrag den Schülern wörtlich präsent bleibt (Vorgabe auf Arbeitsblatt, Notiz der Schüler im Arbeits- oder Aufgabenheft)!

2. *Begründen* Sie Ihren Auftrag für die Hausaufgabe aus dem Zusammenhang der schulischen Lernarbeit!
Verzichten Sie auf die Hausaufgabe, wenn es Ihnen nicht gelingt, den Schülern den Sinn der Aufgabe zu vermitteln!

3. *Erläutern* Sie Art und Form der Hausaufgabe, geben Sie Hinweise für die Überwindung besonderer Schwierigkeiten, und besprechen Sie mit den Schülern mögliche Lösungswege und nötige Arbeitstechniken!
Erarbeiten Sie gegebenenfalls gemeinsam ein Musterbeispiel!

4. *Differenzieren* Sie nötigenfalls Ihren Auftrag nach Umfang oder Schwierigkeit der Aufgabe, nach Bearbeitungsverfahren, nach Interesse und Neigung der Schüler! Jeder Schüler soll in der Lage sein, mit seinen bereits erworbenen Kenntnissen und Fähigkeiten die Hausaufgaben selbstständig zu bearbeiten.

5. *Variieren* Sie Ihre Aufgabenstellung (vgl. hierzu ausführlich 8.2.3!)!

6. Regen Sie bei geeigneten Aufgaben zur *Kooperation der Schüler* bei der Hausaufgabenarbeit an!

7. Geben Sie Ihren Schülern *immer wieder Lerntipps* für Ihre Hausaufgabenarbeit mit!
Fordern Sie in diesem Zusammenhang die Schüler zur Selbstbeobachtung und zur Besprechung ihrer Lernschwierigkeiten mit Eltern, Lehrern und Mitschülern auf!

8. *Überprüfen* Sie die Hausaufgaben!
Selbst- und Partnerkorrektur der Schüler sind gelegentlich möglich, ersetzen aber nicht die schriftliche Ermunterung und Anerkennung des Lehrers.

9. *Koordinieren* Sie Ihre Aufträge für Hausaufgaben nach Zusammenhang und Menge mit den Anforderungen der anderen Lehrer der Klasse (Klassenheft, Übersichtsplan)!

10. *Vereinbaren* Sie mit den Schülern ein Verfahren, wie bei nicht oder unvollständig gefertigter Hausaufgabe vorzugehen ist, z. B. Anspruch der Schüler auf nochmalige Erläuterungen bei Verständnisschwierigkeiten, Erlass der Hausaufgabe bei besonderen Familienereignissen, Nachholfrist für vergessene Hausaufgaben …

11. *Missbrauchen Sie Hausaufgaben auf keinen Fall als Disziplinierungsmittel!* Sie vermiesen damit den Schülern die Hausaufgabe und bestrafen außerdem Unbeteiligte (Eltern, Geschwister, Spielkameraden) mit.

8.2.3 Suchraster für abwechslungsreiche und sinnvolle Hausaufgaben

Durch Befragung von Schülern und Lehrern und durch Umschau in der Fachliteratur erstellten Lipp und Will (1984) ein Suchraster für Hausaufgaben, das eine eindrucksvolle Fülle von Anregungen zur Überwindung festgefahrener Hausaufgabenroutine enthält:

1. Motivierende Tätigkeiten	2. Schülerbezogene Hausaufgaben-Inhalte	3. Greifbare und konkrete Ziele	4. Flexible Hausaufgaben-Modi
a) *Tätigkeiten zur Informationsgewinnung* – suchen, sammeln und ausschneiden, – interviewen, – besuchen und erkunden, – anfragen und sich erkundigen, – bestellen von Informationsmaterial, – nachschlagen und lesen, – gezielt fernsehen und Radio hören, – Versuche machen, beobachten, messen und zählen. b) *Kreativ-produktive Tätigkeiten* – basteln, bauen und handarbeiten, – zeichnen, malen und fotografieren, – erfinden und zusammenstellen, – rätseln, knobeln und spielen.	a) *Einzelne Schüler bringen ihre speziellen Interessen und Fähigkeiten ein, z. B. der* – Tierexperte, – Sammler von ..., – Musikspezialist, – „geborene Schauspieler", – Techniker, Bastler und „Tüftler". b) *Schüler bringen sich selbst ein, z. B. über* – Briefe als persönliche Stellungnahmen, – Erlebniserzählungen, – Tagebuchaufzeichnungen, – Ferien- und Wochenendberichte. c) *Schüler bringen ihre unmittelbare Umgebung mit ein, z. B.:* – Geschehnisse im Schuleinzugsbereich, – Probleme im Schuleinzugsbereich, – Erforschung der Geschichte des Heimatraumes, – Natur im Heimatbereich, – Einrichtung in der Umgebung erkunden, – bekannte Gebäude, Gegenstände, Flächen u. a. als Grundlage für Beschreibungen, Messungen und Berechnungen verwenden. d) *Schüler bringen aktuelle Bezüge und Tagesthemen ein, indem sie* – sich in Nachrichten über aktuelle Ge-	a) *Hausaufgaben als Beitrag zu Gemeinschaftsaktivitäten* – Briefwechsel mit Partnerklassen, – Briefe an Institutionen, – Aufsätze für ein Klassenbuch, – gemeinschaftlich erstellte Referate, Wandzeitungen, etc., – gemeinschaftlich vorbereitete Unterrichtsstunden, Projekte, Feste, Theaterstücke, – Beiträge zur Selbstdarstellung von Klasse und Schule (Klassen- und Schülerzeitung, Schaukästen, Ausstellungen). b) *Hausaufgaben mit dem Ziel individueller Bereicherung bzw. Anerkennung der eigenen Arbeit* – sich selbst als „Fachmann" erleben (bei Referaten, Ausstellungen ...), – als Fachmann anerkannt werden, – an Wettbewerben teilnehmen (Lese-, Mal-, Geschichtswettbewerbe), – Aufgaben für einzelne Schüler mit hohem Anreiz- und Schwierigkeitsgrad („intellektuelle Mutproben"), – sich engagieren durch Leserbriefe, Basare, Veranstaltungen, – Arbeitstechniken zur Informationsgewinnung anwenden und erproben,	a) *Hausaufgaben nicht nur vom Lehrer und aus dem Buch* – Schüler erfinden Aufgaben, – Planungsgruppen für Hausaufgaben, – Auswahl aus dem Hausaufgabenkasten. b) *Unterschiedliches Ausmaß an Verbindlichkeiten und Festlegung der Hausaufgaben* – freiwillige Hausaufgaben (Fleißaufgaben), – verbindliche Hausaufgaben mit frei zu wählenden Inhalten, – Auswahlhausaufgaben, – Aufgaben über mehrere Tage aufgeben, – Langzeithausaufgaben. c) *Differenzierte Hausaufgaben* – nach Schwierigkeitsgrad, – nach Umfang, – nach Interesse, – nach Lerninhalten (z. T. Arbeitsteilung). d) *Soziale Formen als Alternative zur Alleinarbeit* – Hausaufgabengruppen, – Tutorensystem, – Hausaufgaben-Nachbarschaftshilfe, – Lehrer und Schüler machen gemeinsam Hausaufgaben. e) *Variationen der Hausaufgabenkontrolle* – Schüler schreiben auf Folien, Matrizen, etc.,

1. Motivierende Tätigkeiten	2. Schülerbezogene Hausaufgaben-Inhalte	3. Greifbare und konkrete Ziele	4. Flexible Hausaufgaben-Modi
	schehnisse aus Politik, Sport, Kultur, … informieren, – in Zeitungen nachlesen, – gezielt Fernsehsendungen zur Informationsentnahme nutzen, – Berichte zusammenfassen, – aktuelle Texte statt Lesebuchtexte bearbeiten.	– Techniken zur aktuellen Lebensbewältigung einüben (Bewerbung, Lebenslauf, Brief, Formulare ausfüllen). c) *Hausaufgaben mit dem Ziel direkt ablesbarer Leistungssteigerung* In Verbindung mit vorbereitenden und stützenden Maßnahmen wie: – klare, begrenzte und erreichbare Lernziele, – rasch erkennbarer Lerngewinn, – Vermittlung von Lern- und Arbeitstechniken.	– Aushang oder Ausstellung von Hausaufgaben, – Hausaufgaben als Vorträge oder mündliche Berichte vor der Klasse, – Hausaufgaben als notwendige Voraussetzungen für den folgenden Unterricht, – Verdeutlichung des erreichten Lernzuwachses.

8.2.4 Empfehlungen für den Ablauf der Hausaufgabenarbeit

Die Einstellung zum Lernen und der Lernstil der Schüler werden durch ihre vorschulischen Erfahrungen, durch schulische und freie Lernsituationen und nicht zuletzt durch die Hausaufgabenarbeit bestimmt. Erwartungsdruck und Überforderung durch die Eltern sowie unüberlegte Bloßstellungspraktiken der Lehrer produzieren oft Angst vor Hausaufgaben, die in Lernflucht, Trödeln, Schulschwänzen und psychosomatische Störungen wie Kopfweh, Bauchweh, Minderwertigkeitsgefühle u. a. m. münden. Bei dem verhältnismäßig geringen Einfluss der Schule auf die außerschulische Lebenswelt der Schüler sollte der Lehrer nichts unversucht lassen, wenigstens für *Kontinuität in der Arbeit am Lernstil der Schüler in der Schule und bei der Hausaufgabe* zu sorgen.

1. Die größte Hoffnung ist auf den *Übertragungseffekt* zu setzen, der als Nebenprodukt systematischer schulischer Arbeit an Lernstil und Arbeitsdisziplin der Schüler abfällt (vgl. hierzu die Hinweise zur Ergebnissicherung unter 7.3.1 und 7.3.2!). Allerdings zeigt das „Lernen lernen" nur nachhaltige Erfolge, wenn es als geplantes Lernprogramm und an aktuelle Defizite der Schüler anknüpfend einen festen Platz in der Unterrichtsgestaltung einnimmt. Situatives unvorbereitetes Kleckern schadet mehr, als es nützt.

2. Kaum zu kontrollieren und im Effekt schwer einzuschätzen ist die *gezielte Beratung der Schüler und Eltern* durch den Lehrer bezüglich der Hausaufgabenarbeit. Auf die Mithilfe der Eltern ist noch eher zu bauen, wenn sie die in Elternversammlungen oder in der Sprechstunde vom Lehrer *begründeten Hinweise* für eine Optimierung des Lernstils ihrer Kinder *in schriftlicher Form* (knapp, übersichtlich, verständlich) mit nach Hause bekommen. Dem

Hang von Schülern und Eltern zum Beharren im Gewohnten, zur Bequemlichkeit und zum Vergessen kann der Lehrer begegnen, wenn er die Schüler bei der Erteilung der Hausaufgabe auch an konkrete Lerntipps für die Hausaufgabenarbeit *erinnert* (evtl. sogar ins Hausaufgabenheft eintragen lassen!), gelegentlich *Protokoll* über die verbrauchte Lernzeit und Lernschwierigkeiten führen lässt und *Probleme der Schüler mit den Hausaufgaben regelmäßig aufarbeitet.*

3. Viele Eltern sind dankbar, *für die Eingewöhnung in die Hausaufgabenarbeit und die Gestaltung ihres Ablaufs konkrete Hinweise* zu erhalten. Bis zur angestrebten Entlassung der Schüler in Selbstständigkeit und Eigenverantwortung ist es durchaus empfehlenswert, *individuelle Hausaufgabenrituale* zu entwickeln.

Vorschlag

- Das Mittagessen wird grundsätzlich nicht durch belastende Schul- und Berufsgespräche gestört.
- *Nach* dem Mittagessen entwerfen Eltern und Schüler oder der Schüler allein einen *Hausaufgaben- und Freizeitplan,* am besten schriftlich in Stichworten:
  - Fach, Umfang, Reihenfolge der Hausaufgaben, geschätzte Lernzeit
  - Abklärung evtl. aus der Schule mitgeschleppter Verständnisschwierigkeiten
  - Einplanung von Nachmittagsunterricht, Übungszeiten für Musizieren …
  - Evtl. Belohnung vereinbaren
  - Festlegung der Erholungs- und Freizeitphasen.
- *Beginn der Hausaufgabenarbeit* festlegen: Vor 15 Uhr zu beginnen, ist bei den meisten Kindern wegen des Ermüdungstiefpunkts unökonomisch.
- *Lernplatz* völlig freiräumen und die Bücher, Hefte, Geräte bereitlegen, die bei der Hausaufgabe benötigt werden. V. a. ablenkende Spielsachen, Abenteuerbücher und dergleichen wegräumen.
- *Für die Einzelaufgaben feste Zeiteinheiten vorgeben.*
- *Für Ruhe sorgen:* Kein Fernseher, kein Radio, keine herumtobenden Geschwister, keine geschäftig hantierende Mutter usw. Wichtig für die Konzentration!
- Eltern sollten vor direkter Mithilfe ihre Kinder *in den Gebrauch der möglichen Quellen und Hilfsmittel einweisen,* z. B. Schulhefte, Schulbücher, Nachschlagewerke, Atlanten usw.
- Nach Abschluss der Arbeit die *Leistung anerkennen,* evtl. belohnen; Fehler sofort berichtigen!
- *Und wenn es einmal gar nicht klappt:* Das Problem möglichst genau schriftlich für die Vorlage beim Lehrer fixieren!

9 Leistung in der Schule

(Vgl. z. B. Bartnitzky/Portmann 1992; Betz/Breuninger 1996; Brück 1978; Heckhausen 1989; Heller 1991; Henze/Nauck 1985; Ingenkamp 1995 u. 1997; Jegge 1994; Jeske 1995; Jürgens 1998; Klauer 1986; Kleber 1992; Köck 1997; Lienert 1987; Nauck 1992; Preuss 1994; Sacher 1996; Schröder 1997; Schwarzer 1993; Tiedemann 1985; Vester 1993; Wenger 1989; Zander 1993; Zielinsky 1998)

9.1 Leistung – ein umstrittener Begriff in der pädagogischen Diskussion

9.1.1 Technische und menschliche Leistung im Vergleich

Das längst auf das gesamte Wirtschaftsleben ausgeweitete technische Leistungsverständnis ist in der Formel definiert:

$$\text{Leistung} = \frac{\text{Arbeit}}{\text{Zeit}} \quad \text{oder Leistung} = \frac{\text{Kraft} \times \text{Weg}}{\text{Zeit}}$$

Selbst in der differenzierten Form $\text{Schulleistung} = \dfrac{\text{Lernaufwand}}{\text{Lernzeit}}$

bleibt die Formel eine rein formale Aussage zur Messbarkeit der Leistung, die für erzieherische und unterrichtliche Situationen zu kurz greift. Wie im Wirtschaftsleben zählt in erster Linie das Ergebnis, nicht der leistende einzelne Mensch. Für eine angemessene Würdigung *menschlicher Leistung* ist ein Ausweitung der Untersuchungsaspekte angebracht:

- Unter *statischem Aspekt* erscheint Leistung als Produkt. Ausschließliche Produktorientierung mit absoluten Zielsetzungen wirkt sich aber früher oder später belastend bis zerstörend auf die Leistungsbereitschaft aus.
- Der *dynamische Aspekt* verdeutlicht Lernen als Prozess. Insofern ist Leistung der einem Individuum mögliche Beitrag zur Erreichung eines Zieles. Dieser Beitrag ergibt sich näherhin dem jeweils individuell möglichen Verhältnis von Aufgabe, Anforderung, Fähigkeit und Ergebnis.
- Der *normorientierte Aspekt* macht darauf aufmerksam, dass Lernen nach vorgegebenen Gütekriterien gemessen wird. Leistung wird an Leistungsnormen gemessen, die in der umgebenden Gesellschaft entwickelt und (vorläufig) anerkannt sind. Dabei ist nicht nur optimale Sachangemessenheit ausschlaggebend, sondern auch das Ausmaß der Übereinstimmung mit geltenden Werten; nach beiden richtet sich die Statuszuweisung von Seiten der Gesellschaft.

Leistung ist als Prozess und Ergebnis zweifellos eine den Menschen wesentlich bestimmende Verhaltensdimension. Ohne sie verfehlt er sowohl sich selbst als auch sein Leben in der Welt und in der Gesellschaft. Strittig ist auch nicht die Forderung von Leistung, umstritten sind vielmehr die Leistungsbereiche, die Verwirklichung von Leistung und die Bewertung von Leistung.

9.1.2 Schulwirklichkeit und pädagogisches Leistungsverständnis

1. Da die Schule neben der Familie die bedeutendste Sozialisationsinstanz der Gesellschaft ist, ist es nicht verwunderlich, dass auch hier Leistungen begünstigt werden, deren Maß *vorgegebene Produkterwartungen mit gleichzeitiger Zuteilung von Rangplätzen in der Lerngemeinschaft* ist. Angesichts der gesellschaftlichen Realität muss die Schule sogar auf ein produktorientiertes Leistungsverhalten vorbereiten, wenn die Schüler im alltäglichen Ellenbogenwettstreit nicht als Versager vorprogrammiert sein sollen. Diese Pflicht zur Vorbereitung auf realitätsgerechtes Leistungsverhalten darf aber nicht den Blick für die andere Aufgabe der Schule verstellen, die Schüler – ihrer individuellen Ausgangslage entsprechend – überhaupt erst zur Leistung zu motivieren und eine Leistungsbereitschaft aufzubauen, die am Ende eines langen Lernprozesses auch der knallharten Erwartung von Leistungsprodukten gewachsen ist, einschließlich der Möglichkeit des Scheiterns.
Darüber hinaus werden letztlich in der Schule durch Einübung der Schüler in ein differenziertes Leistungsverständnis die Grundlagen dafür geschaffen, zur Überwindung inhumaner Begleiterscheinungen des Leistungsverhaltens in der Gesellschaft beizutragen.

2. Eine weitere grundsätzliche Problematik ergibt sich für die Entwicklung eines pädagogischen Leistungsverständnisses aus der Tatsache, dass die weitaus meisten schulischen Lernsituationen in einem *Probehandeln für die Zukunft* bestehen. Der jeweils gebrachten Leistung fehlt der Charakter des Ernstfalles mit seinem direkten Nutzen oder Schaden für den Einzelnen, die Gesellschaft und die Umwelt. Dies mag wiederum in einer Phase der Vorbereitung auf realitätsgemäßes Verhalten gerechtfertigt sein, auf Dauer aber will der leistende Schüler tatsächlich etwas bewirken.

3. Die seit Jahren anhaltende *Schulstressdiskussion* gibt Grund zu der Annahme, dass das für jede Art der Weiterentwicklung nötige Maß an Stress durch die Menge und die Art der Leistungsanforderungen allzu oft in Überforderung (Distress) ausartet. Das Erleben des Eigenwertes der Leistung und die Leistung als individuelles Erfolgserlebnis werden von leistungshemmenden Stressfolgen überlagert.

4. Ohne Berücksichtigung speziell pädagogischer Gesichtspunkte sieht Heckhausen (1989) die *Schulleistung mit folgenden Merkmalen ausgestattet:*

- Leistung führt zu einem Ergebnis.
- Das Ergebnis ist an Gütemaßstäben messbar.
- Die zur Leistung nötige Handlung muss gelingen oder misslingen können, d. h. auf einem mittleren Schwierigkeitsgrad angesiedelt sein.
- Für die Bewertung der Leistung ist ein Vergleichsmaßstab nötig.
- „Die Handlung muss vom Handelnden selbst gewollt und das Ergebnis von ihm selbst zustande gebracht worden sein."

Die *Leistungsmotivation* ergibt sich

- aus den zugrunde liegenden Motiven als Disposition des Handelns
- und aus den jeweiligen Anregungsbedingungen.

Schiefele führt die Leistungsmotivation auf das Interesse an einem konkreten Gegenstand zurück, der

- als bedeutungsvoll erkannt ist,
- mit dem sich zu beschäftigen attraktiv (emotional bevorzugt) ist
- und der unter Wertkriterien als für den Handelnden selbst oder für die Mit- und Umwelt wertvoll beurteilt wird.

5. Zu einem *pädagogischen Leistungsverständnis* werden die Ausführungen von Heckhausen und Schiefele weiterentwickelt, wenn die allgemeinen Merkmale von Leistungssituationen von der pädagogischen Forderung her betrachtet werden, den Schülern bei der Entwicklung ihres Leistungsverhaltens Hilfestellung zu geben.

Leistung unter pädagogischem Aspekt bezeichnet die individuell aufgebrachte Anstrengung des Schülers in Lernsituationen. Dies bedeutet im einzelnen:

- *Pädagogisch verstandene Leistung setzt bei den individuellen Möglichkeiten des Schülers an.* Nicht nur der fleißige reproduzierende Schüler, sondern auch der begabte Chaot muss in seiner spezifischen Leistungsfähigkeit angemessen gewürdigt werden. Nur von der Anerkennung der individuellen Ausgangslage aus kann eine situations- und aufgabenangemessene Leistungsentwicklung ohne Bruch und Entmutigung in Gang gesetzt werden.
- Die pädagogische Sicht der Leistung misst der *individuellen Anstrengung des Schülers* in Lernsituationen mindestens dieselbe Bedeutung zu wie dem Leistungsergebnis. Ohne Erfolgserlebnisse und eine wache Interessenhaltung keine Leistung!
- Pädagogisch orientierte Leistung *berücksichtigt die lern- und entwicklungspsychologischen Gegebenheiten,* z. B. den altersabhängig unterschiedlichen Zugang der Schüler zu Leistungsanforderungen, ihre sich wandelnden Interessenschwerpunkte für Leistungen, ihre Ausdauer und Konzentration in Leistungssituationen u. a. m.
  Eine „gesunde" Entwicklung des Leistungsverhaltens kann nur im Einklang mit der Gesamtentwicklung gelingen, nicht gegen sie oder abgekoppelt von ihr.
- Pädagogisches Leistungsverständnis betrachtet die *Lern- und Leistungsbereitschaft des Schülers* immer gleichzeitig als *Voraussetzung und Ziel* schulischer Leistungserziehung.
  Leistung ergibt sich aus dem Zusammenwirken von Leistungsfähigkeit (alters- und entwicklungsabhängig), Leistungsbereitschaft (als der Absicht, sich auf ein bestimmtes Ziel hin anstrengen zu wollen) und aktueller Leistungsmotivation (s. o.) in anregenden Lernsituationen. Leistungserziehung bedeutet *fördern und fordern;* Leistungsanforderungen ohne (verkraftbare) Schwierigkeiten sind uninteressant, langweilig und ineffektiv.
- *Pädagogisch verstandene Leistung ist ganzheitlich.* Sie führt damit weg von dem weithin in der Schule praktizierten Leistungsbegriff, der vor allem kognitiven Leistungen Vorschub leistet.
  In Anknüpfung an Pestalozzis Forderung einer allseitigen und gleichberechtigten Förderung von „Kopf, Herz und Hand" bezieht der pädagogische Leistungsbegriff Leistungen im Bereich des Nichtmessbaren mit ein, wie z. B. Leistungen der Kreativität, der Kommunikationsfähigkeit, der Konfliktbewältigung, der Kooperationsfähigkeit, der Anerkennung von Regeln und Ordnungen, der Aufmerksamkeit und Konzentration u. a. m.
- *Leistung entwickelt sich nur in sinnvollen Lernsituationen.* Dies bedeutet, dass die Schüler angeleitet werden müssen, den Sinn ihres Lernens und ihrer Leistungen zu hinterfragen statt Leistungsanforderungen ohne Einsicht in ihren Sinn hinzunehmen. Die Schüler müssen lernen, die Verantwortung für ihre Leistungsmotivation und ihren Leistungsvollzug selbst zu übernehmen. Dieser pädagogischen Forderung an die Leistungserziehung kommt es entgegen, wenn die so störanfällige Leistungsmotivation wenn immer möglich in aktuelle Anforderungen investiert wird. Durch andauernde Routineleistungen wird die Leistungsmotivation abgenutzt.
- Pädagogisches Leistungsverständnis schließt *gemeinschaftlich erbrachte Leistungen* ein.
- Pädagogisches Leistungsverständnis *akzeptiert Gefühle als Mitbedingung von Leistung* und nimmt sie mit in ihre Arbeit am Leistungsverhalten hinein.

● Pädagogisches Leistungsverständnis stellt sich den Herausforderungen, die mit dem *Leistungsversagen von Schülern* aufgegeben sind.

Relativ überdauernde Leistungsstörungen ergeben sich nicht aus einmaligem, sondern aus gehäuftem Leistungsversagen, durch welches das Selbstwertgefühl des Schülers schrittweise abgebaut wird. Die größte Aussicht auf Behebung des Leistungsversagens und seiner Verfestigung in Form von Lernstörungen gewährleistet deshalb ein möglichst frühzeitiges Eingreifen in den nachfolgend dargestellten *Teufelskreis des Leistungsversagens,* der die betreffende Person in ihrer komplexen individuellen Lebens- und Lernsituation sieht:

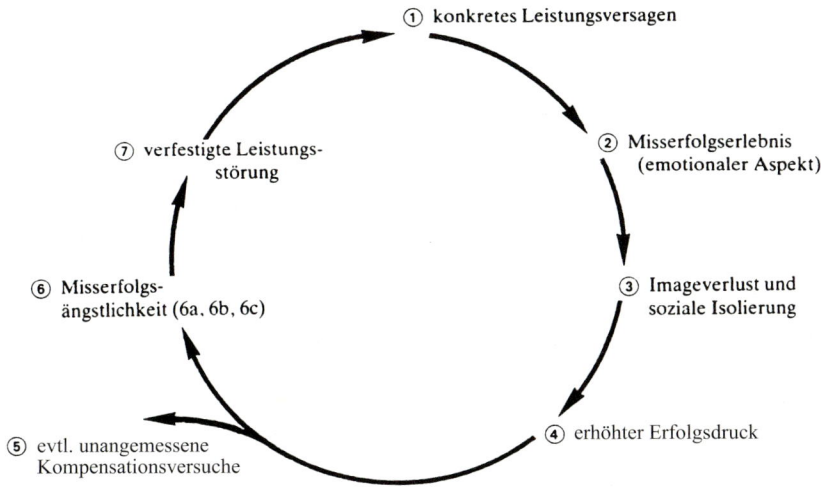

① Ein konkretes Leistungsversagen zieht

② ein Misserfolgserlebnis nach sich, das – selten erfahren – meist folgenlos bleibt. Gehäuftes Leistungsversagen aber birgt die Tendenz der Verallgemeinerung im individuellen Erleben in sich; das Versagen im Vergleich zur individuell gesetzten Norm weitet sich zum *Minderwertigkeitserlebnis* aus. Dieses wiederum mündet durch Bekräftigung des Versagens im sozialen Urteil nicht selten in *Minderwertigkeitskomplexe.*

③ Imageverlust bei den Mitschülern und Lehrern und in Extremfällen soziale Isolierung erhöhen

④ den Erfolgsdruck. Im Schulalltag spielen hier evtl. geäußerte negative Erwartungen des Lehrers („Na, ob du das wohl schaffst!"), der Eltern und der Mitschüler eine ebenso unheilvolle Rolle wie elterliche Drohungen oder Strafen.

⑤ An dieser Stelle steigen viele Leistungsversager bereits in unerwünschte Verhaltensauffälligkeiten aus, durch die sie letztlich auf ihre Hilflosigkeit in bestimmten Leistungssituationen aufmerksam machen wollen.

⑥ Die mittlerweile erreichte Misserfolgsängstlichkeit treibt die betroffenen Schüler in drei typische Reaktionen:

6a Sie *setzen weitere Aufgaben unerreichbar hoch an*, womit sie sich nicht nur selbst betrügen, sondern gleichzeitig ein Alibi für weiteres Versagen verschaffen.

6b Sie nehmen Zuflucht zu *selbstgewählter Unterforderung*, um dem Misserfolg von vornherein auszuweichen. Da sie mit dieser Strategie unter ihrem wirklichen Niveau bleiben, werden sie zum Leistungsschwachen abgestempelt, ohne es zu sein (→ Tiefstapler).

6c Die dritte Reaktionsmöglichkeit ist *Flucht vor der Leistung,* begleitet von Äußerungen wie z. B. „Ich bin ja dumm", „Das kann ich ja doch nicht", „Das lerne ich nie" …

(7) Wenn nicht spätestens jetzt die bisher erworbene Misserfolgsängstlichkeit abgebaut wird, mündet sie in eine verfestigte Leistungsstörung, die aufgrund der enttäuschten bis bedrohlichen Reaktionen aus der Umwelt meistens noch andere Verhaltensauffälligkeiten wie Tagträumen, Bockigkeit, Aggressivität usw. nach sich zieht. Für den betroffenen Schüler kann es sogar unter Umständen eine bequeme Lösung für sein Leistungsdilemma sein, als der Dumme zu gelten. Das soziale Überleben sichern sich so manche leistungsschwache Schüler, indem sie den Klassentrottel oder den Kasperl vom Dienst spielen (Kompensationshandlungen).

9.2 Lern- und Leistungsstörungen im Schulalltag – Anregungen für Diagnose und Therapie

9.2.1 Begriff und Klassifikation von Lern- und Leistungsstörungen

> Lern- und Leistungsstörungen bzw. -versagen werden in der einschlägigen Literatur als Erwartungsabweichungen oder normabweichende Fehl- und Minderleistungen definiert.

Mit dieser Definition wäre alles gesagt, wenn so ohne weiteres klar wäre, an welchen bzw. wessen allgemeinverbindlichen Erwartungen oder Normen die Leistungen gemessen werden und woher diese Erwartungen und Normen ihre Legitimation nehmen. Diese allgemeine Beurteilungsproblematik wird durch die Tatsache verschärft, dass Lehrer und Erzieher in der Beurteilung von Verhaltensstörungen aller Art nachweisbar unterschiedliche Maßstäbe zugrundelegen. Nicht selten führen erst vorschnelle, pauschalierende Klassifizierungen von Verhaltensweisen durch Lehrer und Erzieher gegenüber Schülern und Eltern zur Ausprägung als Verhaltensstörung.

Um Beurteilungsfehler einzuschränken, ist bei offenkundig vorliegenden Lern- und Leistungsstörungen eine *gründliche individuelle Diagnose* angebracht, die sich stützt

– auf sorgfältig erhobene Beobachtungsdaten,
– aufklärende Gespräche mit dem betroffenen Schüler, mit den Eltern und anderen Lehrern, in gravierenden Fällen auch auf Erkenntnisse aus der Anamnese
– und evtl. auf Kooperation mit Fachleuten wie z. B. dem Beratungslehrer, Schulpsychologen, Arzt, Erziehungsberater …

Dem einzelnen Schüler mit seiner spezifischen Lern- und Leistungsstörung werden weder vorschnelle Urteile aufgrund von Zufallsbeobachtungen noch Massenorganisationen bei den therapeutischen Maßnahmen gerecht. Erste Anhaltspunkte für die konkrete Ursachenforschung kann die *Grobeinteilung von Lern- und Leistungsschwierigkeiten* nach Zielinski (1991) geben:

● Allgemeine Lernschwierigkeiten bei unterdurchschnittlichem Intelligenzquotienten der Kinder. Solche Kinder sind durch andauernd zu hohe, an einem sog. Durchschnitt gemessene Leistungserwartungen und durch ihren Fähigkeiten nicht angepasste Lernmethoden zum Scheitern verurteilt.

- Allgemeine Lernschwierigkeiten bei durchschnittlichem oder überdurchschnittlichem Intelligenzquotienten der Kinder.
- Partielle Lernschwierigkeiten bei durchschnittlichem oder überdurchschnittlichem Intelligenzquotienten der Kinder; wie z. B. Rechenschwäche oder Legasthenie.

Auf die grundsätzliche Problematik einer Einteilung mit dem Maßstab des Intelligenzquotienten sei hier nur am Rande hingewiesen. Es wird kaum mehr bestritten, dass Intelligenztests allein als Instrument der Vorhersage von Lern- und Leistungsentwicklungen bzw. -störungen keinesfalls ausreichen.

9.2.2 Häufige Ursachen von Lern- und Leistungsstörungen

Die nachfolgende Übersicht ist in zweifacher Absicht erstellt:
- Sie soll die Aufmerksamkeit des Lehrers auf Ereignisse und Situationen im Schulalltag lenken, die – oftmals unbemerkt und unterschätzt – zum Auslöser für Lern- und Leistungsschwierigkeiten werden können.
- Sie kann als Orientierungshilfe für die Diagnose bereits vorliegender Lern- und Leistungsschwierigkeiten dienen.

Es sei allerdings ausdrücklich davor gewarnt, kurzschlüssig allein auf dieses diagnostische Hilfsmittel ohne zusätzliche Kontrollmaßnahmen zu bauen, selbst wenn der Zusammenhang zwischen einer der genannten Ursachen und einer aktuellen Lern- und Leistungsstörung auf der Hand zu liegen scheint. Ferner sei an die hinreichend gesicherte Erkenntnis erinnert, dass ein und dieselbe Verhaltensstörung je nach individueller Situation auf völlig verschiedene Ursachen zurückgeführt werden kann, und dass außerdem meist zwischen mehreren Ursachen eine komplexe wechselseitige Bedingtheit besteht.

Umfeldbedingte Ursachen außerhalb der Schule	Ursachen innerhalb der Lerngruppe/Klasse	Intrapersonale Ursachen beim Schüler
– Überforderung bzw. Überbehütung durch die Eltern – erzieherisches Fehlverhalten der Eltern (autoritär, antiautoritär, inkonsequent, Beschränkung des Entwicklungsspielraumes des Kindes) – Rivalität unter Geschwistern – belastende Familiensituation (Wohnverhältnisse, Scheidung, Krankheit, Tod) – Milieuschäden – lernhemmende Mediengewohnheiten – evtl. negativer Einfluss von Peergroups – Überforderung durch Freizeitaktivitäten (Musikunterricht, Vereine, Computer ...)	– Blockierung der individuellen Entfaltung durch zu große Klassen – lernhemmende Räumlichkeiten (vgl. 2.2.2.2) – Anpassungsschwierigkeiten an Ordnungen, Regeln, Zielbestimmung der Schule – Vorurteile des Lehrers und andere Fehlerquellen bei der Schülerbeobachtung (z. B. Halo-Effekt, einseitige Wahrnehmung, Fehlattribuierung, Projektion, Etikettierung) – erzieherisches Fehlverhalten des Lehrers (Ironie, negatives Erwartungsverhalten, Resignation, Überbehütung ...) – intrapersonale Konflikte des Lehrers	– Erkrankung – somatogene Störungen (frühkindliche Hirnstörung, körperliche oder geistige Behinderung, hormonelle Störungen ...) – Begabungsdefizite (total oder partiell, endgültig oder vorübergehend) – entwicklungsbedingte Beeinträchtigungen (Pubertät, Retardierung, Akzelleration ...) – angeschlagenes Selbstwertgefühl, mangelnde Leistungsmotivation, Ängste verschiedener Art – langsames indviduelles Lerntempo – einseitig entwickelte Interessenschwerpunkte – mangelhaft beherrschte Arbeitstechniken

Umfeldbedingte Ursachen außerhalb der Schule	Ursachen innerhalb der Lerngruppe/Klasse	Intrapersonale Ursachen beim Schüler
	– ungünstige bzw. unbearbeitete gruppendynamische Entwicklung in der Klasse (Rollenkämpfe, Macht-Einfluss, Angstfantasien ...) – überzogene Stresssituation durch permanente Leistungsanforderungen – Gedächtnishemmungen durch unmittelbare Aufeinanderfolge verschiedener Lernanforderungen – didaktische und methodische Fehlentscheidungen des Lehrers (an den Interessen der Schüler vorbei, permanente Über- oder Unterforderung, mangelnde Arbeit a. d. Lernmotivation der Schüler, Mangel an Anerkennung, method. und/oder mediale Überfütterung, fehlende Differenzierung, einseitige Bevorzugung lehrerzentrierter Methoden ...)	– Schulangst – verfestigte Anpassungsschwierigkeiten (Minderwertigkeitskomplex, Außenseiterposition) – aktuelle Konflikte

9.2.3 Anregungen zur Vermeidung bzw. zum Abbau von Lern- und Leistungsstörungen

Die vorstehenden Überlegungen verfolgten die Absicht, über die übliche und nicht unproblematische Klassifizierung der Lern- und Leistungsstörungen hinaus häufige Ursachen von Verhaltensstörungen aufzudecken, die teilweise dem Betroffenen und dem Erzieher unbewusst wirken und/oder durch die gegebenen Umstände des Unterrichtsalltags leicht aus dem Blick geraten. Es ist eine dringende und wichtige Aufgabe für gesonderte Untersuchungen, einzelne Verhaltensstörungen bzw. speziell Lern- und Leistungsstörungen phänomenologisch und empirisch exakt zu erfassen und konkrete Therapiepläne zu entwickeln. Die folgenden Anregungen zielen im Vorfeld solcher konkreter Therapiepläne darauf ab, Grundvoraussetzungen für die Begegnung der im pädagogischen Feld Befindlichen und für den Verlauf von Lernprozessen zu schaffen, die der Entwicklung von Verhaltensstörungen entgegenwirken bzw. für den Abbau bestehender Verhaltensstörungen eine echte Chance versprechen.

9.2.3.1 Hinweise zur erzieherischen Grundeinstellung des Lehrers

1. Die förderliche Auswirkung des *sozialintegrativen Erziehungsstils* auf die Begegnung von Lehrer und Schüler und auf die Bewältigung von Lernprozessen ist – unter wechselnden Bezeichnungen – in der Pädagogik längst bekannt, seit den umfangreichen Untersuchungen des Ehepaares Tausch und Mitarbeitern ist sie empirisch abgesichert. *Der sozialintegrative Erziehungsstil hat allerdings nur eine echte Chance, wenn der Erzieher – selbst*

gelegentliche Misserfolge in Kauf nehmend – konsequent bereit ist, den Schüler als Partner auch und gerade in seiner jeweiligen emotionalen Befindlichkeit ernst zu nehmen. Einem Erziehungsstil, der sich etwa nur in reversiblen (umkehrbaren) Lehreräußerungen erschöpft, muss der Erfolg versagt bleiben, weil ihm die die ganze Person umfassende Echtheit fehlt.

2. Als unverzichtbare Forderung des sozialintegrativen Erziehungsstils wird die *positive Wertschätzung des Schülers* auf der Basis der Gerechtigkeit betont. Positive Wertschätzung muss der Schüler spüren, Lippenbekenntnisse allein nützen ihm nichts. Wertvolle Informationen über die Einschätzung dieser positiven Wertschätzung durch die betroffenen Schüler erhält der Lehrer z. B. durch regelmäßige Feedbackgelegenheiten, durch informelle Tests zur Stimmung und Atmosphäre in der Lerngruppe und durch Metapherfragen wie „Der Lehrer behandelt mich heute wie …" oder „Ich empfand den Lehrer heute als …"

3. Der Erzieher ist für seine Schüler eine *personale Projektionsfläche,* kein anonymer und distanzierter Arrangeur von Lernstoffen, auch wenn er selbst vielleicht seinen Beruf wie einen Job versteht. In die Schüler-Lehrer-Beziehung fließen – je nach Alter der Schüler in unterschiedlicher Weise und in verschieden großem Umfang – Projektionen ein, die Erfahrungen mit Autoritäten in und außerhalb der Schule austragen und aufarbeiten wollen. Dieser Rolle als personaler Projektionsfläche muss sich der Erzieher bewusst sein, wenn er nicht kurzschlüssig der Gefahr der Gegenprojektion erliegen will, indem er etwa bestimmte Aggressionen irrtümlich auf sich als Person gerichtet interpretiert und seinerseits mit Aggressionen aus seinem Reservoir unbewältigter Autoritätskonflikte antwortet.

4. Dem partnerschaftlichen und nicht nur dienstlichen Ernstnehmen des Schülers kommen vor allem *Gesprächsgelegenheiten entgegen, die außerhalb organisierter Lernprozesse wahrgenommen werden können* wie in der vielgerühmten Viertelstunde vor dem Unterricht, in Pausen zwischen den Unterrichtsstunden, bei Ausflügen oder besonders günstig bei Schullandheimaufenthalten.

5. Die erzieherische Grundeinstellung des Lehrers bedarf der *regelmäßigen Selbst- und Fremdkontrolle.* Eine grundlegende und anhaltende Veränderung der Begegnungsstruktur im erzieherischen Feld gelingt in den seltensten Fällen ohne die zweifellos mutige Bereitschaft zu gegenseitiger Hospitation und Beratung von Kollegen, die allerdings unter eng umgrenzten und klar definierten Aspekten angegangen werden sollte, z. B. unter dem Aspekt von Verhaltensweisen des Lehrers, die normabweichendes Verhalten der Schüler begünstigen oder gar provozieren. Aus welchen Gründen auch immer verweigerte Fremdkontrolle zieht zwangsläufig Blickwinkelverengung bzw. -verzerrung auf Kosten der Schüler nach sich.

9.2.3.2 Berücksichtigung individualpsychologischer Gegebenheiten

1. Der unumgänglich notwendigen individuellen Diagnose von Lern- und Leistungsschwierigkeiten entspricht die Forderung von *Therapieplänen, die auf die Gesamtpersönlichkeit des Betroffenen und auf seine spezielle Schwierigkeit abgestellt sind.* Hierzu gehören die individuelle Beratung des Schülers, genau auf seine Defizite abgestimmte Förderprogramme, die Arbeit am Selbstwertgefühl des Schülers, die Arbeit am und mit dem Umfeld des Schülers (Eltern, schulisches Sozialfeld) und die Beratung der Eltern z. B. bezüglich geeigneter Maßnahmen zum Aufbau der Lernmotivation oder des evtl. notwendigen Kontakts mit Institutionen, die eine Fachberatung anbieten können.

2. Speziell bei Lern- und Leistungsstörungen ist dem Lehrer zu empfehlen, sich und den betroffenen Schülern Klarheit darüber zu verschaffen, auf welche Weise sie sich bevorzugt

und mit Aussicht auf Erfolg mit Lernangeboten auseinandersetzen (Faktum der verschiedenen Lerntypen). Für die differenzierende Organisation von Lernprozessen ergeben sich daraus Anhaltspunkte, über welche *Eingangskanäle* (optische, akustische, manuelle oder kombinierte Begegnung mit dem Lernangebot) die Chance für Erfolgserlebnisse gegeben ist und welche misserfolgsbesetzten Arten der Begegnung mit Lernangeboten stützender Maßnahmen bedürfen.

3. Systematische Beobachtung der Schüler bei der Bewältigung von Lernanforderungen und informelle Tests geben Aufschluss über das *individuelle Lerntempo* der Mitglieder einer Lerngruppe. Selbst Schüler, die aufgrund ihrer entwickelten Fähigkeiten nicht dem Erlebnis des Leistungsversagens ausgesetzt sein müssten, unterliegen der Gefahr, Lern- und Leistungsstörungen zu erwerben, wenn ihnen wegen ihres am Durchschnitt der Lerngruppe gemessenen langsameren Arbeitstempos gehäuft das Erlebnis der Arbeitsvollendung versagt bleibt oder wenn gar ihr langsames Arbeitstempo als persönliches Leistungsversagen gewertet wird.

4. In die erzieherische Verantwortung des Lehrers fällt es, den *Aufbau von Identitätsrollen* zu ermöglichen und zu fördern, eine Forderung, die gerade beim verhaltensgestörten Schüler voll zum Tragen kommt. Den Abbau ichfremder Rollen ermöglichen z. B. die Formulierung von Lernschwierigkeiten, von Sympathie und Antipathie, von Fremdrollen, experimentelles Darstellen von Rollenverhalten, Reflexion der ausgeübten Rollen, das Erlebnis, auch ohne Lehrer sinnvoll arbeiten zu können, der Abbau von Autoritätsfixierungen und Abhängigkeitswünschen und der Aufbau der Kritikfähigkeit als Filter gegen sich selbst und gegen andere.

5. Der *Stärkung des Selbstwertgefühls und der Steigerung der Frustrationstoleranz* dienen
– die Verwirklichung echter Wertschätzung und Anerkennung des Schülers (Vermeidung von Strafe, Tadel, Spott, Ironie, unangemessenen Lobes, Training mitmenschlicher Zuwendung durch Abbau von Verständigungsschwierigkeiten, Einübung in Kooperation und konstruktive Konfliktbewältigung, reversibles Partnerverhalten, Erkenntnis der eigenen Grenzen),
– überlegte positive Verstärkungen, die vor allem dem misserfolgsängstlichen Schüler Mut zur Bewältigung weiterer Lernangebote machen,
– positive optimistische Erwartungen des Lehrers an die Schüler, die sich u. a. an der Frage orientieren, ob für den Schüler überhaupt Chancen bestehen, sich mit gesetzten Lernzielen zu identifizieren bzw. gegebene Normen anzuerkennen,
– Arbeit an der Gruppenatmosphäre,
– differenzierende Maßnahmen bezüglich der Frustrationstoleranz der einzelnen Schüler,
– Hilfestellung, fixierte Rollen wie die Versagerrolle oder die u. U. sogar bequeme Rolle als der Dumme zu überwinden.

6. Da Lernprozesse nicht isoliert von der emotionalen Befindlichkeit der Lernenden organisiert werden können, besteht eine dringliche erzieherische Aufgabe darin, einer *möglichst unverfälschten Wahrnehmung eigener und fremder Emotionen sowie der Einübung in einen angemessenen Umgang mit Emotionen* im schulischen Bereich Raum zu geben. Der Verwirklichung dieser erzieherischen Aufgabe kommen entgegen
– eine allgemeine Sensibilisierung der Sinne, d. h. eigene und fremde Reaktionen und Verhaltensweisen besser erkennen zu lernen,
– konstruktive Bewältigung von Aggressionen,
– die Verwirklichung einer angstabbauenden Atmosphäre der Ehrlichkeit und Offenheit,
– Einübung in konkrete Mitmenschlichkeit.

9.2.3.3 Arbeit an der Dynamik der Lerngruppe (gruppendynamischer Aspekt)

1. Konkurrenz- und Rivalitätsverhältnisse und der mit ihnen gegebene Leistungsdruck bergen die Gefahr permanenter Überforderung der Schüler und in ihrem Gefolge die Entwicklung von Lern- und Leistungsstörungen in sich. Einer solchen ungünstigen Lernatmosphäre kann der Erzieher vorbeugen, indem er sowohl durch eine entsprechende Organisation der Lernprozesse als auch durch Schaffung emotional verbindender Ereignisse (Feedbackstunden, offene Gesprächsrunden, Spiel, Feier, Wanderung usw.) die *Gelegenheit zum Gruppenerlebnis* anbietet.

2. Die angstbesetzte lernhemmende Verkrampfung einer Lerngruppe kann dadurch behoben werden, dass die in der Gruppe gegebenen *Interaktionssysteme bewusst gemacht werden.* Die dazu nötige Feedbackgelegenheit als Zeitverlust zu bezeichnen, hieße jegliches erzieherische Engagement als Zeitverlust zu klassifizieren. Bei der vorgeschlagenen Klärung der Interaktionssysteme können Fragen wie z. B. „Was geht denn augenblicklich in unserer Gruppe vor?" oder „Wer übt auf wen Repressalien aus und warum?" für den Einstieg in das Gespräch hilfreich sein.

3. Ein wichtiger und deshalb gesondert erwähnter Teil der Klärung der Interaktionssysteme ist der Versuch, die in der Gruppe gegebenen *Macht- und Herrschaftsstrukturen* einschließlich der Position des Lehrers bewusst zu machen. Speziell für den Lehrer bedeutet dies, z. B. sein eigenes Rollenverhalten und seinen Führungsstil ständig zu reflektieren und zur Diskussion zu stellen, was ihm zugegebenermaßen sehr viel Mut abverlangt.

4. Eine zweifellos langwierige und schwierige Aufgabe ist dem Erzieher gestellt mit der uralten pädagogischen Zielvorstellung, den einzelnen und die Lerngruppe in *Eigenaktivität, Eigenverantwortung, Eigensteuerung und Selbstregulierung einzuüben.* Vielfältige Erfahrung hat den Nachweis erbracht, dass diesem Vorhaben der volle Erfolg versagt bleiben muss, wenn die in einer Lerngruppe tätigen Erzieher bezüglich ihres erzieherischen Grundkonzepts keine Bereitschaft zu enger Kooperation aufbringen können. Unabhängig von den konkreten Ursachen des Scheiterns dieses wichtigen erzieherischen Auftrags betrifft es den Erzieher maßgeblich mit, wenn festgestellt werden muss, dass eine Gruppe so gut oder schlecht ist, wie sie es verdient.

5. So manche als Abwehrmechanismus entstandene Verhaltensstörung kann behoben werden, wenn *Vorurteile an konkreten Fällen abgebaut werden,* z. B. auf die Frage hin, wer aus welchen Gründen in der Gruppe diffamiert wird.

6. Konflikte in einer Gruppe sind um der ständigen wünschenswerten Veränderung gegebener Interaktionsstrukturen willen, zur persönlichen Weiterentwicklung des einzelnen Gruppenmitglieds und für optimale Problemlösungen notwendig. Das Ziel pädagogischen Bemühens kann also nicht die konfliktfreie Gruppe sein, wohl aber die *demokratische Konfliktregelung,* mit der die Unterdrückung oder Diffamierung einzelner Gruppenmitglieder unvereinbar ist. Demokratische Konfliktregelung zielt auf die kooperative Beilegung des Konflikts ab, die die Bereitschaft zur offenen Selbstexploration der eigenen Interessen und Zwänge und das – auch zum Ausdruck gebrachte – Verständnis für die Interessen und Zwänge des Konfliktpartners voraussetzt. Unreflektiertes, für Argumente verschlossenes Beharren auf eigenen Standpunkten birgt die Gefahr der Isolierung in sich und setzt beim Konfliktpartner Abwehrmechanismen mit im einzelnen u. U. unabsehbaren Folgen in Gang.

7. Die Atmosphäre in einer Gruppe muss unbefriedigend bleiben mit allen möglichen ungünstigen Auswirkungen auf das Lern- und Sozialverhalten der einzelnen Gruppenmit-

glieder, wenn die *Vertrautheit mit den in der Gruppe üblichen sozialen Spielregeln* nicht gegeben ist. Der Erzieher leistet seiner diesbezüglichen Verantwortung keineswegs Genüge, wenn er etwa einmal zu Beginn eines Schuljahres den Schülern die Gelegenheit zur Formulierung von „Klassengesetzen" und zur Wahl von Klassensprechern einräumt. Soziale Spielregeln beherrschen den konkreten Unterrichtsalltag, weshalb sie der ständigen Reflexion und Korrektur überantwortet werden müssen.

9.2.3.4 *Didaktische und methodische Maßnahmen*

1. Die konkreten Bedingungen, unter denen schulisches Lernen abläuft, und das Lern- und Sozialverhalten der Lernenden werden entscheidend von der Art des herrschenden Leistungsbegriffs mitbestimmt (vgl. 9.1).

2. Untersuchungen der Lernpsychologie legen seit langem die Überlegung nahe, das herkömmliche Grundverständnis der Didaktik als gegenstandsbezogener Didaktik zu überprüfen und zugunsten einer Didaktik zu revidieren, die sich *an der fachlich bestimmten Eigenart und an den psychologischen Gesetzmäßigkeiten von Lernprozessen orientiert.*

3. Einen bedeutenden Schritt in Richtung der lernprozessorientierten Didaktik stellt das *lernzielorientierte Lernen anstelle isolierter Stoffvermittlung* dar. Allerdings bedingen noch so gut konstruierte Curricula oder Lehrpläne allein keine Veränderung schulischen Lernens. Über die tatsächliche Tragweite des lernzielorientierten Konzepts befindet der einzelne Lehrer, dessen Auswahlkriterium für bestimmte Lerninhalte die Frage nach den Qualifikationen ist, die die Schüler anhand von Lerninhalten erwerben sollen.

4. An anderer Stelle wurde bereits auf die Notwendigkeit geplanter Organisation von Lernprozessen auf der Grundlage und unter permanenter *Berücksichtigung der emotionalen und sozialen Aktuallage der Lerngruppen* sowie der Berücksichtigung bewusster und unbewusster Interessen und Bedürfnisse der Schüler hingewiesen. Die Vernachlässigung der emotionalen Befindlichkeit der Schüler führt früher oder später zu dem jedem Praktiker zur Genüge bekannten „Sturzwelleneffekt", der ein Abbrechen der kognitiven Bemühungen um ein Problem aufgrund mangelnder Interessiertheit der Schüler, aktueller Konflikte usw. signalisiert (vgl. 1.4.1.2/1.).

5. Wann immer es möglich ist, empfiehlt sich die *Anknüpfung von Lernprozessen an „here and now problems"* (aktuelle Probleme), d. h. die Weckung des Neugierverhaltens der Schüler durch Ankoppelung an Fremdes oder aktuell Begegnendes, für die Schüler Interessantes, dessen Brauchbarkeit und Verwertbarkeit für sie durchschaubar ist. Gelegentlich kann der Lehrer wertvolle Anregungen für seinen Unterricht erhalten, wenn er die Schüler an der Formulierung der Lernprobleme beteiligt.

6. Die Lernfreude und das Engagement der Schüler werden gefördert, wenn *problemlösende, entdeckende und entwickelnde Lernverfahren* statt darbietender, auf passive Konsumhaltung zielender Methoden ihre Lernprozesse bestimmen.

7. Dem Praktiker längst bekannt, aber dennoch in der Schulpraxis viel zu selten verwirklicht ist ein dem Lernziel, dem Lerninhalt und der vorgegebenen Gruppenstruktur *angemessener Einsatz der verschiedenen Sozialformen des Lernens*. Der gelegentlich durchaus berechtigte Frontalunterricht dominiert – unabhängig von Sitzordnungen – nach wie vor auf Kosten der je nach Lernsituation effektiveren Möglichkeiten zur Alleinarbeit, zur Partner- und Gruppenarbeit und zu den Aktionsformen Plan- und Rollenspiel, Rundgespräch und Teamteaching.

8. Kein Lernender kann sich ohne angemessene Erfolge seine Lernmotivation erhalten. Vor allem der misserfolgsängstliche Schüler ist darauf angewiesen, dass ihm der Lehrer durch aufbauende differenzierende Maßnahmen *geplant Erfolgserlebnisse zuspielt*, was unmittelbare Arbeit an der Motivationsbereitschaft des Schülers bedeutet.

9. Der Lehrer allein ist aufgrund des nur ihm möglichen Überblicks über die Leistungsfähigkeit seines Schülers in der Lage, den Leistungsschwächeren unter ihnen *durch Ausnutzung ihrer Stärken Raum zur Entfaltung* in Bereichen zu schaffen, in denen es ihnen verhältnismäßig leicht fällt, Prestigegewinn durch Erfolge zu verzeichnen.

10. Nicht nur lern- und leistungsgestörte Schüler haben es nötig, *das Lernen zu lernen*. Arbeit an den Symptomen des Leistungsversagens trägt selten zur Überwindung von Lern- und Leistungsstörungen bei. Hilfreicher können für den Betroffenen z. B. Analysen seines konkreten individuellen Lernprozesses sein, die ihn zu den Ursachen seines Misserfolgs zurückführen.

11. Bei differenzierenden Lehrverfahren ist es vor allem für die individuelle Berücksichtigung leistungsschwacher oder -unwilliger Schüler günstig, *an unmittelbar gegenwärtige Erfolge und/oder an beherrschte, erfolgversprechende Lernverfahren anzuknüpfen*.

12. Für Schüler wie Lehrer gleicherweise wichtig ist die sorgfältige *Unterscheidung zwischen Lernerfolgskontrolle und Leistungsbewertung* (vgl. 9.3).

13. Leistungsmessungen dürfen redlicherweise nur Anforderungen an die Schüler stellen, denen sie aufgrund tatsächlich vollzogener Lernprozesse nachkommen können. Völlige *Transparenz der Leistungsmessungen für die Schüler* ist eine Selbstverständlichkeit. Undurchsichtige oder gar nicht durch gelaufene Lernprozesse legitimierte neue Fragestellungen bei Leistungsmessungen widersprechen dem Konzept eines auf gegenseitigem Vertrauen beruhenden pädagogischen Bezuges zwischen Lehrer und Schülern und leisten angstbesetzten Lernsituationen Vorschub.

14. Es gehört zweifellos zu den bedrückenden, weil nur teilweise veränderbaren Anforderungen an den Erzieher, *humane Prüfungssituationen zu ermöglichen* und damit den lernhemmenden Prüfungsdruck bei den Schülern abzubauen. Realisierbare Hilfen bieten sich dem Lehrer damit an, für Klarheit über die erwarteten Leistungen zu sorgen, angstfördernde etwa als Disziplinierungsmittel missbrauchte Äußerungen zu vermeiden und pädagogischen Takt bei der Rückgabe von Leistungstests und ihrer Besprechung sowie bei der Zeugnisformulierung walten zu lassen (vgl. ausführlich 9.4).

9.3 Leistungsmessung, Leistungsbewertung, Schülerbeurteilung

9.3.1 Abgrenzungen und Zusammenhänge

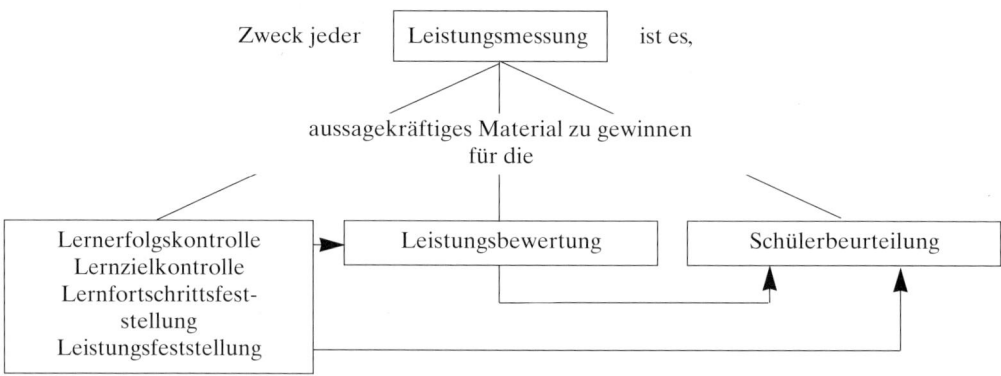

9.3.2 Leistungsmessung

> Der Begriff *Leistungsmessung* fasst sämtliche Maßnahmen zusammen, die geeignet erscheinen, *über Prozess und Ergebnis einer Lernleistung Erkenntnisse zu gewinnen.*

Das Begriffsverständnis greift also viel zu kurz, wenn es lediglich auf Maßstäbe eingeschränkt wird, die ein Leistungsprodukt mit Noten zu beurteilen versuchen.

Maßnahmen der Leistungsmessung bereiten bei näherer Betrachtung ihrer durchaus unterschiedlichen Qualität und ihrer unkontrollierbaren Auswirkungen auf die Schüler nicht zu Unrecht Unbehagen. Eine Übersicht über den Bedingungszusammenhang bei Leistungsmessungen verdeutlicht, dass der mit ihnen gestellten pädagogischen Anforderung nicht Genüge getan ist, wenn sich der Lehrer auf die Kausalkette Lernangebot – Schülerleistung – Leistungsmessung zurückzieht.

1. *Bedingungszusammenhang bei Leistungsmessungen*

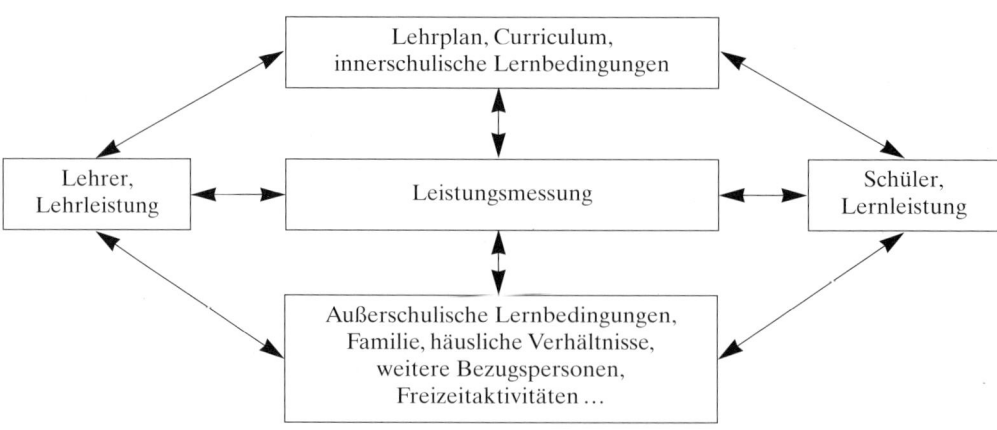

Vorläufiges Ergebnis

- Das Verhalten der Schüler bei Leistungsmessungen und die Ergebnisse von Leistungsmessungen werden von einem Bedingungsgefüge bestimmt, in dem die Schüler selbst bestenfalls die zweite Geige spielen.
- Verlauf und Ergebnis von Leistungsmessungen vermitteln nicht nur Aussagen über Leistungsstand und -verhalten der Schüler, sondern auch über die Rahmenbedingungen des schulischen und außerschulischen Lernens sowie über die unterrichtliche Leistung des Lehrers.
- Leistungsmessungen verzerren die Wirklichkeit, wenn sie lediglich im Blick auf die Beziehung Lerninhalt-Schüler entworfen werden.

2. Die Problematik von Leistungsmessungen wird aber noch deutlicher, wenn wir uns *die im Schulalltag gebräuchlichen Prüfverfahren* vergegenwärtigen, die leider in Anzahl, Gewichtung und Qualität sehr willkürlich verwendet werden und damit Leistungsmessungen als Vergleichsmaßstab auch nur für Parallelklassen fraglich erscheinen lassen:

- Im *normorientierten Prüfverfahren über standardisierte Tests* erfolgen Durchführung, Auswertung und Interpretation der Leistungsmessung nach klaren Vorschriften unter angegebenen Bedingungen (z. B. zentrale Abschlussprüfungen).
- Im *klassenorientierten Prüfverfahren* ist das Bezugssystem der Leistungsmessung die durchschnittliche Leistung der Klasse, nach der Schüler der Gauss'schen Glockenkurve (sog. Normalverteilung) entsprechend auf der Notenskala verteilt werden.
- Im *lernziel- oder kriteriumorientierten Prüfverfahren über informelle Tests* ist das Bezugssystem der Leistungsmessung ein gesetztes, den Schülern bekanntes Lernziel. In diesem Prüfverfahren ist die Bewertung der Unterrichtseffektivität zumindest ebenso bedeutsam wie die der Schülerleistungen.
- Im *individualdiagnostischen oder schülerorientierten Prüfverfahren* ist das Bezugssystem der Leistungsmessung die individuelle Leistung des Schülers. Die Rahmenbedingungen seines Lernens werden dabei ebenso berücksichtigt wie die differenzierende Unterscheidung von Grundkenntnissen und anwendungsbezogenen Leistungen sowie sein individueller Lernfortschritt.

3. *Funktionen der Leistungsmessung*

(Vgl. z. B. Zielinski 1991)

Je nach Prüfverfahren unterschiedlich gewichtet erfüllen Leistungsmessungen bestimmte Funktionen:

- *Gesellschaftlich bedingte Funktionen:*
  - Leistungsmessungen sind maßgeblich daran beteiligt, *Berechtigungen* auszustellen, z. B. für den Aufstieg in die nächsthöhere Klasse, den Übertritt an weiterführende Schulen, für eine Lehrstelle, einen Studienplatz, eine Anstellung …
  - Leistungsmessungen wirken damit am *Auslesevorgang* mit, durch den in der Regel endgültig über wesentliche Weichenstellungen der zukünftigen Lebensführung der Schüler entschieden wird. Die Vorhersage zukünftigen Lernerfolgs und d. h. auch die Ableitung von Schul- und Berufslaufbahnempfehlungen ausschließlich auf Leistungsmessungen zu stützen, bedeutet den Schüler mit Hilfe eines einzigen, zumindest teilweise fragwürdigen Diagnoseinstruments vorzeitig zu etikettieren.
  - Leistungsmessungen tragen dazu bei, den Schülern einen bestimmten *Rangplatz in der Klassengemeinschaft* zu verschaffen.
  - Leistungsmessungen tragen zur *Sozialisierung* insofern bei, als die Schüler in das wett-

bewerbs- und konkurrenzorientierte Arbeits- und Leistungsverhalten der gegebenen Gesellschaft eingeübt werden.

- *Didaktische Funktionen*
  - Leistungsmessungen *informieren* Schüler, Lehrer und Eltern über den Leistungsstand und evtl. Lernschwierigkeiten der Schüler.
  - Leistungsmessungen können sich bei hinreichenden Leistungserfolgen *motivierend* auf weitere Lernanstrengungen auswirken. Bei gehäuften Misserfolgen münden sie allerdings in einen Teufelskreis des Leistungsversagens ein (vgl. 9.1.2/5.).
  - Leistungsmessungen besitzen eine – leider oft vernachlässigte oder einseitig ausgelegte – *Rückmeldefunktion* für Lehrer, Schüler und Eltern.
    Der Lehrer erhält Aufschluss z. B. über die Qualität seiner Unterrichtsplanung, über nötige weitere Planungsschritte, über seinen Lehrstil, über Angemessenheit und Fehler seiner Aufgabenstellungen, über Übungsdefizite u. a. m.
    Die Schüler können Erfahrungen sammeln über die Angemessenheit ihres Lern- und Arbeitsstils, über konkrete Kenntnislücken und Verständnisschwierigkeiten, und zwar mit dem ausdrücklichen Auftrag, ihre Lern- und Leistungsprobleme exakt aufzudecken und einer wirkungsvollen Bearbeitung zuzuführen, d. h. in der Regel dem Lehrer zur Kenntnis zu bringen.
  - Als unmittelbare Folge aus dem bisher Gesagten ergibt sich für den Lehrer die *Pflicht zur Beratung der Schüler* aufgrund ihrer Leistungsergebnisse und der damit zusammenhängenden diagnostizierten Fakten (vgl. hierzu z. B. die Lerntipps unter 7.3).
- Grundsätzlich abzulehnen – wenn auch hartnäckig praktiziert – sind Leistungsmessungen zum Zweck der Disziplinierung einer Klasse.

9.3.3 Lernerfolgskontrollen

> Lernerfolgskontrollen (synonym: Lernzielkontrolle, Lernfortschrittsfeststellung, Leistungsfeststellung) bezeichnen den Vorgang der Überprüfung von Lernprozessen und Lernprozesseffekten auf ihre Übereinstimmung mit gesetzten Lernzielen.

Sie verzichten auf Bewertung mit Noten oder Worten (Leistungsbewertung) und auf pädagogische Interpretationen (Schülerbeurteilung). Sie liefern lediglich eine Bestandsaufnahme über Art und Ausmaß der Aneignung von Kenntnissen und Fähigkeiten mit möglichst genauer Bezeichnung der Ursachen für Fehlleistungen; insofern ist die Lernerfolgskontrolle als *Lern- und Unterrichtsregulativ* zu verstehen.

Die diagnostische Funktion von Lernerfolgskontrollen setzt an drei Stellen des Lehr-/Lernprozesses an:

- Sie dient *unterrichtsvorbereitend* der Ermittlung der Lernvoraussetzungen und der daraus abzuleitenden unterrichtlichen Maßnahmen.
- Sie steuert *unterrichtsbegleitend* – dem jeweiligen Stand von Lernverhalten und Lernergebnis folgend – die nötigen Veränderungen unterrichtlicher Maßnahmen.
- Sie liefert *unterrichtsabschließend* eine Tatsachenbeschreibung zum Lernstand des Schülers am Ende einer Unterrichtseinheit bzw. Unterrichtsstunde.

Durch jede Art der Lernerfolgskontrolle soll der Schüler dazu angeleitet werden – ohne aus Angst vor Bewertung blockiert zu sein –, zunehmend Eigenverantwortung für sein Lernen zu übernehmen. Durch Überprüfungsangebote des Lehrers angeregt, deckt der

Schüler Defizite in seinem Lernverhalten und in seinem Kenntnisstand auf, die er mit der Hilfestellung und Beratung des Lehrers beseitigen kann. Sofern schlechte Ergebnisse der Lernerfolgskontrolle auf Verständnisschwierigkeiten der Schüler oder auf mangelhafte Übungsangebote zurückzuführen sind, halten sie den Lehrer an, seine Unterrichtsplanung zu überdenken, Maßnamen der inneren Differenzierung zu ergreifen, zusätzliche Übungsphasen einzuschieben usw.

9.3.4 Leistungsbewertung

Leistungsmessungen werden zur Grundlage der Leistungsbewertung, wenn ihre Ergebnisse zu einem Gütemaßstab in Beziehung gesetzt werden. In Worten oder Noten verdichtet werden Aussagen über die Qualität von Lernleistungen formuliert.

(Vgl. hierzu die möglichen Prüfverfahren unter 9.3.2/2.). Als Leistungsmessung mit dem zusätzlichen Gewicht von Urteilen kommen der Leistungsbewertung die gleichen Funktionen zu, wie sie allgemeingültig für Leistungsmessungen dargestellt wurden (9.3.2/3.). Im Unterschied zur lehr- und lernprozesssteuernden Lernerfolgskontrolle weist aber die Leistungsbewertung mit ihrem Scheinanspruch auf Objektivität und der meistens in Noten ausgedrückten Qualifizierung des Schülers Merkmale auf, die einen besonders sensiblen Umgang des Lehrers mit ihr nahelegen.

1. Leistungsbewertungen in Noten können als nicht differenzierende Superzeichen zu Lernleistungen in letzter Konsequenz *weder objektiv noch gerecht sein*:

- Die Bewertungsqualitäten der Lehrer sind erfahrungsbezogen, nicht von allgemein gültigen Kriterien abgeleitet.
- Die Bewertungsmaßstäbe variieren nicht nur von Lehrer zu Lehrer, sondern auch von Fach zu Fach.
- Auch Leistungsbewertungen hängen – wie der gesamte Unterricht – einerseits von der beruflichen Grundeinstellung, andererseits von Augenblicksstimmungen des Lehrers ab, von seiner Neigung zu intuitiver Urteilsbildung, seiner Erwartungshaltung, seiner Tendenz, Halo-Effekten und Etikettierungen nachzugeben, nach Maßgabe des Mildeeffekts oder der Tendenz zu mittleren Noten zu zensieren u. a. m.
- Je nach Prüfverfahren (9.3.2/2.) können Noten sehr unterschiedlich zu ein und derselben Leistung ausfallen.
- Leistungsbewertungen beeinträchtigen u. U. die Leistung des Schülers als solche, da er in angst- und stressbeladenen Ausnahmesituationen arbeiten muss.

2. Die möglichen Auswirkungen der Qualifizierung von Lernleistungen und bedauerlicherweise oft genug über sie hinaus der Person des Schülers veranschaulicht die folgende Eintragung eines Schülers in das Bittbuch einer Wallfahrtskirche:

„Lieber Gott, ich hab so viel Angst. Mach bitte, dass ich im Probediktat eine gute Note bekomme, sonst mag mich mein Papa nicht mehr."

Wegen ihrer möglichen Folgelasten sind Leistungsmessungen mit dem Zweck der Bewertung und Beurteilung *angstbesetzt und stressauslösend*. Je nach Einschätzung der Prüfungssituation empfinden die Schüler den durch sie ausgelösten *Stress* als Herausforderung oder als Bedrohung oder als Schädigung. Während sie auf die Herausforderung mit Neugier und Arbeitsbereitschaft reagieren und eine Schädigung (z. B. durch Noten oder durch herabsetzende Worte des Lehrers) mit Entmutigung und Resignation beantworten, begegnen die meisten von ihnen einer Bedrohung mit *Angst.* Entgegen weitverbreiteter Meinung wirkt sich die Angst nur sehr selten motivierend auf das Leistungsverhalten aus. Das Gefühl der Hilflosigkeit, Fluchttendenzen und Misserfolgserwartung sowie allgemeine Unruhe und körperliche Symptome wie starkes Herzklopfen, beschleunigter Puls, Schweißausbruch, Magen- und Darmbeschwerden usw. bewirken eher Abnahme der Fähigkeit zur Informationsverarbeitung, Denkblockaden, oberflächliche Konzentration, Zweifel an der eigenen Leistungsfähigkeit bis hin zur Lähmung der Leistungsfähigkeit.

Die pädagogische Konsequenz kann nicht im vergeblichen Versuch der Beseitigung der Leistungsangst bestehen, sondern lediglich in der Bereitstellung von Leistungssituationen, in denen die Angst derart bewältigt werden kann, dass sie sich nicht leistungshemmend oder -behindernd auswirkt (vgl. hierzu Vorschläge unter 9.4).

9.3.5 Schülerbeurteilung

9.3.5.1 Begriffsbestimmung, Anlässe, Problematik der Schülerbeurteilung

Schülerbeurteilungen werden dem Lehrer in Form von Zeugnisbemerkungen, Übertrittsgutachten, Schülerbogeneinträgen und in Beratungsgesprächen mit Erziehungsberechtigten abverlangt, von eher seltenen Fällen wie z. B. polizeilicher Einvernahme abgesehen. In der Schülerbeurteilung sind Leistungsmessungen in allen Formen nur *ein* Materiallieferant neben anderen.

> Die Schülerbeurteilung ist eine wertende Stellungnahme zur Gesamtpersönlichkeit des Schülers, zu seiner Begabungsstruktur, seinen Interessen, Einstellungen, Fähigkeiten und Verhaltensweisen.

Wenn schon die Leistungsbewertung für sich allein betrachtet nicht mit letzter Konsequenz als objektiv bezeichnet werden kann, gilt dies in noch höherem Maße für die Schülerbeurteilung. Eine Persönlichkeit wird nicht nur durch beobachtbare Verhaltensweisen bestimmt, sondern auch durch Denken, Gefühle, Wünsche, Träume, Unterlassungen und Erinnerungen u. a. m. Um also einigermaßen verlässliche Aussagen formulieren zu können, muss sich der Lehrer *neben den Leistungsmessungen auf langfristige Beobachtungen, evtl. Tests, Gespräche mit dem betroffenen Schüler, seinen Eltern und mit Kollegen stützen.* Wegen der Tragweite seiner Beurteilungen sollte er klar zwischen *externer Beurteilung,* die sich auf nachweisbare Fakten stützt, und *interner Beurteilung,* deren Ergebnisse auf subjektiven Eindrücken beruhen, unterscheiden. In Schülerbeurteilungen werden der beurteilende Lehrer und die Institution Schule mitsamt ihrem Umfeld (z. B. gesellschaftliche und politische Grundpositionen, Ordnungs- und Autoritätsverständnis, schulisches Selbstverständnis usw.) mitbewertet. Der Zusammenhang von zu beurteilendem Verhalten, Beurteilungsumfeld und Beurteilerverhalten legt notwendige Konsequenzen aus dem Beurteilungsergebnis nicht allein für den beurteilten Schüler nahe. So wenig ein Schüler mit einem Werturteil ohne Begründung und ohne Vorschlag möglicher Verhaltenskonsequenzen anfangen kann, so kurz greift eine Schülerbeurteilung insgesamt, wenn sie Beurteiler und Beurteilungsumfeld nicht in die Überlegungen notwendiger Veränderungen einbezieht. Bei der Prüfung der Objektivität von Leistungsbewertungen wurden bereits die Vorkommnisse beschrieben, die sich am häufigsten bewertungsverzerrend auswirken (9.3.4/1). Bei der umfassenderen Schülerbeurteilung kommen wegen der auf subjektiven Eindrücken beruhenden Beurteilungsergebnisse noch folgende Ereignisse dazu, die eine objektive und gerechte Beurteilung erschweren:

- Jede Urteilsbildung beinhaltet *unbewusst ablaufende Vorgänge*, die sich nur teilweise und mit großem Aufwand in den Bereich kritischer Reflexion ziehen lassen.
- Schülerbeurteilungen *beziehen sich oft auf isolierte Verhaltensmuster*, z. B. im Leistungsbereich, und verfehlen damit die ganzheitliche Sichtweise, die einer Persönlichkeitsbeurteilung angemessen ist.
- Schülerbeurteilungen suggerieren zu Unrecht überdauernde Gültigkeit. Als besonders anfällig erweisen sich Schülerbogenbemerkungen, die oft genug im Zweijahresturnus schlicht fortgeschrieben werden.
- Schülerbeurteilungen sind mehr noch als auf Noten gestützte Bewertungen *Wahrnehmungsverzerrungen* und Beobachtungsfehlern ausgesetzt.
- Gerade angesichts der vielen subjektiven Aspekte der Schülerbeurteilung sieht sich der Lehrer der *Gefahr der sich selbst erfüllenden Prophezeiung* gegenüber, in der Verhaltenserwartungen und Vorurteile mit Beobachtungsdaten verwechselt werden.
- Eine erhebliche Belastung der Schülerbeurteilung stellt ihre *mögliche Tragweite im Auslesemechanismus der Schule* dar, die den Lehrer je nach Einschätzung seiner eigenen Beurteilungsfähigkeit zu durchaus unterschiedlichen Reaktionen veranlassen kann, von forsch bestimmt bis übervorsichtig nichtssagend.

9.3.5.2 Empfehlungen für die Praxis der Schülerbeurteilung

1. *Zeugnisbemerkungen* enthalten beschreibende und belegbare Aussagen über Anlagen, Mitarbeit und Verhalten des Schülers. Ermahnungen und Ermutigungen *können* nach den rechtlichen Vorschriften zum Ausdruck gebracht werden. Sie erscheinen mir aber nur als sinnvoll und vertretbar, wenn sie von der *begründeten* Überzeugung und Absicht getragen sind, mit ihnen positive erzieherische Effekte einzuleiten.
Die Tätigkeit in der Schülermitverwaltung, als Schülerlotse und andere freiwillige Tätigkeiten für die Schulgemeinschaft (z. B. Chor, Orchester, Schulspielgruppe ...) sollten m. E. unter dem Gesichtspunkt der Anerkennung auf alle Fälle vermerkt werden. Für Abschlusszeugnisse empfehlen sogar die rechtlichen Bestimmungen, Aussagen mit positiver Tendenz den Vorzug zu geben, was mir angesichts der Subjektivität und Begrenztheit von Beurteilungen einerseits und der Tragweite und Endgültigkeit von Abschlusszeugnissen andererseits gerechtfertigt zu sein scheint.

2. Im *Schülerbogen* sind *für den Bildungsweg wesentliche* Feststellungen, Beobachtungen und Empfehlungen festzuhalten. Zusammenfassende Schülerbeurteilungen sind zu erstellen
- in den Jahrgangsstufen 4 und 6 für den Übertritt an weiterführende Schulen (Gymnasium, Realschule),
- in der Jahrgangsstufe 8 der Volksschule für die Berufsfindung
- und wenn das Vorrücken in die nächsthöhere Jahrgangsstufe versagt wird.

3. Das *Wortgutachten für den Übertritt an weiterführende Schulen* beschreibt Anlagen, Neigungen und Fähigkeiten des Schülers, woraus abschließend ein Gesamturteil über die Eignung des Schülers für den Besuch der weiterführenden Schule zu formulieren ist.

4. Untersuchungen ergaben wiederholt, dass *pädagogische Wortgutachten die Schulleistung sowie die Begabungsstruktur eines Schülers in der Regel besser treffen als Intelligenztests.*
Dieser Effekt stellt sich allerdings nur dann ein, wenn die pädagogischen Wortgutachten auf exakter Beobachtung, langfristig geplanter Sammlung der Beobachtungsdaten (vgl. Vorschläge dazu in Köck 1997) und der Bereitschaft des Lehrers zu individueller Begutachtung im Gegensatz zu formelhafter Phraseologie beruhen.

5. Für *Beurteilungsvorgänge* bietet sich die folgende vereinfachte *Beurteilungsstrategie* an:

- *Welche* exakt bezeichnete Anlage, Neigung, Fähigkeit, Verhaltensweise … soll beurteilt werden?
- Welche *Einzelmerkmale* kennzeichnen die zu beurteilende Anlage?
- *Wie äußert sich* die zu beurteilende Anlage, Neigung … *konkret* im Schulalltag?
- Sind die *ursächlichen Bedingungen* der Beurteilungsergebnisse hinreichend berücksichtigt?
- Werden das *Beurteilerverhalten und die Beurteilungsumstände reflektiert?*

6. Bei allen Arten von Wortgutachten sind laut schulrechtlicher Bestimmung die folgenden *Beurteilungsbereiche* a.–e. zu berücksichtigen. Die *Formulierungshilfen* dürfen nicht in formelhafte Beurteilungstexte münden; sie sollen dem Lehrer lediglich die Suche nach treffenden Formulierungen erleichtern.

Übersicht nach Wenger 1989, teilweise verändert:

Beobachtungs- und Beurteilungskriterien

a) Allgemeines Lernverhalten (kognitive Fähigkeiten)

- *Auffassen und Beobachten:* rasch, genau, gründlich, treffend, sorgfältig, umfassend, kritisch, Blick für Wesentliches, vorschnell, bedächtig, langsam, unsicher, oberflächlich, flüchtig, schwerfällig, unselbstständig, eng, objektiv oder subjektiv.
- *Lernfähigkeit und Behalten:* lernt schnell oder langsam, mehr verstandesmäßig und sinnvoll verknüpfend, mehr mechanisch; das Gedächtnis ist umfangreich, zuverlässig, verfügungsbereit, unmittelbar oder auf Hilfen angewiesen, oberflächlich, mechanisch, lückenhaft, vergesslich; gutes Gedächtnis für Zahlen, Gedichte usw.
- *Verbalisieren:* redegewandt, redefreudig, redselig, flüssig, treffend, anschaulich, ausdrucksreich, verständlich, originell, redegehemmt, einfach, weitschweifig, umständlich, ungenau, stockend, ausdrucksarm, wortarm, fehlerhaft.
- *Abstrahieren, Kombinieren, Vergleichen, Denken:* Erkennen von Wesentlichem, Erfassen von Zusammenhängen, Fähigkeit zum Abstrahieren, Kombinieren und Schlussfolgern; aufgaben- und problembewusst; einfallsreich, vorausdenkend, überlegt, kritisch, geordnet, sachlich, nüchtern, schablonenhaft, kindlich, produktiv oder reproduktiv, denkfaul, schwerfällig, unselbstständig, unsicher, planlos, unproduktiv.

b) Lernbereitschaft

- *Einstellung zur Schularbeit und Ausdauer:* ehrgeizig, pflichtbewusst, rege, unermüdlich, eifrig, planmäßig, beständig, willig, aufgeschlossen, interessiert, gleichgültig, arbeitsunlustig, unbeständig, schwankend, ohne Ausdauer, leicht ermüdbar, hastig, träge, langweilig.
- *Aufmerksamkeit und Konzentration:* leicht erregbar, beharrend, fixierend, ausdauernd, unauffällig, konzentriert, ablenkbar, zerstreut, begrenzt, eingeengt, konzentrationsschwach.
- *Arbeitshaltung:* Arbeitsbereitschaft: interessiert, freudig, rege, beständig, willig, spontan, pflichtbewusst, zurückhaltend, gleichgültig, interesselos, faul. – Arbeitsverhalten: selbstständig, zuverlässig, aktiv, unermüdlich, schwankend, stockend, wechselnd, flüchtig, nachlässig, ungenau, unausgeglichen, sprunghaft, unselbstständig, passiv. – Arbeitsausführung: gewissenhaft, genau, schnell, zügig, überlegt, planvoll, zweckmäßig, gründlich, ordentlich, schleppend, oberflächlich, planlos, bedächtig, umständlich, flüchtig, schlampig, langsam, hastig, nervös, gelangweilt, ohne Ausdauer.
- *Besondere Interessen und Fähigkeiten:* vielseitig interessierbar, schwer anregbar; beson-

ders interessiert für ...; besondere sprachliche, mathematische, technische, zeichnerische ... Fähigkeiten, Hobbys.

c) Individual- und Sozialverhalten

● *Grundstimmung und Gefühlsleben:* froh, heiter, ausgeglichen, harmonisch, zufrieden, ernst, nüchtern, kühl, grübelnd, launenhaft, ausgelassen, gedrückt, verzagt, leicht verstimmbar, pessimistisch, missmutig; anhänglich, mitfühlend, zurückhaltend, empfindsam, gutmütig, beherrscht, selbstbewusst, selbstsüchtig, sicher, stolz, bescheiden, hart, roh, schüchtern, ängstlich, ohne Selbstvertrauen, unsicher, geltungssüchtig, überheblich, beeinflussbar; energisch, lebhaft, impulsiv, begeisterungsfähig, passiv, bedächtig, gelassen, aggressiv, aufbrausend, reizbar, empfindlich, wehleidig, träge.

● *Werteinstellungen:* Sinn für Gerechtigkeit, Einsatz für andere, Einstellung zu Ehrlichkeit und Wahrhaftigkeit, Verhalten zu Mensch, Tier und Pflanze; strebsam, ehrgeizig, verantwortungsfreudig, pflichtbewusst.

● *Kontaktfähigkeit und Verhalten in der Gruppe:* kontaktfreudig, einfügsam, einordnungswillig, offen, anhänglich, mitteilsam, umgänglich, anpassungsfähig, bescheiden, taktvoll, beeinflussbar, gehemmt, schüchtern, Einzelgänger, abhängig, schwierig, verschlossen, leicht kränkbar, rücksichtslos; hilfsbereit, verantwortungsbewusst, pflichtbewusst, führend, bestimmend, ordnungsliebend, höflich, rücksichtsvoll, unauffällig, leicht zu führen, kameradschaftlich, durchsetzungsfähig/-schwach, ordnet sich schwer ein, streitsüchtig, empfindlich, störend, vorlaut, überheblich, ungezogen, unzuverlässig, widersetzlich.

d) Besonderheiten der körperlichen und gesundheitlichen Verfassung

tatkräftig, lebendig, kräftig, stark, aufgeschlossen, groß, widerstandsfähig, schwächlich, leicht ermüdbar, klein, zart; Krankheiten und deren Nachwirkungen, Sinnesfehler, Sprechstörung; besondere Ängstlichkeit vor Prüfungen, auffällige Reaktion bei schlechten Leistungen – und andere Feststellungen, die für den Schulerfolg bedeutsam sein können.

e) Besondere Schulverhältnisse

Erschwerende Umstände: Zurückstellung, Wiederholer, Schulwechsel, häufiger Lehrerwechsel; häufiger Unterrichtsausfall (warum), Interesse und Hilfsmöglichkeiten der Eltern für Schularbeiten.

9.4 Grundsätze der Gestaltung humaner Prüfungssituationen

9.4.1 Aufdeckung und Bearbeitung von Prüfungsängsten

Situationen der Leistungsmessung sind für Schüler allemal angst- und stressbesetzt. Selbst nicht bewertete Ergebnisse von Leistungsmessungen wie z. B. bei Lernerfolgskontrollen geben dem Schüler Aufschluss über Kenntnislücken, Verständnisschwierigkeiten und seinen Leistungsstand im Vergleich zu Klassenkameraden. Leistungsmessungen stellen immer wieder aufs Neue das Selbstwertgefühl der Schüler und ihre soziale Einschätzung durch Lehrer, Mitschüler und Eltern in Frage, eine Tatsache, die durch Noten mit ihrem Anschein endgültiger Beurteilung nur verstärkt wird. Die positiven Auswirkungen der Leistungsmessung, nämlich durch exakte Beschreibung des augenblicklichen Leistungsstandes die weiteren Lernstrategien der Schüler zu beeinflussen, werden durch die geschilderten Zusammenhänge leicht überlagert.

Für die Bearbeitung leistungsmindernder Einstellungen der Schüler kann eine schriftliche Kurzbefragung anhand vorgegebener präziser Fragen vor oder nach einer Prüfungssituation *aufschlussreiches Gesprächsmaterial und Hinweise für die zukünftige Gestaltung von Leistungsmessungen liefern.* In Klassen, die in die kritische Reflexion ihrer Lernarbeit eingeübt sind, mag es genügen, die Schüler zu entsprechenden Stichwortnotizen aufzufordern, die in den anschließenden Metaunterricht eingebracht werden. Vereinbarte Konsequenzen müssen eingehalten und überprüft werden.

9.4.2 Checkliste für die Gestaltung von Leistungsmessungen, insbesondere von Prüfungssituationen

Das Bemühen um Humanität bei der Gestaltung von Leistungsmessungen hat nichts mit „weicher Welle", „Verpsychologisieren", „Verweichlichen der Schüler" zu tun. Prüfungsmodalitäten, welche die Schüler zur Nachlässigkeit im Lernen ermuntern, verfehlen die gleichermaßen schüler- und realitätsgerechte Organisation von Prüfungssituationen ebenso wie die Prüfungskeule als Strafexpedition.

Die Hinweise sind wegen zahlreicher Überschneidungen nicht nach Formen der mündlichen und schriftlichen Leistungsmessung differenziert.

9.4.2.1 Räumliche und zeitliche Organisation

1. Es wirkt sich leistungsfördernd aus, wenn die Schüler in ihrer *vertrauten Umgebung* (Klassenzimmer) und an ihrem *gewohnten Arbeitsplatz* bleiben dürfen.

2. Auf günstige *Raumtemperatur* achten! Lüften!

3. Die Schüler bei mündlichen Leistungsmessungen *nicht isolieren,* d. h. vor dem Lehrerpult oder an der Tafel befragen; Ausnahme: Lösung von Aufgaben an der Tafel (Geometrie) oder an der Wandkarte ...

4. Prüfungssituationen *rechtzeitig ankündigen,* jedenfalls so frühzeitig, dass den Schülern genügend Zeit für die Bearbeitung evtl. Defizite bleibt. Auch die nicht angesagte Stegreifaufgabe als Ersatz für mündliche Prüfungen muss kein leistungshemmender Überraschungsangriff sein, wenn die Schüler gezielte Aufgaben als Hausaufgabe erhielten.

5. Prüfungssituationen *gleichmäßig über das Schuljahr verteilen.*
Eine Häufung vor der Zeugniserstellung baut lernhemmenden Stress und Gedächtnishemmungen durch die gegenseitige Überlagerung verschiedener Prüfungsstoffe auf.

6. Die Erkenntnisse über die *Biorhythmen beachten* (vgl. 7.3.2/4.): Höchste Leistungsfähigkeit von Dienstag bis Donnerstag, jeweils zwischen 8 und 11 Uhr. Möglichst nicht in Randstunden prüfen!

7. Die *Dauer der Prüfungssituation* an der entwicklungsbedingten Konzentrationsfähigkeit der Schüler ausrichten, in der Grundschule von 15 auf 30 Minuten ansteigend, ab der fünften Klasse bis zur zehnten Klasse ca. 45 Minuten, bei Abschlussarbeiten evtl. eine Doppelstunde.

8. Zensurenfreie „*Schonzeiten*" einplanen, in denen die Schüler lediglich durch unbenotete Leistungsmessungen über ihren Leistungsstand informiert werden.

9.4.2.2 Maßnahmen zur Vorbereitung der Schüler auf Prüfungssituationen

1. *Prüfungsmodalitäten mit den Schülern besprechen!*
Dies bedeutet lückenlose Aufklärung der Schüler über Art und Ablauf mündlicher und schriftlicher Prüfungen sowie Punkte- und Bewertungsmaßstäbe. Drohgebärden, Kettenrasseln und disziplinierende Abrechnungen in diesem Zusammenhang sind nicht nur unpädagogisch, sondern lassen auch auf Störungen in der Psychostruktur des Lehrers schließen.

2. *Die Schüler in Prüfungsrituale einüben!*
z. B. durch regelmäßige Lernerfolgskontrollen, unbewertete mündliche „Musterbefragung", Test-Schulaufgaben.

3. *Spicken* als unlauteren Wettbewerb verdeutlichen und mit den Schülern Vereinbarungen für Verstöße gegen akzeptierte Regeln treffen, die dann auch konsequent eingehalten werden.

4. Für mündliche Prüfungssituationen vor der Unterrichtsstunde von den Schülern abgegebene hinreichende *Entschuldigung* gelten lassen! Erlaubte Anzahl solcher Entschuldigungen vereinbaren und im Notenheft vermerken!

5. Einübung in *meditative, entspannende und konzentrationssteigernde Techniken.*

6. *Positive Erwartungshaltung* des Lehrers signalisieren!

7. Die klare *Abgrenzung des Prüfungsstoffes* und seine hinreichende Einübung verleihen dem Schüler Sicherheit.

8. Wenn möglich Prüfungssituationen, vor allem in der Grundschule, sozusagen unbemerkt *aus dem laufenden Unterricht heraus entwickeln.*

9. *Vorurteile und aktuelle Ängste* der Schüler in Bezug auf Prüfungssituationen *bearbeiten.*

10. *Arbeit am Lernstil der Schüler* als langfristige Aufgabe (vgl. 7.3.2).

11. Die *Eltern* unbedingt in die Arbeit an der Gestaltung humaner Prüfungssituationen mit einbeziehen, unrealistischen Erwartungen der Eltern entgegentreten, über die Sinnlosigkeit von Strafmaßnahmen bei Leistungsversagen sprechen usw.

9.4.2.3 Maßnahmen für die Einleitungsphase von Prüfungssituationen

1. *Beruhigendes Verhalten* des Lehrers, das von positiver, ermutigender Erwartungshaltung getragen ist. Hektik und Nervosität wirken ansteckend.

2. *Angstabbauende* meditative Kurzübung!

3. Benötigtes *Arbeitsmaterial* bereitlegen lassen, dann für *Ruhe und Konzentration* sorgen!

4. Evtl. *„Anwärmen"* durch vertretbare Erläuterungen zum Prüfungsstoff.

5. Bei mündlichen Prüfungen den Prüfling *vor* dem Unterricht festlegen, nicht (sadistisch) auf Namensuche im Notenheft hin- und herblättern!

6. In vereinbartem Umfang Freiwillige bei mündlichen Prüfungen bevorzugen!

9.4.2.4 Grundsätze für die Aufgabenstellung bei Prüfungen

Vorschriften und Hinweise über Stegreifaufgaben und Schulaufgaben (Anzahl pro Woche und Tag, Verfahren der Ankündigung, Information der Eltern, Wortbedeutung der Noten …) enthalten die Schulgesetze und Schulordnungen.

1. Die Aufgabenstellung muss *eindeutig, sachlich und logisch richtig, verständlich, übersichtlich und rechtschriftlich einwandfrei* gestaltet sein. Manche Fehler in der Aufgabenstellung können vermieden werden, wenn der Aufgabensteller selber, besser noch ein Kollege oder ein Schüler im Alter der Prüflinge vor der Vervielfältigung die Aufgaben durcharbeitet.

2. Auch für mündliche Prüfungen sollten die *Schlüsselfragen schriftlich vorbereitet werden.* Im Sinne eines mitwachsenden Repertoires an Prüfungsfragen empfiehlt sich ihre Formulierung auf DIN-A6-Karten, die nach sachlogischen Gesichtspunkten in einem Zettelkasten geordnet aufbewahrt werden können. Was spricht eigentlich dagegen, dem Schüler die Karten mit den Fragen auszuhändigen, ihm zwei oder drei Minuten Zeit zum Überlegen zu lassen und ihn erst dann zur Anwort zu ermuntern? Mit dem Rest der Klasse könnte der Lehrer während der Überlegzeit des Prüflings z. B. die Hausaufgabe besprechen, das Arbeitsmaterial für die nachfolgende Stunde bereitlegen usw.

3. Die *Aufgabenstellung auf einem Aufgabenblatt* ist der Präsentation über Tafel, Tageslichtprojektor oder durch Diktieren wegen der Ausschaltung von Wahrnehmungsfehlern vorzuziehen.

4. In sich *geschlossene Einzelaufgaben* sind komplex verschachtelten oder aufeinander aufbauenden Aufgaben vorzuziehen; ein Ausweg bei mehrstufigen Aufgaben könnte die Angabe von Zwischenergebnissen sein, um falsche Ergebnisse nicht durch die gesamte Aufgabe hindurch fortzuschreiben.

5. Ausschließlich *Zeichen, Symbole, Abkürzungen, graphische Darstellungsmuster u. dgl. verwenden, welche die Schüler sicher beherrschen!*

6. Mit leichten Fragen, sog. *Eisbrecherfragen,* beginnen, dass die Schüler durch Anfangserfolge ihr Lampenfieber abbauen können! Die Schüler sollen nicht durch Prüfungsbedingungen daran gehindert werden, zu zeigen, was sie können.

7. Die *Prüfungsdauer* an den langsameren Schülern ausrichten! Für die Schüler, die weniger Prüfungszeit als vorgesehen beanspruchen, sinnvolle und die Arbeitsruhe garantierende Zusatzaufgaben bereithalten bzw. vor Beginn der Prüfung bestimmte Tätigkeiten vereinbaren (lesen, Hausaufgaben erledigen ...).

8. *Unterschiedliche Prüfungsarten* den verschiedenen Lernstilen der Schüler entsprechend anbieten: mündlich, schriftlich, praktisch, im Gruppenverband ...!

9. Auf die *Übereinstimmung zwischen den Prüfungsaufgaben und den im Unterricht behandelten und durch Übung gesicherten Lernzielen achten!*

10. *Das Anforderungsniveau der Aufgaben den verschiedenen Lernzielstufen entsprechend verteilen!*
Dabei sollte für den Schüler die Möglichkeit bestehen, die qualitativ hohen Anforderungen einer Transfer- oder Problemlösungsaufgabe durch entsprechend viele Reproduktions- und Reorganisationsaufgaben ausgleichen zu können.
- *Reproduktionsaufgaben* verlangen die bloße Wiedergabe von Kenntnissen (z. B. von Daten, Namen, Begriffen, Situationen) bzw. den Vollzug von Methoden, und zwar in derselben Weise wie sie im vorangegangenen Unterricht gelernt und geübt wurden.

  Beispiele
  – Nenne die fünf Weltreligionen!
  – Nennen Sie das einzige Gesetz der formalen Ethik (Name, Wortlaut)!

– Addiere: $\frac{2}{5} + \frac{2}{6} + \frac{3}{4} =$

● *Reorganisationsaufgaben* halten den Schüler dazu an, bekannte und geübte Kenntnisse und Fähigkeiten unter einem neuen Frageaspekt zu betrachten, anders zu ordnen, in einem anderen Zusammenhang zu erproben usw.

Beispiele
– Spezialkarten des Atlas aufgrund gesicherter Kenntnis der verwendeten Symbole auswerten.
– Eingeübte Rechenregeln in Aufgaben anwenden, die in ähnlicher Form schon gelöst wurden.
– Im Unterricht behandelte Fakten z. B. in einen Zusammenhang in Form einer Graphik bringen.

● *Transferaufgaben* erfordern die Übertragung und Anwendung von Kenntnissen und Fähigkeiten auf Sachverhalte und Situationen, die neu sind, aber mit der erworbenen Grundausrüstung lösbar sind.

Beispiele
– Lösung einer mathematischen Aufgabe, deren Lebensbezug neu ist und deren Einzelfakten anders kombiniert sind als in den bisher gelösten Aufgaben.
– Übertragung in der Fremdsprache erworbener Sprachmuster auf andere Lebenssituationen.

● Bei *Problemlösungsaufgaben* hat der Schüler selbstständige Leistungen zu bringen, indem er in vorgegebenen Sachverhalten oder Situationen das Problem erkennt und definiert sowie durch eigenes Arrangement seiner Kenntnisse und Fähigkeiten löst. Seine besondere Leistung liegt hier im Erkennen und Bearbeiten von Beziehungen, Zusammenhängen und Strukturen der gegebenen Fakten und von (kreativen) Kombinationsmöglichkeiten.

Beispiele
– Aus einem gegebenen Fallbeispiel das Kernproblem erschließen und Lösungsmöglichkeiten mit Begründung entwickeln. Etwa: Wie könnte die Entscheidung eines Mannes (einer Frau) aussehen, der (die) in Kanada eine hoch bezahlte Stelle für ein Jahr bekommen könnte, aber seine (ihre) Familie nicht mitnehmen kann?
– Erörterung als Aufsatzform
– Geometrische Aufgaben, die nur durch Grenzüberschreitung oder durch bisher nicht geübte Kombination von Verfahrensweisen lösbar sind.

● Die von mir den vier üblichen Lernzielstufen nach H. Roth hinzugefügte *Lernzielstufe des Problemfindens* beschreibt im Unterschied zur vorausgehenden den Vorgang, Probleme in der Umwelt ohne vermittelndes Arrangement (z. B. des Lehrers) selbstständig auffinden und bearbeiten zu können.

Beispiel
– Aus einem abgegrenzten Teil einer Tageszeitung oder aus der gemeinsam betrachteten – auf Videoband gespeicherten – Tagesschau vom Vortag ist durch die Schüler ein für ein bestimmtes Unterrichtsfach relevanter Sachzusammenhang herauszufinden, auf seine Problemhaltigkeit hin zu erörtern und auf Lösungsmöglichkeiten hin zu untersuchen.

Der hohe Anspruch an die Leistung der Schüler wird diese Lernzielstufe kaum im Rahmen von Leistungsmessungen Verwendung finden lassen. Sie stellt aber den idealen

Einstieg z. B. für problemorientierte, entdeckende, projektorientierte und handlungsorientierte Unterrichtseinheiten dar.

11. *Verschiedene Aufgabentypen verwenden!*
Je nach Anspruchsniveau sind die meisten der nachfolgend genannten Aufgabentypen auf jeder Lernzielstufe verwendbar.

● *Essay – Aufgaben* in Form
  – einer Frage,
  – eines Kurztextes,
  – eines Fallbeispiels,
  – einer Graphik,
  – einer Tabelle,
  – einer Quelle (hist.),
  – einer Schemazeichnung,
  – eines problemhaltigen Bildes,
  – jeweils in Verbindung mit gezielten Fragen.

● *Richtig-Falsch-Aufgaben,* die dem Schüler lediglich eine Entscheidung zwischen
  ja – nein, richtig – falsch, +/– abverlangen.
  Ratetreffer sind hier nicht ganz auszuschließen.

Beispiel	ja	nein
Die Kulturhoheit liegt beim Bund.		
Die Bundesländer wirken bei der Gesetzgebung mit.		
Die Hauptstadt des Regierungsbezirks Mittelfranken ist Nürnberg.		
Der Gesetzgeber ist die Bundesregierung.		

● *Zuordnungsaufgaben* sind geeignet, um eindeutige Fakten wie Begriffe, Daten, Regeln einer gegebenen Reihe von Aussagen zuordnen zu lassen. Dabei sorgt eine größere Anzahl von Zuordnungsfakten dafür, dass sich die Schüler weniger aufs Raten verlegen.

Beispiel
Ordne die Ereignisse den Daten zu, indem du die Ziffer vor das richtige Datum setzt!
... 13. August 1961   1. Erste freie Wahl in der BRD
... 8. Mai 1945   2. Öffnung der Berliner Mauer
... 17. Juni 1953   3. Gründung der NATO
... 23. Mai 1949   4. Bedingungslose Kapitulation der deutschen Wehrmacht
... 4. April 1949   5. Volksaufstand in der DDR
                           6. Verkündigung des Grundgesetzes der BRD
                           7. Bau der Berliner Mauer

● *Multiple-Choice-Aufgaben* (Mehrfachwahlantwort-Aufgaben) fordern den Schüler auf, für die Lösung einer Aufgabe aus mehreren gegebenen Antwortmöglichkeiten die richtige Antwort anzukreuzen.

Beispiel: Einfache Mehrfachwahlantwort-Aufgabe
Nachts wird es bei uns dunkel. Warum?
Suche die richtige Erklärung und kreuze sie an!
1. Nachts sendet die Sonne keine Strahlen aus.
2. Wir sind nachts auf der Schattenseite der Erdkugel.
3. Nachts kommt die Finsternis.
4. Die Strahlen der Sonne breiten sich nach allen Richtungen aus.
5. Dicke Wolken schieben sich vor die Sonne.

Beispiel: Komplexe Mehrfachwahlantwort-Aufgabe
Prüfe folgende Aussagen!
1. Die Sonne sendet Lichtstrahlen aus.
2. An Regentagen strahlt die Sonne weniger Licht aus.
3. Auch in der Nacht sendet die Sonne Strahlen aus.

Welche Aussage(n) stimmt (stimmen)?
a) alle
b) 1. und 2.
c) 1. und 3.
d) 2. und 3.
e) nur 1.

- *Ergänzungsaufgaben* sehen vor, dass die Schüler z. B. in stumme Karten, Lückentexte, Zeichnungen ... fehlende Fakten aus dem Gedächtnis oder in Form der Zuordnung eintragen.
- *Entwurf von Ordnungsschemata*, z. B. zu Ober- und Unterbegriffen
- *Aufgaben in Rätselform* (Kreuzwort-, Bilder-, Silbenrätsel, Quiz)
- *Rollenspiele*, Demonstrationen, Debatten, Interviews von Experten ... dienen eher der Verhaltensbeobachtung in Bezug auf affektive und instrumentelle Aspekte als einer exakten Leistungsmessung. Entsprechende Leistungen werden deshalb auch angemessener mit Worten als mit Noten gewürdigt.
- *Umgang mit Geräten*, Hilfsmitteln, Nachschlagewerken ...
- Die einzelnen Fächer sehen *fachspezifische Aufgabentypen* vor, mit denen die Schüler durch hinreichende Übung vertraut sein müssen, wie z. B. mit Dialogspielen, Comprehension, Diktatformen im Fremdsprachenunterricht, mit Versuchsbeschreibung, -vorbereitung, -aufbau, -durchführung in naturwissenschaftlichen Fächern, mit der Überprüfung motorischer Fertigkeiten durch Vollzug im Fach Sport usw.

9.4.2.5 Grundsätze für das Verhalten während der Prüfung

1. Auch einmal *auf eine mündliche Prüfung verzichten*, wenn ein Schüler total auf dem Schlauch steht!

2. *Nachfragemodus klären! Hilfestellungen vereinbaren!*
Um Störungen während schriftlicher Prüfungen für die anderen Schüler zu vermeiden, den Lehrer durch ruhiges Melden herbeirufen!

3. *Keine Hektik* verbreiten durch dauerndes Durchgehen durch die Bankreihen, nicht hinter einem Schüler stehen bleiben oder in seiner Prüfungsarbeit lesen!

4. In mündlichen Prüfungen ein *Gespräch* anstelle der Frage-Antwort-Ketten (Verhör) anstreben sowie *Denkpausen* zugestehen!

5. *Keinen Psychoterror* durch dauernde Zeitansagen, ironische Bemerkungen zu umständlichen oder falschen Lösungsversuchen u. dgl. verbreiten!

9.4.2.6 Grundsätze für die Korrektur von Prüfungsarbeiten

1. *Bewertungskriterien* genau schriftlich festlegen!

2. Bei der Bewertung *Inhalt der Aussage und Sprachgewandtheit auseinanderhalten*, auch bei mündlichen Prüfungen!

3. Keine Arbeit zurückgeben ohne *Kommentar* über ihre spezifischen Schwächen und Stärken! Durch konkrete Hinweise für die Verbesserung der Leistung *ermuntern*!

4. Evtl. die *schlechteste Note* pro Halbjahr und Fach bei jedem Schüler streichen!

5. In Zweifelsfällen oder bei Verdacht auf Voreingenommenheit gegenüber dem Schüler einen Kollegen um *Zweitkorrektur* bitten!

9.4.2.7 *Grundsätze für die Rückgabe von Prüfungsarbeiten*

1. Prüfungsarbeiten in *der nächsten Unterrichtsstunde zurückgeben*! Durch verzögerte Korrektur wird auch die nötige Nacharbeit aufgrund von Fehlleistungen verschleppt.

2. Die Rückgabe der Prüfungsarbeiten *taktvoll* vornehmen! Rituale eines Macht-Szenarios wie z. B. Blamage durch Rangplatzzuweisung und zynische Dramatik vermeiden! Der Lehrer sollte die Arbeiten selbst nach dem Alphabet geordnet oder nach Noten gemischt austeilen.

3. *Punkte- und Notenschlüssel allgemein bekanntgeben!* Einzelne Arbeiten werden nach Notwendigkeit mit den betroffenen Schülern besprochen, nicht vor der ganzen Klasse.

4. *Korrekturzeichen* erklären, evtl. auch mit Erläuterungen versehen in einem Merkblatt austeilen!

5. *Lernfortschritte individuell würdigen!*
Gerade jene Schüler brauchen Ermutigung und Zuwendung, die trotz Anstrengung und individueller Leistungsfortschritte noch nicht dem Bereich schlechter Noten entrinnen konnten.

6. Der Lehrer darf keinen Zweifel daran aufkommen lassen, dass die schlechte Leistung eines Schülers nicht seine *Wertschätzung als Person* beeinträchtigt. Um misserfolgsängstliche und deprimierte Schüler muss er sich bei aller Arbeitsüberlastung besonders kümmern.

7. *Möglichkeiten zum Abbau schlechter Noten anbieten*, z. B. Referat, zusätzliche mündliche Prüfung, besondere unterrichtsvorbereitende Arbeiten ...

8. Sofern vertretbar, die *Schüler an der Notengebung beteiligen*, z. B. in Kunsterziehung, Werken, Handarbeit, Hauswirtschaft usw.

9. Die während der Korrektur der Arbeiten gesammelten Fehlerschwerpunkte lassen erkennen, *an welchen Defiziten zu arbeiten* für alle Schüler bedeutsam ist, welchen dagegen eher mit differenzierenden Maßnahmen beizukommen ist. *Konkrete Tipps zum Fehlerabbau* nützen den Schülern am meisten, evtl. unterstützt durch ein Helfersystem auf der Basis der Schülerkooperation.

10. Der nach einer Schulaufgabe oder eher nach einer Stegreifaufgabe verbleibende Rest einer Unterrichtsstunde sollte *sinnvoll mit Lernspielen* aufgebraucht werden.

11. Im Rahmen der *Elternarbeit* kann der Lehrer auf eine realistische Erwartungshaltung der Eltern und einen angemessenen Umgang mit schlechten Noten hinwirken. Durch Strafen werden Leistungen nicht verbessert, wohl aber durch eine verständnisvolle Hilfestellung. Auf manche Eltern wirkt es bereits beruhigend, wenn sie über die Verbaldefinitionen der Noten aufgeklärt werden; so bezeichnet z. B. die Note 4 (ausreichend) „eine Leistung, die zwar Mängel aufweist, aber im ganzen den Anforderungen noch entspricht".

12. Gelegentlich erfordern ungünstige Leistungsentwicklungen ein *Beratungsgespräch* zwischen dem Lehrer und dem Schüler, dann erst ausweitend auch mit den Eltern, evtl. unter Einbezug des Beratungslehrers. Konsequenzen für die Schullaufbahn erst dann zu erwägen, wenn für eine Leistungsverbesserung keine Chance mehr besteht, ist entschieden zu spät.

Ausgewählte Nachschlagewerke

1. *Erziehungswissenschaft, Pädagogik, Schulpädagogik*

Böhm, W.: Wörterbuch der Pädagogik. Stuttgart [14]1994
Ellwein, Th./Groothoff, H.-H./Rauschenberger, H./Roth, H. (Hrsg.): Erziehungswissenschaftliches Handbuch. 14 Bände. Berlin 1975 f.
Frommer, H. (Hrsg.): Handbuch Praxis des Vorbereitungsdienstes. 2 Bände. Berlin [3]1986
Keller, J. A./Novak, F.: Kleines pädagogisches Wörterbuch. Freiburg [6]1998
Klauer, K. J. (Hrsg.): Handbuch der pädagogischen Diagnostik. Studienausgabe. 2 Bände. Düsseldorf 1982
Köck, P./Ott, H.: Wörterbuch für Erziehung und Unterricht. Donauwörth [6]1997 (NA)
Lenzen, D. (Hrsg.): Enzyklopädie Erziehungswissenschaft. 12 Bände. Stuttgart 1983 f.
Schröder, H.: Grundwortschatz Erziehungswissenschaft. München [2]1992
Twellmann, W. (Hrsg.): Handbuch Schule und Unterricht. 10 Bände. Düsseldorf 1981 f.
Willmann-Institut: Lexikon der Pädagogik. 4 Bände. Freiburg [3]1974
Wulf, Chr. (Hrsg.): Wörterbuch der Erziehung. München [2]1989

2. *Psychologie*

Arnold, W./Eysenck, H. J./Meili, R.: Lexikon der Psychologie. 3 Bände. Augsburg 1997 (NA)
Asanger, R./Wenninger, G. (Hrsg.): Handwörterbuch Psychologie. Studienausgabe. Weinheim [5]1994
Brickenkamp, R. (Hrsg.): Handbuch psychologischer und pädagogischer Tests. Göttingen [2]1997
Clauss, G. (Hrsg.): Fachlexikon ABC Psychologie. Frankfurt 1996
Dorsch, Fr./Bergius, R./Ries, H. u. a. (Hrsg.): Psychologisches Wörterbuch. Bern [11]1987
Drever, J./Fröhlich, W. D.: dtv-Wörterbuch zur Psychologie. München [21]1997
Enzyklopädie der Psychologie (mehrbändig, noch nicht abgeschlossen). Göttingen 1982 f.
Fittkau, B. (Hrsg.): Pädagogisch-psychologische Hilfen für Erziehung, Unterricht und Beratung. 2 Bde. Braunschweig 1993
Gottschalt, K./Sander, F./Lersch, Ph./Thomae, H. (Hrsg.): Handbuch der Psychologie. 12 Bände. Göttingen 1972 f.
Popp, M.: Einführung in die Grundbegriffe der Allgemeinen Psychologie. München [5]1995
Rost, D. (Hrsg.): Handwörterbuch Pädagogische Psychologie. Weinheim 1998
Schiefele, H./Krapp, A. (Hrsg.): Handlexikon zur Pädagogischen Psychologie. München 1981
Weidenmann, B. u. a. (Hrsg.): Pädagogische Psychologie. Ein Lehrbuch. Weinheim [2]1994

3. *Schulrecht*

Amberg, H./Schiedermair, W./Selzle, E.: Dienstordnung für Lehrer an staatlichen Schulen in Bayern. Loseblattausgabe mit Ergänzungslieferungen. Donauwörth 1991
Falckenberg, D./Schiedermair, W./Amberg, H.: Bayerisches Gesetz über das Erziehungs- und Unterrichtswesen. Kommentar, Stuttgart [2]1989
Falckenberg, D.: Grundriß des Schulrechts in Bayern. Neuwied [2]1995 (NB)
Handbuch des gesamten Jugendrechts. Loseblattausgabe mit Ergänzungslieferungen. Neuwied
Hansch, H. A.: Der Lehrer und das Schulrecht. Schul- und Lehrerberufsrecht in der Lehreraus-, -fort- und -weiterbildung. Hamburg 1988
Heckel, H./Avenarius, H.: Schulrechtskunde. Ein Handbuch für Praxis, Rechtsprechung und Wissenschaft. Neuwied [7]1998 (NA)
Jugendrecht (JugR). dtv-Beck Texte. München [21]1997
Scholz, R. (Hrsg.): Jugendschutz. München [2]1992
Stauner, G./Schelter, K.: Jugendrecht von A–Z. dtv-Tb. München [3]1994
Wenger, O.: Bayerische Schulrechtssammlung. Loseblattausgabe mit Ergänzungslieferungen. Müchen Stand 1998
Wenger, O.: Schulrecht. Gerichtsurteile für Schüler, Eltern, Studenten und Lehrer. Stuttgart [6]1993

Literaturverzeichnis

Achtenhagen, F. (Hrsg.): Neue Verfahren zur Unterrichtsanalyse. Düsseldorf 1982

Achtenhagen, F./Meyer, H. L. (Hrsg.): Curriculumrevision. Möglichkeiten und Grenzen. München 1971

Achtenhagen, F.: Theorie der Fachdidaktik. In: Twellmann, W. (Hrsg.): Handbuch Schule und Unterricht, Band 5.1. Düsseldorf 1981

Adam, G./Schweitzer, Fr. (Hrsg.): Ethisch erziehen in der Schule. Göttingen 1996

Adl-Amini, B. u. a. (Hrsg.): Unterrichtsmethode in Theorie und Forschung. Weinheim 1993

Adl-Amini, B./Künzli, R. (Hrsg.): Didaktische Modelle der Unterrichtsplanung. München [3]1991

Adl-Amini, B.: Ebenen didaktischer Theoriebildung. In: Lenzen, D. (Hrsg.): Enzyklopädie Erziehungswissenschaft. Band 3. Stuttgart 1986

Adl-Amini, B.: Medien und Methoden des Unterrichts. Donauwörth 1994

Aebli, H.: Denken: das Ordnen des Tuns. 2 Bde. Stuttgart [2]1993/1994

Aebli, H.: Die Wiedergeburt des Bildungsziels – Wissen und die Frage nach dem Verhältnis von Weltbild und Schema. In: Z. f. P., 18. Beiheft. Weinheim 1983

Aebli, H.: Grundlagen des Lehrens. Eine Allgemeine Didaktik auf psychologischer Grundlage. Stuttgart [4]1998

Aebli, H.: Psychologische Didaktik. Stuttgart [6]1976

Aebli, H.: Zwölf Grundformen des Lehrens. Stuttgart [9]1996

Akademie für Lehrerfortbildung (Hrsg.): 101 Ideen zur Gestaltung des Schulgeländes. Akademiebericht Nr. 246. Dillingen 1994

Altenberger, H. (Hrsg.): Fachdidaktik in Forschung und Lehre. Augsburg 1997

André, W. u. a.: Fernsehen und Schulfernsehen. In: Lenzen, D. (Hrsg.): Enzyklopädie Erziehungswissenschaft, Band 4. Stuttgart 1985

Antons, K.: Praxis der Gruppendynamik. Übungen und Techniken. Göttingen [7]1998

Apel, H. J.: Lehrplan- und Curriculumentwicklung in Bayern (1950–1991). Marquartstein 1991

Apel, H. J.: Theorie der Schule. Donauwörth 1997

Arbeitsgemeinschaft Freier Schulen (Hrsg.): Handbuch Freie Schulen. Reinbek 1993

Arbeitsgemeinschaft Lernmethodik: So macht Lernen Spaß. Praktische Lerntips für Schüler von 11–16 Jahren. Weinheim, Basel [3]1980

Arbeitsgruppe Handreichungen des Verbandes Deutscher Schullandheime: Handreichungen und Organisationshilfen für Schullandheimaufenthalte. Flensburg 1980

Arbeitsgruppe Oberkircher Lehrmittel (Hrsg.): Handbuch zum Schulalltag. Lichtenau-Scherzheim 1992 (Reprint)

Arbeitsgruppe Oberkircher Lehrmittel (Hrsg.): Schulspaß und Schulspiele. Reinbek (rororo 7783) 1984

Arbeitsgruppe Theorie der Unterrichtswissenschaft (Hrsg.): Theorie einer praxisnahen Lehrerausbildung. Königstein 1980

Arbinger, R./Jäger, R. S.: Lernen lernen. Einführung und Materialien. Landau [3]1996

Arbinger, R.: Psychologie des Problemlösens. Eine anwendungsorientierte Einführung. Darmstadt 1997

Armbruster, B./Kübler, H.-D.: Computer und Lernen. Medienpädagogische Konzepte. Leverkusen 1988

Aschersleben, K.: Einführung in die Unterrichtsmethodik. Stuttgart [5]1990

Aschersleben, K.: Moderner Frontalunterricht. Neubegründung einer umstrittenen Unterrichtsmethode. Frankfurt/M., Bern, New York [2]1986

Aselmeier, U./Vogel, G.: Handlungshilfen zur Unterrichtsplanung. Rheinfelden 1992

Aurin, K. (Hrsg.): Beratung als pädagogische Aufgabe. Bad Heilbrunn 1984

Baacke, D. u. a.: Von Mäusen und Monstern – Kinderfernsehen unter der Lupe. Bielefeld 1997

Baacke, D.: Die 13- bis 18jährigen. Einführung in die Probleme des Jugendalters. Weinheim [7]1994

Baacke, D.: Die 6- bis 12jährigen. Einführung in Probleme des Kindesalters. Weinheim [6]1995

Baacke, D.: Jugend und Jugendkulturen. Weinheim [2]1993

Baacke, D.: Medienpädagogik. Tübingen 1997

Bach, H. u. a.: Verhaltensauffälligkeiten in der Schule. Berlin 1986

Bachmair, B.: Medienverwendung in der Schule. Berlin 1979

Bachmair, S. u. a.: Beraten will gelernt sein. Ein praktisches Lehrbuch für Anfänger und Fortgeschrittene. Weinheim [6]1996

Baddeley, A. D.: Die Psychologie des Gedächtnisses. Stuttgart 1979

Baer, U./Hoyer, K./Menze, F.: Schulspaß und Schulspiel. Reinbek 1988

Balk, U./Hirschfeld, M./Kluge, K. J.: Konzentrationstraining. Für Schüler vom 2. bis 10. Schuljahr, 2 Teile. Bonn [7/9]1995

Bandura, A. u. a.: Lernen am Modell. Stuttgart 1976

Bärenz, P./Cammann, R./Geiler, M.: Auf dem Weg zur Schule. Folienserie für die Verkehrserziehung in der Grundschule. Wuppertal 1979

Bärsch, W: Erziehungskonflikte. Bewältigung abweichenden Verhaltens. Berlin [4]1991

Barthelmes, J./Sander, E.: Medien in Familie und Peergroup. München 1997

Bartnitzky, H./Portmann, R.: Leistung der Schule – Leistung der Kinder. Frankfurt 1992

Bastian, J. (Hrsg.): Drogenprävention und Schule. Konzepte – Erfahrungen – Unterrichtsbeispiele. Hamburg 1992

Bastian, J. (Hrsg.): Strafe muß sein? Das Strafproblem zwischen Tabu und Wirklichkeit. Weinheim 1995

Bastian, J. u. a. (Hrsg.): Tips für besseren Unterricht. Hamburg 1987

Bastian, J. u. a.: Theorie des Projektunterrichts. Hamburg 1997

Bastian, J./Gudjons, H. (Hrsg.): Das Projektbuch. Theorie – Praxisbeispiele – Erfahrungen. [4]1994

Bastian, J./Gudjons, H. (Hrsg.): Das Projektbuch II. Über die Projektwoche hinaus – Projektlernen im Fachunterricht. Hamburg [2]1993

Bastian, J.: Handlungsorientierung im Geschichtsunterricht – Anregungen für einen Unterricht über Faschismus. In: Westermanns Pädagogische Beiträge 32 (1980)

Battegay, R.: Der Mensch in der Gruppe. 3 Bde. Bern 1973–1979

Battista, U.: Satanismus in Hardrock/Heavy Metal. In: Materialdienst, Evangelische Zentralstelle für Weltanschauungsfragen (EZW 48) 1985

Bauer, G.: Freiarbeit und Differenzierung. Kopiervorlagen. Reutlingen 1995

Bäuerle, D.: Sucht- und Drogenprävention in der Schule. München 1996

Bayerische Akademie für Schullandheimpädagogik (Hrsg.): Schullandheim heute: Zwischen Tradition und neuen Herausforderungen. Hamburg 1993

Bayerisches Staatsministerium für Unterricht und Kultus (Hrsg.): Schülermitverantwortung und Schülervertretung. München 1984

Bayerisches Staatsministerium für Unterricht und Kultus (Hrsg.): Der Übergang vom Kindergarten zur Grundschule. Donauwörth [16]1992

Beck, G./Scholz, G.: Beobachten im Schulalltag. Studien- und Praxisbuch. Berlin 1995

Becker, G. u. a. (Hrsg.): Räume bilden – Studien zur pädagogischen Topologie und Topographie. Seelze-Velber 1997

Becker, G. E./Kohler, B.: Hausaufgaben kritisch sehen und die Praxis sinnvoll gestalten. Weinheim [3]1995

Becker, G. E.: Handlungsorientierte Didaktik, Band 1–3. Weinheim 1995–1998

Becker, G. E.: Lehrer lösen Konflikte. Ein Studien- und Übungsbuch. Weinheim [8]1997

Beckmann, H.-K.: Die pädagogische Bedeutung von Wanderungen, Studienfahrten und Schullandheimaufenthalten. In: Das Schullandheim 1987

Beckmann, H.-K.: Schule außerhalb der Schule. Dokumentation des DJH-Werks, Landesverband Bayern. Würzburg 1986

Behnken, I.: Öffnung des Unterrichts. Wochenplanarbeit in der Grundschule. In: Pädagogische Welt 12 (1989)

Behnken, I./Jaumann, O. (Hrsg.): Kindheit und Schule. Weinheim 1995

Bender, H. (Hrsg.): Parapsychologie. Mülheim 1998 (NA)

Benikowski, B.: Unterrichtsstörungen und kommunikative Didaktik. Störungen aus der Sicht der Lerngruppe und die Grenzen didaktischer und psychotherapeutischer Modelle. Baltmannsweiler 1995

Benner, D.: Hauptströmungen der Erziehungswissenschaft. Weinheim [3]1991

Benner, D.: Pädagogik als Wissenschaft, Handlungstheorie und Reformpraxis. 3 Bde. Weinheim 1995

Berchtold, Chr./Stauffer, M.: Schule und Umwelterziehung. Eine pädagogische Analyse und Neubestimmung umwelterzieherischer Theorie und Praxis. Bern 1997

Berg, H. Chr.: Genetische Methode. In: Lenzen, D. (Hrsg.): Enzyklopädie Erziehungswissenschaft, Band 4. Stuttgart 1985

Betz, D./Breuninger, H.: Teufelskreis Lernstörungen. Theoretische Grundlegung und Standardprogramm. Weinheim [4]1996

Biedermann, H.: Lexikon der magischen Künste. Heyne-Sachb., München 1998

Biermann, G. (Hrsg.): Handbuch der Kinderpsychotherapie. Band V. München 1992

Biermann, R./Schulte, H.: Leben mit Medien – Lernen mit Medien. Frankfurt 1997

Biermann, R./Wittenbruch, W. (Hrsg.): Soziale Erziehung. Orientierung für pädagogische Handlungsfelder. Heinsberg 1986

Biermann, R.: Aufgabe Unterrichtsplanung. Perspektiven und Modelle der kommunikativen Didaktik. Essen 1985

Biller, K.: Unterrichtsstörungen. Stuttgart [2]1981

Birkenhauer, J. (Hrsg.): Außerschulische Lernorte. HGD-Symposium Benediktbeuren 1993. Nürnberg 1995

Blankertz, H. (Hrsg.): Curriculumforschung – Strategien, Strukturierung, Konstruktion. Essen [4]1974

Blankertz, H. (Hrsg.): Fachdidaktische Curriculumforschung – Strukturansätze für Geschichte, Deutsch, Biologie. Essen [2]1974

Blankertz, H.: Analyse von Lebenssituationen unter besonderer Berücksichtigung erziehungswissenschaftlich begründeter Modelle: Didaktische Strukturgitter. In: Frey, K. (Hrsg.): Curriculum-Handbuch, Band 2. München, Zürich 1975

Blankertz, H.: Theorien und Modelle der Didaktik. München [13]1991

Bliesener, Th./Brons-Albert, R. (Hrsg.): Rollenspiele in Kommunikations- und Verhaltenstrainings. Wiesbaden 1994

Blohm, M.: Kinderspielpläze. Ein Modell für handelnden Unterricht. In: Westermanns Pädagogische Beiträge 32 (1980)

Bloom, B. S. u. a.: Taxonomy of Educational Objectives. Handbook I: Cognitive Domain. New York 1956, deutsch: Weinheim [5]1976

Bloom, B. S.: Individuelle Unterschiede in der Schulleistung: Ein überholtes Problem? In: Edelstein, W./Hopf, D. (Hrsg.): Bedingungen des Bildungsprozesses. Stuttgart 1973

Blumenfeld, L./Grünn, H.: Das große Buch der Entspannung. Düsseldorf 1997

Böcher, W.: Grundlagen und Probleme der Verkehrserziehung. In: Twellmann, W. (Hrsg.): Handbuch Schule und Unterricht, Band 5.2. Düsseldorf 1981

Boehnke, H./Hennig, C. (Hrsg.): Celestin Freinet, Pädagogische Texte, mit Beispielen aus der praktischen Arbeit nach Freinet. Reinbek 1980

Böhm, W. (Hrsg.): Alternative Reformpädagogik. Würzburg 1992

Böhm, W./Oelkers, J. (Hrsg.): Reformpädagogik kontrovers. Würzburg 1995

Böhnel, E./Khan-Svik, G.: Schulische Differenzierung. Frankfurt 1995

Bohnsack, F. u. a.: Schüleraktiver Unterricht. Möglichkeiten und Grenzen der Überwindung von „Schulmüdigkeit" im Alltagsunterricht. Weinheim, Basel 1984

Bohnsack, F./Leber, St. (Hrsg.): Sozial-Erziehung im Sozial-Verfall. Grundlagen, Kontroversen, Wege. Weinheim 1996

Bölts, H.: Umwelterziehung. Grundlagen, Kritik, Modelle für die Praxis. Darmstadt 1995

Bönsch, M.: Differenzierung in Schule und Unterricht. München 1995

Bönsch, M.: Offener Unterricht in der Primar- und Sekundarstufe I. Hannover 1993

Bönsch, M.: Unterrichtskonzepte. Studien zur Allgemeinen Didaktik. Baltmannsweiler 1986

Bönsch, M.: Variable Lernwege – Ein Lehrbuch der Unterrichtsmethoden. Paderborn [2]1995

Bönsch, M.: Üben und Wiederholen im Unterricht. München [2]1993

Borries, B. von: Lehrererzählung. In: Lenzen, D. (Hrsg.): Enzyklopädie Erziehungswissenschaft, Band 4. Stuttgart 1985

Bort, W. u. a.: Schulspielkartei. Münster [3]1994

Bort, W.: Elternarbeit leichter machen. Wie man Eltern aktivieren kann. Offenbach [2]1992

Bort, W.: Handbuch Gruppenspiele. Ettlingen [2]1995

Bossing, N. L.: Progressive Methods of Teaching in Secondary Schools. Boston 1935

Bower, G. H./Hilgard, E. R.: Theorien des Lernens. 2 Bde. Stuttgart 1983 und 1984

Brand, P./Schulze, F. (Hrsg.): Medienkundliches Handbuch: Die Zeitung. Braunschweig Teil 1 [2]1991, Teil 2 [3]1992

Braun, P. (Hrsg.): Erfolgreiche Elternarbeit in der Schule. Stadtbergen 1995

Brem-Gräser, L.: Handbuch der Beratung für helfende Berufe. 3 Bde. München 1992

Brenner, G. (Hrsg.): Handlungsorientierte Medienarbeit. Weinheim 1993

Breuer, G.: Freie Arbeit im 1. und 2. Schuljahr. München 1997

Brezinka, W.: Tüchtigkeit. Analyse und Bewertung eines Erziehungszieles. München, Basel 1987

Broich, J. u. a.: Spiele für jeden Anlaß. 500 Spiele für Kindergarten, Schule, Jugendarbeit und Erwachsenenbildung. München 1998

Broich, J.: Anwärmspiele. Über 130 Gruppenspiele. Köln 1999

Broich, J.: Entspannungsspiele. Über 100 Gruppenspiele zu Ruhe, Bewegung, Stille. Köln 1998

Broich, J.: Körper- und Bewegungsspiele. Köln 1999

Broich, J.: Rollenspiel – Praxis. Köln 1999

Brose, K.: Friedensphilosophie und Friedenserziehung. Von Kant bis Adorno. Essen 1996

Brück, H.: Die Angst des Lehrers vor seinem Schüler. Reinbek 1978

Brucker, A. (Hrsg.): Medien im Geographieunterricht. Düsseldorf 1986

Brucker, A.: Unterrichtsmedien. In: Haubrich, H. u. a.: Konkrete Didaktik der Geographie. Braunschweig 1982

Bruner, J. S.: Der Akt der Entdeckung. In: Neber, H. (Hrsg.): Entdeckendes Lernen. Weinheim [3]1981 (NA)

Bruner, J. S.: Entwurf einer Unterrichtstheorie. Düsseldorf 1974

Bruner, J. S.: Gedanken zu einer Theorie des Unterrichts. In: Dohmen u. a. (Hrsg.): Unterrichtsforschung und didaktische Theorie. München 1970

Brunnhuber, P.: Prinzipien effektiver Unterrichtsgestaltung. Donauwörth [19]1995

Buber, M.: Das dialogische Prinzip. Gerlingen [8]1997

Büchel, H. P./Grüter, J. P.: Natur ums Schulhaus. Aarau 1992

Buddensiek, W. u. a.: Planspiel, Rollenspiel, Fallstudie. Zur Praxis und Theorie lernaktiver Methoden. Köln 1992

Bugdahl, V.: Kreatives Problemlösen im Unterricht. Berlin 1995

Buhren, C. G.: Community Education. Ansätze und Perspektiven für stadtteilorientiertes Lernen. In: Die Deutsche Schule 3 (1987)

Bundesanstalt für Straßenwesen: Projektgruppenbericht „Verkehrserziehung in der Sekundarstufe I, Situationsanalyse und Folgerungen". Köln 1979

Burk, K./Claussen, C. (Hrsg.): Lernorte außerhalb des Klassenzimmers I und II. Frankfurt/M. [5]1994

Burk, K./Kruse, K. (Hrsg.): Wandertag – Klassenfahrt – Schullandheim. Beiträge zur Reform der Grundschule, Band 55. Frankfurt/M. 1983

Burmeister H. P./Dressler, B. (Hrsg.): Werterziehung in der Pluralität. Herausforderungen an Theologie und Pädagogik. Loccum 1997

Buytendijk, F. J. J.: Das menschliche Spielen. In: Gadamer, H.-G., Vogler, P. (Hrsg.): Neue Anthropologie. Band 4: Kulturanthropologie. München 1973

Capra, F.: Wendezeit. Berlin, Wien, München 1992 (NA)

Carlhoff, H. W./Wittemann, P. (Hrsg.): Drogenbekämpfung und Suchtprävention. Situationen – Analysen – Perspektiven. Stuttgart 1990

Chott, P.: Projektorientierter Unterricht. Eine Einführung. Weiden 1990

Claussen, C. (Hrsg.): Handbuch Freie Arbeit. Konzepte und Erfahrungen. Weinheim 1995

Claussen, C.: Unterrichten mit Wochenplänen. Kinder zur Selbständigkeit begleiten. Weinheim 1997

Comenius, H. A.: Große Didaktik. Hrsg. von A. Flitner: Stuttgart 1992

Coombs, H./Meux, M.: Teaching strategies for value analysis. In: Metcalf, L. (ed.): Values education: rationale, strategies and procedures. Washington, D. C. 1971

Cube, F. von/Alshuth, D.: Fordern statt verwöhnen. Die Erkenntnisse der Verhaltensbiologie in Erziehung und Führung. München [10]1997

Cube, F. von: Der kybernetische Ansatz in der Didaktik. Frankfurt/M. 1971

Cube, F. von: Erziehungswissenschaft. Stuttgart 1977

Cube, F. von: Kybernetische Grundlagen des Lernens und Lehrens. Stuttgart [4]1982

Dahms, G.: Nachdenken im Unterricht. Fragemethode und Anleitung zum argumentativen Gespräch. Königstein [2]1985

Danto, A. C.: Basis – Handlungen. In: Meggle, G. (Hrsg.): Analytische Handlungstheorie. Frankfurt/M. 1977

Datow, W.: Mit der Klasse im Museum. In: Frommer, H. (Hrsg.): Handbuch Praxis des Vorbereitungsdienstes, Band 2. Düsseldorf 1982

Daunderer, M. (Hrsg.): Drogenhilfe. Verzeichnis der Beratungsstellen, Therapieeinrichtungen und Selbsthilfegruppen in Deutschland, Österreich und der Schweiz. Landsberg 1996

Dengler, R.: Der Aufenthalt im Schullandheim. Materialien zur Vorbereitung, Durchführung und Nachbereitung. Donauwörth 1995

Dennison, P. E./Dennison, G.: Brain Gym. Lehrerhandbuch. Kirchzarten [8]1997

Dennison, P. E./Dennison, G.: EK für Kinder. Das Handbuch für Edu-Kinestetik für Eltern, Lehrer und Kinder jeden Alters. Kirchzarten [13]1997

Deutsche Shell (Hrsg.): Jugend 2000, 2 Bde. Leverkusen 2000

Dewey, J./Kilpatrick, W. H.: Der Projektplan. Grundlegung und Praxis. Weimar 1935

Dichanz, H. (Hrsg.)/Tulodziecki, G.: Mediendidaktik und Medienpädagogik. Eine Einführung. Hagen 1984

Dichanz, H.: Medienerziehung im Jahre 2010. Probleme, Perspektiven, Szenarien. Gütersloh 1997

Dieckmann, B./Sting, St./Zirfas, J. (Hrsg.): Gedächtnis und Bildung. Pädagogisch-anthropologische Zusammenhänge. Weinheim 1998

Diem-Wille, G./Wimmer, R. (Hrsg.): Soziales, erfahrungsorientiertes Lernen. Wien [2]1988

Dienes, Z. P.: Aufbau der Mathematik. Freiburg [3]1969

Dietz, L. J.: Sexualerziehung – Aber wie? Grundlagen, Unterrichtspraxis, Elternarbeit. München

Dörpfeld, F. W.: Schriften zur Theorie des Lehrplans (1873). Hrsg. von A. Reble. Bad Heilbrunn 1962

Dolch, J.: Lehrplan des Abendlandes (1959). Kastellaun [4]1974

Domke, H.: Lehrer und abweichendes Schülerverhalten. Donauwörth 1973

Doormann, L.: Lernen mit Leben und Arbeit verbinden: Die Tvind-Schulen in Dänemark. In: Borchert, M./Derichs-Kunstmann, K. (Hrsg.): Schulen, die ganz anders sind. Frankfurt/M. 1979

Draxler, H. D. u. a.: Leitfaden zur Lehrplanarbeit. München 1997

Duncker, L./Maurer, F./Schäfer, G. E. (Hrsg.): Kindliche Phantasie und ästhetische Erfahrung. Langenau-Ulm [2]1993

Duncker, L./Götz, B.: Projektunterricht als Beitrag zur inneren Schulreform. Langenau, Ulm [2]1988

Duncker, L./Popp, W. (Hrsg.): Über Fachgrenzen hinaus. Chancen und Schwächen des fächerübergreifenden Lehrens und Lernens. Heinsberg 1997

Duncker, L.: Die Suche nach neuen Lernformen. In: Die Deutsche Schule 3 (1987)

Duncker, L.: Erfahrung und Methode. Studien zur dialektischen Begründung einer Pädagogik der Schule. Langenau, Ulm 1987

Dusolt, H.: Elternarbeit für Erzieher, Lehrer, Sozial- und Heilpädagogen (Vor- und Grundschule). Weinheim 1993

Edelstein, W. u. a. (Hrsg.): Familie und Kindheit im Wandel. Baden-Baden 1996

Eggersdorfer, F. X.: Jugenderziehung. München 1962

Eichelberger, H.: Handbuch der Montessori-Didaktik. Innsbruck 1997

Eichelberger, H.: Jena-Plan heute. Innsbruck 1998

Einsiedler, W./Härle, H. (Hrsg.): Schülerorientierter Unterricht. Donauwörth 1976

Endres, W./Eickmann, N./Janak, H.: Lernen mit Kniff und Pfiff. Kleine Lernmethodik für Schüler ab 9 Jahren. Weinheim [7]1995

Erdmann, J. u. a. (Hrsg.): Kindheit heute. Differenzen und Gemeinsamkeiten. Bad Heilbrunn 1996

Erler, L./Lachmann, R./Selg, H. (Hrsg.): Spiel. Spiel und Spielmittel im Blickpunkt verschiedener Wissenschaften und Fächer. Bamberg [2]1988

Ertelt, B. J./Schulz, W. E.: Beratung in Bildung und Beruf. Ein anwendungsorientiertes Lehrbuch. Leonberg [2]1998

Esser, B./Wilde, Chr.: Montessori-Schulen. Zu Grundlagen und pädagogischer Praxis. Reinbek 1989

Eulefeld, G. u. a.: Umwelterziehung. Theorie und Praxis. Münster 1991

Euler, D.: Didaktik des computerunterstützten Lernens. Praktische Gestaltung und theoretische Grundlagen. Nürnberg 1992

Ewers, M.: Strukturgitter der Naturwissenschaftsdidaktik. Essen 1977

Fassler, M.: Was ist Kommunikation? München 1997

Feiks, D.: Aufgaben in Schule und Unterricht. München 1991

Fend, H.: Theorie der Schule. München 1980

Fenninger, J.: Der informierende Unterrichtseinstieg in meinen Fächern Musik und Katholische Religionslehre in seinen Auswirkungen auf die Schüler (Hausarbeit für das Lehramt an Realschulen). München 1986

Fischler, H. u. a.: Allgemeine Fachdidaktik? In: Lenzen, D. (Hrsg.): Erziehungswissenschaft im Übergang – verlorene Einheit, Selbstteilung und Alternativen. Jahrbuch für Erziehungswissenschaft 1980–1982. Stuttgart 1982

Flammer, A.: Entwicklungstheorien. Psychologische Theorien der menschlichen Entwicklung. Bern [2]1996

Flavell, J. H.: Kognitive Entwicklung. Stuttgart 1979

Flechsig, K.-H.: Kleines Handbuch Didaktischer Modelle. Künzell [10]1996

Flitner, A.: Spielen-Lernen. München [10]1996

Flitner, W./Kudritzki, G. (Hrsg.): Die deutsche Reformpädagogik. 2 Bände. Stuttgart [5]1995

Florek, H.-Chr./Hey, B./Nahrstedt, W.: Freizeitdidaktik – Außerschulisches und schulisches Lernen im Vergleich. In: Twellmann, W. (Hrsg.): Handbuch Schule und Unterricht, Band 5.2, Düsseldorf 1981

Fluegelman, A.: New Games – Die neuen Spiele – 2 Bde. Mülheim 1991/1992

Fölling-Albers, M. (Hrsg.): Veränderte Kindheit – Veränderte Grundschule. Frankfurt [7]1997

Foppa, K.: Lernen, Gedächtnis, Verhalten. Köln, Berlin [4]1968

Foster, J.: Entdeckendes Lernen in der Grundschule. München [2]1993

Frank, H.: Bildungskybernetik. Eine Kurzeinführung in die kybernetisch-pädagogischen Modellgrundlagen der Bildungstechnologie. München 1996

Frank, H.: Kybernetische Grundlagen der Pädagogik, 2 Bände. Baden-Baden 1969, 2. neubearbeitete Aufl. o. J.

Franke, U. (Hrsg.): Prävention von Kommunikationsstörungen. Stuttgart 1997

Freiarbeit e. V.: LehrerInnen lernen freie Arbeit. Werkstattband Sekundarstufe I. Mülheim 1991

Freinet, C.: Die moderne französische Schule. Paderborn [2]1979

Freinet, C.: Pädagogische Texte. Reinbek 1980

Freinet, C.: Pädagogische Werke. Teil 1. Paderborn 1998

Freudenreich, D.: Gruppendynamik und Schule. Darmstadt [2]1994

Frey, K. (Hrsg.): Kriterien der Curriculum-Konstruktion. Weinheim 1970

Frey, K.: Die Projektmethode. Weinheim [8]1998

Fricke, S./Klotz, M./Paulich, P.: Sexualerziehung in der Praxis. Köln 1980

Friedel, J. A.: Beratungslehrer und Schulpsychologe im Tätigkeitsfeld der Systemberatung. Münster 1993

Fritz, J.: Methoden sozialen Lernens. München [3]1993

Fröhlich, A.: Handlungsorientierte Medienerziehung in der Schule. Grundlagen und Handreichungen. Tübingen 1982

Fürstenberg, G. v.: Planspiele. Für Jugendgruppen, Schule und politische Basisgruppen. Mainz 1992

Gage, N. L.: Unterrichten – Kunst oder Wissenschaft? München 1979

Gagne, R. M.: Die Bedingungen des menschlichen Lernens. Hannover 1969

Gaudig, H.: Die Schule der Selbsttätigkeit (1917). Hrsg. von L. Müller. Bad Heilbrunn [2]1969

Geißler, E. E./Schneider, H.: Hausaufgabe. Darmstadt 1982

Geppert, K./Preuss, E. (Hrsg.): Selbstständiges Lernen. Zur Methode des Schülers im Unterricht. Bad Heilbrunn 1980

Gibas, H.: Pädagogik der Massenkommunikation. Leverkusen 1986

Giesecke, H.: Wozu ist die Schule da? Stuttgart [3]1998

Global 2000, der Bericht an den Präsidenten (von Präsident Carter in Auftrag gegeben). 1980

Glöckel, H.: Unterricht in der Spannung zwischen Sachanspruch und Schülergemäßheit. In: Pädagogische Welt 8 (1985)

Glöckel, H.: Vom Unterricht – Lehrbuch der Allgemeinen Didaktik. Bad Heilbrunn [3]1996

Gmelch, A.: Erfahrungs- und handlungsorientiertes Lernen. Ein Beitrag zu einer berufsorientierten Didaktik der Hauptschule. Frankfurt/M. 1987

Goffman, E.: Stigma. Über Techniken der Bewältigung beschädigter Identität. Frankfurt 1975

Göhlich, M. (Hrsg.): Offener Unterricht, Community Education, Alternativschulpädagogik, Reggiopädagogik. Geschichte, Konzeption, Praxis. Weinheim 1997

Göldner, H.: Schwierige Schüler – was tun? München [2]1992

Golecki, R. (Hrsg.): Fächerverbindender Unterricht auf der gymnasialen Oberstufe. Bad Heilbrunn 1999

Gordon, Th.: Die neue Familienkonferenz. München 1994

Gordon, Th.: Lehrer-Schüler-Konferenz. Wie man Konflikte in der Schule löst. München 1989

Göser, B./Stökler, D.: Spiele für die Freiarbeit in der Sekundarstufe. Donauwörth [2]1998

Götz, M.: Von geschlossenen zu offenen Lernsituationen im Sachunterricht der Grundschule. In: Pädagogische Welt 12 (1987)

Graef, R./Preller, R.-D. (Hrsg.): Lernen durch Lehren. Rimbach 1994

Grell, J./Grell, M.: Unterrichtsrezepte. Weinheim [11]1996

Grell, J.: Techniken des Lehrerverhaltens. Weinheim [15]1994

Grewe, N. (Hrsg.): Beratungslehrer – eine neue Rolle im System. Neuwied 1990

Groß, E. (Hrsg.): Freies Arbeiten in weiterführenden Schulen. Donauwörth 1998

Gudjons, H. (Hrsg.): Unterrichtsmethoden: Grundlegung und Beispiele. Hamburg [3]1991

Gudjons, H./Reinert, G.-B. (Hrsg.): Schulleben. Königstein 1980

Gudjons, H.: Handlungsorientiert Lehren und Lernen. Schüleraktivierung – Selbsttätigkeit – Projektarbeit. Bad Heilbrunn [5]1997

Gudjons, H.: Spielbuch Interaktionserziehung. Bad Heilbrunn [6]1996

Gudjons, H. u. a.: Didaktische Theorien. Hamburg [9]1997

Gudjons, H.: Didaktik zum Anfassen. Lehrer/in – Persönlichkeit und lebendiger Unterricht. Bad Heilbrunn [2]1998

Gugel, G.: Friedenserziehung. Einführende Literatur und Materialien. Tübingen [4]1994 (NA)

Günther, U.: Kurze Theorie der Erziehungskunst nach den Grundsätzen der kritischen Philosophie. Züllicha 1976

Günther, M./Sperber, W.: Handbuch für Kommunikations- und Verhaltenstrainer. Psychologische und organisatorische Durchführung von Trainingsseminaren. München [2]1995

Günther, R./Kress, I./Schoop, D.: Leitfaden zur Verkehrserziehung mit 3- bis 7jährigen Kindern. Köln 1979

Haack, A./Haack, Fr. W.: Jugendspiritismus und -satanismus. München [4]1997

Haack, Fr. W.: Europas neue Religion. Sekten – Gurus – Satanskult. Freiburg [3]1996

Haack, Fr. W.: Jugendsekten. Vorbeugen – Hilfe – Auswege. Weinheim 1991

Haack, Fr. W.: Scientology. Magie des 20. Jahrhunderts. München [3]1995

Haas, A.: Unterrichtsplanung im Alltag. Eine empirische Untersuchung zum Planungshandeln von Hauptschul-, Realschul- und Gymnasiallehrern. Regensburg 1998

Habermas, J.: Theorie des kommunikativen Handelns, 2 Bände. Frankfurt/M. 1995a

Habermas, J.: Vorstudien und Ergänzungen zur Theorie des kommunikativen Handelns. Frankfurt/M. 1995b

Hacker, H./Rosenbusch, H. (Hrsg.): Erzieht Unterricht? Aktuelle Beiträge zu einem klassischen pädagogischen Thema. Baltmannsweiler 1990

Hacker, H.: Kodifizierte Bestimmungsfaktoren curricularer Lernereignisse: Schulbücher. In: Hameyer, U. u. a. (Hrsg.): Handbuch der Curriculumforschung. Weinheim 1982

Haefner, K.: Die neue Bildungskrise – Lernen im Computerzeitalter. Reinbek 1985

Hall, R. L.: Unterricht über Werte. München 1979

Hamann, B.: Pädagogische Anthropologie. Theorie – Modelle – Strukturen. Bad Heilbrunn [2]1993

Hameyer, U. (Hrsg.): Pädagogische Ideenkiste Primarbereich. Kronshagen 1994

Hameyer, U. u. a. (Hrsg.): Handbuch der Curriculumforschung. Weinheim 1982

Hane, W.: Beratungsgespräche mit Eltern bei kindlichen Verhaltensauffälligkeiten. Loseblattausgabe. Kissing 1998

Hänsel, D. (Hrsg.): Handbuch Projektunterricht. Weinheim 1997

Hartmann, W. u. a.: Spiel und elementares Lernen. Didaktik und Methodik des Spiels in der Grundschule. Wien 1988

Havers, N.: Erziehungsschwierigkeiten in der Schule. Klassifikation, Häufigeit, Ursachen und pädagogisch-therapeutische Maßnahmen. Weinheim [2]1981

Heckhausen, H.: Motivation und Handeln. Berlin [2]1989

Hegele, I. (Hrsg.): Lernziel: Offener Unterricht. Unterrichtsbeispiele aus der Grundschule. Weinheim [2]1997

Hegele, I. (Hrsg.): Lernziel: Stationenarbeit. Eine neue Form des offenen Unterrichts. Weinheim [3]1998

Heidemann, R.: Körpersprache im Unterricht. Wiesbaden [5]1995

Heimann, P./Otto, G./Schulz, W.: Unterricht – Analyse und Planung. Hannover [9]1977

Heimbrock, C./Wegmann, A.: Offener Unterricht praktisch. Erste Schritte zum handlungsorientierten Unterricht. Donauwörth 1997

Heinemann, S.: Aktivitäten im Schullandheim. Lichtenau-Scherzheim [6]1992

Heintel, P.: Modellbildung in der Fachdidaktik. Eine philosophisch-wissenschaftstheoretische Untersuchung. Wien 1986

Hell, P. (Hrsg.): Öffnung des Unterrichts in der Grundschule. Wochenplanarbeit – Stationentraining – Schuldruckerei. Donauwörth 1993

Hellbrück, J./Fischer, M.: Umweltpsychologie – Ein Lehrbuch. Göttingen 1999

Hellekamps, St.: Erziehender Unterricht und Didaktik. Neuere Didaktiktheorien im Horizont klassischer Begriffsbestimmungen. Weinheim 1991

Heller, A./Semmerling, R. (Hrsg.): Das ProWo-Buch. Leben, Lernen, Arbeiten in Projekten und Projektwochen. Königstein 1983

Heller, K.-A. (Hrsg.): Hochbegabung im Kindes- und Jugendalter. Göttingen 1992

Heller, K.-A.: Begabungsdiagnostik in der Schul- und Erziehungsberatung. Bern 1991

Hellmich, A./Teigeler, P. (Hrsg.): Montessori-, Freinet-, Waldorfpädagogik. Konzeption und aktuelle Praxis. Weinheim [3]1995

Helms, W.: Hausaufgaben erledigen. Konzentriert – motiviert – engagiert. Linz 1995

Helsper, W.: Okkultismus – die neue Jugendreligion? Leverkusen 1992

Hensel, H.: Autonome öffentliche Schule. Remagen 1995

Hensel, H.: Die neuen Kinder und die Erosion der alten Schule. Lichtenau [7]1995

Hentig, H. von: Bildung. München 1996

Hentig, H. von: Das allmähliche Verschwinden der Wirklichkeit. München, Wien [3]1987

Hentig, H. von: Die Bielefelder Laborschule. Aufgaben, Prinzipien, Einrichtungen. Bielefeld [2]1990

Hentig, H. von: Die Schule neu denken. München [9]1996

Henze, G./Nauck, J.: Testen und Beurteilen. Grundfragen pädagogischer Diagnostik. Bad Heilbrunn 1985

Herbart, J. Fr.: Allgemeine Pädagogik aus dem Zweck der Erziehung abgeleitet (1806). In: Pädagogische Schriften, 2. Band, hrsg. von W. Asmus. Stuttgart [2]1982

Herbart, J. Fr.: Umriß pädagogischer Vorlesungen (1835), Leipzig 1890, hrsg. von J. Esterhues. Paderborn 1984 (NA)

Herber, H. J.: Innere Differenzierung im Unterricht. Stuttgart 1983

Herdegen, P.: Soziales und politisches Lernen in der Grundschule. Donauwörth 1998

Hering, W.: Spieltheorie und pädagogische Praxis. Düsseldorf 1979

Herlitz, H./Hopf, W./Titze, H.: Deutsche Schulgeschichte von 1800 bis zur Gegenwart. Frankfurt 1986

Heuer, G. U.: Beurteilen – Beraten – Fördern (v. a. Lern-, Sprach-, Verhaltensauffälligkeiten in Vor-, Grund- und Sonderschule). Dortmund 1997

Heursen, G. (Hrsg.): Ungewöhnliche Didaktiken. Hamburg 1997

Hiegemann, S./Swoboda, W. H. (Hrsg.): Handbuch der Medienpädagogik. Leverkusen 1993

Hieronymus, U.: Der Morgenkreis als Unterrichtsbeginn. Praxisbeispiele zur ganzheitlichen Gestaltung des Schulalltags. München 1996

Hiller, H.: Lexikon des Aberglaubens. Bindlach 1993

Hočevar, R. K.: Bildungsziele der Bayerischen Verfassung. Fragen der Entstehung und Aktualität. Kronach, München 1980

Hofer, G./Hofer, H.: Mit der Klasse unterwegs. Praktische Hilfen für Vorbereitung, Durchführung und Auswertung. Weinheim [3]1992

Hofstätter, P. R.: Gruppendynamik. Hamburg 1976

Holtappels, H. G.: Entwicklung von Schulkultur. Ansätze und Wege schulischer Erneuerung. Neuwied 1995

Holthausener Manuskripte (Hrsg.): Alternative Schulkonzepte – eine Herausforderung für die Regelschule? Lingen 1987

Holthausener Manuskripte: Bd. 2/88: Klöppel, W./Luig, K.: Schulleben – Pädagogischer Anspruch und schulische Wirklichkeit. Lingen 1988

Hoof, D. (Hrsg.): Didaktisches Denken und Handeln. Eine Einführung in die Theorie des Unterrichts. Braunschweig [3]1994

Huber, F.: Allgemeine Unterrichtslehre. Bad Heilbrunn 1968

Huber, H. (Hrsg.): Ethik. Ethische Erziehung im Unterricht. Asendorf 1993

Huizinga, J.: Homo Ludens. Reinbek 1987 (rororo enzykl. 435)

Hülshoff, F./Kaldewey, R.: Training – Rationeller lernen und arbeiten. Stuttgart [9]1990

Hund, W.: Okkultismus. Materialien zur kritischen Auseinandersetzung. Mülheim 1995

Hundsalz, A. u. a. (Hrsg.): Beratung für Jugendliche. Lebenswelten, Problemfelder, Beratungskonzepte. Weinheim 1995

Hurrelmann, K. u. a.: Gegen Gewalt in der Schule. Ein Handbuch für Elternhaus und Schule. Weinheim 1995

Hurrelmann, K./Ulich, D. (Hrsg.): Neues Handbuch der Sozialisationsforschung. Weinheim [4]1991

Hurrelmann, K./Unverzagt, G.: Kinder stark machen für das Leben. Herzenswärme, Freiräume und klare Regeln. Freiburg 1998

Hurrelmann, K.: Einführung in die Sozialisationstheorie. Weinheim [6]1998

Hurrelmann, K.: Familienstreß, Schulstreß, Freizeitstreß. Weinheim [2]1994

Hüther, J. u. a. (Hrsg.): Grundbegriffe Medienpädagogik. München 1997

Ingenkamp, F. D.: Zielerreichendes Lernen – Mastery Learning. Theorie-Praxis-Forschung. Weingarten 1979

Ingenkamp, K.-H. (Hrsg.): Die Fragwürdigkeit der Zensurengebung. Weinheim [9]1995

Ingenkamp, K.-H.: Diagnostik in der Schule. Beiträge zu Schlüsselfragen der Schülerbeurteilung. Weinheim [2]1992

Ingenkamp, K.-H.: Lehrbuch der pädagogischen Diagnostik. Weinheim [4]1997

Issing, L./Klimsa, P. (Hrsg.): Information und Lernen mit Multimedia. Weinheim 1995

Issing, L. J. (Hrsg.): Medienpädagogik im Informationszeitalter. Weinheim [2]1988

Jank, W./Meyer, H./Ott, Th.: Zur Person des Lehrers im Musikunterricht. Methodologische Probleme und Perspektiven zu einem Konzept offenen Musikunterrichts. In: Arbeitskreis Musikpädagogische Forschung e. V. (Hrsg.): Musikpädagogische Forschung, Band 7 „Unterrichtsforschung". Laaber 1986

Jank, W.: Erfahrungsbezogener Unterricht. In: Lenzen, D. (Hrsg.): Enzyklopädie Erziehungswissenschaft, Band 3. Stuttgart 1986

Janzen, W.: Okkultismus. Mainz, Stuttgart [2]1989

Jegge, J.: Dummheit ist lernbar. Erfahrungen mit „Schulversagern". München [25]1994

Jeske, W.: Lernstörungen und Leistungshemmungen. Pädagogische Stützmaßnahmen. Neuwied [2]1995

Johannsen, M.: Friedenserziehung in Schule und Studium. Unterrichtsmodell „Gemeinsame Sicherheit", 2 Bde. Pfaffenweiler 1990

Jones, P.: Community Education in Practice. Oxford 1978

Jugendwerk der Deutschen Shell (Hrsg.): Ausbildungsprogramm Jugendverkehrsschulen. Unterrichtsbeispiele. Hamburg 1981

Jürgens, E. (Hrsg.): Erprobte Wochenplan- und Freiarbeitsideen in der Sekundarstufe I. Praxisberichte. Heinsberg 1994

Jürgens, E.: Leistung und Beurteilung in der Schule. St. Augustin [4]1998

Jürgens, E.: Mediengeschichte. In: Modellversuch Journalistenweiterbildung (Hrsg.): Fernstudium Kommunikationswissenschaft, Teil 1. München 1984

Jürgens, E.: Die „neue" Reformpädagogik und die Bewegung Offener Unterricht. Theorie, Praxis und Forschungslage. St. Augustin [4]1998

Kagelmann, H. J. (Hrsg.): Kinder und Medien. Gießen 1990

Kägi-Romano, U./Kägi-Romano, D.: Schulleben – Lebensschule. Innenansichten der Demokratischkreativen Schule. Köln 1993

Kahlke, J./Kath, F. M. (Hrsg.): Didaktische Reduktion und methodische Transformation (Quellenband). Alsbach 1984

Kaimbacher, P./Pagitsch, L. (Hrsg.): Alternativschulführer. Innsbruck 1998

Kaiser, F.-J./Kaminski, H.: Methodik des Ökonomieunterrichts. Grundlagen eines handlungsorientierten Lernkonzepts mit Beispielen. Bad Heilbrunn [2]1997

Kasper, H. (Hrsg.): Vom Klassenzimmer zur Lernumgebung – Bausteine für eine fördernde Grundschule. Ulm 1979

Kasten, K. u. a.: Schullandheimaufenthalte. Hinweise und Hilfen für die Planung und Durchführung. Hamburg [2]1992

Kath, F. M./Kahlke, J.: Das Umsetzen von Aussagen und Inhalten. Didaktische Reduktion und methodische Transformation. Eine Bestandsaufnahme. Alsbach [2]1985

Katholische Erziehergemeinschaft (Hrsg.): Gestaltete und verantwortete Schulkultur. Donauwörth 1996

Katholische Erziehergemeinschaft (Hrsg.): Unterricht und Schulleben. Donauwörth 1979

Kaul, Th.: Problemlösestrukturen im Unterricht. Frankfurt 1994

Kayser, A./Schäkel, K.: Kinder und Lehrer lernen: Freie Arbeit. Königstein [6]1994

Keck, R. W.: Zielorientierte Unterrichtsplanung. Bochum 1975

Keller, G.: Lehrer helfen lernen. Donauwörth [3]1993

Keller, G.: Motivationsstörungen im Schulalter. Formen – Ursachen – Förderung. Donauwörth 1995

Kerschensteiner, G.: Betrachtungen zur Theorie des Lehrplans. 1890

Kerstiens, L.: Erziehungsziel: Humanes Leben. Bad Heilbrunn 1991

Klafki, W. u. a.: Funkkolleg Erziehungswissenschaft. Eine Einführung in 3 Bänden. Frankfurt/M. 1970

Klafki, W./Otto, G./Schulz, W.: Didaktik und Praxis. Weinheim, Basel [2]1979

Klafki, W.: Das Problem des Elementaren und die Theorie der kategorialen Bildung. Weinheim [4]1964

Klafki, W.: Neue Studien zur Bildungstheorie und Didaktik. Zeitgemäße Allgemeinbildung und kritisch-konstruktive Didaktik. Weinheim [6]1996

Klafki, W.: Studien zur Bildungstheorie und Didaktik. Weinheim 1975

Klafki, W.: Zur Unterrichtsplanung im Sinne kritisch-konstruktiver Didaktik. In: Adl-Amini, B./Künzli, R. (Hrsg.): Didaktische Modelle der Unterrichtsplanung. München [3]1991

Klauer, K. J.: Kiteriumsorientierte Tests. Göttingen 1986

Kleber, E. W.: Diagnostik in pädagogischen Handlungsfeldern. Einführung in Bewertung, Beurteilung, Diagnose und Evaluation. Weinheim 1992

Kliebisch, U.: Entspannung – Konzentration. Interaktionsspiele mit Jugendlichen. Hohengehren 1997

Kliebisch, U. W.: Tips und Tricks für bessere Gespräche im Schulalltag. Hamm 1997

Klingen, L. H.: Computer in der Schule. Der pädagogische Hintergrund. Stuttgart 1986

Klippert, H.: Planspiele. Spielvorlagen zum sozialen, politischen und methodischen Lernen in Gruppen. Weinheim 1996

Kluge, N. (Hrsg.): Handbuch der Sexualpädagogik. 2 Bde. Berlin 1984

Kluge, N.: Sexualverhalten Jugendlicher heute. Weinheim 1998

Knackstedt, W./Ruppert, H.-J.: New-Age-Bewegung. Evangelische Zentralstelle für Weltanschauungsfragen 1988

Knoll, J.: Kleingruppenmethoden. Effektive Gruppenarbeit in Kursen, Seminaren, Trainings und Tagungen. Weinheim [2]1997

Knoll, M.: 300 Jahre Lernen am Projekt. Zur Revision unseres Geschichtsbildes. In: Zeitschrift für Pädagogik 7–8 1993

Koch, F./Lutzmann, K. (Hrsg.): Sexualerziehung in der Schule. Hamburg 1982

Kochan, B. (Hrsg.): Rollenspiel als Methode sozialen Lernens. Königstein 1981

Köck, P./Ott, H.: Wörterbuch für Erziehung und Unterricht. Donauwörth (NA) [6]1997

Köck, P.: Didaktik der Medien. Donauwörth [2]1977

Köck, P.: Ethik als Unterrichtsfach. Fachliche Grundlagen – Didaktik und Methodik – Unterrichtsbeispiele. Donauwörth 2000 i. V.

Köck, P.: Medien im Sachunterricht der Hauptschule. In: Sauter, H. (Hrsg.): Sachunterricht in der Hauptschule. Donauwörth [3]1977

Köck, P.: Medien-Manipulation ohne Alternative? In: Kopp, F. (Hrsg.): Erziehung hat Zukunft. Donauwörth 1975

Köck, P.: Moderne Unterrichtsführung durch Impuls und Appell. Donauwörth 1972

Köck, P.: Praktische Schulpädagogik. Donauwörth [2]1992

Köck, P.: Praxis der Beobachtung. Eine Handreichung für den Erziehungs- und Unterrichtsalltag. Donauwörth [4]1997

Köck, P.: Prinzipien der Lernpsychologie zur Gestaltung eines effektiven Unterrichts. In: Kopp, F. (Hrsg.): Effektives Lehren und Lernen. Donauwörth 1973

Kohlberg, L.: Kognitive Entwicklung und moralische Erziehung. In: Mauermann, L./Weber, E. (Hrsg.): Der Erziehungsauftrag der Schule – ein kritischer Überblick. Donauwörth 1981

Köhler, H./Sennekamp, D. (Hrsg.): So kommen Eltern und Lehrer ins Gespräch. Buxheim 1994

König, E. u. a.: Diskussion Unterrichtsvorbereitung – Verfahren – Modelle. München 1980

König, E./Riedel, H.: Systemtheoretische Didaktik. Weinheim [2]1979

König, E./Riedel, H.: Unterrichtsplanung als Konstruktion. Weinheim [2]1979

König, E./Zedler, P.: Theorien der Erziehungswissenschaft. Weinheim 1998

König, O. (Hrsg.): Gruppendynamik. Geschichte – Theorien – Methoden – Anwendungen – Ausbildung. München [2]1997

Kopp, F. (Hrsg.): Effektives Lehren und Lernen. Donauwörth 1973

Korinek, W.: Schulprofil im Wandel. Bad Heilbrunn 2000

Kösel, E.: Die Modellierung von Lernwelten. Ein Handbuch zur subjektiven Didaktik. Elztal [3]1997

Köster, E.: Problemlösen als Lernhandlung. Hamburg 1994

Kottmann, L./Köppe, G. (Hrsg.): Schulleben. Mit Sport Bewegung in die Schule bringen. Hohengehren 1991

Kowalcyk, W./Ottich, K.: Der Elternabend. Ratgeber für Eltern und Lehrer. Reinbek 1992

Kozdon, B. (Hrsg.): Lernzielpädagogik – Fortschritt oder Sackgasse? Bad Heilbrunn 1981

Kraft, P.: Feste und Geselligkeiten in der Schule. Braunschweig 1979

Krathwohl, D. R./Bloom, B. S./Masia, B. B.: Taxonomy of Educational Objectives. Handbook II; Affective Domain. New York 1964

Krenz, A.: Kompendium zur Beobachtung und Beurteilung von Kindern und Jugendlichen. Heidelberg [6]1994

Kreuzer, K. J. (Hrsg.): Handbuch der Spielpädagogik, 4 Bände. Berlin 1984 f.

Krieger, C. G.: Mut zur Freiarbeit. Praxis und Theorie des freien Arbeitens für die Sekundarstufe. Hohengehren [2]1998

Kriss-Rettenbeck, L./Liedtke, M. (Hrsg.): Erziehungs- und Unterrichtsmethoden im historischen Wandel. Bad Heilbrunn 1986

Kron, T. u. a. (Hrsg.): Okkultismus – Eine pädagogische Herausforderung. Rheinfelden 1993

Kroner, B./Schauer, H.: 333 Spiele für Schule und Freizeit. Kommunikations-, Denk- und Bewegungsspiele. Köln 1995

Kugemann, W. F./Gasch, B.: Lerntechniken für Erwachsene. Reinbek 1986

Kugemann, W. F.: Kopfarbeit mit Köpfchen. Moderne Lerntechnik. München [16]1994

Kühne, N.: Rollenspiele für das Schulalter. Wehrheim 1994

Künzli, R./Hopmann, St. (Hrsg.): Lehrpläne: Wie sie entwickelt werden und was von ihnen erwartet wird. Zürich 1998

Lackmann, J.: Das Strukturgitter-Paradigma der „Münsteraner Schule" in kritischer Beleuchtung. Frankfurt/M. 1981

Landesinstitut für Erziehung und Unterricht (Hrsg.): Verkehrserziehung am Gymnasium. Handreichungen für die Unterrichtsgestaltung. Stuttgart 1987

Landesinstitut für Erziehung und Unterricht (Hrsg.): Verkehrserziehung in der Hauptschule. Handreichungen für die Unterrichtsgestaltung. Stuttgart 1987

Landesinstitut für Erziehung und Unterricht (Hrsg.): Verkehrserziehung in der Realschule. Handreichungen für die Unterrichtsgestaltung. Stuttgart 1987

Lange, O.: Unterricht, problemlösend. In: Lenzen, D. (Hrsg.): Enzyklopädie Erziehungswissenschaft, Band 3, Stuttgart 1986

Langen, D.: Autogenes Training. 3 × täglich 2 Minuten: abschalten, loslassen, erholen. München [5]1998

Leber, St. (Hrsg.): Waldorfschule heute. Einführung in die Lebensform einer Pädagogik. Stuttgart [2]1996

Lehr-Lern-Forschung. Zeitschrift für Pädagogik 3/4 (1982)

Lemke, D.: Lernzielorientierter Unterricht – revidiert. Frankfurt, Bern 1981

Lenk, H. (Hrsg.): Handlungstheorien – interdisziplinär. 4 Bde. München 1977–1984

Lesanovsky, W.: Ohne Familienerziehung gibt's überhaupt keine Erziehung. Weinheim 1994

Liedtke, M. (Hrsg.): Spiel und Spielen. Graz 1996

Lienert, G. A.: Schulnoten – Evaluation. Frankfurt/M. 1987

Limbourg, M./Gerber, D.: Trainingsprogramm für Eltern zur Verkehrserziehung von Kleinkindern. Köln 1979

Lindemann, H.: Einfach entspannen. München 1995

Lipp, U./Will, H.: Hausaufgaben sollen Freude machen! In: Pädagogische Welt 12 (1984)

Lippert, A.: Schullandheime als Zentren der Umwelterziehung. In: schulreport 2 (1988)

Lorenz, U./Ipfling, H.-J. (Hrsg.): Ideenkiste – Angebote für einen anderen Unterricht (Hauptschule – Sekundarstufe I). Bad Heilbrunn 1986

Lüders, P.-J.: Erziehung zu Schlüsselqualifikationen. In: LION 2 (1986)

Lueg, C.: Elternmitarbeit im Unterricht. Baltmannsweiler 1996

Luhmann, N.: Soziale Systeme – Grundriß einer allgemeinen Theorie. Frankfurt 1987

Lüschow, F./Michel, G.: Das Gespräch – ein Weg zum mündigen Lernen. München 1996

Macha, H./Mauermann, L. (Hrsg.): Brennpunkte der Familienerziehung. Weinheim 1997

Mager, R. F.: Lernziele und Unterricht. Weinheim 1994 (NA)

Mahlke, W.: Schul-Raum – Die erzieherische Wirkung des Raumes in der Schule. Nürnberg/Würzburg 1998

Maier, H./Pfistner, H. J.: Grundlagen der Unterrichtstheorie und Unterrichtspraxis. Beobachtungsformen, Strukturen, Systeme. Weinheim [3]1993

Maras, R.: Lernplanung und Unterrichtsgestaltung unter dem Aspekt der Erfolgssicherung. In: Pädagogische Welt 9 (1987)

Marek, R.: Praxisnahe Umwelterziehung. Handreichungen für Schule und Lehrerfortbildung. Hamburg 1993

Markowitsch, H. J.: Neuropsychologie des Gedächtnisses. Göttingen 1992

Maturana, H. J.: Was ist Erkennen? München [2]1997

Maturana, H. J./Varela, F. J.: Der Baum der Erkenntnis. Die biologischen Wurzeln des menschlichen Erkennens. München 1995

Mauermann, L./Weber, E. (Hrsg.): Der Erziehungsauftrag der Schule. Donauwörth 1981

Mauermann, L.: Theorien und Methoden der Werterziehung in der Schule – ein kritischer Überblick. In: Pädagogische Welt 8 (1982)

McPhail, P./Ungood-Thomas, J. R./Chapman, H.: Lifeline – Moral education in the secondary school. London 1972

McPhail, P./Ingram, D./Middleton, D.: Startline – Moral education in the middle years. London 1978

Meggle, G.: Grundbegriffe der Kommunikation. Berlin [2]1997

Ments, M. van: Rollenspiel: effektiv. München [3]1998

Menze, H. und F.: Materialien zum Schullandheimaufenthalt. Oberkirch 1980

Merkelbach, V. (Hrsg.): Kreatives Schreiben. Braunschweig 1993

Mertens, G.: Umwelterziehung. Eine Grundlegung ihrer Ziele. Paderborn [3]1995

Mewes, Chr.: Kindgerechte Sexualerziehung. Bilanz und Neuanfang. Ahnatal [2]1995

Meyer, E. (Hrsg.): Burnout und Stress. Praxismodelle zur Bewältigung. Baltmannsweiler 1991

Meyer, E./Winzenty, O.: Frontalunterricht. Königstein 1984

Meyer, E.: Gruppenunterricht. Grundlegung und Beispiel. Hohengehren [9]1996

Meyer, G.: Kybernetik und Unterrichtsprozeß. Berlin 1966

Meyer, H.: Leitfaden zur Unterrichtsvorbereitung. Königstein [12]1993

Meyer, H.: Schulpädagogik. 2 Bde. Berlin 1997

Meyer, H.: Unterrichtsmethoden, 2 Bände, Theorieband und Praxisband. Frankfurt/M. [6]1996

Meyer, H. L.: Trainingsprogramm zur Lernzielanalyse. Königstein [13]1994

Meyer, M. A./Plöger, W. (Hrsg.): Allgemeine Didaktik. Fachdidaktik und Fachunterricht. Weinheim 1994

Meyn, H.: Die neuen Medien – neue Chancen und Risiken. Berlin 1984

Michael, B.: Darbieten und Veranschaulichen. Bad Heilbrunn 1983

Michler, H.: Lehrer und Eltern. Partner im gemeinsamen Erziehungsauftrag. In: Pädagogische Welt, Heft 2, Donauwörth 1986

Miers, H. E.: Lexikon des Geheimwissens. München 1997 (NA)

Milhoffer, P. (Hrsg.): Sexualerziehung von Anfang an! Gemeinsame Aufgaben von Elternhaus und Schule. Frankfurt 1995

Mills, Th. M.: Soziologie der Gruppe. München [4]1974

Miltz, K.: Fächerintegration Verkehrserziehung. Fächerkanon der Schule. Braunschweig 1997

Mollenhauer, K.: Theorien zum Erziehungsprozeß. München [4]1982

Möller, H.: Was ist Didaktik? Bochum [9]1979

Möller, R. u. a. (Hrsg.): Kindheit, Familie und Jugend. Ergebnisse empirischer pädagogischer Forschung. Münster 1996

Montessori, M.: Wie Kinder zu Konzentration und Stille finden. Freiburg ²1998

Müller, K.: „Konstruktivismus." Lehren – Lernen – Ästhetische Prozesse. Neuwied 1996

Müller, K.: Allgemeine Systemtheorie. Wiesbaden 1996

Müller-Bardorff, H.: Grundschüler auf dem Weg zur Freien Arbeit. Weinheim 1986

Müller-Fohrbrodt, G.: Konflikte konstruktiv bearbeiten lernen. Zielsetzungen und Methodenvorschläge. Leverkusen 1998

Muth, Fr./Zieroff, U. F.: Schule außerhalb der Schule. Donauwörth ²1985

Nahrstedt, W.: Leben in freier Zeit. Grundlagen und Aufgaben der Freizeitpädagogik. Darmstadt 1990

Nauck, J. (Hrsg.): Offener Unterricht. Ziele, Praxis, Wirkungen. Braunschweig 1993

Nauck, J. (Hrsg.): Schuleingangsdiagnostik. Theoretische Überlegungen und unterrichtliches Handeln. Braunschweig ²1992

Neber, H. (Hrsg.): Entdeckendes Lernen. Weinheim ³1981

Neber, H.: Selbstgesteuertes Lernen. In: Treibert, B./Weinert, F.: Lehr-Lern-Forschung. München 1982

Neubauer, W. u. a.: Konflikte in der Schule. Möglichkeiten und Grenzen kooperativer Entscheidungsfindung. Neuwied ⁴1992

Neubert, H.-J. (Hrsg.): Berliner Didaktik. Paul Heimann. Berlin 1991

Neumann, K. D./Weirauch, W.: Hexen, New Age, Okkultismus. Flensburg ³1992

Noack, M.: Der Schulraum als Pädagogikum. Zur Relevanz des Lernorts für das Lernen. Weinheim 1996

Nohl, H.: Erziehergestalten. Göttingen 1958

Nowak, J. R./Macht, K.: Die Kunst des Fragens. Theorie und Praxis der Frage als didaktisches Steuerungsinstrument. Augsburg 1996

Nowak, M. u. a. (Hrsg.): Drogensucht. Entstehungsbedingungen und therapeutische Praxis. Stuttgart ²1996

Oblinger, H.: Die Schule in der Gesellschaft. Donauwörth 1981

Oelkers, J./Tenorth, H. E. (Hrsg.): Pädagogik, Erziehungswissenschaft u. Systemtheorie. Weinheim 1987

Oelkers, J.: Schulreform und Schulkritik. Würzburg 1995

Oerter, R.: Erfolgssicherung durch Übung und Wiederholung aus psychologischer Sicht. In: Pädagogische Welt 1 (1988)

Opaschowski, H. (Hrsg.): Freizeitpädagogik in der Leistungsgesellschaft. Bad Heilbrunn ³1997

Opaschowski, H. W. (Hrsg.): Methoden der Animation – Praxisbeispiele. Bad Heilbrunn 1981a

Opaschowski, H. W.: Einführung in die Freizeitwissenschaft. Leverkusen ³1997

Opaschowski, H. W.: Freizeitpädagogik in der Schule. Bad Heilbrunn 1977

Opaschowski, H. W.: Pädagogik der freien Lebenszeit. Leverkusen ³1996

Opaschowski, H. W.: Schule und Freizeit. In: Twellmann, W. (Hrsg.): Handbuch Schule und Unterricht, Band 2. Düsseldorf 1981b

Ortner, R.: Lernplanung und Unterrichtsgestaltung unter dem Aspekt biorhythmischer und arbeitsphysiologischer Bedingungen. In: Pädagogische Welt 10 (1987)

Oser, F./Althof, W.: Moralische Selbstbestimmung. Modelle der Entwicklung und Erziehung im Wertebereich. Stuttgart ²1994

Otto, G./Schulz, W.: Der Beitrag der Curriculumforschung. In: Lenzen, D. (Hrsg.): Enzyklopädie Erziehungswissenschaft, Band 3. Stuttgart 1986

Otto, G.: Das Projekt. Merkmale und Realisationsschwierigkeiten einer Lehr-Lern-Form. In: Kaiser, A./Kaiser, F.-J. (Hrsg.): Projektstudium und Projektarbeit in der Schule. Bad Heilbrunn 1977

Pädagogisches Institut Basel-Stadt: Dem heimlichen Lehrplan auf der Spur. Koedukation und Gleichstellung im Klassenzimmer. Zürich 1997

Paffrath, F. H./Wehnert, D.: Ökologie konkret. Bausteine für eine Umwelterziehung in der Sekundarstufe. Bad Heilbrunn 1982

Pappler, M. (Hrsg.): Umwelterziehung im Klassenzimmer. Das Ideenbuch. Donauwörth 1994

Petermann, U. (Hrsg.): Verhaltensgestörte Kinder. Didaktische und pädagogische Hilfen. Salzburg 1994

Peterson, P. L. u. a.: Teacher Planning, Teacher Behavior and Student Achievment. In: Am. E. Res. J. 15 (1978)

Peterßen, W. H.: Anschaulich unterrichten. Ein Lern- und Arbeitsbuch. München 1994

Peterßen, W. H.: Grundlagen und Praxis des lernzielorientierten Unterrichts. Ravensburg 1974

Peterßen, W. H.: Handbuch der Unterrichtsplanung. München [7]1996

Peterßen, W. H.: Lehrbuch Allgemeine Didaktik. München [4]1994

Petillon, H.: Soziale Beziehungen in Schulklassen. Weinheim 1980

Petillon, H.: Soziales Lernen in der Grundschule. Anspruch und Wirklichkeit. Frankfurt 1993

Petzold, H. (Hrsg.): Drogentherapie. Modelle – Methoden – Erfahrungen. Eschborn [5]1998

Pirkl, G.: Erhebung prüfungsbezogener Ängste und ihrer Ursachen in einer Schulklasse – Bericht über die Erprobung angstabbauender Maßnahmen zur Gestaltung mündlicher und schriftlicher Prüfungssituationen. Hausarbeit im Rahmen der Ausbildung zum Realschullehrer in Bayern. München 1984

Popp, W. (Hrsg.): Kommunikative Didaktik. Weinheim, Basel 1976

Popp, W.: Die Funktion von Modellen in der didaktischen Theorie. in: Dohmen, G./Mauerer, F./Popp, W.: Unterrichtsforschung und didaktische Theorie. München 1970

Pöppel, E.: Grenzen des Bewußtseins. Über Wirklichkeit und Welterfahrung. Stuttgart 1997 (NA)

Portmann, R./Schneider, E.: Spiele zur Entspannung und Konzentration. München [11]1997

Potthoff, W.: Grundlage und Praxis der Freiarbeit. Freiburg [5]1995

Potthoff, W.: Lernen und Üben mit allen Sinnen. Lernzirkel in der Sekundarstufe. Freiburg [3]1996

Preuss, E.: Leistungserziehung, Leistungsbeurteilung und innere Differenzierung in der Grundschule. Bad Heilbrunn 1994

Projekt-Team (Hrsg.): Handbuch Medienarbeit. Leverkusen [3]1991

Prokop, D. (Hrsg.): Medienforschung, 2 Bände. Frankfurt/M. 1985

Prutzman, P. u. a.: Das freundliche Klassenzimmer. Gewaltlose Konfliktlösung im Schulalltag. Kassel 1996

Puchta, H./Schratz, M.: Handelndes Lernen im Englischunterricht, 3 Bände. München 1984

Radatz, H./Rickmeyer, K.: Aufgaben zur Differenzierung. Im Mathematikunterricht der Grundschule. München 1996

Ramseger, J./Seeliger-Mühl, H.: Individualisierung. Freie Arbeit und Wochenplanunterricht. Münster 1994

Ramseger, J.: Offener Unterricht in der Erprobung. Weinheim [3]1992

Ramseger, J.: Was heißt durch Unterricht erziehen? Erziehender Unterricht und Schulreform. Weinheim 1991

Ramsenthaler, H.: Pragmatische Kommunikationstheorie und Pädagogik. Eine Untersuchung zur Konzeption Watzlawick u. a. und ihrer Bedeutung für die Pädagogik. Weinheim 1982

Rapaport, A.: Allgemeine Systemtheorie. Darmstadt 1987

Raths, L. E./Harmin, M./Simon, S. B.: Werte und Ziele. Methoden zur Sinnfindung im Unterricht. München 1976

Ratzke, D.: Handbuch der neuen Medien (Massenmedien). Stuttgart [2]1984

Rauch, M: Schulhofhandbuch. Planung und Veränderung von Freiräumen an Schulen. Langenau-Albeck 1981

Reich, K.: Systemisch-konstruktivistische Pädagogik. Neuwied [2]1997

Reichgeld, M.: Elternabend – gemeinsam geht es besser. München 1994

Reineke, W./Damm, F.: Signale im Gespräch. Taschenbuch der Kommunikation. Heidelberg [5]1997

Reinhardt, S./Weise, E. (Hrsg.): Allgemeine Didaktik und Fachdidaktik. Fachdidaktiker behandeln Probleme ihres Unterrichts. Weinheim 1997

Reinisch, H.: Planspiel und wissenschaftspropädeutisches Lernen. Band 14 der Hochschuldidaktischen Forschungsberichte. Hamburg 1980

Reischmann, J.: Leichter lernen – leicht gemacht. Bad Heilbrunn [5]1993

Reiss, G./Eberle, G. (Hrsg.): Offener Unterricht. Freie Arbeit mit lernschwachen Schülerinnen und Schülern. Weinheim [4]1997

Remschmidt, H. (Hrsg.): Psychotherapie im Kindes- und Jugendalter. Stuttgart/New York 1997

Renkl, A.: Lernen durch Lehren. Zentrale Wirkmechanismen beim kooperativen Lernen. Wiesbaden 1997

Renner, E. u. a. (Hrsg.): Spiele der Kinder. Interdisziplinäre Annäherungen. Weinheim 1998

Ribar, V.: Pädagogische Aspekte der Gruppendynamik. Frankfurt 1995

Rittelmeyer, Chr.: Schulbau-Architektur – Über die Wirkung von Bauformen und Raumfarben auf Schülerinnen und Schüler. Göttingen 1991

Rittelmeyer, Chr.: Schulbauten positiv gestalten – Wie Schüler Farben und Formen erleben. Wiesbaden 1994

Ritz, Fröhlich, G.: Das Gespräch im Unterricht – Anleitung, Phasen, Verlaufsformen. Bad Heilbrunn 1982

Robinsohn, S. B.: Bildungsreform als Revision des Curriculum. Neuwied, Berlin 1967, [5]1981

Rogers, C. R.: Der neue Mensch. Stuttgart [6]1997

Rogers, C. R.: Die nicht-direktive Beratung. Frankfurt [9]1997

Rogers, C. R.: Lernen in Freiheit. München [3]1979

Röhrs, H.: Die Reformpädagogik und ihre Perspektiven für eine Bildungsreform. Donauwörth 1991

Rolff, H. G./Zimmermann, P.: Kindheit im Wandel. Weinheim [5]1997 (NA)

Rosenbusch, H./Schober, O. (Hrsg.): Körpersprache in der schulischen Erziehung. Baltmannsweiler [2]1995

Rülcker, T.: Modelle zur Planung und Organisation von Curriculum-Prozessen. In: Hameyer, U. u. a. (Hrsg.): Handbuch der Curriculumforschung. Weinheim 1982

Ruppert, H.-J.: New Age. Endzeit oder Wendezeit. Wiesbaden 1985

Ruprecht, H./Beckmann, H.-K./Cube, F. von/Schulz, W.: Modelle grundlegender didaktischer Theorien. Hannover [3]1976

Rux, M. u. a.: Außerunterrichtliche Veranstaltungen. Ludwigsburg 1995

Sacher, W.: Codifizierte Bestimmungsfaktoren curricularer Lernereignisse. Lehrpläne. In: Hameyer, U. u. a. (Hrsg.): Handbuch der Curriculumforschung. Weinheim 1982

Sacher, W.: Prüfen – Benoten – Beurteilen. Bad Heilbrunn [2]1996

Sacher, W.: Schulische Medienarbeit im Computerzeitalter. Bad Heilbrunn 2000

Sandfuchs, U.: Unterrichtsinhalte auswählen und anordnen. Vom Lehrplan zur Unterrichtsplanung. Bad Heilbrunn 1987

Santini, B.: Taxonomien. In: Hameyer, U. u. a. (Hrsg.): Handbuch der Curriculumforschung. Weinheim 1982

Schäfer, G. E. (Hrsg.): Soziale Erziehung in der Grundschule. Weinheim 1994

Schäfer, K.-H./Schaller, K.: Kritische Erziehungswissenschaft und kommunikative Didaktik. Heidelberg [3]1976

Schäfers, B.: Soziologie des Jugendalters. Opladen [6]1998

Schaller, K.: Die kritisch-kommunikative Pädagogik. In: Westermanns Pädagogische Beiträge 36 (1984)

Schaller, K.: Pädagogik der Kommunikation. Annäherungen, Erprobungen. St. Augustin 1987

Scheibe, W.: Die reformpädagogische Bewegung. Eine einführende Darstellung. Weinheim 1994

Scheller, I.: Erfahrungsbezogener Unterricht. Praxis, Planung, Theorie. Berlin [4]1994

Scheller, I.: Fundgrube. Szenisches Spiel. Handbuch für die pädagogische Praxis. Berlin 1998

Schenker, I.: Montessori-Projekte. München 1997

Scherhorn, G. u. a.: Wege zu nachhaltigen Konsummustern. Überblick über den Stand der Forschung und vorrangige Forschungsthemen. Marburg 1997

Scheuerl, H.: Das Spiel. 2 Bde. Weinheim [12]1994

Schiefele, H.: Lernmotivation und Motivlernen. München 1978

Schill, W. u. a.: Medienpädagogisches Handeln in der Schule. Handbuch. Leverkusen 1992

Schlippe, A. v./Schweitzer, J.: Lehrbuch der systemischen Therapie und Beratung. Göttingen [5]1998

Schmidt, R. B./Schetsche, M. (Hrsg.): Jugendsexualität und Schulalltag. Leverkusen 1998

Schmidt, W.: Gedächtnispsychologische Erkenntnisse. Ihre Bedeutung für die Unterrichts- und Erziehungsarbeit. In: Pädagogische Welt 1 (1988)

Schmidtchen, St.: Kinderpsychotherapie. Stuttgart 1989

Schmidtchen, St.: Klientenzentrierte Spiel- und Familientherapie. Weinheim [4]1996

Schmitt, H.: Verlaßt die Übungsräume! In: Pädagogische Welt 2 (1988)

Schmitt, R.: Lernzielformulierung. In: Hameyer, U. u. a. (Hrsg.): Handbuch der Curriculumforschung. Weinheim 1982

Schmölz, M.: Der private Fernsehkonsum der Realschüler und seine Auswirkungen auf den Unterricht. Hausarbeit im Rahmen der Ausbildung zum Realschullehrer in Bayern. München 1986

Schnaitmann, G. W.: Theorie und Praxis der Unterrichtsforschung. Donauwörth 1998

Schneid, K.: Zum Erziehungsauftrag der Schule. In: Pädagogische Welt 8 (1987)

Schneider, H. D.: Kleingruppenforschung. Stuttgart [2]1985

Schnitzer, A. (Hrsg.): Fachbezogener Medieneinsatz, 2 Bände. Ansbach 1981/1982

Scholz, F. R.: Problemlösender Unterricht und Aufgabenstellungen. Essen 1980

Schorb, B. (Hrsg.): Medienerziehung in Europa. München 1992

Schorsch, Chr.: Die New Age Bewegung. Utopie und Mystik der Neuen Zeit. Gütersloh ³1989

Schott, F. u. a.: Lehrstoffanalyse und Lehrzielkonstruktion zur Unterrichtsplanung. Aachen-Hahn 1981

Schräder-Naef, R. D.: Der Lerntrainer für die Oberstufe. Weinheim ²1992

Schröder, H.: Leistung in der Schule. Begründung – Forderung – Beurteilung. München ⁴1997

Schröder, H.: Studienbuch Allgemeine Didaktik. München 1995

Schröder, H.: Theorie und Praxis der Erziehung. München 1995

Schultz, D. H.: Das autogene Training. Stuttgart ¹⁹1991

Schulz v. Thun, Fr.: Miteinander reden – Störungen und Klärungen. Theorie der zwischenmenschlichen Kommunikation. Reinbek. rororo – Tb. 7489

Schulz, W.: Anstiftung zum Didaktischen Denken. Unterricht – Didaktik – Bildung. Weinheim 1996

Schulz, W.: Ästhetische Bildung. Beschreibung einer Aufgabe. Weinheim 1997

Schulz, W.: Unterrichtsplanung. München ³1991

Schwarzer, R./Steinhagen, K. (Hrsg.): Adaptiver Unterricht. Zur Wechselwirkung von Schülermerkmalen und Unterrichtsmethoden. München 1975

Schwarzer, R.: Streß, Angst und Handlungsregulation. Stuttgart ³1993

Schwemmer, H.: Was Hausaufgaben anrichten. Paderborn 1981

Sehrbrock, P.: Freiarbeit in der Sekundarstufe I. Berlin ²1995

Seibel, W.: Codifizierte Bestimmungsfaktoren curricularer Lernereignisse: Gesetze. In: Hameyer, U. u. a. (Hrsg.): Handbuch der Curriculumforschung. Weinheim 1982

Seibert, N. (Hrsg.): Anspruch Schulkultur. Bad Heilbrunn 1997

Seibert, N.: Unterrichtsmethoden kontrovers. Bad Heilbrunn 2000

Seitz, O. u. a.: Freies Lernen. Grundlagen für die Praxis. Donauwörth 1998

Selg, H./Mees, U./Berg, D.: Psychologie der Aggressivität. Göttingen ²1997

Semmerling, R./Heller, A. (Hrsg.): Das Pro-Wo-Buch. Königstein 1983

Seybold, H.-J./Bolscho, D.: Umwelterziehung – Bilanz und Perspektiven. Kiel 1993

Seyfarth-Stubenrauch, M./Skiera, E. (Hrsg.): Reformpädagogik und Schulreform in Europa. Grundlagen, Geschichte, Aktualität. 2 Bde. Baltmannsweiler 1996

Siebert, H.: Bildungsarbeit, konstruktivistisch betrachtet. Frankfurt 1996

Siebert, H.: Lernen als Konstruktion von Lebenswelten. Entwurf einer konstruktivistischen Didaktik. Frankfurt 1994

Speichert, H.: Praxis produktiver Hausaufgaben. Frankfurt ²1987

Speichert, H.: Richtig üben macht den Meister. Reinbek 1986

Spiel, Chr. u. a. (Hrsg.): Motivation und Lernen aus der Perspektive lebenslanger Entwicklung. Münster 1996

Staatsinstitut für Schulpädagogik und Bildungsforschung (Hrsg.): Unterrichtsplanung durch Lernziele. Donauwörth 1979

dass.: Handreichungen zur Umwelterziehung, 2 Bände. Donauwörth 1979

dass.: Handreichungen zum Umweltschutz. Donauwörth 1983

dass.: Umweltaktivitäten an den bayerischen Schulen – eine Dokumentation. München 1986

Stach, R.: Ziller und die Seminarübungsschule in Leipzig. In: Lassahn, R./Stach, R.: Geschichte der Schulversuche. Heidelberg 1979

Stammberger, J.: Schulleben und Lehrerbildung. Bestandsaufnahme und Perspektiven aus realistischer Sicht. Bad Heilbrunn 1991

Steinert, H.: Das Handlungsmodell des Symbolischen Interaktionismus. In: Lenk, H. (Hrsg.): Handlungstheorien interdisziplinär, 4 Bände. München 1977 f.

Steinweg, R. (Hrsg.): Vom Krieg der Erwachsenen gegen die Kinder. Möglichkeiten der Friedenserziehung. Frankfurt/M. 1984

Stieren, B. (Hrsg.): Offener Unterricht im 5./6. Schuljahr. München 1993

Struck, P.: Die Schule der Zukunft. Darmstadt 1996

Struck, P.: Lehrer von gestern – Schüler von heute – Schule von morgen. München 1997

Struck, P.: Netzwerk Schule. Wie Kinder mit dem Computer das Lernen lernen. München 1998

Struck, P.: Zuschlagen, Zerstören, Selbstzerstören. Wege aus der Spirale der Gewalt. Darmstadt 1995

Sturm, H. u. a.: Grundlagen einer Medienpädagogik. Zürcher Beiträge zur Medienpädagogik. Zug 1979

Teilhard de Chardin, P.: Der Mensch im Kosmos (1959). München 1994

Tenorth, H.-E.: Leitvorstellungen didaktischen Handelns. In: Lenzen, D. (Hrsg.): Enzyklopädie Erziehungswissenschaft, Band 3. Stuttgart 1986

Terhart, E.: Lehr-Lern-Methoden. Eine Einführung in Probleme der methodischen Organisation von Lehren und Lernen. Weinheim [2]1997

Thiele, H.: Trainingsprogramm Gesprächsführung im Unterricht. Bad Heilbrunn 1982

Tiedemann, J.: Leistungsversagen in der Schule. München [2]1985

Töpfer, E./Bruhn, J.: Methodik des Physikunterrichts. Heidelberg 1979

Trapp, E. C.: Versuch einer Pädagogik (1780). Paderborn 1977

Treml, A. K. (Hrsg.): Ethik macht Schule! Moralische Kommunikation in Schule und Unterricht. Frankfurt 1994

Tulodziecki, G. u. a.: Handlungsorientierte Medienpädagogik in Beispielen. Bad Heilbrunn 1995

Tulodziecki, G. u. a.: Neue Medien in den Schulen. Gütersloh 1996

Tulodziecki, G.: Aufgabenfelder schulischer Medienpädagogik. In: Issing, L. J. (Hrsg.): Medienpädagogik im Informationszeitalter. Weinheim [2]1988

Tulodziecki, G.: Medien als technische Mittler im Unterricht. In: Twellmann, W. (Hrsg.): Handbuch Schule und Unterricht, Band 4.1. Düsseldorf 1981

Tulodziecki, G.: Medien in Bildung und Erziehung. Bad Heilbrunn [3]1997

Tulodziecki, G.: Unterricht mit Jugendlichen. Eine handlungsorientierte Didaktik mit Unterrichtsbeispielen. Bad Heilbrunn [3]1996

Ungeheuer, G.: Kommunikationstheoretische Schriften. 2 Bde. Aachen 1987, 1990

Vaitl, D./Petermann, F.: Handbuch der Entspannungsverfahren. 2 Bde. Weinheim 1993/1994

Verband Deutscher Schullandheime e. V.: Pädagogik im Schullandheim. Hamburg [2]1981

Verband Deutscher Schullandheime e. V.: Projektarbeit im Schullandheim, 4 Bände. Hamburg 1980

Verband Dt. Schullandheime (Hrsg.): Umwelterziehung – Impulse für Berufsorientierung und Berufsausbildung in Schule, Schullandheim und anderen Lernorten. 4 Bde. Hamburg 1991–1994

Vester, F.: Denken, Lernen, Vergessen. München 1996 (NA)

Vester, Fr./Beyer, G./Hirschfeld, M.: Aufmerksamkeitstraining im Unterricht. Wiesbaden [3]1996

Vester, Fr.: Leitmotiv vernetztes Denken. München 1990

Vester, Fr.: Neuland des Denkens. Vom technokratischen zum kybernetischen Zeitalter. München 1997

Vester, Fr.: Phänomen Stress. München 1993 (NA)

Vierlinger, R.: Das Schulkreuz der Lehrer. Disziplinstörungen und Unterricht. Wien – München 1990

Vogel, A.: Unterrichtsformen I und II. Ravensburg [3]1978

Vollrath, G.: Gut vortragen – besser informieren. Berlin 1973

Voß, R.: Schul-Visionen. Theorie und Praxis systemisch-konstruktivistischer Pädagogik. Heidelberg 1998

Wagner-Link, A.: Kommunikation als Verhaltenstraining. Arbeitsbuch für Therapeuten, Trainer und zum Selbsttraining. München 1998

Walker, J.: Gewaltfreier Umgang mit Konflikten in der Grundschule. Grundlagen und didaktisches Konzept. Spiele und Übungen für die Klassen 1–4. Berlin 1995

Walker, J.: Gewaltfreier Umgang mit Konflikten in der Sekundarstufe I. Spiele und Übungen. Berlin 1995

Wandl, J.: Computer und Lernen. München 1985

Warzecha, B.: Grundlagen der Verhaltensgestörtenpädagogik. 2 Bde, v. a. Bd. 2: Eine unterrichtspraktisch orientierte Einführung. Münster 1997

Watzlawick, P. u. a.: Menschliche Kommunikation. Bern [8]1990

Webb, J. T. u. a.: Hochbegabte Kinder – ihre Eltern, ihre Lehrer. Ein Ratgeber. Bern, Stuttgart, Toronto 1985

Weber, E.: Didaktik als Theorie des Unterrichts. Eine allgemeine Unterrichtslehre auf geisteswissenschaftlicher Grundlage. Ansbach 1925

Weber, E.: Das Schulleben und seine erzieherische Bedeutung. Donauwörth 1979

Weber, E.: Erziehungsstile. Donauwörth [8]1986

Weber, E.: Pädagogische Überlegungen zum Wandel der Werteinstellungen in bezug auf Arbeit und Freizeit. In: Pädagogische Welt 8 (1986)

Weiner, B.: Motivationspsychologie. Weinheim [3]1994

Wellenhofer, W.: Grundlagen einer modernen Arbeitsblattpraxis. München 1991

Weltner, K.: Informationstheorie und Erziehungswissenschaft. Quickborn 1970

Wendlandt, W.: Entspannung im Alltag. Ein Trainingsbuch. Weinheim [2]1995

Wendlandt, W.: Rollenspiel in Erziehung und Unterricht. München 1977

Wenger, O.: Schulberatung und Schülerbeurteilung. In: Pädagogische Welt 2 (1989)

Weniger, E.: Didaktik als Bildungslehre, Teil 1: Theorie der Bildungsinhalte und des Lehrplans. Weinheim 1952, [3]1963

Wenisch, B.: Satanismus. Mainz, Stuttgart [2]1989

Weschenfelder, K./Zacharias, W.: Handbuch der Museumspädagogik. Düsseldorf 1981

Westphalen, K.: Praxisnahe Curriculumentwicklung. Donauwörth [8]1980

Wettler, M.: Sprache, Gedächtnis, Verstehen. Berlin 1980

Wiater, W.: Der Praktikumsbegleiter. Intensivkurs Schulpraktikum. Donauwörth [3]1998

Wiater, W.: Vom Schüler her unterrichten. Donauwörth 1999

Wiater, W.: Unterrichten und Lernen in der Schule. Eine Einführung in die Didaktik. Donauwörth [2]1997

Willke, H.: Systemtheorie. 3 Bde. Stuttgart 1993–1995

Williams, T. u. a.: The Impact of Television. A Natural Experiment in Three Communities. London 1986

Winkel, R. (Hrsg.): Reformpädagogik konkret. Hamburg 1993

Winkel, R.: Der gestörte Unterricht. Bochum [2]1980

Winkel, R.: Die kritisch-kommunikative Didaktik. In: Westermanns Pädagogische Beiträge 32 (1980)

Winkel, R.: Theorie und Praxis der Schule. Hohengehren 1997

Winkler, E.: Schulhandbuch für Elternvertreter. Wien 1991

Witzenbacher, K.: Praxis der Unterrichtsplanung. Unterrichtsvorbereitung und Unterrichtsgestaltung. München 1994

Wright, G. H. von: Handlung, Norm und Intention. Untersuchungen zur deontischen Logik. Berlin, New York 1977

Zander, E./Knebel, H.: Praxis der Leistungsbeurteilung. Leistung wieder gefragt. Heidelberg [3]1993

Zeier, H.: Wörterbuch der Lerntheorien und der Verhaltenstherapie. Heidelberg [2]1988

Zenner, M. (Hrsg.): Fachdidaktik zwischen Fachdisziplin und Erziehungswissenschaft. Bochum 1990

Zielinski, W.: Die Beurteilung von Schülerleistungen. In: Funk-Kolleg Pädagogische Psychologie, Band 2. Frankfurt/M. 1991

Zielinski, W.: Lernschwierigkeiten: Ursachen, Diagnostik, Intervention. Stuttgart [3]1998

Ziethen, U. (Hrsg.): Erziehung verhaltensgestörter Kinder und Jugendlicher. Wiesbaden [2]1992

Zimmermann, W. u. a.: Von der Curriculumtheorie zur Unterrichtsplanung. Paderborn 1977

Zimmermann, W. D.: Friedenserziehung und Aggression. Übungen, Rollenspiele, Materialien, Informationen, Sekundarstufe I/II. Mülheim [3]1990

Zinnecker, J. (Hrsg.): Der heimliche Lehrplan. Weinheim, Basel 1975

Stichwortverzeichnis

Praxisorientierte Schulpädagogik

Peter Köck

Praktische Schulpädagogik

Ortsbestimmung der Schule und Praxisanleitung für die Problemfelder
Erziehen – Lernen – Miteinander leben – Beraten

248 S., kart.   Best.-Nr. **1863**

Die „Praktische Schulpädagogik" gibt in konsequenter Praxisorientie-
rung eine Ortsbestimmung der Schule sowie eine theoretisch fundierte
Praxisanleitung für Problemfelder des Schulalltags, z. B.
- Grundlagen des Lernens,
- Wahrnehmen, Denken, Behalten, Vergessen,
- Motivationsprobleme,
- soziales Lernen in der Schule,
- der Lehrer im Dilemma der Aufgabenüberlastung,
- Beobachten und Beraten als Aufgaben des Lehrers,
- Zusammenarbeit mit den Schülereltern u. v. a.

Peter Köck

Praxis der Beobachtung

Eine Handreichung für Erziehung und Unterricht

144 S., kart.   Best.-Nr. **1127**

Verhaltensbeobachtung gehört zu den Alltagsaufgaben der erzieherischen Berufe. Beobachtungsergebnisse schlagen sich mit weit reichen-
den Folgen in erzieherischen Maßnahmen und Beurteilungen nieder.
Die vorliegende Anleitung zum Beobachten dient der ständig nötigen
Überprüfung und wirklichkeitsgerechten Entwicklung dieser erzieherischen Grundfähigkeit sowie der selbstkritischen Arbeit am Beobachter-
verhalten. Sie ist aus der Praxis erarbeitet und als unmittelbar umsetz-
bare Handreichung für die Praxis entworfen.

Peter Köck/Hanns Ott

Wörterbuch für Erziehung und Unterricht

6., völlig neu bearbeitete und erweiterte Auflage

904 S., kart.   Best.-Nr. **2455**

Wörterbuch mit 3100 Stichwörtern, das umfassend Auskunft über die
Fachbegriffe der Pädagogik, Didaktik, Soziologie und deren Nachbarwis-
senschaften gibt.

> „… ein gewichtiges und gefragtes Nachschlagewerk."   (PÄD Forum)

Ⓐ⒱ Auer Verlag GmbH
Donauwörth · Leipzig · Dortmund

Reihe Pädagogik

Erich Weber

Pädagogik – Eine Einführung

Band 1: Grundfragen und Grundbegriffe

Teil 1: Pädagogische Anthropologie, Phylogenetische (bio- und kulturevolutionäre) Voraussetzungen der Erziehung

276 S., kart.
Best.-Nr. **2688**

Nach grundsätzlichen Überlegungen zur Pädagogischen Anthropologie und ihren herkömmlichen Konzepten werden pädagogisch bedeutsame Beiträge der neueren Bioanthropologie vorgestellt. Es wird ausführlich auf neuere soziokulturelle Analysen aktueller Modernitätskrisen und ihre pädagogischen Konsequenzen eingegangen.

Teil 2: Ontogenetische (entwicklungspsychologische und lebensgeschichtliche Voraussetzungen der Erziehung

436 S., kart.
Best.-Nr. **2780**

Der zweite Teil befasst sich im Rahmen der Grundfragen und Grundbegriffe der Pädagogik mit den ontogenetischen, d. h. den entwicklungs- und lebensgeschichtlichen Voraussetzungen der Erziehung im interaktiven Zusammenhang von Erbe, Umwelt und Selbstbestimmung.

Teil 3: Pädagogische Grundvorgänge und Zielvorstellungen – Erziehung und Gesellschaft/Politik

384 S., kart.
Best.-Nr. **2887**

Im dritten Teil wird der erreichte Kenntnis- und Diskussionsstand zu den pädagogischen Grundproblemen wie „Lernen", „Enkulturation", „Sozialisation", „Erziehung" und „Bildung" dargestellt. Weitere Abschnitte enthalten Erörterungen über pädagogische Zielvorstellungen und über die Wechselwirkungen zwischen Gesellschaft und Erziehung.

Auer Verlag GmbH
Donauwörth · Leipzig · Dortmund